现代写作学丛书

# 文学写作教程

（第三版）

WENXUE XIEZUOJIAOCHENG

陈果安 李作霖 + 编著

编著：陈果安 李作霖

编委：申朝辉 李作霖 汪苏娥 张志华

陈果安 佘佐辰 易小斌 高 静

潘冬梅 周葵葵 廖妍南 戴小男

中南大学出版社
www.csupress.com.cn

**图书在版编目（CIP）数据**

文学写作教程／陈果安,李作霖编著. —3 版. --长沙：
中南大学出版社, 2012.7
ISBN 978 - 7 - 5487 - 0588 - 8

Ⅰ. 文… Ⅱ.①陈…②李… Ⅲ.文学创作—写作学—
高等学校—教材 Ⅳ.104

中国版本图书馆 CIP 数据核字（2012）第 169171 号

# 文学写作教程

（第三版）

陈果安 李作霖 编著

□**责任编辑** 陈雪萍
□**责任印制** 易红卫
□**出版发行** 中南大学出版社
　　　　　社址：长沙市麓山南路　　　邮编：410083
　　　　　发行科电话：0731 - 88876770　　传真：0731 - 88710482
□**印　　装** 长沙印通印刷有限公司

□**开　　本** 787×1092 1/16 □**印张** 22.5 □**字数** 563 千字 □**插页** 2
□**版　　次** 2012 年 7 月第 3 版 □2018 年 1 月第 4 次印刷
□**书　　号** ISBN 978 - 7 - 5487 - 0588 - 8
□**定　　价** 54.00 元

# 《文学写作教程》第三版修订说明

本书定位于师范院校中文专业本科写作教学——立足本科，强调了它较高的理论层次；立足师范，强调了它的规范、严谨、系统；立足中文专业，强调了它的专业特点；立足现实需要，强调了学生毕业后就业的特点和应有的知识结构、技能结构。强调基础教育，强调综合素质教育、精神超越性教育、研究型教育和潜能教育，把写作教学看作培养、开发、塑造人才的工程。

《教程》吸取了传统教学经验也吸收了新的研究成果，全书分绪论、诗歌、散文、小说、戏剧文学、影视文学六章，每章前设教学提示，每章后附练习与研究书目，有概述也有分论，适合大学各层次学生学习。《教程》出版后一直用作湖南师大文学院中文本科生、研究生教材。此外，还为武汉大学、华南理工大学、郑州大学现代远程教育，徐州师大、呼伦贝尔文学院文学创作与实践，湖州师范学院写作精品课程，汉语国际教育硕士考研，中国作家网，中国高等学校教学资源网采用(据百度)。

相较于实用写作，文学写作显得更丰富、活泼、多彩多姿，更具创造性、复杂性和神秘性。怎样把这一派令人着迷的胜景描绘出来，并给大家提供一条比较简明的入门途径，是我在教学科研中长久思考的问题。我不想把文学文体"净化"得非常单纯甚或贫瘠。我想告诉读者，这个世界很丰富、很精彩，里面的"景点""门门道道"多着呢。我不想把自己的目光搞得太狭窄，也不想就现象描述现象。我认为，没理论的烛照，就如同暗夜里进"大观园"，再美的景致，也无法领略。我也不想把它描绘得扑朔迷离，让初学者感到不可捉摸。我想当一个好点的"导游"，一步一步将大家领入门，并在关键处，能讲到点子上，使大家感受这些"景致"并非可望而不可即，而是一伸手便可采撷到、深造也是能做得到的。概言之，我想追求"广"、"新"、"深"、"简捷适用"，并将这几者很好统一起来。

为实现这些目标，我在教程整体构想上想把每种文体描绘得充分、具体一些。想加强基本类型的研究，尽可能吸收学术界已有科研成果，加强理论阐述，并落到实处，让所选范文新颖、典型，能反映出基本类型和基本写法，让训练设计能抓住关键，使初学者确切知道从什么地方入手。

教程是按"阅读"和"写作"双核来设计的。这样安排表达了我的基本认识："写"，是以"读"为基础的。只有通过阅读积淀一定的"文章图式"，才能进入基础写作。况且中文系的学生，除了写，还要学习中文专业其他课程，写作课也应为其他专业的学习打下一个好的基础。基于这样的认识，我们这门课程构想了"读"和"写"的双轨核心：

以"读"为核心，我们讲了各文学文体的欣赏要点并附名家的"鉴赏示例"。为让读者更好地理解该文体，阅读前讲了各文学文体的"涵义""特点""种类""发展概要"。特别是"发展概要"，我们想通过对该文体中外发展概要的描述，开拓学生的眼界，为学生进一步的阅读提供一个粗轮廓草图。

以"写"为核心，我们主要讲该文种的写作要点。我们没有一味追踪当代文坛的创作新潮，而是从基础入手。在我看来，基础是"垫底的一碗酒"；有了这碗酒，"什么样的酒都能对付"。打下基础之后就要靠学生的自由发挥自由创作了。围绕着"写"，我们举"范文"以示范，设"学习提示与练习"以强化，列"推荐书目"供学生进一步深究。

这样，教程就形成"读"—"写"—"研究"这样一种体例。在我看来，中文系学生学"文学写作"，并不一定要求每个人都当诗人、小说家、作家，其中还有相当一部分人以后要对该文体作进一步的研究，因此引导他们了解该文体的发展概貌，读一些基础理论，还是有必要的。

一本教材的建设非朝夕之功。这次修订我对教程重新作了审读和修改。目前，文学创作一方面是日新月异，各种创作思潮各种创作方法令人目不暇接；另一方面，人变得越来越功利冷漠，加强文学写作也是非常迫切的。

谨将此书献给一切热爱文学写作和文学写作教学的人们！

献给诗！

陈果安

2012 年 3 月 23 日

# 目　录

# 绪　论

## 第一节　文学写作的含义

本教程所说的文学写作，指的是诗歌、散文、小说、戏剧、影视剧本等基本文学体裁的写作。

对文学文体的划分，中西有"三分"和"四分"之别。西方对文学的划分，注重的是作家塑造形象、反映生活的方式。早在古希腊，亚里士多德把文学本质定义为"对生活的摹仿"，然后根据摹仿的方式，把文学分为三类：

　　　　假如用同样的媒介摹仿同样的对象，既可以像荷马那样，时而用叙述手法，时而让人说话可以始终不变用一个人的口吻叙述下去，也可以使摹仿者用动作和活动来摹仿。

这就是著名的"三分法"。亚里士多德把文学文体分为"叙事"、"抒情"、"戏剧"三类：他所说的"像荷马那样"，指的是叙事类；他说的"用一个人的口吻叙述下去"，指的是抒情类；他说的"用动作和活动来摹仿"，指的是戏剧类。亚里士多德之后，尽管文学有了很大的发展，但西欧一些著名文学批评家，如贺拉斯、波瓦洛，甚至歌德、雨果等，仍采用了这种分类。之后，黑格尔、别林斯基曾对"三分法"作了进一步的发挥；西方文艺理论也出现过许多其他文体分类的方法，但并没有从根本上动摇或改变"三分法"的性质和原则。

"三分法"是根据作品反映生活的方式来划分文体的，严格说来，它考察的是文学文体反映论意义上的类型学特征，并不是对文章体式的考察。它的优点，是从比较宏观的方面来考察文学体裁，分类标准统一，有相当的概括性。但它并不关注文章本身的体制，它将诗分为"抒情诗"与"叙事诗"，并不便于我们把握文章体式上的特征。所以，"三分法"传入中国后，被改造为注重文章体式、体制、形态的"四分法"——把文学文体划分为诗歌、小说、散文、戏剧。

"四分法"提出后，文学有了新的发展，提出和产生了一些新的文体，如传记文学、报告文学、网络文学等，但本书并没将它们涵括在内。没将它们涵括在内，是有我们的考虑的：像传记文学，它以历史上或现实生活中的人物为描写对象，所写的主要人物和事件，必须符合史实，不允许虚构。在这一点上，它有别于以虚构为主的小说。报告文学以它的报告性、重大性、政治参与性区别于一般文学文体的写作，也呈现出不同于一般文学写作的特点。如网络文学，在我们看来，在中国，真正依托于网络的文学创作，还没有出现，人们基本上还是利用电脑写传统样式的作品。所以，本教程对这类文体的写作，未作讨论。但我们相信，通过一些基本文学文体的训练，学生对这些文体的写作还是可以触类旁通的。

# 第二节　文学写作的特点

文学文体的写作，以审美为目的，它所提供的，不是纯然理性的逻辑认识，而是生动逼真的形象体系。它要表现的，是生活的全部丰富性、复杂性，是被理性巨筛筛去的那些生活中的不纯粹部分。因此，这类文体的运思主要是用形象思维(想象)：它运用的是生动具体的表象；它主要表现为一种生活走向和情感走向；它的叙述渗透着情态、细节、原本显现性，具有鲜明的生动性和描写性。

文学写作不同于实用写作之处主要表现在以下几个方面：

## 一、"自由情感"与"当下需要"

"自由情感"是文学写作的直接动力。文艺理论家钱谷融曾这样概括："一个作家总是从他的内在要求出发来进行创作的，他的创作冲动首先总是来自社会现实在他内心所激起的感情的波澜。这种感情的波澜，不但激动着他，逼迫着他，使他不能不提起笔来；而且他的作品的倾向，就决定于这种感情的波澜朝哪个方向奔涌的；他的作品的音调和力量，就决定于这种感情的波澜具有怎样的气势和多大的规模。"托尔斯泰也曾指出："艺术是这样的一项人类活动！一个人用某种外在的标志有意识地把自己体验过的感情传达给别人，而别人为这些情感所感染，也体验到这些感情。"因此，内心没有强烈的欲望与要求，没有独特的感受与认识，"赶着鸭子上架"，"为赋新诗强说愁"，不可能有真正的文学写作。

实用写作却来自功利，来自某种外在需要。一位记者，他写消息、通讯，很多时候是迫于工作需要或编辑部的指派。一位秘书，一般情况下也不会主动去写"报告"、"请示"或"决定"。文学写作比较自由，写什么怎么写，一般不会受到外部干涉。如果领导指派或干涉，必然导致创作的失败。实用写作从选材立意到布局谋篇，都要受命于机关或领导，处于"要我写，我就写，而且必须写好"的受动地位。在某些范围内，实用写作还表现出较强的群体性，撰稿者往往并不是代表自己发言。如，新闻写作中，写"社论"、"本报评论员文章"、"编者的话"以及一些重要的专题报道，撰稿者就得代表报社发表意见；在文秘写作中，秘书所草拟的公文稿，需代表某一部门或单位；在某些公文的写作中，文章往往不是由某一个人完成的，需要文字秘书拟稿、有关人员修改、领导审核和签发等。

正因为如此，文学写作在一般情况下不必过多地考虑外部因素的种种规范和制约，只要依据自己积累的素材，按照自己的审美理想和创作个性去写就行了。并且，作者越是淋漓尽致地发挥自己的创作个性，他的创作也就越趋向成熟。实用写作却不能全然由着自己的个性来，在更多时候，他必须考虑和遵守外部的种种制约和规范。

## 二、"隐喻"与"直指"

文学既联系也区别于现实生活。虽然作家创作有时十分贴近现实生活，但作家笔下的日常生活并不是日常生活本身，而是作家通过语言叙述出来的"日常生活"，作者运用语言"创造"出来的"日常生活"。巴赫金曾指出，作家笔下的日常生活"是一种虚构，是知识分子的杜撰。人类日常生活永远是装饰起来的，而这种装饰永远是仪典性的(哪怕是'审美的')。艺术形象可以依靠这种仪典性"。巴赫金所说的"仪典性"，即"隐喻"。

文学创作体现人一种独特的智慧，一种与通常科学理性趣味完全不同的"艺文思维"，它以一种感性形式在"打开"一个世界的同时，也拓展了人类生存维度。这种"艺文思维"的基本特征在于"隐喻"。"物象"作为有限现实及其符号化，只是文学创作活动的材料和基础。文学创作以"隐喻"的方式拓展出来的，是一个"理想的秩序世界"，一个"无限的想象空间"。在这个世界与空间中透露的，是"心灵重建、幻觉感悟与生命超越"。实用写作却竭力直指、直呈现实的本质与真相。除了通常所说的六个"W"——何时、何地、何人、何事、何因、何果，甚至一个细节的失真，都可能摧毁文本的说服力。

### 三、"精神超越"与"现实才干"

文学写作活动的本质是对现实人生限度境遇的消解与超越。文学提供的虚拟化的文本，被美学家称之为"神圣事物的世界"，它通过语言的创建性活动，实现理想的秩序与完美的人生，并孜孜不倦地唤醒人们高远的、美的、尊严的、不被物役的崇高境界与精神。文学写作是人类精神中最情感化的一个领域，它源于作者真诚的情感，表现的是作者独到的人生体验，但作者不会止于一己的情感。别林斯基曾指出："任何诗人之所以伟大，是因为他的痛苦和幸福的根子深深地伸进了社会和历史的土壤里。"对于文学写作来说，作者应有高远的人生境界、广阔的胸怀视野。他应该将广袤的宇宙、人生、民族、国家纳入自己的心胸。任何伟大的、杰出的作家，内心总是充满着光明、正义、同情、悲悯与爱。无论写什么、怎么写，都会从他们的文章里听到对虚伪、邪恶、丑陋、卑劣、黑暗的抗议与批判，对真诚、善良、美好、高尚、光明的歌颂与呼唤。严肃、有品位、有追求、有道德精神的作者，没有一个是轻视生活、冷漠生活、脱离生活的。他勇于承载着历史苦难与重负，终生以赤子之心体验着人民的哀乐，谛听人民的呼声，触摸生活的脉搏，探索人生的真谛。正是因为有着高尚的道德精神，他在社会邪恶、人民苦难面前就不会装聋作哑、默不作声，更不会因为一己私利而怯懦、媚权、媚俗、违心、诛心。

实用写作则是一种功利写作，具有明确的实用目的，它往往针对某种特定的需要，针对某个特定的环境，针对某些特定的读者而有的放矢，决不会离开自己的目的泛泛而谈，或旁逸枝蔓。它的写作，完全基于现实生活、现实工作的需要。除了日常通用的写作，实用写作还具有明显的专业性：它的作者往往是从事某一类工作的专业人员，它的内容往往是某一专业方面的内容，它的行为本身往往是现实生活中某一职业某一工作的有机构成部分。从事实用写作，更多地取决于作者的现实才干。叫一个不懂法律的人去写法律文书，叫一个不懂科技的人去写科技文章，即使他的语言文字功夫很好，也写不出法律或科技方面的文章来。叫一个人从事秘书写作，他的政治修养、政策水平、决策能力及组织、领导、管理能力，比文字表达能力起着更为重要的作用。

### 四、"个性浮雕"与"规范体式"

文学写作总是以作者自己的声音说话，它虽然要在现有的基础上起步，但其内容和形式往往是属于自己的，它的文本是作者个性的"浮雕"。美国学者乔纳森·卡勒在其《文学理论》中说："文学是一种自相矛盾、似是而非的机制，因为要创作文学就是要依照现有的格式去写作——要写出或者看起来像十四行诗或者遵循小说传统的东西；但同时文学创作又要藐视那些常规，超越那些常规。文学是一种为揭露和批评自己的局限性而存在的艺术机制。它不断地试验如果用不同的方式写作会发生什么。"张承志在谈到小说语言时曾说:"也许一篇小说应该是这样的:句子和段落构成了多层多角的空间,在支架上和空白间潜隐着作者的感受和认识,勇敢和回避,呐喊和难喑,旗帜般的象征,心血斑斑的披沥。它精致、宏大、机警的安排和失控的倾诉堆于一纸,在深刻和真情的支柱下跳动着一个活着的魂。"他精彩地道出了写作者那蓬勃的、开放的、不断超越陈规的整体性语言感觉。文学本身是作为由语言符号构造的"多层多角的空间"而存在的。如何既在语词的"支架上"又在无言的"空白间""潜隐"写作者的境界、情感与智慧,正是文学创作活动向写作者提出的最严峻的挑战。能否应战得精彩,取决于写作者是否能永葆其"活着的魂",文学写作的主体性建构,其全部意义均可归之于此。

实用写作则是一种"职业写作"。从操作程序上看,它往往具有按部就班的味道,它从受命启动,到选材、立意、布局、行文,通常是按线性的逻辑一环一环推进。实用写作是一种"功利写作",它起止于明确的实用目的,在实现自己实用目的的过程中,作者的理性精神始终占主导倾向。在写作过程中,作者关注的中心、紧扣的要点,自始至终是写作的实用目的,他总是采用最简明、最有效的手段来实现自己的目的,他总是以现实人的身份在说话、办事。他不会像诗人、作家那样,把自己全部身心沉浸到一个艺术天地中去"精骛八极,神游万仞"。实用写作以"平实"、"简明"、"致用"为尚,它的一切手段,从本质上说都是"功利性"的,而非"艺术化"的。一般情况下,它不会使用文学语言、文学手段,也不会像文学创作那样强调作家的艺术创作个性,它的写作必须遵循社会约定俗成的基本规范,是一种"程规性"写作。

## 第三节　文学写作的意义

有人把文学写作与实用写作对立起来,认为大学写作讲一讲实用写作就行了,我认为这是一种短视行为。其实,文学写作与实用写作不是对立的,通过它,不仅可以提高我们的文学写作能力,对实用写作也是有帮助的,我们只要留意一下身边那些实用写作的高手就会发现,他们平时也是非常喜欢文学写作的。

对于中文专业的学生来说,适当尝试一下文学写作,是很有益的。汉语言文学专业的学生,其专业训练很大一部分时间就花在读诗歌、小说、散文、剧本上。要学会分析、评价诗歌、小说、散文、剧本,有没有相应的创作经验是大不一样的。有过一些经验,就能洞察幽微,体会其中许多微妙之处。没有从事文学创作的经验,就难免隔靴搔痒。

对于绝大多数同学来说,适当尝试一下文学写作,也是提高自身文学素质、审美修养的一条有效途径。文学写作是以审美为目的的,从某种意义上说,它是基于物质生活的一种审美需求。作为人,除了物质生活,还有自己的精神需求。这是人与一般动物的区别。马克思曾指出:"富有的人同时就是需要有完整的人的生命表现的人,在这样的人的身上,他自己的实现表现为内在的必然性、表现为需要。"恩格斯也引用拉甫罗夫的话说:"人不仅为生存而斗争,而且为享受,为增加自己的享受而斗争……准备为取得高级的享受而放弃低级的享受。"文学作品是"按照美的规律来造形"的,这是它与其他意识形态的根本区别。文艺作品所创造的艺术美,是自然美与社会美的集中与升华。由于文学艺术是对人类社会生活的审美反映,即便是现实生活中最悲惨的故事、最忧伤的感情、最丑恶的人物,经过作家、艺术家的审美转换，也变成了可以给人带来审美快感、可供精神享受的对象。与此同时，文学艺术在具体、鲜明、生动的艺术形象中，还孕育着高尚的人文精神和博大真挚的情感，带给人一种审美愉悦、精神陶冶。从事一些文学写作，不仅能使人获得精神上的享受，还有助于提高人的审美趣味，培养人的审美情操和创造能力。

文学艺术有利于培养健全的人格，这也是马克思主义文艺理论一个极为重要的观点。马克思主义创始人曾把人的全面发展看成是社会发展的主要内容，而人的全面发展，与文学艺术的审美教育功能密切相关。马克思曾指出："钢琴演奏家刺激了生产，一方面是由于能使我们成为更具精神旺盛、生气勃勃的人，一方面也只是由于唤醒了人们的一种新的欲望，为了满足这种欲望，需要在物质生产上投入更大的努力。"

健全的人格，是审美人格与实用人格的有机统一。单一的人格，总是不健全的。科学认知活动与物质生产，主要培养实用人格，文学艺术活动主要培养人的审美人格。在实用人格的系统中，人的某一个别心理、生理功能（如抽象思维、生物本能）往往压倒甚至排斥其他功能，从而产生单一的心理倾向，它既不利于科学发现机制的培养，也不利于人际关系的和谐，甚至还会产生冷傲孤僻的病态人格。因此，当年梁思成在美国宾夕法尼亚大学建筑系学习时，其父梁启超就告诫他说："我怕你因所学太专门之故，把生活也弄成近于单调，太单调的生活容易厌倦，厌倦即为苦恼，乃至堕落之根源。"

文学艺术是为人而存在的，确切地说，是为人的审美需要而存在的。对鉴赏者，对作者，他们都有可能在一种审美愉悦中来完善自己的人格，提升人的精神境界，净化人的灵魂，促成人的诸如政治思想、道德境界、文化趣味、人生态度、人格意志、性格禀赋的改变，使人向更高的境界升华。

# 第四节　文学写作的要点

要从事文学写作，须注意以下几点：

## 一、努力提高自身的美学修养

文学写作与作者的美学修养密切相关。具有一定的美学修养，在心物的交感过程中，才可能"心有灵犀"；在构思表达中才可能充满灵性。否则，作者的感觉和思想都将十分迟钝木讷。

作者的美学修养包括审美理想、审美情感、审美趣味以及审美创造能力等几个方面的内容，它是一个多层次的开放性的知识系统，直接影响作者的写作。

（一）审美理想

作者的审美理想，是美学修养的中心。高尚的审美理想，是作者追求美的出发点。作者对材料的感应、判断，以及随后的构思、行文，都与作者的审美理想直接相关。只有具有高尚的审美理想，才可能避免平庸、浅薄、低级趣味。对写作本质的理解，如文以载道说、缘情说、摹仿说、为人生说，都与作者的审美理想有关。审美理想不等于政治理想，不等于具体的创作方法，也不等同于作品的主题思想。它是一种精神，一面美学旗帜，它在非常高远的意义上规定和指导着作者的写作行为，指导着作者对社会人生的理解。

（二）审美情感

充沛、饱满的审美情感，是作家区别于非作家的一个重要标志。它是写作的动因，也是产生写作灵感的源泉。审美情感产生于作者对现实生活的审美认识，同时又受审美理想的制约。作者个人的经历、生活感受、学习和掌握的人类审美遗产，以及经过长期审美实践所积累的渗透了作者审美理想的情感（如喜悦、愤怒、悲哀、欢乐、忧愁等），构成了作者较为恒定的持续性审美情感。作者较为恒定的持续性审美情感，是多种因素组成的集合体，既有生理的心理的因素，也有个性心理的因素（兴趣、爱好），同时还有时代、环境的因素。这部分情感，是作者通过高度灵敏的非理性意识（下意识）从现实情景、事件、因果关系中抽象出来的，它在作者那里变成了"近乎本能、近乎习惯"的情感反应方式。它是作者的情感基础，如果缺乏，作者对现实生活的反应就会显得迟钝、麻木。突如其来的打击，意想不到的成功，前所未遇的事件，触目惊心的世态人情，长期压抑的心愿理想，在一定的条件下激起作者巨大的感情波涛，则构成了作者的突发性情感。这部分情感比较单一，它常常是作者写作的直接动因，平时所说的"灵感""感兴""闪念"，大致属于突发性情感。

（三）审美趣味

审美趣味是作者美学修养的一个组成部分，它标志着作者对生生不息的自然界、纷纭变幻的社会生活、丰富多彩的文学艺术的审美性质所达到的独到体验、理解和评价。审美趣味既是作者所处时代人们审美实践的产物，也是人类精神文明的积极成果。审美趣味直接影响作者对事物的感受力。作者对事物的感受方式、重点、方向、力度不同，也就直接影响他的写作。因此，陈旧、过时、低级的审美趣味，是一个作者时时都应该防范的。

（四）审美创造能力

作者的审美创造能力，主要表现为艺术构思能力和纯熟的语言表达能力，它不仅体现在具体文章的写作上，而且还直接影响作者对材料的接受和理解。

因此，对于一个文学习作者而言，努力提高自身的美学修养，是从事文学写作的基础。

## 二、做生活的"有心人"

生活是文学创作唯一的源泉，不深入生活，创作就是一句空话。毛泽东曾指出："作为观念形态的文艺作品，都是一定的社会生活在人类头脑中的反映的产物。""人民生活中本来存在着文学艺术原料的矿藏，这是自然形态的东西，是粗糙的东西，但也是最生动、最丰富、最基本的东西。在这点上说，它们使一切文学艺术相形见绌，它们是一切文学艺术取之不尽、用之不竭的唯一源泉。"（《在延安文艺座谈会上的讲话》）这些话至今是对的。试想，没有丰富的社会阅历，没有独到的人生体验，没有认认真真地读社会人生"这本书"，要想在文学创作方面有所作为，怎么可能呢？对于文学创作来说，不平凡的生活经历就是作家的财富，"苦难"有可能就是作者的才华，"文章憎命达"、"诗穷而后工"是普遍规律，贪图生活的享受是不可能在创作上有大作为的。要从事创作，首先必须做"有心人"，深入社会生活中去，观察、感受、体验各种各样的事，各种各样的人，各种各样的社会实际生活，一旦脱离了生活，创作才华就会枯竭。

但是，我们又不能把自己所经历的那一点点事，自己所看到的那一点点事，简单地视为"生活"。感觉到的东西，并不一定理解了它，我们还必须以高尚的审美心胸去审视它，以一种审美智慧去洞察它。文学既联系也区别于现实生活。虽然作家的创作有时十分贴近现实生活，但作家笔下的日常生活并不就是日常生活本身，而是作家通过语言叙述出来的"日常生活"，它以一种感性形式"打开"一个世界的同时也拓展了人类生存维度。"物象"作为有限的现实及其符号化只是文学创作活动的材料和基础。文学以"隐喻"的方式拓展出来的是一个"理想的秩序世界"，一个"无限的想象空间"，在这个"世界"与"空间"中，透露的是"心灵重建、幻觉感悟与生命超越"。

### 三、将焦距始终对准"人"

"文学就是人学"，文学写作活动的本质是对现实人生的限度境遇的消解与超越，文学所提供的虚拟化的文本——这个被美学家称之为"神圣事物的世界"——它通过语言的创建性活动实现理想的秩序与完美的人生，并孜孜不倦地唤醒人高远的、美的、尊严的、不被物役的崇高的境界与精神。人在整个文学创作中的地位几乎是毋庸置疑的，关注人，关注人生，关注人的现实境遇，关注人的生存与发展，应该是一个写作者的自觉追求。

### 四、谙熟文学写作的技巧

文学既联系也区别于现实生活。虽然作家创作有时十分贴近现实生活，但作家笔下的日常生活并不是日常生活本身，而是作家通过语言叙述出来的"日常生活"。按美学家的说法，它只是一种"隐喻"，作为有限现实及其符号化的"物象"，只是文学创作活动的材料和基础。文学创作体现的是人的一种独特智慧，它在"打开"一个世界的同时也拓展了人类生存维度。现代文学创作的一切技巧，都可以这样去理解。因此，谙熟现代文学写作的技巧，也是极为重要的一个内容。

## 第五节 学习提示与练习

### 一、学习提示

"文学写作"的开设，主要还是为大家提供文学写作的基础训练。我们讲诗歌，并不是想把学生都培养为诗人；讲小说，也不是想把学生都培养成小说家——如果有的同学由此登堂入室而有所成就，那当然喜出望外——但对大多数的同学来说，我们不作此要求。我们只是要求同学接受这么一个训练，熟悉和掌握文学写作的一些基本技巧，体会文学写作的过程，藉此提高我们的文学修养，学会分析欣赏文学作品，为专业学习打下一个良好基础。人生如一首诗，也如一篇散文；人生如一部小说，也如一台戏剧。文学文体往往暗契着许多的人生体会，大家从这个角度去体会，也许会更多一些乐趣。

本教程是按"讲——读——写——评——引"这样一条思路编排的。

所谓"讲"，也就是尽可能地把有关文体知识讲透一点。有人认为，写作，主要是让学生动手练，讲知识没多少用。我认为，光讲不练固然不行，但完全忽视文体知识的讲解，同样是不行的。缺乏理论的指导，任何实践都只能是盲目的。

所谓"读"，我强调的是欣赏。文学写作要靠欣赏作基础。写得好的人，往往是读得好的。古人说"熟读唐诗三百首，不会吟诗也会吟"，这种表述虽然"很经验"，但在实践中却屡试不爽。所以，每种文体，我都讲了分析欣赏的方法，并配以"鉴赏示例"，以供大家揣摩学习。

　　所谓"写"，我们强调初学者从基本类型入手，课堂引路，课外开花。对于写作教学来说，仅仅靠课堂提供的几次训练，是绝对不够的。如果从一些基本类型入手，容易收到事半功倍的效果。

　　所谓"评"，既包括了老师的"评"，也包括了学生的"自评"。每种文体后面，我都附有"学习提示"，对各文体学习的重点、要点，都指出来了，我希望通过师生互动，能让学生把这些重点、要点掌握好。

　　所谓"引"，即引导。在每种文体的后面，我都附有推荐书目，希望通过推荐书目，引导学生对各种文学文体作进一步的深入研究。

## 二、训练设计

　　2007年，湖南省的高考作文是以"诗意地生活"为题，写一篇800字左右的记叙文或议论文。下面是一位考生的作文。

### 诗意地生活

　　这是个下着小雨的清晨，我们行走在泥泞的山路上。山不高，有溪水流淌而去，寒风扑面。

　　小雨。雨在空中回旋飘飞，密密地打在脸上，冰凉冰凉的。这沥沥浙浙的雨，向着远处延伸，终于成了一帘白幕，把天地万物遮挡得严严实实。我们在雨中前进，任这上赐的甘霖湿透全身每一个角落，从头到脚，由嘴到心，那心里有诗在流淌，它漫过心坎，静静溢出"自在飞花轻似梦，无边丝雨细如愁"。

　　路。路在雨中醉了，醉成一片烂泥。它们偎依在你的脚下，奔放地献给你那橘黄色的吻。路在这雨中醉了。醉得没有了前行的路。"多歧路，今安在?"我们站在雨中怅然。

　　山。路就在山腰上。山并不高，她不是北方高大挺拔的汉子，她是这水乡里生长的姑娘。雨的润洗，这姑娘愈发俊朗了，用迷人的笑迎着我们。于是我们也醉了，我们摒弃了路，越过草丛，越过荆棘，援着树木，攀上大石，向着山顶进发。山的肌肤是暖的，散发着腾腾的热气;山的笑容是绽开的，散发着幽幽的清香。这山比不上"天台一万八千丈，对此欲倒东南倾"，却也如此令人陶醉。

　　水。站在山顶，远远的小城环抱在水的怀里。"一条古时水，在我手心流"。我们都摊开手掌，让雨水在上面汇集。那些细小的沟渠刹那间就填满了，汇成小流，汇成溪，汇成江河，汇成大海，终成一片汪洋。我们都感动了，泪水也就势汇进手中的海里。你知道吗，站在这山上，我们看到了一片海，那是我们心中的海，比真正的海更加波涛汹涌，肆意汪洋。

　　风。吹起来了。"风啊，你吹起来吧，摇动我呆滞的目光，成两条波光涟漪的溪流，我将以你的慈爱，重以手指，醮着时间。"我已经忘却了这诗人的名字，却永远记得这诗。

　　风吹起来了，带来远方的寒意，远方的歌，远方的希望。

　　我们站定，向远方致敬。这是一次平常的攀登，却也是一首清新的小诗。

　　我们都说，要永远诗意地歌唱，诗意地生活。

　　因为这是我们自己的歌啊，我们自己的诗。

　　叶芝说，我将不停地走啊，不停地歌唱。

　　读后，请大家谈谈，这位考生对"诗意地生活"理解是否正确，并从文学写作的角度，评点这篇文章。

# 第一章　诗歌

**【教学提示】**　诗表现的是生活中最美好的事物：当一个人年轻，我们说他诗一样的年华；当一个人话说得好，我们说他的话很有诗意；当我们走进某一片风景，心中的诗情立刻被搅动；哪怕给同学寄一个贺卡，也忍不住要写上几句诗意的祝福。诗同时又是提高我们文学修养的核心，欣赏小说、戏剧、音乐、绘画、园林、建筑……都要懂得诗。懂得诗，可以使我们的生活增添许多的诗情画意。虽不能要求每个人都会写诗，但懂得诗，能感受并领悟到诗意、诗的构思、诗的语言；诗的欣赏，对提高学生的文学素养是很有益处的。本章讲授的重点也就在这几个方面，其他可留待学生自学。

## 第一节　诗歌的含义

诗歌是最古老的一种文学样式，各民族文学发展的历史几乎都是从诗歌开始的。最早的诗歌可追溯到原始人为协调劳动动作、交流感情而发出的劳动呼声。《淮南子·道应训》中说："今夫举大木者，前呼'邪许'，后亦应之，此举重劝力之歌也。"鲁迅在《门外文谈》中也说过同样意思的话。严格地说，这种简单的劳动呼声还不能算作诗，但包含了诗的本质特点，亦即它的抒情性和韵律性。随着人类社会的发展，随着人类思维能力的提高和语言的产生，才出现了含有一定内容又具有韵律节奏的原始歌谣。这些歌谣，大都存在于劳动过程和劳动前后的祝祷与庆典活动中，最初，它与音乐、舞蹈合为一体。在一个相当长的历史时期内，诗歌只是活在劳动人民的口头创作之中，并由人们"口耳相传"，以后才出现文人创作的诗。

诗歌自产生以来，经历了不同的历史形态，产生了众多的体制品类，人们对诗歌涵义的解释也不下千百种，在运用诗歌这个概念时，也就有了广义狭义之分。20 世纪 30 年代，杨鸿烈在《中国诗学大纲》中，曾一口气列出中国文论中关于诗的 40 条定义加以评析，美国现代诗人卡尔·桑德堡在《诗的定义（初型）试拟》中也曾拟出 38 条诗歌定义。

我国古代的诗，有合乐的，也有不合乐的"徒歌"，合称诗歌。诗的范围，有的定得窄，仅指古体诗、近体诗等；有的定得较宽，把楚辞、词、散曲都包括在内。它们共同的特点是具有抒情性和一定的韵律。到现代，随着文学的发展，除格律诗外，还有自由诗、散文诗等。

在西方的文学观念中，"诗"也有广义狭义之分。"诗"最初用来指一切创造性的作品，包括文学、绘画、雕刻等艺术形式。后来，各门类艺术逐渐分离，"诗"专指文学作品，像亚里士多德《诗学》中的"诗"，就兼指史诗、悲剧与喜剧。19 世纪，在别林斯基等人的批评论著中，"诗"也常常用来指包括小说在内的各种文学样式，所谓"诗的"，也就是"文学的"。狭义的"诗"，则指具体的文学样式，如抒情诗、叙事诗。

本章所说的诗，就中国传统解释取其广义，就西方的解释取其狭义：所谓诗歌，指的是与小说、戏剧、散文、影视文学相并列的，一种高度凝练集中，重在抒情，饱含着丰富的想象与情感，讲究节奏和韵律的文学样式。

# 第二节 诗歌的特征

诗歌的本质特征是抒情，诗歌的基本元素是意象，诗歌的创作方式是想象，诗歌的外形是韵律节奏，诗歌的文体重心是建筑精神意境。关于诗歌，古今中外的诗人、评论家，都发表过不少精彩的意见，概括起来，其特征有以下几点：

## 一、浓郁的抒情性

诗歌是最重要的抒情文体，抒情是诗歌最基本的本质特征，这为历代诗人、文论家所公认，并贯穿于古今中外一切伟大诗篇中。

我国历来就有"诗国"之称，在我国第一部诗歌总集《诗经》里，古人就发出了"心之忧矣，我歌且谣"的歌声。在先秦，"诗言志"是人们对诗歌本质最普遍的认识。所谓"志"，亦即诗人的思想和情感。魏晋时期，陆机在《文赋》中第一次提出了"诗缘情而绮靡"的主张，对后世诗坛产生了深远的影响。唐代诗人白居易则明确把"情"视为诗的根本，认为"感人心者，莫先于情，莫始于言，莫切于声，莫深于义。诗者：根情，苗言，华声，实义"。到现当代，人们仍持同样的见解。鲁迅说："诗歌是本以抒发自己的感情的。"郭沫若说："诗的本质专在抒情。"当代诗人郭小川认为："没有感情，就没有诗歌。"

诗的抒情性在西方同样也受到重视。古罗马演说家西赛罗说，古希腊哲学家德谟克利特就"不承认有某人可以不充满热情而成为大诗人"。黑格尔在《美学》中也指出："抒情诗主要地表现内心的情绪。"英国诗人华兹华斯则说："诗是强烈感情的流露。"

诗最本质的特点是抒情。如果没有诗人情感的渗透和熔铸，就不可能产生诗。如传统蒙学《声律启蒙》中的句子：

> 云对雨，雪对风，晚照对晴空。来鸿对去燕，宿鸟对鸣虫。三尺剑，六钧弓，岭北对江东。人间清暑殿，天上广寒宫。两岸晓烟杨柳绿，一园春雨杏花红。两鬓风霜，途次早行之客；一蓑烟雨，溪边晚钓之翁。

这些句子，有对仗、有平仄、有景物，也押了韵，念起来声音和谐，节奏响亮，但它不是诗。

押韵不一定是诗，《百家姓》《三字经》《千字文》不是诗，华丽的辞藻不一定是诗，生活现象的罗列不一定是诗；用形象图解某一意念不是诗，将句子分行排列也不一定是诗。诗必须有情感在。如果没有诗人主观情感的渗透，就不具备诗的审美特质。何塞·马蒂曾说过："没有情感，可以成为一个韵文的雕工或韵文的画匠，但不能成为诗人。"我国当代诗人、文艺理论家何其芳也指出："即使整篇找不出毛病和漏洞，如果一点也不感动人，自然不算好诗。"

诗的抒情性不仅体现在抒情诗上，也体现在叙事诗上。"我们可以在叙事诗或略带情节的抒情诗中发现，凡是叙事的地方，诗就出现快镜头；凡是抒情的地方，诗就出现慢镜头。"①

强调诗歌的抒情本质，并不是说其他文学就没有或不需要抒情，只是它们都不像诗歌那样把感情作为自己主要的表现对象，并且在情感的强烈、集中和表达方面有着那么严那么高的要求。

强调抒情是诗歌的本质，并不是说一切情感的流露都能成为好诗。情感有真伪、高下、美丑、强弱之分。真正的诗，首先具有真情实感，它来自生活，出自肺腑。那些浮泛的矫饰，无病的呻吟，假大空的豪言壮语，不可能成为诗。其次，诗的情感还要求健康、高尚。罗斯金说："一个少女可以歌唱她失去的爱情，但是一个守财奴却不能歌唱他所失去的钱财。"普列汉诺夫指出，因为前者感情高尚，可以感动善良的人们，而后者感情卑下，不能引起人们的共鸣。人类的一切情感，特别是与人民、与生活、与时代息息相关血肉相通的情感，都是诗情的源泉，而一切病态的、格调低下的、颓废粗俗的情感，都不是诗歌的对象。

由于诗歌以抒情为主，带来了诗人强烈的主观色彩。和其他文学样式一样，诗歌也是社会生活的反映，但它对社会生活的反映主要不是通过对客观生活内容的描摹，而是要把社会生活心灵化，即把它为熔铸内化为诗人的主观情感加以表现。正如黑格尔所指出的，诗歌的"重点不在当前的对象而在发生情感的灵魂"，诗歌"并不排除对外在对象的鲜明描绘"，但描绘的目的仍在抒情。所以，真正的诗，永远是心灵的诗、灵魂的歌。

生活的心灵化、情感化，也就决定了诗人个性在诗歌创作中的地位。郭沫若说："诗的主要成分总要算是'自我表现'了。"诗人公木也曾说："凡诗中或明或暗都有个'我'，需要描写'自我'。"如果没有"我"的独特情感，没有"我"的审美发现，就不会有诗的抒情个性。但是，"表现自我"并不等于"个人主义"，也不意味着与社会生活的隔绝。诗歌"表现自我"，表现的应该是"我"对于生活、时代、社会的独特情感体验，是诗人的个性、人格和灵魂；同时，诗人通过"自我"表现出来的情感内容，应既是个人的、独特的，同时又具有普遍意义。正如别林斯基所说："伟大的诗人谈着他自己，谈着他的'我'的时候，也就是谈着大家，谈着全人类。"

诗歌是激情的产物，古罗马贺拉斯有句名言："愤怒出诗人。"但也有人认为，情绪过于激烈时不宜作诗。鲁迅就说过："我以为情感正烈时候，不宜做诗，否则锋芒太露，能将'诗美'杀掉。"狄德罗也说过："你是否趁你的朋友或爱人死的时候就做诗哀悼呢？不，谁趁这种时候去发挥诗才，谁就会倒霉。"这两种意见究竟孰是孰非？实际上，不同的情感状态，不同的情感内容，就有不同的抒情方式。激情如炽固然可以发而为诗，痛定思痛也可以长歌当哭，这样的诗，或激情奔放，或深沉含蓄。

诗要在内在真实感情的表现上而不是外在表象的描述上完成自己表现生活的职责。在叙事作品中，比如小说中，它从始至终贯穿着一种叙事线索，它形象的完整性、延续性，必须在整个叙事过程中得到充分的展示，作者的情感往往被挤压到了一个比较次要的地位。叙事作品这一特定情景构成也就形成了我们对叙事作品特定的审美经验。我们在阅读叙事作品时，一方面是穿越形象，把形象与现实联系起来，从而透过形象把握现实；另一方面

---

①　吕进：《新诗的创作与欣赏》，重庆出版社，1982 年版。

则要从现实回归到形象，依据现实来评价形象的意义。诗里的形象往往不是按照其自身内在逻辑以及形象与形象之间的客观联系组合起来的，它们更多的是聚集于主体某种情感周围。别林斯基曾指出："纯抒情的作品看来仿佛是一幅画，但主要之点实则不在画，而在于那幅画在我们心中引起的感情。"因此，诗歌欣赏中，我们在穿越诗的形象之后，必须汇入到诗的情感之中，在情感与形象之间回环交流，从而充分地领略诗意，领略诗作所抒发的感情以及感情的典型性和它所反映的社会生活。

大体说来，诗的抒情方式有两大类："直接抒情"和"间接抒情"。

直接抒情也叫直抒胸臆，当诗人在现实生活中感受到的情感如潮水一般在胸中激荡时，诗人往往在歌唱与呐喊中把自己的激情不加掩饰地倾泻出来；有时，诗人也将情感与人生哲理、信念融为一炉，以直陈的方式来表达，显得真切朴实，震撼人心。如陈子昂的《登幽州台歌》、裴多菲的《自由颂》、普希金的《假如生活欺骗了你》，都是直抒胸臆的名篇。

虽中外直抒胸臆的名篇不少，但采用间接抒情的诗更多一些。但诗人更多时候是借物抒情。诗人涌动于胸中的情感，既是具体的，又是无形的，无法让人直接感知。因此，诗人在抒发情感时，往往情与境谐，情与景合，把情感凝结成有声有色有形有态的具象，以让读者去体验和感受。

中国古典诗歌的创作十分讲究含蓄、凝练，诗人在处理情感时，一般不直接抒情，而是借助于事件的叙述、景物的描写，言在此意在彼。间接抒情往往显得含蓄蕴藉，耐人寻味。细分，又有因事缘情、借景抒情、托物言志、咏史抒怀等。

因事缘情的诗，诗人往往选取现实生活中动人的片断、细节，借助于这些片断、细节来抒发自己的情感。如张籍的《秋思》："洛阳城里见秋风，欲作家书意万重。复恐匆匆说不尽，行人临发又开封。"这首诗，借助日常生活中一个富于包孕的细节，非常真切细腻地表达了作客他乡的人对家乡亲人的深切怀念。又如白居易的《蓝桥驿见元九诗》："蓝桥春雪君归日，秦岭秋风我去时。每到驿站先下马，循墙绕柱觅君诗。"初读只是平淡的纪事，顶多不过表现了白与元交谊甚笃，爱其人其诗，但这貌似平淡的二十八字却暗含着诗人心底万顷波涛。可贵的友情，可泣的共同遭际，诗中一句不说，只是让读者自己去寻觅包含在春雪秋风中的人事变化，去体会诗人那种沉痛凄怆的感情。

借景抒情的诗，诗人往往把自身所要抒发的感情寄寓在景物中。这类诗，往往诗情画意浓，比拟性、象征性强，显得含蓄蕴藉，耐人寻味。借景抒情又有以乐景写乐情、以哀景抒哀情、以乐景衬哀情、以哀景写乐情之区别。以乐景写乐情，如杜甫的《春夜喜雨》："好雨知时节，当春乃发生。随风潜入夜，润物细无声。野径云俱黑，江船火独明。晓看红湿处，花重锦官城。"美好的春天景致，衬托出诗人的喜悦之情。以哀景写哀情，如刘禹锡的《石头城》："山围故国周遭在，潮打空城寂寞回。淮水东边旧时月，夜深还过女墙来。"荒凉的情景，无不融合着诗人故国萧条、人生凄凉的深沉感伤。以乐景写哀情，如杜甫的《绝句二首》："江碧鸟逾白，山青花欲燃。今春看又过，何日是归年？"碧绿的江，青葱的山，火红的花，洁白的鸟，这春末夏初的景色不可谓不美，可惜岁月荏苒，归期遥遥，非但引不起游玩的兴致，反而勾起了漂泊的感伤；再如唐代张仲素的《春闺思》："袅袅城边柳，青青陌上桑。提笼忘采叶，昨夜梦渔阳。"春意盎然的美景反衬出少妇内心的哀怨、凄凉。《姜斋诗话》说："以乐景写哀，以哀景写乐，一倍增其哀乐。"

托物言志也是古典诗词常采用的抒情方式。诗人把所要抒发的感情寄寓于某一物体之中，通过对某一物体的描绘来抒发自己的感情，这便形成了古典诗词中大量的咏物诗。如虞世南的《蝉》："垂绥饮清露，流响出疏桐。居高声自远，非是藉秋风。"诗中三、四句借蝉声远传的独特感受，道出了对人的内在品格的热情赞颂和高度自信。王安石的《北陂杏花》："一陂春水绕花身，花影妖娆各占春。纵被春风吹作雪，绝胜南陌碾作尘。"诗人表面上是写临水而开的杏花，实则是作者宁为玉碎、不为瓦全高洁人格与倔强性格的体现。咏物诗借自然界某物具有的特征来表达某种志向或情感，物也就带有人格化的色彩，但不能简单图解自己的主观意愿。古人说："咏物之诗，托物以伸意。""无寄托，便是儿童猜谜。"又说："抒心而妙者，十常八九；体物而工者，十不二三，盖古今之难矣。""咏物诗最难工，太切题则黏皮带骨，不切题则捕风捉影，须在不即不离之间。""咏物诗要不即不离，工细中须有缥缈之致。真中有幻，动中有静，寂处有音，冷处有神，句中有句，味外有味。"

咏史抒怀在中国古典诗词中也不在少数。诗人往往借助历史掌故或古迹，抒发自己的思想感情。如李白的《越中览古》："越王勾践破吴归，战士还家尽锦衣。宫女如花满春殿，只今惟有鹧鸪飞。"诗人上三句是一气而下，极力渲染过去的繁荣、美好、热闹、欢乐，第四句却来了个冷峻有力转折，指出其终归幻灭的结局，给人以警策。又如刘禹锡的《乌衣巷》："朱雀桥边野草花，乌衣巷口夕阳斜。旧时王谢堂前燕，飞入寻常百姓家。"昔日车水马龙的朱雀桥，衣冠往来的乌衣巷，而今已经荒凉冷落，笼罩在寂寥惨淡的氛围之中，从中我们可以清晰地听到作者对这一变化发出的无限感慨。再如张可久的《中吕·卖花声·怀古》："美人自刎乌江岸，战火曾烧赤壁山，将军空老玉门关。伤心秦汉，生民涂炭，读书人一声长叹。"也是对历史兴衰的感叹。进入现代，诗人多采取一些新颖别致的意象，来抒发自己的情感。

## 二、高度集中地反映社会生活

诗是一种高度凝练高度集中的语言艺术。它要像凸透镜一样，把生活中的光和热都集中到足以引起燃烧的焦点上来，万取一收，以一见万，以有限的篇幅反映无限宽广的内容。

诗歌一般不对事件过程作冗长的铺叙和交代，它总是把笔力集中到诗人感情的抒发上，通过抒情的方式，高度集中地反映社会生活。例如，诗人贺敬之1956年回延安，就同一题材、同一主题曾写过一篇诗歌、一篇散文。在散文《重回延安——母亲怀抱》中，他对重回延安的经过、场面和情景作了比较详细的叙述，在诗歌《回延安》中，却只抓住那些最具特征的事物集中地、一唱三叹地抒发自己的感情。

诗歌在形象的刻画上也不同于散文、小说。散文、小说对形象的刻画一般是全面展开的，甚至是精雕细刻的，诗歌对形象的刻画往往采取写意的手法，只是抓住事物感人至深的特征来写。如元稹的《古行宫》："寥落古行宫，宫花寂寞红。白头宫女在，闲坐说玄宗。"诗人这里写宫花和宫女，并没有全面铺开来写，只是抓住宫花灿烂的色彩与宫女婆娑的白发来写，短短几句，就抒发了作者对历史盛衰的感慨，可谓高度精练。

诗歌总是以有限的篇幅，最少、最精美的文字，来反映无限广阔的内容。旧诗中的许多作品，均能以少胜多，做到"字少而意丰"，"以片言明百义"。如温庭筠的《早行》："鸡声茅店月，人迹板桥霜。"通过寥寥数字，便将凄清冷落的意境和游子在旅途中的辛劳、孤寂抒写得淋漓尽致。新诗用白话来表现现实生活，不像旧诗那样对字句有严格限制，篇幅可长可短，每行的字数可多可少，但对生活的反映同样是高度集中的，如诗人韩翰的《重量》："她把带血的头颅/放在生命的天平上/让所有的苟活者/都失去了/——重量。"全诗短短几句，既没有铺张张志新烈士临刑的场面，也没有大篇幅的抒情，只是寥寥数语，深刻地表现了对烈士的敬仰，也对所有苟活者进行了鞭挞。只要是诗，即便是长篇抒情诗和叙事诗，它对生活的反映也是高度集中的。英国19世纪诗人勃洛克谈到诗的特征时说，诗要在"一颗沙里看出一个世界，一棵野花里一个天堂，把无限放在你的手掌上，永恒在一刹那收藏。"我国清代的吴乔在《围炉诗话》中说："意喻之米，饭与酒所同出，文喻之炊而为饭，诗喻之酿而为酒。"这些比喻，生动贴切地说明了诗歌也就是这样一种高度浓缩的艺术。如果内容浅陋而篇幅冗长，就称不上是诗了。

### 三、丰富的想象

一切文学创作都离不开想象，诗歌创作特别需要想象。想象是诗歌的基本方式。艾青说："没有想象就没有诗。"赫兹利特说："诗歌是幻想和感情的白热化。"波德莱尔说："只有想象里才有诗。"

诗歌的情感抒发需要借助于形象，诗歌创造形象有其特殊性，一般情况下，它不会对事物作详细、具体的描写，也不会对事物过程作一一铺叙。它只是抓住最便于抒情的事物，以抒发自己的感情。它对事物的描写，往往是写意性的，它通过"意象"的创造来构筑自己的形象体系和艺术世界。

所谓"意象"，它不是纯客观的描摹，而是诗人主观情态作用于客观物象并在融合转化中生成的具有特定情感内容的艺术形象，它是"客观物象"与"主观情感"的有机统一。"意象"是诗歌形象构成的重要元素。一首诗可以有一个单一的意象，也可以有多个意象组成的复合意象。

诗人创造意象有两种类型：一是以心写物，一是缘心造物。所谓"以心写物"，它直接缘于作者的感官印象，是对生活场景的诗意刻画。例如杜甫的《绝句》："迟日江山丽，春风花草香。泥融飞燕子，沙暖睡鸳鸯。"这首诗一句一个意象，四个意象组成了初春美丽的图画，表现了诗人面对一派春光的喜悦之情，其意象与客观事物有着某种对应。所谓"缘心造物"，其意象不是来自现实的生活场景，而是由诗人主观臆造的。例如舒婷的《祖国啊，我亲爱的祖国》中的句子："我是你簇新的理想，/ 刚从神话的蛛网里挣脱；/ 我是你雪被下古莲的胚芽；/ 我是你挂着眼泪的笑涡；/ 我是新刷出的雪白的起跑线；/ 是绯红的黎明正在喷薄！/ ——祖国啊！//"这些诗句的意象，是诗人主观臆造的，诗人根据情感抒发的需要，在平日积淀的感官印象基础上，通过大胆的创造性想象，将其整合为新颖独到的"意象"，这些"意象"虽然离生活实景较远，但依然是诗人主观情感的真实表达。这里，诗人调动了视觉（如水车、矿灯、稻穗、路基、驳船）、听觉（如疲惫的歌）和触觉（如历史的隧洞、勒进肩膀的纤绳）等，相互沟通，构成一种为祖国——母亲所特有的意象，使人们仿佛看到了她的龙钟老态，听到了她疲惫的呻吟，触到了幽深的历史隧洞和她肩头上的沉重的负载。这些"意象"虽离生活实景较远，但依然是诗人主观情感的真实表达。

诗人通过意象抒发情感，其意象可以在情感的弥漫下奔向多极，呈现交叉、重叠、多元；也可融合而奔向整一，构成一个整体的、令人回味无穷的艺术境界。在后者，也就构成了诗的意境。意境是情、理、形、神高度融合而成的一个引人联想想象的艺术世界，是由诸多意象融合而成的含蓄而又蕴藉的完整画面。意境是中国古代诗学一个重要的审美范畴。不仅诗歌创作追求意境，小说、散文、戏剧、视影文学创作有时也追求诗的意境。

由于诗歌形象的独特性，诗歌的形象创造和情感表现特别需要奇特而丰富的想象。诗歌创作，必须不为客观事物所囿，在情感的驱动下展开想象的翅膀，去捕捉、开拓、创造奇特而新颖的意象。为了达到这一美学要求，诗人常常运用夸张、比喻、变形、通感、拟人等艺术手法。如马雅可夫斯基的长诗《列宁》，当列宁逝世的消息传出后，诗人沉浸在巨大的悲痛中，在情感的驱动下展开了丰富的想象：天花板变成了乌鸦向人们压来；惊恐从钢铁里榨出了呻吟；悲痛像脱缰野马；没有了太阳，没有晶莹的火，只有黑色的雪花透过极低的筛子，撒遍天上地下……在诗人的笔下，几乎所有事物都发生了移位、变形，都服从于诗人情感的表达。

别林斯基说："在诗中，想象是主要的活动力量，创作过程只有通过想象才能够得到完成。"在诗歌创作中，诗人只有展开想象的翅膀，摆脱现实的拘泥，才能充分调动形象思维，营造新颖独创的意象，创造优美蕴藉的意境。如果缺乏想象力，想象不能腾飞，诗歌的感情表达、作品的审美价值就会大打折扣，就会写得太直太露，如白开水一般，无滋无味。即使不是太直太露，单靠技术上的刻板操作，也只能使诗歌"意"、"象"脱节，"意"、"境"混乱。

## 四、精美而具有韵律的语言

诗的语言是最为精美的语言，它的精美表现在它字字珠玑并富于音乐美。节奏韵律是它的外形。

诗自产生之日起，就与音乐结下了不解之缘，每首原始的诗歌，既是诗，同时也是音乐作品。文学独立之后，诗歌仍在很长一段时间里保留着合乐、能唱的特点。诗歌之所以具有音乐性，与它的抒情性紧密相关。感情的起伏跌宕、波动流走，构成了诗歌内在的音乐美。将诗歌内在的音乐美传达出来，也就构成了诗歌语言上的音乐美。

任何民族的语言都是有声的，都具有音乐性。诗歌语言作为文学中最精练的抒情语言，它着意强化了音乐性，最充分地发挥了语言音响的特殊功能。所以，英国诗人柯勒律治说："心灵里没有音乐，决不可能成为一个真正的诗人。"英国作家爱伦·坡也说："文学的诗可以简单界说为有韵律的创造。"

诗歌语言的音乐美，主要表现为节奏和押韵。

郭沫若说："节奏之于诗，是她的外形，也是她的生命。我们可以说没有诗是没有节奏的，没有节奏的便不是诗。"

所谓节奏，是指诗歌语言轻重、缓急、强弱、高低、长短所带给人的一种张弛交错的特殊美感。它实质上是宇宙节奏、生活节奏、情感节奏的诗化。专家们研究，中国诗歌语言上的节奏，主要是通过"平仄"和"顿"来完成的。

在古代汉语里，汉字有平、上、去、入四声，平声除外，其他都是仄声（在现代汉语中，平声分为阴平和阳平，入声则分别归入阴平、阳平、去声）。平声音长而平稳，仄声音短而有升降，古代诗人运用平仄的对立，在长期的诗歌创作实践中形成了一些稳定的平仄格式，如王之涣的《登鹳雀楼》：

> 白日依山尽，
> （仄仄平平仄）
> 黄河入海流。
> （平平仄仄平）
> 欲穷千里目，
> （平平平仄仄）
> 更上一层楼。
> （仄仄仄平平）

这首诗，每句平仄相间，单句与双句之间相间位置的字音，特别是二、四两字，上句用平声字，下句一定用仄声字，这种平仄有规律地组合，也就造成了语音上的错落有致、变化和谐，也就形成了诗歌语言的节奏。

所谓"顿"，是指读一行诗时可以略为停顿一下的音节上的基本单位。如徐志摩《再别康桥》中的第一节：

> 我／轻轻地／走了，
> 正如我／轻轻地／来，
> 我／轻轻地／挥一挥手，
> 作别／西天的／云彩。

诗中长短不一、相互交错的"顿"，也就构成了诗歌语言上的节奏。专家们研究，中国古代的七言诗，一般每句分四顿，五言诗每句分三顿。如："故人／西辞／黄鹤／楼，烟花／三月／下扬／州。孤帆／远影／碧空／尽，唯见／长江／天际／流。"如："千山／鸟飞／绝，万径／人踪／灭。孤舟／蓑笠／翁，独钓／寒江／雪。"现在的新诗，由于诗无定节，节无定行，行无定字，"分顿并不一定像我国古典诗歌一样固定以两个字或收尾的一个字为一顿，而可以从一个字多到三四个字为一顿。"①

构成诗歌语言上的音乐美，除了节奏，还有押韵。诗歌有头韵、腰韵、脚韵，中国诗歌一般押脚韵。中国汉字的读音由声母和韵母组成，这就为诗歌的押韵提供了条件。所谓押韵，就是指同韵母的字在诗行中有规律地重复出现。押韵可以给读者提供一种听觉上的美感，有利于感情的强调和意义的集中，可以使全篇具有整体感。黑格尔曾指出："音节和韵是诗的原始的唯一的愉悦感官的芬芳气息。"马雅可夫斯基说："没有韵脚（广义的韵），诗就会散架子的"，"韵脚使你回到上行去，叫你记住它，使得形成一个意思的各行维持在一块儿"。中国古代的格律诗对押韵要求相当严，不仅规定了韵的位置，还规定了韵的平仄。而自由诗的押韵，就比较灵活、自由，可疏可密，可一韵到底，也可中途换韵。尽管现代诗坛出现了一些不押韵的诗，但从整体上说，如果不是因韵害意，不是玩文字游戏，押韵对诗歌艺术仍然是很重要的，因为它能构成诗歌的回环之美、听觉之美，有利于情感的抒发，便于记忆传诵。

---

① 何其芳：《关于诗歌形式问题的争论》，载《文学评论》，1959 年第 10 期。

由于诗歌要强化感情，突出意象，也由于诗歌有音韵和节奏上的要求，也就带来诗歌语言上的一些特殊之处。

诗歌的语言是最精练、最形象、最优美的语言，它要像水晶一样通体透明。草率、啰嗦是诗的致命伤。写诗歌，要字字必争，句句必争，炼字炼句，精心推敲，尽可能做到精练、形象、优美，不多一字，也不少一字。

诗歌的语言要内蕴丰富，含蓄。中国古代的诗论就特别强调这一点，要求诗歌要有"象外之象"、"景外之景"、"弦外之响"、"韵外之致"。古人认为，诗歌如果没有韵外之致，也就如同嚼蜡。

诗歌的语言常常打破常规的语法规范，出现成分残缺或词序倒置。如杜甫《秋兴八首》中的名句："香稻啄余鹦鹉粒，碧梧栖老凤凰枝"，按照一般文法，根本读不通。叶嘉莹认为："这种句法，其安排组织全以感受的重点为之，而并不以文法的通顺为之，在此，其所予人者全属意象之感受，而并非理性之说明。"这种见解是极精到的。这种情况在现代诗歌中也大量存在。

诗的语句跳动性极大，它不像散文的语言强调意思的完整性，它往往只呈现最重要的词语或意象，而将一些关联性的词语省略掉，让读者凭想象去连缀补充，如马致远的《天净沙·秋思》："枯藤老树昏鸦，小桥流水人家，古道西风瘦马，夕阳西下，断肠人在天涯。"开头三句，由九个偏正词组组成，作者就把关联词语省略掉了。诗句的跨度极大。大量的省略不仅没有破坏意义的传达，相反还大大地拓展了诗的联想空间。

诗歌特殊的语言结构还表现在诗行的排列上。现代诗歌的一个重要外部标志，就是诗的分行排列，闻一多曾把它视为"建筑的美"。在大多数的情况下，散文语言的排列有很大的随意性，没有多少独立的意义。而诗的分行排列却是诗人精心安排的结果，直接影响诗的功能和价值的实现，并具有独立的审美价值。把一篇散文分行排列，不能算诗。而把一首现代诗排成散文样式，却将大大削弱诗的艺术魅力。中外格律诗有固定的句式、行数，具有整齐的形式外观。而自由诗的分行则相当灵活：可以一句一行，也可把一句排成几行，可以一个字排一行，可以把几十个字排成一行。诗的分行既要服从表现情感、构造意象的内在需要，又要适应诗歌音乐美、建筑美的外在需要。例如，马雅可夫斯基的长篇政治抒情诗，大多采用了一种"楼梯式"的分行，造成了一种独特的情感节奏和语言节奏，有如激流飞泻，层层浪涌；惠特曼的《草叶集》则采用了大量近乎散文的长长诗行以歌颂大自然、劳动和创造，读起来显得汪洋恣肆、雄浑豪迈！他们在诗行的排列上，都独具匠心。

## 第三节　诗歌的种类

诗歌在不同民族不同时代的发展中产生了多种不同的形态，现将一些基本的形态介绍如下：

### 一、叙事诗和抒情诗

这是依据诗歌的内容而划分的。凡侧重于抒发诗人思想感情的诗称抒情诗；凡用抒情的方式"歌唱一个故事"的称叙事诗。

抒情诗一般没有完整的故事情节，也不详尽地叙述事件的过程，它一般将客观事物的描写融入作者强烈的情感抒发之中,其写景状物,或写到生活中某一事件的片断,都是为了抒情。和抒情诗比较起来,叙事诗一般都有比较完整的故事情节和比较具体的人物描写,但它不像小说那样侧重于客观事物的叙述和描写,它通常是以抒情的方式叙事,把丰富的感情融注在人物形象和故事情节之中。它不是讲述一个故事,而是歌唱一个故事。

抒情诗和叙事诗并不是截然分开的,抒情诗也可以有许多叙事因素,叙事诗因其是抒情的叙事也离不开抒情的成分。二者的划分,主要是就其主导倾向而言的。

## 二、旧诗与新诗

这是依据诗歌的语言划分的。旧诗指以古汉语为基础写成的诗歌。"五四"新文化运动前的诗均为旧诗,包括古体诗、近代诗、文人词等形态。当代人用文言写的诗,我们习惯上也称之为旧体诗。

新诗是以现代汉语为基础写成的诗歌,它不受声韵格律的约束,篇无定句,句无定字,不受格调和韵的限制。新诗的主要形式是自由诗,它的音节、句数、段式没有固定的格式,语言表达自由,有一定的节奏,可押韵或不押韵,抒写思想感情较为自由。本书所讲的诗歌创作,主要指这一类诗。

## 三、格律诗和自由诗

这是依据诗歌语言的格式来划分的,与前面讲的旧诗新诗略有交叉。

格律诗指有一定格式的诗,它要求相当严,篇有定句,句有定字,讲究对仗、平仄、押韵。行、节、字数、声调、用韵都有严格规定。我国古代的绝句、律诗、词、曲,欧洲的十四行诗等,都属格律诗。"五四"以来,诗人们虽然对现代汉诗的格律作了不懈的探索,但真正意义上的,大家所公认的现代格律诗并没有出现,我们基本上把新诗看作自由诗。

格律诗是人们在诗歌创作中,通过长期的探索逐渐成熟定型的,中外的格律诗一般都有和谐统一、寓变化于严整的特点,代表了古典诗歌形式的最高成就。其局限是,由于受格律严格限制,使许多东西难以表现,有限的格律也容易导致风格的雷同。

所谓自由诗,也就是写法比较自由的诗。它没有固定的格式,诗节的划分、篇幅的长短、诗行的字数以及节奏、韵律都没有严格的规定。诗句诗节的长度随诗意的变化而变化,韵律灵活,靠短语、句子、段落的参差变化来形成诗歌的韵律和节奏。自由诗是现代广为流传的一种诗体。

一般认为,现代意义上的自由诗,是由美国诗人惠特曼创造的。事实上,人类创造诗歌之始,仅求声韵的和谐和感情的抒发,是没有"格律诗"的概念的,像我国古代的四言古诗、五言古诗、杂言体诗、歌行体诗,在格律上并没有严格规定,都可以看做自由诗。

## 四、散文诗

散文诗通常被视为自由诗的一种,但它有别于一般的自由诗,是介于散文和诗之间的一种新兴诗体。它不分行排列,篇幅短小,语言精练,抒情色彩强,富于诗的激情和意境。它一般从小处着笔,多用象征、暗示,比一般抒情散文更集中,更凝练,更注意语言的流畅优美。散文诗兴起于 19 世纪的欧美,20 世纪移植于我国。谢冕在《必要的拓展》中曾指出:"它是诗,又不具备诗的外形;它不是散文,却采取了散文体式。说它是诗,它却不受诗的韵律和格式的束缚，它很自由，它有着较诗更为活泼、更为无拘束的表现形态。它合理地吸收了散文中某些诗意的细节性描写手段，从而丰富了'作为特殊的诗'的特殊表现手段。"散文诗脱去了诗的外壳，却始终没有抛却诗的内核。它不押韵，但诗的精练却保留下来了，它追求的是一种内在的韵律。像鲁迅的《野草》中的《雪》《好的故事》等，高尔基的《海燕之歌》，都是著名的散文诗。

### 五、民歌

民歌是劳动人民口头创造的诗歌，包括山歌、渔歌、盘歌、夯歌、道情、小调、花儿、童谣、灯歌、秧歌、信天游、爬山调、伐木号子、拉纤号子等。它体现了集体的智慧和感情，具有浓郁的地方色彩，积淀了丰富的民俗民情，具有独特的审美意味。它的生活气息浓厚，风格刚健清新，曲调朴实自然，语言生动形象，表现手法丰富多样，真实地反映了人民的生活、情绪、思想、意志、理想。民歌是各民族文化的一个重要的组成部分，它如同一个瑰丽的宝山，孕育了各个时代的优秀诗人，为他们的创作提供了丰富的营养。历代都有诗人采用民歌体进行创作，如李季的《王贵与李香香》、阮章竞的《漳河水》、贺敬之的《回延安》，都是有名的成功之作。

## 第四节　中外诗歌的发展

要写诗须多读诗，如果世界范围内的名著都没读过，盲目去写，费力不讨好。因此，对于写诗的人来说，了解世界诗歌史的发展概貌，应该说是一种基础的功夫。

### 一、中国诗歌的发展

鲁迅先生曾说过："在文艺作品发生的次序中，恐怕是诗歌在先。"

诗的产生，与劳动，与音乐、舞蹈紧密相关。《淮南子·道应训》说："今夫举大木者，前呼'邪许'，后亦应之，此举重劝力之歌也。"《吕氏春秋·古乐篇》说："昔葛天氏之乐，三人操牛尾，投足以歌八阙。"这些记载，都说明诗歌不仅产生于劳动，而且与音乐和舞蹈密切相关。

1.《诗经》是中国文学史上最早的一部诗歌总集，分为风、雅、颂三大类，共三百零五篇，又称为"诗三百"。它是我国现实主义文学的源头，对我国诗歌发展有着巨大的贡献。它名之以"经"，不仅以儒家所赋予的特定思想内涵泽被后世，也以其现实主义精神、赋比兴手法、质朴刚健的诗风，影响着一代又一代的诗人。以后各个时代的文学家和诗人，虽然在风格和擅长的艺术形式上各不相同，但他们都从《诗经》中汲取了无尽的营养。有人读诗，宁愿背唐诗宋词，也不愿背《诗经》，恰恰是对《诗经》巨大的文化意义缺乏必要的了解。

《诗经》之后，有《楚辞》。《楚辞》以屈原的作品为代表。屈原的《离骚》，在文学史上的地位是极高的，它不仅以光照日月的人格泽惠千古，同时也把诗思引向了一个无比神奇瑰丽的世界，以后的诗人，莫不从中吸取营养。鲁迅曾评价说："逸响伟辞，卓绝一世……较之于诗，则其言甚长，其思甚幻，其文甚丽，其旨甚明，凭心而言，不遵矩度……其影响于后来之文章，乃甚或在三百篇之上。"

《诗经》与《楚辞》并称为"风骚"，在文化史上的地位是不可动摇的。

2. "风骚"之后有"乐府"。汉代的《乐府》，代表了两汉诗歌的最高成就，它"感于哀乐，缘事而发"，长于叙事，配乐而歌，"可以观风俗，知厚薄"，继《诗经》之后，构成了我国现实主义文学的第二个高峰，有力地推动了五言诗、七言诗的发展。

《乐府》对唐诗的影响极为深远，其"感于哀乐，缘事而发"的优良传统，质朴、刚劲的诗风，是唐人普遍认可、向往、追求的美学风范，其题制，也成了唐人创作的一个源头。

除乐府民歌外，汉代诗歌还有文人写的五言诗，其中被萧统收入《文选》的"古诗十九首"代表了汉代文人五言诗的最高成就。它们都是"无名氏"的作品，且不是一人一时之作，但却有相对统一的思想情调和艺术风格。作者大都是些仕途失意或异乡漂泊的文人雅士，他们过着"轩轲长苦辛"的贫寒生活，彷徨苦闷，没有出路，因此在作品中弥漫着浓重的感伤气氛。在十九首诗中，有些是咏叹失志伤时的作品，有些是抒写相思离别的作品。虽然也能反映出时代的某些侧面，但由于题材狭窄，所反映的现实内容较之乐府诗，是不可同日而语的。"古诗十九首"的主要成就在艺术方面。它不仅继承了乐府民歌中抒情诗的技巧，而且还把这种技巧提高一步，并吸取《诗经》《楚辞》的营养，使五言诗成为一种更成熟的形式。

如果说，乐府诗代表了两汉五言叙事诗艺术的最高成就，"古诗十九首"就代表了五言抒情诗的最高成就，特别是其中写相思离别之作，已达到我国抒情诗的最高意境，后代模仿者很少能超越。它的语言非常平易、自然、含蓄、简练、生动、真挚，虽无奇险惊人之句，但耐人回味。刘勰《文心雕龙》说它"结体散文，质而不野；婉转附物，怊怅切情"。陆时雍《古诗镜》说它"深衷浅貌，语短情长"。谢榛《四溟诗话》说它"格古调高，句平意远，不尚难字，而自然过人矣"。沈德潜《说诗晬语》说它"或寓言，或显言，或反复言，初无奇辟之思、惊险之句，而西京古诗皆在其下"。这些评语都极中肯。

3. 建安之前，我国古代诗歌主要是民歌。到建安时代，文人创作开始大量涌现。他们打破两汉以来"辞赋独盛"的局面，使诗歌成为文学创作的主要形式。这个时期，产生了不少杰出的诗人和优秀的诗篇，现实主义精神得到进一步发扬，抒情诗、叙事诗都有了新的发展，五言诗、七言诗在此时奠定了基础，艺术表现手法也更趋成熟。

建安诗人以"曹氏三父子"和"建安七子"为代表，他们在向乐府民歌学习的基础上，创作了大量诗作，奠定了他们在我国诗歌史上不可动摇的地位。

曹操，史称他"登高必赋，被之管弦，皆成乐章"。他不因袭旧套，突破传统思想的束缚，反对绮靡柔弱的文风，开创了文艺反映社会现实、表现诗人政治抱负的"建安风骨"（也称"建安风力"或"汉魏风骨"）。他从乐府民歌中汲取丰富的营养来抒发自己的怀抱，代表作有《短歌行》《步出西夏门行》《神龟虽寿》等，敖陶孙的《臞翁诗评》称他"如幽燕老将，气韵沈雄"。在他的倡导和影响下，当时的诗坛呈现出一派"俊才云蒸"的繁荣景象。

曹植，他继承汉乐府民歌的优良传统，并适当吸取前人创作经验，在立意谋篇、修辞炼句上下工夫，使主题突出，结构完整，辞藻华丽，起句挺拔，又富于生活气息和真情实感。他的诗最富于建安诗歌所特有的那种慷慨激越的悲壮情调，堪称建安时代的代表。钟嵘称他："骨气奇高，词采华茂。"

除曹氏父子，"建安七子"中最负盛名的有王粲，刘勰曾称他为"七子之冠冕"。由于他饱经乱离，其作品能比较真实地反映出当时社会的动乱和人民的苦难。代表作《七哀诗》，描写了流离的痛苦，反映了豺虎横行、白骨蔽野、母亲忍痛弃子，使人触目惊心，显示了批判现实的力量，表现了他对人民悲惨遭遇的同情以及诗人自己深沉的悲愤。

除"三曹""七子"，还有女诗人蔡琰(文姬)。她的代表作《悲愤诗》，揭露了董卓乱兵的残暴和被掳者的惨苦遭遇，抒写了她前半生颠沛流离的生活，笔端饱含血泪，在广阔的场景里反映出当时的内乱给广大人民带来的深重灾难，是这一时代的重要作品。至于相传为她所作的《胡笳十八拍》，真伪问题尚有争论。

4. 建安之后，魏末又出现了与"建安七子"遥相映衬的"竹林七贤"。但二者有极大区别。"建安七子"，大都经历过乱离生活，因此能在作品中不同程度地反映社会现实。"竹林七贤"则寄情山水，对社会现实感受不深。只有嵇康与阮籍，不愿与时俗同流合污，并对封建统治者虐害人民的本质有所揭露。嵇康擅长四言诗，他有高洁的志趣和愤世嫉俗的思想，常在作品中流露出愤愤不平之情。鲁迅说他一生脾气很坏，敢在诗文中发议论，是个"高傲的人"；并说他的作品"思想新颖，往往与古时旧说反对"。他的诗还富有秀逸的风格和清远的情趣，刘勰的《文心雕龙》说他"嵇志清峻"。钟嵘的《诗品》说他"过于峻切"。阮籍专力于五言诗，常用象征和曲折隐晦的手法写出对现实的不满和内心的苦闷。他的《咏怀诗》八十二首，对后来的陶潜、庾信、陈子昂、李白等都有很大影响。

5. 在晋代，有著名诗人陶潜。他被人称为"田园诗人"或"隐逸诗人"，实则是个不能忘怀现实的人。他的诗，于平淡中舒卷着时代风云，在静穆里激荡着沸腾热情。他写的田园诗，或表现劳动时的愉快和丰收时的喜悦，或咏叹天灾、饥寒带来的忧虑，或抒发陶然自乐的情绪和对远古的怀念。他的作品，反映出退隐前后的复杂心情：有时表现为清静淡泊，悠然自得；有时显露不平，甚至激奋；有时还议论时政，愤世嫉俗。在艺术形式上，他的诗简洁、含蓄、朴素、自然、新鲜、明朗，一反当时骈俪华美的文风，以独特的艺术风格彪炳于世。陶诗在思想内容和艺术形式两个方面，对后来诗人都产生了不小影响。他那蔑视富贵，不愿同流合污的气节，给后世一些进步诗人以很大影响。在艺术上，唐代诗人几乎或多或少都受过他的影响。宋代以后的诗人，在反对雕琢、提倡朴素诗风时也常从陶诗中汲取力量。

6. 从魏晋到南北朝，是中国历史上政治异常黑暗混乱的时代。这一时期，诗歌发展日益呈现出浮艳的文风，因此，南北朝时期未能产生卓有成就的大诗人。但就诗歌形体来说，这一时期却是由汉魏古诗到唐代近体诗的主要桥梁。当时的诗歌，上承汉魏，下启有唐。其中，谢灵运富艳精工、典丽厚重的山水诗，开辟了诗歌表现的新领域；鲍照朗健奇矫的诗作，不仅继承了建安以来反映现实生活的优良传统，还以一大批内容充实、形式渐趋成熟的七言乐府为以后的七言歌行奠定了良好的基础；沈约的声律说及"永明体"，则直接推动了近体诗的形成；庾信苍凉悲怆、刚健深沉的后期创作，成为唐代格律诗的直接开启者；而沉湎艳情、采丽竞繁、格调低下的齐梁体，也为唐代诗歌创作提供了反面教材。

7. 进入唐代，诗歌创作呈现空前繁荣的景象。唐人的创作，代表了我国古代五七言、古近体的最高成就。它构成了我国古代文化最为灿烂辉煌的一部分，也给后人留下了一个无法跨越的高峰。

从唐建制到开元前，史称初唐。这一时期，是唐诗矫正诗风、扫清障碍的时期，活跃于这一时期的诗人，是一批勇于革新的斗士、筚路蓝缕的先行。

唐初前三四十年，诗坛弥漫着梁陈余风，内容不出宫闱应制，风格纤柔轻靡，形式上则"采丽竞繁"，连一代英主李世民，也要作作宫体诗。直到公元 655 年武则天称后，王、杨、卢、骆、陈、杜、沈、宋等一批诗人登上诗坛，唐诗才开始呈现自己的面貌。

王、杨、卢、骆，史称"初唐四杰"。他们不满淫靡绮艳的齐梁余风，以改造宫体诗的方法开始自觉地为唐诗发展清扫道路。他们为诗歌注入实实在在的生活内容和清新刚健的风格。他们的优秀之作，一扫齐梁靡靡之音，为唐诗繁荣投来了第一缕明丽的霞光。但由于他们并未完全摆脱六朝宫体的体制，藻绘余习难免。但他们的历史功绩是不可磨灭的，杜甫后来给他们以很高的评价："王杨卢骆当时体，轻薄为文哂未休。尔曹身与名俱灭，不废江河万古流。"

陈子昂改革诗风走的则是与"四杰"不同的路子，他直接从汉魏风骨中汲取营养，高倡"兴寄""风骨"。他既有理论，又有创作，以自己的理论和实践，为唐诗开辟疆域。他是唐诗发展中继往开来的关键人物，有人将他比作大泽乡振臂一呼为群雄开路的先锋，韩愈后来有诗称："国朝有文章，子昂始高蹈。"

杜审言、沈佺期、宋之问等人，则继承南朝诗人对于诗歌形式的研究，精心完成了五七言律体，为唐诗的繁荣作出了自己的贡献。

从玄宗即位到代宗登基（712～762），史称盛唐。诗至盛唐，最为夺目。这一时期，名家辈出，群星灿烂。出现了以王维、孟浩然、储光羲、常建为代表的田园山水诗派；以高适、岑参、李颀、王昌龄为代表的边塞诗派；以及在诗歌史上雄视千古的双子星座——李白和杜甫。在诗歌创作方面，显示了盛唐之所以为"盛"。

集中反映盛唐积极进取时代精神的，是出自王、李、高、岑之手的边塞诗。这些诗篇，充满了建功立业的激情，交织着英雄气概与儿女情长，悲凉慷慨而始终又不失奋发昂扬。

这一时期的田园山水诗，挖掘的是田园山水和普通生活的诗意，抒写的是清澄无染的人格魅力，艺术上上承陶潜、二谢而自成一家。尤其是王维，他常常用极简省含蓄的文字，描绘出诗意盎然的画境，是一个影响深远的大家。

这一时期的七言歌行，是"盛唐气象"的直观载体，李白、高适、岑参、李颀等人，都以纵肆的笔调、多变的章法、淋漓尽致的笔墨，写壮伟宏丽的题材，表现出豪迈非凡的气概。尤其是李白，意气风发，才思横溢，其歌行不拘骈偶，杂用古文和《楚辞》句法，纵横捭阖，虎踯龙腾。

这一时期的绝句，也称得上唐诗中的极品。李白、王昌龄、王维、王之涣、高适、岑参，都深谙此道，他们的作品，充分显示了盛唐诗人非凡的艺术造诣。

以上是就整体说的，倘具体分析，安史之乱前与安史之乱后，诗坛面貌又不一样。

程千帆先生曾指出，安史之乱前，诗人们在创作中所散发的是强烈的浪漫气息。他们或向往边塞追求功名，或遗世高蹈希企隐逸，或因时变化二者兼有。其热烈高昂或悠游自在的歌唱，无不充满浪漫气息，前人所说"盛唐气象"很大程度指的就是这种富于浪漫气息的时代精神。经历安史之乱、国破家亡之痛，诗人们再也唱不出热烈高昂或悠游自在之歌了，只有杜甫，始终以严肃、悲悯的心情，关注着社稷黎元的命运，为家国安危人民哀乐而歌唱。杜甫一生把许多国家变故、民间疾苦，以及自己所经所历、所感所思写到诗里，他以碧海掣鲸的笔力，表现那个时代的巨痛，抒写胸中如山如河的郁积。他将律诗发展到了一个完全成熟的阶段。杜甫的作品，诸体兼备，包容博大，沉郁顿挫，地负海涵。其人，被誉为"诗圣"；其诗，被称作"诗史"。

安史之乱以后，进入中唐。经短暂的衰退，诗歌创作又形成新的高峰。刘长卿、韦应物的山水诗，是王维、孟浩然一派的继续；卢纶、李益的边塞诗是高适、岑参一派的余绪；元结、顾况的新题乐府诗，承杜甫"即事名篇"之传统，开新乐府运动的先声；特别是"诗到元和体变新"，宪宗元和时期（806～820），出现了以白居易为首，元稹、张籍、王建、李绅等为羽翼的"白派"，以及以韩愈为首，孟郊、贾岛、卢仝等为羽翼的"韩派"，蔚为壮观。

白派诗人，继承杜甫敢于正视现实、抨击黑暗的一面，并努力使语言通俗流畅，生动感人。其乐府叙事诗，题材广阔，组织复杂，风格平易。

韩派诗人，则继承了杜甫在艺术上刻意求新、富于创造的精神，致力于在杜甫胸中笔下还没有来得及开拓的境界。内容上，他们写险怪、幽僻；形式上，以散文句法入诗。如果说李、杜诗中有文，韩愈简直是以文为诗。他丰富了"唐音"，也影响到宋代。

除"韩""白"两大派，柳宗元、刘禹锡、李贺也是这一时期卓有成就的诗人：柳诗峻洁清腴，摹山范水，上承谢灵运；刘诗简练沉着，讽时之作，下启苏东坡；李诗奇诡瑰丽，其新辞异彩，妙思怪想，固然受韩孟诗风的影响，但他在韩白之外自创了自己独特的艺术风格。

进入晚唐，最突出的诗人有杜牧和李商隐，他们有"小李杜"之称。杜诗出于杜、韩，风格上熔清新峻拔为一炉，其七绝清新俊逸，在王昌龄、李白之后自成一家。李商隐的七律，在前人已多方开拓、几乎难以为继的情况下，异军突起。其语言、对仗、声律、典故，都经过了精心的选择与组织，开阖顿挫，变化万千，接席杜甫而无愧。他们构成唐诗灿烂的晚霞。

与李商隐齐名的温庭筠，情思才力虽比不上李商隐，其轻艳的诗风，对唐末诗人也产生了影响。其后，杜荀鹤、罗隐、聂夷中等人，以通俗的语言反映社会问题，追踪元白；司空图、韦庄等人，以凄婉轻艳的风格，伤悼乱离；皮日休、陆龟蒙等人，每于吟咏悠闲时显出不忘世事的沉痛。他们虽构不成盛唐、中唐气象，但不失为晚唐余韵。

以上是对唐诗发展轮廓一个大致的勾勒。唐代的诗歌创作，有如一部气势雄伟、跌宕起伏而又气象万千的大合唱，仅《全唐诗》所收诗人，就达2200多人，诗48900余首。在以上描述中，未被提及的诗家，就如同绿叶之于红花，群星之于皓月，正是因为他们的参与，有唐一代的诗歌创作才显得那样的雄浑、高亢、有声有色而又令人荡气回肠。

唐以后，无论古体诗还是近体诗各代仍在继续，其中宋代，在前人的基础上形成了主理的特点，大家可参看一些宋诗选本。

8. 进入宋代，主要有宋词。

唐诗宋词，历来对列并举，它们各极其美，各臻其盛，千百年来传诵不衰。

词起源于何时，至今并未取得一致看法。有人认为南朝乐府中某些歌词，如萧衍、沈约写的《江南弄》，即其雏形，但也有人认为词最早产生于隋代。

清光绪二十六年（1900年），从敦煌莫高窟藏经洞中发现了词的抄卷，王重民辑为《敦煌曲子词集》三卷，所收共161首，是现存最早的唐五代民间词。

敦煌词题材十分广泛，王重民《敦煌曲子词集·叙录》说："今兹所获，有边客游子之呻吟，忠臣义士之壮语，隐君子之怡情悦志，少年学子之热望与失望，以及佛子之赞颂，医生之歌诀，莫不入调。"这些作品，大多是无名氏的作品。其中虽也有闺情花柳之作，但总的说来，多半反映的是下层人民的生活状态和思想感情，具有清新质朴甚至俚俗的风格。如

《菩萨蛮》：

> 枕前发尽千般愿：要休且待青山烂，水面上秤锤浮，直待黄河彻底枯。白日
> 参辰现，北斗回南面。休即未能休，且待三更见日头。

词里一口气说了许多人世间断不可能发生的事，用的都是生动的民间语言，且语气那
么急切，好像要说尽说绝，但不幸的事似乎依然发生了。词中民间女子敢爱敢恨、质朴刚
烈的感情以及表达感情的方式，带有鲜明的民间文学的特点。

再看下面这首《浣溪沙》：

> 五两竿头风欲平，张帆举棹觉船轻。柔橹不施停却棹，是船行。满眼风波多
> 闪烁，看山恰似走来迎。仔细看山山不动，是船行。

这首词笔调轻快，韵味天成，充满了清新朴实的生活实感，那些矫揉造作、隔靴搔痒
之作，是远不可比拟的。

敦煌曲子词的形式，也反映了词创体初期的状态，如有衬字，有和声，字数不定，平仄
不拘，叶韵不严，咏调名本意者多等。这说明早期词尚未定型，格律上还比较粗糙。朱祖
谋跋《云谣集杂曲子》云："其为词拙朴可喜，泂倚声椎轮大辂，且为中土千余年来未睹之
秘籍。"

文人词的产生，大致在盛唐。目前所能见到的文人词，相传为李白所作的《菩萨蛮》
《忆秦娥》，被视为文人"百代词曲之祖"。这两首词，历来评价很高，认为它"神在个中，
音流弦外"，"实千古词坛纲领"，但也有人对这两首词是否为李白所作提出了质疑。

唐中叶后，由于民间词广泛传播，一些诗人也开始了词的创作。张志和、韦应物、戴
叔伦、王建、白居易、刘禹锡等，是公认的第一批文人词作者，其传世作品虽不多，且限于
小令，但有不少佳作。如张志和的《渔歌子》：

> 西塞山前白鹭飞，桃花流水鳜鱼肥。青箬笠，绿蓑衣，斜风细雨不须归。

词中渔父的形象既清高脱俗，又自得其乐，在一定程度上是词人自我精神面貌的写
照，与盛唐山水田园诗人的作品，有着一致之处。因为写出了文人雅士的情怀，传播极广。
再看白居易作《忆江南》：

> 江南好，风景旧曾谙。日出江花红胜火，春来江水绿如蓝。能不忆江南？

开篇使用"江南好"三字高度概括江南风物，再从谙熟于心、举不胜举的江南美景中提
炼出"日出江花红胜火，春来江水绿如蓝"二句，设色鲜丽，用喻新巧，最后用"能不忆江
南"反问作结，感情更加强烈。

唐代初期的文人词，形式短小，题材广泛，受民间词的影响明显，风格清新、明快、活
泼，多以写诗手法写词，较少适应词调特点而形成独特风格，这种现象一直到晚唐温庭筠

才有改变。

晚唐以后，文人词迅速发展，形成了以西蜀为中心的花间词人和以南唐为中心的江南词人。

花间词人因词集《花间集》而得名。五代后蜀赵崇祚于后蜀广政三年（940 年）辑录晚唐五代时温庭筠、韦庄等十八家词五百首，编为《花间集》十卷，这是我国最早、规模最大的文人词选集。花间词人以温庭筠为首，其次有韦庄等人。

温庭筠是晚唐与李商隐齐名的著名诗人，他精通音律，《旧唐书》说他"能逐弦吹之音，为侧艳之词"，《花间集》收其词作 66 首。温词以反映妇女生活和恋情为主，在描写妇女形象时，他往往从容貌、服饰、情态上细致描画，笔触柔媚，设色绮丽，散发着浓烈的脂粉气，故有人以"香而软"来概括其词风。他的《菩萨蛮》14 首最能代表这种特色。试看下面这首：

　　　　小山重叠金明灭，鬓云欲度香腮雪。懒起画蛾眉，弄妆梳洗迟。照花前后镜，花面交相映。新帖绣罗襦，双双金鹧鸪。

此词写一少妇初醒的容态和梳妆打扮的生活片断，标举精美的名物，选用华丽的词藻，敷设鲜艳的色彩，点染浓烈的粉香，将居室之富丽、少妇之美艳及情思之慵懒表现得穷极妍态。

温词精工艳丽，流金溢彩，深隐细密，极富音乐性。他浓艳香软、深隐细密的词风，直接影响了五代一批词人，形成一个尊他为鼻祖的花间词派。由于他精通音律，对词调的创新和格律的规范化也有较大贡献。他创作出了大量艺术性较高的作品，使词从巷陌新声转为士大夫雅奏，奠定了词在文坛上的地位，真正开始了文人词的传统。

花间词人中另一个有很大成就的是韦庄。韦词疏朗淡雅，不事雕饰，自然秀发，他打破词以雕琢艳丽为特色的观念，改用白描抒写个人的情怀，语言明白，音节响亮，颇得疏朗淡雅之美。试看其《菩萨蛮》：

　　　　人人尽说江南好，游人只合江南老。春水碧于天，画船听雨眠。垆边人似月，皓腕凝霜雪。未老莫还乡，还乡须断肠。

这里纯用白描，以朴素自然的语言抒写江南游子春日所见所思，淡雅而有神韵。

温、韦词风格虽然不同，但作为词史上第一批大量写词甚至以词名世的作家，在促进词体的成熟，使词逐渐摆脱完全依附于音乐和附庸于诗的地位而成为有独立生命的抒情体方面，具有同等的贡献，故历来温、韦并称。后世许多词人，特别是五代一批被称为"花间派"的词人，都深受其影响。

五代时，偏安江南的南唐是词的另一个中心。南唐词人的主要代表有冯延巳、李璟、李煜，其中以李煜的成就最高。他在词的艺术上所取得的成就，使他不仅成为唐五代词坛上最杰出的词人，也成为我国词史上最杰出的词人之一。

冯延巳在晚唐五代，与温庭筠、韦庄鼎足而立，处于温、韦之后转变词风的关键地位。从表面上看，冯延巳的词似乎并未脱去五代一般小令的特点，所写不过是一些闺阁园亭之景和伤春怨别之情，但在意境方面有重要开拓。他不像温庭筠那样醉心于描绘女人的容貌举止和服饰，也不像韦庄那样多写具体情事，而是着力于描写一种心理体验，塑造一种感情境界，如他的代表作《鹊踏枝》：

> 谁道闲情抛掷久？每到春来，惆怅还依旧。日日花前常病酒，不辞镜里朱颜瘦。河畔青芜堤上柳，为问新愁，何事年年有？独立小桥风满袖，平林新月人归后。

这里写的不是某件具体事情，而是相同情境中人们都可能产生的思绪，极易触动读者感情上的相似点，并联想某种人生经历，形成更为深广的境界。王国维《人间词话》说："冯正中词，虽不失五代风格，而堂庑特大，开北宋一代风气。"，即指冯词在刻画人物深层心态方面给北宋词人开了先河。

冯词吐属清华、情致缠绵等特色，给宋初晏殊、欧阳修以很深影响。刘熙载指出："冯延巳词，晏同叔得其俊，欧阳永叔得其深。"（《艺概·词曲概》）

李璟(916~961)世称南唐中主，其词作虽仍写男女情事，却融进了感时伤乱的慨叹，渗透了国事风雨飘摇的危苦心情。其词仅存4首，以《摊破浣溪沙》传诵最广：

> 菡萏香销翠叶残，西风愁起绿波间。还与韶光共憔悴，不堪看。细雨梦回鸡塞远，小楼吹彻玉笙寒。多少泪珠何限恨，倚阑干。

这里写的是悲秋念远之情，格调虽低沉，但构思新颖，情景和谐，语言清新流畅。全词层次转折多，而灵活跳宕，意境阔大，概括力强，令人感到其旨遥深。

李煜是南唐最后一个皇帝，也是一位跨五代与北宋的词人。他天资聪颖，又从小生长在一个富有文学艺术气氛的环境中，具有多方面的文艺才能。善诗文，尤擅长于词。他的词，真率自然，艺术概括力强，语言明白如话而又精练隽永。前期词，主要写宫廷中的豪华生活和男女间的柔情蜜意；后期词，则写国亡家破的深悲巨痛和抚今追昔的无穷悔恨，风格亦由前期的风情旖旎、婉转缠绵一变而为厚重纯朴、沉郁凄怆。如《虞美人》：

> 春花秋月何时了，往事知多少？小楼昨夜又东风，故国不堪回首月明中。雕栏玉砌应犹在，只是朱颜改。问君能有几多愁？恰似一江春水向东流。

此词写亡国之痛，满纸血泪，清丽中见阔大，凄恻中含悲愤，乃千古绝唱。

李煜词上承韦庄，将歌筵酒席上倚声而作的艳曲，进一步发展成为具有作家个性的言志之作，扩展了词言志抒情的领域，对宋代苏、辛等以诗为词、以文为词起到了某种先驱作用，并影响到宋词各种艺术流派。所以王国维说："词至李后主而眼界始大，感慨遂深，遂变伶工之词而为士大夫之词。"（《人间词话》）

词入宋以后，便以崭新的艺术风貌出现在诗苑乐坛，迅速发展成为一代之胜。

北宋词的发展，分前后两期。北宋前期，以晏殊、晏几道父子及欧阳修为代表。这一时期的词人，多承晚唐五代余绪，填词以小令为主，内容多写男女艳情。他们以婉约为宗，言情虽缠绵而不轻薄，用词虽华美而不淫艳，风格华贵雍容，不卑俗也不纤巧，大都以工丽取胜。初期小令，到晏几道而达到登峰造极的地步。

柳词的出现，则标志着宋词发展到了一个崭新的阶段，它从内容到形式，较唐五代文人词都有新的突破和开拓。柳永精通音律，第一个致力于填写慢词。他一改宋初以下以小令为主要创作形式的局面，创制了大量慢词，使慢词取得了与小令并峙的地位。这些慢词，体制加大，篇幅增长，音调更加繁复曲折，句式更富于变化，从而增强了词体的容量，提高了词的艺术表现力。

柳词多写都市繁华景象及下层市民的生活，尤善于表达羁旅行役之苦。他善于用铺叙和白描的手法，"层层铺叙，情景兼融，一笔到底，始终不懈"（夏敬观《手评乐章集》），把叙事、写景、抒情、议论熔为一炉，淋漓尽致而又层次井然。在语言方面，柳词摆脱了花间派铺金缀玉、浓妆艳抹之习，大量吸收当时民间流传的口语、俚语入词，通俗流畅，富有音乐性。

苏轼的出现，则有如黄钟大吕，巨响隆隆，使词坛风气为之大变。作为词的革新家，苏轼以横放杰出之才以及"无意不可入，无事不可言"的逸怀浩气，高歌入云。他肆力打破诗词界限，把艺术的笔触伸向广阔的现实生活和个人丰富的内心世界，"以诗为词"，风格多样，扩大了词的题材，提高了词的意境，丰富了词的表现手法，"词至东坡，倾荡磊落，如诗，如文，如天地奇观"。

苏轼"以诗为词"，冲破了"词为艳科"与"诗庄词媚"的旧观念以及音律束缚，使词的思想内容、创作题材和表现手法都有了新的开拓，词由歌筵酒席间随意抒写、歌儿舞女浅斟低唱的艳语，扩展到抒情言志的一种独立的抒情诗体。在苏轼的笔下，词已走出宫闱闺阁，面向广阔的社会人生，凡可为诗者，皆可入词。随着题材和思想内容的拓展，词的表现手法也随之创新，或描写，或叙述，或议论，或白描，或用典，凡诗文之法皆可以用于填词，使词的品格和审美价值大为提高，词体也由附庸之邦而蔚为大国。宋人王灼指出："长短句虽至本朝盛，而前人自立，与真情衰矣。东坡先生非心醉于音律者，偶尔作歌，指出向上一路，新天下耳目，弄笔者始知自振。"（《碧鸡漫志》）

苏轼之后，词坛形成了豪放、婉约两大流派，相互争奇斗艳，促进了宋词的发展和繁荣。

在姹紫嫣红的宋代词苑，秦观词如春日幽花，自成馨逸，较之其他婉约词，更具妩媚风韵。秦词注重画面，富有画意。打开《淮海居士长短句》，扑面而来的是流水、落红、残雨、斜月、杨柳、春风、衰草、碧云、画楼、芳树、黄鹂、杜鹃、扁舟、银钩、横笛等美丽的自然景物，令人目不暇接，美不胜收。这些景物，构成的一幅幅色调丰富、五彩缤纷的画面，有一种"淡妆浓抹总相宜"的色泽之美。秦词音韵和谐，旋律优美。秦观有很高的音乐修养，其词绘色绘声，声色并茂，李调元《雨村词话》称他"首首珠玑，为宋一代词人之冠"。秦词词心细腻，联想丰富，善于化景物为情思，融人事于风景，空灵荡漾而富有韵味。

秦词以描写男女恋情、哀叹个人不幸身世为主要内容，多具有浓烈的感伤色彩，极尽深婉之能事，柔婉绮丽，"辞情相称"（沈雄《古今词话》），情韵俱佳，凄婉动人，被视为北宋以来词坛婉约词宗主。

贺铸的词以深婉密丽见长，又间有寄托，境界亦近诗。贺铸精通音律，长于度曲，善于炼字炼意，是北宋后期重要作家。贺词取材广泛，内容与辞藻并重，词风介于婉约与豪放两大系统之中。张耒为《东山词》作序，称贺词"盛丽如游金、张之堂，妖冶如揽嫱、施之袪，幽索如屈、宋，悲壮如苏、李"，虽有些过誉，但足以说明其风格之多样。

周邦彦是北宋婉约词的集大成者。人称其有"集词学之大成"（陈匪石《宋词举》）之功，他的词是维系南、北两宋词坛的重要纽带。他以"旁搜远绍之才，寄情长短句，缜密典丽，流风可仰"。

周邦彦精通音律，能自度曲，作词格律法度极为精审，开南宋姜夔、张炎一派，为后世词人轨范。

周邦彦严于章法，擅长在铺叙之中作顿挫腾挪、曲折回环，使整个词篇既具浑瀚流转之气，又有波澜起伏之致，在艺术技巧上兼北宋诸家之长，风格柔而不弱，丽不伤雅，合律知音，标志着宋词艺术的深化和成熟。周济在《介存斋论词杂著》中推周氏为词宗，他说："美成思力独绝千古……后有作者，莫能出其范围矣。"又说："清真，集大成者也。"（《宋四家词选目录序论》）陈廷焯也说："词至美成，乃有大宗，前收苏秦之终，后开姜史之始，自有词人以来，不得不推为巨擘，后之为词者，亦难出其范围。"（《白雨斋词话》）

南北宋之交，还出现了我国古代最优秀的女词人李清照。她于苏豪、柳俗、周律之外，别树一帜，其词婉约而不流于柔靡，清秀而具逸思，意境深厚，感情婉曲，造语清新，音调优美，词作中充满了一种纯净高雅的女性意识，人称"易安体"。

入南宋，宋词进入了一个新的发展时期。南宋一百五十年间，几与内忧外患相终始，感时伤乱，抒发爱国情怀，成了这一时期的主题，豪放词成为主调。

宋室南渡，一批词人身经丧乱之苦，出于对国事的关心，他们一改早年绮罗香泽的传统词风，以豪放的格调、跌宕腾挪的笔势来抒发他们慷慨报国的壮志，表达对神州陆沉、权奸误国的愤慨，成为上承苏轼下启辛弃疾的重要词作家。其中以张元干成就最高，与张元干先后共同开创南宋词坛新风的南渡词人还有叶梦得、朱敦儒、向子西。这批词人，在北宋时所写的词，大多不出传统题材范围，词风婉丽。靖康之变以后，面对国亡家破的悲惨现实，他们的词风受到时代风波的冲击而有所改变。

继张元干之后，在词的创作上成就较高的是张孝祥，他极力追踪苏轼，以雄丽著称。陈应行说他的词有"潇洒出尘之姿，自在如神之笔，迈往凌云之气"（《于湖先生雅词序》）。他与张元干的词可称为南宋初期词坛的双璧。

在张元干等南渡词人开创南宋词坛新风的基础上，辛弃疾、陈亮等南宋词人，创作了许多以抗战复国为主题的词章，风格苍凉悲壮。随着辛弃疾以及辛派词人的崛起，南宋词坛上抗战救亡的呼声一浪高过一浪。

辛弃疾是南宋爱国词人的杰出代表。他有出将入相之才，胸怀报国凌云之志，但受南宋苟安政策的羁缚，壮志难酬，郁愤深积，只得将一腔爱国之情，寄之于词。辛词题材广阔，气势纵横，不为格律所拘束，善于熔铸经史诗文一如己出，亦长于白描，"其词慷慨纵横，有不可一世之概，于倚声家为变调，而异军特起，能于剪红刻翠之外，屹然别立一宗"（《四库全书提要》）。

辛弃疾进一步把词从男女之情和羁旅行役的狭小天地里解放出来，空前地扩大了词的艺术容量，提高了词的抒情功能，真正做到了"无事不可入，无意不可言"（刘熙载《艺概·词曲概》）。

辛词充满了浪漫主义的奇情壮思，又深于寄托，善于用典。他驾驭语言的能力极强，又发展了苏轼的豪放风格，开创出雄奇阔大的词境，所作"大声镗鞳，小声铿鍧，横绝六合，扫空万古"，但又不拘一格，沉郁、明快、激烈、妩媚等风格兼而有之。总之，他把宋词的思想性和艺术性推到了历史的巅峰，代表了宋代词坛的最高成就。

与辛弃疾同时或稍晚的许多词人，受辛词的影响，其作品主题思想、感情基调、艺术风格等与辛词相近，文学史上称为辛派词人。重要辛派词人不下五六十人，与辛弃疾同时的有陈亮、刘过等，稍后有刘克庄，更晚有刘辰翁等。

南宋后期，婉约词也有长足的发展，姜夔、吴文英、王沂孙三大家，均以周邦彦为宗师，尚雕琢、重音律、求典雅，造境遣词，均避俗崇雅，使南宋词坛出现一种"复雅"的艺术倾向。词坛分为"慷慨愤世"和"感喟哀时"两派。宋词进入一个更严谨、更圆熟的发展阶段。代表人物有姜夔、史达祖、吴文英以及稍后的周密、王沂孙、张炎等。

姜夔是南宋格律词派的一代宗主，以清刚、高雅、峻峭擅胜，宗之者有史达祖、蒋捷、高观国等人，张炎是其嫡派传人。其影响曾长期笼罩词坛。

姜词多咏物、纪游之作，其中咏及柳与梅的词各占三分之一之多。姜词虽不直接议论时事政治，却能于咏物、纪游之中寄寓个人的身世之感和家国之恨，且音律精严，笔致含蓄，格调高雅，情韵悠远。他继承了周邦彦等婉约派的传统，又吸收了江西诗派的清健之气、辛派词人的雄快之风，故能矫浓艳之习，于雅练中见清劲，在南宋后期的词坛上独树一帜。

姜夔之后，格律派词人以吴文英成就较著。吴词远承北宋周邦彦，近师姜白石。他内容多登临、酬唱、祝寿、咏物、怀人之作。吴词温丽，精于造句，针线密细，周密为其嫡传。

王沂孙的词，雅丽深婉，颇似周邦彦，其清峭处又似姜白石，他以深致名世，在词坛独树一帜，成为全宋词之殿。

9. 进入元代，其光辉代表是元曲。元曲不单是一种新兴的艺术品种，而且是"一代之绝作"，清人焦循在《易余龠录》中说："一代有一代之所胜，欲自楚骚以下撰为一集，汉则专取其赋，魏晋六朝至隋则专录其五言诗，唐则专录其律诗，宋专录其词，元专录其曲。"王国维也把元曲与"楚之骚、汉之赋、六代之骈语、唐之诗、宋之词"并列，称之为"一代之文学，而后世莫能继焉者也"（《宋元戏曲考》）。

元曲包括两部分：散曲与杂剧。散曲是元代盛行的一种新体诗。

散曲在元代，一般被称为乐府或词，它又包括小令和套数两种主要形式。小令又叫做"叶儿"，一般用单曲子写成，相当于一首单调的词。它是按不同曲调创作的，每一个曲调都有一个名称，如[山坡羊]、[水仙子]、[落梅风]、[拨不断]、[沉醉东风]等。每调，又各有不同的乐句。因此，配合这些曲调写出来的小令，其字数和句式也就不同。

小令是散曲的基本单位，如果作者表达的内容比较复杂，单调不够容纳，还可以把两三个宫调相同而音律恰能衔接的曲调，连在一起来填写（但最多只能填三调），这被称为带过曲。带过曲的组合，有一定的规律，不能随便配搭。元人使用过的有三十四种，其中以中吕宫的[醉高歌]带[红绣鞋]，[十二月]带[尧民歌]，双调的[雁儿落]带[得胜令]，南吕宫的[骂玉郎]带[感皇恩]最为常见。这是小令的变体，传统的分法，还是将它算在小令之内。

套数则是更加复杂的结构，它吸收宋大曲、转踏、诸宫调等联套的方法，将同一宫调中的许多曲子连缀起来，各套曲子的连缀，有一定的顺序，一般用一二支小曲开端，用"煞调"、"尾声"结束。中间选用的调数，可多可少，短者只有三四调，长的连缀到二三十调。

散曲形式较为自由活泼，内容则无所不有，无所不可，有所谓黄冠体、草堂体、楚江体、香奁体、骚人体、俳优体等。就其应用而言，有嘲谑、劝戒、怀古、议论、讽刺、警世、写景和咏物；也可叙别离之情，写幽会之辞，甚至敷陈故事。它开拓了传统韵文的题材范围，突破了当时诗词偏于表现文人身边琐事及酬唱赠答的狭隘圈子。任中敏曾指出："我国一切韵文，其驳杂广大，殆无逾于曲者。剧曲不论，只就散曲以观，上而时会盛衰，政事兴废；下而里巷琐故，帏闼秘闻。其间形式式，或议或叙，举无不可于此体中发挥之者。"（《散曲概论》）

尽管元散曲中有不少歌唱避世、美化隐逸生活的作品，和一些渲染色情、打情骂俏的篇章，以及一些庸俗无聊、反映市民低级情趣的作品，但瑕不掩瑜，无论从思想上还是从艺术上看，元代散曲的成就高出诗词。据近人隋树森《宋元散曲》的辑录，元代有名姓可考的散曲作者，达200余人，散曲数量也相当可观，有小令3800余首，套数540余套。

元代散曲的发展，大致可分前后两个时期。

前期，从金末到元成宗大德年间（约1234~1307），其间作品，一般都浑朴自然，接近口语。后期，从武宗至元末（约1308~1368），其间的作品，都趋于清丽典雅。

前期作家，以关汉卿、马致远为代表，他们挥洒自如地运用散曲这一形式，或质朴，或清丽，或豪放，或诙谐，随物赋形，曲折尽意地"抒其怫郁感慨之怀"，写出了许多有代表性的作品。关汉卿的作品，以清隽婉丽见长，语言清新，缠绵悱恻，内容多半是表现男女爱情以及抒发个人感受的。马致远的散曲，多抒写个人的身世感触，风格肃爽豪放，虽其中也有一些隐士式的啸傲风月的消极情感，但他的作品，有明显的个性，且艺术成就很高，向来被认为是元散曲作者中的大家。他扩大了曲的表现范围，丰富了曲的意境。曲到了他手上，"堂庑始大，体制始尊"，使人承认散曲也是一种新的诗体，提高了散曲这一形式的文学地位。

后期作家，以张可久、乔吉为代表。张可久一生致力于散曲的创作，留下作品八百多首；乔吉也有二百多首。他们创作的数量，在元曲家中是最多的。但他们纵情诗酒，放浪山水，对现实表现出淡漠的态度。在艺术上，他们刻意求工，以诗词的细腻来匡补散曲的粗犷；用词典雅，衬字很少甚至不用，格调婉约，与词没有多大区别。不像初期作品，充满了俚俗生动的特色。

散曲发展到明代，明人继承元代精神，还产生了不少作品，到清代就很少有成就较高的散曲作家了。

10. 明清两代，传统诗、词、曲的创作仍在进行，但已无法形成前代那种万千气象了。

明中叶以后，文学流派众多，有"前七子"和"后七子"。所谓"前七子"，指李梦阳、何景明、徐祯卿、康海、边贡、王九思和王廷相；所谓"后七子"，指李攀龙、王世贞、谢榛、宗臣、梁有誉、徐中行、吴国伦。他们倡导"文必秦汉、诗必盛唐"的"拟古主义"的文学主张，对扫除华而不实的台阁体文风，起过积极的作用，但由于其文学主张否认了文学的时代特点，产生的流弊也显而易见。

清朝是我国历史上最后一个封建王朝。统治阶级为维护日趋没落的封建制度，竭力推崇程朱理学，不断加强对人民的思想钳制，文化上也实行高压政策，因此，反封建专制的斗争成为文学创作的重要内容。清代文学上的成就，突出表现在小说方面，戏曲也有佳作，而诗、词因受拟古主义的影响而略逊一筹。

11. 近代诗歌散文的发展，大致可分为三个时期，即鸦片战争和太平天国革命时期，资产阶级改良主义时期，资产阶级民主革命时期。杰出的思想家和文学家龚自珍，是鸦片战争时期首开风气的代表人物。

龚自珍（1792～1841），字瑶人，号定庵，浙江仁和（今杭州）人，出身官僚家庭，38岁中进士，担任过内阁中书、礼部主事等官职，著有《龚自珍全集》。他的诗，现存六百多首，不少篇章着眼现实，抒发感慨，交织着愤世伤时和忧国忧民的思想，表现出对美好未来的朦胧向往，真正别具一格地打破了清代诗坛模山范水的沉寂局面。如1826年写的七律《咏史》，有力地揭露了统治阶级的反动腐朽和知识分子蝇营狗苟的丑恶面目，文锋犀利，愤慨之情溢于言表。1839年写的《己亥杂诗》315首，则是他的代表作。它反映当时社会的主要矛盾，具有强烈的战斗性和深刻的现实意义。其中的第二百二十首"九州生气恃风雷"等，更是众口传诵的名篇。

中法战争和中日战争失败后，以康有为为代表的资产阶级改良主义思想兴盛起来，文学上也出现了以黄遵宪为旗帜的"诗界革命"。黄遵宪（1848～1905），字公度，广东嘉应（今梅县）人，出身官僚家庭，光绪元年中举，长期从事外交工作，到过英、美、日本、新加坡，1895年回国，积极参加维新运动，戊戌变法失败后被放归乡里，著有《日本杂事诗》《人境庐诗草》等。他的诗，多写外国的奇异风物，资本主义社会的物质文明以及重大的历史事件。如《哭威海》《马关纪事》《台湾行》，有力地控诉了帝国主义的侵略罪行，谴责了清廷的腐败无能，并对国人发出了亡国危机迫在眉睫的警告，篇篇洋溢着深沉的爱国主义精神。

资产阶级民主革命时期的诗人，则首推章炳麟、秋瑾和柳亚子。

章炳麟（1867～1936），字太炎，浙江余姚人，是一个学识渊博、积极宣传民族民主革命的思想家和革命家。他的诗取法汉魏，多为五言。早期小诗《狱中赠邹容》影响较大，既哀悼了牺牲者，又表达了自己视死如归的壮烈情怀。

秋瑾（1878～1907），字璇卿，号竞雄，别署鉴湖女侠，浙江会稽人。1904年东渡日本，加入光复会和同盟会，热情参加革命活动。1905年底归国，创办《中国女报》，并奔走沪杭各地，积极组织起义。1907年事发遇害。秋瑾写得最多的是诗，著名篇章有《宝刀歌》《黄海舟中日人索句并见日俄战争地图》《同胞苦》《感时》《对酒》等。秋瑾也写词，词作以后期为好。如《鹧鸪天》等。秋瑾在文学上的努力是多方面的。在她短暂的一生中，写作了相当丰富的作品，闪耀着爱国热情和革命思想的光辉。虽作品散轶不全，有不够成熟的地方，但在这个时期的革命文学中，她的成就，确实在许多作者之上。她以沸腾的革命热情来写文学作品，将革命和文学完全统一起来。

柳亚子（1887～1958），名弃疾，江苏吴江人。1906年加入同盟会和光复会，1909年南社成立后，做了很多实际工作，后来成为坚定的国民党左派，是一位随着时代前进的爱国诗人，有"诗史"之称。柳亚子的诗作与革命进程紧密相连，饱含爱国主义和民主主义激情，具有强烈的战斗性，如《吊鉴湖女侠》，对秋瑾的牺牲极度悲愤，但字里行间仍有一股豪壮之气，用语瑰丽典雅，风格凝重稳健。

12. 到现代，诗歌创作的主要形式是新诗。较之于传统的诗、词、曲，无论诗体还是语体，新诗都是一种革命。

新诗诞生于"五四"新文化运动。胡适是最早尝试新诗创作、最有代表性的初期白话诗人。他的《尝试集》（1920），是中国第一部新诗别集，在当时产生了很大影响。紧随胡适从事新诗创作并为新诗发展立下开拓之功的是刘半农和沈尹默。随后从事新诗写作的有周作人、俞平白、康白情、刘大白，他们的创作也产生过较大影响。继初期白话诗而起的是当时在日本留学的郭沫若，他以天马行空般的不羁之才，使新诗大放异彩。与此同时或稍后，相继出现于诗坛的，有以冰心、宗白华为代表的小诗；以冯雪峰、潘漠华、应修人、汪静之等为代表的"湖畔诗人"。稍后于湖畔诗人出现在诗坛上的，是杰出的抒情诗人冯至。他的诗以富于想象而又讲求节制见长，继承了郭沫若的长处而又避免了郭诗的一些缺点。鲁迅《野草》中的散文诗，也创作于这一时期，这是中国散文诗的奠基之作。而出版过诗集《新梦》（1925）和《哀中国》（1927）的蒋光慈，则以他的政治抒情诗在当时的青年中产生了较大影响。同时，1925 年至 1926 年，以闻一多、徐志摩为代表的新格律诗派和以李金发为代表的象征诗派，也各树旗帜，开始了他们对新诗艺术的探索。新格律诗派意在克服早期新诗语言上过分散漫的倾向，象征诗派则要使新诗写得更富于诗的境界和韵味。他们虽然难免带着自己的偏见和局限，但也确实为新诗艺术的进步作出了各自的贡献。

进入 20 世纪 30 年代，出现了以殷夫为前驱、蒲风为代表的中国诗歌会诗人群；以徐志摩、陈梦家为代表的后期新月派；以戴望舒以及卞之琳、何其芳等为代表的现代派诗人群。"左联"时期，又有臧克家、艾青、田间等新诗人的崛起。

抗日战争爆发，中国现代文学进入一个新的阶段，战时特有的政治文化氛围，促成了许多只有战时才有的文化现象。几乎所有的诗人，都一起唱起了民族解放的战歌。当抗战转入相持阶段，人们才开始对抗战初期失落了的诗的个性有了新的自觉的追求。这一时期，出现了以胡风为中心，以鲁藜、绿原、冀汸、阿垅、曾卓、牛汉等为代表的七月诗派；以冯至为代表的校园诗人群；以穆旦为代表的"中国新诗派"。在解放区，还出现了《王贵与李香香》《漳河水》等优秀长篇叙事诗。

13. 1949 年，中华人民共和国成立，标志着中国文学进入一个新的阶段。五六十年代，在诗歌创作领域，建国初期的"颂歌"，其发展轨迹经过了新华颂（如郭沫若的《新华颂》、何其芳的《我们最伟大的节日》）；建设者之歌（如李季的《玉门诗抄》、田间的《马头琴歌集》、邵燕祥的《到远方去》）；新生活赞歌（如闻捷的《天山牧歌》，公刘的《五月一日的夜晚》《上海夜歌》，梁上泉的《高原牧笛》）等。

1956～1957 年，诗坛呈现过短暂繁荣的局面，主要表现在"干预生活"的批判锋芒（如公木的《爬也是黑豆》，邵燕祥的《贾桂香》《团委书记心肠好》，袁水拍的《一种逻辑》）；走向内心的人生思索（如公刘的《迟开的蔷薇》、流沙河的《草木篇》）等。但这种活跃中走向繁荣的趋向，很快遭遇了挫折。20 世纪 50 年代末至 60 年代中期，诗坛上出现了生活赞美诗和政治抒情诗。前者的代表性诗人有张志民、李瑛、严阵、张永枚、梁上泉等，后者的代表性诗人有郭小川、贺敬之等。

14. 长达 10 年的"文化大革命"（1966～1976），进一步导致了极左文艺思潮登峰造极以及当代文学的空前浩劫。1966 年 2 月，江青在上海主持召开了部队文艺工作座谈会，出笼了《林彪同志委托江青同志召开的部队文艺工作座谈会纪要》。《纪要》的核心即"文艺黑线专政"论。《纪要》贯彻实施的结果，是清洗文艺机构，扫荡文艺作品，审查文艺工作者，践踏优秀文艺遗产，颠倒文艺理论是非。1976 年 4 月 5 日，爆发了"天安门事件"（又称

"四五"运动、天安门诗歌运动)。天安门诗歌运动,是历史转折的前奏,文学黎明的号角。

随着"文化大革命"的终结,中国进入了一个历史的新时期。在拨乱反正工作基本完成,思想解放运动深入发展之后,文艺界于 1979 年 10 月至 11 月,在北京召开了第四次文代会。1980 年 7 月 26 日《人民日报》发表题为《文艺为人民服务,文艺为社会主义服务》的社论,取代了"文艺为政治服务"的口号。新时期文学创作经历了伤痕文学、反思文学、改革文学之后,80 年代中期,形成了现代主义文学思潮勃兴的局面。其实,早在 20 世纪 70年代末至 80 年代前期,就有新诗潮(朦胧诗)、意识流小说和探索剧的热潮,这都是新时期较早的现代派思潮。

朦胧诗以肯定人的价值、唤起人的觉醒来复活诗的本性和尊严,它以强烈的现代意识,思考人的本质、尊严和价值,强调自我价值的实现,强调诗人的主体意识;追求物象的心灵化,以暗示和象征替代了显现和比喻,注重意象的营构和组合。朦胧诗的代表性诗人有舒婷、北岛、顾城、梁小滨、江河、杨炼等。

20 世纪 80 年代后期,诗坛出现了影响较大的"后新诗潮",代表诗派有"他们"、"海上诗群"、非非主义、莽汉主义等。"后新诗潮"的美学追求,主要表现为:非崇高,反意象,反优雅,反文化与文化重构,生命体验等。八九十年代诗歌的代表性诗人主要有韩东、海子、于坚、翟永明等。

作为新诗,它虽然经历了近一个世纪的努力,但仍处于继续探索之中。

## 二、外国诗歌的发展

外国诗歌源远流长,在漫长的历史发展中,形成了许多种类,不同地区和民族都各具特点,并有各自的价值和成就。

1. 在西方,古希腊是诗歌的发源地。古希腊的诗歌包括史诗、抒情诗、悲剧和喜剧。史诗(又称英雄史诗)是古代以传说或重大历史事件为题材的长篇叙事诗。古希腊流传下来最早的完整诗歌作品是两部史诗《伊利昂纪》(一译《伊利亚特》)和《奥德修纪》(一译《奥德赛》)。相传这两部史诗是公元前 9 世纪至公元前 8 世纪之间一位名叫荷马的盲诗人根据民间流传的特洛伊战争的传说编成,故称"荷马史诗"。这两部史诗穿插了很多神话和传说,全面而生动地反映了从氏族社会向奴隶制社会过渡时期古希腊的社会生活,歌颂部落英雄。荷马史诗实际上是古希腊人集体创作的艺术结晶,一直被认为是古代史诗的典范。

古希腊的抒情诗来源于民歌,有挽歌、战歌和情歌,也有饮酒歌和歌颂战争与竞技胜利者的颂歌。著名的抒情诗人有萨福(公元前 612 ~ ?)、阿拉克里翁(公元前 550? ~公元前 465?)和品达罗斯(公元前 518? ~公元前 438),他们的诗表现的是奴隶主贵族的思想感情,但奠定了后世许多欧洲诗歌的格律形式。

古希腊的戏剧都是用诗写成,剧作家主要有三大悲剧诗人埃斯库罗斯(约公元前525 ~公元前 456)、索福克勒斯(约公元前 496 ~公元前 406)、欧里庇得斯(约公元前 485 ~公元前 406)和喜剧诗人阿里斯托芬(约公元前 446 ~公元前 385)。他们的剧作反映了雅典奴隶主民主制时期自由民的民主思想。此外,古希腊社会晚期田园诗也取得了较大成就。田园诗又称牧歌,是一种描写牧人和农村生活的短小抒情诗。著名诗人有忒奥克里托斯(公元前 310 ~ 250)。

在古代罗马,受希腊的影响,诗歌也有长足的发展。代表诗人是奥古斯都时期(公元前 27 ~ 公元 14）的维吉尔（公元前 70 ~ 公元前 19）、贺拉斯（公元前 65 ~ 公元前 8）和奥维德（公元前 43 ~ 公元 8）。维吉尔模仿荷马史诗，结合罗马帝国政治需要创作的《埃涅阿斯纪》不仅是罗马文学史上最重要的史诗，也是欧洲文人史诗的典范。贺拉斯的诗体论著《诗艺》对欧洲文学理论的发展产生了重要影响。奥维德的长诗《变形记》汇集了希腊罗马神话，后世欧洲不少文学作品都从中取材。

2. 进入中世纪，以宣传宗教的赞美诗充斥欧洲诗坛，但也出现了反映世俗封建主生活和道德的骑士抒情诗和骑士叙事诗。骑士抒情诗主要讴歌骑士"典雅的爱情"。骑士叙事诗大多记叙骑士为了爱情、荣誉或宗教所进行的冒险。骑士诗歌所表现的对世俗生活的向往、对个人荣誉的追求和对爱情生活的肯定都背离了教会的禁欲主义。这一时期诗歌的突出成就是民间创作的英雄史诗，其中著名的有反映封建化以前各民族部落生活的早期史诗盎格鲁·撒克逊人的《贝奥武甫》，日耳曼人的《希尔德布兰特之歌》，芬兰的《卡勒瓦拉》等，以及反映各民族高度封建化以后封建国家的社会关系和政治要求的后期史诗，如法国的《罗兰之歌》、德国的《尼伯龙根之歌》以及俄罗斯的《伊戈尔远征记》。

在中世纪晚期，意大利出现了第一位民族诗人但丁（1265 ~ 1321）。他的代表作叙事长诗《神曲》虽仍带有浓厚的宗教色彩，但广泛反映了中世纪后期意大利社会生活，透露了新时代新思想的曙光，因而恩格斯称他是"中世纪的最后一位诗人，同时又是新时代的最初一位诗人"①。

3. 文艺复兴时期，人文主义思想席卷西欧，诗歌创作进入一个新的历史阶段。意大利诗人彼特拉克（1304 ~ 1374）一生写了 300 多首抒情诗，他的诗，注入了新时代人文主义思想，并使欧洲格律严谨的十四行诗（又称"商籁体"）趋于完美，成为近代欧洲诗歌中一种重要抒情诗体。法国以龙沙（1524 ~ 1585）为首的"七星诗社"，创造性地接受古希腊、罗马诗歌遗产，对法国诗歌进行革新，宣传人文主义思想，推动了法国民族诗歌的发展。英国诗人乔叟（1340 ~ 1400）用诗体写成的《坎特伯雷故事集》，生动描绘了 14 世纪英国的社会生活，刻画了各阶层的人物形象，体现了反封建倾向和人文主义思想。他首创的十音节双韵诗体，对后来英国诗歌创作产生了深远影响，他被称为"英国诗歌之父"。在英国文艺复兴进入兴盛的 16 世纪中期到 17 世纪初，斯宾塞（1552 ~ 1599）和莎士比亚（1564 ~ 1616）的创作，将诗歌发展到了高峰。斯宾塞的长诗《仙后》，通过对女王的歌颂宣扬了新兴资产阶级的道德观念和积极乐观的人生态度。其诗体完美，富于音乐性，后来被称为"斯宾塞体"，对英国诗歌格律形成有很大影响。莎士比亚是英国诗坛的巨人，他一生创作了两部叙事长诗，154 首十四行诗和用无韵诗体写的 37 个剧本，他的诗作反映了 16 至 17 世纪英国的现实和新兴资产阶级的理想，其中十四行诗洋溢着对青春和美、对爱情和友谊的歌颂，感情丰富，文字纤巧绮丽，节奏感强，是文艺复兴时期英国诗歌的重要成果。

4. 17 世纪，欧洲文坛的主流是古典主义，法国古典主义诗人拉封丹（1621 ~ 1695）的寓言诗享有全欧性的声誉。这一时期英国在资产阶级革命中产生了反映清教思想的革命诗人弥尔顿。他的三部杰作长诗《失乐园》《复乐园》和诗剧《力士参孙》都取材于《圣经》，但表现的是对英国资产阶级革命的反思和坚强的革命精神，成为英国资产阶级革命的文学丰碑。

---

① 恩格斯：《〈共产党宣言〉意大利文版序言》，《马克思恩格斯选集》第 1 卷，人民出版社 1972 年版，第 249 页。

5.18 世纪，欧洲进入启蒙运动时期，成就杰出的诗人有德国的席勒(1759～1805)和歌德(1749～1832)。歌德是德国文学史上最伟大的诗人。他开创了近代德国抒情诗风。他的代表作诗剧《浮士德》概括了从文艺复兴到 19 世纪初欧洲资产阶级精神发展过程，不仅内容博大精深，而且运用了欧洲所有的诗体形式，是迄今为止德国民族文学中的世界名著。

6.19 世纪，西方文坛浪漫主义兴起，诗歌创作空前繁荣。英国最早的浪漫主义诗人是"湖畔派"华兹华斯(1770～1850)，柯尔律治(1772～1834)和骚塞(1774～1843)。他们厌恶资本主义文明，寄情山水，注重人与自然的诗意统一，给英国诗坛带来重大革新。稍后以雪莱(1792～1822)、拜伦(1788～1824)为代表的第二代浪漫主义诗人把诗歌创作带进了更广阔的领域。他们的诗表现出强烈的反封建、争自由的民主倾向。雪莱的代表作诗剧《解放了的普罗米修斯》以神话题材形象地展现了推翻暴政后人间获得自由、平等的动人景象。拜伦是这时期欧洲最杰出的诗人。他的长诗《恰尔德·哈洛尔德游记》表达了对封建专制压迫的憎恨，对资产阶级自由、民主的向往；"东方叙事诗"塑造一系列个人反抗的英雄形象；诗体小说《唐璜》通过贵族青年唐璜的经历，以辛辣的社会讽刺，抨击以神圣同盟代表的欧洲封建反动势力。

法国浪漫主义诗人有拉马丁(1790～1869)和维尼(1797～1863)等，而成就最大的是雨果。他的著名诗作有诗集《东方吟》《惩罚集》《静观集》等。德国著名诗人海涅(1797～1856)早期诗歌具有浪漫主义色彩，但他影响最大的诗篇是具有革命民主主义倾向的政治抒情诗《西里西亚的纺织工人》和政治讽刺诗《德国——一个冬天的童话》。波兰诗人密茨凯维奇(1798～1855)和匈牙利诗人裴多菲(1823～1849)都以大量的诗篇，号召人民为民族的独立和自由而战，成为本民族的杰出诗人和民主战士。

俄国浪漫主义诗歌的主要代表是普希金(1799～1837)，他被誉为"俄罗斯诗歌的太阳"。他的抒情诗、叙事长诗、童话诗、诗体悲剧都触及俄国的现实问题，奠定了俄罗斯民族诗歌发展的方向。他的代表作《叶甫盖尼·奥涅金》广泛描绘了 19 世纪 20 年代俄国城乡的社会生活，提出了进步贵族与人民的关系问题，成为俄国现实主义文学的奠基作。莱蒙托夫(1814～1845)的浪漫主义长诗《童僧》《恶魔》洋溢着狂热的叛逆精神和对自由的呐喊。革命民主主义诗人涅克拉索夫(1821～1878)创作了大量诉说人民苦难的诗歌，他的代表作长诗《谁在俄罗斯能过好日子》描绘了农奴制改革前后俄国农村的现实，表现了俄罗斯人民对幸福和真理的渴望与追求。

美国浪漫主义诗歌的杰出代表是惠特曼(1819～1865)，他被认为是伟大的民主诗人。他的毕生精力之作是包括近 400 首诗的诗集《草叶集》。他的诗歌颂民主，歌颂劳动，歌颂大自然，歌颂物质文明，歌颂"个人"的理想形象，抨击蓄奴制和一切不符合自由民主理想的社会现象，渗透着对人类的广泛的爱，并在形式上突破了传统格律的束缚，开创了"自由体"诗歌的新形式并形成了平民化风格，开一代诗风，对世界诗歌的发展产生了深远影响。

19 世纪，随着无产阶级登上历史舞台，在无产阶级革命中诞生的诗歌，在西方诗坛显示了新的活力。主要有英国宪章派诗歌，德国工人诗歌和法国巴黎公社诗歌。其中德国诗人维尔特(1822～1865)，被恩格斯称为"德国无产阶级第一个和最重要的诗人"①。法国的

---

① 恩格斯:《格奥尔格·维尔特》,《马克思恩格斯选集》第 21 卷，人民出版社 1972 年版，第 7 页。

欧仁·鲍狄埃(1816～1887)在巴黎公社失败后创作的《国际歌》,已成为全世界无产阶级的战歌。

19 世纪后期法国诗坛还出现了象征主义诗歌,其先驱是以戈蒂耶(1811～1872)为代表的"巴那斯诗派"和诗集《恶之花》的作者波德莱尔(1821～1867)。"巴那斯诗派"强调"为艺术而艺术",追求诗歌的形式完美;波德莱尔提出"对应论",即通过感觉转移的手法创造出特异的审美效应,这些都为象征主义提供了理论基础。象征主义在法国诗歌领域的影响一直延续到 20 世纪初期,主要诗人是马拉美(1842～1898)、魏尔伦(1844～1896)和兰波(1854～1891)。

7. 20 世纪,西方由于各种社会思潮的影响,各种诗歌流派异彩纷呈,特别是现代派诗歌引人注目,如后期象征主义诗歌、未来主义诗歌、垮掉派诗歌等。后期象征主义的主要代表诗作有英国诗人 T·S·艾略特(1862～1949)的《荒原》,爱尔兰诗人叶芝(1865～1939)的《驶向拜占庭》,法国诗人瓦雷里(1871～1945)的《海滨墓园》,德国诗人里尔克(1875～1926)的《杜伊诺哀歌》和属于象征主义的美国意象派诗人庞德(1885～1972)的《诗章》等。其中艾略特的《荒原》,以新奇的形象、多变的韵律和通过大量引文对比古今各国文化的手法,表现了第一次世界大战后西方文明的危机,被誉为"现代诗歌的里程碑"。未来主义的代表诗作有法国诗人阿波利奈尔(1880～1918)的《醇酒集》,俄国诗人马雅可夫斯基(1893～1930)的长诗《穿裤子的云》等。垮掉派诗歌的代表作是美国诗人金斯堡(1926～1997)的长诗《嚎叫》。

8. 在十月革命后的苏联,也涌现了一批杰出的诗人。影响较大的有马雅可夫斯基、勃洛克(1880～1921)、叶赛宁(1895～1925)、阿赫玛托娃(1889～1966)等。马雅可夫斯基原是未来主义诗人,十月革命后成为苏维埃诗歌的奠基人之一。他的诗表达了社会主义时代强烈的革命热情,并在形式上创造出口语化的、适合朗诵的"楼梯式"诗。布洛克的代表作《十二个》以浓重的象征主义色彩对十月革命进行了热情的歌颂。叶赛宁的抒情诗擅长描绘农村大自然景色,被誉为"乡村诗人"。他的叙事诗代表作《安娜·斯涅金娜》描写了农村革命的广阔图景,首次在俄罗斯诗歌中探索了农民在无产阶级革命中的历史命运。阿赫玛托娃的代表作《安魂曲》通过个人家庭的不幸,对苏联的历史进行了反思,具有深邃的思想性和哲理性。

9. 在东方,一些国家的民族诗歌历史,比西方更久远。

埃及早在公元前 3000 多年的古王国时期就已产生了歌谣、诗歌。古埃及的诗歌,有世俗诗、宗教诗、赞美诗等,其中许多诗歌赞美神和国王,有的则反映劳动者的心声,如《庄稼人的歌谣》《打谷人的歌谣》,还有礼赞尼罗河的颂诗《尼罗河颂》。在公元前 1584 年至公元前 1071 年新王国时期,还产生了一部宗教性诗歌集《亡灵书》,收入 27 篇诗,生动描述了古埃及人的宗教信仰和冥土观念。在两河流域的古巴比伦,公元前 19 世纪至公元前 16 世纪就形成了一部完整的史诗《吉尔伽美什》,反映了古巴比伦人对自然法则和生死秘密的探求以及对天命的反抗。这是人类最早的史诗。古希伯来在公元前 5 世纪开始编纂的犹太教经典,也是古希伯来文学总集《圣经》(后基督教徒把它编为《旧约全书》)中,收录 150 篇诗组成的抒情诗集《诗篇》和没有宗教气息的情歌《雅歌》以及哀叹亡国之痛的《耶利米哀歌》。古印度在公元前 15 世纪至公元前 3 世纪吠陀时期,产生了印度最大的宗教文献和文学总集《吠陀》("吠陀"是梵语"知识"的音译),收集了这一时期大量的诗歌,这也是印度最古老的诗集。在公元前 4 世纪至公元前 1 世纪，又出现了著名的两大史诗《摩诃婆罗多》和《罗摩衍那》。在公元 4 世纪至 5 世纪笈多王朝时期出现了印度古代最伟大的诗人迦梨陀婆（350～472？），他的长篇抒情诗《云使》，叙事长诗《罗怙世系》和《鸠摩罗出世》都是梵语诗歌的典范。

　　中古时代，东方各国的诗歌，走向全面繁荣。日本在公元 8 世纪编成的诗歌集《万叶集》是日本民族最早的诗歌总集，收录 4500 余首诗和歌。和歌是日本民族诗体，有短歌、长歌、旋头歌、佛足石歌等四类。《万叶集》中的和歌以雄浑、真率见长，其具有姓名的作者有 300 余人，其中最有名的诗人是山上忆良（660～733）。公元 17 世纪江户时期出现了俳句诗人松尾芭蕉（1644～1694）。俳句是日本民族特有的短诗形式，由"5、7、5"的 3 句式共 17 个音组成，含蓄、凝练，追求一种淡雅、静寂和隽永的意境。松尾芭蕉一生写了大量俳句，形成了独特的艺术风格，被称为"俳圣"。印度中古影响最大的诗人是杜勒西达斯（约 1483～约 1563），他的长篇叙事诗《罗摩功行录》继承印度古典诗歌的传统，开创了印度诗歌的新篇章，并被当作宗教的经典。中古波斯拥有一批世界著名的诗人。鲁达基（858～941）被称为"波斯诗歌之父"，据说他写了诗章 100 卷。三大诗人菲尔多西（941～1020）、萨迪（1203～1292）和哈菲兹（1320～1389）将波斯诗歌创作推向高峰。菲尔多西的史诗《王书》，长达 12 万行，叙述了波斯 4000 多年历史，以此激发爱国热情，振奋民族的英雄主义。萨迪的代表作是两部训诲性诗体故事集《果园》和《蔷薇园》，蕴含丰富的人生哲理。哈菲兹是抒情诗大师，他的主要作品是《诗歌集》，包含 500 多首抒情诗。中古阿拉伯早期诗歌的主要成就是悬诗。悬诗是阿拉伯特有的诗歌形式，指诗人写的诗歌在赛诗会上当众朗诵，获胜的诗用金粉书写在麻布上，悬挂到克尔伯神庙的墙上，故称悬诗。中古阿拉伯最著名的诗人是蒲绥里（1213～约 1296）。他的长篇宗教颂诗《斗篷颂》赞颂伊斯兰教的先知穆罕默德毕生伟业，具有神秘主义色彩。

　　10. 近代东方最伟大的诗人是印度的泰戈尔（1861～1941），他被誉为印度的"诗圣"、"诗哲"。他一生创作了 50 部诗集，包括故事诗、抒情诗、散文诗。主要诗集有《新月集》《园丁集》《飞鸟集》《生辰集》等。代表作是获诺贝尔文学奖的英文散文诗集《吉檀迦利》，诗集的题名是孟加拉语的音译，意为"奉献"。这是一部献给生命之神的颂诗，诗人通过对神的礼赞，表达对人生理想的探索与追求，宣扬泛神与泛爱的思想。

　　20 世纪东方诗坛享誉世界的诗人有黎巴嫩的纪伯伦（1883～1931）。他的散文诗集《先知》，以智者答听众问的形式，论述人生问题，思想深邃，见解新颖，富于哲理性。此外，非洲塞内加尔诗人桑戈尔（1906～2001），以大量的诗篇揭露殖民主义给非洲大陆带来的苦难，呼吁为维护民族独立而斗争，被誉为非洲第一位具有世界性影响的诗人。

## 第五节　诗歌的欣赏

　　要写诗，就要多读诗。读诗的面不能太窄，中国古代的诗、自"五四"运动以来的现代汉诗以及外国的诗，都应有所涉猎。

　　读诗要沉下心来细心地品读。诗歌阅读不同于一般文章阅读。一般的文章，我们只要把握文章的意思就行了，诗歌的欣赏却要品出"味"来。现实生活中我们可能体会得到，读一首诗歌，读懂了全部文字，并不见得就把握了它。有时，甚至读懂了其中每一个字，每一个词，每一个句子的含义，也不见得就把握了它。作品的意境、神韵、形象、意蕴、匠心、风格，不是通过文字直接呈现出来的，需要我们借助想象、联想去感受、体会。要学会读诗，只有通过大量的吟咏、品读，才可能对诗的语言、诗的构思、诗的意境、诗的艺术手法有所感悟。关于诗歌欣赏，要说的还很多，下面择要讲四点。

## 一、披文入情，读懂诗家语

无论多么好的一首诗，欣赏它，首先要从文字入手，由文字进入诗人的感情世界。这是读诗的基本途径。刘勰《文心雕龙》说："夫缀文者情动而辞发，观文者披文以入情。"读不懂文字，就无法进入欣赏。

对一般读者来说，读新诗，一般不会存在文字上的问题，但对旧体诗，或多或少会存在一些障碍。如《诗经·河广》一诗："谁谓河广，一苇杭之。谁谓宋远？跂予望之。谁谓河广？曾不容刀。谁谓宋远？曾不崇朝。"这是《诗经·卫风》里的一首诗，是宋国人侨居卫国的思乡之作。全诗采用了重章复唱的写法，四言一句，隔句用韵，两章八句。第一章说，谁说黄河水面宽？一支苇筏就能渡过。谁说宋国隔得远？跂起脚跟儿就能看见。第二章说，谁说黄河水面宽？竟还容不下一只小船。谁说宋国隔得远？用不了一早就能到那边。这首诗不明说思乡，而是反复夸张黄河不宽，宋国不远，盼望归乡的急切之情自在言外，越读越觉得其味无穷。诗中所体现着的正是人类所共有的最深切的思乡之情，诗中主人公面对横无际涯的黄河，竟断然作出了傲视旷古的回答："一苇杭之！""一苇"的夸张，使诗具有了石破天惊之力。然而这样一首诗，读不懂其中的字句，就无法体会它的妙处。如，"河"，指黄河，宋国在今河南商丘一带，卫国在今河北南部、河南北部，中间隔着黄河。"苇"，芦苇，此指芦苇所编之筏。"杭"，通"航"，渡过。"跂"，跂起脚跟。"予"意犹"而"字。"曾"，乃，竟。"刀"，通"舟刀"，小船。"崇朝"，即终朝，指从黎明到早饭这段时间。对这些字词，我们一般要借助工具书加以疏通。读不懂，就无法进入诗人的世界。

然而我们这里要说的并不是这类字词上的解读，而是要读懂"诗家语"。我们不能像读散文那样去解读字句，而要服从于诗歌的特点。概言之，有以下几点值得注意：

1. 诗家多用想象夸张之词，不能依生活逻辑解读

诗是抒情的，它要在内在真实感情的表现上完成自己表现生活的职责。诗人必须把自己对生活的感受化为激情，因此，诗歌创作，要服从情感逻辑，运用想象和夸张。有时，为了抒情的需要，它甚至要冲破客观生活的逻辑，突破常规的语法，以达到最佳的抒情效果。如李白的诗："白发三千丈，缘愁似个长。不知明镜里，何处得秋霜。""白发三千丈"是极言其愁，我们就不能责难他说，哪里有这么长的头发？再如孟郊的《游终南山》："南山塞天地，日月石上生。高峰夜留景，深谷昼未明。山中人自正，路险心亦平。长风驱松柏，声拂万壑清。即此悔读书，朝朝近浮名。"诗人开篇以夸张之笔极写终南山的高大雄伟：游于山中，见崇山壁立，一派青苍充塞天地；朝日夕月，都是从南山高处初露半轮，然后冉冉升起，如生于山峰石上。读这样的诗句，我们不能责问南山何以塞天地，石上何能生日月？

诗人多用想象夸张之词，服从的是情感逻辑，为的是真实地表达自己的审美感受，这是读诗的常识，但还是有人犯错误。如杜牧的《江南春》："千里莺啼绿映红，水村山郭酒旗风。南朝四百八十寺，多少楼台烟雨中。"其"千里"写无边春色，想象之词，极言其多，气势纵横。而明代的杨慎在《升庵诗话》中批评说："杜牧之《江南春》云：'十里莺啼绿映红'，

今本误码作'千里'。约依俗本,千里莺啼,谁人听得?千里绿映红,谁人见得?若作十里,则莺啼红绿之景,村廓楼台,僧寺酒旗皆在其中矣。"这就是不懂诗家语的表现。我们读诗,遇到想象夸张之词,首先应考虑的是否贴切、真实地表现了诗人的感情,而不是简单地用现实生活去对应它,要求它。

2. 诗歌是高度精练的语言艺术,不能依常规语法解读

诗歌是一种高度精练的语言艺术,草率、啰嗦是它的致命伤。它要炼字炼句,句句必争,尽可能做到精练、形象、优美,不多一字,不少一字,像水晶一样通体透明。它不可能对事件过程作详细的交代,也不可能对事物作详尽的描摹。同时,由于押韵、对仗等特定要求,其用语往往突破了常规语法,不能按常规语法去解读。品读诗歌,对其省略、跳跃、互文、倒置、用典、含蓄之处,尤其值得注意。

(1)省略。由于诗歌是一种高度精练的语言艺术,它不像散文的语言强调意思的完整性,对事件过程作详细的交代,对事物作详尽的描摹,它往往只呈现最重要的词语或意象,而将一些关联性的词语省略掉,让读者凭想象去连缀补充。如陆游的《临安春雨初霁》:"小楼一夜听春雨,深巷明朝卖杏花",二句均有省略,第一句省略了"我",第二句省略了"有人"。如果将省略的成分补充出来,诗句就显得呆板而毫无诗意。又如崔护的《题都城南庄》:"去年今日此门中,人面桃花相映红。人面不知何处去,桃花依旧笑春风。"诗一二句写"去年今日",三四句写"今年今日",诗人把"今年今日"省略了,如果在二、三两句之间加上"今年今日",诗意也就荡然无存。

诗句不同于散文句子,它常常有意省略句子成分,故意造成成分残缺,以达到高度凝练的效果。如陆游《书愤》中的"楼船夜雪瓜洲渡,铁马秋风大散关",诗人虽省去若干词语,只选取了几个名词组合在一起,但并不影响意义完整表达,成功地勾勒出一幅辽阔宏伟的图画,语言高度凝练,意境悲壮开阔。岳飞《满江红》中的"三十功名尘与土,八千里路云和月",运用名词连缀,寥寥数语,便将一个胸怀磊落、不患得失、不计名利、赴汤蹈火、万死不辞的高大形象凸现在读者的面前,辞约而意丰,言近而旨远。

在古典诗歌中,诗人有时甚至全部运用名词或名词性短语以构成生动可感的图像。如马致远的《天净沙·秋思》:"枯藤老树昏鸦,小桥流水人家,古道西风瘦马,夕阳西下,断肠人在天涯。"开头三句,叠用九个名词,尤其是"枯、老、昏、小、古、瘦"等词的运用,有力渲染出游子那种长期羁旅在外,不得与家人团聚的凄戚惆怅、郁闷悲苦。再如周德清的《正宫·塞鸿秋·当阳即景》:"长江万里白如练,淮山数点青如淀。江帆几片疾如箭,山泉千尺飞如电。晚云都变露,新月初学扇,塞鸿一字来如线。"全篇45字,分则一句一景,有如七幅山水屏画,合则构成浔阳江山的立体景观,好似名胜风景影片,其间远近高低、动静明暗、声光色态无不完备,但并不依靠词语关联。

诗歌语言成分的大量省略,一方面是使诗歌高度凝练,言少意丰;另一方面则给读者留下了想象空间,读者正是在这想象空间中,心与神会,获得美感。因此,解诗,不能太坐实。太坐实,往往会破坏美感。有的诗句,是不能按散文句法理解的。如杜甫《八阵图》开头两句:"功盖三分国,名成八阵图",仅十个字,就把诸葛亮辅助刘备创建蜀国基业确立魏蜀吴鼎足而立局势的卓绝功绩和卓越的军事才能概括出来,多么凝练!如果试图将他省略的语言成分补充出来,非但难以准确,即便准确也会把诗意破坏殆尽。又如杜甫的两句诗"感时花溅泪,恨别鸟惊心",表现的是一种很典型的移情现象,可有人硬要按生活逻辑

把它解释为"感时见花而落泪，恨别闻鸟而惊心"，或"感时花像人一样落泪，恨别鸟像人一样惊心"，这样解释，从字面讲，通倒是通了，可一点诗意也没有了。又如柳永《雨霖铃》中的名句："今宵酒醒何处？杨柳岸，晓风残月。"诗人写的是恋人之间的离愁别恨，作为一种隐秘、微妙、复杂的内在感情，若从正面去直接刻画，纵然字斟句酌、呕心沥血，也难如人意。诗人抛开愁、怨、相思之类直达胸臆的字眼，也不借助比喻、夸张等修辞手段，而是选择了"杨柳岸，晓风残月"这三个名词短语——不仅交代了酒醒处所，更是作者情感的呈现："杨柳岸"，它使我们想起"昔我往矣，杨柳依依"的诗句，这是个颇能惹人缱绻的场景；而"晓风""残月"这两个色调一清新一凄婉的形象，又使人获得空间宽广、时间连绵的审美感受，自然而然形成一个朦胧、深远又带点神秘意味的艺术境界。仔细品味，诗人诸多无法直言表达的情愫全都寄寓在这些名词连成的画面中，只可"意会"，根本无法用语言直译出来。总之，诗歌语言大量的成分省略，通常要通过我们的想象去神会，让它保留一定的弹性空间，不能像读散文那样坐实。

（2）跳跃。由于诗歌语言省略了大量句子成分，也就使诗歌语言具有很大的跳跃性。它在句与句之间，意象与意象之间具有很大的跳跃性。如杜甫的《江南逢李龟年》："岐王宅里寻常见，崔九堂前几度闻。正是江南好风景，落花时节又逢君。"诗人写的是旧友异乡重逢，"世运之治乱，年华之盛衰，彼此之凄凉流落，俱在其中"，诗句间的跳跃是很大的。又如温庭筠的《商山早行》："晨起动征铎，客行悲故乡。鸡声茅店月，人迹板桥霜。槲叶落山路，枳花明驿墙。因思杜陵梦，凫雁满回塘。"首联中，起句以时间、事件、环境三者相互照应，以写出旅途的辛劳，故对句直抒诗人感慨，"客行"与"故乡"相对比照，自然生出一个"悲"字来。颔联纯用名词组合，构成典型环境，状难写之景如在眼前，含不尽之意见于言表，是千古传唱的名句。颈联继上一联描绘的景物，上句突出一个"落"字，使景物顿生动态；下句突出一个"明"字，又平添了一笔色彩，使其更加生动形象。末联与首联形成对比，使远在羁旅中的诗人更觉悲凉。其诗句也是跳跃的。又如李贺的《李凭箜篌引》，诗中刚写到"李凭中国弹箜篌"，马上就写出"昆山玉碎凤凰叫，芙蓉泣露香兰笑。十二门前融冷光，二十三弦动紫皇。女娲炼石补天处，石破天惊逗秋雨"。这种奇峰迭起的跳跃很容易把读者弄得头晕目眩。弹琴就是弹琴，怎么会出现"玉碎""凤凰叫""香兰笑"等奇特现象呢！殊不知作者正是运用这样一些带有很大跳跃性的诗句来形容李凭弹箜篌的各种声调："玉碎""凤凰叫"，是形容乐声的清亮；"芙蓉泣露""香兰笑"是形容乐声的时而低沉，时而轻快；而"女娲炼石补天处，石破天惊逗秋雨"两句则是形象地描写曲终时的声音，乐声犹如惊天破石，引出一阵秋雨。类似这样的写法，诗中几乎随处可见。

有时，诗句的跳跃，是省去了过程的交代，我们可凭借想象理会这些辞断意不断之处，如元稹的《闻乐天授江州司马》："残灯无焰影幢幢，此夕闻君谪九江。垂死病中惊坐起，暗风吹雨入寒窗。"元稹贬谪他乡，又身患重病，心境本来就不佳。忽然听到挚友也蒙冤被贬，内心更是极度震惊，万般怨苦，满腹愁思一齐涌上心头。以这种悲凉的心境观景，一切景物也都变得阴沉昏暗了。首尾两句，既是景语，又是情语，以哀景抒哀情，情与景融合一体，"妙合无垠"。四句间虽是跳跃的，但我们通过想象，不难复活他忽然听到挚友也蒙冤被贬时的情景。

有时，诗句的跳跃和转换全凭作者主观情感的转换，这时就要细揣诗心，将其贯通。如刘长卿的《寻盛禅师兰若》："秋草黄花覆古阡，隔林何处起人烟？山僧独在山中老，唯有寒松见少年。"第一句写阡陌的荒无人迹的，全被秋草黄花所覆盖。第二句写除禅师寺院，无处可见人烟。第三句写禅师由少至老独自一人在此。第四句说唯有饱经霜雪的古松见过禅师少年时的容貌。第四句何以扯到古松上去？这一句的转换，完全是由诗人独特的审美感受所决定的，令人深思，值得回味。这时，我们就要细细体会诗人的情感。

有时，诗句的跳跃在字面上根本找不到任何衔接的痕迹，这时我们就必须依据诗句的内在联系，凭自己的审美想象能力，将它们融会为一个整体。如李商隐的《锦瑟》："锦瑟无端五十弦，一弦一柱思华年。庄生晓梦迷蝴蝶，望帝春心托杜鹃。沧海月明珠有泪，蓝田日暖玉生烟。此情可待成追忆？只是当时已惘然。"这首七律，跳跃性很大，且标题为"锦瑟"，不少人在"锦瑟"二字上做文章，结果众说纷纭，莫衷一是。其实，以诗篇首二字命题的诗，古代多有，并不能就题论诗，这首诗不过是以"锦瑟"起兴。作者晚年追忆过去，自陈感慨，"思华年"以下，就是追思、感慨的内容。中间两联粗看不相联属，实际上颔联是借庄周和望帝以自比，述说往事有如梦幻，远大的抱负和美好的理想已化为云烟。颈联以水珠和烟影比喻往事的幻灭不可复追。理解这样的诗篇，要依据全篇的内在逻辑，由此及彼，融会贯通。

（3）互文。古典诗词在修辞上多用互文，如"烟笼寒水月笼沙"，"寒水"和"沙"都在"烟"和"月"的笼罩之下，如果看不出来，也会影响对诗歌的理解。

"互文"是古汉语中一种特殊的修辞手法，一般来讲有两种表现形式：一是为了避免词语单调重复，行文时交替使用同义词。从这个角度讲，与"变文"是一致的，这种互文的特点是在相同或基本相同的词组或句子里，处于相应位置的词可以互释。掌握了它，有时可以从已知词义来推知另一未知词义，如"忠不必用兮，贤不必以求"（《涉江》），其中的"用"和"以"处相应位置，由此可推知"以"就是"用"的意思。二是出于字数的约束、格律的限制或表达的需要，必须用简洁的文字，含蓄而凝练的语句来表达丰富的内容，于是在上下文之中，"两物各举一边而省文"，以收到言简意繁的效果。理解这种互文，须把上下文保留的词语结合起来使之互相补充才能现出其原意，习惯上称之为"互文见义"。如"迢迢牵牛星，皎皎河汉女"（《古诗十九首》），其上句省去了"皎皎"，下句省去了"迢迢"。即，"迢迢"不仅指牵牛星，亦指河汉女；"皎皎"不仅指河汉女，亦指牵牛星，"迢迢""皎皎"互补见义，合起来的意思是"遥远而明亮的牵牛星与织女星啊"，而并非牵牛星只遥远而不明亮，织女星只明亮而不遥远。这类互文只有掌握了它的结构方式才能完整地理解其要表达的意思。如只从字面理解，不但不能完整而准确地把握其要表达的内容，并且有时会令人进入迷宫，百思而不得其解。如"岐王宅里寻常见，崔九堂前几度闻。"（《江南逢李龟年》）其中"见"与"闻"互补见义，即"（当年我）常在岐王与崔九的住宅里见到你并听到你的歌声"，并非在岐王宅只见人而不闻歌，在崔九堂只闻歌而不见人。又如"日月之行，若出其中；星汉灿烂，若出其里"（《观沧海》），其中"行"与"灿烂"互补见义，即"灿烂的日月星汉之运行均若出于沧海之中"，并非日月只运行而不灿烂，星汉只灿烂而不运行。这类互文，还有当句互文，即上半句的词语与下半句的词语互相补充，才是其意。如："栗深林兮惊层巅"（《梦游天姥吟留别》），其中"栗"与"惊"，互补见义。即"使深林与层巅战栗而震惊"，并非栗的只是深林，惊的只是层巅。又如："主人下马客在船"（《琵琶行》），"下马"与"在船"，互补见义，言主人下了马来到船上，客人也下了马来到船上。不然，主人在岸客人在船，这样举酒饯行就可笑了。

（4）倒装。或出于修辞上的需要，或出于作者有意的强调，或由于格律的限制，或各种原因兼而有之。其形式有：①词语倒装。主谓后置，如"衡阳雁去"是"雁去衡阳"的倒装；谓宾后置，如"多情应笑我"是"应笑我多情"的倒装；谓主后置，如"帘卷西风"是"西风卷帘"的倒装。②句子倒装。有因果关系的倒装如"一怀愁绪，几年离索"是"几年离索，一怀愁绪"的倒装；前后顺序的倒装，如"醉里吴音相媚好，白发谁家翁媪？"是"白发谁家翁媪，醉里吴音相媚好"的倒装。

诗歌常常打破常规语法规范出现倒装，按照一般文法根本读不通，如杜甫《秋兴八首》中的名句："香稻啄余鹦鹉粒，碧梧栖老凤凰枝。"叶嘉莹认为："这种句法，其安排组织全以感受的重点为之，而并不以文法的通顺为之，在此，其所予人者全属意象之感受，而并非理性之说明。"这种见解是极精到的。

特殊的词序往往赋予诗句特有的想象空间，避免了平淡呆板，使诗句情韵倍增。如杜甫的名句："露从今夜白，月是故乡明"，按常规表达，应是"今夜露白，故乡月明"，诗人通过词序的调整，将自己感受最深的事物置于句首以突出自己的感受，从而使诗句具有强烈的怀乡之情，深刻的人生哲理，成了流传千古的名句。又如王之涣的名句"白日依山尽，黄河入海流"，其"黄河入海流"实为"黄河流入海"的倒置，通过这一倒置，诗句显得意境开阔，气势雄浑，气象万千。如果改为平常的语序，反倒显得平铺直叙，呆板无奇了。再如王维的《山居秋暝》"竹喧归浣女，莲动下渔舟"，"归浣女""下渔舟"是"浣女归""渔舟下"的倒装；杜甫《蜀相》中的"两朝开济老臣心"，"两朝开济"是"开济两朝"的倒装；辛弃疾的《西江月·夜行黄沙道中》"旧时茅店社林边，路转溪桥忽见"，是写诗人晚上赶路，在溪桥拐弯时，忽然看见以前熟悉的社林边的茅店，将"茅店"前置，用以强调诗人对它有着特殊感情。

（5）对偶。也叫对仗（古代持兵器保卫贵人，都是左右成对，名仗，后来成为仪仗），是指把字数相等或大致相等、结构相同或相似、意义相关的两个句子或短语对称地排列在一起。对偶可以使表达的意思更加充分、更加明确；使音律显得抑扬顿挫，节奏鲜明，和谐悦耳。从结构上看，对偶分为严对和宽对两种。宽对要求不那么严格，主要用在散文和骈文中。严对要求上下句字数相等，结构相同，词性一致，平仄相对，不能重复用字，我国古典诗歌中的律诗讲究平仄相对和词语的对仗，多用严对，如"海内存知己，天涯若比邻"，"无边落木萧萧下，不尽长江滚滚来"。前者是五言律诗中的第五、六句，后者是七言律诗中的五、六句。律诗中的第二联（三、四句）和第三联（五、六句）都必须是对偶句。这两例完全符合严对的要求，形式整齐，韵律和谐，抑扬顿挫，琅琅上口。

从上下句在意义上的联系看，对偶有三种：正对、反对和串对。正对，上下句的意思相同相近或相补相衬。如"两个黄鹂鸣翠柳，一行白鹭上青天。窗含西岭千秋雪，门泊东吴万里船"，两个对偶，意思互相补充，描绘了从室内向外观察到的草堂景色。反对，上下句的意思相反或相对。如"梅须逊雪三分白，雪却输梅一段香"。串对又称流水对，上下句的意思相关相连（有承接、递进、因果、假设、条件等关系），如"欲穷千里目，更上一层楼"，"即从巴峡穿巫峡，便下襄阳向洛阳"。前者由假设关系相连，后者是承接关系。

（6）用典。古典诗词还有一个重要的特色，便是用典。古代诗人大多为饱学之士，受传统文化浸淫日久，对各种典故都烂熟于胸，创作中，他们往往将种种典故信手拈来，从而使诗歌语言附着了一层浓密的文化信息，增添了诗歌意蕴，同时也给今人解读带来了一定的难度。如崔颢《黄鹤楼》中的句子："晴川历历汉阳树，芳草萋萋鹦鹉洲。"从字面来看，是写景。但仔细分析起来却又不简单，如诗句所写的鹦鹉洲，是作《鹦鹉赋》的祢衡被黄祖杀害的地方，这句诗还和《楚辞》中"王孙游兮不归，春草生兮萋萋"有着密切的联系。为什么说这些呢？因崔颢是个个性敏感、文化底蕴深厚的读书人，他登楼远眺，自然有大量的文化信息浮上脑际，这和一个没有任何知识文化背景的人登楼是不一样的。他自然要想起仙人骑鹤飞升，想起祢衡乃至中国失意士子的遭遇，想起那句"王孙游兮不归。春草生兮萋萋"，这些想法，几乎是无法阻拦地浮现在崔颢的脑海里，自然引起身世之感、思乡之苦。这些文化信息如果不能解读，就如同一个一无所知的人登上大雁塔，看了看，什么也没有，然后又下来了。又如辛弃疾的《永遇乐·京口北固亭怀古》，几乎句句用典，如不知典故内涵，根本就无法读懂原诗。读它，必须对作品中的"典故"有个初步理解，并透过典故的本意进而理解用典后所表达的新义。

典故的含义极为丰富，特别是诗人引用后，或深沉浑厚，或含蓄婉转，蕴涵着诸多的弦外之音、言外之意，反复咀嚼，可以浮想联翩。在阅读和鉴赏古典诗词中，了解这些典故的渊源，揣摩典故所赋予的新的意蕴，可以体味到诗词的语言的奥妙，品尝到诗词的无穷魅力。

诗人用典有以下几种情形：

①引用前人词语。可分为"借用""活用"和"反用"。"借用"，即直接借用前人的诗句并赋予了新意，如曹操《短歌行》中的"青青子衿，悠悠我心"，是《诗经·郑风·子衿》中的诗句，原诗是写热恋中的女子对情人的思念期待，曹诗借用这诗句，赋予它更为丰富的内涵。"青衿"原是周代读书人的服饰，诗中以此借代才识渊博的人，而那些人，也正是诗人心中绵延不绝的期待所在。为进一步强化这一心志，接下来诗人再次借用《诗经·小雅·鹿鸣》的四句诗："呦呦鹿鸣，食野之苹。我有嘉宾，鼓瑟吹笙。"原诗以鹿鸣起兴，以瑟笙渲染气氛，展现出的是一派和乐融融的欢宴嘉宾的景象，而这样的景象也正是诗人心中所描画的图景。两处引用，形成比照，先表求贤不得的日夜思慕，后抒求贤既得的由衷欢欣，其思贤若渴的心迹便昭然于笔墨。"活用"是将前人具有典型意义的词语融化到自己的意境或形象中，成为具有新义的艺术语言。如陶渊明《归园田居》中的"虚室有余闲"，"虚室"语出《老子》："虚室生白"。诗人活用此词，含有双关意味，既指有形的屋室，又暗喻无形的心房，由此，充分传达出诗人对环境清幽、心境闲适的田园生活的向往。又如姜夔《扬州慢》中的"纵豆蔻词工，青楼梦好"，前者出自杜牧《赠别》中的"豆蔻梢头二月初"，后者出自杜牧《遣怀》中的"十年一觉扬州梦，赢得青楼薄幸名"，词人活用杜牧诗中的词语，以彰显杜牧出众的才华。"反用"，就是在与原义相悖的基础上引用既有词语，它在表情达意上有一种反衬的作用。如王维《山居秋暝》尾联："随意春芳歇，王孙自可留"，意思是，春草就随着它的意愿衰败吧，这里的秋色实在耐人寻味，"我"还是愿意留在山中，就反用了《楚辞·招隐士》的话，"王孙游兮不归，春草生兮萋萋……王孙兮归来，山中兮不可以久留"。又如姜夔《扬州慢》的"过春风十里，尽荠麦青青"，"春风十里"即反用了杜牧"春风十里扬州路"的诗句，原诗显示的是扬州十里长街的繁华景况，词人反其意而用之，凸现的是扬州现状的凄凉情形，从而寄寓了词人对扬州昔盛今衰的感慨。

②点化前人词语。点化不同于直接引用，而是将前人语句消化后用自己的话写出。有的诗句经点化后比前人说的更具体、更生动形象，如《孟子》中的"狗彘食人食而不知检，

途有饿莩而不知发"，为杜甫点化为"朱门酒肉臭，路有冻死骨"（《咏怀五百字》）。对比更强烈，形象更生动；有的经点化后，同前人的艺术风格不同了，如杜甫《羌村三首》第一首中的"夜阑更秉烛，相对如梦寐"，写战乱之中的夫妻相逢，风格是沉郁的，这两句被晏几道点化为"今宵剩把银釭照，犹恐相逢在梦中"（《鹧鸪天》），用以表现女子相思，风格婉约；有的经点化后，思想内容上不同了，如韩愈《听颖师弹琴》中的"昵昵儿女语，恩怨相尔汝"，是用来形容琴声的，经张元干点化"肯儿曹恩怨相尔汝"（《贺新郎》），说的是离别时的惜念，不是儿女之情。

③引用神话故事。如李贺的《李凭箜篌引》："江娥啼竹素女愁，李凭中国弹箜篌"，用湘妃和素女这样的神女也被乐声感动，来形容李凭的箜篌弹得好；"女娲炼石补天处，石破天惊逗秋雨"，用女娲炼石补天处的秋雨，以形容李凭的箜篌弹得好；"吴质不眠倚佳树，露脚斜飞湿寒兔"，用月中吴刚为乐声所吸引来形容李凭的箜篌弹得好，都是引用神话故事。引用神话传说，能增强诗词艺术表现力，构成奇特的艺术境界。

④引用历史故事。引用历史故事，明白地指出是何人何事，这是明用。如白居易《放言五首》第三首中的"周公恐惧流言日，王莽谦恭未篡时"，明白指出周公和王莽之事，是明用。暗用比明用隐蔽，因没有明白地指出是什么，所以难以一眼看出。如知道所用的历史故事，便能读懂语词；反之，便要大伤脑筋了。如杜甫《前出塞》第三首中的"功名图麒麟"，暗用了汉宣帝（刘洵）把霍光等十一个功臣画像于麒麟阁的故事，如不知道这一故事，就颇为费解。明用和暗用，都是正用其意；而反用历史故事，则是反用其意。如，汉文帝（刘恒）爱贾谊之才，将他从长沙召回，在宣室接见，而李商隐写《贾生》，却用"可怜夜半虚前席，不问苍生问鬼神"的诗句以讽刺汉文帝不能真正重用贾谊，慨叹自己的怀才不遇，这是对汉文帝接见贾谊的反用。又如辛弃疾的《永遇乐·京口北固亭怀古》"可堪回首，佛狸祠下，一片神鸦社鼓"，佛狸，后魏太武帝拓跋焘的小名，他击败宋文帝，率军追到瓜步山，在山上建立行宫，即后来的佛狸祠。词人渴望早日实现恢复中原的宿愿，可现实却是"佛狸祠下，一片神鸦社鼓"，让人备觉失望。词人用"可堪回首"以标明其鲜明的批判态度。反用这一典故，发人深思。

古典诗词用典非常普遍，一些典故，逐渐演变成固定的词语。懂得这些语言，对理解诗是非常重要的。如"哀鸿"，语出《诗·小雅·鸿雁》："鸿雁于飞，哀鸣嗷嗷。维此哲人，谓我劬劳。"诗歌写使臣行于四方，见流民如鸿雁飞集于野，流民喜使者到来，皆合词倾诉，如鸿雁哀鸣之声不绝。后以鸿雁在野、哀鸿遍野，喻指百姓流离失所，如龚自珍《己亥杂诗》："三更忽轸哀鸿思，九月无襦淮水湄"，写的就是人民痛苦流离的生活。又如"采薇"，语出《史记·伯夷列传》："武王已平殷乱，天下宗周，而伯夷、叔齐耻之，义不食周粟，隐于首阳山，采薇而食之。"说的是伯夷、叔齐隐居山野，义不侍周的故事。后借指隐居生活和坚守节操。如孟郊《感怀》（之五）："举才天道信，首阳谁采薇。去去荒泽远，落日当西归。"文天祥《南安军》："山河千古在，城郭一时非。饥死真吾志，梦中行采薇。"

要读懂诗家语，还必须掌握古诗中一些常见的史地、名物知识。如李白的《乌栖曲》："姑苏台上乌栖时，吴王宫里醉西施。吴歌楚舞欢未毕，青山欲衔半边日。银箭金壶漏水多，起看素月坠江波。东方渐皓奈晓何。"从标题看，这是一首旧题乐府诗，共七句，诗中"姑苏"，即今之苏州，"吴歌楚舞"不能理解为吴地的歌、楚地的舞，它是互文，指吴楚一带的歌舞；"银箭金壶漏水多"指时光不停地流逝着，"箭""壶""漏"都是古代的计时仪器，代指时光、光阴。如果不具备这些知识，就读不懂这首诗的字面意义。又如杜甫的《秋兴》："玉露凋伤枫树林，巫山巫峡气萧森。江间波浪兼天涌，塞上风云接地阴。丛菊两开他日泪，孤舟一系故园心。寒衣处处催刀尺，白帝城高急暮砧。"诗中的"玉露""枫树林""丛菊"，均暗示节令已属深秋，"丛菊两开"暗指已过两年光阴。尾联的"刀尺""砧"，涉及古代家人给在外的游子缝制寒衣的习俗，常用来表达思念之情，这里深化了上句的"故园心"，表达了在外的游子对家人的思念与乡愁。

## 二、按迹寻踪，窥象以会意

诗是无声画，精神意蕴是诗歌文体的重心。当我们品读文字时，一个一个的字、一个一个的词会在我们头脑里化为一个一个的象、一幅一幅的画。如王粲的《七哀诗》，一路读下来，就会呈现出三幅情景鲜明的画面：第一幅是亲友们争相拉着车辕，顿足涕泣，生离死别的悲惨情景，可称之为"长安惨别图"；第二幅是白骨累累的原野上，"路有饥妇人，抱儿弃草间。顾闻号泣声，挥泪独不还"的"饥妇弃子图"；第三幅是诗人登上了霸陵高处，回首西望长安，想起了当年的"文景之治"的"霸陵思治图"。赏析时只要抓住这三幅图画，也就叩开了诗人的心扉，声形毕肖地看到了汉末动荡残破的社会现实。

叶嘉莹曾指出："创造者所致力的乃是如何将自己抽象之感觉、感情、思想，由联想而化成具体之意象，欣赏者所致力的乃是如何将作品中所表现的具体之意象，由联想而化成为自己抽象之感觉、感情与思想。"这是对诗词创作欣赏两个方面最简明的概括，说明了创作和鉴赏之间的辩证关系：作者立象以尽意，观者当辨象以会意；"象"是诗词创作者和诗词欣赏者所致力寻觅的终极，二者只有在"象"上才能心灵相通，思想碰撞，产生极大的心理引力，使鉴赏者情不自禁地步入艺术深境，并以自己独特体验去拓觅"象"的内在思致。

"象"既是诗词传达的根本媒介，也是诗词鉴赏切入的根本契机，整个鉴赏过程，都以"象"贯通始终。这个"象"，也就是"意象"。所谓"意象"，是指诗人主观情态作用于客观物象并在融合转化中生成的具有特定情感内容的艺术形象。它不是纯客观的描摹，而是"客观物象"与"主观情感"的有机统一。一切客观外物，只有经过诗人感情的内化与浸润，才能获得灵气与生命，才可能成为意象。生活中的月亮不是意象，但"我寄愁心与明月，随君直到夜郎西"中的"明月"是意象，因此时的"明月"，已是能理解思念痛苦并能传递祝福的人性化了的使者；纯客观的菊花不是意象，但"采菊东篱下，悠然见南山"中的"菊"是意象，因为它是诗人宁静、淡泊的人生诗意追求的象征。须指出的是，意象是"客观物象"与"主观情感"的有机统一，在这种统一中，主客体在相互融合时都产生了新质，"感性的东西经过心灵化了，而心灵的东西也借感性化而显现出来"，但主客体并没有因此而消失。所谓"对象主体化"不是由主体取代了客体；所谓"主体对象化"也不是由客体取代了主体。它们在相互交融中都获得了新质，各自在自身中映照着对象，同时也保持着自己的特点，在交融中并没有消失自身，而是由它们组成了具有新质的"第三者"。

关于意象，美国意象派诗人庞德认为："'意象'是这样一种东西：它表现的是在刹那间里理智与感情的复合。"他的意见是值得我们重视的。所谓"意象"，不是情感或观念的图解，它是诗人主观情感与客观物象猝然间的聚合，这种聚合往往是诗人在审美直觉中完成的。完成之后，意象是一个直观的审美对象。庞德的《在一个地铁车站》，被认为是典型的意象派诗歌，诗只有两行："人群中这些面孔幽灵一般显现/湿漉漉的黑色枝条上的许多花瓣。"这里所表现的正是一刹那间"理智与感情的复合",它写的是一个久居都市的人对都市生活的极端厌恶和向往大自然的瞬间感受和心态,诗中所写到的"面孔""花瓣"都是象征物(或者说是一种象征符号),它们之间没有任何必然的逻辑联系,在情感上甚至是相互排斥和对立的两极,但通过诗人的感应达到了互相沟通。由令人讨厌的幽灵般的面孔,突然联想到了粘上了露珠或雨点的可爱的湿漉漉的花瓣,形成一种跳接式蒙太奇组合,构成画面的对列和对位,从而呈现出一种使人深感窒息厌烦的"地铁车站"意象。

意象往往是诗人独特的发现。如杜甫的"星垂平野阔,月涌大江流"(《旅夜抒怀》),诗人为何要用"垂""涌"二字来描述星和月呢?仰望天空,因原野空阔,星星近者高、远者低,像往下掉的样子,故用一"垂"字;平视前方,因原野空阔,月亮从江边升起,给人的感觉就像从江中升出一般,故用一"涌"字;而"涌"字,又带有一种强烈的动感;不是浮起,而是"涌"起,诗人抓住了江水澎湃、激荡的特点。孟浩然的《宿建德江》:"移舟泊烟渚,日暮客愁新。野旷天低树,江清月近人。"后两句是为人传诵的名句。一个"低"字,抓住了景物的特点,而一个"近"字,则赋予了景物以感情,这也是诗人独特的发现。

在创作中,由于思想修养、文化积淀、生活经历以及所取题材的不同,诗人们往往创造出异彩纷呈的"意象"。如中国台湾诗人彭邦桢的《月之故乡》与舒兰的《乡色酒》:"天上一个月亮/水里一个月亮/天上的月亮在水里/水里的月亮在天上//低头看水里/抬头看天上//看月亮,思故乡/一个在水里/一个在天上。/"(《月之故乡》)"三十年前/你从柳树梢头望我/我正年少/乡色正好/你圆/人也圆//三十年后/我从柳树梢头望你/你是一杯/乡色酒/你满/乡愁也满。/"(《乡色酒》)同样以"月"来抒写乡愁,《月之故乡》与《乡色酒》又写出了不同的"个性"特色。前者将思乡之情寄之明月,然而明月又在水里又在天上,都很遥远,表现出了诗人那种复杂的、沉郁的、欲言又止的感情。后者亦是将思乡之情寄之于乡色酒(实指明月),但它主要通过三十年前与三十年后的对比、圆与满的对比、亲情与乡愁的对比,将浓浓的乡愁表现出来。

此外,还有一些意象,具有传统文化的特定含义,可把它理解为文化意象。如,有些写送别相思之情的诗作,常常会出现柳、酒、月、雁、楼等意象,如赵嘏的《寒塘》:"乡心正无限,一雁度南楼",游子心中蕴藉的愁情,因秋而触发,化作无边的乡愁;从南楼飞过的孤雁,凄哀的鸣叫,使乡愁加上一层"雁归人未归"的感伤,情景交融,含蓄而耐人寻味。又如,桃花象征美人,牡丹寄寓富贵,杨花有飘零之意,松、竹、梅、菊一类事物往往象征人高洁的品格,不理解这些意象的特定含义,就不能深刻地理解诗意。

我们读诗,最初浮现于脑海的是一个一个的单一的意象,随着欣赏的深入,就要将单个的意象有机地融合起来构成一个整体。那么,鉴赏中如何将纷至沓来的意象融合为一个有机的整体呢?

(一)先把握整体意象

一首诗,可融合为一个单一的整体意象,也可以融合为多个复合意象。如艾青的《礁石》:"一个浪,一个浪/无休止地扑过来/每一个浪都在它脚下/被打成碎沫,散开//它的脸上和身上/像刀砍过的一样/但它依然站在那里/含着微笑,看着海洋。//""礁石"是这首诗的中心意象,其他意象是描写或烘托它的。"礁石"默默承受着海浪永无休止的扑击,经千年磨砺而依然倔强屹立,它使人想到遭受无辜迫害的勇敢反抗者和那些不屈的民族,也可以理解为一种正直伟岸的人格精神,巍然屹立的礁石虽然总是被动无辜地受到伤害、践踏，浑身布满伤痕，由于具有不灭的内在伟力，海浪的冲击砍削只能更加增强它坚硬顽强的本质，它永远以强者、胜者的自信心和昂然的姿态撞碎海浪，"含着微笑，看着海洋。"这首诗呈现的是一个单一的整体意象。再看艾青另一首小诗《盼望》："一个海员说，/他最喜欢的是起锚所激起的/那一片洁白的浪花……//一个海员说，/使他最高兴的是抛锚所发出的/那一阵铁链的喧哗……//一个盼望出发/一个盼望到达。//"诗人描写了两种"盼望"：一种是"盼望出发"，因而喜欢看"起锚所激起的那一片洁白的浪花"；一种是"盼望到达"，因而很高兴听到"抛锚所发出的那一阵铁链的喧哗"。诗作是由"海员""起锚""抛锚"等意象构成，这众多的意象又组成了不同的"盼望"意象，这首诗呈现的是多个复合意象。无论是一个单一的整体意象，还是多个复合意象，都会呈现为整体形象。就一般而言，诗人抒情，无非是缘事抒怀，借景抒情，托物言志，因而，诗人所写的那一件事、那一些景、那一个物，也就是诗的整体形象。抓住整体形象，一般意象就会向中心意象靠拢。

除了从整体形象入手，品读诗句时还须分清主次。如晏殊的"无可奈何花落去，似曾相识燕归来"（《浣溪沙》），因其诗人主要是对往事的感伤，句中的"去"是主，"来"是宾。柳永《雨霖铃》中的"多情自古伤离别，更那堪，冷落清秋节。""伤离别"是主，"清秋节"是宾。辛弃疾《水龙吟》的"休说鲈鱼堪脍，尽西风，季鹰归未？求田问舍，怕应羞见，刘郎才气。可惜流年，忧愁风雨，树犹如此"，"休说"三句，"求田"三句，都是宾，"可惜"三句才是主，因为它表现的是英雄迟暮之感，前面各种感情都是由它生出。分清意象的主次，有如照相，焦距调对了，照出的相就会清晰。

（二）理清诗的脉络和层次

诗的语言精练、含蓄、跳跃性大。有时读了前句，不知后句说的是什么，稍不留神，思维容易混乱。面对纷至沓来的意象，如何理出一个头绪？这时就要适当清理一下诗的脉络和层次。

谈到读诗，一般注意到其中的形象思维，并对此加以充分的分析，往往忽视了对作品进行必要的逻辑分析。其实，形象思维并不排斥逻辑思维，而且必须以逻辑思维为基础。这是因为，作为一种思维活动的形象思维，和抽象思维一样，也必须遵循人类思维的一般规律。客观现实生活是艺术形象的依据，而诗人对客观事物的理解和评价是艺术形象的主观因素。为了使笔下的艺术形象符合生活真实，诗人也要经过一段认识、酝酿的过程，即进行逻辑思维的过程，对众多的素材，经选择、取舍、概括，最后才构成艺术形象。因此，探讨作品形象的特点，也不能忽视逻辑思维。如果我们把握了诗人在作品中的思路，弄清楚了词和词、句与句之间的关系，也就能驯服那些纷繁复杂的意象了。如张继的《枫桥夜泊》：

月落乌啼霜满天，江枫渔火对愁眠。
姑苏城外寒山寺，夜半钟声到客船。

这是一首写景诗。诗人表面上写景，实际上寓情于景。当时诗人夜泊枫桥，时已深夜，不能成眠，因而能从视觉和听觉出发，看到各种景物，听到各种声音。各种景物各种声音又都是紧紧围绕着"夜泊枫桥"这一特定环境的，诗人先从远处望，后向近处看，反映了由远到近的观察过程。"月落""乌啼""霜满天"是远处望到和听到的；"渔火""客船"

"寒山寺""钟声"是近处看到和听到的，由这些景物和声音也就构成了一幅暮秋季节凄凉、冷落的夜景。面对这幅夜景，必然勾起诗人漂泊他乡的孤愁情怀。诗中各种景物和声音的描写（意象），并不是胡乱堆砌的，而是按事物之间的关系，先后有序。"月落"点明夜深。只有在深夜里，才能听到乌鸦的啼叫，才能看到浓重的霜露；因为是在深夜，所以有"渔火"；"寒山寺"在诗人停泊的所在地，寺里和尚有夜半敲钟的习俗，所以诗人很自然地写到了"寒山寺"，并由此引出了"钟声"，再由"钟声"引出了"客船"。可见，诗人是抓住了事物之间的联系来进行思维活动的。

事物间的内在联系，往往体现于事物间的某种相似之处。作者正是利用这种相似之处把"物"和"情"联系在一起。如王安石的《梅花》："墙角数枝梅，凌寒独自开。遥知不是雪，为有暗香来。"第一句是从梅花生长的处所和数量上说。处所，是不显眼的"墙角"；数量，只有很少的"数枝"，恰切地暗喻作者处境的窘迫和孤独。第二句是第一句的转折。尽管这是为数不多的几枝梅花，又生长在不为人们注意的地方，但是它能"凌寒独自开"。一到冬天，百花凋谢，只有梅花昂首怒放。梅花的抗严寒、傲霜雪的品性，正是作者超群独立、不畏强暴本性的写照。一、二句写梅花的外貌，三、四句写梅花内在的品质。这是由表及里的写法。三句为果，四句为因。由于很远就能闻到一股清香，才知它不是"雪"，而是"梅"。作者为什么把"梅"和"雪"相比较而言呢？因为"梅"和"雪"都有洁白的相似之处，从远处看，很容易把"梅"误认为"雪"。但是，雪白而无香，梅白而有香。这就从相似之处，提示了不同之点。白而有香，是梅花可贵的特征，正好暗喻作者的高尚情操。

意象与意象之间的关系，有时隐含在形象之间，需要我们去体会。有时诗人也会通过一些关键字词句含蓄地"点"出来。把握住其中的关键性的字、词、句，也就把意象统起来了。如大家熟悉的柳永名作《雨霖铃》，全词上下两阕，洋洋洒洒十八句，只要抓住两句："执手相看泪眼，竟无语凝噎"，词中的"寒蝉凄切""对长亭晚""骤雨初歇""冷落清秋节""杨柳岸、晓风残月"等也就统起来了。

有时还须理清作品层次。如，有的先总写，后分写；有的先实写，后虚写；有的先写景，后抒情；有的先抒情，后叙事；有的如行云流水，浑然一体；有的多层转折，如苏轼的《水调歌头》（明月几时有），作者的感情如大江之澜，上下起伏，作者先是对现实感到抑郁苦恼，接着又转为极为眷恋现实，接着又转为对现实的恼烦，最后再转为对现实的旷达乐观；有的层层逼进，如张孝祥的《六州歌头》（长淮望断），作者在上片用"望""追想""看"构成三个转折，一层深于一层地表现了中原陷落后的凄凉。

（三）展开联想和想象，复活意象

我们先是要从整体上去把握中心意象，然后理清诗的脉络和层次，再就要展开想象与联想，在头脑里将它们化为生动的画面和形象。如，贺知章的《咏柳》，全诗四句，不见一个"柳"字，但借助了联想和想象，我们却可以感知一棵柳树，甚至是一片柳林。

在欣赏中，联想和想象是必不可少的，不但像马致远《天净沙·秋思》那样特殊的作品需要想象，一般作品也需要想象。如张养浩的《双调·水仙子·咏江南》：

一江烟水照晴岚，两岸人家接画檐，芰荷丛一段秋光淡，看沙鸥舞再三，卷香风十里珠帘。画船儿天边至，酒旗儿风外飐，爱杀江南。

全曲八句，前七句描绘江南景物，最后以一句抒情，点明主旨。多水是江南一大特色。作品开端就以"一江烟水"切"江南"之题，接下去，"两岸""芰荷""沙鸥""画船"，无一不是水乡风物。"一江烟水照晴岚"，描绘出强烈日光照耀下水汽蒸腾、江上烟波与岸上山岚相映生辉的景象。"画檐"，是南方富裕人家砖瓦房屋脊房檐上的彩绘装饰，画檐相接表现江南的富裕，人口稠密……此曲差不多句句写景，但手法并不单调。作者取景有巨有细，时远时近，舒卷自如。作者先是眺望大江远山，然后逐渐由远及近，由大而小，两岸人家、芰荷、池塘、沙洲水禽……忽又放纵开去，极目天际之画船，倏地又回收至村落酒帘。于是一片江南秀丽风景便一收眼底。同时，作者所描绘的画面还是动静结合的。流水生烟，山岚耸翠，此为一动一静；画檐芰荷，安静恬淡，而沙鸥在舞，珠帘在卷，画船由天边驶来，酒旗在迎风招展，宁静中又显出一派生机。"卷香风十里珠帘"应为"十里香风卷珠帘"，诗人采用倒装句式，同时又化用了李清照的"帘卷西风"，翻出珠帘拂扬、裹卷着缕缕香风的新意。本曲中"一、两、再三、十"等较小的数词也用得妙，与江南风物之秀美相称。如，以"沙鸥舞再三"描绘沙鸥踱步和拍打翅膀的体态犹如在翩翩起舞，就非常贴切。生活中鸟儿舞动，是时动时停的。以"舞再三"来描写就非常准确传神。读这首曲子，没有想象就不可能体会到它的意境。

（四）窥意象以会意

把握诗的意象后，接下来便是体会诗人寄寓于意象之中的思想、感情、情致了。

正如叶嘉莹所指出的："创造者所致力的乃是如何将自己抽象之感觉、感情、思想，由联想而化成具体之意象，欣赏者所致力的乃是如何将作品中所表现的具体之意象，由联想而化成为自己抽象之感觉、感情与思想。"

大多数的诗，都是通过对事或景的描绘来抒发情感的。这类诗，诗人的感情与他所描绘的事物有对应性：诗人所抒发的情感，大多是特定情境下的情感；他的情由他所描写的这些事或景引发，他所描写的事或景也直接对应于他所抒发的情感。如白居易的《听夜筝有感》："江州去日听筝夜，白发新生不忍闻。如今格是头成雪，弹到天明一任君。"诗人写自己中年与暮年的对于挫折的不同感受。元和十年，诗人因激于义愤，上书言事，被贬为江州司马，时年四十四岁。初遭打击，新生白发，自然感到理想受挫，时不我与，听到忧怨的筝声，不禁为之愁肠百结，因而不愿再听。暮年饱经忧患，霜雪满头，相比之下，先前那些挫折简直算不了什么，正因他饱尝了太多的痛苦，对忧怨的筝声也就听之任之了。当然，这是表层的意思，如果从深层来看，在看似旷达超脱的诗句中，含蕴着的仍是极为悲凉沉痛的心情。诗人所抒之情与他所写之事（听筝）是密切相关并且是对应的。

有时，诗人抒情言志非常含蓄，如柳宗元的《江雪》："千山鸟飞绝，万径人踪灭。孤舟蓑笠翁，独钓寒江雪。"扔给读者的只是一个画面，抒情主人翁并不露面，这就要从景物的感情色调去把握诗人所抒发的情感。《江雪》写的是大雪覆盖了群山万壑，堵塞了所有道路，是一个"漫天皆白"，生物似乎"绝灭"的银装世界。在这种死寂的感知背景的映衬下，一个"蓑笠翁"独蹲船头，仍在寒冷的江面上垂钓，就使这一感知对象带上了他独有的冷僻色彩。联系诗歌的写作时间和诗人遭遇，就可以明显看出，这一感知对象表达的正是诗人永贞革新失败后被贬永州荒远之地那种孤独而又不屈的心境。与《江雪》寒寂雪景相反的是《渔歌子》，诗所描绘的，是一个斜风细雨、春光旖旎的景象，是一种色调协调、赏心悦目的境界：青山白鹭，绿水红花，颜色艳丽鲜明，读起来音调也轻松明快。在这一感知背景中活动着的"蓑笠翁"就不是一个寂寞孤独的不屈者，而是一个悠然自得的垂钓者形象，其含蕴的也就只是诗人那种陶醉于自然，物我两忘，以至于"心凝形释""与万化冥合"的心境。在具体可感的景色中，"人"是读者感知的主要对象，而"景物"往往是一种"感知背景"，通常情况下，鉴赏者应从感知对象的色调入手去把握诗人的思想感情。

在把握诗歌情境之意时，还应注意诗人情感的主导方面。有的诗歌，表现出各种复杂的思想，这时要纵观全诗，抓住其主导方面。如苏轼的《水调歌头》（明月几时有），多次出现出世与入世的矛盾，仔细推敲全文，再看最后的"但愿人长久，千里共婵娟"，便可发现后面的思想是主导的。

一般而言，一首诗的语言风格，与其思想内容是相吻合的，或喜悦，如"白日放歌须纵酒，青春作伴好还乡"；或激愤，如"安能摧眉折腰事权贵，使我不得开心颜"。但在有些时候，作者却一反常态，而是将深沉感慨出之于平淡，极度悲凉寓之于旷达，这时也要细心体会。如杜牧的《题禅院》："觥船一棹百分空，十载青春不负公。今日鬓丝禅榻畔，茶烟轻扬落花风。"此诗前二句写往昔漫游酣饮之豪兴，后二句写今日参禅品茶之悠闲，对于消逝的年华，不露惋惜之情。对于今日的寂寞，不露辛酸之辞。若细加寻绎，却见这里表现的正是人生诸种痛苦中极为沉重的一种。诗中所说的那种豪兴，其实不过是排遣无聊之举。杜牧平生留心世务，论政谈兵，卓有见地，然而却投闲置散，始终未能施展抱负，以致大好年华，只能在漫游酣饮中白白流逝，落得"今日鬓丝禅榻畔，茶烟轻扬落花风"。此处的"茶烟"，与前面的"觥船"相应，"落花"与"青春"相应，说明一生自许甚高的诗人，不仅施展抱负无从说起，就连酣饮漫游也不复可能，只能靠参禅品茗来消磨剩余岁月。他被包裹在越来越重的幻灭、空虚和无望之中，任何诉说、哀叹、怨恨、愤慨都无济于事，他的语调也就带有一种无可奈何的平淡，尽管其心底还不时翻滚着感情的波涛。通过分析可以看出，杜牧的这首诗，内容和语言风格虽然看似矛盾，其实却是统一的，后者是更好地为前者服务的。理解这类诗，最好是设身处地地进入诗人所描绘的情境，以体会诗人在特定情境中的特定感受。

诗人将自己的身世之感、品性情怀寄托于特定景物的描绘，这就是我们平常说的寄托之意。寄托需要具体的载体，这载体通常是诗人所咏之"物"。寄托的形成也就建立在"物"与"思想感情"的相似性上。如郑思肖的《画菊》："花开不并百花丛，独立疏篱趣未穷。宁可枝头抱香死，何曾吹落北风中。"诗人的民族气节与菊花的"宁可枝头抱香死"相一致，也就构成了寄托。寄托是古代诗歌创作常用的手法，现代诗也经常运用。试看台湾诗人纪弦写的《一片槐树叶》：

这是全世界最美的一片，
最珍奇，最可宝贵的一片，
而又是最使人伤心，最使人流泪的一片：
薄薄的，干的，浅灰黄色的槐树叶。
忘了是在江南、江北，
是在哪一个城市，哪一个园子捡来的了，
被夹在一册古老的诗集里，
多年来，竟没有些微的损坏。

蝉翼般轻轻滑落的槐树叶，

细看时，还沾着些故国的泥土哪。

故国哟，啊啊，要到何年何月何日，

才能让我再回到你的怀抱里，

去享受一个世界上最愉快的，

飘着淡淡的槐花香的季节？

在台湾诗歌当中，乡愁是一个永恒的主题。其中最负盛名的是余光中的《乡愁》，若论感情之细腻，这首《一片槐树叶》当不在其下。《一片槐树叶》写于 1954 年，正值海峡两岸关系紧张之际，隔海相望，归期渺茫，游子情愫，可想而知。诗的第一节，作者着力抒发看到槐树叶时的真切感受。一片"薄薄的，干的，浅灰黄色的槐树叶"，偏偏是最美、最珍奇、最宝贵、最使人伤心、最使人流泪的一片。这样一片树叶何奇之有，竟让作者一连用五个"最"字？第二节，诗人猜测这片槐树叶的来历。作者生于河北，长于江南，"忘了是在江南、江北"，是否也暗示了生活的颠沛流离？诗人为什么早没发现这片"没有些微的损坏"的槐树叶呢？原因是它"夹在一册古老的诗集里"。那么，诗人为什么多年来不翻它呢？是怕引起故国之思吧！这"古老的诗集"，可是祖国文化啊。第三节，诗人直接抒发对故乡的思念之情，盼望早日回到祖国的怀抱。诗人托物言志，以一片小树叶，寄寓了无限故国之思。在这类诗歌中，作者的"志"，与作者所咏的"物"是直接对应的。

一般而言，寄托之意与"寄托之物"之间有着直接的对应性，如中国古代大量的咏物诗，诗人所寄托的"志"与诗人所咏的"物"有着明确的关系，一般不会产生歧义。这一点与现代象征不同，现代象征具有多义性，允许甚至鼓励多解，而寄托，通常是单义，单解。试比较下面两首诗：

臧克家写的《老马》："总得叫大车装个够，/它横竖不说一句话，/背上的压力往肉里扣。/它把头沉重地垂下！//这刻不知道下刻的命，/它有泪只往心里咽。/眼里飘来道鞭影，/它抬起头来望望前面。//"

奥地利象征主义诗人莱纳·马利亚·里尔克写的《豹》："它的目光被那走不完的铁栏/缠得这般疲倦，什么也不能收留。/它好像只有千条的铁栏杆，/千条的铁栏杆后便没有宇宙。//强韧的脚步迈着柔软的步容，/步容在这极小的圈中旋转，/仿佛力之舞围绕着一个中心，/在中心一个伟大的意志昏眩。//只有时眼帘无声地撩起。/于是有一幅图像浸入，/通过四肢紧张的静寂——/在心中化为乌有。//"

臧克家的《老马》是一首托物言志的诗，诗人以马为描绘对象，揭示了旧中国人民正以惊人的毅力忍受着沉重的苦难，而里尔克的《豹》，诗人借动物园的豹子形象地表现了诗人当时的心境，他觉得空有一肚子才华，就像豹子关在铁笼里一样无处施展。但这首诗也可以理解为资本主义社会对人的异化。

象征之意既可通过"以心写物"来表现，也可通过"缘心造物"来表达。由于"以心写物"直接缘于作者的感官印象，是对生活场景的诗意刻画，我们把握起来相对容易一点。如顾城的《沙滩》："我在沙滩上玩/用沙子修城/用石子铺院/让那些乱飞的小树叶/通通住在这里边/我去吃饭了/海风把它吹坏了//我在沙滩上玩/用螺蛳当宝塔/用贝壳作瓦片/让那些害羞的小花瓣/全都藏在屋里边/我去睡觉了/海潮把它偷走了//我告诉妈妈/妈妈却再不许我去海边//"。这是一篇优美的童话，"我在沙滩上玩"，是实指，也另有所指，这就是对理想与自由的向往与追求。在追求的过程中，我付出了自己的努力：修城铺院，盖塔垒瓦。小树叶、小花瓣这些惹人爱怜的美好事物，喻指诗人单纯美丽的梦想。把"乱飞的小树叶""害羞的小花瓣"都弄进院里塔内，可见诗人对它们的珍视。但是，海风吹坏了它，海潮偷走了它。面对着空荡荡的沙滩，无奈之下，"我"只好求助于妈妈，但"妈妈却再不许我去海边"。其实，重要的不是梦想的破灭，而是由此造成的精神上的压力、心灵上的创伤。作者把对社会的观察、人生的感受，融进稚气十足的语言，把理想转化成具体可感的童话意象，营造了一种亲切感人、发人深思的艺术氛围，单纯中见深沉，简单中包含着深刻。

　　意象如果不是来自现实生活场景，而是来自诗人主观臆造，与我们感官经验有一定距离，理解起来有难易之分。先看舒婷的《致橡树》："我如果爱你——/绝不像攀援的凌霄花，/借你的高枝炫耀自己；/我如果爱你——/绝不学痴情的鸟儿，/为绿荫重复单纯的歌曲；/也不止像泉源，/常年送来清凉的慰藉；/也不止像险峰，/增加你的高度，衬托你的威仪。/甚至日光。/甚至春雨。/不，这些都还不够！/我必须是你近旁的一株木棉，/作为树的形象和你站在一起。/根，紧握在地下，/叶，相触在云里。/每一阵风过，/我们都互相致意，/但没有人/听懂我们的言语。/你有你的铜枝铁杆，/像刀，像剑，也像戟；/我有我红硕的花朵，/像沉重的叹息，/又像英勇的火炬。/我们分担寒潮、风雷、霹雳；/我们共享雾霭、流岚、虹霓。/仿佛永远分离，/却又终身相依。/这才是伟大的爱情，/坚贞就在这里：/爱——/不仅爱你伟岸的身躯，/也爱你坚持的位置，足下的土地。/"这是一首意象诗，诗人没有对生活场景直接地描摹，而是以内心独白的方式，通过"橡树"和"木棉"两个意象，对平等真诚的爱情发出了由衷的赞美。透过诗人的赞美，我们还可以看到诗人对自私、狭隘、庸俗的人际关系的鄙视，对平等、互爱、真诚的人际关系的追求。诗作首先一连用了六个否定句，表现了自己对爱情的理解，否定中有变化、有保留、有层递。接下来的抒发，作者巧妙借用木棉和橡树两个中心意象，从正面表现男性之美与女性之美；在具体描绘这两个形象时，作者运用了意象叠加和通感的手法，比喻密集而新颖，风格温柔而典雅。通常情况下，我们读这类诗并不觉得费解。但读舒婷另一首诗《思念》，就不是这样了。

## 思　念

舒婷

一幅色彩缤纷但缺乏线条的挂图

一题清纯然而无解的代数

一具独弦琴，拨动檐雨的念珠

一双达不到彼岸的桨橹

蓓蕾一般默默地等待

夕阳一般遥遥地注目

也许藏有一个重洋

但流出来，只是两颗泪珠

　　呵，在心的远景里
　　在灵魂的深处

　　这首诗，扑面而来的是四个风马牛不相及的意象——"挂图""代数""独弦琴""桨橹"，叫人不知所云。然而仔细品读也还是可以理出一些头绪的。第一节，是对"思念"的描绘："挂图"是"色彩缤纷缺乏线条"的，可见"思念"美丽而纷乱如麻；"代数"是"清纯然而无解"的，可见"思念"是纯洁、执著而又无法把握的；"一具独弦琴，拨动檐雨的念珠"，将视觉的动感与听觉的乐感沟通，形成了一个新颖的诗歌意象，它所表现的雨打芭蕉，点点滴滴到心头的深情，亟切又绵长；"一双达不到彼岸的桨橹"，可见"思念"是刻骨铭心而又遥远无望的。四个意象叠加在一起，巧妙传达出"思念"的殷切、美好却又焦灼、无奈。第二节，由抽象的"思念"，转向"思念着的人"，依然是意象叠加：像"蓓蕾"一样含蓄而美丽地等待；像"夕阳"一样深情地注目；也许心里藏着的是一个"重洋"，但流露出来的只是两颗"泪珠"。诗人将思念者的情态、内心非常生动地勾画出来，真切动人。诗最后点出，这一切，"在心的远景里／在灵魂的深处"。这首诗，一个个的意象都只是诗人心灵的碎片，时空大幅度跳跃，它们之间没有外在联系，连接它们的只有诗人内在的情绪，微妙而独特的感受，欣赏时，只有把各个意象的特点与诗人的"思念"联系起来，才能知道诗人抒发的是什么。

　　诗人杨炼在《我的宣言》中就声称："我的诗是生活在我心中的变形。是我按照思维的顺序，想象的逻辑，重新安排的世界。"我们常常把这一类诗称作"意象诗"。意象诗往往通过新颖独特的意象组合来抒情言志，具有很强的象征性、暗示性，内在蕴涵复杂和多义。

　　严格意义上说，中国古代的意象诗并不多，或许李贺、李商隐的一些诗称得上意象诗。如李商隐《无题》（相见时难别亦难），首联写一对情人见面了，而且点明了相见的时节，从颔联、颈联看又好像没有见面。结联写思念之人居住的地方如蓬莱仙山，虽然难以造访，但它并不多远，还有使者给传递信息。纵观全诗，似乎没有一个按顺序排列的完整意象，更形不成什么情节。那意象是跳跃的、模糊零乱的，甚至形成了意念的前后矛盾，所以古人慨叹"只恨无人作郑笺"。

　　意象诗的意象，新奇独特并具有很大的跳跃性，它的着力点不在于个别字句和意象描绘的顺序，而在于情感脉络的刻画，而且诸多情意隐然，具有象征性和暗示性。这就要求读者察象以析情，从看似散乱甚至断裂的意象中洗涤出清晰的情感脉络，揭示诗中反复缠绵而又隐微曲折的意绪形态。试看北岛的《古寺》：

## 古　寺

北岛

　　消失的钟声
　　结成蛛网，在裂缝的柱子里
　　扩散成一圈圈年轮
　　没有记忆，石头
　　空濛的山谷里传播回声的

石头，没有记忆

当小路绕开这里的时候

龙和怪鸟也飞走了

从房檐上带走喑哑的铃铛

荒草一年一度

生长，那么漠然

不在乎它们屈从的主人

是僧侣的布鞋，还是风

石碑残缺，上面的文字已经磨损

仿佛只有在一场大火之中

才能辨认，也许

会随着一道生者的目光

乌龟在泥土中复活

驮着沉重的秘密，爬出门槛

《古寺》表面看去杂乱而令人茫然，其实诗人的思路是很清晰的，甚至连标点的设置都是有用意的。全诗19行，多数诗行不是按完整的句式列出，是诗人有意作了错位，目的是为了形成断裂和跳跃，或为了上下诗行及层次之间的一种特殊的内在连扣。开头三行，其实只有两个诗句，故在"蛛网"之后用"，"号标开。从"钟声"到"蛛网"到"年轮"，表明时间久远，且有一个时间上很大的跳跃；同时，为了表明"年轮"既是由"钟声"也是由"蛛网"扩散而成，把第一个诗句割裂分置于第一、二两个诗行中，让"钟声"和"蛛网"并置。"柱子"是古寺实有的残存物，为了使这个具体物象处于一个显豁位置而不至于与"钟声""蛛网""年轮"并列，又将第二个诗句割裂，把"在裂缝的柱子里"这半句置于"蛛网"之后，于是便构成了一个承前续后的诗行，穿插在第一、三两个诗行间。这便使该诗的第一个层次形成了一种既有外在形式上的断裂和跳跃，又有着内在衔接的组合。如果要将其蕴涵全说出来，无非是：我来到一座荒凉的古寺，看到了一些残存的裂了缝的柱子。我仿佛听到了那消失了的钟声，又仿佛看到了钟声消失后的蛛网。从这裂缝的柱子里，我同时还感受到：那消失了的钟声和蛛网，仿佛都扩散成了一圈圈年轮。这就是诗人来到"古寺"的第一个感受。这里进入诗人具体感觉的实际上只有一个具体物象：残存的柱子。从这一具体物象，引发出另外的三个感受物象：钟声、蛛网、年轮。其引发的桥梁是通感："钟声"（听觉）引发"蛛网"（视觉）再引发"年轮"（视觉）。它们通过诗人心灵的映照，构成了一座破败颓废已久的古寺。

第二层，"没有记忆"与"石头"的两次出现，构成了一个错位式的复沓，形成该诗的第一个重音。既承前，强调了时间的久远，又使那孤寂坚硬的石头加重了冰凉感。这一层，以"没有记忆"起，以"没有记忆"止，中心意象是"没有记忆"，"石头""没有记忆"既是将物拟人，也是将人拟物，强化了它的"没有记忆"，与上面的"年代久远"相勾连，又与下一层形成一种连环式的蒙太奇组接。

第三层是承第二层而来，昔日缀饰着龙和怪鸟的古寺，想来应该是金碧辉煌，热闹非凡，而今早已破败荒凉，甚至连小路都绕开了。"小路"是这一层的基本意象，"当小路绕开这里的时候"，是写人对古寺的遗弃。古寺中的"龙和怪鸟"，既指古寺原有装饰，也是一种文化图腾。"暗哑的铃铛"也被带走了，指"龙和怪鸟"飞走后的死寂。这一层写"石头"应该记住而没有记住的东西（古老的民族文化形态）及其后果（死寂），诗人的意思全都是通过暗示表现出来。

　　第四层，"漠然"是诗中的又一个重音。"荒草一年一度/生长"，是写"龙和怪鸟"飞走后，年复一年的周而复始，与第一层的"年代久远"照应；"漠然"则是承"石头，没有记忆"而来，是对"没有记忆"的进一步强调，也是说它对"龙和怪鸟"飞走后的漠然；"不在乎它们屈从的主人/是僧侣的布鞋，还是风"，这里有个意象叠加，"荒草"与"石头"相叠，既可以理解为荒草一年一度地漠然生长，也可以理解为"石头"对"龙和怪鸟"飞走的漠然。这里的意象叠加与跳跃，看似突兀，细想也不无关联，因为"石头"总是躺在荒草中，人总是在流走的岁月中表现得那么漠然。"僧侣的布鞋"是暗喻古寺当年的热闹，空荡荡的"风"则喻指"龙和怪鸟"飞走后的死寂。而"不在乎它们屈从的主人"——无论是当年的热闹还是现今的死寂——是对"漠然"的深化，尤其是"屈从"二字，意味深长，启下一层"生者的目光"。

　　第五层是承第一层古寺的荒凉死寂和第三层的"龙和怪鸟也飞走了""带走暗哑的铃铛"而来。古老的文化形态虽然变得死寂，人们对此那么漠然，但也不是什么也没有留下。残缺的石碑上文字虽然磨损，但在一场大火之中也许可以辨认。这里的"大火""辨认"是喻指，与前面的"死寂""漠然"构成对立。

　　第六层，"生者的目光"是诗中的第三个重音。这"生者"可以说是诗人自己，也可以理解为历史探求者，当然更可以理解为"我们"。生者的目光执意地要从"古寺"（古老中国文化形态的象征）中寻找出它的历史足印，从而与"漠然"对立，与"大火"呼应。就在这种求索和寻找中，诗人把目光最后落到了另一个具体物象——"乌龟"上，希望它能从沉重的历史负载中复活，爬出那古老的门槛。"乌龟"在这里具有明显的象征意义，它应该是一种承受历史压力和文化积淀的象征。

　　这是一首典型的意象诗，其意象纵横交错相互叠映勾连。从整体把握，诗人无非是写了一座古寺和自己的思考。如果从意象的布置来看，除了第一层以"钟声"、"蛛网"、"年轮"等勾勒出一个古老荒凉而又死寂的古寺外，其他几层则分别选取了古寺外的"石头""小路""荒草""石碑""乌龟"，既烘托出古寺的荒凉、古老、死寂，又寄寓了自己的感受和思考。串连这些意象的，是"生者的目光"；而"漠然""没有记忆"与"生者的目光"，"消逝的钟声""蛛网""年轮"与"大火""乌龟驮着秘密爬出门槛"这两组不同感情色彩的意象群，虚实相生，造成意象的撞击和迅速转换，激发读者的想象，从而引发出这样的思考：这"古寺"里的一切，是如此久远荒凉；人们对它是那么"漠然"，我希望来一次火的涅槃，清除那淤积过久的沉疴，那驮着历史重载的"乌龟"能爬出门槛，这座"古寺"能获得新生。

　　意象诗的解读，是一个细致的功夫，真正优秀的意象诗，并不是无可索解的。当然，由于它的象征性、暗示性、多义性，我们可能会有不同的理解，但不能离开具体的意象去乱猜。

### 三、调动想象，进入诗的意境

　　诗人通过意象抒发情感，其意象可以在情感的弥漫下奔向多极，呈现交叉、重叠、多元；也可融合而奔向整一，构成一个整体的、令人回味无穷的艺术境界。在后者，也就构成了意境。意境是中国古代诗学一个重要的审美范畴。它是由情景高度融合而成的一个引人联想、想象的艺术世界，是一个由诸多意象融合而成的含蓄而又蕴藉的整体画面。诗歌欣赏的最高境界也就是对意境的欣赏了。

意境作为独特的艺术形象是明显区别于一般艺术形象的。一般艺术形象，指的主要是单个的、具体的形象。而意境，它虽离不开单个具体的形象，但它着眼的往往是一种情绪，一种情感，一种氛围，一幅整体图画，一个具有审美意义的整体空间。

中国古代诗人很会利用意象创设意境，从而达到一种"含不尽之意于言外"的艺术效果。如柳宗元的《江雪》："千山鸟飞绝，万径人踪灭。孤舟蓑笠翁，独钓寒江雪。"这首诗具体描写的事物极为简单，不过是一个披蓑衣的渔翁在大雪的江面上钓鱼，诗人为了突出这一意象，运用一些极宏大的意象作衬托，如用"千山"和"万径"把背景写得极为广阔，而且这样的背景，又是"鸟飞绝""人踪灭"的，便创设出一幅极端广阔、极端寂静、绝对沉默的画面，从而形成了一种极不寻常的气氛。但作者仍不罢休，不但无鸟无人，还让大雪把天地万物都覆盖了起来，形成一个沉寂冰冷的画面，然后在这幅画上，笔墨很节省地点了几笔：孤舟、蓑笠、翁。试想一想，在这样背景下，渔翁该是怎样一个渔翁？他应该是一个傲然不群，清高孤傲，甚至是一个向外辐射着冷冷寒光的、凛然不可侵犯的渔翁，诗人正是借这个渔翁，抒发了自己政治失意后那种苦闷而清高孤傲的情感，而这个渔翁及其他景物构成的画面也就构成了一个情景交融的意境。

欣赏中，我们应怎样欣赏诗的意境呢？

（一）调动联想和想象，复活诗歌所呈现的画面

欣赏意境首先是"复活性"或"复呈性"的：读者接触作品，努力调动自己的思想、感情、知识、经验，通过自己的联想、想象，把物化的文字，转化为鲜明、生动的生活画图。如，《诗经》有一首《芣苢》的诗，原文是这样的："采采芣苢，薄言采之。采采芣苢，薄言有之。采采芣苢，薄言掇之。采采芣苢，薄言捋之。采采芣苢，薄言袺之。采采芣苢，薄言襭之"。清人方玉润在《诗经原始》中曾这样谈到他的欣赏体会："读者试平心静气，涵咏此诗，恍听田家妇女，三三五五，于平原绣野、风和日丽中，群歌互答，余音袅袅，若远若近，忽断忽续，不知其情之何以移，而神之何以旷，则此诗可不必细绎而自得其妙焉。"很明显，方在欣赏时，首先是通过自己的想象去复活诗歌所呈现的画面。

"复活性"阅读是欣赏的第一步，也是最基础的一步，如果读者不懂得复活诗歌所表现的活画面，是谈不上欣赏意境的。如李白的《独坐敬亭山》："众鸟高飞尽，孤云独去闲。相看两不厌，唯有敬亭山。"诗人以物观物，不知何者为己，何者为山，进入忘我境界，而这种闲适、安闲的心境，诗人又把它外化到"云"上，并用了一个"闲"字。李白何以知道云"闲"？因为李白是云，因为李白拥有一份安闲与闲适，只不过他把这种感情移到了外物上。欣赏中，我们就要调动自己的经验，运用联想和想象，去复活诗人所描绘的这样一个画面，沉浸到这样一个境界中去。又如刘长卿的《余干旅舍》："摇落暮天迥，青枫霜叶稀。孤城向水闭，独鸟背人飞。渡口月初上，邻家渔未归。乡心正欲绝，何处捣寒衣？"诗人寄寓于余干旅舍，伫立在旅舍门外凝望：秋风萧瑟，草木摇落，天空显得清旷疏朗。暮色悠远无际，原先茂密的青枫连霜叶都快要凋尽了。暮秋寥廓，烘托出诗人凄清冷寂的情怀和隐隐的离情乡思。暮色渐深，城门关闭，冷落的氛围使诗人倍感孤苦，而"独鸟"也背人远

去，暗喻诗人的孤苦。夜幕降临，明月已在渡口冉冉升起，渡口是如此寂静，邻家捕鱼船尚未归来。在这秋暮孤独的情境中，情愁正苦，又不知从哪里传来捣衣声，这更增诗人的满怀愁苦。我们读这样的诗，首先就要运用联想和想象，把这具体的情景在自己的头脑里再现出来，否则，就无法欣赏诗的意境。

（二）大胆想象，捕捉"象外之象""景外之景"

"复活性"是欣赏意境的第一步，也是最基础的一步，如果读者不懂得复活诗歌所表现的活画面，是谈不上欣赏意境的。但仅仅停留在复活性阅读上，又是不够的。古人讲意境，特别强调"象外之象""景外之景""味外之致""弦外之响"，强调味在"咸酸之外"，"辨于味而后可以言诗"。因此，诗人除了努力营建包孕丰富可直观的生动形象，还努力营建间接的，通过联想、想象才能体验到的审美对象——"象外之象""景外之景""味外之致""弦外之响"。作者常常在直接审美对象之中，巧妙地规范出一定的范围、方向、路线，努力在形象之外，表现出另一幅更加鲜明的图画，把自己的思想感情更深更远地表现出来。如王之涣的"白日依山尽，黄河入海流。欲穷千里目，更上一层楼"，作品所展示的，是一幅登楼远眺图，但诗人在画面中，又巧妙借助登临心理，暗示、引导出一幅更为壮丽、更为开阔的登楼远眺图来；作品内在结构的多层次性，构成了意境高度的审美空间，作者遥深的情思便透过多重形象表现出来，这便是古人所说的"超以象外，得其环中"。如果我们停留在这幅直观的登楼远眺图，不能想象"更上一层楼"后更为壮丽的图景，就难以体会意境的"象外之象""景外之景""味外之致""弦外之响"。因此，我们在"复活"或"复呈"的基础上，应自觉集欣赏者与创造者于一身，运用创造性想象，参与意境的创作。如，王维的"渭城朝雨浥轻尘，客舍青青柳色新。劝君更进一杯酒，西出阳关无故人"。诗作描绘的只是送别的场面和他对朋友远使边塞的关心，但它暗中也规范、引导了一幅黄沙滚滚、愁云惨淡、远行边塞、举目无亲的图画。这第二画面，作者并未直接描绘出来，有待于我们欣赏时由隐而显、由少而多、由虚而实地创造出来。如果不能透过送别的画面领略远行边塞的荒凉情境，也就没有很好欣赏这首诗的意境。又如（唐）赵嘏的《江楼感旧》："独上江楼思渺然，月光如水水如天。同来望月人何处？风景依稀似去年。"夜晚，诗人登上江楼，但见清澈如水的月光倾泻在江面的柔波之上，月明如水，水天一色，意境恬美清静。但是，"独上"的诗人却是寂寞的，他思绪"渺然"。在夜阑人静之时，诗人究竟"思"的是什么呢？诗人一声低低的感喟道出了缘由："同来望月人何处？风景依稀似去年。"原来诗人是故地重游。去年，诗人曾携侣同游，凭栏共赏江天明月，那时何等欢畅！曾几何时，昔日伴侣不知漂泊何处，诗人却又辗转独上江楼。风景依稀如故，而人事已非，凄清的环境更增添了诗人的怀念和怅惘之情。"同来"与"独上"相应，巧妙地暗示了今昔不同的情怀，也点破了"思渺然"的深远意蕴和诗人"江楼感旧"的旨意。欣赏时，我们如果不能由眼前的情景而联想到往昔的情景，也就不能很好地欣赏这首诗的意境。

（三）细心体会意境的不尽之意

意境的另一个重要特征是蕴藉含蓄。王国维评姜夔说："古今词人，格调之高无如白石，惜不于意境上用力，故觉无言外之味，弦外之响。"（《人间词话》）因无言外之味，弦外之响，便判定他"不于意境上用力"，可见蕴藉含蓄是意境的一个重要特征。

它的蕴藉，不是一般意义上的蕴藉。在这个层次上，意境的内部结构获得了深刻醇厚的思想感情和广阔充实的生活内容，具有多层的涵义、多层的意旨、多层的情趣，能"含不尽之意", 见"文外之旨"。

它的含蓄, 也不是一般意义上的含蓄, 不但"精义内涵", 而且表达含蓄。能做到"句中有余味, 篇中有余意"(《白石道人诗说》), "诗已尽而味方永"(《诚斋诗话》)。如: "君家住何处? 妾住在横塘。停船暂借问, 或恐是同乡。"这首小诗, 王夫之称它"墨气四射, 四表无穷, 无字处皆其意也"(《姜斋诗话》)。诗人截取的, 仅仅是现实生活中最简单、最平常的问答, 而作品展现给我们的, 却是一个富于生活内容的生活画面: 我们仿佛看到, 一个风和日丽的春天, 在碧波万顷的长江之上, 两条小船正停泊在江心, 只见一条船的船头站着一位女子, 她正在向另一条船上的男子问话, 这位女子为什么要停船呢? 她为什么要问一位素不相识的男子家住在哪里呢? 她为什么要做自我介绍呢? 她为什么要和对方攀"同乡"呢? 这一切显示了什么样的社会内容和思想情感呢? 作者没有说, 但确确实实又通过一段问话表现出来了。我们欣赏意境, 就要细心体味思之难尽的内涵。又如王之涣的《凉州词》: "黄河远上白云间, 一片孤城万仞山。羌笛何须怨杨柳, 春风不度玉门关。"诗描写了这样的情景: 诗人渡过黄河, 来到关外。往前看, 山高城小, 一片荒寒。往后看, 黄河远在天边, 家乡更远了。于是有人用羌笛吹出了哀怨的思乡曲——《折杨柳枝》。诗的后两句写得特别含蓄: "杨柳"本是乐曲名称的节缩, 又暗暗关合杨柳树的含义; "春风"本指自然界的风, 又暗指皇恩。诗人正是通过含蓄的表达, 表现出情思的逐层推进:《折杨柳枝》——凉州的杨柳——玉门关外无杨柳——玉门关外无春风——玉门关外无君恩。一旦把"君恩"这层意思加入作品, 诗的思想光芒立刻显露出来, 构成了苍凉凄怨而又雄浑壮丽的意境。

意境的另一个特征是它的个别差异性。欣赏中, 诗人"所写之境"如一个宝光四溢的内核, 规范、制约、引导着读者的想象, 但"作者用一致之思, 读者各以其情自得"(王夫之《姜斋诗话》)。由于读者经历、思想、学识、文学素养、审美情趣、审美经验上的不同, 各人头脑中呈现的意境常常是不同的, 各人在意境内在结构上的深入程度也是不同的。因此, 谈到"所得之境", 批评家常常觉得各得于心, 其妙处不可言说, 把它形容得扑朔迷离, 不可捉摸, 如严羽就声称: "其妙处莹彻玲珑, 不可凑泊, 如空谷之音, 相中之色, 水中之月, 镜中之象, 言有尽而意无穷。"(《沧浪诗话》)以前, 我们总是指责这些说法故意说得神秘, 带有主观唯心成分。现在看来, 它倒是比较形象地描述了"所得之境"的特征。我们去欣赏意境时, 就不必拘谨, 有时甚至可以超越原诗意境, 创造出新的意境来。如王国维在欣赏中, 以晏殊、柳永、辛弃疾的词来形容古今成大事业大学问者必经之三种境界, 他虽然以晏、柳、辛的原词为基点, 但做了极大的改造和创造性的发挥。

## 四、抓住特点, 品味诗的艺术

诗歌欣赏还包括对诗歌艺术的欣赏。欣赏诗歌艺术要从独特性出发, 如果这首诗是这样, 那首诗也是这样, 也就谈不上特点。如刘禹锡的《竹枝词》: "杨柳青青江水平, 闻郎江上唱歌声。东边日出西边雨, 道是无情却有情。"这首诗最主要的特点是民歌风格和双关手法, 在这首诗的写景上大谈一通, 也就没有抓住关键。

对诗歌艺术的欣赏, 涉及方方面面, 对初学者而言, 主要有以下三方面:

(一)欣赏诗的构思

诗的构思有狭义和广义之分, 这里讲的是狭义, 亦即诗人有了思想感情后, 从什么角度、通过什么样的意象将它表现出来。前人论诗, 特别强调构思, 认为"诗无杰思知才尽"。从某种意义上说，新颖独特的构思，是诗的生命。要体会诗的构思，只有多读作品，特别是同类题材的作品，读多了，"操千曲而后晓声"，对诗的构思也就敏感了。试比较一组歌颂祖国的诗：

郑敏《寄情》："只要山风一天吹过五岳，/我就在那里，陪伴着你；/只要云朵一天/映在蔚蓝的海湾的胸上，/我就在那里，陪伴着你；/在我的皮肤里有/冬季青色的白菜，/夏季猩红的辣椒，/在我的血液里有/你的山泉，你的溪水，你的海盐。/我的骨骼是石林，/我的心是天池，我的思想是/武夷深处的浓雾。/只要它们存在，/我就在你的身边，/没有什么能让我离开你，/生命就是这样/溶化在自己的土地里。/"

余光中《民歌》："传说北方有一首民歌/只有黄河的肺活量能歌唱/从青海到黄海/风也听见/沙也听见//如果黄河冻成了冰河/还有长江最最母性的鼻音/从高原到平原/鱼也听见/龙也听见//如果长江冻成了冰河/还有我，还有我红海在呼啸/从早潮到晚潮/醒也听见/梦也听见//有一天我的血也在结冰/还有你的血他的血在合唱/从 A 型到 O 型/哭也听见/笑也听见//"。

《寄情》是一首意象诗，新鲜、复叠的意象，传达出常人所想而难道的感觉和情感："没有什么能让我离开你，/生命就是这样/溶化在自己的土地里"。《民歌》则是民歌形式与现代诗手法的合璧，高度简约的形式有着巨大的内涵。诗人以豪迈雄伟的气势唱出了对整个华夏命运的思考，以及对中华文明的无限期待。民族生息的艰难、饱受欺凌的忧伤、百折不挠的自振的信心，在诗中表达出来，大中华之声，磅礴宇内。舒婷《祖国啊，我亲爱的祖国》，则以新颖独特的意象唱出了诗人对祖国复杂又执著的深情，意象质朴鲜明，独特贴切，体现出诗人独有的委婉幽深、柔美隽永的抒情个性。欣赏中，我们可以通过诗人独特的构思，去体会诗的妙趣。

（二）欣赏诗的语言

诗歌是最高的语言艺术，我们对诗的语言应该有着一种特殊的喜好和敏感。

品味诗的语言，主要是韵律、字句、风格。

无论新诗旧诗，无论押韵还是不押韵，诗都是有韵律的。把握诗的韵律，尤其是新诗的内在韵律，对我们写诗是极有帮助的。把握诗的韵律，主要靠吟诵，不仅要出声，而且要带感情。

对诗歌语言的风格，也是欣赏的一项内容。诗的语言风格一方面由作者的创作个性决定，如李白的清新俊逸，杜甫的沉郁顿挫，白居易的通俗易懂；另一方面，也由诗体限制，如四言诗、五言诗，由于文字的限制，一般会显得简朴，而元曲，会显得俚俗。欣赏时注意品评诗作的语言风格，也是一大享受。

古人十分注重炼字，所谓"吟安一个字，拈断数茎须"，"两句三年得，一吟双泪流"，说的都是他们如何在字句上下工夫的。

欣赏诗歌语言，要注意那些特别传神的实词，并体会它的妙处。如王维《过香积寺》中"泉声咽危石，日色冷青松"，意思是说，山中的流泉由于岩石的阻拦，发出低吟，仿佛呜咽之声；照在青松上的日色，由于森林幽暗，似乎显得阴冷。其中"咽""冷"两字，就用得十分精到，绘声绘色又精炼传神地显示出山中孤寂幽静的景象。又如杜甫的"江碧鸟逾白，山青花欲燃"，"燃"字用得极妙，由"燃"字我们首先想到的是火，把花与火相比，就抓住了花明丽、鲜艳的特征，在青绿背景的反衬下，花朵就显得格外红艳。不仅如此，还利用火苗燃烧的跳动感，赋予花儿以动感，化静为动，就把花朵竞相开放、姹紫嫣红、争奇斗艳、生机盎然的特征准确地传达出来了。

对字词的赏析，还涉及诗眼、词眼。"诗眼"一词，最早见于北宋。苏轼诗云："天工忽向背，诗眼巧增损。"范成大也在诗中写到过"诗眼"："道眼已空诗眼在，梅花欲动雪花稀。"他的诗话，更是题为《潜溪诗眼》。"词眼"一词，首见于元代陆友仁的《词旨》。《词旨》分八部分，其六专论"词眼"。

古人所谓"诗眼"，通常指诗中最精妙的字。如，杜甫的"随风潜入夜，润物细无声"，王安石的"春风又绿江南岸"，这些千古名句中，"潜""润"形象生动地反映了春雨绵绵之特点，"绿"写活了春风，隐隐传出了江南春来早的讯息，令人赏心悦目，堪称"诗眼"。古人所谓"诗眼"，也指诗中最能言情述志、凸现主题的字句。如陆游《书愤》中："塞上长城空自许，镜中衰鬓已先斑。"其中的"空"字，流露出作者自许塞上长城、满腔报国热忱却一直到老仍报国无门的深重的怅惘与悲愤，读之令人扼腕，准确深刻地点明本诗主旨。

诗眼是明亮的，但发光的不全是诗眼，如柳永《雨霖铃》中的"今宵酒醒何处？杨柳岸晓风残月"，一向被誉为名句，但它不是词眼，只是写别后之苦的一种设想，并不是统率全词的关键。而"多情自古伤离别"才是词眼，因为它将"离愁"归结到了一起，突出了全词的精神。准确地分析与把握诗眼的艺术表达效果，体味诗眼的艺术表现力，要遵循诗歌的赏析规范，"字不离句，句不离篇"。

（三）欣赏诗的手法

虽然任何圆熟的技巧都不能代替思想的肤浅和生活的贫乏，但恰到好处的技法总是有利于表达的，如秦观《鹊桥仙》中的"柔情似水"，以悠长流水写出两人的情深意长；李清照的《醉花阴》，明写黄花的堆积、憔悴、无人堪摘，暗比自己的落魄、憔悴、无人理睬。古人讲"法"，有字法、句法、章法、篇法之分，我们虽不必拘泥，但品读技法的妙用，也有利于感受诗心。

【鉴赏示例】 怎样"披文入情"，我们可以从刘伯阜先生的赏析文章中学些方法。

## 刘长卿《逢雪宿芙蓉山主人》诗 的意境和语言艺术

#### 刘伯阜

日暮苍山远，天寒白屋贫。
柴门闻犬吠，风雪夜归人。

这是《刘随州诗集》开宗明卷第一首，作于诗人贬谪湘楚之时，写的是一位行途上的旅客，在天寒日暮之时顶风冒雪寻找投宿之所的情景。全诗仅以寥寥二十个字，便勾勒出了一个严冬寒夜的山村景象和一个行人夜宿的艺术境界。诗人在诗中创造的幽隽意境和高超的语言艺术，历来受到人们的重视。

诗一上来，写的是霭霭的暮色笼罩着千嶂万壑，凛凛的寒气侵袭下的星点茅屋。这是寒冬山野的景色，也是一位羁旅之人眼中所见到和心中所感到的景色。这景色，透露了诗人贬谪后无可聊赖而又寻找不到出路的心情。起联不明写行人的兼程寻宿，而是先写他从远处看到的山村景象，这在布局上便可避免了平铺直叙，又为下联创造一个广阔的空间和一种萧瑟的气氛。"日暮"，似言身将老迈；"苍山远"，似言离帝都之遥；"天寒"，似言含受不白之冤；"白屋贫"，似言前途不定。这里情与景既是互相照应，又是对比、反衬。行人见到的是自然界的满目冬景，引起的是胸中无限感慨，景物的描写和感情的抒发达到和谐统一，浑然一体。诗人在《酬张夏别后道中见寄》诗中写道："离群方岁晏，谪宦在天涯。暮雪同行少，寒潮欲上迟。海鸥知吏傲，砂鹤见人衰。只畏生秋草，西归亦未期。"（《刘随州诗集》卷一）亦可互参。

下二句，是由远景逐渐移入近处，写出行人走近偎依山腰的茅屋荆扉，侧耳一听，是柴门外传来犬的吠叫声，这声音来得多么突然耸动，又是多么可喜亲切！在这四野空寂，寒风凛冽的夜晚，这"犬吠"好似在提醒行人："就在这儿歇脚吧！"一个浑身颤抖的扶藜老人终于出现在漫天的飞雪里。读之，令人感到景是写尽了，而意却无穷。

如果说，上联已经构成了一幅寒寂清冷的风景画的话，那么，下联便是在这画的显眼处，纳入声响和人物，并添上寒风飞雪，经这样的渲染、照应，便把行人遥见的"苍山""白屋"，近闻的"犬吠"和眼下的"风雪"交织成章了；而这"归人"，既是诗中的主人翁，又是作者的自我画像。"归人"一词，同时也补足了诗题的主语。全诗笔笔错落有致，搭配摇曳生姿，从而构成了一幅疏密得宜、动静相间的风雪夜归图。这幅图的情调未免有些苍凉沉郁，但由于作者浓烈的设色和生气盎然的景物描写，就不至于把人引入悲伤的"愁"境，而使人得到的却是一种美感的慰藉。

古典诗歌的创作和欣赏，历来都很重视意境。有人说，意境是诗歌创作的门户，也是诗歌欣赏的窗牖。诗人写诗，先得有意境，使"神与物游""思与境偕"，才能写出完美的作品；读者读诗，也须从意境着眼，去反复揣摩诗中所反映的生活现实。了解诗的意境，我们不妨从诗的最集中处去寻找。如刘长卿这首诗，它最突出处应是"风雪夜"，意境就是从"夜"这个中心词生发开去的。"夜"是全诗的脉络，"天寒"和"风雪"则是加深这"夜"的寒意。夜，是客观现实的寒夜，也是诗人内心孕育的寒夜。从诗的意境中，我们清楚地看到"归人"的脚步并不是在风和日丽的花荫下漫步，而是在风雪交加的道路上艰难前进的。尽管诗人时常怀有"魏阙心常在，随君亦向秦"（《刘随州诗集·送王员外归朝》）之心，但此时他眼前也只有贫寒的白屋。诗人正是这样善于运用形象而准确的语言来捕捉眼前的景物和展示人物的内心世界，使得意与象应、情与景合。刘长卿作为一个寄迹湘楚的谪臣，他当然痛恨上司鄂岳观察使吴仲孺（郭子仪之婿）诬加的罪名，也深知代宗的圣意难违，但他感激监察御史苗丕的明审，才把被贬潘州南巴移至睦州，刘长卿《按覆后归睦州赠苗侍御》诗："地远心难达，天高谤易成。羊肠留覆辙，虎口脱余生。"即指叙此事。诗人面对这"风雪夜"，他既不愿攀龙附凤，又无力拨乱反正，怎不怆然喟叹，可他却仍然幻想皇上开张圣听，召回逐臣。正是这样，就使得这个在人生道路上长期奔波的行人，只好违心地把颠沛流离之身寄付山村，以候天明了。由此可见，"归人"的投宿，是由"风雪夜"招致而来的。另一方面，从诗对自然景物的描写中，也流露出诗人对自然的酷爱，又不愿潜心返归自然的矛盾心情。看来，这首诗并没有柳宗元"孤舟蓑笠翁，独钓寒江雪"的孤芳自赏情绪，也没有陶渊明"久在樊笼中，复得返自然"的隐居田园乐趣，萦绕在刘长卿心里的却是"伫看宣室召""孤村客暂依"的念头。

一首完美的诗歌，一处深邃的意境，是同作者对生活高度的真实感和敏锐的洞察力息息相关的，又是同语言的精炼妥切分不开的。刘长卿对这首诗的遣词造句是费了很大功力的，他很重视语言描绘自然景物和表现人物心情的关系。如用"苍"（这里的"苍"是灰白色，与下文的"白"相对为文）来形容"山"，构成"苍山"一词，用"白"来形容"屋"，组成"白屋"一语，再以"远"和"贫"（这里的"贫"是少、乏的意思）来点出眼前的空旷浩茫，这就准确地表达了行人是从远处所看到的景象。山是苍色，屋是白色，二者遥相辉映，便构成了一个银白苍茫的世界，以此描写寒冬山村的清冷寥寂，在行人的心灵上也就抹上了一层找不到归宿时的孤寂色彩。这色，这情，这境，给读者带来多少深思和遐想！"苍山""白屋"，本是无情之物，在这里却成了有感情的东西，和人的思想感情互相交融了，而人的活动、命运、性格和情感便同这景紧针密缝地联结在一起，景成为活景，情有了景，也才有了感染力。意境和情调和谐统一，这就格外耐人玩味和咀嚼。

第三句中的"柴门"和"犬吠"二词，既是暗中照应了上句的"白屋"，又是"白屋"一语的延伸。语言朴实，状物形象，又很含蓄有味。特别是一"吠"字，简直像万籁中的寒寺钟鸣，划破了日暮天寒山村的宁静，唤起了寂寞群山的回响，给沉睡的郊野带来了生气，也给行人带来了希望。这"吠"声所产生的效果使全诗生色不少。诗人又在"吠"字之前加一"闻"字，两个动词前后呼应，从而表现了行人在举目荒凉中感到归宿有望的喜悦。读之，甚有"一犬吠桃源"的感觉。虽然行人到此只是夜宿，但此时此刻的心情，要比在华堂之上酩酊酒酣不知胜千百万倍！这一"闻"传出了犬的声音，也传出了人物的神情，和杜诗"初闻涕泪满衣裳"的"闻"字，略有同感，而皆为生动。而也就是这一"吠"和"闻"字，又照应了第四句，才引出了一个"风雪夜归人"来。这是诗，又似画，有影像，有神韵，诗情画意洋溢字里行间，游目骋怀，甚有余味回甘之感。

刘长卿这首诗的语言看来平白如话，淡得出奇，描写的是人人皆懂得但又不是人人都写得出的意境，朴实的语言和质朴的内容的结合，这就组成一幅色彩情调均匀的风雪夜归人冬景图，给人以强烈的艺术感染力量和美的享受。一首五言绝句，仅二十个字，要容纳丰富的内容实在不易，而刘长卿在这方面却很有造诣，时人称之为"五言长城"（权德舆《权载之文集·秦徵君校书与刘随州唱和集序》），权德舆主要是对刘长卿五言律诗而言，但也可用以通观其写景抒情的五言绝句。诗人自谓："风景随摇笔，山川入运筹。"（《湖南使还留辞辛大夫》）这首《逢雪宿芙蓉山主人》诗可以算是这一方面的代表作吧。

如何透过意象去把握诗作的思想感情并去评定其感情的真实性、典型性，以及它反映的社会生活呢？我们可以从林兴宅对宋之问《渡汉江》的赏析中学些方法。

## 久别还乡的复杂情感的深刻体验
### ——宋之问《渡汉江》

林兴宅

岭外音书断，
经冬复立春。
近乡情更怯，
不敢问来人。

这首诗的妙处在于它生动、准确地展示了由思切而引起的情怯这一心理状态。

诗的内容十分单纯，就是表现作者久别还乡时的内心感受。一个人久别还乡时可能有各种各样的心理感受，这在文学作品中有很多反映，《诗经》的名句"昔我往矣，杨柳依依；今我来思，雨雪霏霏"就是战士久别回乡的歌唱，通过景物描写表现欢乐与悲伤杂糅的情感状态。还有唐代的名诗"少小离家老大回，乡音未改鬓毛衰。儿童相见不相识，笑问客从何处来"，这也是写久别回乡的感受的，在喜剧的情境背后深藏着十分浓重的人世的辛酸味。这类诗肯定不少，我们不一一列举，但说明久别还乡的感觉可以是多种多样的。我们可以设想一下，诗人久别家乡，天天都在思念，而今快要回到家乡了，他心里一定很不平静，高兴、激动、急切，还可能很不安，心情非常复杂。这种复杂的心理状态要用文字准确地表达出来很不容易，何况他写的是五言绝句，只有二十个字，还要交代背景和事件过程，因此要把丰富的情感内容压缩在短短的几个字之中。这样，他就面临着各种选择，要选择最能表现这种复杂微妙情感的高度精练的语言，这就需要诗人很深的功力，要有发现特征、表现特征的审美创造力。诗人终于选择了"近乡情更怯，不敢问来人"这样的表述方式，最大限度地表现出久别还乡时心理感受的复杂性。因为这两句诗分别表现了两种矛盾状态：前一句表现情感冲突的状态，就是一方面热切盼望早一点回到久别的故乡，看到久别的亲人，另一方面又担忧家里不知发生了什么变故，越是近乡越是胆怯不安。后一句表现行为冲突的状态，就是看到从家乡方面来的人，一方面很想打听一下家乡和亲人的情况，另一方面又没有勇气打听，害怕听到不好的消息，越是熟悉的家乡人就越是不敢问。总之，内心忐忑不安，行动犹豫战栗。内心的状态和行为的状态都表现得很生动，更重要的是它们都是心理的异常状态。

我们知道，事物的异态往往最能表现出事物本质的复杂性。同样的道理，心理的异常状态比之心理的常态更能表现出人的内心世界的复杂微妙。例如爱极的恨，悲极的笑，喜极的哭等，都是人的复杂情感的更深一层的表现。这种复杂微妙的心理状态只有亲临其境，同时体验细致、深刻的人才能够感受并加以艺术地表现的。也许，诗人的这种选择只是他的瞬间感觉的捕捉，甚至可能是偶然因素的触发，而不是冥思苦索地推敲的结果，但是这种复杂微妙的心理状态的发现和成功表现，绝不是那些无病呻吟或感情浮浅者能够达到的，而是建立在感受的基础上，同时是诗人的敏锐、深刻的情绪感受性的表现。明末清初的王闿运说过："无所感则不能诗，有所感而不能微妙则亦不能诗。"用这个标准来衡量，《渡汉江》堪称一首真正的诗。

上面我们简单分析了《渡汉江》所表现的心理内容，也就是由思切而引起的情怯这一心理状态。但是这样的分析还是不够的，这首绝句的生命力的根柢还在于诗中的心理内容的真实性、典型性和深刻性。

首先谈它的真实性。人们在读这首诗时，往往只记住后两句，因为它符合人们的心理经验，而前两句则常常被忘记，因为表面看来，后两句所表现的心理经验似乎很完整，而前两句似乎是多余的。由于读者的审美注意具有选择性，特征鲜明强烈的地方吸引住读者的审美注意，而对其他部分的感知就相对被抑制了。但是作为审美整体来看，前两句却是不可缺少的，它为后两句所表现的心理经验提供了真实的背景。它类似于逻辑学中推理的前提，没有这个前提，结论就不能成立。同样的道理，没有提供心理经验的背景，这种心理经验就不可理解。诗人并不是孤立地表现情怯这一心理状态，而是先描写这一心理状态产生的缘由："岭外音书断，经冬复立春。"前一句写地点，说明离家之远，后一句写时间，说明与家乡断绝联系之久。远离家乡，已经够使人犯上思乡病，加上长期音书断绝，就更使人牵肠挂肚，提心吊胆了。总之，这两句诗表面看来只是淡淡地交代一下诗人远离家乡又长期没有音讯这个背景，实际上已经暗含了思切与情怯这样两重情感。远离家乡，思乡已切，音讯断绝，思乡更切；另一方面，远离家乡，已足够引起对家乡近况的猜测。而又音讯断绝，吉凶未卜，更加强恐惧不安的情绪。每一句中都包含着两个层次的含义，这是中国诗传统的技巧，这种技巧使诗的信息值增大。从心理学的角度看，所谓情怯，也可能由知觉和表象引起，但它同思维的联系更为普遍而深刻。恐惧感往往产生于思维对于不可确知的祸害的间接反映，人类对于未来的祸害总是要求能够预知，以便能够防止或避免。因此当出现祸害的迹象时，便力图运用思维作出准确的间接反映，而当未来的祸害终于无法确知时，思维所做的间接反映就愈加复杂而模糊，恐惧不安的心情也随之扩大和加强。《渡汉江》对情怯这一心理状态的背景描写正体现了这一心理规律。因为"岭外音书断"，所以家乡的祸福、家里亲人的吉凶都无法确知，对可能出现的各种灾难的预感就随之扩大，加上"经冬复立春"的时间推移，恐惧不安的感情愈积愈厚。到了临近家乡时，这种无法确知的祸害越来越接近，于是"情怯"就逐步上升，直至占据诗人的心，所以产生了"近乡情更怯，不敢问来人"的感觉。这只是一种转化的过程，开头以思切为主，后来情怯上升。由于有了背景的描写，所以这种心理状态就显得很自然、真实，符合人的心理逻辑。

再看它的典型性。这首诗从一个新的侧面反映了游子思乡的典型感受。在中国文学史上，反映游子思乡内容的诗数量相当多，这是植根于我们民族心理中浓厚的乡土观念。中国长期处在以家族为中心的自给自足的自然经济形态之中，这是一种封闭的社会，经济的交流和人的交往都很不发达，人们长期生活在几乎与外界隔绝的乡村之中，很多人从出生到老死没有离开过自己的乡村一步，这种生活环境便培养了人们浓厚的乡土观念。同时，中国封建社会是建立在家庭宗法制的基础上，社会伦理关系只是家庭伦理关系的延伸（例如君臣关系就是父子关系的延伸），因此，家庭的观念是人们伦理观念的中心。民族心理中这种浓厚的乡土和家庭的观念，便形成了一般中国人对自己的家庭和乡村的深厚感情。从客观上看，中国历史上战乱的时期特别长，战争频繁，社会动荡不安，经常破坏人们正常稳定的家庭生活。加上人们生活困苦，经常被迫背井离乡出外谋生，这就使相当多的普通人都具有游子思乡的心理经验，而官吏的被贬流放，兵士的远征戍边，文人墨客的浪迹江湖，市井商人的行旅辗转等，这些都使游子思乡的情绪得以普遍漫延。正因为这样，游子思乡便成为中国文学中一个普遍的主题。《渡汉江》反映的虽然是诗人被贬岭南逃回家乡时急切不安的特殊感受，但它蕴含的长期离乡的辛酸处境和思念家乡的痛苦感情，却具有很大的普遍性，它以"近乡情更怯"的瞬间感受概括了一般中国人对自己家乡和亲人的深厚感情，从而成为游子思乡的象征。此外，《渡汉江》还具有更高的典型性，那就是它反映了人的情感的多重复杂性。动物也有情绪，但人的感情却复杂得多，它除了与人的认识，与人的复杂观念相联系外，而且本身表现出多重的复杂性。例如，盼望和担忧，爱和妒，羞和怒，等等，都是相伴生的。两种或两种以上的情感相伴生的现象在很多场合中都可能发生。《渡汉江》就揭示了盼望与担忧相伴生的现象。诗人因为盼望得到家乡亲人的消息，就发生了关于家乡亲人的吉凶祸福的各种猜测，所以跟着就对可能出现的凶祸情境产生担忧畏惧。而盼望与担忧相伴生的现象不仅在久别还乡的人身上会发生，而且在其他情景中也会出现。例如初恋男女的约会。一方面他们都在盼望约会时间的到来，另一方面又在对约会的情景和对方的反应作各种各样的想象猜测，于是产生胆怯不安。又如初次参加演讲比赛的人，一方面他会热切盼望比赛时间的到来，因为这是一次表现自己的机会，但另一方面他又会对演讲的情景（如听众的反应）和成绩作各种各样的想象猜测，所以就胆怯心慌起来，甚至全身战栗。此类心理现象随处可见，不一一举例了。此外，还有爱与妒、羞与怒相伴生等现象。因此，人类情感的多重复杂性是普遍的心理现象。《渡汉江》所反映的由思切引起情怯的心理状态正揭示了人类心理的多重复杂性的普遍规律，因此具有更高的典型性，能够唤起读者对盼望与担忧相伴生的两重情感的类似经验的回忆和联想。

最后，谈谈它的深刻性。在《渡汉江》的短短四句诗中，每一句都笼罩着命运的悲剧感。"岭外音书断"，这是一种被疏离、而且被彻底隔绝的处境，诗人被残酷的现实抛却到一个陌生的地方，把他与生他养他的故乡，把他与骨肉相连、利益攸关的家人疏离隔绝了，诗人的心情是不难理解的。"经冬复立春"，这种被疏离隔绝的处境年复一年，似乎未有尽头，其苦不堪言更是可以想见的了。"近乡情更怯"，现在虽然挣脱了被彻底疏离隔绝的命运，将要回到日思夜梦的故乡，与家人团聚了，幸福似乎就要来临，但时局的动荡不安，他的心头又浮上了凶祸的预感，他所期望的目标也许只是一个幸福的泡影，等待他的可能是一个更加恐怖的命运。"不敢问来人"，连熟悉的家乡人也成了他恐惧的对象，害怕他们带来凶讯，那种痛苦是多么难堪。这四句诗是诗人悲剧情感的四个阶梯，层层递进，痛苦越来越深。前两句是追述旧有的命运悲剧，后两句是预示未来的命运悲剧。诗中的抒情主人公就处在两种命运悲剧的交接处，旧的是被疏离隔绝的痛苦，新的是对未知的凶祸的担忧，送走了旧的痛苦，又迎来了新的担忧，命运的悲剧并没有终止，而只是内容的变换而已。总之，《渡汉江》的深层含义是人对过去命运的难堪忍受和对未来命运的恐惧担忧。它具有深邃的人生暗示性，启示读者对旧制度下人的命运的沉思。

在不合理的社会里，人的命运带有深刻的悲剧性。所谓"天灾人祸"的俗语是对一切人间悲剧的通俗概括，它表明一切人间悲剧来自两大因素：一是自然，一是社会。在社会制度不合理、生产力低下的社会里，社会和自然都是人的存在的异己力量，构成对人的安全、人的自由和幸福的两种威胁，它们每天都在制造着悲剧，尤其是社会的异己力量，比如残酷的阶级压迫和剥削，统治阶级内部的互相倾轧以及反映统治阶级意志的政治设施、法律、宗教、思想文化等，都是一台台折磨人的肉体与灵魂的"绞肉机"，在人民群众尚未觉醒并且当家做主之前，他们无法掌握自己的命运。《渡汉江》不正是旧制度下人的悲剧命运的象征吗？

林兴宅在把握《渡汉江》一诗情感的基础上，对其情感的真实性、典型性、深刻性进行了具体的分析，这种分析是我们赏析诗歌时要特别注意的。不过，诗歌欣赏是一个审美过程，绝不能为了理性的东西而忽视了感性的东西。一方面，我们要通过透彻的理性分析去获得更为深刻的感受；另一方面，我们又不能停留在理性的层面而轻视了生动的美感。我们再看他另一篇赏析，看他是怎样强调欣赏过程的审美感受的。

# 人类追求欲与向上心的审美表现
## ——王之涣《登鹳雀楼》

林兴宅

白日依山尽，黄河入海流。
欲穷千里目，更上一层楼。

　　这首诗的后两句"欲穷千里目，更上一层楼"，千百年来常常被引用，普遍借以表达人们积极进取的人生态度。这种现象除了说明这首诗的影响力之大，同时也可看到这首诗的魅力的实质。那就是它往往成为人们壮志豪情的象征，它从来就是给予人们积极向上的精神状态的感染。

　　但是这首诗所表达的直接的思想概念则是登高望远，这是一个非常通俗化和平凡的生活哲理。正因为这样，它使这首诗获得了平易亲切的素质。而登高望远这一思想概念是怎样成为一首诗的呢？不用多说，即使是"欲穷千里目，更上一层楼"这样高度精练的诗句，如果孤立出来看，也只是一句格言，而不是诗。作为格言的"欲穷千里目，更上一层楼"只能给人一种必须登高才能望远的哲理启示，而作为诗的《登鹳雀楼》却能给人以豪情壮志、积极向上的情绪感染。那么，为什么一首表达登高望远的哲理的诗，能够产生超出哲理意义的情感作用呢？

　　要解答这个问题，我们的审美注意力必须回到诗的整体上。这首《登鹳雀楼》五绝是由五言四句构成的有机整体，由于后两句所揭示的人生哲理的浅近和普遍，容易为一般人接受和牢记，所以人们常常把它抽离出来成为格言。这是文学作品在流传过程中，由于读者的借代而出现的变异现象，这是可以理解的。但是借代不等于欣赏，文艺欣赏必须领略艺术品的整体美。泰戈尔说："采着花瓣不能得到花的美丽"，同样的道理，把某些名句从作品中抽离出来，也就看不到作品的美。因此，如果我们把《登鹳雀楼》作为诗来欣赏，就必须把四句诗作为一个整体，作为一个完整的美的信息单元。尽管"欲穷千里目，更上一层楼"是这首诗的主题思想所在，但《登鹳雀楼》的诗美却是四句一体的集成功能。

　　而当我们的审美注意力回到这首诗的整体上时，我们的心灵就会进入一个令人气宇轩昂的境界。这个诗的境界是由什么构成的呢？很明显，是由"太阳""高山"和"黄河""大海"这四个自然界意象以及"尽"和"流"这两个动作意象构成的。前者构成宏伟的空间意象，后者构成永恒流逝的时间意象。我们就置身于这浩渺的宇宙时空之中，我们的心灵完全坦荡了、虚空了，只等待着诗人给它输进诗意的血液。这时，诗人发出了把握这无际无涯的宇宙时空的呼喊，发出了追踪人类目力所及的美景的号召。我们的心灵被震慑了，从自惭形秽的深渊中拔出，提升到主宰一切的光明的峰巅。我们不自觉地放眼四望，眼前展现出一幅绚烂壮阔的宇宙时空的图景，这时，我们心中回荡的是饱满的浩然之气，是对人生积极向上的壮志豪情。因此，"欲穷千里目，更上一层楼"两句就不是单纯的登高望远的格言，而具有超出字面意义的功能，成为激励奋发有为、积极向上这一情感信息的载体。

　　总之，这首诗在内容上表达了人类的追求欲与向上心，这是人类自身进化的基本素质，是构成人的生命力的一个要素。它成为世世代代的读者对人生的不断向上的象征，而具有永恒的生命。

从上面的分析可以看出，虽然王之涣的《登鹳雀楼》诗为人千古传诵的往往只是后面两句哲理的议论，但是，作为诗来看，它的魅力却是来自四句构成的整体的美学境界。这首诗在流传过程中后两句普遍被引用的现象，很容易使人觉得这首诗的妙处全在"欲穷千里目，更上一层楼"两句，仿佛抽象的说理也可以成就一首好诗，其实这是一种错觉。我们在文学欣赏中决不能被某些错觉和假象所迷惑，要始终把握住艺术作品的整体美。而整体的美是离不开艺术形象的塑造的，哲理的揭示只有扎根于形象，依附于诗情才能真正成为诗，才能具有美学的感染力。同时，也只有诗情与哲理的结合，获得和谐的统一，诗才具有张力，才能产生美感的弹性。

构成诗的张力常见的有两种方式：一种是情境与哲理的综合，另一种是不相关联的事物的美学组合。在《登鹳雀楼》一诗中，形象与议论相得益彰，哲理与诗情高度统一。前两句形象的描绘因为后两句哲理的议论而成为内蕴丰富的隐喻世界，它将启示人们，宇宙时空是无穷无尽的。你看，太阳下山了，第二天又升起来，周而复始；黄河向东流去，不舍昼夜，奔流不息。人类的知识，世界的真理，何尝不是如此，人类世代繁衍无穷，犹如自然界旦昏更替不绝，真理的长河也是流驰不居。因此，人类的追求永远没有尽头，我们必须攀登，永不满足。另一方面，后两句抽象的议论因为前两句的具体形象而成为丰实的人生经验的升华，使我们通过对宇宙时空的永恒性的实体感受，领悟到"生也有涯，知也无涯"的真理。因此"欲穷千里目，更上一层楼"便不是一种抽象的哲理，而是超出了它的字面意义，使人们产生一种定向联想：要使自己的人生变得有意义，就必须不断发挥自己的主观能动性，积极进取，朝着真、善、美的极境追求不息，最大限度地获取事业的成就。总之，前两句落地，后两句飞升，前两句充实，后两句空灵，两者结合成为完整的审美境界。正如前人所说，太实则死，太虚则玄，惟不实不虚，又实又虚，方为美学的妙境。这是因为形象与议论，感情与哲理，具体与抽象，两者处于对立统一中，形成意义的共生因素，从而产生美感的弹性。《登鹳雀楼》正体现了这一美的规律。

林兴宅强调从整体审美感知中把握诗意是很具针对性的。诗文欣赏，是不能脱离审美感知的。如，我们读范仲淹的《岳阳楼记》，仅仅记得一句"先天下之忧而忧，后天下之乐而乐"，也就只是记住了一句口号。又如，很多老师教课文，先叫学生把课文中的重点句子划出来，然后理解文章大意，也就活生生地剥夺了学生的审美感受。

欣赏诗歌，我们要在把握诗人基本抒情方式的基础上，透过文字和意象，通过联想和想象，进入诗的艺术境界，从而准确把握诗歌的感情，然后再去体会诗作的语言、构思和表达上的特点。读完一首诗之后，还应该细细品味它表达上的好处。

下面再看一篇对现代诗的欣赏。

## 读徐志摩的《再别康桥》

### 尤敏

徐志摩一生写了四个诗集：《志摩的诗》《翡冷翠的一夜》《猛虎集》《云游》。这些诗在20年代中国诗坛上曾经风靡一时。固然，作为一个资产阶级诗人，他的作品有其消极的一面；但是其中有不少诗至今读来仍然感到艺术生命力较强，是值得一读的。这里介绍他的一篇代表作——抒情诗《再别康桥》。

　　1920 年徐志摩违背了父亲让他做个银行家的意愿，远渡重洋，从美国到英国研究文学。在伦敦剑桥大学，他以一个特别生的资格，随意选科听课，度过了一年多真正悠闲自在的日子。后来他回忆说，这是他一生中最幸福的日子。在风景秀丽的康河两岸，他仰卧在有星星黄花点缀的葱绿草坪上，或看书，或看天上的行云。有时到碧波荡漾的康河里划船。他完完全全陶醉在大自然的怀抱里。1928 年，他再度旅欧重到康桥，写下了他再次离别康桥时流连忘返的情景，以及依依不舍的心情。这就是《再别康桥》。

　　康桥，是徐志摩心爱的对象。他把它视为有灵性有生命的地方。以往有多少个黄昏，诗人曾经发痴似地站在康桥上，看看西边变幻莫测的云彩，而今要和它告别了。在临别之前，要描绘自己心爱的对象是多么使人为难呀，说过分了怕恼了它，说太谨慎了又辜负了它。于是，诗篇就这样开头了：

　　　　轻轻的我走了，
　　　　　　正如我轻轻的来，
　　　　我轻轻的招手，
　　　　　　作别西天的云彩。

　　诗中一连用了三个"轻轻的"，抒发了诗人与康桥依依不舍的离别之情。诗的节奏是轻快的，旋律是柔和的。音乐性极强的诗句，为我们刻画了诗人的形象：他的潇洒飘逸的风度，轻盈的脚步，甚至那多情温柔的神态，似乎都通过音乐的旋律表现了出来。

　　此时此刻，康桥的一切，在诗人的眼里都是十分宝贵的。于是诗从第二节开始描绘了康桥那迷人的景色。

　　康桥周围虽然有著名的皇家学院的建筑群，有宏伟庄严的教堂；然而徐志摩是一位喜爱大自然的诗人，在他看来，"康桥的灵性全在一条河上"。

　　　　那河畔的金柳，
　　　　　　是夕阳中的新娘，
　　　　波光里的艳影，
　　　　　　在我的心头荡漾。

　　这里，诗人把河畔的风光奉献在读者面前：夕阳照射下的柳树枝条，镀上了一层富丽而又妩媚的金色。那金色的枝条随风轻轻摇摆着，它的影子倒映在水中，真像一位美艳的新娘。这波光里的艳影在水中荡漾，也在诗人心中荡漾。

　　　　软泥上的青荇，
　　　　　　油油的在水底招摇，
　　　　在康桥的柔波里，
　　　　　　我甘做一条水草！

　　从水波里的艳影，诗人的视线又转向了河底的水草。水草绿油油的随着微波的起伏在轻轻摇摆着，似乎在向诗人招手致意。在这样仙境一般的地方，诗人甘愿跳下去做一条水草。

　　这两节诗仅仅写了金柳和水草，但却写出了康河的美。有许多景物诗人没有明写，而读者却联想到了。如夕阳的万缕金光，清澈见底的河水，康桥上站着的发痴似的诗人……而在音乐上，旋律是欢快的，是诗人心情的写照。

　　　　那榆荫下的一潭，

　　　　　　不是清泉，是天上虹；

　　　　揉碎在浮藻间，

　　　　　　沉淀着彩虹似的梦。

　　在散文《我所知道的康桥》里，诗人曾写道，在曲折的康河上游是有名的拜伦潭，相传拜伦曾在那里游玩。那么，这"榆树荫下的一潭"，就是指拜伦潭了。那榆树浓荫覆盖着的清泉倒映着天上的彩虹，读者可以想象那五彩斑斓的景象是充满了多么醇厚的诗意！诗人不说那是清泉，而直说那是"天上虹，揉碎在浮藻间"，沉淀着诗人像彩虹一样美丽的梦想。这里，融情入景，把那种如水中月镜中花一般捉摸不到的"彩虹似的梦"描绘得多么具体、多么形象、多么鲜明！

　　　　寻梦？撑一支长篙，

　　　　　　向青草更青处漫溯，

　　　　满载一船星辉，

　　　　　　在星辉斑斓里放歌。

　　如果说一首乐曲中用高昂的声调、奔放的旋律来表现作曲家思想感情高潮的话，那么这节诗也正是诗人感情高潮的所在。诗人已经忘记了他要离别康桥而去了，他撑着一杆长篙，泛舟到青草更青处去寻找他的梦想去了，去听那"水底翻的音乐在静定的河上描写梦意与春光"。到晚上归来时，水波与星光交相辉映，"满载一船星辉"，不仅把星辉载回来了，也载回来了诗人的快乐与梦想。到这里，诗人情不自禁地要放声歌唱。然而，当诗人的快乐到达顶点时，不觉想起今晚要和康桥告别了。

　　　　但我不能放歌，

　　　　　　悄悄是别离的笙箫，

　　　　夏虫也为我沉默，

　　　　　　沉默是今晚的康桥。

　　于是，诗人的情绪低落了。他不能放歌，只能是"悄悄的"。"此时无声胜有声"，什么样的歌声也不能表达诗人在向康桥告别时的一片深情。就连草丛中的夏虫似乎也体会到了离别之苦，也为之保持沉默。往日欢愉的康桥，今晚也沉默了，一切都为诗人的离去而沉默了。

　　　　悄悄的我走了，

　　　　　　正如我悄悄的来，

　　　　我挥一挥衣袖，

　　　　　　不带走一片云彩。

　　在这一片沉寂声中，诗人悄悄走了。他潇洒地挥一挥衣袖，连一片云彩也没有带走。"云彩"本来是不能带走的，然而诗人却说"不带走一片云彩"。这种夸张手法，表露出诗人不愿惊动他心爱的康桥的一片情意。同时，也流露他的空虚幻灭的心情。诗的最后一节和开头一节遥相照应，音乐的旋律和节奏基本相同，保持了全诗音乐旋律的完整性。然而，在诗句上却换了几个词，"轻轻的"换成了"悄悄的"，"作别西天的云彩"换成了"不带走一片云彩"。这样就在原来轻柔的感情里，抹上了一层淡淡的哀愁的色彩。读者仿佛看见了诗人那种悄悄的缓慢的脚步，几次三番不忍离去，最后才忍一忍，挥一挥衣袖，头也不回地走了的情景。

　　这首诗从思想内容上来说，的确没有什么重要的东西，只是表达了一种极平常极普通的离别之情，那种微波似的轻烟似的情绪。社会投影很模糊，表现不出"五四"的时代精神。然而这首诗感情真挚，意境深邃，语言富有音乐性，给人一种美的享受。作为新月派代表诗人的徐志摩，在诗歌形式上是很下了一番苦功的，有许多地方值得借鉴。

　　首先，《再别康桥》给人的第一个印象是语言的音乐美。如果把它比做一首乐曲的话，那么这像是一首肖邦的小夜曲，轻盈柔和，并带有梦幻的情调。

　　一部文学作品的语言美，不仅应该表现在艺术造型上，而且还应该表现在声律上。而诗的语言尤其应该如此。诗人一方面用语言的"义"来抒情写景，塑造艺术形象；另一方面用语言的"音"来组成一首完整的乐曲，用声音来表达感情、塑造形象。我国古典诗词的讲究平仄、声韵，对仗等等，实际上就是讲究语言的音乐美。划时代的大诗人郭沫若，虽然是写自由诗的，但却很注意语言的音乐美，他把诗的节奏看成是诗的生命。主张现代格律诗的闻一多更是提倡诗歌的音乐美、建筑美和绘画美的，在音乐美上，他注意诗行的安排，节奏的鲜明。徐志摩对闻一多的诗歌理论很赞赏，并在自己的创作实践上身体力行。然而，同样是主张音乐美，徐志摩的诗歌却有他的独创性，那就是他的诗强调音节的波动性，很注意完整的音乐旋律。像《再别康桥》，音节的抑扬顿挫，声调的循环往复，使全诗构成一首完整的乐曲。阅读后不仅容易记忆，吟诵亦朗朗上口，再如《沙扬挪拉赠日本女郎》：

> 　　最是那一低头的温柔，
> 　　　　像一朵水莲花不胜凉风的娇羞，
> 　　道一声珍重，道一声珍重，
> 　　　　那一声珍重里有蜜甜的忧愁——
> 　　沙扬挪拉！

　　这里平仄的搭配，诗行的长短相间(一三五短句，二四长句)都巧妙地表达了柔和多情的音乐旋律。仅从音乐上讲，日本女郎和情人告别时那种娇羞脉脉的神情，甚至低头鞠躬时优美的姿态，都通过音乐旋律表现出来。

　　《再别康桥》给人的第二个印象是意境深邃。我国古典诗歌是很讲究意境的。所谓炼句不如炼字，炼字不如炼意，"诗贵意境"等等说法，就是讲意境的重要性。意境并不是神秘的东西，"意"即指主观世界，"境"指客观世界，意境就是作者对社会现象和自然现象感受以后所产生的一种情怀。一首有意境的诗，往往是达到情景交融的境地，不仅能使读者有身临其境的感觉，还可以体会到作者当时对客观外界事物的感受。徐志摩的诗正是吸收了古典诗歌中这一精髓。他的《再别康桥》之所以形成深邃的意境，首先在于感情真挚，对所描绘的对象有深厚的感情。其次，徐志摩很懂得情绪和客观景物的和谐，在他笔下的康桥是有生命有灵性的，是带有诗人飘逸柔和的风度，表现出诗人的情怀。而诗人的情怀不是直白的显露，而是物我一体地含蓄流露，从而形成一种言虽尽而意无穷的隽永。

　　徐志摩不仅写抒情诗讲究意境，就是一些单纯写景的诗也有意境。如《月下雷峰影片》：

> 　　我送你一个雷峰塔影，
> 　　　　满天稠密的黑云和白云，
> 　　我送你一个雷峰塔顶，

　　　　明月泻影在眠熟的波心。
　　　深深的黑夜，依依的塔影，
　　　　团团的月影，纤纤的波粼——
　　　假如你我荡一只无遮的小艇，
　　　　假如你我创一个完全的梦境。

　　诗中所创造的意境，是那梦一样美妙而又神秘的境界。这首诗把当年月夜雷峰塔影的美景活画了出来：那夜空里大团的黑云和白云，圆圆的月亮时而被云彩遮住，时而又显露出来；湖面上波光粼粼。在这一切的背景下，是那高耸的梦幻一样美丽的依依的塔影：这分明是一组黑白十分鲜明的电影镜头。而这里，还有诗人的形象，划着一只无遮的小艇，荡漾在波光粼粼的湖面上。不，这不仅是诗人，还有读者。这样的境界，我们好像是在什么地方见过，也许是在梦里……短短八句诗，使人产生联想，回味无穷。当然，诗中流露出那种对幻灭了的东西的留恋情绪，是应该批判的。

　　《再别康桥》给人的第三个印象是语言的明白如话。也许这四个字形容得不够恰当，因为有些明白如话的诗真正成了"话"，而不是诗的语言了。徐志摩的诗的语言虽然平易近人，通俗易懂，很接近口语，然而决不是像白开水那样的"淡话"，而是洗练的诗的语言。他在语言锤炼上很下了一番工夫，却丝毫不露出雕琢的痕迹，一切婉若是流水一般自然而然流淌出来的。徐志摩是英国留学生，深受19世纪英国浪漫主义的影响，难能可贵的是，他的诗歌的语言却没有"五四"以后一些新诗的那种欧化的倾向。卞之琳说他"深得西诗的神髓，完全实行'拿来主义'"（《徐志摩诗重读志感》），这是很正确的。

　　　　　　（引自《中国现代诗歌名作赏析》，山西人民出版社1985年版，第120页）

# 第六节　诗歌的写作

　　诗歌的基本元素是意象，诗歌的方式是想象，诗歌的文体重心是精神意境，诗歌的文体的外形是节奏韵味律。学写诗歌要从新诗入手。诗歌写作基于以下几点：(1)情感的积累；(2)意象的储存；(3)灵感的获得；(4)新颖的构思；(5)意象的组合；(6)语言的推敲。下面选其要点而言之。

## 一、激情、灵感与审美感受

　　诗歌的主题、立意，主要是情感。写诗要缘情而发。无病呻吟，矫揉造作，是写不出诗来的。郭沫若说，写诗"要有纯真的感触，情动于中令自己不能不写，不要凭空地去'做'"。这是经验之谈。

　　有激情，还要有触发点。雷抒雁听了张志新烈士的事迹报道之后，产生了创作的激情，这种激情在诗人心中"痛苦地逡巡"，突然，脑海里闪现出夜间风雨与小草对话的情景。于是，诗人的主观情思与客观的形象——"小草"不期而遇，产生了一种思维的火花，即通过"小草"这一意象来表达他和广大人民对张志新烈士的怀念，对"四人帮"进行控诉，于是他奋笔写成了《小草在歌唱》。

　　人们通常把这种触发点的获得叫做"灵感"。臧克家说："灵感，就是兴致集中的焦点，就是情感被诱动的高潮，就是整个神经在外力挑逗下的那极度的紧张，就是创造力达到最终点的一刹那。"艾青说："所谓'灵感'无非是诗人对事物发生新的激动，突然感到的兴奋、瞬即消逝的心灵的闪耀。所谓'灵感'，无非是诗人主观世界与客观世界最愉快的邂逅。""灵感"是诗人的主观情思与客观世界的某一点不期而遇所产生的一种思维闪光，在中国古代又被称为"感兴"。正是这种闪光，诗人的感情与客观形象之间架起了一座神奇之桥，将诗人的主观情思化为生动、形象的诗歌意象。

写诗，大多数情况下就是从这种灵感开始的。"情感的干柴"堆积成山以后，一旦碰上"灵感的火花"，诗歌之火就会熊熊燃烧起来。

初学写诗常常把灵感看得很神秘，其实，灵感并不是什么神秘之物，它是诗人长期观察和思考的结果，是在诗人思想感情的长期积累的基础上产生的。看似轻松的"妙手偶得"，是建立在这之前的"惨淡经营"、"苦心积累"之上的。

诗歌创作的灵感，首先建立在审美感受之上。审美感受就是在审美感觉和知觉之上形成的印象、情感和认识。感觉是人对事物个别属性的反映。知觉是在感觉的基础上形成的，是人们对若干个别属性的整体反映。在感觉和知觉的基础上形成的认识、情感、印象，就是感受。

与一般人的感知相比，文学家的感知是一种审美感知，他可以从虱子在身上爬而感受到一种孤独中的慰藉，可以从别人凸出的两颗虎牙上感受到人性的善良与美好。而诗人的感知与小说家们又有区别。例如，小说家对社会生活的感知一般是具体的、细致而深入的，而且很多时候还免不了从功利的角度去感知事物，诗人的感知相对而言更倾向于审美，更倾向于情绪、情感的抒发和形象的联想。比方说，清早起来看到阶前有稀稀拉拉的雨点，一般人的感知是：昨夜下了雨。如果这雨不是很特别，小说家也可能不会去细致考察。但诗人不一样，他的感知会指向情感的抒发，跨上想象的翅膀，超越已有的知识和经验，创造出形象、生动而新颖的意境，如李清照《如梦令》："昨夜雨疏风骤，浓睡不消残酒。试问卷帘人，却道海棠依旧。知否？知否？应是绿肥红瘦。"

新颖、独特的审美感觉、知觉和感受，是诗人写作的"本钱"。谁能从生活中捕捉到独特的感受，谁就有可能写出诗来。如，艾青写过一首《回声》的诗："你喊她，她喊你/你骂她，她骂你/千万不要和她吵嘴/最后一声总是她的。"回声作为一种自然现象，平凡得很，艾青却以诗人的敏感获得了独特的感受。他从回声中似乎看到了某种专横、刁泼的社会典型；这感受是独特的，写出来也就成了诗。又如陈家梦写的一首诗《影》："是一棵树的影子，/一步一步它在移，/也许它有点心思，/也许它不太愿意。——月亮自东往西。//最初它睡在泥地，/随后像是要站起，/慢慢地它抱着树干，/到了又倒在树底。——月亮已经偏西。//"诗人漫步在夜的青岛海滨，月光下一棵树的影子移动的形态和变化引发了诗人的感叹——它似乎像人一样带着生命的思考，倔强地走过了自己的生命历程。在最细微的变化中敏感地发现和捕捉诗意，这正是诗歌创作的规律。

要获得审美感受，最根本的是要在长期社会生活实践中去提高主体的思想修养、文化知识修养和艺术修养，要长期沉浸到现实生活中去。走马观花地获得一点浅薄的印象，浮光掠影地捕捉一点浅显的感受，蜻蜓点水地悟出一点点生活的道理，写不出真正的诗篇。

## 二、立意与角度

诗特别讲究构思。新颖、独特的构思，能增加诗歌的美质。爱默生说过："诗人的标志和凭证，在于他说出人们所没有说过的话。"托尔斯泰说："越是诗的，就越是创造的。"我国宋代诗人姜夔也说过："诗之不工，只是不精思耳，不思而作，虽多亦奚为？"

诗的独创性表现在多方面，首先讲炼意和角度的问题。

诗歌需不需要提炼？答案是肯定的。在现实生活中，我们为某一事物感动了，动情了，获得了某种感受，但这还只是感性的东西，还需要酝酿、加工、提炼、开掘。自己为什么感动？这感动是不是具有普遍性？怎样上升为普遍性的情感？这个过程，也就是古人所说的"炼意"。开掘得深，提炼得好，就为构思打下了一个很好的基础。因此，在捕捉某种感受之后，要特别注意把自己的感受上升为具有典型性的东西，要摒弃那些琐屑的、平庸的、不健康的东西，开掘那些优美的、健康的、典型的东西。例如有一首叫《追求》的"诗"，它是这样写的："但愿全世界只有一块黄金/它偏偏落在了我的手心/但愿所有的美女凝作一个脸蛋/每天紧贴我的嘴唇//但愿历史只有一把权力的椅子/微笑着向我走近/我的肩上扛着无数的追求……"这样的"诗"，无论如何是不能给人美感。余光中写的《乡愁》，诗的语言非常质朴，但赢得了读者的喜爱，关键就是他抒发的感情带有很大的普遍性。

诗的炼意并不排除理性的介入，但更多时候不以理构，而是诗人情感世界的一种自然流露。阿垅在《诗是什么》一文中讲了一个笑话，说是一个妓女死了，她的四个相好，一个秀才、一个富商、一个和尚、一个屠夫作"诗"悼念她。他们每个人依次念了一句："一点香魂坠玉楼，明珠万斛市中求，阿弥陀佛西天去，我的肉啊我的油。"阿垅说，即使我们不指出谁作了哪句，也看得出哪句是谁作的。这个笑话说明了诗品出于人品的道理。诗意的高下，更多时候取决于诗人本身的人格修养。要写好诗，就必须加强自己的人格修养。因此，古人强调："有第一等胸襟，第一等学识，才有第一等真诗。"

获得某种新颖、独特、深刻的立意后，从什么角度去表现它同样见出作者的艺术功底。新颖独到的角度，常常能给诗增添一种意想不到的美质。例如台湾诗人彭邦桢写的《诗的抒情》："我有一首诗像明亮的小河，/河上荡漾着激滟的柔波；/这首诗不是我写的，/是那鱼儿在河上吹起的泡沫。//这些诗都是我心灵的集锦，/像浩瀚的海洋，像巍峨的山岳；/像那荒原上的勃勃野草，/也像那雷雨的暗夜里一支不灭的灯火。//我有一首诗像丛茂的森林，/林间传来了悦耳的音乐；/这些诗不是我写的，/是那鸟儿在林间吹响了号角。//这些诗都是我的感情的片断，/像黎明的跃起，像黄昏的坠落，/像那闪烁的星星被云遮盖，/也像大风暴席卷了那一片无垠的沙漠。"这是一首歌颂大自然的诗章，通常写成这样："我要写一首诗，/赞美那明亮的小河，/河上荡漾着激滟的柔波，/鱼儿在河中吹起的泡沫。"或是写成："我的诗，/献给浩瀚的海洋，/献给巍峨的山岳，/献给荒原上的野草，/献给暗夜中不灭的灯火。"这里，作者力避平庸一般，独辟蹊径，从一个全新的角度着笔，无疑给诗作增添了别具风味的美感。

## 三、意象创造

**（一）"诗是无声的画"，要用形象说话**

诗歌的基本元素是意象。客观事物的形象印在我们脑子里，就是"象"。心中的万象，比现实中的万物多了一重空灵超蹈的虚拟性。从认知到描绘的递变是人的生命实践的基本格式。因此，"象"比"物"多了一份内省和传达的主体性，它是活泼生命体验的形式化。"象"是"物"的虚假象征，"立象以尽意"，所谓意蕴、意味、意义，都从"象"悟出来。而人的这种领悟，正是内在于人对"物"的认知和描绘的心灵过程。通过心灵和情感的浸染，"象"也就成了"意象"。一般说来，诗歌写作是由"灵感—寻象—寻言"这三个阶段构成的，获得灵感，也就是获得一种诗美体验。获得诗美体验之后，就要将诗美体验化为诗歌意象。

　　不同的创作方法，创造诗歌意象的方式是不同的。日本著名文学评论家厨川白村曾在《西洋近代文艺思潮论》中举例说："如果以爱人突遭意外的死亡为题材的话，浪漫派大抵是夸张他们过去的恩爱缠绵，然后表示深沉的悲哀，或者抒发作者的思想。自然派则会将此人死亡前后的事情，主角接受爱人死讯时的模样等外部的客观现象，巨细不遗仔仔细细地描绘出来。而象征派诗人呢？他们通常是描写与'爱人之死'毫无关联的景象，但要将当时的情调再现出来，并能唤起读者类似的情绪。例如描写一个人在阴霾的天空或苍凉的黄昏下，在凄寂的道路上踽踽独行的神情；或者是痴痴伫立、凝视遥远的森林景象。象征派的技巧即类乎此，只要能向读者暗示听到'爱人死讯'那瞬间之情调，作者就算达成目的，至于诗句的意义，可以任凭读者去解释。"

　　以写实的手法或象征的手法写作给人的美感是不一样的。我们试比较舒婷的两首爱情诗。先看《无题》：

　　　　我探出阳台，目送/你走过繁花密枝的小路/等等！你要去很远吗？/我匆匆跑下，在你面前停住。/"你怕吗？"/我默默转动你胸前的纽扣。/是的，我怕。/但我不告诉你为什么。

　　　　我们顺着宁静的河湾散步，/夜动情而且宽舒。/我拽着你的胳膊在堤上胡逛，/绕过一棵一棵桂花树。/"你快乐吗？"/我仰起脸，星星向我蜂拥。/是的，我很快乐。/但我不告诉你为什么。

　　　　你弯身在书桌上，/看见了几行蹩脚的诗。/我满脸通红地收起稿纸，/你又庄重又亲切地向我祝福：/"你在爱着。"/我悄悄地叹了口气。/是的，爱着，/但我不告诉你他是谁。

　　这首诗截取了生活中三个场景，多侧面地展示了主人公心灵深处对爱的向往与追求，少女的天真狡黠，微妙而纤细的心灵，和我们的日常生活比较贴近。

　　再看舒婷的《思念》：

　　　　一幅色彩缤纷但缺乏线条的挂图，/一题清纯然而无解的代数，/一具独弦琴，拨动檐雨的念珠，/一双达不到彼岸的桨橹。/蓓蕾一般默默地等待，/夕阳一般遥遥地注目，/也许藏有一个重洋，/但流出来，只是两颗泪珠。/呵，在心灵的远景里，/在灵魂的深处。

　　这首诗也是写爱情，但不是写实性意象。诗的第一节，作者把四个风马牛不相及的意象组合在一起，初看不知所云。但联系题目，调动联想和想象，还是能体会到一种抽象复杂的思念之情的。诗的第一句使人想到思念的强烈而纷乱，第二句使人想到思念的茫然和焦躁，第三句使人想到一厢情愿的相思无法自抑，第四句使人想起无法接近对象的痛苦。整个诗构成了一个象征性的意象体系。

象征是用某种特定的事物暗示比较抽象的事物、情理的艺术手法，它不是直接抒发，也不是白描，而是表现。象征作为现代诗歌的表现手法，不同于传统的"比"的方法。比喻是通过打比方来描写、说明事物的特点，象征是用具体、生动的形象来暗示某种生活、情绪和哲理。比喻一般只要说清楚事物的特点就行了，喻体本身不一定要具有审美意义。象征不但要暗示某种情绪、哲理、生活，喻体本身还要求具有一定的审美意义。比如，你用春天来形容年轻的生命力，作为比喻，你只要能说明年轻生命力生气勃勃就行了，不必对春天作生动、具体的描写。如果作为象征，就必须对春天作出生动、形象的描写，使读者能从你所描绘的春天的图画中得到美感。比喻作为一种艺术手法，常常在局部运用，象征有时虽运用于局部，但更多时候是运用于整体构思。比喻一般是单义的，从喻体到被喻体，关系非常明确。象征一般是多义的，它往往可以在象征体的规范引导下作多方面的理解。诗歌有时用局部象征，有时用整体象征，意象派的诗，多用象征（传统手法写的诗，有时候也构成了象征）。努力把个别转化为一种普遍的人类尺度，是现代艺术的追求，因此，象征是现代艺术常用的手法。

（二）学写诗歌，还要善于将抽象的感情形象化

写诗，总是要抒情的，但情感是抽象的，直接抒发，往往显得抽象空泛。在诗歌写作中，或是即事抒情，或是融情于景，或是托物言志，或是比喻象征，要努力将情感形象化，避免单纯的抒发。如李加建的《给妻子》，作者抒发的是对相濡以沫的妻子由衷的感激之情，却是借助形象来抒发的："你是我永远忠实的港湾/穿过暴风雨之后你给我以休息、安眠/你让我把阴沉的梦沉淀到水底/给我看头上一片清朗的蓝天/你让我把灼热的泪珠在你胸中融化/你用清凉的波浪轻拍我的船舷/当我偶尔尝到你溅起的浪花一点/我才知道，是你把全部苦涩默默的包含。"由于作者借形象抒发，读来就非常具体、感人。

诗歌有时也发议论，如北岛经过十年浩劫之后，非常悲观，曾写下一首《一切》："一切都是命运/一切都是烟云/一切都是没有结局的开始/一切都是稍纵即逝的追寻/一切欢乐都没有微笑/一切苦难都没有泪痕/一切语言都是重复/一切交往都是初逢/一切爱情都在心里/一切往事都在梦中/一切希望都带着注释/一切信仰都带着呻吟/一切爆发都有片刻的宁静/一切死亡都有冗长的回声。"作者有感于"文革"期间林彪、四人帮的倒行逆施，发出了愤怒的控诉，却又对人生丧失了信心，怀疑一切，否定一切。舒婷写了《这也是一切》规劝他："不是一切大树/都被大风折断；/不是一切种子/都找不到生根的土壤；/不是一切真情/都流失在人心的沙漠里；/不是一切梦想/都甘愿被折断翅膀//不，不是一切/都像你说的那样！//不是一切火焰，/都只燃烧自己/而不把别人照亮；/不是一切星星，/都仅指示黑夜/而不报告曙光；/不是一切歌声，/都掠过耳旁/而不留在心上。//不，不是一切/都像你说的那样……一切的现在都孕育着未来，/未来的一切都生长于它的昨天。/希望，而且为它斗争，/请把这一切放在你肩上。//"由于作者的规劝（议论）饱含着激情，具有生动的形象，所以读来委婉动人。

一些抽象的概念也要运用想象使之形象化。如一首纪念张志新烈士的诗，作者这样写

道:"她倒下了,那么沉重/像陨星坠落在地球/历史躲闪不及/被砸开了一个深深的伤口/……/她倒下了,倒在法律上/法律惊醒了,抖落满身的污垢/她倒下了,倒在民主上/民主复苏了,扬起刚毅的额头/她倒下了,倒在真理上/真理跳起来,一声大吼……","历史"、"民主"、"法律"、"真理",都是些抽象的概念。由于作者形象化了,诗歌就显得形象、生动,就避免了抽象议论。

能否创造新颖、独到的意象,是诗一个重要的标志。如舒婷创造的一些独到的意象:"呵,母亲。/我的甜柔深谧的怀念/不是激流,不是瀑布,/是花木掩映中唱不出歌声的古井。""我有我红硕的花朵,/像沉重的叹息,/又像英勇的火炬。"曾赢得广泛的赞誉。

诗歌创造意象有两种方式:一种是以心写物。它来自于作者生活体验的感官性印象,侧重情景交融地抒写,是对客观事物情感化的审美概括。一种是缘心造物。它根据情志抒写的需要,在昔日沉淀的零星感官印象上和心理原生图式上展开想象,与客观物象差距极大,它似乎不合"事"理,但合"情"理,是对生活本质真的高度集中的艺术概括。无论哪一种,都离不开想象,赫兹利特在《泛论诗歌》一文中指出:"想象是这样一种机能,它不按照事物本相表现事物,而是按其他的思想情绪把事物揉成无穷形态和力量的综合来表现它们。这种语言并不因为与事实有出入,而不忠实于自然,如果它能传达出事物在激情的影响下在心灵中产生的印象,它是更为忠实和自然的语言了。"

想象是指人在头脑中创造新事物的形象或根据语言文字的描述在头脑中形成相应事物的形象的过程。它是一种极富创造性的思维活动。诗歌的想象和现实生活中一般的想象有区别,它是一种艺术的、审美的想象。诗歌的想象与小说等叙事文学作品也不同,在叙事文学作品中,想象是随着故事情节的发展,人物性格的特点,矛盾冲突的产生、发展、解决而展开的。而诗歌的想象始终贯穿着"情",是沿着情感流动的轨迹而展开的;诗歌主要用"情"去黏合一切,"情"固然因景物而生,但景、物却因"情"而新、而异。故其想象常突破客观现实生活的限制,常超越作者已有的生活经验的框架,创造出现实世界没有的形象和画面,如韩东《无题·献给张志新》:"沉重的夜/把你挤碎/每一块碎片/都化作一颗星光/从此/天空布满了冷峻的眼睛/大地回荡着爆裂的声响。"夜能把人挤碎,碎片亦能化作星光。又如寇宗鄂的《浪花》(节选):"洁白的连衣裙和纷纷的思绪/被海风轻轻地掀起//我在远方的思念也似执著的浪花/在你的身边撞成了碎玉。"通过诗人的审美想象,抽象的"思绪"可以"被海风轻轻地掀起"。再如舒婷的《路遇》:"凤凰树突然倾斜/自行车的铃声悬浮在空间……"诗人充分调动幻觉性想象的魅力,创造出了新颖的意象,给读者以深刻的审美感受。又如西班牙诗人洛尔迦《风景》中的一节:"灰色的空气起了皱纹/那些橄榄树/充满了/一声声的叫喊",诗人通过想象,突破时空束缚,打乱生活的逻辑程序而创造出新颖奇特的意象。运用想象,可以使诗人摆脱生活实际经验的拘束,站在艺术审美的情感世界高峰透视过去和未来,从而创造出千姿百态、变幻无穷的诗歌意象。

想象对于诗歌创作是非常重要的。不论作者基于生活原型物理表象,还是突破经验、时空、现实等局限,都要求诗人驱遣想象,用心灵去表现,将想象世界与审美感情融为和谐统一的艺术整体。诗人创造新颖别致的意象,除了要靠想象,还要依赖形象素材。原籍奥地利的德语诗人里尔克奉劝艺术家在平时要养成观察具体人物或事物的习惯,甚至要留心鸟怎么飞翔,清晨小花开放的姿态;注意不期而遇的邂逅,亲人之间正在到来与逼近的离别;看海的黎明和闪动繁星的天空底下的夜;记住产妇临盆时痛苦的叫唤,老人静静的死，以及窗外传来的突如其来的声音，等等。他还建议以回忆加强对已有形象的记忆，如回忆童年的岁月，异乡的山路，夜晚的欢情……（《布里格随笔》）这是有道理的。因此诗人波德莱尔说："只有想象中才有诗。"

诗人的想象，不是对客观的简单摹写。希腊人抵御波斯入侵，300 名守卫托莫庇来关口的斯巴达人英勇抗敌全部阵亡。诗人西门尼德为他们写了墓志铭：

> 过路人，请传句话给斯巴达人，
> 为了听他们的嘱咐，我们躺在这里。

这便是一种诗的想象。孙绍振分析说："这里写的好像不完全忠实于生活，但是它却更忠实于感情。它的真实是生活的客观形态特征（死亡，躺在大地上）和感情的主观愿望特征（为国献身，永生）在一个交集上的会合（睡眠）。……这里有死亡的特征（躺着），也有永生的特征（听觉仍然在起作用的睡眠），这自然不是现实的生活图景，它是来自于现实，又经过感情改造的想象。通过想象，生活好像重新投胎一样，获得另一种形态和性状。它失去原型一部分性状，获得了感情的特征。生活的形象，在想象中发生的变幻是一种相当普遍的规律。"①

这种"变幻"，只有在艺术想象中才是合理的。诗的想象，正如传说中的"点金石"，直接导致物象的夸张、幻化、变形，并从而创造出超越现实人生的动人美质。想象的美学本质，就是空间生命感受的灵活展开。

想象具有两个重要品质：一是强烈的情感性，没情感就没有想象。二是想象的自由构象性，即为了表达情思，运用写作技术进行赋形性的形象组合和构造。

意象的创造始终离不开具体可感的生活素材。创作时，必须"在自己心里重新唤起他在四周的现实的影响下所体验的感情和思想，并且给予它们以一定的形象的表现"（普列汉诺夫《没有地址的信》）。对于诗歌创作来说，在平时发现、积累新颖、独特的意象，是很重要的一个工作。平时我们看到，诗人在日常生活中发现某一独特意象之后欣喜若狂的情景。

（三）意象创造，还涉及各种艺术手法的运用

人们在创作实践中，创造和积累了很多诗歌的表现手法。创造性地运用这些手法，往往能加强诗歌的形象性，增强诗歌的艺术表现力。如杨炼的《播》："我梦见，/我是一片麦浪，/成熟地摇动着千千万万个太阳。/灼热的风也变得金黄，/轻轻地为人唱着一首芬芳的歌，/像老人的微笑那样柔和，/像隐隐约约的祝福来自远方。"这节诗里，"我是一片麦浪"用了比拟；"千千万万个太阳"用了借代；"灼热的风"变得"金黄"用了通感；而"唱着一首芬芳的歌"，在拟人中又把听觉"嗅觉化"了，构成了生动优美的意象。写诗，掌握这些手法是有必要的。这里，我介绍几种常用的手法。

"赋"："赋者，铺陈其事而直言之也。"（朱熹《诗集传》）"赋"具有"铺采摛文、体物写志"的审美特点，反复的铺陈或简练的写实都有不可小视的艺术感染力。

赋是最传统的一种手法，它在现代诗歌创作中得到了广泛的运用，并有很大的发展。

---

① 孙绍振：《文学创作论》。春风文艺出版社 1987 年版，第 456 页

艾青、郭小川、贺敬之等许多诗人，对"赋"的运用，都曾赢得读者的赞誉。如闻一多的《死水》："这是一沟绝望的死水，/清风吹不起半点漪涟。/不如多扔些破铜烂铁，/爽性泼你的剩菜残羹。//也许铜的要绿成翡翠，/铁罐上绣出几瓣桃花；/再让油腻织一层罗绮，/霉菌给他蒸出些云霞。//让死水酵成一沟绿酒，/漂满了珍珠似的白沫；/小珠们笑声变成大珠，/又被偷酒的花蚊咬破。//那么一沟绝望的死水，/也就夸得上几分鲜明。/如果青蛙耐不住寂寞，/又算死水叫出了歌声。//这是一沟绝望的死水，/这里断不是美的所在，/不如让给丑恶来开垦，/看他造出个什么世界。"又如江河的《沉思》（节选）："陶罐碎了。精美的瓷器/夺走我手上的光泽。妻子的姊妹/只有在织出的绸子上才显出美丽/像飘落的花朵/流向一个不属于自己的地方/冰凉的月亮闪着幽光/在绿得发黑的松柏丛中/金黄的宫殿闪着幽光/用铁的劳动，发黑的汗水/黑暗中滚动了几十年的/琥珀，珍宝/被幽禁在一个不属于我的地方/一垄垄烧焦了似的琉璃瓦/固定在我们的屋顶上/不能随着秋天的麦浪/流进我的微笑"。这类新奇的诗作，最基本的手法就是"赋"。

"比"："比者，比方于物也。"比喻是中国最传统的诗歌手法，在民歌中、旧体诗中是最常用的手法。如《刘三姐》中的歌词："入山看见藤缠树，出山看见树缠藤，树死藤生缠到死，藤死树生死也缠。"作者以藤缠树、树缠藤比喻相爱之深，至死不渝，非常贴切。贴切的比喻常常能有效地增强诗歌的形象性。新诗创作中，传统的"比"的手法，有了新的发展，诗人们大多加强了"比"的密集度、新颖度，加强了喻体质的描写，使"比"这一传统手法，放出了新的美学光彩。如"远距离比喻"，诗人往往在普通人以为不同的事物中看出"同"来，把距离很大的喻体和本体联系在一起，使抽象的概念具有质感，使具体的东西抽象化，给读者新颖奇特的想象空间。如冯至有一首爱情诗，是这样写的："我的寂寞是一条长蛇/冰冷地没有言语——/姑娘/你万一梦到它时/千万呀，莫要悚惧//它是我忠诚的伴侣/心里害着热烈的乡思/它在想那茂密的草原——/你头上的浓郁的乌丝//它月光一般轻轻地/从你那儿潜潜走过/为我把你的梦境衔了来/像一只绯红的花朵。"在这首诗里，诗人将"寂寞"比喻成一条冰冷的没有言语的"长蛇"，将"我"对意中人的思念比喻成"蛇"对茂密草原的思念；将"我"希望梦到恋人比喻成"蛇"衔来一只绯红的花朵，可以说是别出心裁，耐人寻味。随着诗歌艺术的发展，"比"运用得更大胆、更新颖。诗人们往往把"比"和其他修辞手法结合起来，形成新颖奇特的意象，如李天林的《柿子》："如血红的灯笼/吊在枝头/她搬过梯子/摘下大红的秋。"徐康的《小圆镜》："而生活，/就像冰冷的灶膛里/烧不燃的湿柴/烹煮着半生半熟的苦涩/岁月，伛偻在农家剥蚀的土墙下/吧嗒着旱烟，吐出一声声叹息。"

"兴"：兴是"先言他物以引起所咏之词"（朱熹《诗集传》）。它往往是在一首诗或一段诗的开头，先用各种与诗的思想感情有一定联系的景物进行渲染、烘托，然后再顺理成章地写出本来要歌咏的事情。这种手法早在《诗经》中就已出现，现代诗歌也常采用这种手法，如裴多菲的诗句："小树颤抖着，/当小鸟在上面飞。/我的心颤抖着，/当我想到了你，/……/多瑙河涨水了，/也许就要奔腾。/我的心也一样，/抑制不了热情。"诗人要表达的是"我"想到情人时难以抑制的心情，但诗人没有直接去描绘、抒发，而是用"小鸟在上面飞"、"小树就颤抖"等现象起兴，烘托后面要表达的思想感情，从而加强了诗的艺术效果。

"通感"：通感是将各种感觉相互沟通和转移的一种艺术手法。钱钟书指出："在日常经验里，视觉、听觉、触觉、嗅觉往往可以彼此打动或交通，眼、耳、舌、鼻、身各个官能领域可以不分界限。颜色似乎会有温度，声音似乎会有形象，冷温似乎会有重量，气味似乎会有锋芒，诸如此类在普通语言里经常出现。"根据理论家们研究，通感并不止五官的沟通，还包括人的直觉、错觉、幻觉、情感、意志、思维等方面的沟通。在诗歌创作中，人们往往利用通感，创造新颖奇特的意象，以强化自己的感觉，加强诗意的抒发。如臧克家的《春鸟》："歌声／像煞黑天上的星星／越听越灿烂／像若干只女神的手／一齐按着生命的琴键／美妙的音乐／从绿树的云间／从蓝天的海上／汇成了活泼自由的一潭。"诗人将听觉形象"歌声"转化成视觉形象"灿烂"的"星星"、"音乐"、"一潭"，拓展了诗的表现空间，也充分调动了读者的想象，从而增强了诗歌的艺术感染力。

## 四、意象组合

意象创造还涉及意象组合。

意象组合是用一个接一个的意象，按照一定的美学原则把它组合起来，形成一幅幅跳跃的画面，使他们产生对比、衬托、联想、暗示等作用，让读者通过一系列的意象组合去揣摩和领悟作者的意图。

诗人通过意象抒发情感，其意象可以在情感的弥漫下奔向多极，呈现交叉、重叠、多元；也可融合而奔向整一，构成一个整体的、令人回味无穷的艺术境界。在后者，也就构成了诗的意境。

传统诗歌创作，比较重视意境的创造。

诗歌文体的重心，是精神意境。诗，其实就是一种意境、境界。美国著名诗人卜润宁在谈到阅读诗歌创作时说："……这些诗人的诗，突然使我进入一种境界，而其语言便是诗。"①

意境有时也称境界。意境本质上是由人的打量、感叹、沉思，人的生命力量开辟出的一重独特的文化时空。换句话说，作为第三自然界重要构成元素的意境，本来就是有"人"内在地置身于其间的立体时空。② 强调的是意境的两要素：空间感觉和生命。其实这二者是一而二、二而一的东西。空间感觉是生命生存的精神感觉，生命精神又是无限自由的精神空间感觉。就空间感觉而言，意境是产生于意象而又高于意象的。意象是有限的，是融情（意味）于景（形象）的。

意境是什么呢？《辞海·文学分册》的解释是："文学作品中的艺术境界。"这个定义基本上是对的，但对初学者还宜作一些具体说明。

"意境"作为独特的艺术形象，明显区别于一般艺术形象、意象。一般艺术形象、意象，指的是单个的、具体的形象，而意境，它虽然离不开单个的、具体的形象、意象，但它着眼的是整体画面、整体氛围，是一个具有审美意义的整体空间。以刘禹锡的《乌衣巷》为例："朱雀桥边野草花，乌衣巷口夕阳斜。旧时王谢堂前燕，飞入寻常百姓家。"这首诗里有许多意象，如朱雀桥、野草花、乌衣巷、王谢堂、旧时燕、百姓家等。这些单个的、一个一个的意象，是谈不上什么意境的。只有将诸多意象有机地统一起来，形成一个完整的生活

---

① 润宁：《我写诗的几个阶段》，见：霍华德·奈莫洛夫编：《诗人谈诗：二十世纪中期美国诗论》，三联书店，1989年版。

② 赵雨：《古诗今读》，长春出版社，2000年版。

画面，才有可能构成一个优美的意境。

"意境"是一幅整体的生活画面，一种氛围，一个具有审美意义的整体空间。但并不是所有的生活画面、生活氛围、整体空间就是"意境"。作为"意境"的生活画面、整体空间，还必须具备以下几个特点：

一是情景交融。"意境"是情与景的交融。没有情与景的交融，就谈不上意境。以李白的《静夜思》为例："床前明月光，疑是地上霜。举头望明月，低头思故乡。"诗一气贯注地写了一个完整的行动过程，仿佛是一种单纯的叙事。但单纯的动作记述绝不可能形成意境。这首诗之所以千百年来震撼着读者的心灵，就因为诗的末句含有一个曲折，将前面三个客观化的动作巧妙地导入思乡愁苦的心绪之中，从而使物与我、情与景达到一种有机的融合。

"意境"是抒情文学绽开的仙葩，它重在主观情思的表现。诗人的表现可能含蓄，也可能比较显露，但却需要"情"与"景"的交流，"意"与"象"的契合。如果没有主观感情的浸透熔铸，纯粹客观的物象不能形成"意境"。如，有一首写雪的打油诗："江山一笼统，井上一窟窿。黄狗身上白，白狗身上肿。"这首诗形象还是很形象的，也表现出人物的观察活动，但通常并不认为它有意境，关键就在于它只有客观事物的记录，没有作者主观情感的浸透。

"意境"是情与景的融会。它的"景"不是一般的"景"，它的"情"也不是一般的"情"，都经过了作者高度审美情趣的观照、过滤。它的"情"，健康优美，经过了"理"的渗透与净化；它的"景"，符合"自然的法则"，"形""神"兼备。所以王国维总结意境的创造经验说："大家之作，其言情也必沁人心脾，其写景也必豁人耳目"，"故能写真景物、真感情者，谓之有境界。否则谓之无境界"（《人间词话》）。

二是"含蓄蕴藉"。王国维评价姜夔说："古今词人，格调之高无如白石，惜不在意境上用力，故觉无言外之味，弦外之响。"因为无"言外之味，弦外之响"便断定他"不在意境上用力"，可见含蓄蕴藉是意境又一个重要的审美特征。

意境的含蓄蕴藉，不是一般意义上的含蓄蕴藉，有其特定的审美内涵。首先是诗人所写的直接的生活画面必须包孕深刻，"精义内涵"，"含虚蓄实"，"其旨遥深"，"句中有余味，篇中有余意"，"诗已尽而味方永"。要达到这个目的，诗人创造意境时，必须选择具有丰富生活内容的生活场景而加以刻画。如："君家住何处？妾住在横塘。停船暂借问，或恐是同乡。"这首小诗，王夫之称它"墨气四射，四表无穷，无字处皆其意也"（《姜斋诗话》）。这首诗之所以能达到这个效果，关键在于它取"景"的典型。看上去，诗人截取的仅是现实生活中的一句极平常、极简单的对话，展示给我们的却是一个极有情趣的小故事，一幅极有生活内涵的水上泊舟人物画。我们仿佛看到，一个风和日丽的春天，在碧波万顷的长江上，两条小舟停泊在江心。只见一条船的船头站着一个女子，她正在向另一条船上的人问话。这位女子为什么要向一位素不相识的男子问话呢？她为什么要作主动的自我介绍呢？她为什么要和对方攀"同乡"呢？这一切显示了什么样的社会内容和思想感情呢？这一切，作者没有说，又确确实实通过这一段问话表现出来了。诗人创造意境，就是这样"一以见万""以少总多，情貌无遗"的。如果形象不包含耐人深思的内涵，也就不可能创造出优美的意境。

努力营建好包孕丰富的、可直观的审美对象，是创造好意境的基础。许印芳在《〈与李生论诗书〉跋》中指出："功候深时，精义内含，淡语亦浓；宝光外溢，朴语亦华。既臻斯境，韵外之致，可得而言，而其妙处皆自现前实境得来。"袁枚也说："味内味尚不能得，况味外味乎？"(《随园诗话》)现今许多人写文章，追求所谓的"意境"，不把功夫放在选取"现前实境"上，一味凌空蹈虚地去"生发"，其实是违背意境创造的规律的。

除了努力营建包孕丰富可直观的审美对象，诗人为了让意境含蓄隽永，还在刻画直接审美对象的时候，努力规范出一定的范围、方向、路线，使形象之外，还具有通过联想、想象才能体验到的间接审美对象——"象外之象""景外之景""味外之味"，把自己的感情，通过更深更远的形象画面表现出来。如王之涣的《凉州词》："黄河远上白云间，一片孤城万仞山。羌笛何须怨杨柳，春风不度玉门关。"诗描写了这样一幅图画：征人渡过黄河，来到关外，往前看，山高城小，一片荒寒；往后望，黄河远在天边，家乡更远了。于是，有人用羌笛吹出了哀怨的思乡曲——《折杨柳枝》。诗的后两句，写得特别含蓄："杨柳"在诗里本是乐曲名称的节缩，又暗暗关含着杨柳树的含义；"春风"指的是自然界的风，又暗指皇恩。诗人正是通过含蓄的表达方式，表现出情思的层层推进：《折杨柳枝》——凉州的杨柳——玉门关外无杨柳——玉门关外无春风——玉门关外无君恩，一旦把"君恩"这层意思加到作品里，诗的思想光芒立刻显露出来，诗所暗藏的"征人凄苦"和"皇恩寡薄"也就如在读者眼前，从而构成了苍凉凄怨而又雄浑壮丽的境界。

三是"不隔"。王国维谈意境，还曾提出"不隔"的概念，认为要形成优美的意境，必须做到"不隔"。所谓"不隔"，即表达形象生动，无雕琢、无晦涩，"无矫揉妆束之感"，"语语都在目前"。意境的这个特点也是值得充分重视的。意境的欣赏，必须由文字而"身入其境"。如果形象不生动、表达不自然、语言很晦涩，就会造成读者领略上的隔膜，无法形成感人的意境。有的人认识不到这点，于雕琢晦涩处求意境，甚至认为雕琢晦涩就是意境，恰恰曲解了意境。

现代诗歌注重用变形的拟喻和多指的意象来抒写生活感受，与传统的意境是有区别的，如庞德的《地铁站上》："人群中这些面孔幽灵一般显现/湿漉漉的黑色枝条上的许多花瓣。"意象突兀跳跃，隐喻性地将都市的灰暗与田园的明丽作了多向对比，从而表现了作者独到的生活感受和情怀。

意象的类型多种多样。从内容性质上看，有矛盾性意象、残缺性意象、滑稽性意象、幻觉性意象、非逻辑意象、假具体意象等。从组合方式上看，有情境组合、乖谬组合、平面组合、错综组合等。

情境组合是依据常情常理的组合。如叶芝的《茵纳斯弗利岛》(节选)："我就要动身走了，去茵纳斯弗利岛；/搭起一个小屋子，筑起泥笆房；/支起九行云豆架，一排蜜蜂巢；/独个儿住着，阴影下听蜂群歌唱。"在这节诗中，诗人想象着到茵纳斯弗利岛过隐居生活的情景和乐趣，"小屋子"、"泥笆房"、"云豆架"、"蜜蜂巢"等十分接近的景物组成了一幅清新淡泊、宁静惬意的画面。余以建的《风筝》："一个壮实农民/在小屋门口/为女儿糊着一只风筝/像在抚慰着过去/生活的忧郁和烦躁中/他打在这孩子脸上的指印//背着书包的小姑娘/鸟一样地跳着/出现在屋边的竹林/她困惑地望着/用笨拙的大手/糊着风筝的父亲//此刻，田野上飘着/一朵轻柔的/擦拭着天空的云。"作品是顺承着事件发生的因果关系来展开意象抒写的，从一个侧面表现我国新时期农村发生的深刻变化。这类组合或给人亲切自然之感，或给人新奇别致之感，整体上都符合常情常理。

乖谬组合则是有意违背常情常理的组合，不能依据常情常理去解读它。如北岛的《峭壁上的窗户》："受潮的火柴不再照亮我/狼群穿过那些变成了树的人们/雪堆骤然融化，表盘上/冬天的沉默断断续续/凿穿岩石的并不是纯净的水/炊烟被利斧砍断/笔直地停留在空中。"作品中的意象各自独立，似乎互不关涉，但错位的连接将它们复合为一个意象群。这个意象群因为隐喻了文化、历史、自然和现实种种元素而具有多指性，抒写了作者对社会生活较为复杂却又有着深刻领悟的情感。又如辛笛的《寂寞所自来》："两堵矗立的大墙拦成去处/人似在涧中行走/方生未死之间上覆一线青天/如果有自由给微风吹动真理的论争/空气随时可像电子样予以回响/如今你落难的地方却是垃圾的五色海/惊心触目的只有城市的腐臭和死亡/数落着黑暗的时光在走向黎明/宇宙是庞大的灰色素/你站不开就看不清摸不完全/呼喊落在虚空的沙漠里/你像是打了自己一记空拳。"诗中的这一系列意象，都省去了中介，突兀跳跃，可说互不连贯，但都可以独立存在。作者把它们交错排列，碰撞中便产生了张力效应，从而加强了诗的情感密度。作品揭示了造成寂寞的多种社会生活原因，从而抒写出作者当时的深切感受。

平面组合基本上是由一个意向，在一个层面上展开的。它表达的情感可能比较单一，也可能比较复杂，但都在一个层面、一个意向上，如余光中的《算命瞎子》："凄凉的胡琴拉长了下午，/偏街小巷不见个主顾，/他又抱胡琴向黄昏诉苦，/空走一天只赚到孤独。"这首诗的意象是在平面的时空情境中展开的。又如苏敏的《中年》："像满树将坠的果/收回那闪在空中的奇想/第一次看清了方向/像一池秋水/顽强地塑起波浪/更懂得在波浪中隐藏//像夏季的雷雨/行期匆忙/偶尔因热情才略事张扬//像驱车郊游的主人/处于热闹与清寂的边缘了/记着每次转弯的地方//"这首诗用四个比喻来表现"中年"，表现了颇具哲理内涵的人生感慨，但始终不离"中年"。又如江河的《从这里开始》："土地的每一道裂痕渐渐地/蔓延到我的脸上/皱纹在额头上掀起苦闷的波浪/我的眼睛沉入黑暗/霞光落下/城市和乡村关紧窗/无边无际的原野被搁置着/像民族的智慧和感情一样荒凉/寒冷的气流把我吞没/头颅深处/一层层乌黑的煤慢慢地形成。"作者以流动的情绪来组合意象，再现作者的直觉、幻觉、潜意识，具有比较丰富的心理内容，但诗作的意象群是由"思想的原野荒芜了"这一中心意象联想出来的，作者把它们组合在一起，从不同角度表现了人们在那荒唐岁月里思想受到禁锢的苦闷感。

错综组合，其意绪往往是多元的、立体的、错综的，如顾城的《弧线》：

> 鸟儿在疾风中
> 迅速转向
> 少年去捡拾
> 一枚分币
> 葡萄藤因幻想
> 而延伸的触丝
> 海浪因退缩
> 而耸起的背脊

这空灵的弧线包孕了什么样的情感内容呢？如果说知难而进是一种敢于拼搏的精神，

那么乖巧的鸟儿在疾风中迅速转向的弧线是否表现了知难而退；如果说一枚分币微不足道，那么质朴少年弯腰捡拾的弧线是否表现了一种生活美德；如果说葡萄藤柔软易折，那么因幻想而延伸触丝的弧线是否表现了韧性的追求；如果说海浪澎湃汹涌，那么因退缩而耸起背脊的弧线是否表现了貌似强大的虚张声势。作品中四个意象的组合具有多重性，使人感悟到"弧线"作为自然曲线是美的，但它显示出的社会内容有时是美的，有时却不是美的，有着美的不和谐性和歧义性，从而引导读者在较高的心理审美层次去思索生活和人生。这便是作者在心灵感悟的基础上，用象征性多指意象所抒写的情志内容。依据心理时空的变幻性，有意地将意象错位组合，在间断、突兀与跳跃中形成意蕴深厚的艺术张力，从而表现作者丰富的情感世界。这种意象组合不同于传统的抒情方法。在传统的抒情诗里，意象一般按照生活的逻辑和抒情的顺序连贯起来，形成一个整体的形象。意象组合往往从不同的角度、层面辐射开去，形成一个密集的意象群。意象组合是现代新诗常用的手法。它的好处是便于作者多角度地、立体地表现主观情感和客观事物，增加诗歌的内涵。其缺点是容易带来零散和晦涩的弊病。如果脱离感情表达的需要胡乱去拼凑意象，那就走向了诗的反面。

### 五、诗歌语言的锤炼

进入"寻言"阶段，作者必须用最精美的语言传达诗歌意象。

诗的语言是最精练、最形象、最优美的语言，它应该像水晶体一样通体透亮，没有一点杂质。啰嗦、草率是诗的致命伤，诗歌写作应该字字必争，句句必争，精心推敲，尽可能地做到精练、形象、优美。

诗歌语言又是最为含蓄的语言，它特别讲究弹性词语的选择与锤炼。例如宋祁《玉楼春》中的诗句："绿杨烟外晓寒轻，红杏枝头春意闹。"王国维在《人间词话》中评价道："着一'闹'字，而境界全出。"用"生"字，繁华春意显得不足；用"浓"字，又嫌过实、呆板。只有"闹"字，不仅涵盖了前几字的含义，而且视觉中有了听觉美，给人丰富的想象空间，表现了春意扑人的情景。

诗歌语言的锤炼还要注意诗的音韵美。郭小川在《谈诗》中指出的："音乐性是诗的形式的主要特征。在语言艺术中，诗的音乐性应当是最强的。"诗歌讲究声情并茂、音韵和谐、节奏鲜明，用词遣句不仅要"切意"，而且要有诗式上的"音乐性"。

诗歌的音乐性主要表现在押韵、节奏上。如戴望舒的《雨巷》，它的音乐美主要表现在和谐的韵脚，回环复沓的句式和双声叠韵词的灵活运用上："撑着油纸伞，独自／彷徨在悠长、悠长／又寂寥的雨巷／我希望逢着／一个丁香一样地／结着愁怨的姑娘"……全诗七节，这是第一节。每节六行，每行有两三个音顿；全诗押"唐"（ang）韵，每节有二至四个韵脚，而且"雨巷"、"姑娘"、"芬芳"、"惆怅"、"眼光"等双音节词多次出现在韵脚位置上；另外，首尾诗节的重复，诗节中诗句及词语的反复等等，均造成了特殊的音乐效果。

韵是诗歌语言艺术的一个重要组成部分。在上下诗句相应的位置上出现相同的韵字，通常称之为押韵。中国古代的格律诗，对押韵有严格的规定。新诗押韵，则比较自由，可押可不押。但绝大多数的诗人还是押大致相近的韵。新诗可以不押韵，但节奏一定是要讲的。郭沫若曾指出："节奏之于诗是她的外形，也是她的生命。我们可以说没有诗是没有节奏的，没有节奏的便不是诗。"

节奏是诗人情感的一种诗化，在新诗中，没有固定的格式，主要表现为内在情感的流动变化和与之相适应的语调变化。如鲁迅的《雪》：

> 在无边的旷野上，在凛冽的天宇下，闪闪地旋转升腾着的是雨的精魂……
> 是的，那是孤独的雪，是死掉的雨，是雨的精魂。

读起来，有一股感情的内在旋律。它不是外在的韵律，而是内在的情感的旋律。浓郁的诗情，在自然流畅的笔调中流淌，显得蕴藉、深沉、自然。

节奏韵律是诗歌文体的外形。有人问美国当代著名诗人穆尔的诗在特性和风格上是否有什么变化时，他说："我最主要的关注本来是节奏感，此外没有太大的变化。倘若把盘踞在心头的节奏表现成功了我就心满意足了。"[①]由此可见节奏在诗人心目中的地位和意义。

什么是节奏呢？

所谓节奏，是指一连串的声音，通过一定的强弱、高低、长短变化或时间均匀间歇形成的语言秩序感。用中国古代的艺术美学的理论来说，它就是声音的"文"和"采"。它的本质是透过音调的运动变化，而获得一种形式化的时间之美。在汉语诗歌中，节奏具体体现为音顿的规律。这样，诗歌就获得一种开合有致的时间美。汉语古典诗歌一般有严格的节奏规定。新诗一方面由音步的规律性停留形成的音顿时间的规律美，另一方面由诗人的情感起伏的抑扬顿挫而定。

诗歌节奏的精神意蕴、诗句的长短组接、重音的平仄协调、段落创应，都可品味到相应的情韵。比如郑愁予的《错误》：

> 我打江南走过
> 那等在季节里的容颜如莲花的开落
> 东风不来，三月的柳絮不飞
> 你的心如小小的寂寞的城
> 恰若青石的街道向晚
> 跫音不响，三月的春帷不揭
> 你的心是小小的窗扉紧掩
> 我达达的马蹄是美丽的错误
> 我不是归人，是个过客

平和、幽婉而略显轻扬的节奏，读来给人一种清丽而又有些淡泊的伤感。诗歌节奏的妙谛，是呼唤着一对灵秀颖悟的耳朵。

所谓韵律，是指一连串的声音，具有一定的先后一致的反复回应的和谐与变化而形成的声音的秩序感。在诗歌中，韵律也即押韵，是指相同的语音在诗句的一定的位置上，有规律地反复出现。古典诗歌的格律，对押韵要求很严，要按既定平仄结构填写，诗有定句，

---

① 梅瑞安·穆尔：《答复奈莫洛夫提出的问题》，载霍华德·奈莫洛夫编：《诗人谈诗：二十世纪中期美国诗论》，三联书店，1989年版。

句有定字，字有定音。新诗一般求押大致相近的韵，但押韵的密度可掌握。新诗是古典诗歌走向散文化口语化的产物，但散文化口语化的诗句也需要有力的音乐感才使新诗之不失为"诗"。

【例文】

## 再别康桥

### 徐志摩

轻轻的我走了，
　　正如我轻轻的来；
我轻轻的招手，
　　作别西天的云彩。

那河畔的金柳，
　　是夕阳中的新娘；
波光里的艳影，
　　在我的心头荡漾。

软泥上的青荇，
　　油油的在水底招摇；
在康河的柔波里，
　　我甘心做一条水草！

那榆荫下的一潭，
　　不是清泉，是天上虹；
揉碎在浮藻间，
　　沉淀着彩虹似的梦。

寻梦？撑一支长篙，
　　向青草更青处漫溯；
满载一船星辉，
　　在星辉斑斓里放歌。

但我不能放歌，
　　悄悄是别离的笙箫；
夏虫也为我沉默，
　　沉默是今晚的康桥。

悄悄的我走了，

正如我悄悄的来；
我挥一挥衣袖，
不带走一片云彩。

十一月六日中国海上

**【简析】**这是一首传统意义上的借景抒情之作，音韵和谐、意境优美是其突出的特点。作者先一连用了几个"轻轻的"，形成一种优美的抒情节奏，然后借康河的一草一木，反复抒发，再由美好景物而及美好生活，学习中应注意诗人是怎样借景抒情和用韵的。

# 雨 巷

### 戴望舒

撑着油纸伞，独自
彷徨在悠长，悠长
又寂寥的雨巷，
我希望逢着
一个丁香一样地
结着愁怨的姑娘。

她是有
丁香一样的颜色，
丁香一样的芬芳，
丁香一样的忧愁，
在雨中哀怨，
哀怨又彷徨；

她彷徨在这寂寥的雨巷，
撑着油纸伞
像我一样
像我一样地
默默彳亍着，
冷漠、凄清，又惆怅。

她静默地走近
走近，又投出
太息一般的眼光，
她飘过

像梦一般地，

像梦一般地凄婉迷茫。
像梦中飘过
一枝丁香地，
我身旁飘过这女郎；
她静静地远了，远了
到了颓圮的篱墙，
走尽这雨巷。

在雨的哀曲里，
消了她的颜色，
散了她的芬芳，
消散了，甚至她的
太息般的眼光，
丁香般的惆怅。

撑着油纸伞，独自
彷徨在悠长，悠长
又寂寥的雨巷，
我希望飘过
一个丁香一样地
结着愁怨的姑娘。

（选自戴望舒诗集《我底记忆》）

【简析】这也是一首借景抒情之作，但它的"景"是作者心造，而非现实生活之景。诗的中心意象融入了整个意境之中，意象优美，意境也很优美。诗人抓住中心意象反复咏叹并不觉累赘，"度"控制得好。音节参差不一、富于变化而又不流于琐碎。

## 致橡树

### 舒婷

我如果爱你——
绝不像攀援的凌霄花，
借你的高枝炫耀自己；
我如果爱你——
绝不学痴情的鸟儿，
为绿荫重复单纯的歌曲；
也不只像泉源，
常年送来清凉的慰藉；
也不止像险峰，

增加你的高度，衬托你的威仪。

甚至日光。

甚至春雨。

不，这些都还不够！

我必须是你近旁的一株木棉，

作为树的形象和你站在一起。

根，紧握在地下，

叶，相触在云里。

每一阵风过，

我们都互相致意，

但没有人

听懂我们的言语。

你有你的铜枝铁杆，

像刀，像剑，

也像戟；

我有我红硕的花朵，

像沉重的叹息，

又像英勇的火炬。

我们分担寒潮、风雷、霹雳；

我们共享雾霭、流岚、虹霓，

仿佛永远分离，

却又终身相依。

这才是伟大的爱情；

坚贞就在这里：

爱——

不仅爱你伟岸的身躯，

也爱你坚持的位置，足下的土地。

【简析】这是一首意象诗，诗作没有生活场景直接的、客观的描摹，而是以内心独白的方式，通过"橡树"和"木棉"两个意象，对平等、真诚的爱情发出了由衷的赞美。透过诗人的赞美，我们还可以看到诗人对自私、狭隘、庸俗的人际关系的鄙视，对平等、互爱、真诚的人际关系的追求。诗作首先一连用了六个否定句，表现了自己对爱情的理解，否定中有变化、有保留、有层递。接下来的抒发，作者巧妙借用木棉和橡树两个中心意象，从正面表现男性之美与女性之美；在具体描绘这两个形象时，作者运用了意象叠加和通感的手法，比喻密集而新颖，风格温柔而典雅。

# 致大海

## 普希金

再见了，奔放不羁的元素！
你碧蓝的波浪在我面前
最后一次地翻腾起伏
你的高傲的美闪闪耀眼。

像是友人的哀伤的怨诉，
像是他分手时的声声召唤，
你忧郁的喧响，你的急呼，
最后一次在我耳边回旋。

我的心灵所向往的地方！
多少次在你的岸边漫步，
我独自静静地沉思，彷徨，
为夙愿难偿而满怀愁苦！①

我多么爱你的余音缭绕，
那低沉的音调，深渊之声，
还有你黄昏时分的寂寥，
和你那变幻莫测的激情。

打鱼人的温顺的风帆，
全凭着你的意旨保护，
大胆地掠过你波涛的峰峦，
而当你怒气冲冲，难以制服，
就会沉没多少渔船。

啊，我怎能抛开不顾
你孤寂的岿然不动的海岸，
我满怀欣喜向你祝福：
愿我诗情的滚滚巨澜
穿越你的波峰浪谷！②

你期待，你召唤——我却被束缚；
我心灵的挣扎也是枉然；
为那强烈的激情所迷惑，
我只得停留在你的岸边……

惋惜什么呢？如今哪儿是我
热烈向往、无牵无挂的道路？
在你的浩瀚中有一个处所

---

① 普希金一度想从敖德萨偷渡出海，未能实现。
② 写这首诗的前一年，普希金曾请求回彼得堡，遭到拒绝。

能使我沉睡的心灵复苏。
一面峭壁，一座光荣的坟茔……
在那儿，多少珍贵的思念
沉浸在无限凄凉的梦境；
拿破仑就是在那儿长眠。①
他在那儿的苦难中安息。
紧跟他身后，另一个天才，
像滚滚雷霆，离我们飞驰而去，
我们思想的另一个主宰。②
他长逝了，自由失声哭泣，
他给世界留下了自己的桂冠。
汹涌奔腾吧，掀起狂风暴雨：
大海啊，他生前曾把你礼赞！
你的形象在他身上体现，
他身上凝结着你的精神，
像你一样，磅礴、忧郁、深远，
像你一样，顽强而又坚韧。
大海啊，世界一片虚空……
现在你要把我引向何处？
人间到处都是相同的命运；
哪儿有幸福，哪儿就有人占有，
不是教育，就是暴君。
再见吧，大海！你的雄伟壮丽，
我将深深地铭记在心；
你那薄暮时分的絮语，
我将久久地久久地聆听。
你的形象充满了我的心坎，
向着丛林和静谧的蛮荒，
我将带走你的岩石，你的港湾，
你的声浪，你的水影波光。

（选自《普希金抒情诗选》）

【简析】《致大海》是对大海的庄严颂歌，对人生命运的深沉感叹，也是对自由的热情礼赞。这首诗1824年写于南高加索，诗人第二次被流放之前。普希金激进的思想以及他那崭露头角的声望，引起了沙皇政府的不安，原想把他流放到西伯利亚，由于他老师的说情，改让他去南方出差（其实是一种变相流放）。由于他生性热爱自由，不愿逢迎敖德萨总

---

① 拿破仑被流放大西洋圣赫勒拿岛，并病死在那里。
② 指拜伦，下两节诗即歌颂拜伦的。

督，又被革职遣送回乡（第二次流放）。南高加索优美的自然景色，哥萨克的风土人情，激发了诗人的浪漫主义诗情，尤其是那壮阔浩渺的大海，更使诗人流连忘返。临别前夕，诗人登上高加索海边的岩石，面对波涛汹涌的大海，想到自己坎坷的经历，想到人们忍受着同样的痛苦，想到葬身于海的英雄……怀古伤今，思绪起伏，他的心像大海一样深沉、激荡，情不自禁地写下了这首诗歌。诗人赞叹大海的壮美：黄昏寂静时，大海温柔、宁静，闪耀着蔚蓝的波涛和娇美的容光，仿佛在忧郁地诉说着心头的哀愁；波涛汹涌时，大海喧腾、激荡、傲岸不羁，仿佛又在召唤着诗人冲出牢笼，奔向自由的远方……他赞美大海广阔的襟怀，惊人的威力，壮丽的景色，也羡慕大海的奔放自由。大海引发了他失去自由的懊丧，也使他缅怀举世震惊的英雄，显赫一时的拿破仑，只能在荒凉的海波上安息，他最钦佩的诗人拜伦，虽然天才卓绝、雄心勃勃，但为他的祖国所不容，最终客死希腊，普希金空有抱负不能施展，拿破仑和拜伦的不幸结局又增添了他前程渺茫、壮志难酬的悲哀。

这首诗气势豪放，意境雄浑，思想深沉，诗人虽然以大海为倾诉对象和中心意象，但在表达方式的运用上更像一首直抒胸臆的诗：语多直露但蕴藉耐读；篇幅不长却写得汪洋恣肆、酣畅淋漓。诗歌是高度凝练的，它"把米酿成酒"，但构思上并不拘谨；虽直抒胸臆，并不流于直白，诗歌创作这些特点，是值得我们细细体会的。

# 豹

## 里尔克

它的目光被那走不完的铁栏
缠得这般疲倦，什么也不能收留。
它好像只有千条的铁栏杆，
千条的铁栏杆后便没有宇宙。
强韧的脚步迈着柔软的步容，
步容在这极小的圈中旋转，
仿佛力之舞围绕着一个中心，
在中心一个伟大的意志昏眩。
只有时眼帘无声地撩起。
于是有一幅图像浸入，
通过四肢紧张的静寂——
在心中化为乌有。

冯至译

【简析】这是奥地利象征主义诗人莱纳·马利亚·里尔克（1875～1926）写的一首著名的诗。他受罗丹的影响，注重对客观事物的仔细观察和精确描绘，诗作具有雕塑性。在这首诗里，诗人借动物园的豹子抒发自己的感慨，豹子象征着诗人，关豹子的铁笼象征着诗人所处的社会。诗虽短，却形象地表现了诗人当时的心境，他觉得空有一肚子才华，在这铁笼般的社会里无处施展，同时也深刻揭示了资本主义社会对人的异化。就抒情手法来看，既是托物言志，也是象征，诗人写豹，仅从"目光"、"脚步"、"眼帘"着手，角度新颖，写法迥异于日常思维，语言富于想象和张力，能化平实为新奇。

# 第七节  推荐书目

陆侃如、冯沅君著:《中国诗史》上、中、下册,人民文学出版社,1956 年版。
冯牧等主编:《谢冕文学评论选》,湖南文艺出版社,1986 年版。
杨匡汉、刘福春编:《中国现代诗论》上、下编,花城出版社,1989 年版。
陈振濂著:《空间诗学导论》,上海文艺出版社,1989 年版。
叶维廉:《中国诗学》,三联书店,1992 年版。
朱光潜:《诗论》,三联书店,1982 年版。
袁可嘉:《论新诗现代化》,三联书店,1988 年版。
於可训:《当代诗学》,湖南人民出版社,2000 年版。
龙泉明、邹建军:《现代诗学》,湖南人民出版社,2000 年版。
胡晓明:《中国诗学之精神》,江西人民出版社,2001 年版。
黄晋凯等主编:《象征主义·意象派》,中国人民大学出版社,1989 年版。
陈圣生著:《现代诗学》,社会科学文献出版社,1998 年版。
肖驰著:《中国诗歌美学》北京大学出版社,1986 年版。
王佐良著:《英国浪漫主义诗歌史》,人民文学出版社,1991 年版。

# 第八节  学习提示与练习

## 一、学习提示

要学会写诗，先要学会读诗。

读诗的面不要太窄，中国古代的诗歌、自"五四"以来的现代汉诗，以及外国的诗，都应有所涉猎。

读诗，不能像读小说那样，泛泛看去；也不能止于句读，粗略懂得点意思。

读诗，背诵之功是必不可少的。出口成诵，含英咀华，日渐浸染，方能领略诗的境界。因此，一个人在年轻时能背诵几十首到几百首诗，是一辈子受益无穷的事。

要提高自己对诗歌艺术的理解，还要涉猎一些诗歌理论著作。

学写诗，宜从新诗入手，从基础入手，入门后再图精进。

## 二、练习

1. 试对比欣赏下面两首歌颂母亲的诗，写一篇赏析文章。

郑敏《金黄的稻束》:"金色的稻束站在/割过的秋天的田里,/我想起无数个疲倦的母亲,/黄昏路上我看见那皱了的美丽的脸,/收获日的满月在/高耸的树巅上,/暮色里,远山/围着我们的心边/没有一个雕像能比这更静默。/肩荷着那伟大的疲倦,你们/在这伸向远远的一片/秋天的田里低首沉思,/静默。静默。历史也不过是/脚下一条流去的小河,/而你们,站在那儿,/将成为人类的一个思想。/"

　　舒婷《呵，母亲》："你苍白的指尖理着我的双鬓/我禁不住像儿时一样/紧紧拉住你的衣襟/呵，母亲/为了留住你渐渐隐去的身影/虽然晨曦已把梦剪成烟缕/我还是久久不敢睁开眼睛//我依旧珍藏着那鲜红的围巾/生怕浣洗会使它/失去你特有的温馨/呵，母亲/岁月的流水不也同样无情/生怕记忆也一样褪色呵/我怎敢轻易打开它的画屏//为了一根刺我曾向你哭喊/如今带着荆冠，我不敢/一声也不敢呻吟//呵，母亲/我常悲哀地仰望你的照片/纵然呼唤能够穿透黄土/我怎敢惊动你的安眠//我还不敢这样陈列爱的祭品/虽然我写了许多支歌/给花、给海、给黎明//呵，母亲/我的甜柔深谧的怀念/不是激流，不是瀑布/是花木掩映中唱不出歌声的枯井//"。

　　2. 试写 1～3 首诗歌，如有可能，在班上开个诗歌朗诵会。

# 第二章 散文

**【教学提示】** 散文是有效提高文字表达能力最重要、最基本的文体，它在文字表达上的情韵化个性化；体式上的灵活多变、不拘一格；以及构思上重细节意蕴的体悟，重人生体验况味的传达，随物赋形，以意驭法，无论叙事、议论还是抒情，都必须有作者感情和性情的浸染，映照着作者自我的风采。内外兼具的文体，能给我们提供比较多方面的训练。中学阶段，同学们已学习不少散文，但很多同学，能写记叙文、议论文，却写不出像样的散文来。教学中应引导学生从记叙文、议论文的框子里跳出来，把散文的特点、散文的构思、散文的笔调、散文的语言、散文常见的类型讲透，并引导学生多读中外散文名家的作品，多写散文随笔。

## 第一节 散文的含义

散文有广义、狭义之分。

在中国，广义的散文是相对骈文、韵文而言，凡是不押韵，不讲骈俪的文章，统称散文。它既包括了文学性比较强的作品，也涵括了实用性的文章，如学术论文。中国古代文学由诗和散文平分天下，散文的领域更为广阔，诸如古代文体中的传、记、议、论、序、跋、启、奏、书，乃至笔记体小说，只要散行无韵，不论文学性的，还是应用性的，都称散文。在西方，广义散文是相对诗歌、戏剧而言的，凡不讲格律，行文如说话的散体文章，不论是艺术性的，还是非艺术性的，都称散文（他们把"小说"也称为散文）。

狭义的散文，指的是与诗歌、小说、戏剧、影视文学并列的一种文学样式，它排除了纯实用性的文章，专指那些带有文学性的散体文章。

在西方，法国 16 世纪人文主义思想家蒙田(1533～1592)创立了一种"Essay 体"，后传入英国，为培根(1561～1626)所发展，称为"Familiar essay"，被译为"家常闲话式的散文"、"絮语散文"，即"随笔"。此后的西方文学辞典大多认为：随笔是一种精雕细琢、微妙深奥的炉边谈话，它把严肃的道德观点、格言警句以及仲裁性言论用圆熟的方式表述出来。随笔不像长篇大论或伦理文章那样严峻、一本正经，读起来必须轻松而又不干瘪，恬淡而不琐碎。再后，随着社会的发展，随笔跳出书斋，衍生出一种纪游、状物、感悟人生的抒情小品，被称为"个人小品"、"正式的小品文"或"非小说性散文"，其特点在于以轻松愉快的口吻讨论日常琐事，表现自我对于社会人生的感悟。在这个基础上，逐渐形成了狭义的散文。

在中国，狭义散文的概念是近代形成的。当时，随着外国文学作品和文学理论的翻译介绍，随着我国文学创作的进一步发展，人们把那些实用性的、学术性的、论理性的文章从散文中划分出去，也就形成了狭义的文学散文的概念。此后，随着散文中一些具体的样式，如杂文、报告文学、传记、回忆录等逐步成熟，人们对文学散文又有了更为狭义的理解；有人甚至认为，只有那些抒情性、艺术性很强的短文，才称得上散文。

我们这里讲的散文，是相对诗歌、小说、戏剧、影视文学而言的，具有一定文学性的短篇文章。

# 第二节　散文的特征

简单地说，散文是一种以情思为元素、以自由感知为方式、以营造韵致情味为重心、以本色语言为基调的文体。它重点是韵致情味的营造和本色语言的把握。① 以此为基点，外表特征可从以下几个方面来理解：

## 一、题材广泛，尤其以写细小、片断、零散的事物见长

散文题材广泛而不拘一格，大至国际国内政治经济文化军事等大事，小至个人的喜怒哀乐之情与细枝末节之事，都是散文写作的材料。

散文题材广泛到无处不在，无时不有，尤其以写细小、片断、零散的事物见长。散文取材贴近日常生活，大凡诗歌、小说、戏剧不便于和不宜于表现的生活内容，如生活中的一段经历、一丝感触、一星冥想、一次奇遇、一次邂逅、一点纠葛、一场梦幻，自然界的一丛草木、一块山石、一朵鲜花、一片雪花、一场风暴、一只飞鸟、一颗流星……无一不是散文写作的材料。

散文之所以在诗歌、小说、戏剧之外有着不可取代的作用，就在于它能撷拾生活中的零星小事、松散片断，别具一种意味。试看下面的文字：

> 这一天，我和别的几位客人在主人家里吃一餐饭，据我统计，席上一共闹了三回事：第一次闹事，是为了争座位。所争的是朝里的位置。这位置的确最好：别的三面都是两人坐一面，朝里可以独坐一面；别的位置都很幽暗，朝里的位置最亮。且在我更有可取之点，我患有羞明的眼疾，不耐对着光源久坐，最喜欢背光而坐。我最初看中这好位置，曾一度占据；但主人立刻将我一把拖开，拖到左边的里面的位置上，硬把我的身体装进椅子里去。这位置最黑暗，又很狭窄，但我只得忍受。因为我知道这位置叫"东北角"，是最大的客位；而今天我是客，别的客人都是主人请来陪我的。主人把我驱逐到"东北"之后，又和别的客人大闹一场：坐下去，拖起来；装进去，逃出来；约莫闹了五分钟，方才坐定，大家"请酒"，"用菜"。
>
> 第二次闹事，是为了灌酒。主人好像是开着义务酿酒厂的，多多益善地劝客人饮酒。他有时用强迫的手段，有时用欺诈的手段。客人中有的把酒杯藏到桌子底下，有的拿了酒杯逃开去。结果有一人被他灌醉，伏在痰盂上呕吐了。主人一面照料他，一面劝别人再饮。好像"做脱"了一人，希望再麻翻几个似的……
>
> 第三次闹事，便是为了吃饭问题。但这与现今世间到处闹着的吃饭问题性质完全相反。这是一方强迫对方吃饭，而对方不肯吃。起初两方都提出理由来互相

---

① 马正平：《高等文体写作训练教程》，人民大学出版社，2002 年版。

辩论；后来是夺饭碗——一方硬要为他添饭，对方决不肯再添；或者一方硬要他吃一满碗，对方硬要减少半碗。粒粒皆辛苦的珍珠一般的白米，在这社会里全失却其价值，几乎变成狗子也不要吃的东西了……我负责地吃了两碗米饭，虽然没有受主人责备，但把胃吃坏了，积滞了。因为我是席上第一个吃饭的人，主人命一仆人站在我身边，伺候添饭。这仆人大概受过主人的训练，伺候异常忠实：当我吃到半碗饭的时候他就开始鞠躬如也地立在我近旁，监督我的一举一动，注视我的饭碗，静候我的吃完，待我吃剩三分之一的时候，他站立更近，督视更严，他的手跃跃欲试地想来夺我的饭碗。在这样的监督之下，我吃饭不得不快。吃到还剩两三口的时候，他的手早已搭在我的饭碗边上……

（丰子恺《作客者言》）

这一段有关日常生活琐事的描写，在小说中我们或许也能读到，但它在小说中绝不可能成为作家表现的重点、中心。而散文却能把它和它的意味集中而突出地表现出来，让读者慢慢去品味。

散文擅长的，就是以真诚的心，抒写自己生活中的所见所闻所感，它最真切、最可言说的，便是日常生活的常态和变异，并从它的常态和变异中看到时代的折光和社会的影像。如果把生活比作大海，那么散文更多时候写的是大海的一个浪花、一条水草、一个贝壳，甚至于一滴水。它取的是零星、碎散的题材，从零星、碎散处去折射时代的风貌，体味生活的滋味；于细微之处见精神，给人以美的享受和智慧的启迪。

## 二、写真人、真事、真景、真物、真情

散文尚真忌伪，排斥虚构，所写多为真人、真事、真景、真物、真情。

散文之所以在诗歌、小说、戏剧之外有其存在的价值，就在于它能提供其他文学样式所不可代替的真实生活层面，给人启迪与滋养。它记人记事，大多真有其人其事；它记游写景状物，必须切时切境不能作假。抒情散文有时也借托虚拟的景物来抒情，但其情一定真实，绝无矫饰。散文内容的真实性，是散文产生特殊魅力的一个重要因素。这种"写实性"，使它充盈着一种真实的感染力，否则，就会失去它应有的魅力。试看下面一篇小散文：

## 十五岁，我差点做了小丈夫

倘若十五岁那年我答应了那场滑稽的婚事，而今我必定在而立之年会拥有二到三个婷婷玉立的小姐或壮壮实实的公子了。

那年，我落榜回乡，当了个小农民。母亲说，当农民好，日子过得平安。我不甘心。我开始复习功课。15岁那年我参加了高考。母亲见难以拴住我离乡之心，就变着法儿，使了一个妙招。

一个太阳高照的早晨，母亲说："吾儿，你去趟姨家。"我嗡声嗡气地问："去做什么？""你去一趟，姨想见你哩。"母亲递给我一篮礼物，匆匆赶我上路。到姨家吃过早饭后，姨将我引进表姐房中，大我五岁的漂亮表姐正望着我，脸羞红羞红

的。姨说:"你不嫌弃,就娶了她,亲上添亲。"

　　如雷轰顶!原来母亲和姨早有预谋。表姐期盼地望着我。只要我一点头表姐就会狠狠搂住我打转转儿。说实话儿,我和表姐情同手足,儿时共桌读过书,小时也一起玩过"花轿娶亲",后来表姐也一直对我情真意切。可是,我怕做她的小丈夫。我嗫嚅地对姨说:"四年后再……说吧。"

　　四年后我大学毕业,分配在表姐所在的水边小镇教书。表姐趁一个墟日又来找我:"四年到了,我们办了事儿吧。"我已忘记了那事。我问表姐:"办什么事儿?"表姐的脸"唰"地红了。我意识到那事,也脸红如炭火。最后我冷静地对表姐说:"我们是永远……不可能的。"表姐哭着捂住脸跑远了。

　　后来,表姐嫁给了一个复员兵。出嫁那天她点名要我去送亲。我去了。当我和舅舅从她男家屋里告别出来走到门口时,表姐嚎哭着冲出新房,一路向我们追来……

　　如今,表姐膝下已有三女,愿表姐的三个小天使不再重复我们的故事。

　　这篇小散文,行文虽然朴实,读后仍给我们留下了印象,但如果告诉你,这篇散文完全是作者编的,根本就没有那么回事,你的感觉又如何呢?

　　散文之所以感人至深,就在于它的真实性,如果作者写作时过于夸大虚构,作品的感染力也就失之大半。

## 三、浸透着作者的个性与情感

　　散文贵"写实",但这种真实性,又不同于新闻的真实性,作者执笔行文总是浸透着自己的个性与情感。我国现代作家梁遇春在《小品文选·序》中曾指出:"小品文的妙处也全在于我们能够从一个具有美好的性格的作者眼睛里去看一看人生。"美国散文小品作家斯密兹在其所著的《小品文作法论》一文中也曾指出:"小品文作家的妙处,便是在于以自我为中心,不断地提起他本身。"

　　散文是一种最需要真情真性的文体,散文中时时有一个"自我"在,它抒发的是"自我"的真情,映照的是"真我"的风采,显示的是"我"眼中的世界或人生。但散文的自我、真我,不是划地为牢私欲泛滥的自我,而是披着时代风尘走入生活深处的"真我"、"自我"。这样的"真我"、"自我",应该有着美好的人格修养,能体悟和肩负起历史所赋予的责任感和使命感,能成为伴随读者前行的人生伴侣和净友。散文是真情真性自由自在的生息和无拘无束的抒发。散文不论叙写何种客观事物,必有真我的情思一以贯之;尽管在表现上有深浅强弱隐显的差别,却绝无枯竭干涩的时候。试看那些古今传诵的名篇,如诸葛亮的《出师表》、李密的《陈情表》、韩愈的《进学解》、柳宗元的《永州八记》、范仲淹的《岳阳楼记》、欧阳修的《醉翁亭记》、王安石的《答司马谏议书》、苏轼的《前赤壁赋》、鲁迅的《秋夜》、朱自清的《背影》、老舍的《想北平》、巴金的《爱尔克的灯光》等等,它们感人的内核,无不是真情饱满,顾盼有神,突出地显示了自我的人格,"我"眼中的世界或人生。

　　有人说散文是"情种"的艺术,可谓一语破的,说到了散文艺术特质的要义上。散文是一种重在抒发作家自己所见所闻所感的文体,作者从生活中撷拾种种人生片断、零星细节报告给读者,同时也将自己的真情真性熔铸于其中。读鲁迅的散文,我们至今能感触到一颗坚韧战斗、痛苦求索、忧愤深广的心；读徐志摩的散文，作者那天真、坦率的个性宛如就在眼前；读朱自清的散文，我们随时能感受作者的善良、纯正、沉思和隐忧；读梁遇春的散文，分明又可以看到一位看穿人生却不悲观厌世的青年在倾诉着他对人生的种种奇思妙想。由于散文写真，它一般都是取第一人称"我"的角度叙写内容、抒发感情，而且这个"我"就是作者自己，作者个人品第的高下直接影响散文品第的高下。这种身为其人的第一人称的选择，不仅是为了行文的方便，更主要的是为了更好地造成内容真实、感情真诚的效果。作为以真实、真诚为准的文体，如果"我"非我，"是花还似非花"，就难免产生隔靴搔痒的弊病。

### 四、写法自由，不拘一格

在各种文学体裁中，散文是最为自由的一种文体，它不像小说创作必须有中心人物、情节结构，也不像诗歌创作那样要求高度的精练含蓄，以及节奏韵律。它随物赋形，以意驭法，体式灵活多变、不拘一格，体无定型、型无定式，最少形式约束。它的题材无所不包，只要有所见有所感，都可以借方寸之感思，抒一时之情怀；它的写法相当自由，可以有具体描写，也可以有抽象议论，可以直抒胸臆，也可以借景抒情、托物言志，其形式的采用完全是由文而定，由人而异，有着充分的自由。

20 世纪 60 年代，我国有人用"形散神不散"来概括散文写作上的特点，得到了广泛的赞同，并在相当长的一段时间内被人们视为散文的普遍规律性命题，以至于几乎所有谈散文特征的专著、教材或论文，都言必称"形散神不散"。多年之后，人们觉得这种概括还有些狭隘，又提出了"形敛神聚"、"形散神也散"等命题，以强调散文随物赋形、以意驭法、不拘一格的文体特征。

现在，我们一般倾向于认为，它是自由心灵的自由感知、自然表达。

由于散文写作自由，没有任何绳规尺矩的痕迹，它呈现为一派天然自然之美。人们在构思中，往往追求这种神韵。取材时，多取零散的片断、细节，不太注重完整的过程；即或遇到比较完整的材料，也有意加以切割，不让它显得过于严整；作者围绕主旨选材时，有时甚至也有意地作一些旁逸，让它枝枝丫丫向四周生长开去。作者构思之后，行文用笔，大多通过情感意绪，将种种材料组织起来；有时也用到其他线索，但一定要将情感渗透其中，没有情感的渗透流走，散文既"散"不起来，也没有散文的神韵。

### 五、语言精美自然，别具韵味

散文有散文的笔调和语言。散文的笔调与语言既是散文重要的文体标志，也是构成散文特殊魅力的一个重要因素。

散文的语言，和诗歌比较起来，多了几分"清淡与自然"；和小说比较起来，多了几分"浓密和雕饰"。好的散文，它的句式总是灵活的，参差变化的，没有一味铺陈的呆板句式，也没有"因为所以"、"由此可见"之类的理性推导，它总是随着自己情感、意绪流走，显得灵动而富于活力。

散文的语言纯净自然，极富作者情韵和个性，具有独特美感。作为文学的第一要素的语言，对散文来说更具极为重要的意义。在小说、戏剧的情节发展过程中，偶尔出现一二冗句，以至平板的段落、章节，不足为奇；就是那些经典名著，要挑出一些语言上的毛病，也不太费力。散文却容不得不称其意不得其体的冗词繁句，即或偶尔一二处，也立见其瑕疵，破坏了整体的散文之美。小说、戏剧好比一座大山，山上某一隅有一点毛病无损于大山的壮观，而散文就好像大山上的草木沙石，一点小小的毛病，就足以影响它的外观。

散文也像诗歌创作那样讲究字句的推敲，有时几个字词一用，神韵立见，韵味无穷；它的语言风格往往是读者品评散文的一个重要内容，但无论何种风格，无论怎样苦心地推敲，都必须纯净自然，出于天籁。

散文具有娓娓而诉的谈话风，它是作者与读者一种推心置腹的交谈，是作者发自内心的一种极平易极自然的倾诉。散文的语言，不像小说那样受制于笔下的人物，也不像诗歌那样受制于节奏、韵律，它很自由，作者可以用自己的姿态、声音、风格说话。读散文，常常会感到，作者好像在同知己倾诉，好像在自言自语……他说得很真切，很痴情，好像除了他急于倾诉的东西，一切都忘怀了，读起来既觉得亲切、自然，又别具一番滋味。

散文的语言重情思而忌滞实，它不是纯客观的再现，而是主观的抒发，重印象式的描述。我国现代散文家徐蔚南在《俉偬·序》中曾指出："小品文最重要的一点是印象的抒写"，"呆板板地说明对象的文章，是死的，不论你写得怎样美丽漂亮，至多不过像纸扎的花；至于跳荡地写出那印象来的文字，是活的……如果写得好，那真是合（和）又芬芳，又妍美，像自然的山野里的蔷薇花一样。"

散文的语言，具有双重的功能：一方面，它传达作者所要传达的内容；另一方面，它要与读者进行人格上的交流，传达出作者的人格和精神面貌。散文作者执笔行文时，无论记人写事、写景状物、说理抒情，总是从自己的感受出发，写的总是自己"眼中"的事，有时侧重他人，也时常不忘述说自己，把自己要写的事物、道理写真、写活，写出滋味和情韵。散文作为负载人生体验况味的一种文体，它的字里行间涌现出来的是属于作者个人的情韵情趣。读一篇小说，小说的文字主要把读者引向人物、故事；读一篇诗歌，诗歌的语言主要把读者引向作者抒发的情感，其间虽然也能领略到作者的个性、气质，但这些不是主要的，大多数情况下是深藏不露的；读一篇散文，感觉就不一样了，作家的气质、个性、才情、修养常常扑面而来，跃跃涌现，作者执笔行文，不但告诉读者一些事情，叙说一些道理，而且，捎带着文字，伴随着语气语调，作者的人格、精神也呈现在读者的面前。

散文作为一种负载人生体验况味的文体，由于个人性格、气质、修养和审美趣味的不同，散文语言又呈纷繁不一的感情色调，有的峭利冷峻，有的冲淡平和，有的典雅瑰丽，有的朴实清秀，有的雄浑刚劲，有的潇洒俊逸，有的空灵温婉，有的娟秀纤巧，有的充满乡野之气，有的洋溢都市风情，或庄或谐，不一而足。总而言之，都无不带有一种人生体验和个人的价值取向、生命评价、审美尺度。而这，正是散文语言精彩动人的精神内核。所谓散文笔调，就是这样一种掺和着作者个人人生经验，融情、事、理于一体的语言色调，这种语言与小说的叙事语言大不相同，它往往叙议结合，叙述而兼描写，情绪浸染理绪，侃侃而谈，苦心孤诣而不露斧凿痕迹，营造出特有的一种情致韵味。

# 第三节　散文的种类

## 一、记叙散文、抒情散文与议论散文

这是依据散文内容的侧重点而划分的。

（一）抒情散文

抒情散文是侧重于作者主观情感抒发的散文。它的突出特点是即事抒情、借景抒情或托物言志。抒情散文是以作家情感为结构线索，把所反映的生活内容联结成一个艺术整体。在托物言志、寄情于景的散文中，最爱用某一物体作为线索，借物以勾连线索。又有两种情况：一种是"物"侧重作为线索而出现的，如秦牧的《土地》，作者说古道今，贯通中西，联想丰富，涉及面广，但所有材料都由"土地"这一事物贯穿起来，说明劳动人民对土地的深厚感情。文章从"土地"开始，以"土地"终篇，井井有条，至于"土地"本身，则没有其他的什么寓托意义。另一种是"物"不仅作为线索，而且也是作为思想感情的寄托点，常常具有某种象征或寓意，如西班牙作家麦斯特勒思的《夜莺》。作者由"夜莺"的爱情追求而思及人生，应当像那只痴情的"夜莺"一样为着自己的目标苦苦追索。这里的"夜莺"，是饱含着作者主观感情的浓汁，体现着人类社会的某种精神和品质的人格化、诗意化了的"物"。其他如茅盾《白杨礼赞》中的"白杨"、杨朔《荔枝蜜》里的"小蜜蜂"、日本作家德富芦花《芦花》中的"芦花"、苏联作家高尔基《海燕》里的"海燕"等，莫不如此。

抒情散文所写的客观事物都染上了作者的感情色彩，艺术形象具有象征性、比拟性，诗情画意很浓，艺术韵味十足。抒情散文又常常被称为"美文"，对语言文字美的追求亦是抒情散文一个显著特点。

依据作者的抒情方式，有直抒胸臆、即事抒情、借景抒情（又作即景抒情）、托物言志等多种形式。

直抒胸臆的散文往往将内心强烈的感情依附于事物的简要描述，把内心的情感不加掩饰地倾泻出来。它重"情"不重"事"，叙事完全是为了抒情。因而，它的叙事总是零星的、片断的、抒情性的、夹叙夹议性的。

失去依托的感情倾吐，最易变成无病呻吟的干嚎、飘浮不定的宣泄。因此，善于直抒胸臆的作者，总是将感情具象化，以生动感人的物象或意象以及形象鲜明极富画面感的语言，使感情变得可触可摸，可亲可近，因而使读者与所抒之情自然而然地产生同振、共鸣。如三毛的《什么都快乐》，一气直抒了二十一个"不亦乐乎"，分别附丽于二十一个生活小镜头、人生小剪影，事涉个人身体锻炼、娱乐、习字、待人、交友、居家等等逗人一乐的情态，每一情态里都跳荡着一颗真诚坦率的心，闪烁着幽默机智的巧慧之光，是直抒胸臆的佳构。

即事抒情的散文，抒情不像直抒胸臆那样直露，抒情主要依托于叙事，叙事完全是为了抒情。其抒情可显可隐，其叙事可整可散。文章的审美价值主要体现在作者感情的抒发上，如朱自清的《背影》，巴金的《爱尔克的灯光》，苏叶的《车辚辚马萧萧》，当是即事抒情的显例。

借景抒情和托物言志的散文，是抒情散文里的赫赫大族，它们都以景物作为抒情言志的载体，而各异其趣：①借景抒情文重在抒发一种感情，以情动人，使读者从情绪感染悟出一点情志，思想教化的功能较弱；托物言志文重在寄托一种心志，这心志，可以是志意、志向、德性，或者是怀抱、理想、信念等等，思想教化的功能较重，当然这种教化功能浸透了作者的感情。②借景抒情文里的"景"，一般是自然景致，有"物物皆着我之色"的"有我之景"，有情潜其中不露痕迹的"无我之景"。但不论何种形态，也不论作者赋予景物怎样的情韵、情致或情思，景物仍然是那个景物，绝不会被人联想到别的什么东西上去；托物言志里的"物"，通常是某一单一物体，从表层意义看，咏此物必是此物，一切属性、特征均为此物所固有，但从深层意蕴看，此物又并非此物，而与某一相似的社会相即人情世态深刻相通，使读者从物的此一端看到暗藏其中的彼一端更广大深沉的世界。试比较一下托物言志的《爱莲说》（周敦颐）与借景抒情的《荷塘月色》（朱自清）两篇名作里的"莲"所产生的不同审美效应，就不难明了同一景物在两种不同的抒情散文里的不同旨趣。

借景抒情的散文，它所描绘的客观事物染上了作者的感情色彩，相对于记述风物的游记散文，前者重在主观抒发，后者重在生动再现；前者不一定从游踪中取材，后者常带有自己的游踪。借景抒情散文里情景有多种契合关系，一是乐景乐情，二是哀景哀情，三是乐景哀情，四是哀景乐情。前两种较为多见，在这种顺向的对位契合中，景与情互为映照，相向交感，形成一股合力冲击读者心扉，令人面对哀景细味作者哀情，面对乐景同享作者乐情。在后两种关系里，情与景是一种逆向的错位契合，因错位而生冲突，因冲突而形成一股艺术张力扣人心弦。这种矛盾的统一，错位中的对位，比顺向的契合，其感情更显得曲折幽深复杂，也更适合表现特殊境遇下的复杂心态，令人倍增其哀乐。

托物言志散文又可称为象征散文。它常用的手法是比兴，用今天的话说是象征。象征就是"用小事物来暗示大事物"（浜田正秀语），在物与志之间搭起沟通的桥梁，使读者眼观所托之物，心向欲言未言之志，由具体的个别景物，领悟到它所暗示的远远大于它本身的普遍性意义。象征像一根魔杖，可给世间万事万物以至于人的自身都赋予一种象征意蕴。人们习用的象征物是自然界的山石江海、草木虫鱼、飞禽走兽、奇花异果等，单一而生动，据此而成的象征散文其象征意蕴也易于被人挖掘和接受。"五四"新文化运动以来，由于受西方象征主义文学的影响，象征散文的象征物也扩大到整个人类社会以及梦幻、错觉等精神世界，有些象征散文营造出一种混沌迷离的象征世界，显得特别的幽深。像茅盾的《沙滩上的脚迹》、《叩门》等就是这一类象征散文的名篇。

严格地说，现代意义上的象征散文，与传统意义上的"托物言志"，还是有比较大的区别的。"托物言志"的散文，其寓托往往是单义的、明确的，更重其教化功能，具有古代"比德说"的痕迹。现代意义上的象征散文，往往是多义的、含蓄的，可作多方面的理解，更重其审美愉悦功能，因此也更少模式，更耐人寻味。写"托物言志"或"象征"散文，最忌简单的比附和抽象的说教，不能抽去象征体和所托之物的个性特点，让它成为一个单纯的概念载体。

（二）记叙散文

凡侧重于记叙客观事物的散文，称记叙散文。这类散文以叙述、描写为主要表达方式，有较强的客观纪实性。

记叙散文除了有较强的客观纪实性和审美价值，有的还具有文献价值，如鲁迅的《藤野先生》，张中行的《红楼点滴》，许广平的《最后的一天》，余秋雨的《风雨天一阁》等。

细分，记叙散文又有记人、记事、记游之别：

记人散文以零星的生活片断和细节来表现人物的思想风貌，不虚构，也不以事件冲突构成故事情节来刻画人物。可记一人，也可记多人；可记人的一生大略，也可记人的一二片断；可记全人，也可记人的某一侧影、某一性格、某一特长。主要摘取人生历程的片断、细节，经过巧妙的艺术构思，以细节、片断观照人的一生或某一侧面，以少胜多，以小见大。

散文写人注重点染和勾勒，讲究用少量的笔墨刻画出人物的神采，表现出人物的性格特征。如鲁迅的《范爱农》，用精练传神的白描，刻画范爱农的外貌、言谈、举止，表现人物性格，使一位朴实、平凡、正直、耿介、孤独而又软弱无力，渴望革命，追求进步，不愿与旧势力同流合污却最终被吞噬的知识分子形象跃然纸上。

记事为主的散文，不集中写某个人，所涉及的人物比较零星，主要通过事件来表达题旨，抒发作者的思想感情。它记的事件真实，事件可大可小，不一定是新闻题材，也不一定叙述事件的全过程。不以冲突贯穿始终，不求构成情节模式。

散文叙事不在乎情节与过程的完整，而是截取生活中的有意味的片断，以寄托作者的情意为主。如丰子恺的《梦痕》，叙写童年琐事：从家人围坐做米粉包子到自己吵闹着又吃又玩，到印米粉菩萨而跌伤额角；从玩蜈蚣、耍大蛇、结辫子的"恶戏"，到做蚕豆水龙、豆梗笛，以及烛油浇塑、芋薯印版等"玩艺"。作者借助于生动活泼的描写和机智幽默的笔调，随意点染平常琐事，字里行间充满了天真烂漫的童年生活的意趣，耐咀嚼，耐品味。

叙事散文中的写人，更带片断性。有的事牵人走，事转人换；有的甚至才露面就悄然退去，人们只瞥见他的一颦一笑，听到他的只言片语；有的是群体人物或群体的代表；有的叙事则不叙人，人在叙事中隐隐可见。

记游散文往往通过描叙山川景色、名胜古迹、异域风情、祖国新貌和介绍有关历史、地理、民俗、建设成就等方面的情况，或通过描述日常生活中某一物事，来抒发自己的思想感情，它的题材有一定的新闻性，但不从新闻的角度着眼，往往从审美的角度来处理材料，有别于概貌通讯。一篇地道的游记有四个明显的标志。首先，必有游踪的明确交代与贯通；其次，注重对山川景物作移步换形或多种角度的描写；再次，所描写的景物并非纯自然的"照相"，必渗入作者的感情、折射作者的心境与审美眼光，或者成为抒发观感的依托与凭借；其四，许多游记写景状物，往往还融入了有关历史文化背景和传闻典故等。

只有山川景物而无游踪的，一般称为山水记或亭台记、风物记。

记游和记风物散文，写景真实细腻，写景状物是作者的大半功夫。但作者在景物的取舍及景物特征的刻画描写上，并非是纯客观的，而重在传达出景物的丰姿韵味，借景物抒写情怀。如唐代柳宗元的山水游记散文，特别是"永州八记"，描写的大都是奇异美丽却遭人忽视、为世所弃的自然山水：怪特、独立、不与培塿为类的西山；突怒偃蹇、负土而出的奇石；竹树环合、寂寥无人、凄神寒骨、悄怆幽邃的小石潭。作者选取这些深奥幽美的小景物，经过一丝不苟的精心刻画，展现出高于自然原型的艺术之美，"漱涤万物，牢笼百态"，借以安顿自己悲哀苦闷的灵魂，并从中获得些许凄美的愉悦。含蓄蕴藉，意味深长。

游记散文从魏晋发轫，到柳宗元以《永州八记》彪炳文坛，铸造出第一座游记丰碑，经宋代古文家再造辉煌，以及元明清几代人的努力，成为古代散文中卓然特立的一朵奇葩。近代游记中的海外通信一类又为之一变，它把审美探奇的目光投向海外，把异域风光、风土人情、政治文化及时地报告给读者，在中国近代史上曾起过非常重要的作用。现代游记散文对古代游记进行了多方面的改造，又承继了它圆熟的艺术技巧，在郁达夫、朱自清等人的精心创造下，游记焕发出新的光彩。进入当代，20世纪60年代前后游记也曾产生不少轰动一时的作品，诸如《长江三日》《古战场春晓》《香山红叶》等，但浮泛之作也不少，以至有人认为当代游记散文一度被弄到俗不可耐、不忍卒读的境地。进入80年代中期，特别是近些年来，游记散文又为之一变，将文化思考、历史沉积融入观游之中，开拓出更为深厚的人文景观，融入更多的奇思妙想，注入更强烈的个人特质。余秋雨结集于《文化苦旅》中的一些游记，如《这里真安静》《莫高窟》《柳侯祠》《都江堰》等，即这类作品。

状物的散文，重在体物。和托物言志的散文比较起来，它更侧重于表现物。

（三）议论散文

凡侧重于以形象的议论表现作者思想情趣的散文，称议论散文。

议论散文实际上是散文中赫赫一族。例如中国古代先秦、唐宋散文，以及"五四"运动时期至20世纪30年代的散文，占很大比重的就是议论散文。蒙田、培根、兰姆的散文，占很大比重的也是议论散文。只是因为中学语文课本中所收这类散文较少，许多人谈散文仅侧重于抒情散文，人们对议论的散文的重视反而不够。

议论散文一般以事理为线索，但其论理并不像纯粹的议论文那样拴在严格的逻辑联系上，具有情感的理趣的美感。如秦牧的议论散文《象和蚁的童话》，文中所述之理是"力量小而拼全力工作的人在某一点上甚至比力量大而并没有发挥尽致的人还要伟大"，这在艺术实践中尤其如此。文章以此理为线索，将自己的思想层层展开，先说了"象和蚁的童话"，接着又征引契诃夫的话，然后引申出文章之理，再把它应用到艺术实践中，阐明艺术繁荣应靠大家的共同参与。显然，文中使用的这些材料，靠"事理"这条线索把它们横穿起来，但这种线索是以理趣维系的。

议论散文或是重在知识，如秦牧的《艺海拾贝》；或重在人生的感想、哲理，给人的是一种思想的启迪、智慧的愉悦，除了美学价值，它的文化意味非常浓，尤其是在历史转折的重要时期，这类散文更具文化启蒙意义。

理趣是议论散文最突出的特色。理趣首先必须有理，其次必须有"趣"。理因宣导观念、信仰、认识而显出；但是，这种宣导，必然借助一定的形象，或谈天说地，或道古论今，或联类生发，或远近取譬。总之，文章里不能没有令人可触可摸的具体生动的客观实体。在借助形象宣导的过程中，又必然打开感情的闸门，对所议的形象注入饱满的情愫，或爱或憎，或迷茫或明朗，或隐或显，但无论何种情况，形象宣导到哪里，感情就要冲激浸润到哪里。只有这样，才能产生有艺术生命力的理趣；如果只有思绪的宣导，没有形象，没有感情，就很可能滑入严肃抽象的议论文一途，失去议论散文的理趣之美。

议论散文不像议论文那样讲究严密的无懈可击的逻辑推理，也不像杂文那样重在政治干预和讲究幽默讽刺，它往往以一种夹叙夹议的方式，具体真切地叙事言理，并伴随着生动形象的勾勒，灌注着真挚流动的感情，将叙事、描摹、说理、抒情熔于一炉，作者谈天说地，说古道今，联类生发，远近取譬，总是呈现出一种理趣之美。如丰子恺的《渐》，作者融诗情、哲理、知识于一体，对宇宙人生、万事万物极微、极缓、极不易觉察的形式渐变，引类取比，夹叙夹议，娓娓而谈，不仅谈及对于人事荣枯盛衰的观察和经验，而且还援引了抱犊跳沟的故事以说理抒情，这一新鲜知识的插入，就使文章的夹叙夹议，不仅分外精悍、透彻，而且还富有一种新鲜、隽永的趣味。

写议论性的散文，要出之随意，手到拈来；融会古今，散发开去。要饱含情趣，具有审美感染力；要知识广博，具有独创的见识。这里，看上去是一种"法"，本质上是作者的审美性的情致与智慧。没有审美情致、智慧的随意挥洒，也就很难写好议论散文。

### 二、小品和随笔

这是当代逐渐形成的具有自身美学风貌的散文样式。

"五四"时期所讲的"小品文"，是狭义散文的代称。现在讲的"小品"，指的是那些篇幅非常短小而又富有抒情意味的小散文。

"小品"的特点主要体现在一个"小"字上，其选材立意，并非什么"重头武器"、"重大工程"，但心知其小也不小看它，认认真真地写，认认真真地构思，小巧中更显出自己的性灵，言谈中更注重自己的学识与体验，其语言含蓄隽永，情感美性灵美跃然纸上，颇具文化气息和文化品位。小品表现的往往是一种宁静淡泊的文化心态，给读者的是"一点清凉"、"一点宁静"，一种富有文化气息的健康的"滋润"和"休息"。小品典雅隽永，小巧中见出真性灵，如朱自清的《月朦胧，鸟朦胧，帘卷海棠红》就是这样的作品。

"随笔"在很长一段时期也用来指狭义的散文，只是随着散文创作的发展逐渐演变为散文的一种样式。今天讲的随笔，既有传统随笔如《容斋随笔》等笔记文的影响，更受西方随笔的影响。"五四"以来，随着鲁迅、周作人、林语堂、梁实秋、丰子恺等大家的耕耘，以及当代老中青作家不约而同的努力，才逐步形成了它的文体风格。

依字释义，随笔至少有随时笔录和随意运笔两重含义。柯灵在《当代中国随笔丛书·序言》中曾指出，随笔的特点是"胸襟放达，神形潇洒，饮食男女，生老病死，七情六欲，人生世相，固然在在萦怀；名山大川，远村近廓，清风明月，花鸟虫鱼，不但怡情悦性，兼可格物致知；遐思玄想，心会神游，宇宙洪荒，低徊求索，精神世界更是上不着天，下不着地，宽不见边，深不摸底；也不忌议古今，论是非，说文化，侃科学，信笔所致，如悠悠浮云，款款流水，陶然忘机"。

随笔的特点主要体现在一个"随"字上，它没有正襟危坐、一本正经的作文架势，其文思常常如"风吹林响，泉激石鸣"，即兴而生，不求自得；其行文如汩汩山泉，顺势而下，意到笔随；其题材可大可小，其篇幅可长可短，完全发乎自然。但随笔看似随意，实则费心，它往往从书本和生活中随处得题，信手拈来，借题生发。它的视野比较开阔，谈天说地中传达出深刻独到的人生体验，左右逢源中表现出渊博的知识，它的思路不拘泥于一点静止不动，而是如行云流水般通达酣畅。

"小品"、"随笔"并非全属文学。像科学小品、历史小品、时事小品、讽刺小品、思想随笔、教育随笔、科学随笔、文艺随笔、美学随笔等，并非都能归属于文学名下。作为文学文体的小品、随笔，也并非全属议论一类，只是议论一类显得更活跃一些。

本章我们不打算专论"小品"、"随笔"的写作，而把它放到记叙散文、抒情散文、议论散文中一起讲，主要考虑到以下三个方面的原因：(1)小品、随笔由来就被视为散文之一种，有时甚至相互代称，是否真正能从散文中分化出来独立门户，还尚待时日，需要接受实践的进一步检验。(2)小品、随笔虽然在创作中逐渐形成了自己的特点，但和我们讲的记叙散文、议论散文、抒情散文并非截然不同，它们还是有着很多的共同之处。收入当代小品系列丛书和随笔系列丛书的作家，几乎异口同声地说，他们写作时，是持比较宽泛的散文观的，并没有去考虑小品、随笔与散文有什么区别。这说明，小品、随笔与散文的写作，在本质上并没有什么不同。比起比较正规的文艺散文，小品、随笔只不过显得更随意一点，或小巧雅致一点。（3）从写作实际考虑，将散文分作小品、随笔、更狭义一点的散文，或将散文分作记叙散文、抒情散文、议论散文，不过是就其侧重点和审美风范而言，写作中实难截然分开，有时更多是相互渗透、相互包容。人为地划出条条框框，反而束手束脚，不若宽泛点，写起来更无拘无束。

## 三、杂文

在相当长一段时间里，杂文一直是议论性散文中的一支劲旅，后来杂文才独立成体。

杂文是从议论散文中逐步发展形成的一种具有鲜明特色的文种，它是"诗"和"政论"的结合，既有政论的性质，又有文艺的特点。

杂文是文学样式中反映生活最直接、最敏锐、最富战斗性的一种样式，它敏锐及时地直面人生，具有政治干预意识。

杂文"论时事不留面子，砭锢弊常取类型"，它对现实生活干预重在批判，目的在于匡正时弊，激浊扬清。它对敌人，是"匕首"，是"投枪"；对人民内部矛盾，是"手术刀"，是"银针"，惩前毖后，治病救人。二者都锋利而具有否定性。杂文的说理，短小灵巧，形象犀利。杂文一般都短小，通常是几百字、一千字解决问题。不是板着面孔长篇大论，而是手法灵活，形式多样。或是说古论今，或是就事论理，或是假托比喻，或是借题发挥，或是辑录评判，或是故意游离而随手一击，或是言在此而意在彼，出奇制胜。

杂文的论理异常犀利，无论隐晦、曲折，都一针见血，不掩其批判的锋芒；杂文论理形象，它要借助形象来阐发深刻的思想，表露强烈的爱憎。

杂文在写作中还形成了寓庄于谐的风格，它往往运用讽刺和幽默，三言两语，就使批判对象原形毕露，让读者哄笑不已，形成一种既谈笑风生而又威风凛凛的美学风格。我国现代杂文是在鲁迅手里成熟起来的，由于杂文所论的多属时事，它也具有新闻性。事实上，在新闻专业中，许多人就把杂文看做新闻评论之一种。

考虑到杂文写作上的这些特点，我们本章不论。

## 四、报告文学

报告文学是融新闻性和文学性于一体的一种文体。它以文学的手法，敏捷、及时地报告当代生活中具有典型意义的真人真事，或带着普遍意义的重大问题。

报告文学要迅速及时地报告当代生活中的人物、事件、问题、现象，毫无疑问，它必须具有新闻性，它要严守新闻的真实性，讲究时效，但报告文学的新闻性不同于一般消息、通讯。它的新闻性主要体现在"当代性"上：（1）报告文学的题材，并不像消息、通讯，限于刚刚发生或正在发生的事情上，它也可以写过去发生的事，但必须是读者应知、欲知而未知的事，如《唐山大地震》《志愿军战俘记事》等。（2）报告文学所取的题材，必须对当代现实生活具有重大的认识价值，提出或回答当前人们普遍关心或迫切需要解决的问题，反映当前时代的风貌或信息，或为当前的现实生活提供重要的参照系。（3）报告文学的新闻性并不完全体现在作者写的人物、事件、现象上，有时候，作者的认识、评价、思考也具有重要的意义。例如，写李四光，有了《地质之光》，还可以有《亚洲大陆的新崛起》；写葛洲坝合龙，有了《望截流》，还可以有《刑天舞干戚》，这就是由于作者的认识、评价也构成了重要的新闻性。

报告文学不仅是"时代的瞭望镜"，"时代的文告"，而且也是人们的审美天地。一般的消息、通讯，如果时效过了，人们就不再读它。但好的报告文学发表若干年后，人们还要一读再读，并不嫌它"过时"。一方面，固然因为它的认识价值、文献价值，另一方面，还由于它的审美价值。

报告文学往往站在时代的高度、政治的立场，从比较宏观的背景来审视当代生活中的重要人物、事件、问题、现象，但它落笔，往往落在具体可感的事物上。它讲究生动、形象地再现生活情景，讲究可触可摸的现场实感，讲究生动的情节和典型细节的描写，讲究人物性格的刻画，讲究艺术构思，讲究采用多种艺术手法，讲究丰富多彩的文学语言，讲究情感的渗透和灌注，这不仅使它获得了生动性、形象性，而且使它的题材获得了一种新质：审美价值。只要比较一下一般的通讯、消息，我们就可以发现，一般的新闻作品，它在报道人物和事件时突出强调的是事件的新闻价值，而报告文学呢，它不仅保持了题材的新闻价值，而且展示了一个内涵丰富的现实世界。作为报道的对象，同时也成了我们审美的对象。

报告文学还具有政论性。塞尔维亚作家卜巴克在《基希及其报告文学》一文中曾指出："在小说里，人生是反映在人物的意识上；在报告文学里，人生却反映在报告者的意识上。"原苏联著名报告文学作家波列伏依在《论报纸的特写》一文中也指出，报告文学不同于其他文学体裁之处，还在于它"含有政论文章和研究性论文的成分"。报告文学的政论性，首先体现在作者的创作意识上。报告文学的作者，往往选取那些政治上重大的事件予以报告。宏观的角度、历史的眼光、史诗般的画卷，传达出时代的最强音。当然，报告文学笔墨所及，也常常写一些"小人物"、"普通的人物"及日常生活中的事件，但作者写这些，无论是褒是贬，是歌颂是抨击，这些事往往与人们的政治生活紧密相关，它或是张扬一种时代精神，以推动时代前进的步伐；或是揭露现实生活中的某些丑陋、落后的东西，为时代前进扫清障碍。报告文学还具有"研究性"，作者写作中，必须对于时局，对于时代发展，对于国情民情有一个总体的把握，然后再把要报告的人物、事件、问题、现象放到时代这个宏观的背景下加以考察，为时代提供某种参照系数——这也是一般消息、通讯所不具备的。由于报告文学的政论性，在表达方面，势必就带有议论、分析、理性成分。但是，它毕竟不是科学论文。它不能脱离新闻事实。它的政论性，大多是由新闻事实来体现的，是新闻事实本身所包含的。同时，它的议论、它的理性精神也要与它的文学性很好地统一、协调起来。

鉴于报告文学的新闻性是它更本质的特征，且一般的大学生也不容易掌握，本书不论。

## 五、传记和回忆录

传记是一种以艺术手法描述历史真实、人物性格与命运的叙事性散文。这种样式在我国有着悠久的历史传统。《史记》中许多优秀的人物传记树立了早期的典范，后代史书中的许多人物传记都具有传记文学的特点，并对我国古代小说艺术的发展产生了深刻的影响。

传记文学要求真实性与文学性的结合，在不违背历史基本面貌的前提下，可进行一些必要的艺术加工，剪裁掉一些非本质的东西，并对某些细节进行合理的补充，从而塑造出真实可信的历史人物。陶承的《我的一家》，丁隆炎记录整理的《在彭总身边》，是我国当代颇具影响的传记文学。也有人把回忆录归属于传记。二者的特点基本相同，不过前者写人物为主，后者叙述事件为主，像《星火燎原》《红旗飘飘》中的许多文章，就属优秀的回忆录。

鉴于传记和回忆录的纪实性是它最基本的特点，我们这里讲散文也不包括它。

## 第四节　中外散文的发展

### 一、中国散文的发展

1. 中国古代散文的雏形，可追溯到甲骨文。中国第一部散文集是《尚书》。中国古代散文的第一个高峰，是先秦时期的历史散文和诸子散文。先秦史家之文，有典美博奥、委婉含蓄的《左传》；文采飞扬、亦文亦史的《战国策》；平实畅达、风格不一的《国语》。先秦诸子之文，有言简意赅、含蓄隽永的《论语》；有至精至密、气盛辞壮的《孟子》；有博大精深、严谨淳厚的《荀子》；有"五千精妙"、韵散结合的《老子》；有"汪洋辟阖、仪态万方"的《庄子》；有讲究逻辑、质而不文的《墨子》；有集法家之大成的《韩非子》；有"瑰玮宏博"的杂家《吕氏春秋》。它们共同构成了先秦时期恢宏博大、气度峥嵘的文化景观。这个时期的散文，无论诸子散文还是历史散文，各有各的思想，各有各的特点，思想深邃，个性张扬，它们凝聚着人类最初的梦想和智慧，蕴藏着民族文化的"遗传基因"和"原型"。它们铺建了民族文化坚实的基石，也是喂养民族文化生命的"母乳"。无论从哪个角度看，都是最优秀的散文，但我们要到一定的程度，才能体会到他们的精妙绝伦。

2. 进入秦汉，主要是两汉，较之先秦散文又有了新的发展。这个时代，产生了雄视百代的史传文学，煌煌大观的政论散文，以及可以与"唐诗""宋词""元曲""明清章回"相提并论的"汉赋"。

史传文学，有司马迁的《史记》和班固的《汉书》。《史记》被誉为"史家之绝唱，无韵之离骚"，它不仅为史书的编撰提供了独创的体例，为文学创作提供了优秀的方法，为以后的文学创作提供了丰富的素材，更重要的是，它为我们提供了一种文化精神，那就是："究天人之际，通古今之变，成一家之言。"司马迁，可称得上是我国古代最为优秀的散文家。

班固的《汉书》，体大思精，典雅富赡，它虽不及《史记》的批判精神，但对我国两千来散文的发展产生过相当大的影响。

李斯的《谏逐客书》，写于秦皇统一中国之前，既保留了纵横家之余风，又开秦汉政论文之先河。

西汉前期的政论散文，以贾谊和晁错为代表。贾谊的文章，洋溢着对国家前途的忧患意识，表现出作为政治家的气魄和史家的睿智，同时充满热情，富于文采，他的《过秦论》《论积贮疏》最为著名，被鲁迅称为"西汉鸿文"。晁错的代表作是《论贵粟疏》。他的政论文比贾谊的文章更为严谨，切合实际，文采和情感则稍逊。西汉时期桓宽的《盐铁论》，也是一部出色的议论文，它从现实问题出发，针砭时弊，颇中要害。东汉后期，又出现了王充的《论衡》，为学术性散文的代表。

汉代文学的主流和正宗是"赋"。"赋"是汉代盛极一时的文学样式，它讲究铺叙、词藻和主客问答的形式，是介于诗与散文之间的一种形式。西汉前期，赋的主要形式是以抒情为主的骚体赋，贾谊是代表作家，他的《鵩鸟赋》《吊屈原赋》，可以说是楚辞体与汉赋之间的一种过渡，其文句，如果除去"兮"字，著本上是四言句，赋的内容，以回答的形式展开，开汉赋问答体的先河。

枚乘的《七发》，标志着汉新体赋正式形成，在多方面奠定了汉赋的基本特征：其一，《七发》在一个虚构框架中以问答体的方式展开，以后大赋多采用这种形式；其二，已脱离楚辞抒情的特征，转化为铺陈写物为中心的散文化文体；其三，出现了"劝百讽一"的现象。

武帝时期是汉赋极盛期。司马相如的《子虚赋》《上林赋》，代表汉代逞辞大赋已经完备。汉代典型的逞辞大赋，最突出的特点是极度的铺陈扬厉，通过大量的连词、排比、对偶，层层渲染，增加了文章的词采。西汉后期，著名的辞赋家是杨雄。他的《甘泉赋》《羽猎赋》，歌颂汉朝的声威和皇帝的功德，又处处模拟司马相如，使辞赋走上了模拟因袭的道路。

东汉时期，还出现了一种以京都为题材的赋，如班固的《两都赋》和张衡的《二京赋》。其主要特点是以都市为描绘中心，比西汉辞赋，更为广泛地反映人类生活的场景、山水、草木、珍宝、城市、宫殿、街衢、商业、服饰、人物等，内容无所不包，无所不容，气魄宏伟，景象壮丽。

东汉中后期，赋发生了重大转变，抒情小赋开始兴起。从内容上说，抒情小赋主要抒发自我的情感和生活理想，或热情，或冷峻，或忧伤，比散体大赋通过虚拟人物表现自己的情感和理想更直率。在表现形式上，首先是篇幅长短的不同。所谓"大"与"小"，主要是就篇幅而言。其次，抒情小赋，在形式上不讲究纵横铺排，在语言上不刻意追求奇崛峭丽，重自然华美。这一时期的代表作家和代表作品，有张衡的《归田赋》、赵壹的《刺世疾邪赋》和蔡邕的《述行赋》。这一时期，《史记》和汉赋，对中国人的写作产生了极大的影响。

3. 魏晋南北朝，是我国文学史上一个发展变化的时期。这一时期，人们对文学的价值逐渐重视，文学的观念也逐渐明确，他们将朴素的实用文叫做"笔"，将词藻华美、抒发感情的文章叫做"文"。这种分法，虽并不科学，但大体上还是可以看出当时人们对文学的看法。这一时期，散文的题材扩大了，过去很少被人们注意的山水景色成了一时竞相描写的内容，而文章中抒情的成分也明显增加。与此同时，汉赋旧有的形式（如对话体）也不再被作者们普遍采用，更多的是发展那种抒情的直接描写的方式，而且是以短赋为主。与此同时，在汉代就开始发展起来的骈偶句法，逐渐形成骈体文，在六朝的文坛上占有重要的地位。

魏代散文在汉代散文的基础上渐向清新游脱的方面发展，首开其端绪的是曹操。刘师培说："魏武治国，颇杂刑名，文体因之，渐趋清峻。"鲁迅也说，曹操是一个改造文章的祖师（《魏晋风度及文章与药及酒之关系》）。我们读他的《让县自明本志令》，自叙怀抱，那种进退两难的情势，坦率披露，毫不顾忌掩饰，于勤恳中寓悲凉慷慨之意，确实呈现了一种新鲜气息。曹丕的《与吴质书》，曹植的《与杨德祖书》，或倾诉友情，或品评文章，或叙述怀抱，语言很宛转，感情真挚，鲜明地呈现出这一时期的抒情特色。

魏晋之交，嵇康、阮籍，愤世疾浴，佯狂避世，嵇康《与山巨源绝交书》，汪洋恣肆，对当时的黑暗现实进行了猛烈的抨击，文章有纵横家之气。阮籍的《大人先生传》，揭露礼法之士的丑恶面目，尖锐而深刻。

东晋初年，王羲之的散文，呈疏爽自然、不事修饰而情味隽永的特色。这种文风，为晋代士大夫崇尚清谈、爱好自然、留连山水的反映，较之魏代的文风，更显出清新通脱的特色，他的《兰亭集序》，俯仰古今，怅触万端，清而实丽，开后来陶潜文风之端。

东晋末年的陶渊明，比王羲之更朴实而接近生活，他的《归去来兮辞》《桃花源记》《五柳先生传》《与子俨等疏》等，都是这一时期的名作。在这些作品中，作者用清新朴素的语言，曲折自如地表达了他的思想和人生态度，不掩饰，不做作，"不汲汲于富贵，不戚戚于贫贱"。

这一时期北朝的散文也有三部值得重视。郦道元的《水经注》，内容丰富，它记述了河道的源流和历史古迹、人物故事以及风俗习惯，偶尔也叙述些神话传说，作者用精美的文字，描写了各种不同的雄奇秀媚的山川，文笔十分清丽秀逸。杨炫之的《洛阳伽蓝记》，描写了北魏时期洛阳的许多寺庙，联系当时许多史事文物以及园林风景、人物活动和社会面貌，对当时的统治阶级进行了尖锐的揭露。它所描写的许多壮丽宏大的寺宇，反映了劳动人民卓越的建筑艺术才能。这部书，可以说是一部描写社会现实生活的著作，于朴实浑厚的文笔中，寓有冷隽辛辣的讽刺意味。颜之推的《颜氏家训》，将其一生的经验和他对当时社会的种种不满以朴素的文笔写出，语言亲切平易，真实动人。

在汉末逐渐发展起来的骈体文，至六朝而盛极一时。

骈体文讲究堆砌词藻典故，内容空虚，带有形式主义倾向，但其中也不乏一些优秀的作品。如鲍照的《登大雷岸与妹书》，描写山川景色，文笔秀丽清峻。清人许梿说它"烟云变灭，尽态极妍，即使李思训数月之功，亦恐画所难到。句句锤炼无渣滓，真是精绝"。孔稚珪的《北山移文》，用生动犀利的文笔，揭露批判那种欺世盗名的伪隐士的丑态，淋漓尽致。其他如陶宏景的《答谢中书》、吴均的《与宋元思书》《与顾章书》，也都是骈体文中写景的妙品，而丘迟《与陈伯之书》中的"暮春三月，江南草长，杂花生树，群莺乱飞"，更是传诵的名句。骈体文的对偶，在语言形式上，把汉语言的形式美发挥到了极致，它对汉语言的写作思维，影响也是巨大的。

魏晋六朝的赋，则突出地增加了抒情的成分。王粲的《登楼赋》、曹植的《洛神赋》以及后来向子期的《思旧赋》、陶渊明的《闲情赋》等，都是一时名作；梁代江淹的《恨》《别》二赋与庾信的《哀江南赋》，成就尤为突出。

4. 唐宋两代，是中国古代散文发展最为重要的时期，前后六百年，产生了许多具有重大影响的伟大的散文作家，其中韩愈、柳宗元、欧阳修、苏轼、王安石、曾巩、苏洵、苏辙，被后人合称"唐宋八大家"，从而构成了我国文学史上第一个跨代并称的文学现象。以"八大家"为代表的唐宋散文，不仅奠定了我国古代散文的基本体制、基本格局，同时也成为民族文化辉煌灿烂的重要构成部分，为后世学子的"不桃之宗"。

唐代散文的创作，是与批判六朝以下所盛行的骈俪之风紧密联系在一起的。

骈文滥觞于汉魏，形成于两晋，发展至南北朝而登峰造极，以致取代散行单句的古文，独霸文坛，除叙事和议论领域给散体文保留了一点地盘，其他领域几乎都用骈文。

应该说，古代散文发展至骈文，反映了作家对文章语言形式本身的重视；它的出现，也为散文艺术积累提供了宝贵的经验。但从本质上看，骈文又是一种以形式限定内容的文体，当它发展到极端，片面追求辞藻、骈俪，内容空洞，形式呆板，就严重影响到散文的发展。

初唐近百年文坛，基本以骈文为主流，所谓"江左齐梁，其弊弥甚；贵贱贤愚，唯务吟咏。遂复遗理存异，寻虚逐微，竞一韵之奇，争一字之巧。连篇累牍，不出月露之形；积案盈箱，唯是风云之状"，成了这一时期的真实写照。但也有一些有识之士，开始自觉或不自觉地摆脱这种影响。如"初唐四杰"，他们虽然写有许多骈文，但在一些作品中已努力接近社会现实生活，并在形式上做出一些尝试。如王勃的《滕王阁序》，虽措辞绮丽，属对工整，平仄协调，多用四六之句，同时又在向散文靠拢，文章自然流畅，一气呵成，于疏快俊朗中，新境迭出。在此类文章中，已难看到六朝华靡文风的影响，更多的是一种清新刚健的时代气息。又如陈子昂，他提倡风雅兴寄，虽主要针对诗歌创作而言，但未尝不是有感于"文章道弊五百年"的现实。

进入盛唐和中唐前期，文体和文风的革新更趋活跃：理论上，先后有萧颖士、李华、元结、独孤及、梁肃、柳冕等提出，要以三代文章之传统，改革当时之文风；创作上，也不断有新的探索，如：陆贽的奏议，一改骈体文堆砌华藻、滥用典故的陋习，写得流畅自然，对后来韩愈的古文运动产生了积极影响；王维的《山中与裴秀才迪》、李白的《春夜宴从弟桃李园序》，骈散兼行，自然流畅，为传世佳作；李华的《吊古战场文》，虽以四言为主，但文章中已出现散文句法，对以后欧阳修、苏轼的文赋创作产生了影响。但这些努力，从整体上还不足以动摇奢靡淫丽的骈体之风。

真正全面提出古文运动理论并有力推动古文运动蓬勃开展的，是中唐的韩愈和柳宗元。他们以恢复儒家道统为旗帜，以"文以明道"为号召，提倡恢复先秦两汉散行单句的古文传统，对唐代散文革新产生了巨大作用。随着古文运动的开展，中唐文风为之一变，内容虚假、形式靡华的骈俪之风，大为减弱，取而代之的是情感真实、语言出新、文气流畅的散体"古文"；散体古文也逐渐占据文坛，取代了骈文。所以，韩愈被后人誉为"文起八代之衰，道济天下之溺"。

韩柳倡导的古文运动，虽以复古为旗号，并非简单复古，而是借复古之名行革新之实：他们在内容上提倡明道抒愤（不平则鸣），在形式上提倡学古创新（词必己出）；虽反对骈文，力主恢复秦汉散行单句的古文传统，但又不是对骈文采取全盘否定，而是"取其精而汰其粗，化其腐而出其奇"（刘开《孟涂文集》）；"文起八代之衰，实集八代之成"（刘熙载《艺概》）。

韩愈对散文的贡献，首先在于他恢复了先秦两汉的古文传统，加强了散文的表现力，扩大了散文的应用范围，开辟了散文创作的新天地。在他之前，许多文种，如辞赋、赠序、杂感、奏议、表状、碑志、书启、哀祭、记传等，都要用骈文写。到了韩愈手里，一律采用散文化的句式来写。他运用散体语句，自由地表达自己的思想感情，描述事物，从而使散文从骈俪整一的句式下解放出来，成为在日常生活中具有多样化社会功能的语文工具，奠定了散体文的历史地位。

韩愈之文，包罗万象、雄奇恣肆、浩大奔放，具有充沛的感情力量和逻辑力量。苏洵曾形容说："韩子之文，如长江大河，浑浩流转，鱼鼋蛟龙，万怪惶惑，而抑遏蔽掩，不使自露，而人望见其渊然之光，苍然之色，亦自畏避不敢近视。"（《上欧阳内翰第一书》）

韩愈之文，形式自由，构思巧妙，艺术手法丰腴多姿，无论说理、叙事、抒情，都能各极其妙。如，他的说理文《原毁》《师说》《答李翊书》，气势纵横，说理透辟，读起来有如滔滔不绝的长江大河；而他的《张中丞传后序》，将叙事、议论、抒情和生动的人物描写穿插点染，融为一体，读来痛快淋漓；他的《送李愿归盘谷序》《送董邵南序》，则别有一种盘旋曲折、一唱三叹之美，前者揭露批判争名逐利之徒入木三分，后者委婉地表达挽留之意有欲擒故纵之妙；而他的《祭十二郎文》，于琐屑叙事中写呜咽哽塞之情，文笔浩荡流转，情感凄切沉痛，被誉为哀祭文中的绝调。

韩愈是古代有数的语言大师，他力倡三代两汉之文，又大量吸收和提炼了当代口语，避免了先秦散文"佶屈聱牙"的局限；他大力批判六朝骈文，又适当吸收骈文整齐句法以增强文章的气势；他强调师法古文，又强调"唯陈言之务去"，从而形成了他独特的、极富情感性、形式美和表现力的文学语言。读他的《进学解》，一篇不到七百五十字的文章，就出现了"业精于勤荒于嬉，行成于思毁于随"、"拔罗剔抉，刮垢磨光"、"贪多务得，细大不捐"、"补苴罅漏，张皇幽眇"、"回狂澜于既倒"、"沉浸浓郁，含英咀华"、"佶屈聱牙"、"跋前踬后，动辄得咎"、"俱收并蓄"以及"提要钩玄"、"旁搜远绍"、"闳中肆外"等极富创造性的文字，实令人叹为观止。他所创造的那些明白如话的短语，以散驭骈、奇偶相生的句群，一气贯注、铺排而下的长句，不仅对古代散文艺术有着深远的影响，至今仍保持着鲜活的生命力。

柳宗元的散文，则于韩文的奔放雄肆之外，另创清峻峭刻的风格特点。他更注重对现实社会的透视。其山水游记，独创一格，在冷峭的文笔中体现了作者的人格追求，将魏晋六朝模山范水的记游散文提升到了一个全新高度，成为后世山水游记的典范。他的寓言散文，以其数量之多、质量之高而饮誉文坛，把自先秦诸子开创的寓言创作推入到一个新的阶段；他的《段太尉逸事状》，不仅表现了他描写人物的高超技巧，同时又显示出他向黑暗势力斗争的勇敢精神；他的《愚溪诗序》，忽而写景，忽而抒情，忽而议论，转换变化，情文相生，不仅显示了他圆熟灵脱的卓越技巧，同时也表现出他卓立不群的人格魅力；他的杂文，更是以见解深刻，立意新颖，表现手法多样而饮誉文坛，"江岭间为进士者，不远数千里皆随宗元师法；凡经其门，必为名士。著述之盛，名动于时"。

韩愈和柳宗元是继司马迁之后当之无愧的最优秀的两位散文大师，他们双峰并峙，以其杰出的创作，使"后学之士，取为师法。当时作者甚众，无以过之"（《旧唐书·韩愈传》）。

经韩柳的倡导和身体力行，散行单句的古文终于得以改变骈文一统天下的局面，散文这种文体也得以从经、史、哲、律令等著述中分离出来，成为在日常生活中具有多样化社会功能的语文工具。他们以创作上的实绩廓清了奢靡淫丽的骈偶文风，提高了散文的文学审美品格，奠定了中国古代散文的基本格局，在中国古代散文发展史上，有摧陷廓清、承前启后之功。

唐古文运动成绩突出却后继乏人，韩柳之后，虽有李翱、皇甫湜、沈亚之、孙樵等继续倡导古文，但成就不高。至晚唐，古文渐趋衰落，骈偶之风重新抬头，惟皮日休、罗隐、陆龟蒙等人为代表的小品文，被鲁迅誉为"一塌糊涂的泥塘里的光彩和锋芒"。此外，由于受古文运动的影响，晚唐还产生了散文化的赋，如杜牧的《阿房宫赋》，作者以清新灵动之笔，一洗汉赋堆砌、板重之病，首开文赋之风。

5. 宋代散文的发展则是承唐古文运动而来。经晚唐五代的社会动乱，古文运动影响削弱，骈体文风重新占据文坛。因此，恢复韩柳古文传统，成为文坛追求的目标。

以庆历(1041~1048前后)为界，宋代散文的发展大致可分为两个不同的阶段：前一阶段，文坛承袭晚唐五代余风，以骈文为主，其间虽有柳开、穆修、石介、尹洙等，推崇韩柳古文，以求文风改革，但因积重难返，未能从整体上扭转时风。后一阶段，经欧阳修为领袖的北宋诗文革新，古文渐居优势，特别是从宋仁宗庆历以后到宋哲宗，为宋文发展的鼎盛期，其间名家辈出，"唐宋八大家"中的六大家，均崛起于这一时期。

宋古文家不像唐那样重在打击骈文，而是致力于文风的改革。他们用古文积极改造骈文，促使骈文散文化，使古文在与骈文的竞争中占到压倒优势，除朝廷文书仍例用骈文，其他各体，几乎都用散体文。与此同时，在反对浮华怪诞文风的同时，宋代散文形成了平易自然、流畅婉转的群体风格，并在文体风格的多样化和个性化方面取得令人瞩目的成就。

欧阳修是宋第一位散文大师，他为宋代散文揭开了崭新的一页。作为宋代古文运动的领袖，他继韩柳之后，再一次举起古文运动的大旗，以古文变革晚唐五代至宋初以来卑弱靡丽的文风，从实践和理论两个方面为一代宋文树立了典范。

欧阳修接过韩愈主张，提出"重道以充文"，认为"事信言文"，"道胜则文不难而自至"，并把"道"与社会"百事"联系起来；同时他又反对"以道代文"，要求"文从字顺"，"简而有法"。他一生写过五百多篇文章，政论、史论、记事、抒情、笔记等，各体兼备。他提倡平实朴素的文风，反对险怪奇涩之文，并在自己的散文创作中身体力行，形成了一种富于情韵、平易畅达的文风，于雄肆古奥的韩文和峻切简古的柳文外，开辟出新的艺术境界。他的散文，无论叙事抒情写景状物还是说理，都具有一种动人的情致。如他的《朋党论》《与高司谏书》，前者娓娓道来，务以理胜，后者嬉笑怒骂，皆成妙文；他的《丰乐亭记》《醉翁亭记》，前者于风景描写之中突然插入五代干戈，低回感慨，风神卓杰，后者文笔跳脱，情致宜人；他的《五代史伶官传序》，吊古伤今，一唱三叹，就史论事，感慨遥深；他的《秋声赋》，以朴素清新之笔，一洗六朝骈赋的铅华和汉代大赋的铺张。在他的理论倡导和创作实践感召下，宋初重道轻文的偏见和六朝淫丽奢靡的文风得以矫正，一种平易畅达的文风得以确立。

欧阳修之后，有苏洵、王安石、曾巩、苏轼、苏辙等一批古文大家崛起。除苏洵外，他们都是欧阳修的后辈，都受到欧的提携奖掖。他们的创作，除体现宋文平易畅达共同风格外，又各具面目。

苏轼是继欧阳修之后最优秀的散文家。他各体兼备，行文如行云流水，随心所欲，姿态横生。较之韩文的浩瀚雄奇，柳文的峻峭隽永，欧文的豁达平易，苏轼以汪洋恣肆见长，前人称："韩如海，柳如泉，欧如澜，苏如潮。"(李涂《文章精义》)

苏轼以奔放的才情，广泛吸收《孟子》《庄子》《战国策》以及贾谊、陆贽、韩愈、欧阳修之长，其文当散则散，当骈则骈，随物赋形，变化无穷。明焦竑说："古今之文，至东坡先生无余能矣。引物连类，千转万变而不可方物，即不可摹之状，与甚难显之情，无不随形立肖，跃然现前者，此千古快心也。"(见《百三十二家评注三苏文范》)

王安石之文，则以议论见长。其文观点鲜明，辩锋犀利，字字着力，简而能赅，体现了一个进步政治家的风格。他师法孟子韩愈，兼取韩非之峭厉，荀子之严谨，扬雄之简古，形成了他特有的峭刻幽远、雄健简洁，于宋文中独树一帜。

曾巩也以议论见长。其立论平正，文词醇雅，法度谨严，笔力沉着，论述如层层剥笋，愈出愈精。其传世佳作，往往于从容舒展中现摇曳之姿。

苏洵以政论为工，他受《战国策》影响颇深，其文简劲质朴，纵横恣肆。他惯于像纵横家一样，通过客观形势的分析，来评论历史上的成败得失，提出某些应对策略。

苏辙的散文，则于疏荡酣畅汪洋淡泊之中，时见秀杰之气。

欧阳修之后，苏轼继主文坛，在他的引导下，有黄庭坚、秦观、陈师道、张耒、晁补之、李廌等脱颖而出，使古文运动获得了空前的发展。

南宋散文，则与时代联系非常密切。生在国运危亡之际，很少有人着意去写文艺性散文，爱国成了许多作者表现的共同主题。岳飞、胡铨、陆游、辛弃疾、陈亮、文天祥等，都有名篇传世。此外还要提及的是，由于两宋理学盛行，理学家在重道轻文观念的指导下，写了许多谈性说理的简古散文，其代表作家有周敦颐、程颢、朱熹等。

唐宋两代散文，先后紧密关联。唐代散文以古文运动为标志，在散文史上有廓清道路、开辟方向之功；而宋代散文，则继承了唐代优良传统，把散文创作推向了一个新的阶段。

6. 元代以戏剧创作盛极一时，散文方面却显得十分落寞。钟嗣成的《录鬼薄》，以冷峭之笔作刺世之文，是小品中的佳作。明代开国之初，刘基、宋濂是当时散文的主要作家。刘基擅长运用寓言形式，文笔洗练明畅，风格遒劲。宋濂的散文，笔墨简洁，行文富于变化。之后，社会稍见安定，经济渐趋繁荣，文字狱屡兴，文坛开始流行一种专事歌功颂德、粉饰现实的"台阁体"。起而反对的有前后七子。他们倡导"文必秦汉、诗必盛唐"的"拟古主义"，对扫除华而不实的台阁体文风起过积极的作用，但由于其主张否认了文学的时代特点，产生的流弊也显而易见。以王慎中、唐顺之、茅坤、归有光为主的唐宋派，抨击"七子们"在皮毛上模仿秦汉，主张学习唐宋散文名家的精神，重视作品的思想内容，文字力求朴素洁净。其中以归有光的成就为大。他善于用疏淡的笔墨描写亲友之间在日常生活中的琐事，言近旨远，感情诚挚，著作有《震川先生集》。其中《项脊轩志》《先妣事略》《寒花葬志》，最能表现他的风格。

以袁宗道、袁宏道、袁中道兄弟为代表的公安派，反对贵古贱今，模拟古人。其中袁宏道的成就最大。他在创作上提出"独抒性灵，不拘格套"，著有《袁中郎全集》。

几乎与"公安派"同时的，还有以钟惺和谭元春为代表的"竟陵派"。他们提倡用奇僻字句，追求"别趣奇理"，认为"物有孤而为奇"。《浣花溪记》是钟惺的代表作。

晚明小品，除三袁，徐渭、李流芳、钟惺、谭元春、王思任、祁彪佳，都是一时好手，其中成就较高的是明末的张岱。

7. 清代文学上的成就突出表现在小说方面，戏曲也有佳作，诗、词、散文，因受拟古主义的影响，略逊一筹。由于文禁相当厉害，清代诗文创作较之历代都有所衰落，真正反映社会现实的有价值、有意义的作品不多。清初爱国作家中，著名的有顾炎武、黄宗羲等。他们大都亲身经历过巨大世变，因而在作品中常常反映了那个时代的民族斗争，充分表现了不忘故国的思想感情。"国家兴亡，匹夫有责"是顾炎武留给后世的名言，他所著的《日知录》(32 卷)，以"明道""救世"为宗旨，对后代很有影响。

清中叶最著名的一个散文流派是"桐城派"，主要作家有方苞、刘大櫆、姚鼐。他们都是安徽桐城人，因此得名。"桐城派"的基本理论是：写文章应"原本六经，扶植道教"，"文道合一"。他们的志向是:"学行继程朱之后,文章在韩欧之间。"他们的创作原则和评文标准是"古文义法",即"言有物"、"言有序"。方苞著有《望溪文集》,其《集外文》中的《狱中杂记》,记述了狱中见闻,揭露了当时官吏的贪赃枉法。姚鼐著有《惜抱轩全集》,他一生写了不少游记,以《登泰山记》最为有名。

8. 中国是一个文章大国,古人把文章看得重之又重,认为文章乃"经国之大业,不朽之盛事"。如果撇开历史上一些枝枝节节不计而着眼于整个华夏文明进程,这绝不是什么夸饰之辞。文章,确实广泛渗透到社会生活各方面,不仅有力推动了政治、经济、科学、文化教育事业的发展,同时也构筑了民族文化蔚然壮观的历史丰碑!中国古代文章,从先秦诸子散文、历史散文,到汉赋、汉史传文学,到六朝骈文,到唐宋文,到明代性灵小品,到清桐城派散文,每个阶段,都留下了辉煌夺目的篇章,都给我们留下了弥足珍贵的文化财富。古人作文,讲究文气、情韵,其议则一气贯注,汩汩滔滔;其叙则婉曲有致,情致深长;其体物状景则牢笼百态,神形兼备;其辞则骈散存乎一心,各极其妍;其体则随物赋形,行止自然,不拘一格;其思则雄浑而不失于细密,曲致中自有规模。在这些文章中,我们不仅可以看到先秦诸子铺张扬厉的思想品格,历代史家秉笔直书的史学精神,政治家励精图治的胆识方略,诗家风云激荡的内心世界,同时也可以看到文章大师们是怎样地把"史笔"、"诗情"、"文心"完美地统一起来,将散文升华到一个全新的境界的。进入到现、当代,散文更是全方位地渗透到我们的日常生活。

9. 从鸦片战争开始,到"五四"运动爆发,是中国的近代史时期。这一时期,资本主义列强相继入侵,中国一步步沦为半封建半殖民地的社会,帝国主义和中华民族的矛盾、封建主义和人民大众的矛盾日益激化,因此,反封建的革命运动,成为这一时期文学创作的主题。杰出的思想家和文学家龚自珍,是鸦片战争时期首开风气的代表人物。

龚自珍(1792~1841),字瑶人,号定庵,浙江仁和(今杭州)人,出身官僚家庭,38岁中进士,担任过内阁中书、礼部主事等官职,著有《龚自珍全集》。他的诗现存六百多首,不少篇章都着眼现实,抒发感慨,交织着愤世伤时和忧国忧民的思想,表现出对美好未来的朦胧向往,真正别具一格地打破了清代诗坛模山范水的沉寂局面。他的散文和诗一样,无论写什么题材,总是带着批判的眼光,从政治的高度看问题,具有深刻的思想内涵,且笔力遒劲,气势磅礴。较著名的有《病梅馆记》《己亥六月重过扬州记》《说居庸关》《说张家口》等。

中法中日战争失败后,以康有为为代表的资产阶级改良主义思想兴盛起来,文学上出现了梁启超为代表的"新文体"散文。梁启超(1873~1929),字卓如,号任公,广东新会人,改良派主要领导人之一,戊戌变法失败后流亡日本,从事文艺创作和文史研究,著有《饮冰室合集》。梁启超的新体散文,对一切传统古文是一次猛烈的冲击,为晚清的文体解放和"五四"的白话文运动开辟了道路。改良派的散文作家,还有康有为、严复、谭嗣同、夏曾佑、蒋智由、唐才常、丘逢甲、林纾等。康有为的散文,直抒己见,畅所欲言,无视传统古文的程式,实开梁启超"新文体"的先路。严复与林纾,分别以翻译西方资产阶级学术著作和文学著作闻名。

10. 1917年初发生的文学革命,标志着古典文学的结束,现代文学的起始。作为文学体裁之一的现代散文,也应运而生,并获得迅速的发展。

现代散文最早出现的品种是"随感录"式的杂文,它是"五四"思想革命和文学革命的产物。1918 年 4 月,《新青年》开辟了"随感录"专栏,专登短小的时评或杂感,与长篇论文配合作战。接着,李大钊、陈独秀主持的《每周评论》,邵力子主持的《民国日报》副刊《觉悟》等,也相继开辟了"随感录"专栏,其他一些进步报刊则设立了诸如"杂感""评坛""乱谈"等类似的栏目。于是,在"五四"运动前后,这一类短文的写作便形成了相当的声势。这些"随感录"式的文章,大都形式灵活、短小精悍、个性突出、富有情调,对文化痼疾、社会时弊以及保守文人的奇谈怪论,做了有力地揭露和抨击。

在当时的杂文作者中,最有影响的是《新青年》"随感录"的作者群,其中主要有鲁迅、陈独秀、李大钊、刘半家、钱玄同等。鲁迅的杂文写作,即开始于这一时期。但在当时,并没有明确的文体意识,先驱者们只是为了战斗需要采取了这种文体。

有意识地将散文作为一种文学体裁来创作,是从 1919 年开始的。1919 年 8 月,李大钊在当时一个通俗刊物《新生活》上发表了《五峰游记》。同年 8 月至 9 月,鲁迅在《国民公报》"新文艺"栏里又发表了一组《自言自语》,其中作品,有的类似于后来收入《野草》集中的散文诗,有的类似于后来收入《朝花夕拾》集中的回忆性散文,可以说是现代"美文"较早的尝试。不过,这些"美文"创作,在当时并没引起人们的注意,最早引起反响的"美文",是冰心的《笑》。1921 年 6 月 8 日,周作人又在《晨报》第七版发表了一篇题为《美文》的文章,号召"治新文学"的人在诗与小说之外也致力于"美文"的创作,这篇文章可以说是现代散文进入自觉时期的一种理论体现。

散文形式自由灵活,中外又有大量作品以资借鉴,因而进入自觉创作阶段后,便得到了迅速的发展,在较短的时间内就产生了像鲁迅、周作人、朱自清、冰心、郁达夫、郭沫若、瞿秋白、叶绍钧、徐志摩、俞平伯、钟敬文、梁遇春、丰子恺、林语堂、梁实秋、许地山、王统照、郑振铎等众多的散文作家。

鲁迅称得上是现代散文的巨匠。早在 1919 年 8 月和 9 月间,他就开始尝试以散文体式表现诗意题材,此期间写下的《自言自语》《古城》等篇什,意境深远而优美,是现代散文诗最早出现的精品。他写于 20 世纪 20 年代的《野草》和《朝花夕拾》,更是现代散文的经典。鲁迅的名字又是与杂文联系在一起的。他一生,特别是在他后期思想最成熟的年月里,倾注大量心血于杂文,写了六七百篇杂文,收集在《热风》《坟》《华盖集》等十六本杂文集里。正是杂文这种"无体的自由体式",使鲁迅天马行空的思想艺术得到淋漓尽致的发挥。他的杂文不同于一般的思想评论,批判的锋芒始终对准了人,人的心理与灵魂。他的杂文所显示的"不克厥敌,战则不止"的不屈不挠的批判精神,始终为一切关心与思考中国社会、历史、思想、文化、人生、人性等问题的人(特别是青年人)所喜爱。鲁迅的杂文,任何时候,都是中国现实中活生生的"存在",对正在进行和发展中的中国思想、文化(包括文学)以巨大影响。

周作人作为一个在现代文学史上有着巨大影响的散文家,最早从西方引入"美文"的概念,提倡"记述的""艺术的"叙事抒情散文,"给新文学开辟了一块新的土地"。周作人在现代文学史上的影响之一,是他于抗争的小品文之外,又分出闲适、清涩、充满趣味性和知识性的一脉散文来。他常将口语、文言和欧化语杂糅调和,产生一种涩味与简单味,很耐人咀嚼。他的闲话体散文有些类似明人小品,又带有外国随笔那种坦诚自然的笔调,有时还有日本俳句的笔墨情味。"他的作风,可用龙井茶来打比,看去全无颜色,喝到口里,一股清香,令人回味无穷。"他写于 20 世纪 20 年代的《北京的茶食》《故乡的野菜》《苦雨》《喝茶》《乌篷船》等，是现代散文的名篇。

俞平伯的散文，则构成一种朦胧、空灵的意境，透露出玄妙的哲理与感伤，其《陶然亭的雪》《清河坊》《西湖的六月十八夜》等，是其代表作。

钟敬文有着与周作人相仿的平远清隽的美学追求，以及将当前景物与往事回忆、读书心得拉杂扯谈的写法。他善于写咏物小品（如《荔枝》《茶》《黄叶小谈》），也写了许多情思清朗的游记（如《钱塘江的夜潮》《太湖游记》）。

废名，亦即冯文炳，他的作品几乎专写农村乡镇宁静生活里的人事，注重意境的传达，清新素朴，抒情气息浓郁。后来，他将古典诗歌的象征手法与西方现代派技巧引入，追求朦胧的散文意境，但语言修饰愈发生涩古怪。

在"五四"美文创作中，持缜密、漂亮风格的，比冲淡一派人数为众，几乎囊括了文学研究会和创造社这两大文学社团的主要作家。

冰心散文的影响，不在周作人之下。她善于以行云流水般的文字，说心中要说的话，诉心中要诉的情，满蕴着温柔，微带着忧愁，显示出清丽的风致。她的散文，既保留了某些文言文的典雅、凝练，又适当地"欧化"，使句子更能灵括、婉转、流动，有自然跳荡的韵律感。

朱自清是极少数能运用白话写出脍炙人口的名篇，以至可与古典散文名著媲美的散文家。他既不满意陶醉于抒写琐屑小事的"言志派"，也不满意后来的所谓幽默派，写作态度严肃不苟，始终执著地表现人生。他擅长写漂亮精致的抒情散文，无论朴素动人的《背影》还是明净淡雅的《荷塘月色》，从中都能感受到他的诚挚和正直。

丰子恺善于以某种源自佛理的眼光观察生活，于俗相中发现事理，将琐细的事物叙说得娓娓动听，落笔平易朴实，透露出光明的心地，文章萧疏淡远，带着哲理深味，又染有轻淡的悲悯之色。

梁遇春作品，深受英国 Essay 体的影响，耽于思索。他喜欢用絮语笔调，随意而坦诚地谈吐，随笔中不乏睿智的思辨，时有对人生哲理的探求和洞明的见解，语言机智而有文采，但缺乏如炬的目光。他那懒散的绅士风度，不愿受任何拘束的个性，以及享尽人生的主张，使他喜好标新立异。他的散文，反映出"五四"散文品格多姿多彩的一面。

文学研究会其他重要散文作家，还有许地山、叶圣陶、郑振铎和茅盾。许地山的散文集《空山灵雨》，别有情调，似散文诗，入宗教气，既有对现实的不满，也有对人生哲理的探求。叶圣陶、郑振铎和茅盾的散文，有着充实的"人生派"内容。"五卅"惨案期间，这三位文学研究会的中坚作家都发出了愤怒的呼喊。叶圣陶的《五月卅一日急雨中》，一反他平时的纯朴、严谨，爆发出炽热的反帝激愤，全文具有急雨般的节奏和悲愤慷慨之情。郑振铎的《街血洗去后》《六月一日》，都是"五卅"后不久写出的，沉痛之情，以质朴的语言出之。他的《山中杂记》，真率、俊逸，只是视野不够阔大。茅盾的《五月三十日的下午》《暴风雨》，也是"五卅"时产生影响的作品；他旅日时期写的一组散文（《叩门》《雾》《卖豆腐的哨子》等），反映了他处于革命转换时期的思索和探寻，但作为一个成熟的散文家，则是在抗战之后。

早期共产党人瞿秋白的《饿乡纪程》《赤都心史》，是中国报告文学的先声。

除此之外，文学研究会的散文作家，还有擅写散文诗的王统照、以感伤的书信体散文赢得读者的庐隐，以及属于乡土文学派的鲁彦、蹇先艾等。

　　创造社在"五四"时代是狂飙突进的浪漫派，这一派作家的散文与其小说和诗歌有着共同的基色，特别是郁达夫，他以率真、坦诚、热情呼号的自剖式文字，无所隐饰地暴露赤裸裸的自己，称得上是个独树一帜的散文家。他的散文恣肆放达，才情动人，那酣畅的神韵，得益于古典文学的深厚修养。

　　郭沫若本质上是一个抒情诗人，其作品无一不具诗情。他虽如郁达夫一样习惯于主观情愫的倾泻，但更多地带上了社会和政治色彩。

　　作为一个散文流派，"语丝"派的主要成就，在于短小犀利的杂感，但除杂感之外，也有不少抒情小品的佳作，如孙伏园的《伏园游记》、孙福熙的《山野掇拾》等。其中特别需提及的是林语堂，他是仅次于鲁迅、周作人的《语丝》的撰稿人，又是最热心提倡幽默小品的散文家之一。在"语丝"时期，他介绍过许多西方幽默理论，主张以幽默的艺术去揭示生活矛盾，针砭社会文明病。他的散文集《剪拂集》，多以嘲讽之笔进行社会批评与文明批评，讥刺的盔甲中，每每包裹着幽默。他散文创作的更大影响，是在20世纪30年代。

　　20世纪20年代中期的"现代评论"派，多为留学欧美归来的自由主义知识分子，政治倾向与鲁迅和部分"语丝"派成员对立，这自然影响到散文创作的思想取向。"现代评论"派最重要的散文作家有徐志摩、陈西滢、吴稚晖等。徐志摩是新月派的"诗圣"，天生一个情感型的人，易冲动，爱自由，加上深受西洋文学的影响，很自然便成就了他那自由而华丽的散文文体。他的散文多属冥想型的小品，即使记述事物，也常抓住刹那的灵感，让感情之流自由地奔放。读他的文字，如春华大地，万卉竞放，又如清泉汩汩，一泻千里。

　　1928年，朱自清在《论现代中国的小品文》一文中曾这样描绘当时散文发展的状况："有种种的样式，种种的流派，表现着，批评着，解释着人生的各面。迁流曼衍，日新月异：有中国名士风，有外国绅士风，有隐士，有叛徒，在思想上是如此。或描写，或讽刺，或委曲，或缜密，或劲健，或绮丽，或洗练，或流动，或含蓄，在表现上是如此。"在该文中，朱自清还引述《孽海花》作者曾朴对新文学头十年成就的评估：第一是小品文字，第二是短篇小说，第三是诗。然后指出："这个观察大致不错。"30年代，鲁迅也曾评价，"五四"时期，"散文小品的成功，几乎在小说戏曲和诗歌之上。"

　　11.1927年，国共两党的合作破裂，大革命失败之后，全社会变得空前政治化，阶级对抗的气氛紧迫，各种文学思潮竞相带上浓重的政治与党派的色彩，散文创作也受影响：无论强调贴近现实政治还是主张远离政治，其实都是政治化所导致的结果。因此，20世纪30年代的散文创作，通常以政治倾向来划分，有属于左翼作家的散文；以周作人、林语堂为代表的自由主义作家的散文；以及政治态度比较超越的京派及其他作家的散文。

　　左翼作家处于被国民党当局实施的文化围剿的压迫中，更看重散文的现实批判性与论战效果，作为匕首与投枪的杂文，自然成为他们首选的文体，其中影响较大的，有瞿秋白、茅盾、唐弢、徐懋庸、聂绀弩。

　　瞿秋白的散文创作始于"五四"时期，30年代前期则主要写杂文。他的杂文多是社会批评和文艺杂感，用阶级分析观点批判政敌的倒行逆施，批判各种腐败的文艺现象，具有尖锐的政论色彩。《民族的灵魂》《流氓尼德》《财神的神通》《美国的真正悲剧》，都产生过较大反响。他的《〈鲁迅杂感选集〉序言》是一篇较早运用马克思主义阶级分析观点研究鲁迅的经典文献。

　　唐弢和徐懋庸是师法鲁迅的青年杂文家。唐弢有《乡音》等叙事、抒情散文及《落帆集》中的散文诗，但使其成名的是杂文。他的杂文，简明而有文采，是政论与艺术散文笔调的结合。他往往借现实与历史的一点因由生发开来加以剖析。他这时主要的杂文集有《推背集》《海天集》。徐懋庸的杂文，也是针砭旧事物。他能较有深度地触及时事，摘取生活片断与中外掌故加以述说，别具一格。他的《打杂集》曾由鲁迅作序，鲁迅说他的杂文，贴切、泼辣，能移人情，是有益的。

其他杂文作家，还有巴人、柯灵、聂绀弩、曹聚仁等，但其主要成就均在抗战之后。

左翼作家在小品散文方面，同样也取得了成就。进入 30 年代以后，茅盾采用与《子夜》一致的视角和笔法，力图在精短的小品篇幅中全景式地反映广阔的社会生活，思想性和时代性都极为鲜明，代表作有《白杨礼赞》《风景谈》等。以小说闻名的艾芜，同样善写散文。他的《漂泊杂记》《山中牧歌》，与小说集《南行记》一样，多描写西南边陲的浪漫风情，但更加朴素清新。叶紫的《古渡头》《夜雨飘流的回忆》，则以善于刻画人物、烘托气氛著称。

在 30 年代的女性散文作家中，萧红是极有才华的一位。这位以小说《生死场》著名的作者，在散文中写自己经历的漂泊生活，写童年的回忆，写与旧生活的决裂及逆境中的乐观奋发，写得明丽、亲切、哀婉，毫无雕琢，其魅力主要来自天籁之美。

接近"左联"的吴组缃，以小说成名，写散文大都从人物着眼，刻画环境，笔法冷静、精致。曾一度加入"左联"的郁达夫，在 30 年代后成为出色的山水游记作家。他大量的游记，清新秀美、才情纵横、极富神韵，不过有时受伤感情绪的驱使，不够洗练。代表作有《屐痕处处》《达夫游记》。

巴金是"左联"外思想激进的小说家，他的散文，充溢着时代色彩，燃烧着爱与恨，在追求光明的同时，又带一点忧郁。语言朴素酣畅，不过常因直面剖白自己，而少余韵。

30 年代前期，文坛风行的幽默小品与闲适小品是现代散文发展史上引人注目的现象，而推动这一风气的，是后来被称为"幽默大师"的林语堂。

1932 年 9 月，林语堂创办了《论语》半月刊，1932 年和 1934 年，又先后创办了《人间世》与《宇宙风》，都以发表小品文为主，提倡幽默、闲适和独抒性灵的创作。几种刊物都很畅销，并一度吸引众多作家写稿。经常为《论语》撰稿的，有林语堂、周作人、俞平伯、老舍、郁达夫、丰子恺、简又文、老向、陶亢德、邵洵美等。鲁迅、茅盾也曾在该刊发表文章。在《论语》《人间世》的影响下，还出现过《逸经》《谈风》《西风》以及《文饭小品》《天地人》等同类性质的一批杂志，一时间幽默之风盛行文坛。经周作人、林语堂的提倡，明末公安、竟陵派所谓"独抒性灵"的小品尺牍，也纷纷标点出版，成为人们竞相模仿的范文。

30 年代为林语堂散文创作的高峰期，从 1932 年《论语》创刊到 1936 年去美国，他发表各种文章近 300 篇。他"两脚踏东西文化，一心评宇宙文章"，"宇宙之大，苍蝇之微"，几乎无所不谈。他多数小品文，都追求幽默的情味。他国学和西学底子都很厚实，熟悉中西文化，惯于用中西比较的眼光看问题。他的小品文，常常从某一具体事物谈开去，引发出对传统文化与外来文明比较冲突的许多联想，对传统文化转型以及国民性改造的思考贯穿其中。他的小品文，文化含量比较高，读来饶有趣味。

林语堂和周作人是现代散文闲话风一派的宗师。林语堂的小品尽管有意超离现实，其幽默有时带洋味，又缺乏当时主流文学所具有的那种对现实的批判力度，但其融会了东西方的智慧，从学养文化方面另辟一途，所以在当时和后来都有相当影响。

　　30 年代形成于北方的京派，成就也不小。其中何其芳、李广田、吴伯箫、师陀、沈从文、萧乾，都是卓有建树的作家。

　　何其芳曾宣布："我愿意以微薄的努力来证明每篇散文应该是一种独立的创作，不是一段未完篇的小说，也不是一首短诗的散文。"他不满"五四"以来散文的状况，认为除了说理、讽刺的作品，抒情多半流于身边琐事的叙述和个人遭遇的感伤的告白，散文创作的形式感不强。他给自己提出的任务是"为抒情的散文发现一个新的园地"。他的《画梦录》，因其对现代艺术散文体裁的独特制作，1936 年被授予《大公报》文艺奖金；其中的《梦后》《岩》《黄昏》《雨前》等，都是精致的美文。

　　李广田有过类似何其芳的思想和文学历程，但两人风格迥异。在他的书里，没有什么戏剧的气氛，却使人意味到淳朴的人生。他的文章没有什么雕琢的词藻，却有着素朴的诗的静美。他写于抗战前的《画廊集》《银狐集》《雀蓑集》等，追求朴野无奇的境界，"使人在平庸的事物里，找到美和真实"。

　　与李广田风格相近的，还有吴伯箫。吴的散文亦多乡土味，生活内容充实，文字沉着，笔力壮阔。他写散文，讲究炼句，句式长短偶奇，错落有致，形成特有的节律韵调，《山屋》《马》《羽书》，是其代表作。

　　京派代表作家沈从文，其散文创作和他的小说一样，有着独特的成就。他以乡村中国的眼光表现普通人的命运和质朴的生命形式，较多地继承了中国古代游记与笔记的传统，能简练流畅地写景叙事，穿插着对往昔的追忆，平和之中自有其动人处。《湘行散记》记录了他的故乡湘西特异的山水景致和风土人情，其中名篇，有《箱子岩》《桃园与沅州》等。

　　与京派一样，在抒情小品创作上有突出建树的，还有缪崇群、丽尼、陆蠡等人。

　　缪崇群（1907～1945）从 1928 年开始发表作品，此后十余年间出版了《晞露集》《寄健康人》《废墟集》《夏虫集》《石屏随笔》和《眷眷草》等 6 部集子，走的是平实的路子，多写自己所体验过的凡人琐事，特别是那些对亡母、情人和师友的追怀之作，在婉曲的叙述中咀嚼着人生真味，情感纤细而又真切动人；他写景即物一类小品，文笔婉约精细，吸收了日本小品文的抒情艺术，在 30 年代散文家中别具一格。

　　丽尼（1909～1968）是专心写散文的作家，十分注重文字之美，喜用象征与暗示的手法，以传达奇妙的感觉和意识。作品讲求节奏和韵律，无论是独语式、对话式还是诗剧式，都富于音乐感。他的第一个散文诗集《黄昏之献》，多写青春梦幻消逝之后的空虚与怅惘，在他文字中，可感受到那种忧郁而美丽的黄昏气氛。在那里，交织着黑暗与光明，失意与企望。稍后出的《鹰之歌》》（1936 年），开始淡化"黄昏情绪"，在不断自我解剖时也观照周围人生，但大部分笔墨仍用于展示自我心理历程。丽尼的作品尽管没有鲁迅《野草》的深邃博大，也不同于何其芳《画梦录》的典丽，但在探索和展现灵魂世界以及讲求文体之美方面，与《野草》《画梦录》有异曲同工之妙。

　　陆蠡（1908～1942）在 30 年代前期写有《海星》和《竹刀》，其中不少是以青春回忆为题材的散文诗，感情厚实，文字浓重，景物描写有若油画，细腻真切。

　　夏丏尊（1885～1946），写作上属功力一派，散文集只有一本《平屋杂记》，多写身边琐事，素淡的文笔中常溢出遐想与情思，著名作品有《白马湖之冬》《钢铁假山》《猫》等。

　　12. 抗战及抗战以后，史称现代文学第三个十年，其散文创作尽管受战争影响，却依然呈现繁荣的景象。抗战初期，尤其是 1938 年前后，报告文学几乎抢占了整个文坛；当战争转入相持阶段以后，以揭露抵制社会弊端为主要内容的杂文唱了主角；在抗战中后期及抗战胜利以后，散文创作更呈现多姿多彩的风致。

40 年代的杂文创作，始终受惠于鲁迅的传统。国统区在艰苦环境下坚持鲁迅杂文传统的，有围绕着文学杂志《野草》形成的以聂绀弩、秦似、夏衍等为代表的杂文作家群。

聂绀弩（1903～1986）是重要杂文作者之一，成名于 30 年代，大量创作杂文是在抗战之后，结集有《历史的奥秘》《蛇与塔》《早醒记》《血书》等。抨击腐朽事物与黑暗现实，批判旧的伦理道德，力求改变中国人的精神面貌，是其基本主题。他学习鲁迅笔法，寓庄于谐，蕴怒于嘲，于平易质朴中见深沉。

秦似（1917～1986）也是鲁迅的后学。他的杂文，以广博的生活与历史知识做基础，厚积薄发，舒缓有致，文化气息较浓。其文如拉家常，说闲话，却又诙谐精到、充满智慧。主要杂文集有《感觉的音响》《时恋集》《在岗位上》。

曾与鲁迅有密切交往的冯雪峰，其杂文广泛涉及社会政治症结，文笔曲折、深透，且亲切。他善于绵密地说理，语言浑厚，思想锋利，有《乡风与市》《风》《有进无退》《跨的日子》等。

在上海"孤岛"，杂文创作影响最大的是唐弢，他是最能学得鲁迅风致的作者之一，杂文结集有《劳薪集》《识小录》《长短书》等。

随着抗日战争的爆发，在全国范围内兴起报告文学和杂文创作热潮时，北方与上海"孤岛"等地，小品散文还在继续发展。富于才情的萧红，在她优美的散文中，写自己逆境中的心情，加上抗战中的社会见闻。尤其值得一提的是她的《回忆鲁迅先生》一文，在众多的纪念鲁迅的文字中向为世人传颂。巴金的散文，在抗战后变得更加严谨坚实。李广田到大后方后，社会感明显加强了，《灌木集》所表现的乡土意识、传统风致，融于一种纯朴的意境中，透露着诗的静美，而且文笔清醇，耐人咀嚼。和李广田一样，耽爱"平凡的原野"的，是诗人冯至，他在这一时期的散文，只有一本《山水》，其中所写并非名胜，而是战时在西南艰苦的生活中所看到的"一棵树的姿态，一株草的生长，一只鸟的飞翔"。他以山水为题材的散文，大都贯注有对生命意义的思索。他对人与自然息息相关的描写，处处流动着诗的韵味。原本从事批评的梁实秋，1939 年后陆续发表了《雅舍小品》。他的作品不以抒情见长，而重议论，有意回避热点题材，不为时尚左右，多以生活中常见的事物为题，诸如男人、女人、理发、穿戴、吃饭、下棋等，但谈论中博雅的识见和幽默的遣趣，将人生体味艺术化了，别有一种阅读的魔力。其中《雅舍》一篇，写战乱时期作者隐居重庆郊外的住所，虽过于简陋，"风来则洞若凉亭，雨来则渗如滴漏"，但住久了，总觉"雅舍"是有个性的，"有个性就可爱"。通篇写陋室的"个性"，连鼠蚊袭扰，滴漏麻烦，在审美玩味的笔触下，都转为可忆可叹的生活体验，透露出知足自娱的豁达俊逸的心境。虽不大适从于时代大潮流，但其行文优雅怡裕，舒徐自如，虽有绅士和名士气，却让人读来感到亲切，可引发品尝人生诸多况味，获得生活真趣与愉悦。另一以遣趣为主的散文家是钱钟书，其《写在人生边上》，议论人生百态，措辞析理都入微透骨，文字汪洋恣肆，到处充满机智的幽默，不过有时过于尖刻，不如梁实秋敦厚平和。还有一学者型散文家王了一（王力），写了一本《龙虫并雕斋琐语》，批评时政及社会习俗。作者有很深中外文化上的修养，语言学家驾驭语言，朴雅的风格自备一格。

抗战之后，沈从文的主要散文集有《湘西》，比起《湘行散记》，艺术上更精熟。一方面写尽湘西的风土人情，一方面比以前更鲜明地表现下层人民的实际生活状况。作者笔下没有雄浑壮丽的文字，只有细密流动的叙述，《常德的船》《辰溪的煤》等，是受人称道的佳篇。

小说家张爱玲，她的艺术个性在散文中也得到了发挥。她这一时期的散文，多在《流言》一集中。其中《公寓生活记趣》，写城市生活种种凡庸琐事，《更衣记》写清代以来服饰时尚的流变，都着意写有特征的细节，语气略带调侃，不时融入作者的体验与感觉，给人印象很深。

13. 当代散文创作，大体上以 1966 年为界。1949 年～1966 年，散文创作呈现一派繁荣景象，其基本主题是歌颂新中国、新社会、新时代、新气象。其中特别值得注意的：一是大规模群众写作的开展；二是大批传记、文艺通讯的涌现；三是杂文创作方面的收获；四是抒情散文的全面丰收。

50 年代前期，出版有大量的报告文学和文艺通讯合集，如《朝鲜通讯报告选》（三辑），《经济建设通讯报告选》（两集），《祖国在前进》《肃奸反特通讯报告选》《技术革新通讯报告选集》《解放军通讯报告选集》，《志愿军一日》（四卷），《志愿军英雄传》（三集），《建设十三陵水库的人们》（五卷）等。50 年代中后期到 60 年代初期，又有《红旗飘飘》《星火燎原》为代表的革命回忆录和传记文学。这些作品集，大规模地、有组织地反映各个历史时期的革命斗争业绩，内中作品，以"工农兵业余作者"占压倒优势，题材均来自其身边生活与见闻，时代感强，主题单纯而一致，内容切实，感情充沛，风格朴素、清新、自然，基调开朗、昂扬、明快。

因 50 年代前期传记文学的铺垫，一部分"文化人"，也参与到传记文学的写作中来，其中也涌现出一大批佳作。如，《我的一家》（陶承）、《跟随毛主席长征》（陈昌奉）、《方志敏战斗的一生》（缪敏）、《悲壮的历程》（程世才）、《王若飞在狱中》（杨植霖）、《艰难的岁月》（杨尚奎）、《在大革命的洪流中》（朱道南）、《在最黑暗的年月里战斗》（陈农菲）、《在烈火中永生》（罗广斌）等。这些作品的共同特点是，怀抱坚定的信仰，充满崇高的理想，以真挚的感情和质朴的文笔，写出自己或他人可歌可泣的战斗生涯和革命业绩。

纪实性散文的实绩还表现在文艺通讯和报告文学领域，像魏巍的《谁是最可爱的人》，王磊、房树民的《为了六十一个阶级兄弟》，陈广生、崔家骏的《毛主席的好战士——雷锋》，郭小川的《无产阶级战士的高尚风格》，魏钢焰的《红桃是怎么开的》，孙谦的《大寨英雄谱》，黄宗英的《小丫扛大旗》，穆青的《县委书记的好榜样——焦裕禄》，都是脍炙人口的作品。

除了歌颂性题材，一些以揭露和批判为主的特写和杂文也是这一时期的创获。1956 年，因毛泽东提出"百花齐放、百家争鸣"方针并大力号召实行，出现了刘宾雁与"歌颂"相违背的"艺术特写"。60 年代，又出现了邓拓的《燕山夜话》，以及他与吴晗、廖沫沙合著的《三家村札记》。

除了传记、回忆录、文艺性通讯、报告文学，少量的批判性文字，构成这一时期散文景观的，更多的是抒情散文。活跃的作家，有巴金、冰心、老舍、叶圣陶、丰子恺、李广田、许钦文、方令孺、周立波、孙犁、吴伯箫、曹靖华、翦伯赞、季羡林、李健吾、叶君健、冯牧、严阵、杜宣、袁鹰、方纪、靳以、碧野、林遐、陶铸、魏巍、魏钢焰、李若冰、徐迟、何为、白桦、峻青、西谛、陈残云、姚雪垠、李霁野、闻捷、阮章竞、邹荻帆、侯金镜、杜鹏程、陈残云、周而复、杜鹏程、玛拉沁夫、于敏、杨朔、秦牧、刘白羽、菡子、郭风、柯蓝等，堪称极一时之盛。

杨朔、秦牧、刘白羽曾被称为这一时期的"散文三大家"。

14．从1976年开始，当代散文进入了一个大繁荣、大兴旺、大发展、大变化的时期。

这一时期，记叙散文最突出的成就主要表现在报告文学上（虽然我们这里讲散文，并未包括报告文学，但适当了解一下报告文学的创作，依然是必要的）。

党的十一届三中全会以后，报告文学像压抑不住的岩浆喷薄而出，它们及时地反映时代的脉搏，热情地歌颂四化建设中的英雄人物，严肃地揭露和抨击不利于四化建设的消极因素，及时地回答和提出人们普遍关心的问题，给人以惊醒，给人以振奋和力量。

新时期以来的报告文学，大致经历了三个阶段。

1977年至1980年，是第一个阶段，它以崭新的面目出现在读者面前，其基调是拨乱反正、呼唤改革。这几年的报告文学，热情歌颂与林彪、江青反革命集团进行斗争的英雄人物：杨匡满、郭宝臣的《命运》，对丙辰清明前后发生的伟大抗争作了全面的描写，显示了千百万人民的英雄气概；张书绅的《正气歌》，祖慰、节流的《线》，王晨、张天来的《划破夜幕的陨星》，分别描写了张志新、李郑生、遇罗克等为真理不恤殒身的大智大勇；翟禹钟等的《彭大将军回故乡》，追思了老一辈无产阶级革命家的高风亮节，将林彪、"四人帮"陷害忠良的鬼蜮罪行暴露于世。

以徐迟为代表的反映知识分子生活的报告文学，更是这一阶段的奇葩。徐迟的《哥德巴赫猜想》《地质之光》《生命之树常绿》《在湍流的涡漩中》，黄宗英的《大雁情》《固氮蓝藻》，理由的《高山与平原》《痴情》《她有多少孩子》，柯岩的《奇异的书简》《美的追求》，陈祖芬的《祖国高于一切》，黄钢的《亚洲大陆的新崛起》，李珍修的《笼鹰志》等，他们以知识分子的真实思想、工作和生活面貌为描写对象，表现了他们热爱祖国、热爱社会主义科学事业，不畏艰难困苦，不计生死荣辱，以攀登科学高峰，实现四个现代化而奋勇进取的崇高品德和精神境界。

随着拨乱反正而来的，是对于改革的呼唤：程树榛的《精盛图治》，张锲的《热流》，是最早呼唤企业改革和农村改革的作品；理由的《中年颂》，柯岩的《船长》，赞扬了一种为社会主义建设自觉劳动的主人公精神；韩少华的《勇士：历史的新时期需要你》，歌颂了青年服务员与不正之风勇敢斗争的精神。还有一些作品，则把视线投向了社会上的一些丑恶现象，不仅揭露和抨击了某些丑恶现象，还追溯和剖析了这些现象赖以形成的社会历史根源。

从1981年到1984年，可看作报告文学的第二阶段。这个阶段的基调是，改革开放，锐意进取。报告文学开始吸取多种学科的思想养料，采用多种表现手法，展示出它丰富多彩的风姿。理由的《希望在人间》《南方大厦》，李延国的《废墟上站起来的年轻人》，周嘉俊的《南通虎》，蒋巍的《在大时代的弯弓上》，把深深的敬意献给了改革中的英雄。陈祖芬的《共产党人》，袁厚春的《省委第一书记》，乔迈的《"三门李"轶闻》，昭示着共产党人是如何自觉地承担重任，成为改革中的中坚。黄宗英的《桔》《小木屋》，孟晓云的《胡杨泪》，刘真的《一片叶子》，向义光、张飙仙的《她心中有个明亮的世界》，描述了那些普通的脑力劳动者和体力劳动者是如何与改革的脉搏息息相通的。韩少华的《继母》、肖复兴的《海河边的一间小屋》、李玲修的《足球教练的婚姻》，写的虽然是儿女情、家务事，弘扬的却是民族传统的美德。李延国的《在这片国土上》，何启治、刘茵的《播种鲁迅之火》，鲁光的《中国姑娘》，蒋巍、贾宏图的《大洋的此岸和彼岸》，开始突破一人一事的格局，把目光投向群体，开启了全方位、广角度报道的先河。

这个阶段的报告文学，不仅更加纯熟地运用小说、散文、诗歌、电影的表现技法，而且采用"意识流"、"蒙太奇"等手法，使人物描写走向多层次、多侧面；并将社会评论、哲学思辨引入作品，增加了作品思想内容的张力。

1985 年至 1988 年，是新时期报告文学的第三个阶段。这个阶段以写"社会问题"为主的报告文学大批涌现，这类报告文学，几乎包容了作为国家主人翁对社会生活全面观察和思考的全部内容。作品披露了改革征途上的种种艰难，揭露了社会生活中存在的种种危害改革事业的不良现象。麦天枢的《西部在移民》、李延国的《走出神农架》、胡平和张胜友的《世界大串连》，展示出广阔社会背景下有关农民、农业和人才等问题；沙青的《北京失去平衡》、徐刚的《伐木者，醒来》，涉及生态平衡和环境污染问题；涵逸的《中国的"小皇帝"》、孟晓云的《多思的年华》，涉及独生子女和青少年教育的问题；霍达的《万家忧乐》、谢德辉的《钱，疯狂的困兽》、陈祖芬的《一九八七：生存的空间》，涉及市场、金钱、住房等问题；赵瑜的《太行山断裂》等，涉及民主法制的问题；霍达的《国殇》、赵瑜的《强国梦》、尹卫星的《中国体育界》，涉及知识分子待遇、体育人才培养、体育事业发展的战略等问题；钱钢的《唐山大地震》《海葬》等，通过反思历史，给人们提供了某种实施改革的历史参照系数。这类作品，多采用全景式的描述方式，较多地运用理性思维进行评判，既包含较为深广的社会文化内容，又概括了较为丰富的社会生活事象。

除了社会问题报告文学引起强烈的"轰动效应"外，这一阶段以写人物为主或以写事件为主的报告文学，也取得了很大成功。如，陈祖芬在 1984 年到 1986 年两年时间内写的系列报告《挑战与机会》11 篇，作者从经济理论这个窗口，观照改革中的人和事，"打开眼花缭乱的生活迷宫，洞察历史变革和人们心灵变化的来龙去脉，描绘改革浪潮奔腾前进的动人情景"，无论是单篇还是整体，都不亚于优秀的"社会问题报告文学"。其他如李延国的《中国农民大趋势》、李存葆和王光明的《大王魂》、周钢的《西天一柱》、柯岩的《女人的魅力》、罗达成的《一个成功者和他的影子》，都是奏响社会主旋律的优秀之作。

这阶段的报告文学，艺术思维向理性突进；观照生活向宏观突进；篇幅向长篇突进；规模向史诗突进。报告文学中理性成分的增加不但未削弱报告文学的艺术魅力，反而使它能鸟瞰般地总览广袤的地域、久远的历史，气势磅礴地反映出具有深远历史意义的改革开放。

1988 年，全国 108 家文学期刊共同发起了规模巨大的"中国潮"报告文学征文，一年内发表近千篇作品，经评选获奖的有 100 篇。这次征文的作品，"合起来形成一个行动壮丽的时代大画卷，从不同角度反映了我国时代大潮的某些重大方面，记录了当代中国人民观念更新、精神蜕变、性格形成的艰难历程"（张光年：《报告文学的节日》）。1988 年以后，报告文学虽然失却了前些年惊雷震天的现象，但它依旧使人感到它强劲的生命力。

从 1977 年至 1988 年，中国作家协会举办了四次全国优秀报告文学作品评选，再加上 1988 年"中国潮"报告文学征文评奖，几乎囊括了这一时期有代表性的优秀作品，显示了报告文学非凡的业绩。

15. 在新时期到来之初，抒情性散文曾有过短暂的"挽悼散文热"，旋即转入了"回忆性散文"的写作；接下来，是重在抒写人性、张扬个性、表现心性的"个性（或心验）散文"，再后来，随着社会生活的进一步复杂化和新的以"高科技、高知识、高文化"为显著特征的现代生活的逼近与到来，又出现了一直延续至今的"文化（或知性）散文"热；它与注重生活、情感、智慧探寻的大量的"日常散文"一道，稳步发展，加上前述"个性（或心验）散文"，三者共同构成90年代抒情性散文的奇丽景观。于是，到20世纪末叶，在大陆，由大众、作家、学者一道构筑了一座宏伟无比的"散文金字塔"：塔基是"大众散文"，注意日常生活的品味与咀嚼；塔腰是"作家散文"，注重艺术的创新与追求；塔顶是"学者散文"，注意文化的发掘与传播。这种景象，是前一历史时期中所根本不可能产生甚至无法想象的一种文学的现实，这类散文的创作，更是名家辈出，著名的有巴金、孙犁、杨绛、黄裳、王蒙、宗璞、张洁、王英琦、唐敏、史铁生、贾平凹、周涛、张承志、韩少功、张中行、余秋雨等。但这一时期的议论性散文，尤其是其历史上的主体形态——杂文，从整体声势和水平上看，还不能与抒情性散文媲美。

## 二、外国散文的发展

1. 由于资料的阙如，我们对外国散文的介绍，只能粗略地介绍一下法、英、美散文发展的概貌，但我依然推荐你重点读一读这节。

正如有的专家所言，当代读者对散文的理解，主要从《笑》《荷塘月色》这类名篇中来，既定的民族文化形式，不可避免地要规范我们的文化观念与文化趣味，如按这种既定的民族格式与常见形态去面对、衡量另一个国家、另一个民族的散文，会感到不习惯。因此，在讲外国散文发展之前，我们有必要先介绍一下外国散文的观念与特点。

在西方，散文是相对诗歌、戏剧而言的，凡不讲格律，行文如说话的散体文章，不论艺术的，还是非艺术的，统称散文。《大英百科全书》（1980年第18版）对散文的解说是："散文是一个无限广阔、多样的文学领域，是不能以任何单一的内容、技巧或风格概括其特征的。它的定义只能规定得很松弛，以它不是诗歌、小说、戏剧来表示。非小说性散文起源于对事实的质朴的陈述，例如古代的编年史，公文式非私人信件的插入段落……"

在西方，由于戏剧、诗歌的发达，在很长时间内，散文被冷落，直到16世纪，个性主义传向欧洲，人的个性在写作中日益显得重要，作家为了更少伪装，更多自我坦露和内省，经常采取书信、日记等自由形式，非小说性散文才逐步发展起来。

16世纪，法国人文主义思想家蒙田（1533～1592）创立了一种"Essay体"，后传入英国，为培根（1561～1626）所发展，称为"Familiaressay"，被译为"家常闲话式的散文""絮语散文"，即"随笔"。此后，西方的文学辞典多认为随笔是一种精雕细琢、微妙深奥的炉边谈话，它将严肃的道德观点、格言警句以及仲裁性言论用圆熟的方式表述出来；随笔不像长篇大论或伦理文章那样严峻、一本正经，读起来轻松而又不干瘪，恬淡而不琐碎。再后，随着社会的发展，随笔跳出书斋，衍生出一种纪游、状物、感悟人生的抒情小品，被称为"个人小品"、"正式的小品文"或"非小说性散文"，其特点在于以轻松愉快的口吻讨论日常琐事，表现自我对于社会人生的感悟。在这个基础上，才逐渐形成狭义散文的观念。

总的来说，西方散文的外延非常广，凡采用文学笔法，不论谈论的是历史、现实、政治、经济、文化、哲学、爱情、艺术、人生、社会、战争、和平、宗教、教育、都是散文。它涵括了议论、评谈、对话、游记、演讲、札记、序跋、书简、日记、叙事、抒情、随笔等多种形式，举凡诗歌、小说、戏剧之外，都是散文的蓝天与绿地。从古代到近代，希罗多德的

《波斯战争史》、色诺芬的《居鲁士的教育》、柏拉图的《对话录》、亚里士多德的《诗学》、西塞罗的《演说》、贺拉斯的《书信》、普鲁塔克的《比较列传》、奥里厄利斯的《沉思集》、奥古斯丁的《忏悔录》、马可·波罗的《游记》、达·芬奇的《笔记》、马基雅弗利的《君主论》、莫尔的《乌托邦》、蒙田的《随笔集》、培根的《论说文集》、德克的《愚人初级读物》、笛卡尔的《灵魂之情愫》、富勒的《神境与俗境》、依夫林的《日记》、帕斯卡的《思想录》、斯威夫特的《无稽之谈》、布封的《自然史》等，都是西方散文史上的经典散文作品。这也就是为什么罗素会以《西方哲学史》、邱吉尔能凭《第二次世界大战回忆录》而问鼎诺贝尔文学奖的原因之一。

西方散文的另一个历史特点是它注重理性，长于分析。西方散文发展的历史，是与思想史的发展同步的。在西方，不存在为写散文而存在的散文家。一批思想文化巨人将他们的思考和对话写成文章，便产生了这种融理论分析与鲜活情感于一炉的散文。不论是苏格拉底、柏拉图、亚里士多德，还是20世纪的罗素、萨特、加缪，莫不如是。

西方散文还有一个特点，就是他们关注时代，探索人生，回应社会问题，风云际会，多从大处着眼、小处落墨，一书一文，皆有大智大情。拉罗什富科的《箴言集》，是"人类状况的镜子"和"人类心灵的肖像"；帕斯卡的《思想录》，是对人的精神形式与精神归属的探寻；孟德斯鸠的《波斯人信札》，是对当时法国社会世风日下、道德沦丧的尖锐讽刺；约翰逊的《闲暇者》，是对名誉、友谊、爱情的空幻与18世纪弊端严肃的言说；蒙田的《为雷蒙德·塞明德辩》、弥尔顿的《论出版自由》，则是直接投入历史论争的檄文。20世纪，面对大战、环境污染、能源危机、人口爆炸、核战威胁等全球性问题，斯坦贝克的《战地随笔》、罗素的《人类面临的危险》，询问人类做错了什么，这样做我们能否还有未来？感受20世纪人类的精神迷茫，人性困惑，托马斯·曼丽的《我们的人生信念》、萨特的《七十自述》，探究的是人性何是、人生何为等根本性问题。在散文天地里，抒写个人情怀，咏叹人生悲欢，只是一片小小的景观。

西方散文的又一个传统，是具有鲜明的文学个性。写散文不一定是文学家，帕斯的散文集《孤独的迷宫》，备受诺贝尔文学委员会青睐，但那是社会学散文；加缪最著名的散文《西西弗神话》，则是一篇哲学随笔。但优秀的散文，总是具有鲜明的文学个性。历览西方著名的散文作品，你总会被蕴藉于理性之中的文学情感、文学造诣所感染，你总能体会到那些说理散文鲜明的文学个性。达·芬奇的《笔记》，"把一切都化为思想与华章，展露着无法满足的求知欲和非凡的使不同事物形成统一整体的想象力"；斯威夫特的《无稽之谈》，议论风生，理趣盎然，处处表明作者具有超凡的讽喻才能；蒙田的《随笔》，在宁静的外表下，流贯着的是一种文化相对主义，他总是提出问题让你思索；培根的《论说文集》，遣词考究，句式利落，归纳严谨，显示出他特有的典雅与自信；拉罗什富科的《箴言集》，充满着智慧的幽默与辛辣的忧郁；帕斯卡的《思想录》，则弥漫着神秘和至诚；而卢梭的《忏悔录》使人膺服的，真实的激情，具有逾越时空的力量。它们所显示出来的文学个性，不在精巧的构思和字字珠玑的文学语言，而在水银泻地般的弥漫性。

2. 如果与中国散文比，法国散文明显不如中国散文多。在中国散文中，像《藤王阁序》《桃花源记》《赤壁赋》《岳阳楼记》《秋声赋》《陋室铭》那样布局极为凝练完美，字字有如珠玑，读来朗朗上口，且为世代广为传诵的妙文，实在不少，而在法国，有自己独立的艺术生命、能在历史的长河中传诵不衰的单篇经典却为数不多。成书成册的散文名著，构成了法国散文史系的框架与支柱，其数量之多，当居世界前列。它们不仅在艺术上有着欣赏玩味之美趣，而且在思想、文化上有着厚重的份量与开创意义，并产生了世界性的深远影响。

法国散文的开端是在 16 世纪。从这时开始，涌现出了相当一批甚有实绩的散文作家，如加尔文的《基督教建制》一书，以及他近两千次的布道演讲，其庄重的文笔、简洁有力的风格、引人入胜的论说，为法国散文开了一个好头。多比涅的《写给孩子们的自传》，则提供了法国最早一部饶有兴味的散文回忆录。在散文家中，还有一个霞光万道的人物与一部气象万千的散文大作，那就是蒙田和他的《随笔》。《随笔》属人文主义思潮的结晶，代表了一个时代的心声与智慧，充满了自由个性的情趣，它以广博充实的内容与明洁清新的风格在文学史上保持着散文经典巨作的至高地位。

17 世纪是法国散文继续大放光彩的时代，致力于写散文并获得出色成就的作家大有人在，传世之作也不止一二。帕斯卡尔的《思想录》，就其片断散论的形式而言，与中国古代子书有些相似，但就其规模之大，思辨之精，则有过之而无不及。它思绪畅达，文笔明净，即便到了 20 世纪，仍是人们汲取哲理灵性的源泉。拉布吕耶尔的《品性论》，是一部深刻隽永的奇书，它对社会各阶层的人"成体系"的描述评析，构成了一个时代众生相的百科全书式的画册，既带有时代研究总结的性质，又达到了很大的人性深度，其启迪认识价值，不言而喻。拉罗什富科的《箴言集》，是由一条条精辟隽永的格言组成的集锦，五百多条目，机智犀利、出色独到的思想，俯首即拾。塞维涅夫人的《书简集》，清丽自然，既有当时生活的写照与见闻，又不乏作者的实感与性灵。波须埃的《谏词集》，是文学史上一本独特的书，集中了他庄严肃穆、深切感人的追悼文。他这类文章，将追忆缅怀、说论评判、感情抒发、哲理阐释熔于一炉，富于灵感与诗意。圣西门公爵的《回忆录》，史料丰富，见闻广博，观察敏锐，描述生动传神，文笔充满情趣，是兼具史学、文学双重价值的名著，备受19 世纪浪漫主义作家的推崇。

18 世纪，是法国散文极度辉煌的时期，真正称得上世界文化伟人的大散文家接二连三地涌现，他们在历史社会巨变的前夜，以自己超常的心智与雄浑的笔力写出一部又一部散文巨著，为新时代的来到启迪世人的思想，人类近代精神文明的大厦就是靠这些巨著作为主要基石建立起来的。

孟德斯鸠的《波斯人信札》是最先宣告启蒙思潮的散文杰作，其尖锐的社会内容、深刻的思想内涵与优雅随意的信札文笔，完美地统一在一起，是人类散文艺术的一大景观。伏尔泰，这个对法国专制主义社会起了摧枯拉朽作用的大思想家、大散文家，最善于在自己的散文中对旧时代制度进行嬉笑怒骂。他的《哲学通讯》，是带来新思潮、起过启蒙作用的散文力作；他的《路易十四时代》，在生动有趣的个性化描绘中贯彻了近代历史学的科学方法，对后世历史学影响极大，至今仍是史学著作的楷模、历史散文的经典。到了狄德罗手里，散文更是派上了大用场，成为他建造启蒙思想宏伟大厦《百科全书》的有力工具，他以此完成了"改变人们普遍思想方式"的伟业。与此同时，他还是近代第一位将严整的艺术理论体系、深刻独到的艺术见解与生动的艺术化文笔结合在一体的大批评家，他一系列精彩纷呈的批评论著，在欧美批评史上享有巨大的声誉。卢梭更是写出了一系列散文经典的伟人，他的《民约论》《论人类不平等的起源》，奠定了近代民主政治的思想理论基础，是划时代的巨作。他的自传《忏悔录》与《漫步遐想录》，是世界文学史上最为杰出、影响最大的文学散文经典名著。它以清新而富有感情色彩的文笔所传达出来的个性解放的精神，自我祖露的勇气，返朴归真的向往与愤世嫉俗的力量，对 19 世纪文学有着巨大影响。

18 世纪另一位大散文家布封，则以其卷帙浩繁的《自然史》而闻名，这部作品，以生动的文笔，对整个自然界从天文气象、地质地理到树木花草、飞禽走兽，作了生动的说明与描述，既是一部唯物主义的科学巨著，又是一部有文学价值、规模罕见的散文大作。

到了 19 世纪，虽然法国小说创作空前昌盛，但在散文领域成绩斐然的作家和有分量的散文力作，仍然不少。夏布多里盎是以词藻丰富华美而著称的一位大散文家，他的《基督教真谛》一书，特具文采，充满灵性，不仅唤起了整个一代人宗教信仰的复兴，而且是 19 世纪浪漫主义文学的第一部名著，其影响十分巨大。司汤达的《罗马、那不勒斯、佛罗伦萨》，着重于社会、政治与历史方面，是对一个国家一个时代有深度的写照与评析。他的《罗西尼的一生》，是一部很有特色的音乐家传记；《论爱情》则是一部有心理深度而趣味盎然的专著。雨果仅游记写作就有好几部，其中以《莱茵河》一书文学价值最高。它是莱茵河流域自然风光、历史社会、人文习俗的全面展示，而且显露出欧洲一体化的远大目光。他的《莎士比亚论》是一本独特的批评论著，其充沛的激情与火一般的语言，具有文学散文强烈的感染力。他卷帙浩繁的《见闻录》，是他漫长一生在政治社会、文学艺术、联谊交往等各方面经历、活动、目睹耳闻的形象纪录，充满了生动的历史场景、栩栩如生的人物和有趣的轶事，兼有文学与史料的双重价值。福楼拜多卷本书信集，论文说理，言之有物，加之通信者不少均为一代名流，在文学昌盛的年代，既为他赢得了散文家的地位，同时还具文史方面的价值。都德以他作为小说家的出色的散文化倾向，在世界文学中享有独特的声誉，他的《磨坊文札》，是小说化散文与散文化小说的典范之作。左拉的《我的憎恨》《真理在前进》，是左拉作为文学家兼社会斗士这种身份特点的具体体现，它们在法国社会斗争中发挥了非常重要的作用。19 世纪的历史散文也名著迭出。米舍莱的《法国史》，因其史笔有想象的补充，描述生动，有"想象学派"之称。丹纳的《艺术哲学》，则是一部史论结合的艺术史巨著，有其自成一家的理论体系、充满形象的历史描述与鲜明灿烂的文采。勒南的《耶稣传》，不论就内容还是就文笔而言都是一部经典名著。

20 世纪，虽然也是小说昌盛的世纪，但散文领域依然大放光彩、具有世界影响的作家作品亦为数不少。罗曼·罗兰的《贝多芬传》《米开朗琪罗传》，充满了感情色彩的散文写作达到很高的成就，其中宣扬的英雄主义与主体奋进精神，曾在整个青年中刮起了一股向往之风。纪德的《地上的粮食》，堪称这个世纪的散文经典，它流出的个性自由的清泉，滋润了一代又一代的心灵。他的《刚果日记》，是世界"左倾"散文中难得一见的成功之作。莫洛亚的《拜伦传》《巴尔扎克传》《雨果传》等传记巨著，其渊博历史知识，深厚的学术功力、生动的性格描绘、意趣雅美的文笔，在世界传记散文领域中，至今仍无人能出其右。圣爱克苏贝里的《人的大地》等小说化散文，将人类从事航空开拓事业的丰富感受写到了美的极致。萨特的理论散文与政论有十多卷，在思想文化、社会政治领域均产生了世界性的巨大影响。他的自传《文字生涯》是《忏悔录》式的不朽力作，其严酷的自我剖析表现了作者非凡的人格力量；他的《圣徒日内》《福楼拜》《波德莱尔》三部鸿篇巨制，以其巨大的心理深度与深刻的哲理思辨而被认为是作家评传中的奇书。他终身伴侣西蒙娜·德·波伏瓦的《第二性》，是当代女权主义的经典巨著，在全世界影响极大；她那富有文采的多卷本回忆录，是一代知识分子生活历程与西方文化界状态详尽忠实的纪录，具有很高的文献价值。与萨特关系密切的加缪，是 20 世纪一位举足轻重的哲人，他的名著《西西弗神话》，对人的生存状态有极为深刻而形象的描述与阐释，对世界的影响怎么估计也不会过分。马尔罗的《反回忆录》，既有丰富的意义重大的历史社会内容，写法上又别具一格，被认为是新潮派回忆录的典范之作。

3. 在英国，一直到 16 世纪末尚无值得称道的散文。虽然在培根之前已有黎里繁丽工整的《尤弗伊斯》，纳什的明白流畅的《不幸的旅人》，胡克绵密雅洁的《论教会政策的法则》，但他们始终无法摆脱古罗马西塞罗和塞内加的影响。英国文人习惯于用拉丁文写作，他们认为那才是他们学识与水平的标志。在这种错误观念的支配下，绝大多数英国作家还不能纯熟自如地运用英语母语写作精确流畅优雅的散文。

16 世纪末，由于时代的需要，英国作家开始在本民族的语言——英语——的基础上，汲取古希腊、古罗马的散文，希伯来的哲学和文学经典——《圣经》以及蒙田随笔的营养，创造属于本民族的散文。这中间，成就最大影响最大的，是培根的《随笔》（又译作《论说文集》）。1597 年，他学习法国蒙田，将随笔的形式移植到英国，写了他自己的 10 篇随笔，至 1625 年，增加至 58 篇，重新出版。他的随笔，充满了格言警句，闪耀着社会人生哲理的诗意光辉，形式凝练、雅洁、坚实、隽永，几乎字字珠玑，有着相当的概括力和穿透力。培根凭他的《论说文集》成了公认的英国散文的奠基人、有世界影响的散文大师。从此，随笔这一散文样式也成了英语散文中作家最喜欢运用、读者最喜欢阅读的一个品种。

紧随培根，英国涌现出一大批卓有成就的散文家。其中有《发现集》的作者本·琼生，擅长写"人物记"的散文家戴克、奥佛伯里，写《医生的宗教》《瓮葬》的随笔作家托马斯·勃朗，写《忧郁的分析》的随笔作家伯尔顿，写《垂钓大全》的随笔作家沃尔顿，《随笔集》的作者考利，杂文集《论诗》《论古与今之学》《论园艺》的作者坦普尔，还有写作政论性小册子的大诗人弥尔顿，剧作家和文论家德莱顿，哲学家霍布斯和洛克。

这一时期的英国散文，在样式和风格上多姿多彩，除了培根移植成功的随笔，还有"人物记"、布道文、政论小册子、书信体、日记体和对话体散文、哲学散文、文论散文等，几乎无体不备。仅以随笔而论，培根的哲理随笔同蒙田随笔仅仅是形式上的相似，而沃尔顿的《垂钓大全》、考利的《随笔集》、坦普尔的《杂谈集》，就与蒙田那富于自我情趣、闲适幽默的随笔形神毕肖了。在风格上，多数散文家追求朴实、平易、亲切、优雅，但也有像勃朗、戴克坚持的热情华美、富于韵律感的巴洛克散文（即"诗散文"）。但不论是朴实平易，还是热情华美，每一位散文家都有自己的风格。

1688 年的"光荣革命"之后，英国资本主义进入和平发展的历史时期。在文艺上，也仿效法国，出现了一个以新古典主义为标志的新局面。18 世纪的英国，在诗歌和戏剧创作上虽然未出现像莎士比亚、弥尔顿那样第一流的大师，但小说和散文创作上却大有建树。

18 世纪的英国，是一个典型的"散文时代"，促成散文繁荣发展的原因很多，其中新闻事业的发达，报刊文学的兴起，以及有关文学社团、流派的出现，是重要原因之一。18 世纪文坛上的重要人物，如笛福、斯威夫特、艾迪生、斯梯尔、菲尔丁、约翰逊、哥尔斯密斯等，无不与这家或那家报刊有着密切关系。英国的 W·E·威廉斯在《英国散文选》的序中说："18 世纪的报刊造就了 18 世纪的散文。"

报刊文学中最活跃的人物是笛福。他是个精力异常充沛、有多种才能的人，先是商人、编辑、记者、政治评论家，60 岁后因创作小说《鲁宾逊漂流记》而成为著名的现实主义小说家。他长期从事报刊工作，写过长短各异的文章 500 多篇。他的散文，富于民主精神，贴近社会现实，贴近人民口语，观察敏锐，注意细节描写，有丰富想象力。斯威夫特也是活跃的人物之一，他的《书的战争》《桶的故事》《育婴刍议》和《布商书信》，是英国讽刺文学的顶峰。他写给埃丝特·约翰逊小姐的情书《致斯苔拉小札》，是情深意浓的美文、英国书翰文学中的珍品。他散文中炽热的义愤和道德感、超拔的想象力，后人难以企及。

谈到英国18世纪上半叶的报刊散文，不能不提到斯梯尔主编的《闲话报》和艾迪生主编的《旁观者报》。《闲话报》为斯梯尔创办，宗旨是"提出真理、纯洁、荣誉，与美德为人生主要之特色"，"为人生"的社会启蒙教育目的十分明显。斯梯尔曾说："万千世界，乃我主题。"《旁观者报》为艾迪生和斯梯尔共同创办，与《闲话报》的宗旨一脉相承。《闲话报》和《旁观者报》实际上是当时英国散文中的一个社团、一个流派，其特点是坚持"为人生"的社会启蒙教育，两报所有的议论、抒情、记叙、描写、随笔，都极富个人情趣，内容涉及时事、社会新闻、人们的娱乐时尚、社会风习、道德伦理、个人修养、科学发明、文艺鉴赏等社会文明的诸多方面，目的就是一个，即提高社会特别是中产阶级的文明程度。这个散文社团和流派，对英国散文发展的主要贡献，一是把培根开创的随笔散文发展成为一种形式上轻松活泼，内容上无所不包，手法上集议论、抒情、记叙、描写于一体，并富有作者个性的文学体裁，使之深受读者喜爱；二是《旁观者报》关于罗杰爵士的极富个性化的特写，承传发展了17世纪"人物记"的传统。

此期间，温润秀雅、幽默风趣的艾迪生，被认为是上继培根下启兰姆的一代随笔散文大师。

18世纪下半叶，约翰逊博士是公认的文坛盟主。他人格伟岸，文气汪洋，议论风发，如海如潮，英国文人，罕有其匹。他以"闲散人"为笔名发表的近似于杂文的议论随笔，无意中继承和发展了弥尔顿政论文的雄伟风格；他的《英国诗人传》，是文学传记与文学批评完美结合的典范之作；他的《〈莎士比亚戏剧集〉序言》，也是这方面的名篇。他对英国传记文学和文论的发展做出了重要贡献。

哥尔斯密斯的散文代表作《世界公民》，学习法国孟德斯鸠的《波斯人信札》，假托一个在英国旅游、观光、考察的中国哲学家给国内友人通信，对当时英国的许多弊端进行巧妙批评。作者以异国人的眼光看英国，造成一种陌生感，使散文显得很有趣。

鲍斯威尔的传记散文《约翰逊传》，是英文中最完美的传记。他采取全新的表达方式，不靠传记作者的叙述，而靠传主本人谈话、书信、笔记来表达一切，作者只提供必要说明，而让传主一直谈下去，人生、文学、哲理、宗教等无所不谈，以表现他的学识、趣味、正直、善良以及偏见、怪癖。他以约翰逊博士为中心，记录了当时的社会、人物与史实，于是在这本传记里，人们看到了对一个真人的最真实丰满的生动写照，也通过他，看到18世纪下半叶文人社会的真实面貌。鲍斯威尔的《约翰逊传》，标志着传记文学的现代化。

吉朋的鸿篇巨制《罗马盛衰史》，更是英国散文的千古绝唱，它对英国历史散文的重大贡献，更是无须多说。

19世纪是英国散文发展的鼎盛期，18世纪最后10年至19世纪的前30年，在英国文学中有一个对新古典主义挑战和反叛的浪漫主义文学。浪漫派散文家兰姆和赫兹里特等人，把英国的随笔散文推向了极致。但对于19世纪的英国散文来说，这只是一个开始。接踵而来的，是更丰富的散文内容和更多的散文样式，更丰饶的散文作品。

兰姆是英国最著名的随笔作家，他的53篇随笔，收在《伊里亚随笔》一、二集里。他以自我经历和伦敦平常人事为素材，从中发掘日常生活的情趣和诗意，写法亲切随意，写实与幻想结合，悲喜剧因素融合，幽默风趣之中，渗透着人生的苦涩和辛酸，被称为"含泪的笑"。他的行文古雅俏皮，曲折深至，风格奇特多变，篇篇耐人寻味，他将蒙田亲切随意、极富个人情趣和个性色彩的随笔，发展到了极致。

赫兹里特也是重要随笔大家，其创作成就与兰姆在伯仲之间，但风格迥异。他的随笔，有气势、有激情、有想象、有色彩，行文好用典故却又自然得体，句法工整却又自然大方。他是大批评家，他的文论散文也极有风格，斐然可观。

浪漫诗人布莱克的《地狱箴言》，是精粹的散文诗。雪莱的艺术评论和哲理散文，则是典型的诗人散文，有着诗的激情、诗的博喻、诗的意象、诗的语体和诗的旋律，是瑰丽的美文，也是不分行不押韵的诗。

英国杰出的批判现实主义作家狄更斯和萨克雷，不仅是大小说家，也是大散文家。狄更斯的《包兹小品》《美国札记》，萨克雷的《势利小人集》，表现了他们作为批判现实主义作家的讽刺批判精神。

19 世纪，英国历史散文也有所发展，特别是议论散文，有了重大发展。

19 世纪中叶，是英国和欧洲空前动荡时期，这个时期争论也特别多，有各种意见发表于期刊和以单本著作出版，英国散文把说理和论辩的作用提到了第一位，促成了议论散文的前所未有的繁荣，其中长篇演讲体散文、政论家的散文、美学家的散文、文论家的散文、自然科学家的散文，都蔚然可观。

卡莱尔的《法国大革命》，是 19 世纪英国历史散文代表作之一。作为历史，该书舛误甚多，态度也颇偏激，但文学价值极高。他以充满激情的生动笔调描绘法国大革命中若干精彩场面与人物，在文采上要超过吉朋的《罗马盛衰史》。麦考莱的《英国史》，也是一部历史散文名著。麦考莱自述他写这部历史，是要"给真实的历史的叙述以小说一般的诱惑力"，"要写出一点东西能代替少女桌上的时髦小说"。具体说，就是："使过去的如在现今，使遥远的如在近前，使我们与伟人为伍，或居高俯瞰一次伟大战役的战争，把常以为是寓言中的拟人化的人物变成血肉之躯，唤起我们祖先以其特有的语言、仪态、服装出现在我们面前，引我们到他们家去，在他们餐桌边坐下来，检视他们的旧式的衣箱，解释他们笨重家具的使用法，这些原是属于山史家的，而被历史小说家夺去了。"他以文雅闲适的笔调，无数有趣的细节，来烘托历史的大局面和表现历史人物，有很高的艺术性。

英国维多利亚女王时代(1837～1901)，是大英帝国国力鼎盛的时代，也是英国社会贫富悬殊、劳资矛盾和其他社会矛盾尖锐的时代。关心英国人民命运和国家前途的英国作家，没有在众多矛盾面前闭上眼睛保持沉默，他们慷慨陈词，就救治社会问题发表自己的独立见解。卡莱尔的《英雄和英雄崇拜》、罗斯金的《芝麻和百合》等长篇讲演体的议论散文，也就应运而生。他们的博识和才情，使演讲成为极漂亮的议论散文。

19 世纪最著名的美学批评家罗斯金，他论绘画和建筑的美学批评不仅见解精湛，而且行文有如作画谱曲。他用丰富的色彩描绘风云山水、街景、建筑，不仅描绘出一幅幅美景，而且讲究文章节奏，追求音乐效果，被人称为"美的使者"。

政论家密尔的《论自由》，文字明白晓畅，见解精辟独到，论证层层推进，用浅近比喻说明深刻道理，可读性和吸引力极强，它不仅是英国资本主义思想的重要著作，也是 19 世纪英国议论散文的代表作之一。

达尔文和赫胥黎关于进化论的科学论著，在现代科学史和思想史上的重大意义不言而喻。达尔文和赫胥黎并不认为自己是散文家，也不认为自己写那些论著时，是在写散文。但不少英国人写的《英国文学史》，都把他们列为英国 19 世纪的散文家。

20 世纪的英国散文，除保持传统优点，又有新的演变和拓展。

随着现代生活节奏的加快，兰姆式的语带双关、绕来绕去、欲说还休、必须经过细揣摩品味方能领会其幽默隽永的过于优雅的随笔，已没人写了。20 世纪较著名的随笔作家，如卢卜斯、林德、切斯透顿、贝洛克、比尔博姆、普里斯特、奥威尔、奥·赫胥黎等人，绝大多数是记者和编辑，多才多艺的学者和作家，他们不可能像兰姆那样精雕细刻了，他们写得又多又快。他们的随笔，数量和质量之间就出现了不平衡，但其中也不乏佳作。

20 世纪英国最值得重视的散文大家，当首推意识流小说的开山祖师弗吉妮亚·伍尔夫。她的散文清新秀逸，富于灵气，有特殊的女性散文魅力。她的文学评论，有着独特的视角和风采。她擅长于从作家的书信、日记、作家的爱情婚姻等家庭生活切入，以透视作家深层心理的某一侧面。她以清新秀逸、富于灵气的文笔，无限深情地写出她对所评作家的全新发现和独特感受，其间又摇曳着袅袅的情思和蕴涵着深深的韵味。

20 世纪，英国有 4 位诺贝尔文学奖金获得者——萧伯纳、高尔斯华绥、罗素和丘吉尔。他们都是卓有成就的散文大家。戏剧大师萧伯纳，他早年的音乐评论和戏剧评论，以及他为 50 多部剧本写的序跋，他的演讲、书信，甚而是字数不多的明信片，都被文学史家认为是机智雄辩、尖锐泼辣、汪洋恣肆、极富个体风格的上等散文。小说大师高尔斯华绥的散文，以善于描写自然风光、社会风情和人物命运著称，属典型的小说家散文。一代哲人、数理逻辑大师罗素，他的散文以阅历深广、思路开阔、格调豪迈、文笔雅健闻名。丘吉尔是举世闻名的政治家、军事家、历史学家和语言学家，也是有影响的散文大家。他的演讲，以机智雄辩、简洁隽永而与美国总统林肯齐名。他关于第一次世界大战和第二次世界大战的历史回忆录，是 20 世纪英国历史散文成就的最高标志。他在 50 年代发起文风改革，批评华而不实文风，倡导平易准确的纯正英文，对英国散文发展影响深远。

4. 美国文学界迄今为止尚无一个精确而权威的散文定义。美国最权威的词典《韦氏新国际词典》对"散文"的释义是："散文是一篇分析、解释或评论性的文学作品，通常较正式论文为短，也不如正式论文系统和正规。作者往往从一个局部，根据自己的观点来讨论某一主题。"这反映了美国公众对散文的理解。在美国人看来，散文，似乎是一种朴实无华而又无关宏旨的体裁，短小精悍，无韵，或记录个人的经历，或表述主观的看法，这是它突出的特征。

美国是个年轻的国家，其文学是从散文起步的。英国学者马库斯·坎利夫在《美国的文学·序》中指出："无论如何，在创作方面是这样的，小说、诗歌和戏剧在美国长时期没有得到发展。一般讲起来，批评、历史和辩论文章，美国人写起来比较容易。"美国独立战争期间，启蒙主义者本杰明、富兰克林、托马斯·潘恩和托马斯·杰弗逊的散文，帕特里克·亨利的演说，兼有思想家深刻的洞察力和革命家鲜明的战斗性，表现了一个独立自主的新民族的革命风格，开创了美国散文文学的优秀传统。他们的作品是美国早期文学的代表。

本杰明·富兰克林是美国独立革命的领导人和启蒙运动的文化巨匠之一，康德曾称赞他是"第二个普罗米修斯"。歌德认为他身上体现了"远见卓识和思想解放的非凡的结合"。

美国学者则誉他为"美国的圣人"、"美国革命之父"。富兰克林同时也是 18 世纪最优秀的幽默大师之一，美国第一位具有世界声誉的散文作家。由于早年在散文写作上如镂金石的刻苦磨炼，他形成了简洁生动、明朗晓畅、清新活泼、幽默亲切、引人入胜的散文风格。富兰克林著述甚多，大部分是讽刺时事、探索真理、促进社会进步和民族觉醒的作品。他的代表作《自传》开美国传记文学之先河，被认为"对千百万人都有教育意义"，是"自我教育的光辉范例"，对美国民众的人生观、道德观、事业观，产生了深远的影响。

独立战争期间充满反抗与妥协之间的尖锐斗争，迫使启蒙主义者采用政论、演说等简便而又犀利的散文形式投入战斗，这便形成了"美国政治散文的伟大时期"。帕特里克·亨利、托马斯·潘恩，以及以起草《独立宣言》而出名的托马斯·杰弗逊，与富兰克林一样，也是这一时期叱咤风云的散文名家。

帕特里克·亨利是北美新民族战斗精神的最早宣传者之一，他那气壮山河的演说《不自由，勿宁死》，字字铿锵，句句打动人心，鼓舞了革命军民的士气，推动独立革命一步步向高潮发展。托马斯·潘恩是美国三大启蒙思想家之一，他的《常识》是一本鼓吹美国独立的散文集，曾"促使成千上万的人变成了独立的拥护者"；他的《北美的危机》，是他在戎马倥偬之际写成，由 16 篇论说文组成的散文集，在独立战争最艰苦的年代里，点燃了人们心头希望的篝火。《常识》和《北美的危机》，为潘恩赢得了崇高的荣誉，他被称作"美国革命之笔"；历史学家认为，他在宣传方面的贡献，"可以与富兰克林在外交上和华盛顿在军事上对美国革命的贡献相媲美"。《常识》和《北美的危机》不仅是美国独立战争中最重要的文献，而且被奉为美国文学史上散文的经典作品。

托马断·杰弗逊是美国民权和自由观念的创始人，他主持起草的《独立宣言》集中反映了北美民族资产阶级和广大革命人民的意志和愿望，是"美国国魂的呼声"。马克思称《独立宣言》是人类"第一个人权宣言"，"最先推动了十八世纪的欧洲革命"，"开创了资产阶级取胜的新纪元"。杰弗逊是英语文体大师，他的《独立宣盲》语言朴素精炼，庄严有力，结构严谨，层次分明，逻辑严密，无懈可击，是美国政论文体的典范。

经启蒙时代的过渡和欧洲浪漫主义文学的影响，独立之后的美国文学经历一个时期的酝酿，在 19 世纪上半叶全面繁荣起来，形成了波澜壮阔的浪漫主义文学运动。虽然浪漫主义的主流突出地表现在诗歌和小说方面，但同时也推动了散文的创作，出现了一大批优秀的散文大家。如欧文、爱默生和梭罗，他们用浪漫主义的手法描绘自己的理想，倡导发扬个性、崇尚美丽的大自然，创造了一种从内容到形式都更能表现资产阶级上升时期的民族精神的文学。

华盛顿·欧文是美国前期浪漫主义文学的代表作家，也是英国人公认的第一个有资格与英国名家平起平坐的美国文豪，人称"美国文学之父"。1820 年欧文出版了他的散文集《见闻札记》。欧文在散文中以旅英时目睹的英国景色和风习为背景，向读者展示了一幅幅色彩斑斓的图画。他在自己 18 世纪式的诙谐及美国式的活泼里，加入了当时流行的英国浪漫主义散文的怀旧之情，全书充满令人陶醉的友好情谊，使他声震大洋两岸。

欧文作为散文大师，"他行文从容不迫，抑扬有致；笔触轻盈而趣味益然。他洞察风土人情，他以丰富的幽默感欣赏人性的怪诞，他以各种不同的角度观察世界，他从不把自己或社会看得太严重，他的文章在拘泥形式和不拘形式之间，维持着巧妙的平衡，虽然严格讲来，这不能算什么新发明，却也是他独创一指的作风"（夏济安）。欧文以自己雅洁流畅、简练缜密、纯粹优雅的语言风格，使"欧文式"的散文在整个 19 世纪都保持着英语散文的典范地位。英国学者马库斯·坎利夫认为："他发展出来的文体比英国的范本还要流畅还要高雅。"欧文浪漫主义文风的树立，使美国文学"很顺当地从 18 世纪进入 19 世纪"。

19 世纪 30 年代以后，美国东北部新英格兰的波士顿地区成为美国文化中心，以爱默生为首的一批接受了欧洲新思想的青年，发展了超验主义哲学思想。他们冲破传统神学思想的束缚，以崇尚个人和个人的无限能力来反对宗教宿命思想，以崇尚直觉和想象来反对当时盛行的唯理论。由他们反叛所活跃起来的思想，促成了美国后期浪漫主义文学的繁荣。

美国文坛巨人爱默生是 19 世纪超验主义运动的旗手、著名的思想家，是可以与法国著名散文家蒙田和英国著名散文家培根媲美的大散文家。他的散文创作，具有强烈的个性特点和独特的艺术风格。他从不追求典雅华丽的辞藻。他的散文语句精炼，有时简洁有力犹如格言。他常以形象来陈说哲理，气势宏伟，说服力强。这些，被概括为"爱默生式"风格，在美国散文发展史上备受推崇。他的《论自然》《美国的学者》《神学院的讲话》，是他文学生涯中的三大里程碑。《论自然》是爱默生阐述超验主义观点的第一篇重要作品，它几乎包含了作者所有重要思想的胚芽；《美国的学者》是爱默生最优秀的散文，也是 19 世纪美国影响最广泛最深远的著作，人们称它是"我们思想上的独立宣言"；他的《神学院的讲话》，以对人的赞美代替了对神的膜拜，为美国思想界吹来了一阵清新的春风。他的散文不仅在美国本土传诵一时，成为美国自由传统的一个组成部分，而且是世界性的文化遗产。英国作家阿诺德说，在 19 世纪，没有任何散文比爱默生的影响更大。

梭罗是美国超验主义文学运动的另一代表作家，也是美国 19 世纪中期著名的散文家和思想家，以散文集《沃尔登，或林中生活》和名篇《论公民的不服从》著称于世。梭罗的散文，平易、明晰、朴实，笔调生动多变。他时而平铺直叙，时而诗意盎然，时而激情洋溢，字里行间，妙趣横生，甚至那些最深奥的题目，也能用朴实的语言娓娓述就。梭罗还常常用隽永含蓄的妙语格言，表达他对人生及所读书籍的朴素认识和心得。有专家认为，梭罗的《沃尔登》是现代美国散文的最早样本，除文体多变外，与 20 世纪海明威或亨利·米勒的散文没有什么差异。

美国散文自 19 世纪 60 年代以后，由盛而衰，专门从事散文创作的作家寥寥无几，倒是著名小说家马克·吐温创作了不少独具风格的幽默随笔和见闻杂记。他以深沉的幽默、辛辣的讽刺和简练生动的民族语言，创造了一种符合美国民族精神的散文文体，开辟了美国民族文学的新时代。

进入 20 世纪，种类繁多的报纸杂志，开设了各式各样散文专栏，内容常常涉及国家大事、生活琐闻、政治、道德、哲学、历史、文化、体育、自然山水、风俗人情……几乎无所不谈。这个时期的有名的散文家，几乎全是专栏作家。门肯、瑟伯、E·B.怀特和鲍德温，是其中最杰出的散文家，他们的佳作，代表了 20 世纪美国散文的高峰。

亨利·路易斯·门肯是美国著名的自由主义批评家，他以犀利的笔锋，辛辣地嘲讽了第一次世界大战以后美国的时弊，笔锋所至，几乎触及资产阶级社会奉若神明的一切价值观念，因此，他成了思想叛逆的宣传者，备受 20 年代青年知识分子的拥护和欢迎。特别是他以临床式的精确度诊断现代社会通病的杂文集《偏见集》，在年轻一代中取得了经典的地位。

　　詹姆斯·瑟伯以漫画和小品文闻名于世，很多评论家都认为他是继马克·吐温之后美国最杰出的幽默作家。瑟伯描写的重点是现代美国中产阶级市民，主人公常常是胆小懦弱之人。他通过不同的角度，表现在一个几乎毫无情理与意义可言的世界中，面临心理混乱和岌岌可危处境的现代人的困境。

　　E·B.怀特是公认的当代美国的散文大师。怀特的作品包括散文、随笔、速写、诗集和书信，著名的有《我的罗盘的方位》《角落上的第二棵树》《这就是纽约》等。怀特和瑟伯一样，都写短小精悍而又机智幽默的随笔散文。美国评论家认为，怀特的散文，充满了观察力的诗，充满了敏锐、柔雅、但有时尖刻的道德见识和哲学，极具诱人的魅力。

　　詹姆斯·鲍德温是美国当代著名黑人作家。他被认为是20世纪杰出的散文家，作品包括政论、文艺评论、回忆录、随笔、旅游札记和报告文学等多种形式。他的散文，泼辣犀利，简明朴素，燃烧着火一样的热情。西方评论家指出："鲍德温的散文充满无人能模仿的激情，这种激情不是产生于像观点和哲学之类较为表面的东西，而是出自作者的内心，无法与作者本人的思想感情分割开来。"其代表作有《下一次将是烈火》。

# 第五节　散文的欣赏

## 一、把握叙事线索和抒情线索

　　文章是按一定思路写下来的，阅读文章首先就要把文章的思路理顺。就散文而言，更是如此。因为散文尽情尽性，无拘无束，行之于所当行，止之于所当止，不把文章的思路理清，就无法把散文读懂。

　　一般说来，散文有一明一暗两条线索：暗的，潜在的，是作者的抒情线索；明的，外显的，是作者叙事线索。阅读散文，首先必须把作者行文线索牵住，才能循干理枝，因枝振叶，牵一线而明全篇。

　　（一）散文的叙事线索

　　散文的叙事线索比较明显，通常见到的有以时间为线索、以空间为线索、以物件为线索、以"理"为线索。

　　以时间为线索，如许广平《最后的一天》，作者按时间线索，记叙了鲁迅先生临死前的生活片断：十七日的上午，他还续写《因章太炎先生而想起的二三事》——午后，他出去散步——傍晚，建人来，谈至十一时——十二时，催促他休息——一时，他方上床——三时半，他坐起来，呼吸异常，病势急变——六点半，他坐到了写字桌前，亲自写条给内山托他请医生——十八日八点多，日报来了，他关心地问及报上的消息——中午吃了大半杯牛奶——下午六点左右，由看护妇注射——晚六点，给他牛奶，他不要，过了一会又要，吃了小半杯——夜十二点，注射——从夜十二时到十九日凌晨四时，中间饮过三次茶，解过一次小手——五时，喘息似乎减轻——六时又注射。呼吸轻微。连打几针都不见好转。

　　这篇文章，呈现给我们的是，一张清楚、紧张而又严峻的时间表，它引发我们对鲁迅这位文化巨匠命运的严重关注。

　　以空间为线索，如朱自清的《荷塘月色》，就是以景物的空间位置为行文线索的：沿着荷塘旁边一条小路——曲曲折折的荷塘上面：弥望的是田田的叶子，叶子中间是零星的花；叶子底下是脉脉的流水——荷塘四周：杨柳的风姿，树梢是隐隐约约的远山，树缝里漏着的一两点灯光，树上的蝉声和水里的蛙声。

写景、记游一类散文，往往以空间位置的变化为叙事线索。朱自清就说过，写这类文章，作者先将自己看到的并以为是值得叙述出来的若干点找出来，然后按照方向与位置逐点逐点地写出来，也就构成一个严谨有序的整体了。上面举的《荷塘月色》，是一篇借景抒情的散文，至于游记，那就更明显了，如方令儒的《山阴道上》，就是以作者访问鲁迅故居和三味书屋的游踪为叙事线索的。

以物件为线索。抒情性、记叙性散文，常常以"物"为行文线索。在这类散文中，"物"往往成了作者感情的寄寓点。如，庐隐的《雷峰塔下》，写的是作者与亡夫生前爱情生活的悲欢离合，以及对亡夫的深深怀念。全文主要由三部分构成：一是写他们当年在雷峰塔下的初次约会，他们徘徊在雷峰塔下，并肩坐在软软的草地上，看落照映射在塔尖，红霞荡漾于湖心，当风雨袭来，他们在船上相互依偎，享受着初恋的激动、羞涩和微怯，并预感到他们的爱情"没有幸福的可能"；二是写雷峰塔倒塌之时，他们曾产生过惋惜之情，可就在雷峰塔倒塌这一年，她爱人也离开了人世；三是写她对爱人亡灵倾诉诀别后人世、家道的变迁，文章最后又落笔到雷峰塔上，"雷峰塔已经倒塌了，我们的离合也都应验了"。在这篇文章里，"雷峰塔"既是作者行文的线索，它将作者爱情生活中的零星片断都有机地组织起来了，同时，它又是作者爱情生活的象征物。

以"理"为线索。议论性散文，往往以"理"为行文线索。如李大钊的《今》，文章先说"今"为什么最可宝贵：一是因为它最现实，是我们"确能把握的"，二是它"最易丧失"，三是因为它继往开来，联系着过去和明天；文章接着说世间有两种不知道爱"今"的人：一是"厌"今派，由于厌今而希望复古，二是"乐"今派，由于乐今而安于现实不思进取；再下来，作者引陈独秀之言，以阐明"'今'之'我'，'我之今'"，务必"珍重自将"，努力为"世间造些功德"的道理；最后，是简明概括主旨。李大钊这篇文章，便是以说"理"为线索的。

一般说来，找到叙事线索并不难，但也有一些特殊情况：有时，作者不用外部线索，纯用抒情线索。如朱自清的《给亡妇》，表面上看，不过是一些互不关联的生活琐事：衣食住行、生老病故、喂养孩儿、夫妻龃龉等，一片散乱，但凡此种种，均被一条至诚醇厚的怀亲颂妻的情感线索拈粘在一起，杂而不乱，散中见整，给人以和谐之美，浑一之美。读这类文章，就不必勉强去找所谓的外在的叙事线索了。有时，作者运用叙事线索时，主次交织。如游记，如单用一条游踪的纵线，文章很可能像记流水账一样写得散漫，这时，作者往往在游踪之外再加一条横线来勾连。这种主次线索的交织，在叙事散文中也可碰到，如曹靖华《小米的回忆》，纵线是以时间次第来展开回忆，横线却是以"小米"（物）来贯通。与单线相比，纵横交贯的线索，更具有变化之美、映衬之美，读来觉得双龙飞动，前后左右，灵光闪烁，腾挪跌宕，擒纵自如。遇到这种情况，就要细心体会。多读这类文章，是很能提高我们布局谋篇的能力的。

（二）散文的内在线索

散文内在的线索一般比较潜隐。

一般情况下，散文以夹叙夹议的方式展开，随着作者对事物的叙述、描写、议论，或显或隐地，我们就能感受到作者的感情：他或是喜悦，或是悲哀，或是留恋，或是痛恨，或是歌颂，或是鞭挞……把他的思想情感及其变化找出来，也就找到了它的抒情线索。

试看下面例文。

# 五味巷

### 贾平凹

　　长安城内有一条巷：北边为头，南边为尾，千百米长短；五丈一棵小柳，十丈一棵大柳。那柳都长得老高，一直突出两层木楼，巷面就全阴了，如进了深谷峡底；天只剩下一带，又尽被柳条割成一道儿的，一溜儿的。路灯就藏在树中，远看隐隐约约，羞涩像云中半露的明月，近看光芒成束，乍长乍短在绿缝里激射。在巷头一抬脚起步，巷尾就有了响动，背着灯往巷里走，身影比人长，越走越长，人还在半巷，身影已到巷尾去了。巷中并无别的建筑，一堵侧墙下，孤零零站一竿铁管，安有龙头，那便是水站了；水站常常断水，家家少不了备有水瓮，水桶，水盆儿，水站来了水，一个才会说话的孩子喊一声"水来了！"全巷便被调动起来。缺水时节，地震时期，巷里是一个神经，每一个人都可以当将军。买高档商品，是要去西大街、南大街。但生活日用，却极方便：巷北口就有了四间门面，一间卖醋，一间卖椒，一间卖盐，一间卖碱；巷南口又有了一大铺，专售甘蔗，最受孩子喜爱，每天门口拥集很多，来了就赶，赶了又来。巷本无名，借得巷头巷尾酸辣苦碱甜，便"五味，五味"，以此命名叫开了。

　　这巷子，离大街是最远的了，车从未从这里路过，或许就最保守着古老，也因保守的成分最多，便一直未被人注意过，改造过。但居民却看重这地方，住房越来越多，门窗越安越稠。东边木楼，从北向南，一百二十户；西边木楼，从南向北，一百零三户。门上窗上，挂竹帘的，吊门帘的，搭凉棚的，遮雨布的，一入巷口，各人一眼就可以看见自己门窗的标志。楼下的房子，没有一间不阴暗，楼上的房子，没有一间不裂缝；白天人人在巷里忙活，夜里就到每一个门窗去，门窗杂乱无章，却谁也不曾走错过。房间里，布幔拉开三道，三代界线划开；一张木床，妻子，儿子，香甜了一个家庭，屋外再吵再闹，也彻夜酣眠不醒了。

　　城内大街是少栽柳的，这巷里柳就觉得稀奇。冬天过去，春天几时到来，城里没有山河草林，惟有这巷子最知道。忽有一日，从远远的地方向巷中一望，一巷迷迷的黄绿，忍不住叫一声"春来了！"巷里人倒觉得来的突然，近看那柳枝，却不见一片绿叶，以为是迷了眼儿。再从远处看，那黄黄的，绿绿的，又弥漫在巷中。这奇观儿曾惹得好多人来，看了就叹，叹了就折，巷中人就有了制度：君子动眼不动手。只有远道的客人难得来了，才折一枝二枝送去瓶插。瓶要磁瓶，水要净水，在茶桌几案上置了，一夜便皮儿全绿，一天便嫩牙暴绽，三天吐出几片绿叶，一直可以长出五指长短，不肯脱落，秀娟如美人的长眉。

　　到了夏日，柳枝全挂了叶子，枝条柔软修长如长发，数十缕一撮，数十撮一道，在空中吊了绿帘，巷面上看不见楼上窗，楼窗里却看清巷道人。只是天愈来愈热，家家门窗对门窗，火炉对火炉，巷里热气散不出去，人就全到了巷道。天一擦黑，男的一律裤头，女的一律裙子，老人孩子无顾忌，便赤着上身，将那竹床，竹椅，竹席，竹凳，巷道两边摆严，用水哗地泼了，仄身躺着卧着上去，茶一碗一碗喝，扇一时一刻摇，旁边还放盆凉水，一刻钟去擦一次。有月，白花花一片，无月，烟火头点点，一直到了夜阑，打鼾的，低谈的，坐的，躺的，横七竖八，如到了青岛的海滩。

　　若是秋天，这里便最潮湿，砖块铺成的路面上，人脚踏出坑凹，每一个砖缝都长出野草，又长不出砖面，就嵌满了砖缝，自然分出一块一块的绿的方格儿。房基都很潮，外面的砖墙上印着泛潮后一片一片的白渍，内屋脚地，湿湿虫繁生，半夜小解一拉灯，满地湿湿虫乱跑，使人毛骨悚然，正待要捉，却霎时无影。难得的却有了鸣叫的蛐蛐，水泥大楼上，柏油街道上都有着蛐蛐，这砖缝、木隙里却是它们的家园。孩子们喜爱，大人也不去捕杀，夜里懒散地坐在家中，倒听出一种生命之歌，欢乐之歌。三天，五天，秋雨就落一场，风一起，一巷乒乒乓乓，门窗皆响，索索瑟瑟，枯叶乱飞。雨丝接着斜斜下来，和柳丝一同飘落，一会拂到东边窗下，一会拂到西边窗下。末了，雨戛然而止，太阳又出来，复照玻璃窗上，这儿一闪，那儿一亮，两边人家的动静，各自又对映在玻璃上，如演电影，自有了天然之趣。

　　孩子们是最盼着冬天的了。天上下了雪，在楼上窗口伸手一抓，便抓回几朵雪花，五角形的，七角形的，十分好看，凑近鼻子闻闻有没有香气，却倏忽就没了。等雪在柳树下积得厚厚的了，看见有相识的打下边过，动手一扯那柳枝，雪块就哗地砸下，并不生疼，却吃一大惊，楼上楼下就乐得大呼小叫。适着一好日头，家家就忙着打水洗衣，木盆都放在门口，女的揉，男的投，花花彩彩的衣服全在楼窗前用竹竿挑起，层层叠叠，如办展销。风翻动处，常露出姑娘俊俏俏白脸，立即又不见了，唱几句细声细气的电影插曲，逗起过路人好多遐想。偶尔就又有顽童恶作剧，手握一小圆镜，对巷下人一照，看时，头儿早缩了，在木楼里嗤嗤痴笑。

　　这里每个家里，都在体现着矛盾的统一：人都肥胖，而楼梯皆瘦，两个人不能并排，提水桶必须双手在前；房间都小，而立柜皆大，向高空发展，乱七八糟东西一古脑全塞进去；工资都少，而开销皆多，上养老，下育小，两个钱顶一个钱花，自由市场的鲜菜吃不起，只好跑远道去国营菜场排队；地位都低，而心性皆高，家家看重孩子学习，巷内有一位老教师，人人器重。当然没有高干、中干住在这里，小车不会来的，也就从不见交通警察，也不见一次戒严。他们在外从不管教别人，在家也不受人教管：夫妻平等，男回来早男做饭，女回来早女做饭。他们也谈论别人住水泥楼上的单元，但末了就数说那单元房住了憋气：一进房，门"砰"地关了，一座楼分成几十个世界。也谈论那些后有后院，前有篱笆花园的人家，但末了就又数说那平房住不惯：邻人相见，而不能相逾。他们害怕那种隔离，就越发维护着亲近，有生人找一家，家家都说得清楚：走哪个门，上哪个梯，拐哪个角，穿哪个廊。谁家娶媳妇，鞭炮一响，两边楼上楼下伸头去看，乐事的剪一把彩纸屑，撒下新郎新娘一头喜，夜里去看闹新房，吃一颗喜糖，说十句吉祥。谁说不出谁大人的小名，谁家小孩的脾性呢？

　　他们没有两家是乡党的，汉、回、满，各种风俗。也没有说一种方言的，北京、上海、河南、陕西，南腔北调。人最杂，语言丰富，孩子从小就会说几种话，各家都会炒几种风味菜，除了外国人，哪儿的人来都能交谈，哪儿来的剧团，都要去看。坐在巷中，眼不能看四方，耳却能听八面，城内哪个商场办展销，哪个工厂办技术夜校，哪个书店卖高考复习资料？只要一家知道，家家便知道。北京开了什么会，他们要议论；某个球队出国得了冠军，他们要欢呼；哪个干部搞走私，他们要咒骂。议完了，笑完了，骂完了，就各自回家去安排各家的事情，因为房小钱少，夫妻也有吵的，孩子也有哭的。但一阵雷鸣电闪，立即便风平浪静，妻子依旧是乳，丈夫依旧是水，水乳交融，谁都是谁的俘虏：一个不笑，一个不走，两个笑了，孩子就乐，出来给人说：爸叫妈是冤家，妈叫爸是对头。

早上，是这个巷子最忙的时候。男的去买菜，排了豆腐队，又排萝卜队；女的给孩子穿衣喂奶，去炉子上烧水做饭。一家人匆匆吃了，但收拾打扮却费老长时间：女的头发要油光松软，裤子要线楞不倒，男子要领齐帽端，鞋光袜净，夫妻自是对方的镜子，一切满意了，一溜一行自行车扛下楼，一声叮铃，千声呼应，头尾相接，出巷去了。中午巷中人少，孩子可以隔巷道打羽毛球。黄昏来了，巷中就一派悠闲：老头去喂鸟儿，小伙去养鱼，女人最喜育花。鸟笼就挂满楼窗和柳桠上，鱼缸是放在走廊、台阶上，花盆却苦于没处放，就用铁丝木板在窗外凌空吊一个凉台。这里的姑娘和月季，突然被发现，立即成了长安城内之最，五年之中，姑娘被各剧团吸收了十人，月季被植物园专家参观了五次。

就是这么个巷子，开始有了声名，参观者愈来愈多了。八一年冬，我由郊外移居城内，天天上下班，都要路过这巷子，总是带了油盐酱醋瓶，去那巷头四间门面捎带，吃醋椒是酸辣，尝盐碱是咸苦。进了巷口，一直往南走，短短小巷，却用去我好多时间，走一步，看一步，想一步，千缕思绪，万般感想。出了南巷口，见孩子们又拥集在甘蔗铺前啃甘蔗，吃得有滋有味，小孩吃，大人也吃。我便不禁两耳下陷坑，满口生津，走去也买一根，果然水分最多，糖分最浓，且甜味最长。

选自《贾平凹散文大系》第 1 卷，漓江出版社 1993 年版

【简析】这是一篇都市的"桃花源记"，作者通过对五味巷一年四季风物人情的诗意描写，赞美了纯朴美好的民俗民情。文章体现了作者"重精神重情感重整体重气韵、具体而单一、抽象而丰富"的艺术追求，写作上表现出鲜明的个性。作品没有具体实在地写某个人，而是着眼于群体的概括性描写，但五味巷中的男人女人、老人小孩，都跃然纸上；作者"化景物为情思"地展开叙写，作品中每一个细节都作了诗意化的夸张，但读起来都显得非常真实，在真实的写照中，注入了浓郁的诗情；作品的语言，于参差中求整齐，具有一种流动的气韵。

作品对五味巷的描写基本上是按时间展开的，同时也穿插了空间的变化，这是大家比较容易看到的。随着作者夹叙夹议地展开，作者的感情也不断流走：作者最初对五味巷的介绍，是诗意化的，甜美的，情不自禁的；随着对五味巷一年四季风物人情的诗意化描写，作者仿佛也融入其中，文笔显得十分的亲切，甚至带有一些自豪；再后来谈到自己由郊外而迁到城内，文笔又流露出些许的遗憾，流露出深深的留恋……如果我们把作者感情倾向及其变化抓住了，这篇文章内在的抒情线索也就抓住了。

寻找散文内在的抒情线索，关键是具体，要找准作者喜怒哀乐及其前后变化，不要笼统地以一句"作者以抒情为内在线索"带过。

（三）散文内外线索的关系

散文一般通过内外两条线索将文章融为一个有机整体：作者通过外在的叙事线索，将松散的材料理出一个大致的顺序；又通过情感，将松散的材料镕铸为一个整体。一般说来，外在线索的安排能见出作者匠心，但内在线索的贯注更能见出作品的精神，这就是徐蔚南在《佟偬·序》中所指出："小品文最重要的一点是印象的抒写"，"呆板板地说明对象的文章，是死的，不论你写得怎样美丽漂亮，至多不过像纸扎的花；至于跳荡地写出那印象来的文字，是活的……如果写得好，那真是合（和）又芬芳，又妍美，像自然的山野里的蔷

薇花一样。"

散文外在叙事线索是服从于文章内在抒情线索的。如欧阳修的《醉翁亭记》，作者以"乐"字为行文线索，文章由山水之乐、四时之乐、游宴之乐，一直写到"与民同乐"，内在线索则是"悲中求乐、乐极生悲"的情感变化；朱自清《荷塘有色》的外在线索是作者漫步月下荷塘，内在的线索是作者想求得内心的平静而终究无法企及。又如方令儒的《在山阴道上》，外部线索是参观鲁迅故居和三味书屋的游踪，内在线索是写作者对鲁迅精神的追寻和颂扬，其外在线索都是服从于文章的内在线索的。如，文章以参观鲁迅故居的游程为外部线索，曾先后写到山川的壮美与我心中的"巨人形象"融合在一起，孩子们今天的幸福生活使我脑中出现"勇士的雕像"，牧歌式的田园风光使"我"联想到鲁迅所想望的"好的故事"，这些材料的组织，都服从于文章内在抒情线索。

虽然散文外在的叙事线索要服从于内在的抒情线索，但阅读散文时却不能只注重内在抒情线索而不计叙事线索。首先，线索的安排是极能见出作者的匠心的，两条线索甚至三条线索的互为表里，互相穿插，互为映衬，它们相互之间往往形成了一种张力，储满了值得我们细细体会一些韵味；其次，文章的抒情线索表现出来的是作者主观方面的倾向，而文章的叙事线索表现出来的是材料的客观意义，只有将二者结合起来，才可能准确把握文章的思想内容。

散文的线索明暗掩映，若断若续，有时，作者好像是一个循循善诱的导游，引领游人不知不觉地陶醉其中；有时，表面零零散散，骨子里却是一个活生生的有机体，这就给鉴赏者造成了一定的理解难度。不过，大千世界，纷纭万象，万事万物之间都存在着林林总总、千丝万缕的联系。这些联系看似复杂，但只要认真寻绎，细心体察，总可以找出一些线索来的。

## 二、划分层次和概括层次大意

划分层次和概括层次大意有些像小学生要做的作业，但要正确理解散文内容这是必需的。"夫人之立言，因字而生句，积句而成章，积章而成篇。"文章作为一个自我完备而又相对独立的客观实在，它是由字、词、句、章（段）组成，表现一定主旨的有机整体。文章的字、词、句、段、篇是怎样生成的呢？从内容上看，它要服从于作者传情达意的需要，服从于作者表意的脉络和轨迹，"意"跑到哪里，它也就跑到哪里，诚如杜牧所言："文以意为主，以气为辅，以辞彩章句为兵卫。""苟意不先立，止以文采辞句绕前捧后，是言愈多而理愈乱，如入阛阓，纷纷然莫知其谁，暮散而已。"（杜牧《答庄充书》）如果从字词句段本身来看，它又有其自身生长的特点：它只能在一维时空的线轴上展开；在这条线轴上，它只能一字字地推进，一句句地铺开，不能像图画或荧屏那样将许多事物在一个平面上同时推出、敷设。语言本身的这种特点，也就决定了它与"内容"对立统一的关系：一方面是"文以载意"，文字必须贴近和负载起作者要表达的"意"；另一方面，文字又"挟意以行"，不论作者要表达的内容是如何丰富，作者内心是如何的思绪万千，传达时作者必须符合言语生成的本身规律，将所要传达的意思逐层逐点地表达，逐字逐句地传达，不能"一口气吃成一个胖子"，将自己的意思"一股脑儿"地堆出来。

既然文章是一句一句写的，一层意思一层意思说的，要读懂它，就得把层次理清楚。

层次是文章中相对独立完整的意义单位。一篇文章，总是由若干个相对独立完整的材料构成的，这些相对独立完整的材料是组成文章的意义单位，也是文章的"层次"。

层次是作者思路展开的步骤，也是文章思路内容表达的次序。层次的安排，从表层看，是依据"线索"组织安排的，它顺着线索写下来；从深层看，则是依据"主旨"需要而安排的。如冰心的《笑》，作者先写小孩子的笑，再写老妇人的笑，也就表现了作者由童心而及母爱的认识层次，如果把这些材料调个顺序，它所传达的也就不是作者的原意了。

一般说来，划分层次并不难，难的是准确概括层次的大意。

怎样概括层次大意？

首先是准确划分层次，如果层次划分错了，概括层次大意也就无从说起。其次，就是全面。所谓全面，主要是就主、客观两个方面而言的。就某个层次来说，它的基本内容，应包括两个方面：一是材料本身所表现的思想意义，一是作者主观所表达的思想感情。譬如说，2006 年高考语文（湖南卷）要求概括方令儒《在山阴道上》第二层的层次大意。这层的大意，就材料本身来说，应该是"具体写参观鲁迅故居和三味书屋"；就作者主观方面来说，应该是"表达了作者对鲁迅精神的追寻和颂扬"，只有把这两个方面都考虑进去，才谈得上全面。其三是具体、准确。概括层次大意要具体，不要太笼统。太笼统，也就不准确。同样以《在山阴道上》为例，我们如果把答案写成"具体写参观鲁迅故居，并表达了作者对鲁迅精神的颂扬"，这就不具体，也就不准确。为什么呢？因为"鲁迅故居"与"三味书屋"不是同一个概念，漏掉"三味书屋"，内容上就有疏漏。同样，这篇文章主要写作者去朝拜心中的圣地，如果漏掉了"追寻"二字，答案也就不准确。

## 三、准确把握文章的思想内容

划分层次和概括层次大意虽然也离不开对文章的整体把握，但从操作上看，主要着眼于局部。通过逐层逐层的分析、理解，最后还是要落实到对全文的理解上来。所谓字意要统一于句意，句意要统一于段意，段意要统一于篇意，说的就是这个道理。

理解全文的思想内容，最忌的就是死抠字面，以偏概全。平时听人讲散文，常听到这样的语言："通过这句话一转，表达了作者什么样什么样的思想感情"；"通过这一文眼，表达了作者什么样什么样的思想感情"。这类方法是不对的。文章的主题思想，不是某一段话，某一个句子，某一个细节表现出来的，要从整体出发。把握文章思想内容，切莫死抠单个字句，局限于"文眼"之类。有些老师讲散文，首先要求学生将文中的重点语句划出来，然后要学生依据这些重点语句去概括文章的思想内容，这方法是不对头的。

散文是一种抒情的艺术，它离不开作者的情感。作者的情感，有时表现比较直露，有时表现比较含蓄，它需要细心体会。阅读时，最好是通过联想和想象，设身处地地进入作者所描写的情境，去把握作者的思想感情。我们试以鲁迅《秋夜》为例，看许杰先生是怎样理解这篇散文思想内容的。

# 读《秋夜》

## 许杰

　　《秋夜》是一篇即兴的抒情散文诗——我这里的所谓即兴，指的是根据现实生活中实际的感受，生出诗的情趣或诗的意境而后写下来的东西。这一篇《秋夜》，全篇写的是作者在秋夜里的所见、所想，和所经历的心灵的感受，然后将诗人的高尚人格和灵魂熔铸入自然景物中的抒情，是抒情的散文诗。

　　我们阅读这样的作品，必须从实际出发，根据作品中所描写的事迹，循着作者的笔端，按迹寻踪，探寻作者为我们所设的意境，然后驰骋自己的想象，体会诗中所抒写的美，获得美感的享受。也只有这样，我们的心灵才能和作者的心灵相会合，才能体会到他所创造的诗的意境和所流露出来的高尚的人格，才能进一步体会到人生的哲理。

　　我们要阅读、并且读懂鲁迅先生的散文诗集《野草》，固然要这样，要读懂这一首即兴的抒情散文诗——《秋夜》，更应该这样。

　　《秋夜》的结构线索——作者的思路，还是比较的简单的。他写作者在秋夜里，从自己的房中，看看窗外后园里的枣树，因而步入后园之中。他在这秋的夜空之下，看着冲天的高枝，于是发生了许多遐想，以致神驰在想象的意境当中，忘记了自己的存在。及到自己忘情的发出笑声，在这秋的寂寞的夜景里，终于惊醒了自己，才又回到房里。可是，当他回到房里以后，对着这些追求光明的小飞虫，围绕着玻璃灯的纸罩旋转、猛撞，或是休息……又产生了一阵遐想。虽然他也感到困倦，打了一个呵欠，点起一支纸烟，但是，他的心灵，还是移情到那些苍翠精致的英雄们身上并向他们致以敬意的。

　　这就是《秋夜》全篇的思路，也就是他的全文结构的脉络。

　　可是，作者在写法上，却不愿采取平铺直叙的方法，他首先给我们重点的写出两株枣树，而后给我们写出秋的夜空，驰骋想象，运用象征的手法，把理想和现实交织在一起，让文章发展下去，把读者带入诗的境界。

　　我们在读过全篇以后，在自己的头脑里所留下的鲜明的印象，首先便是这两株"默默地铁似的直刺着奇怪而高的天空"的枣树。这是英雄的反抗者和战斗者的形象。他虽然"落尽了叶子"，而且还有从打剩枣的孩子的竿梢所得的"皮伤"，但他在这时，却是"欠伸得很舒服"，而且毫不游移地"默默地铁似的直刺着奇怪而高的天空，使天空闪闪地鬼眨眼；直刺着天空中圆满的月亮，使月亮窘得发白"。尽管"鬼眨眼的天空越加非常之蓝，不安了，仿佛想离去人间，避开枣树"，尽管"月亮也暗暗地躲到东边去了"，但是，这铁似的枣树，还是"默默地直刺着奇怪而高的天空，一意要制他的死命，不管他各式各样地眨着许多蛊惑的眼睛"。

　　这枣树的形象，和他所包含的枣树的精神，不就是鲁迅先生平时所提倡、所向往的韧性的战斗精神吗？

　　当然，说到枣树，也就要联想到枣树所直刺的奇怪而高的天空。这又是一个形象，有他自己所包含的象征的意义。他"奇怪而高"，"仿佛想离去人间"，他"非常之蓝"，"闪闪地眨着几十个星星的眼，冷眼"，"他的口角上现出微笑，似乎自以为大有深意，而将繁霜洒在我的园里的野花草上"。

　　我们试想，这显得"非常之蓝"、而又映着"冷眼"，"口角上现出微笑"的天空，而且是

"奇怪而高","仿佛想离去人间"的家伙，究竟应该是象征着什么呢？我们的心目中，不就很有数，很了解他所指的是什么东西了吗？而更有意义，耐人细细寻味的，是他将"繁霜"洒在后园里的野花草上，洒在枣树的叶上，他对于草木的摧残和迫害，不也很明显吗？

再次，我们也看见了"在冷的夜气中，瑟缩地在做梦"的小粉红花的形象。她虽然在繁霜夜降的凛秋的空气中，善于瑟缩地做梦——她"梦见春的到来，梦见秋的到来，梦见瘦的诗人将眼泪擦在她最末的花瓣上，告诉她秋虽然来，冬虽然来；而此后接着还是春，蝴蝶乱飞，蜜蜂都唱起春词来了"。她虽然也为想象中的希望所陶醉，发出惨然的一笑，但她还是被这"繁霜"、这"凛秋"，"冻得红惨惨地"，而且，"仍然瑟缩着"。

这又是一个生动的形象，她同枣树一样，受着奇怪而高的天空所带来的繁霜的摧残和迫害，却不能如枣树一样默默地、铁似的直刺着天空，只能在繁霜的飞洒下冻得发抖，瑟缩地做着春天来了的好梦。自然，对于这个形象，鲁迅先生是寄予极大的同情的。

鲁迅先生还给我们刻画出一批追求光明、不惜牺牲自己的小青虫的形象。这是鲁迅先生的极大的同情、加上极大的敬意和赞颂，同时还带着几分可惜和痛悼的心情来描写的"苍翠精致的英雄们"！

你看他们先是在后窗的玻璃上乱冲乱撞，撞得叮叮地响，接着又从纸窗的破孔中钻了进来，又在玻璃的灯罩上撞得叮叮地响，甚至有一个，竟然从玻璃灯罩上面，撞进去了，而且竟然真的碰上了火。而此外呢，则还有两三个神态自若的休息在灯的纸罩上喘气。

我们且看鲁迅先生笔下充满感情的形象——"看那老在白纸罩上的小青虫，头大尾小，向日葵子似的，只有半粒小麦那么大，遍身的颜色苍翠得可爱，可怜。"这就难怪作者"打一个呵欠，点起一支纸烟，喷出烟来，对着灯默默地敬奠这些苍翠精致的英雄们"了。

此外，还有一枝猩红色的栀子花，虽然是画在昨晚新换的、由雪白的纸折出波浪纹的迭痕的纸罩上的画图，但也经过了作者的彩笔的渲染，似乎也赋予了生命，颇值得我们去追寻他的意义。依照常理来说，栀子花，是纯白色的，但这里的栀子花，却是猩红色的。这猩红色的栀子花，代表什么意义呢？我们不便任意的附会。但是，红色的花，尽管是画在纸做的灯罩上的，说他象征革命，那该是没有问题的。你看，这不是很好的说明吗？"猩红的栀子开花时，枣树又要做小粉红花的梦"，而他也将盖满了青葱的绿叶，长满了整树的枣子，而且果实之重，把他的腰杆都压得弯成弧形了吗？这不是代表着革命的春天的希望，又将代表什么呢？所有这些，都是作者运用形象生动的笔触，象征而抒情的手法，来表现诗的意境和战斗的人生的哲理。这应该说，就是这篇《秋夜》所传达的精神。

在这篇作品当中，"我忽而听到夜半的笑声"，是从神驰的幻想转回觉醒后的现实的关键，也是一个转换之点。固然，当作者神驰于反抗黑暗的遐想的时候，夜游的恶鸟，哇的一声飞过去了，但这，只能增加阴暗的气氛，却不会引出夜半的笑声。更何况是吃吃地，似乎不愿意惊动睡着的人，然而四围的空气都应和着笑。

可知，这一夜半的笑声，颇值得探寻。本来，在夜半，另外不会有什么人发出笑声的；等到由这笑声惊醒之后，"我即刻听出这声音就在我嘴里，我也即刻被这笑声所驱逐，回进自己的房"。

究竟，这笑声是在神驰于遐想的世界中发出来的，连自己也不知道，这是大有意义存于其间的。原来，作者神往于枣树的反抗精神："默默地铁似的直刺着奇怪而高的天空，使天空闪闪地鬼眨眼，直刺着天空中圆满的月亮，使月亮窘得发白。"这枣树的坚韧的战斗，使得"鬼䀹的天空越加非常之蓝，不安了，仿佛想离去人间"……而"月亮也暗暗地躲到东边去了"……然而枣树那"一无所有的干子，却仍然默默地铁似的直刺着奇怪而高的天空，一意要制他的死命，不管他各式各样地睞着许多蛊惑的眼睛"。想到这里，作者就不由得从内心发出了冷笑。好像在说：看你这奇怪而高的天空，还能逃避到何处去，还能要出什么鬼花样？——在自己的内心深处，情不自禁地发出了静夜的笑声——夜半的笑声了。

这潜伏在夜半笑声的背后的作者的爱憎之情，不就很分明了吗？不仅如此，当作者由这夜半笑声唤醒，一面是从理想回到了现实，一面也就从后园回到了房内。而在回到房内以后，又由眼前所看到的旋高带子的煤油灯的光，由追求光明的小青虫和白纸折成迭痕的灯罩上所画的猩红的栀子花，展开了幻想，神驰于小粉红花的梦，神驰于铁似的枣树的坚强的战斗，又听到了夜半的笑声。也正因为这样，他才"砍断"自己的"心绪"，把注意集中在老停在白纸罩上的小青虫上……于是在现实和理想的合调中，点起纸烟，看着口中喷出来的烟雾，袅袅上升；对着灯光，在默默地敬奠这些苍翠精致的英雄们。这就结束了这一篇情文并茂的抒情散文诗。

最后，我们还得看看这散文诗的美质。我们将从文字的表现形式上，从拟人化的叙述和形象化的性格刻画上来作一次探索，来得到一些美感。

首先从文字的表现形式上来看。

"在我的后园，可以看见墙外有两株树，一株是枣树，还有一株也是枣树。"

为什么不直截了当地说有两株枣树，却偏偏说成"有两株树，一株是枣树，还有一株也是枣树"呢？要是你细细体会，这中间有直观的意境，有时间先后的现实感。他的意思是说，首先映入眼帘的是两株树，但还不知是什么树，等到细看这一株时，才知道是枣树，接着转眼看另一株，呵，看出来了，也是枣树。这同事后的概括的说明，有两株枣树，在直观的感觉上，是完全不同的。在这些地方，要是你能细细地体会、探索，就能感受到他的神韵了。

"这上面的夜的天空，奇怪而高，我生平没有见过这样的奇怪而高的天空。"

"然而现在却非常之蓝，闪闪地眨着几十个星星的眼，冷眼。"

"我不知道那些花草真叫什么名字，人们叫他们什么名字。"

这些，都是在文字的表现形式上，以不寻常的组合，显示出它的美质来的。

至于像如下这些句子，则是完全用写人的字句写物，这就使人觉得：不但句法生动，同时也显出人性和个性来。

"他(奇怪而高的天空)的口角上现出微笑，似乎自以为大有深意。"

"她(小粉红花)于是一笑，虽然颜色冻得红惨惨地，仍然瑟缩着。"

"他(枣树)简直落尽叶子……伸欠得很舒服……直刺着天空中圆满的月亮，使月亮窘得发白。"

"两三个(小青虫)却休息在灯的纸罩上喘气。"

这些赋予人格的拟人化的写法，把他所要写的对象写活了，他的象征意义，也就明显的自然突出了。特别是写到小粉红花的梦和枣树的更有远见，不但知道小粉红花的梦，也知道落叶的梦两段，简直是在谈人生哲理，谈对事理的辩证的看法，谈对于未来的希望和韧性的斗争的必胜的根据，是耐人寻味的哲理诗和教育诗了。

"她(小粉红花)在冷的夜气中，瑟缩地做梦，梦见春的到来，梦见秋的到来，梦见瘦的诗人将眼泪擦在她最末的花瓣上，告诉她秋虽然来，冬虽然来，而此后接着还是春，蝴蝶乱飞，蜜蜂都唱起春词来了。"

"他（枣树）知道小粉红花的梦，秋后要有春，他也知道落叶的梦，春后还是秋。他简直落尽叶子，单剩干子……欠伸得很舒服……护定他的……皮伤……默默地铁似的直刺着奇怪而高的天空，使天空闪闪地鬼眨眼……使月亮窘得发白。"

这是把斗争的哲理和斗争的必胜的形势也说出来了。但是，在眼前，这眼前的现实，是只看见那些为追求光明而牺牲了生命的苍翠而精致的英雄们。鲁迅先生对他们致以崇高的敬意，敬奠他们的牺牲。

（引自许杰所著《〈野草〉诠释》，百花文艺出版社 1981 年版，标题为编者所加）

**【简析】**《秋夜》是大家非常熟悉的篇章，在中学大多读过。许杰先生在解读这篇散文时，并不是就文字谈文字，而是循着作者的构思，通过想象，设身处地进入作者所描绘的情境，通过对事物不同的特点以及它们之间关系的分析，细心体会作者所寄寓的思想感情，从而达到对整篇散文思想内容的把握。这方法是值得大家学习的。

在分析文章的思想内容时，我们不能停留在事物表面上，有时还要多问几个为什么，深入一层。再看下文。

# 风　筝

## ——《野草》之九

### 鲁迅

北京的冬季，地上还有积雪，灰黑的秃树枝丫叉于晴朗的天空中，而远处有一二风筝浮动，在我是一种惊异和悲哀。

故乡的风筝时节，是春二月，倘听到沙沙的风轮声，仰头便能看见一个淡墨色的蟹风筝或嫩蓝色的蜈蚣风筝。还有寂寞的瓦片风筝，没有风轮，又放得很低，伶仃地显出憔悴可怜模样。但此时地上的杨柳已经发芽，早的山桃也多吐蕾，和孩子们的天上的点缀相照应，打成一片春日的温和。我现在在哪里呢？四面都还是严冬的肃杀，而久经诀别的故乡的久经逝去的春天，却就在这天空中荡漾了。

但我是向来不爱放风筝的，不但不爱，并且嫌恶他，因为我以为这是没出息孩子所做的玩艺。和我相反的是我的小兄弟，他那时大概十岁内外罢，多病，瘦得不堪，然而最喜欢风筝，自己买不起，我又不许放，他只得张着小嘴，呆看着空中出神，有时至于小半日。远处的蟹风筝突然落下来了，他惊呼；两个瓦片风筝的缠绕解开了，他高兴得跳跃。他的这些，在我看来都是笑柄，可鄙的。

有一天，我忽然想起，似乎多日不很看见他了，但记得曾见他在后园拾枯竹。我恍然大悟似的，便跑向少有人去的一间堆积杂物的小屋去，推开门，果然就在尘封的什物堆中发现了他。他向着大方凳，坐在本凳上，便很惊惶地站起来，失了色瑟缩着。大方凳旁靠着一个蝴蝶风筝的竹骨，还没有糊上纸，凳上是一对做眼睛用的小风轮，正用红纸条装饰着，将要完工了。我在破获秘密的满足中，又很愤怒他的瞒了我的眼睛，这样苦心孤诣地来偷做没出息孩子的玩艺。我即刻伸手折断了蝴蝶的一支翅骨，又将风轮掷在地下，踏扁了。论长幼，论力气，他是都敌不过我的，我当然得到完全的胜利，于是傲然走出，留他绝望地站在小屋里。后来他怎样，我不知道，也没有留心。

然而我的惩罚终于轮到了，在我们离别很久之后，我已经是中年。我不幸偶尔看了一本外国的讲论儿童的书，才知道游戏是儿童最正当的行为，玩具是儿童的天使。于是二十年来毫不忆及的幼小时候对于精神的虐杀的这一幕，忽地在眼前展开，而我的心也仿佛同时变了铅块，很重很重的坠下去了。

但心又不竟坠下去而至于断绝，他只是很重很重的坠着，坠着。

我也知道补过的方法的：送他风筝，赞成他放，劝他放，我和他一同放。我们嚷着，跑着，笑着——然而他其时已经和我一样，早已有了胡子了。

我也知道还有一个补过的方法的：去讨他的宽恕，等他说，"我可是毫不怪你呵"。那么，我的心一定就轻松了，这确是一个可行的方法。有一回，我们会面的时候，是脸上都已添刻了许多"生"的辛苦的条纹，而我的心很沉重。我们渐渐谈起儿时的旧事来，我便叙述到这一节，自说少年时代的糊涂。"我可是毫不怪你呵。"我想，他要说了，我即刻便受了宽恕，我的心从此也宽松了罢。

"有过这样的事么？"他惊异地笑着说，就像旁听着别人的故事一样，他什么也不记得了。

全然忘却，毫无怨恨，又有什么宽恕之可言呢？无怨的恕，说谎罢了。

我还能希求什么呢？我的心只得沉重着。

现在，故乡的春天又在这异地的空中了，既给我久经逝去的儿时的回忆，而一并也带着无可把握的悲哀。我倒不如躲到肃杀的严冬中去罢——但是，四面又明明是严冬，正给我非常的寒威和冷气。

一九二五年一月二十四日<br>（选自 1925 年 2 月 2 日《语丝》第十二期）

【简析】本文围绕一段儿时往事，抒写了作者悲哀而愤慨的心绪。作者先以两段简洁而生动的文字，交代了往事始末。那时，十岁左右的小弟弟是那样的幼弱、天真，他喜欢风筝的种种情态，实在让人同情和怜爱，可作者，由于误认放风筝"是没出息孩子所做的玩艺"，蛮横地限制弟弟"不许放"，鄙视弟弟的这种正当、合理的要求，当"破获秘密"后，更是粗暴地毁坏了弟弟"苦心孤诣"偷做的蝴蝶风筝。作者这样做的时候，他不仅丝毫没有觉察到什么可以非议之处，反而以为"得到完全的胜利"傲然而去。当作者在进入中年，从"外国的讲论儿童的书"中懂得了"游戏是儿童最正当的行为，玩具是儿童的天使"，这才打破了过去的成见，促使他想起"二十年来毫不忆及"的这段往事，觉悟到自己当年的行为是"对于精神的虐杀"。深深的追悔和自责，使他感到的心仿佛变成铅块。他认真设想了种种"补过的方法"，以求得弟弟的宽恕……可作者万没有料到，有一回他趁机向也已中年的弟弟提起这段儿时往事并且真诚地检讨着自己的"糊涂"时，他弟弟却做了这样的表示：

> "有过这样的事么？"他惊异地笑着说，就像旁听着别人的故事一样。他什么也不记得了。

这既不是"毫不怪你"的宽恕，也不是埋怨，而是不置可否的"无怨的恕"，正如作者指出的，"无怨的恕，说谎罢了。"因此，他心中涌起的是"无可把握的悲哀"。

作品中，作者真诚的追悔和自责，引人回味；他对待新学说，对待自身的解剖和对生活的严肃态度，也令人肃然起敬。可文章的主题仅止于此吗？作者心中为什么涌起"无可把握的悲哀"？在我们看来，无论弟弟真的忘了这段往事，还是近于世故进行敷衍，都反映出人心的麻木来；而国人的麻木，这才是作者感到"无可把握的悲哀"的真正原因。于是，我们可以看到，作者哪怕是记儿时的一段小事，也把他的解剖刀指向了国民性。我们在把握作品思想内容时，如果往深里想一想，作品的主题也是可以把握的。

对于一些象征性散文，我们还应从意象的敷色和对比上去理解作品。试看何其芳的《雨前》。

# 雨　前

## 何其芳

最后的鸽群带着低弱的笛声在微风里划一个圈子后，也消失了。也许是误认这灰暗的凄冷的天空为夜色的来袭，或是也预感到风雨的将至，遂过早地飞回它们温暖的木舍。

几天的阳光在柳条上撒下的一抹嫩绿，被尘土埋掩得有憔悴色了，是需要一次洗涤。还有干裂的大地和树根也早已期待着雨。雨却迟疑着。

我怀想着故乡的雷声和雨声。那隆隆的有力的搏击，从山谷返响到山谷，仿佛春之芽就从冻土里震动，惊醒，而怒苗出来。细草样温柔的雨声又以温存之手抚摩它，使它簇生油绿的枝叶而开出红色的花。这些怀想如乡愁一样萦绕得使我忧郁了。我心里的气候也和这北方大陆一样缺少雨量，一滴温柔的泪在我枯涩的眼里，如迟疑在这阴沉的天空里的雨点，久不落下。

白色的鸭也似有一点烦躁了，有不洁的颜色的都市的河沟里传出它们焦急的叫声。有的还未厌倦那船一样的徐徐地划行，有的却倒插它们的长颈在水里，红色的蹼趾伸在尾巴后，不停地扑击着水以支持身体的平衡。不知是在寻找沟底的细微食物，还是贪那深深的水里的寒冷。

有几个已上岸了。在柳树下来回地作绅士的散步，舒息划行的疲劳。然后参差地站着，用嘴细细地抚理它们遍体白色的羽毛，间或又摇动身子或扑展着阔翅，使那缀在羽毛间的水珠坠落。一个已修饰完毕的，弯曲它的颈到背上，长长的红嘴藏没在翅膀里，静静合上它白色的茸毛间的小黑睛，仿佛准备睡眠。可怜的小动物，你就是这样做你的梦吗？

我想起故乡放雏鸭的人了。一大群鹅黄色的雏鸭游牧在溪流间。清浅的水，两岸青青的草，一根长长的竹竿在牧人的手里。他的小队伍是多么欢欣地发出啾啁声，又多么驯服地随着他的竿头越过一个田野又一个山坡！夜来了，帐幕似的竹篷撑在地上，就是他的家。但这是怎样辽远的想象啊！在这多尘土的国度里，我仅只希望听见一点树叶上的雨声。一点雨声的幽凉滴到我憔悴的梦，也许会长成一树圆圆的绿阴来覆荫我自己。

我仰起头。天空低垂如灰色的雾幕，落下一些寒冷的碎屑到我脸上。一只远来的鹰隼仿佛带着怒愤，对这沉重的天色的怒愤，平张的双翅不动地从天空斜插下，几乎触到河沟对岸的土阜，而又鼓扑着双翅，作出猛烈的声响腾上了。那样巨大的翅使我惊异，我看见了它两肋间斑白的羽毛。接着听见了它有力的鸣声，如同一个巨大的心的呼号，或是在黑暗里寻找伴侣的叫唤。

然而雨还是没有来。

【简析】《雨前》是何其芳著名散文集《画梦录》中有代表性的一篇，它通过大雨降临前灰暗沉闷的自然景物的描写，渲染了一种久旱切盼甘霖的强烈情绪，也隐约透露出渴求变革的焦灼心情。这正是 20 世纪 30 年代广大青年知识分子的共同心态。作品中对这种心态的刻画和对自然景物的描写紧密结合在一起，创造出一种景中有情、情中有景、情景交融的艺术境界，委婉曲折地抒写了尚未走上革命道路的小资产阶级知识分子既不满于黑暗现实，又找不到出路的忧郁感伤的情绪。文章给读者留下深刻印象的应该是意象描画。全文共呈现了六个主要意象：第一个意象是"最后的鸽群带着低弱的笛声在微风里划一个圈子后也消失了。"这是一种风雨即将来临时的物象。第二个意象急切盼雨的情状。大地干裂，树根焦渴，柳条上的"一抹嫩绿，被尘土埋掩得有憔悴色了"。第三个意象是作者现时情景下的一种心灵焦渴，包括对故乡春雷震动冻土、催发春芽的感念，对故乡"细草样温柔的雨声又以温存之手抚摩它，使它簇生油绿的枝叶而开出红色的花"的怀想。第四个意象是白色的鸭群在嬉戏之后，"在柳树下来回地作绅士的散步"，或是"准备睡眠"做梦。第五个意象是故乡放雏鸭的人。第六个意象是远来的鹰带着"对这沉重的天色的愤怒，平张的双翅不动地从天空斜插下，几乎触到河沟对岸的土阜，而又鼓扑着双翅，作出猛烈的声响腾上了"，"它有力的鸣声，如同一个巨大的心的呼号，或是在黑暗里寻找伴侣的呼唤"。在刻画这些意象时，作者运用"移情"的手法，将自己内心的感情外射在周围环境和自然景物上，鸽群、柳叶、大地、树根、白鸭、鹰隼无不打上作者浓重的主观色彩：嫩柳的憔悴，正是作者的憔悴，大地的干裂，正是作者的干裂，白鸭的烦躁，正是作者的烦躁，鹰隼的怒愤，正是作者的怒愤，物我无间，情与境达到了高度统一。

作者对色彩、形象的集中表现给我们以强烈感受：一些天地间躁动的动物，还有北方干裂的土地、飞扬的尘土、憔悴的柳条，经组合、渲染，构成一种干枯、灰暗、烦躁的浓郁氛围，那便是北方特有的雨前情景，而在这六个意象中，第三、第五个意象，是过去时空的，南方的故乡与北国，是滋润与旱渴的对比；乡村与都市，是清新与污浊的对比；白鸭与雏鸭，是苟安与欢欣的对比；"怒茁"的红花绿叶与"憔悴色"的柳条，是生存的幸福与生命的活力与生存的无奈、生命的摧残的对比……而连缀起这组意象的纽带，是作者的心绪。因身处春旱的北国，想雨盼雨，便有了对故乡的怀想。因怀想故乡，而更感焦渴无奈。所以文本中一次又一次地直接抒写这种心境。而这种直抒胸臆，就是文本的主旨："我心里的气候也和这北方大陆一样缺少雨量，一滴温柔的泪在我枯涩的眼里，如迟疑在这阴沉天空里的雨点，久落不下。"

我们如果从这些单个意象的深层蕴涵，来探求整体意象的蕴涵，就会发现，本文创作上最突出的特点是象征手法的运用。在文本中，北国都市的天空是灰暗、阴沉、凄冷的；天地是干裂苦旱的；河沟是污浊的；柳条是憔悴色的；鸽群畏惧风雨，早早地飞回温暖的木舍；白鸭苟安偷生，在污浊的河沟里嬉戏，在"憔悴"的柳树下栖息……这些文辞色彩所展示的情景色调，是一个令人压抑、了无生机、污浊庸俗的都市，是一个迫切需要一场急雨来滋润生灵、荡涤污浊的都市。在这样的都市中，尽管有苟安者，有逃避者，但更有力的是满怀信心的期盼者和有气势、有魄力的抗争者，那就是大地、树根和柳条，是奋力搏击的鹰，是作者焦渴的心。至此，文本的深层意蕴就显露出来了。这都市是一个特定时代的社会，是作者强烈地感受着的一个亟待变革的社会。同时，最后结尾，"然而雨还是没有来"，也象征性地传递出了作者的失望与伤感的情感信息。《雨前》写于1933年，时值日本帝国主义侵占我国东北后，又加紧蚕食华北，而国民党政府卑躬屈膝，民族危机深重，政治气候低沉。"雨前"景物的描写，正是那时整个社会空气的形象比拟，也是作者当时心态的写照。

## 四、欣赏散文

虽然阅读与欣赏常常连文并举，其实阅读是不同于欣赏的：

首先是目的不同。欣赏以审美为目的，要求在读的过程中得到美的感受、美的愉悦，而不是一般的"读懂"。而阅读则把读物当作认识对象，主要是理解意义，获取认识。

其次是心理特点不同。阅读主要通过认读、理解、评价、记忆等理性思维活动，了解读物的意义，从理性上去把握读物。而欣赏则是在阅读的基础上，通过情感、想象等心理活动去审美，在鉴赏过程中，活跃着的是丰富的联想与想象，以及深刻的情感体验。

鉴赏中，联想的作用一方面是建立形象之间的联系，实现形象之间的流动、过渡与跳跃；一方面是建立形象与生活的关系，通过联想，调动我们有关的生活、情感、思想积累，从而更深切地感受艺术形象。

不过，联想虽然重要，鉴赏仅仅停留在联想的水平上仍谈不上真正的鉴赏。要充分感受、体验、领悟艺术形象，获得强烈的美感，没有想象这一心理因素的参与是根本不可能的。我们读一部作品，作品中的人物、情节、环境、意蕴、神韵、创作个性、风格，都不是直接呈现在我们面前的，而是通过文字表现出来的。进行文艺鉴赏，鉴赏者不仅要在自己心灵中"复活"这些艺术形象，而且还要调动个人的生活经验、思想感情、艺术修养、形象记忆，来丰富、补充、延伸、扩展艺术形象。

情感体验可以说是鉴赏中最活跃的因素，托尔斯泰曾指出："艺术是这样的一项人类活动！一个人用某种外在的标志有意识地把自己体验过的感情传达给别人，而别人为这些情感所感染，也体验到这些感情。"没有丰富的情感内涵，文学作品固然难以成为文学作品；没有情感体验，鉴赏主体也难以走进作品的艺术境界。所以别林斯基批评那些仅凭理性去理解作品的人说："没有心灵的参与，而这，几乎比用脚趾头去理解作品更坏。"

鉴赏以审美享受为根本标志。所谓审美享受，是指鉴赏者在鉴赏中所获得的一种精神上的满足与愉悦。审美享受主要是通过"共鸣""净化""领悟"等鉴赏心理来实现的，或者说，审美享受主要体现在"共鸣""净化""领悟"等鉴赏心理上。

鉴赏以审美享受为根本标志，它能满足鉴赏者的审美追求，所以，人们往往把文艺鉴赏看作人生的一大乐事。有些悲剧作品，明知看了要伤心落泪，但还是忍不住要看，这是由于悲剧往往具有一种震撼人心的力量，能使人得到崇高美的享受，获得精神上的满足与愉悦。如果我们在阅读、观赏作品时不能获得精神上的满足与愉悦，就不能算作鉴赏。

对鉴赏者来说，鉴赏同时也是一种美的陶冶。文学作品是"按照美的规律来造形"的，这是它与其他意识形态的根本区别。文学作品所创造的艺术美，是自然美与社会美的集中与升华。由于文学艺术是对人类社会生活的审美反映，即便是现实生活中最悲惨的故事，最忧伤的感情，最丑恶的人物，经过作家、艺术家的审美转换，也变成了可以给人带来审美快感、可供精神享受的对象；与此同时，文学艺术在具体、鲜明、生动的艺术形象中，还孕育着高尚的人文精神和博大真挚的情感，带给人的是一种审美愉悦、精神陶冶，而这一点，不像垂钓、游艺等非艺术活动，主要是以轻松愉快的形式从生理上调节人的兴奋点。

读散文，不能仅仅停留于对文章的理解上，还应该与鉴赏结合起来，知道它哪里写得好、哪里写得不好。当我们知道一篇文章哪里写得好、哪里写得不好，我们的鉴赏能力就会得到提高，写作能力也会因此而得到提高。

散文是一种侧重于表现作者内心感情与思想体验的文学样式，鉴赏散文，首先是把握作者丰富多彩的情感世界，接受作者对生活的洞察和感情的个性化熏陶，从而得到思想的启迪和陶冶性情的美感享受。然而，感情的抒发是离不开具体的人、事、景、物的，"非物无以见我，观物之时自有我在"。散文的这种艺术本质也就决定了鉴赏的基本思路：要缘着作者所写的"人""事""景""物"，去探寻作品的感情、思想和意蕴，逐步进入审美判断的精神境界，并细心体会作者表达上的特点。具体方法有如下几个方面：

（一）注意不同种类散文的特点

散文或以记叙为重点，或以抒情为中心，或以议论为侧重，不同种类的散文，在鉴赏时也就有了一些特殊性。以记叙为主的散文，重在记人叙事，鉴赏时就要从分析人物、事件入手，发掘隐含在其中的意趣。同时，一篇作品往往不是记叙一件事、一个人物，材料也有主次详略之分，因而，还需将全文连贯起来，理清人物之间、人物与事件之间的关系，弄清作者的意图。比如，鲁迅《藤野先生》一文，以人而言，写了"我"、清国留学生、受军国主义毒害的日本青年、藤野先生；以事而言，写了"我"离东京去仙台，在仙台的学习生活以及最后离开仙台。那么，作者为什么写这些人和事呢？为什么要把"我"和清国留学生、日本青年和藤野先生进行对比描写呢？原来这是作者在探寻救国道路的一段思想经历，他把"我"和清国留学生进行对比，目的在于突出"我"的忧国忧民思想，谴责清国留学生的不务正业；他把日本青年和藤野先生对待"我"的不同态度进行对比，意在揭露日本青年受军国主义毒害之深，歌颂藤野先生没有民族偏见的正直的精神。"事"的叙述突出了"人"的精神，"人"的精神决定了对"事"的不同态度。可见，只有抓着作品中人和事的内在联系，才能把握作品的意蕴和作者的创作意图。

以抒情为主的散文，重在写景状物，抒发情感。鉴赏这类散文，要抓着作品的画面、物象以及作者情感的潜流，探索作者隐藏在其间的象征意蕴。如日本作家德富芦花的《芦花》一文，描绘了东京近郊洲崎到中川之间的"芦花之雪"的生动画面："堤外东西两三里，茫茫一片，几乎全是芦花之洲"，"在满潮的时候，一望无垠的芦花在水上映出倒影"，无边无际，只有芦花在风中簌簌作响。作者通过对蓝天、白花、水光、天色的描写，展示的是大自然中如雪一样洁白的纯净之美。台湾作家李乐薇的《我的空中楼阁》，着力描写了"空中楼阁"式的山居小屋，他通过对这一物象的位置、环境、风姿等的细腻刻画，使小屋在烟雾迷蒙中如痴如醉，"像鸟一样，蝶一样，憩于枝头，轻灵而自由"。那么，作者为什么如此倾情地描绘这"空中楼阁"呢？原来是作者对浑浊的、纸醉金迷的社会生活的愤懑，以及对独立于世的安静的自然生活的追求，表现了一种深沉的蕴蓄美。

以议论为主的散文重在说理，表达作者的感情和见解。鉴赏这类散文，要理清说理的层次，探秘作者的主张，从而探寻作者深藏的意旨。如老舍《散文重要》一文，首先从"在我们生活里一天也离不开散文"来说明其用途；接着从散文与讲话的关系上阐述"散文比较容易写"；再以自己的写作经验为例阐明"不要怕散文"；最后针对生活中的现象提出"别轻视散文"，"散文很重要"，散文写好了，便有了写评论、报告、信札、小说、话剧等顺手的工具，"作诗也不会吃亏"。可以看出，理清了作者的思路，就可以比较容易地掌握作品的意旨。

（二）品尝美的意蕴

"意蕴"是大家比较生疏的一个概念。什么叫意蕴呢？简单地说，也就是作品所呈现的丰富复杂的思想内涵。复杂一点说，"意蕴"乃是由"显言"和"隐言"构成的多元的意向结构，它具有含蓄无垠的审美特征。它也不像一般文章那样，传达给读者的是某种单一、集中的观点，传达给读者的意思往往是一个深厚多元的想象空间，让人品味无穷。散文是一种重在作者主观印象抒写的文体，作者所抒发的主观情志，往往不像直线方程那样一目了然，它往往是内涵丰富、含蓄蕴藉的，这就需要我们细细品味。"意蕴"不仅指作品的思想内容，同时也指作品形式带给我们的独特而深刻的美感。散文命笔含情，情由境生，意在境中，情境并美。由情而及作品深沉的意蕴，也是欣赏散文一个重要的方面。

（三）抓住作品个性特色

好的散文总是有它的特点，有它的过人之处。它或是在取材上具有明显特点，或是在构思上别出心裁，或是在意蕴上比人深厚淳重，或是在语言上超人一筹……分析欣赏散文，应抓住作品的个性特点。

"人总是按照美的规律来生产的"，散文写作过程，从动机萌发到立意、构思、表达、清誊，都是一系列的具体的审美判断，这一系列具体的审美判断、审美追求反映到文章中来也就构成了文章之美。文章美是有层次的，正如一个人，他的发式美、衣饰美、姿态美、容貌美、仪表美、语言美、气质美、情操美、心灵美、性格美，分别表现在不同的方面，文章美也表现在内容、形式等不同方面。

1. 散文的内容美

散文内容大致可分为客观事物和主观情感两个方面。客观事料在不同文章中，或保持了现实生活的具体形态，或被抽象概括为概念逻辑关系；作者的主观情感，一方面表现为作者的认识、意念，另一方面表现为情感、情绪，它们最终凝聚统一到文章主旨上来。作品所包容的事实、概念、情感、意念，往往具有不同的品格。文章主旨的表达也具有不同的特点。因而人们在赏析文章的内容时，一方面看它是否忠实于客观事物，一方面也在品味它本身所具有的美质。

内容方面的美可归纳如下：

事象系列：表现内涵上的真实美、丰厚美、个性美……

概念体系：表现内涵上的精确美、卓识美、理趣美……

观念意念：表现内涵上的精警美、深刻美、学识美……

情感情绪：表现内涵上的健康美、纯洁美、深厚美……

2. 散文的形式美

文章内容是附着于文章形式的，没有形式的内容是不存在的。因此，谈到文章内容，还与它的表现特色有关：

事象系列：表现形式上的构图美、色彩美、生动美……

概念体系：表现形式上的明晰美、生动美、严谨美……

观念意念：表现形式上的蕴藉美、机警美、形象美……

情感情绪：表现形式上的诚挚美、含蓄美、自然美……

落实到具体文章，它们往往在某一方面比较突出。文章形式美不美，首先得看它能否准确、生动地传达文章内容，同时看它们在传达文章内容时是否具有本身的美质。形式美可归纳如下：

文章结构：

结构在达意功能上的完整、连贯、严谨、自然之美……

结构在自身形式上的恢宏、精致、纵横、开阖之美……

文章语言：

语言在达意功能上的准确、精练、生动、自然、和谐、畅达之美……

语言在自身形式上的参差、对称、和谐、节奏、反复、对比之美……

与上同理，落实到具体文章，往往在某一方面比较突出。

3. 散文的构思美

广义的构思指作者从萌发写作动机到文章最后完成的全过程；狭义的构思指作者在提炼主题之后，怎样新颖、完美地将主题表现出来。我们在欣赏散文构思时，实际上两种含义都用到。谈到构思，包括的内容有：(1)题材的摄取；(2)主题的生发；(3)线索的安排；(4)虚实的掩映；(5)对比的巧用；(6)前后的呼应；(7)抑扬的有致；(8)修辞手法的运用等。如，我们欣赏朱自清《背影》，常常称叹他将父亲的慈爱、儿子的感激、生活的困顿、世事的多舛聚焦于父亲的背影，构思非常新颖，但文章的远铺近垫、前抑后扬，通常也在构思之内。

散文流转自如，断续无痕，在看似松散、零散、随意的行文中，往往寓含着作者艺术的匠心，特别是一些抒情散文，作者往往把它当诗来写。欣赏时，我们应注意作者取材的范围，研究作者在同类题材上所具的特色以及所达到的深度和广度，研究作者是怎样将一些平凡、细小的日常事物上升到一种艺术境界的。

4. 散文的意境美

"意境"是古代诗歌创作中形成的一个审美范畴，现为人们广泛接受，很多作家在诗歌、散文、小说、报告文学、戏剧、电影、电影的创作中也追求意境。学习散文，当然也涉及意境的欣赏。如冰心的《笑》，朱自清的《荷塘月色》，都是意境深远的好作品。

5. 散文的语言美

散文表达思想感情靠的是语言，散文语言无论像江海浩荡般雄浑开阔，还是像潺潺流水般温柔委婉，都具有流畅、单纯和洁净的美质，具有易于引起广大读者共鸣的感情的力量。这种蕴藏着思想感情的文情并美的文字，通常被认为是散文美的一个重要方面。读散文，不宜浏览，要细品。散文写人注重神采，叙事重在寄意，写景意在抒情，议论重在理趣，在舒卷自如之中有着精美的构思、优美的语言，深得含蓄蕴藉、空灵飞动之妙。鉴赏散文，不仅要注重思想内容，而且还要品味作品的构思、语言。

散文的语言既是散文重要的文体标志，也是构成散文特殊魅力的一个重要因素，不同的作品，有不同的特点：或简洁明快，或委婉含蓄，或高雅精致，或通俗易懂，或幽默风趣，或激情澎湃，或简洁朴实，或文采斐然。不同作家运用语言有不同特点：文字精练简洁，可形成明晰谐洁之美；词藻丰富华美，可形成繁缛秾丽之美；多用长句，可形成浩瀚流转之美；多用短句，可形成精悍紧凑之美；多用点古文，可能形成简古之美；多用口语，可形成自由活泼之美；多用偶句，可形成工整凝练之美；多用散句，可形成流动之美；多用排比，可能形成一泻千里的气势之美；多用反复，可能产生一唱三叹之美……不同的作者，有不同的语言风格，不同的语言风格，又可以见出不同的性情，欣赏时由人而及文，由文而及人，是一种很好的境界。另外，散文作为一种负载人生况味的文体，由于作者的性格、气质、审美趣味的不同，其语言也会呈现出不同的感情色调，负载并传达着作者的精神、人格。因此，我们在欣赏散文时，由"文"及"人"、由"人"及"文"也是一种基本思路，通过对"人"和"文"的双重切入，以把握散文的意蕴。

### 6. 散文的音韵美

文字符号虽为视觉形式，但"内在的耳朵可以像外在的耳朵一样准确地接受印象。对于多数人，印刷文字代表声音而不是形式"①。音韵的和谐流畅，能构成语言的音韵美。音韵美不仅能够悦耳，还能悦心，如冰心的《笑》，就是通过大量的双声词、叠韵词、叠音词，如"缭乱""仿佛""树梢""千点""苦雨""葡萄""站住""侵人""墙上""绿树""渐渐""隐隐""闪闪烁烁""微微""默默""慢慢""滑滑""潺潺""飘飘漾漾"等，使文本具有"大珠小珠落玉盘"的韵律美。

音韵还与作者的个性联系起来，如李贽在《焚书·卷三·读律肤说》中说：

> 盖声色之来，发乎情性，由乎自然……故性格清彻者音调自然宣畅，性格舒缓者音调自然疏缓，旷达者自然浩荡，雄迈者自然壮烈，沉郁者自然悲酸，古怪者自然奇绝，有是格，便有是调，皆情韵自然之谓也。莫不有情，莫不有性，而可以一律求之哉！

语言的节奏、韵律、语调以及词语所携带情感色彩，都是附加在语义上的一层毛茸茸的衍生物，活生生地表现了人们对生活的感悟，只要多读一些大家的作品，是不难理会到这一点的。

### 7. 散文的技巧美

平时谈技巧，我们往往把它归于形式的范畴，认为它的运用和意义全取决于内容，所谓"法由意生"、"内容决定形式"，说的就是这个意思。这样说也不算错，但孤立地看待它的操作性、形式性，而不考虑写作技巧本身所负载的审美内容，就难免肤浅。因为内容与形式并不是割裂的，在一气贯注的作品中，技巧绝不是简单的、死板的表现形式和操作程序，它在配合内容的表现过程中，不仅将内容整合为审美形态，最大限度地呈现作品的内容，其本身也成为一种"有意味的形式"，表现着作者对生活的理解与评价。肤浅的内容虽然不能因技巧的改变而得到改善，但深刻的内容却会因恰到好处的技巧而得到丰满的表现。散文中技巧运用得恰到好处，也就构成了我们所说的技巧美。

---

① 博因顿：《阅读的步骤》，引自苏珊·朗格：《情感与形式》，刘大基等译，中国社会科学出版社，1986年版，第322页"注释"。

## 【鉴赏示例】

## 品一品"故都"的"秋味"

### 钱理群

"秋味"无疑是郁达夫《故都的秋》里的"关键词";从开章第一段即提出"故都的秋味",以后各段里不断地重复(强调):"秋的味",秋雨"下得有味",文人写得"有味","秋的深味",秋的"回味"……一气贯到底,确实让人"回味"无穷。

这本身即是郁达夫的发现与独特体验:古今中外文人多有写"秋声""秋色"的,写"秋味"即使不是"绝无"、也是"少见"的。而"味"是需要"品"的,或者如郁达夫在文章开头所点明:"秋味"是要"饱尝""赏玩"的。对待生活、大自然这样有滋有味地品尝、欣赏,正是"北京(故都)文化"的特色——研究者早已指出:"典型的北京人是知味者,如北京人那样对待味,则是文化,出于教养。人人都在生活;不但生活着,而且在生活中咀嚼、品味这生活的,或是更有自觉意识的人。"①如果说北京市民的这种将生活(自然)艺术化的鉴赏态度是一种文化积淀的不自觉的流露,那么,郁达夫,作为一个曾居住于北京,深知其"味"的文化人,他以"北京人"的眼光看(体验)北京的秋天,自觉地从中寻求审美满足,并诉诸文字,他就成了真正的"北京文化"(在他的笔下,"北京人"对待自然、生活的品尝已经成为一种"文化")的欣赏者与表现者——这篇《故都的秋》的意义正在于此。

该从哪里去发现、欣赏、描述这"故都的秋"?现成的答案是到"故都"丰富的历史文物古迹中去寻找——郁达夫也真的写到了"陶然亭的芦花,钓鱼台的柳影,西山的虫唱,玉泉的夜月,潭柘寺的钟声",但却只是一笔带过;这是因为,这些"旅游胜地"仅是历史留下的外在印痕、象征,恰恰是"外来人"最易注目与把握的,而渗透于骨髓里的传统神韵,却存在于北京普通老百姓的日常生活中。在世俗生活中寻求享用"美"("美"的人生,"美"的文化)——这才是真正的"北京人"的眼光。

于是,郁达夫引导我们"租人家一椽破屋来住着,早晨起来,泡一碗浓茶,向院子一坐"——仅这"破屋""清晨""浓茶""深院",就足以把你带入北京所特有的悠闲、自如,而又有一点落寞的"意境""姿态"与氛围之中。然后,指点您"看""很高很高的碧绿的天色","听""青天下驯鸽的飞声";"细数"从槐树片"一丝一丝漏下来的日光","静对""破壁腰中""像喇叭似的牵牛花的花朵"。然后,再和您一起絮絮地闲扯:牵牛花以哪种色彩最好:蓝色,白色,紫黑,还是淡红;又想象如果在牵牛花底再"长着几根疏疏落落的尖细且长的秋草,使作陪衬",那该是怎样一番情景(与情意)——如此精细的审美眼光,又是这般悠静的审美心理,自然,生活,连同人自身,都充分地美化、艺术化了。您大概咂摸出一点"秋味"儿,"感觉到十分的秋意"了吧?

再欣赏一回"北国的槐树"这"秋来的点缀",怎么样?——郁达夫又带着我们开始新的,也是更深的审美体验:面对满地落蕊,视觉似乎已经无力("像花而不是花"),音感、嗅觉也无从把握("声音也没有,气味也没有"),只能通过"一点点极微细极柔软的触觉",来感受那其中的美,让您感到十分满足,又有些朦胧,而说不清楚,是不是?有着极其敏

---

① 参看赵园:《北京:城与人》,上海人民出版社,1991年版。

锐的审美力的郁达夫又指引您注意那"扫街的在树影下一阵扫后，灰土上留下来的一条条扫帚的丝纹"，您凝神默对，许久才恍然领悟到一种"既觉得细腻，又觉得清闲，潜意识下并且还觉得有点儿落寞"的"味儿"。郁达夫这才告诉您："古人所说的梧桐一叶而天下知秋的遥想，大约也就在这些深沉的地方"，这正是点题之笔：所谓"秋味"，所谓"故都"的"秋味"，就是这细腻、清闲与落寞、深沉的互为显、隐，表、里。

　　接着，郁达夫又指引您听"秋蝉的衰弱的残声"的"啼唱"，告诉您"秋蝉"之"在北平"，就和蟋蟀、耗子一样，像是"家家户户都养在家里的家虫"，一个"养"字道尽了其中的闲适、亲切，却又隐隐有着说不出的凄寂。说起"秋雨"，而且是"北方的秋雨"，郁达夫又似乎别有感受，一说它"下得奇"，二说它"下得有味"，三说它"下得像样"有派儿，仿佛"人"也似的从容，洒脱。于是，在一阵"秋雨"过去，云散、天青、太阳露脸之时，"北京人"终于款款而出。请注意，在此之前，只有"秋景"，或者说"人"隐没于、渗透于"秋景"之中，现在"人"从"景"中走了出来，更会有一番光景。且看郁达夫怎样描述、鉴赏"故都"的"秋味"的真正品尝者"北京人"。他首先着力渲染一个"闲"字：身份的"闲"，是十足的"都市闲人"；"穿着很厚的青布单衣或夹袄"，一副"闲散"的模样；"咬着烟管，在雨后的斜桥影里，上桥头树底去一立"：姿态、神情，是这般闲适、潇洒、帅气。然后又抓住北京人特有的"说话的艺术"大做文章，一如研究者所说，"'说'这种行为曾经是包括王公贵族和里巷小民在内的北京人的重要消闲方式，以至聊天（"海聊"，"神聊"，"神吹海哨"，"侃大山"等等）的北京人，与提笼架鸟的北京人一样，竟也成为北京人的典型姿态，易于识辨的特殊标记"（赵园：《北京：城与人》）。郁达夫抓住这一点，正表明他对"北京文化"的深切理解。而他对北京人"说话艺术"的具体把握也是十分准确，抓住了要点的：他强调北京人说话的"声调"，"平平仄仄"的音乐性，以及其间的"韵味"（那"念得很高，拖得很长"的一声"了"字是何等的"有味儿"！）并由这说话的"腔调儿"推知（感知）其情态心境的"悠闲"，又从那"熟人"间"微叹着互答着"的说话神态里体味北京人人际关系的和谐，随意，谦恭，以至于在这种有腔有调"闲聊"（"唉，天可真凉了——"，"可不是么？一层秋雨一层凉啦！"）中，突出的是一种情感、心绪的交流，言语的语义功能反而不那么重要，也就是说，人们说话目的在于沟通心灵，甚至什么目的也没有，仅在于一种语言的享受：自我（彼此）陶醉于那说话的腔调、韵味之中。而这腔调、韵味，如前所说，是能够唤起并沉醉于一种既悠闲（清闲）又落寞的感觉的——这时候，大自然季节、景物（"秋"）的"味儿"，人的主观心绪的"味儿"，以及这"说话"的腔调的"味儿"，已经融为一体，"三合一"了。

　　文章到此已经把"故都"的"秋味"写足，以后再叙北京的"果树"，以至与世界文人笔下的"秋"的同与异，与"南国之秋"相比之下的"特异"等等，都只是"余墨"，一种境界的扩展，我们也无须多说了吧。还是再回到"命题"上来。我们已经知道，所谓"故都"的"秋味"实际上是一种"客体"（"北京"这个特定城市里的大自然的"秋天"）与"主体"（"北京人"以及有着"北京人"的眼光的作者）的交融；我们并且从中既"品"出了"清闲"（悠闲，闲适，从容，洒脱……），又"品"出了"落寞"（凄寂……），这种"情"与"理"的互相依存、制约，就形成了"北京文化"的特殊神韵，同时也是"东方文化"的神韵所在。我们从"故都"的"秋味"里所品尝到的，也正是"北京文化"（以及"东方文化"）的"真味"：读郁达夫的《故都的秋》是一次真正的文化享受（陶醉）。

　　我们的"品味"真该结束了，但似乎意犹未尽，还有一点"余文"。当我们经过自己独立的审美体验，从郁达夫的《故都的秋》里"品"出了他笔下的"故都"的"秋味"包括"淡淡的喜悦"与"淡淡的忧郁"两个侧面并且互为表里时，我们有一种"重新发现"的惊喜。因为在此之前，众多的"阅读指导"都告诉我们，郁达夫笔下的"秋味"充满了"深远的忧虑和孤独者冷落之感"。也就是说，我们自己在郁达夫的文章里读出来的"秋味"是"一剂复药"，传统(几乎成了定论)的分析，却开出"一服单方"。这里确实存在着一个"审美误差"。我们还想问："误差"是怎样产生的？除了某种传统观念造成的"思维定势"(例如，写"秋"必"悲"之类)之外，我们又注意到了如下分析(逻辑推理)："1933年4月，由于国民党白色恐怖的威胁等原因，郁达夫从上海移居杭州，撤退到隐逸恬适的山水之间，思想苦闷，创作枯淡"，"由于作者身处的时代，在作家的内心投下了深远的忧虑和孤独者冷落之感的阴影，因此，作者笔下的秋味、秋色和秋的意境与姿态，自然也就笼上一层主观感情色彩"。不能否认一个时代、社会的"大气候"(即我们通常所说的时代精神、氛围)对生活在时代、社会中的作家的思想、感情与创作的影响。但同时要看到，作家的思想、感情是复杂的，影响作家思想、感情的因素也是多元的；时代、社会对作家思想、感情的影响更是复杂曲折的，作家思想、感情在具体作品中的体现同样复杂，甚至是微妙曲折的。如果满足于线性思维的简单推理，"时代是苦闷的→作家必定时时、处处陷入单一的绝对苦闷中→他写出的每一作品必定是充满了单一的绝对的苦闷感"，由此得出的结论，其偏离于作品描写的实际，就几乎是难以避免的。我想，我们分析一篇作品的"起点"(出发点)不应该是某些既定的观念，还是老老实实地从本文开始——一字一句地阅读、体验、琢磨、品味，这本身就是一种绝妙的审美享受：要珍惜自己从作品实际中得出的审美体验，它正是一切"分析与研究"的基础与起点。

(转引自《郁达夫名作欣赏》，百花文艺出版社，1998年版)

文章集中谈郁达夫是怎样去表现"故都"的"秋"的"味道"的，作者绘声绘色地将我们一步一步引入其所描绘的艺术境界中，并揭示出这种"品"的文化背景，同时还指出，我们应该怎样把握这篇散文的思想感情，文章既有"赏"，也有"鉴"，说得令人信服。

## 视野开阔　意境高远
### ——读《日出》

**胡树琨　谭举宜**

刘白羽的《日出》和杨朔的《泰山极顶》，同是描写日出为题材，写作的时间也大致相同，发表后又同为人们所喜爱。但由于写作的角度不同，运用的手法迥异，而各具特色，各有风采。杨朔在《泰山极顶》中，用写意的手法，想象的笔调，淡雅的色彩，描绘祖国山川的壮丽图景，象征"日之东升"的祖国新貌，来抒发自己对祖国、对人民的拳拳赤子之情。刘白羽在《日出》中，用写实的手法，寓情于景的笔调，鲜明绚丽的色彩，描绘一幅万仞高空观日出的奇丽景象，来抒发他对祖国诚挚的情感和为人类的解放事业而努力奋斗的革命激情，格调高昂，寓意深远。

刘白羽所描绘的日出景象和境界，确是不循前人，非同凡响。他所采用的写景手法，虽不出众，但由于他准确地抓住了高空日出展现的新角度，并赋予这非凡的日出景象以深邃的新意，因而，作品的意境，海阔天高，意味无穷。

作者自述，登高临海观日出，"观察那伟大诞生的景象，看火、热、生命、光明怎样一起来到人间。"是他从小就有的夙愿，长久以来，几逢良机而未能实现。而实现的时机，却在他"没有一点准备、一丝预料的时刻"，观日出的地点，既不是高山极顶，也不是大海之滨，却是乘坐着飞机远离地面的万仞高空之上。自然，这会是一番令人惊叹的神奇的景象。由于取景点在万仞高空之上，就突破了从地球表面视野的局限，更有条件看到日出的全貌，能更真实、更形象地呈现旭日东升的整个历程，这从实感来说，是一个新的尝试。

取景点既是在远离地面的数千米高空，日出胜景的出现就比地面上看到的要早二三个小时，所以，作者顺理成章地抓住一个"早"字来写，从日出的胚胎期——晨曦的出现写起，随着时间的推移，随后分别描写云霞、日出的各种奇观，精细而生动地展示了太阳冉冉升起的全貌。

"当飞机起飞时，下面还是黑沉沉的浓夜，"但从地面到高空起飞一瞬间，作者已瞥见暗红色的长带、淡蓝色的晨曦、明亮的启明星，写出晨光初露的特征，准确地抓住了这三种景象的色彩和亮度，由深而浅，由暗及亮的细微变化，层次井然、层层叠进地描绘出来。这样一幅重光迭映、斑斓绚丽的晨曦图，便活生生地展现在眼前了。

接着，"飞机不断地向上飞翔，愈升愈高，也不知穿过多少云层，远远抛开那黑沉沉的地面……这时间，那条红带，却慢慢在扩大，像一片红云了，像一片红海了。"光明的扩展，驱远了黑暗。这红带似的云霞，载着黎明前更强烈的音响，回荡在广阔的天宇之中。作品对云霞的描绘，富于变幻，此消彼长，气势飞动。这时，作者准确地抓住这一变化中的景象的本质特征，恰到好处地插入一段精辟的议论："这是晨光和黑夜交替的时刻，这是即将过去的世界与即将到来的世界的交替的时刻。"明确地显示了这一自然景象中所蕴含的深刻意义。为全文意境的深入开拓，作了坚实的铺垫。

转瞬间，"日出"的胚芽茁壮了。作者抓住了黎时时天宇中云霞的形状和色彩的瞬息变化，用特写镜头把旭日的东升精细地描绘出来："清冷的晨曦变为磁蓝色的光芒。""突然间从墨蓝色云霞里矗起一道细细的抛物线，这线红得透亮，闪着金光，如同沸腾的溶液一下抛溅上去"，光明的白昼如带火的箭一样冲破了墨蕊色的夜空，一小片、一小片闪亮的红片，经过奋力抗争，终于突破了黑云的阻挠，密接起来，熔为一体，一轮光彩夺目的红日，便飞跃而出。使整个世界，大放光明，一片通红。这是光明最后战胜黑暗的时刻，火、热、生命、光明一起来到人间。这壮丽奇伟的景象，这鲜明色彩的对比，这形态飞速的变化，这动与静的交织，都给人以强烈的真实感。至此，大自然日出的传神描绘，已给人一种美不胜收的感觉。当我们正沉浸在美好的享受之中，作者不失时机地用他那饱含情感的音符，奏出了祖国光明的晨曲："我深切地感到这光彩夺目的黎明，正如新中国瑰丽的景象。"这一真挚的感情抒发，婉转而顺畅地把自然界日出的含意，递进到了社会生活的"日出"。意犹未尽，他那饱蘸激情的笔触，又挑动读者的心扉，道出他进入了一种庄严的思索："我体会着'我们是早晨六点钟的太阳'这一句诗那最优美、最深刻的含义。"进而又把社会生活的"日出"，递进到人生的"日出"。这三种日出意境层层深入的开拓，使情与景有机地交融起来，构成了一个光华璀璨、雄伟奇丽的艺术境界。而这一深邃的意境，又回环照应了作者在本篇中着力阐明的哲理：要发现处于萌芽瞬息的新生事物，要登高望远，还要有敏锐的观察力。作者对高空日出意境的开拓，形象地说明了这一生活哲理。而这一哲理，又为"日出"意境增添了更浓厚的诗意，使作品更见意味深长，气势夺人。读来令人觉得天地开阔，襟怀坦荡，难以忘怀。

高空日出景象的描绘，它虽用的是写实的手法，但笔触所至，勾勒描绘的尽是富于生命力的想象。在景象描绘之中，自然而恰切地插入含义精辟的议论，使作品的思想意义不断地升华。所以，全文既形象生动，又寓意深刻，不失为一幅光华艳丽的油画，更不愧为一首震撼心灵的交响诗。

此外，作者为了突出万仞高空日出的壮美，他并不急着一开篇就落笔于高空日出奇观的描绘，而是用了多半的篇幅，反复进行气氛的渲染，不厌其烦地描述观日出的愿望和两次专程观日出而不成的失望，造成了一个"日出"千呼百唤不出来的蓄势，这引而不发的设计，都是为高空日出的出现作烘托，使读者的感情随着作者笔端的运行，几度起伏，从而增强了作品摄人心魄的艺术魅力。

（选自《刘白羽作品欣赏》，广西教育出版社，1987 年版）

刘白羽的《日出》也是大家非常熟悉的作品，这篇赏析，对作者是如何描写日出的进行了非常具体的赏析。这种具体的赏析也是值得我们学习的。

# 第五节　散文的写作

我们讲的散文，是指或叙或议或抒情，带有较强文学性的短篇文章，其中不包括杂文、报告文学、传记和回忆录，这是从初学者的需要出发的。杂文、报告文学的写作，有一定的难度，不是每个初学者所能掌握的，而回忆录与传记强调实录，文学性又弱一些。把它们剥离出去，集中练习我们所讲的散文，更有利于掌握散文写作的特点。

散文的基本元素是情思，散文的思维方式是自由感知，散文的文体重心是情致意蕴的营造，散文的文体基调是自然本色。前面谈散文实际上已论及散文的写作，下面集中谈初学散文要注意的一些事项。

## 一、散文的立意、构思和结构技巧

### （一）立意

散文所表现的大都是人生的片断，零星的思想，其文思常产生于情感涌动之时，思想活跃之际。所谓"灵犀一动，心有所感"，"乘兴走笔，倚马可待"，说的就是这种情景。细小、片断、平凡的事物，常容易被人忽视；偶尔获得的新鲜感受、情思火花又稍纵即逝，一逝难新，没有灵敏的触觉，没有沉思的心灵，就可能失之交臂。斯密兹在《小品文作法论》指出："欲写小品文者，只需有一伶俐的耳目，有一沉着的心思，而能自平凡事物中找出无数的暗示。"他介绍自己的经验说：

……我看见一对乡村里的情人，隔着一条暗篱在低语，比之看见罗密欧（Romeo）在有月亮的花园里，抚摸朱丽叶（Juliet）的脸颊，同样曾激起我的热情。我看见一个卷发的孩子，在村舍门口的日光下睡觉，比之看见幼孩该隐（Ain）睡在夏娃（Eve）膝上，亚当（Adam）在旁边观望，同样可以写一篇谈论童年的文章。一只百灵高飞上天，一定会激起无限的思潮，适如百灵歌中无数的音符一般。晨曦从黑暗中射出日光于村上，一定会激起许多回忆……

学写散文，要有灵敏的触觉，及时地抓住稍纵即逝的情思、感受。抓住感受之后，接下来就是立意的问题。古人云："无论诗歌与长行文字，俱以意为主。意犹帅也。无帅之兵，谓之乌合。""苟意不先立，止以文采辞句绕前捧后，是言愈多理愈乱；如入阛阓，纷然莫知其谁，暮散而已。"这对于散文创作同样是适应的。不过需要注意的是，散文所立的"意"，不能简单地理解为我们平时所说的"主题思想"，而是一个比较宽泛的概念，它是一个情理相生、含蓄蕴藉的意向空间。说它情理相生，这是因为，无论议论、记叙还是抒情，作者的情感始终作为主导因素弥漫于创作全程并最后要融注于作品之中；说它含蓄蕴藉并且是个意向空间，这是因为散文是一种耐品的文体，它不像消息、通讯那样，传达给读者的是单一、明确的信息，也不像议论文、新闻评论那样传达给读者单一、集中的思想观点，它传达给读者的意思往往是一个深厚多元的想象空间，让人品味无穷。所以，它在立意之初，往往是一种大致的意向，并非像议论文那样提炼出一个明确的思想观点。落实到各类散文，其立意又有区别。

记叙散文，其立意侧重于"意蕴"。在《现代写作学引论》中我们曾说过，所谓"意蕴"，乃是由"显言"和"隐言"构成的多元的意向结构，它具有含蓄无垠的审美特征。

抒情散文的立意，侧重于"情致"。所谓"情致"，是由作者的情感、性灵、人格交织而成的含蓄无垠的意象空间，它是情感和性情的复合体。

议论散文的立意，侧重于"理趣"。所谓"理趣"，不仅是说"理"，更注重于"趣"，它交织情感、形象、趣味、智慧、性情等多元因素。

散文立意的常用方法有：

依实写来——生活中有了一段难忘的经历，稍微加工，依实写来。如果这段经历弥足珍贵，这样写出的文章一般都英华内含。

联类生发——如果生活中被某一事物打动了，由此一事物联想相关的生活片断，如果截取的生活片断具有包孕性，这类文章一般都真实感人。

因情而动——作者执笔行文完全出于感情抒发的需要，情之所至，笔亦随之。这类文章的立意完全取决于作者情感的深度和力度。如果把个人的一点得失夸得天大，如果把个人不健康的情感肆意发挥，鲜有成功。

议论生发——作者被某一事物打动了，有了新奇的思想，古今中外，顺手拈来，天上人间，议论开去，这类文章的立意，取决于文章的理趣。

联想升华——由某一事物，运用联想，生发出某一人生哲理或主题思想，这类文章的立意，要谨防人为地拔高和模式化。

散文的立意，应努力追求高远、新颖、厚实。

所谓高远，即作者立意时，应站在人生智慧的高度，表达对人生的远见卓识，或抒发高尚的情操，或表现崇高的精神境界。

所谓新颖，就是有自己独特的发现。立意新颖，并不是故作高深，恰恰相反，它是来自平凡的感悟。用林语堂的话来说，"宛若天地间本有此一句话，只是被你说出而已"。

所谓厚实，就是立意要有实实在在的生活感受，有充实的内容，空灵中有实，飘逸中有根，柔媚中有骨，不可太飘，不可以毫无意味的一点点意绪来充斥成篇，不可甜而无力、媚而无骨，如室内柔花、宫中妇人。俞平伯就此说过一段颇为精彩的话，他说："我们试想：若没有飘零的游子，则西风下的黄叶，原不妨由它们花花自己去响着。若没有憔悴的女儿，则枯干了的红莲花瓣，何必常夹在诗集中呢？人万一没有悲欢离合，月即使有阴晴圆缺，又何为呢？怀中不曾收得美人的情影，则入画的湖山，其黯淡又将如何呢？"（俞平伯：《清河坊》）他又说："见宿树的寒鸦，有寂寞之思；听打窗的夜雨，有凄清之感。是诗吗？不是！这种意境不失为诗魂，但飘渺的游丝，单靠它们却织不成一件'云裳'的。"①俞平伯将那些使人"心头一动"的感觉称之为"诗魂"或"诗意"，认为如果没有足够的、丰富多彩的经验和知识，单靠那"诗魂"、"诗意"的"飘渺的游丝"是织不成一件完整构思的"云裳"的。这是很有道理的。

（二）构思

这里所说的构思，是指作者明确了立意之后，如何组织材料，将自己的立意完美地表现出来。

散文在构思上具有零散性、发散性、随机性。作者往往面对一物之微、一时之得，生发出丰富的联想和想象，上穷碧落下黄泉，终于心有灵犀一点通，比物连类，上下串联，一气贯注，敷衍成篇，以一物之微见天地之大，一时之得圆长年之志，这是散文创作最常见的思维方式。其中主要涉及材料的截取和线索的安排。

散文具有自由天然之美，为追求这种神韵，构思中多取零散片断、细节，不太注重完整的过程；即或遇到比较完整的材料，也有意地加以切割，不让它显得过于的严整；作者围绕主旨选材时，甚至有意作一些旁逸，让它枝枝丫丫地向四周生长。这些，大约是散文构思中特有的技巧，它使散文真正地"散"开去。

由于散文重在写片断、零散的事情，对片断性材料的选择也就十分严格，名为片断，但绝非孤立的片断，应事关整体，情系社会人生底蕴，具有典型性、包孕力和新颖感。它要求作者调动一切艺术手段，或白描勾勒，或浓墨泼洒，或虚实相生，或正反比照，或众星拱月……以最少的笔墨去传神写照，力求在有限的片断里，透视五彩的世界、深广的人生和幽渺的情思。

作者选取材料之后，大多通过情感、意绪，将种种材料组织起来；有时候也用到其他线索，如以时空转换为线索，以物件为贯穿线索等，但一定要将情感渗透其中。没有情感的渗透和流走，散文既"散"不起来，也没有散文的神韵。

（三）结构

结构是构思的外化。

散文是最自由灵活的一种文学形式，它无拘无束，行止自由，发乎性灵，成乎自然，在自由流走之中，具有行云流水般的风致。它不像严谨、完整的"四合院"，更像依山临水而筑的楼台，既有某种联络、呼应，又保持着相当的自然潇洒之势；它像一条河流，"顺了壑谷，避了丘陵，凡可以流处它都流到，而流来流去却还是归入大海，就像一个人随意散步一样，散步完了，于是回到家里去"（李广田《谈散文》）。倘若写得太拘谨、太严整，也就失去了散文的风韵，写得不像散文。

---

① 俞平伯：《文学的游离与其独在》。见俞平伯：《杂拌儿》，上海开明书店，1928 年 8 月版。

　　散文的自由流动之美表现在哪些方面呢？以前总是用"形散神不散"来概括，但这句话并不好操作。我们认为，如果用"随物赋形"、"以意驭法"来概括，就具有可操作性了。

　　任何文章，都要写到"物"——人物、事件、物什、景色等。散文写"物"，不像其他文体那样，特别注重事物的完整性，也不把事物拴在严格的时空关系、因果关系上。它注意的，是事物本身那些特别动人的片断、细节；它往往通过主观的情思，将这些动人的片断、细节融合而为一个整体。因而，比起一般文体，如记叙文、小说等，它的材料显得比较松散，不像其他文体那样秩序井然、有条不紊、完整严谨。散文的"形"，也就是由这些特殊的"物"所赋予的。正因为它是由种种松散错落的片断、细节组成的，往往使它别具一种风致。散文的"散"，也就是由这些参差错落的物象所构成的。

　　任何散文，无论是记叙、议论，还是抒情，它都需要饱满的情绪，别致的意绪。只有通过情感的浸染，平凡、琐屑的材料才能闪耀出动人的光彩；只有通过别致的意绪，才能把零散、纷披的材料组成一个有机的整体。而作者的情感、意绪，不像一般记叙文，更不像议论文那样比较明确、集中，顺着逻辑展开。它没有环环相扣的逻辑推理，没有"一条竹竿捅到底"的"直线方程"。它往往保持着一种朦胧状态，逶迤流走，四散飘飞，服从的是一种感性的、感情的逻辑，情感走到哪里，那些动人的、精彩的细节、片断也就跟到哪里，与之相应的种种技法也就应运而生。这种种的"法"完全是随意而生的，笔随意转，意到笔随，不拘一格，尽兴而已。因此，散文的表达，往往描写、叙述、议论、抒情、说明一齐都上，随心所欲；但又不显得驳杂，往往在情感的弥漫之下，融合无间，浑然天成。如韩愈写的《张中丞传后叙》，他读李翰写的《张巡传》之后，觉得没有给许远、南霁云等立传，实在是一个极大的遗憾，情之所至，意之所至，不禁提笔为之作传。想到许远，想到人们对他种种的诬陷，便夹议夹叙，为之辩诬；想到南霁云，想到他义薄云天的胆气，便似英雄壮举如在目前；想到张巡，想到他许多不见经传的轶事，便叙其轶事于至情至性之中。该文交替使用了议论、描写、记叙、说明等，但你丝毫感受不到脱节和驳杂，只觉得一气流转之中浑然天成。像苏轼的《文与可画筼筜谷偃竹记》、郁达夫《故都的秋》等，也都如此。这也就是散文的"笔随意转"、"以意驭法"。它不仅使散文保持了它的舒展自如，同时又血脉贯通，形成一个有机整体。

　　正由于散文的"随物赋形"、"以意驭法"，使它在结构上显得分外地舒展、自由，没有任何绳规尺矩的痕迹，呈现一派天然自然之美。

　　与此相关的是，随着作者情感的纡萦流走，涉及的笔法主要有四种，即"放"、"收"、"断"、"续"。所谓"放"，即叙说到一定时候，将笔墨旁逸出去，叙说一些看似与题旨无关的"题外话"；所谓"收"，即将游离的话回归到正题，"书归正传"；所谓"断"，即作者意绪的传达，本来还没有告一个段落，他却有意转到其他的事物上去；所谓"续"，即接着上面的话茬，把话续完。在传达阶段，散文的"收"、"放"、"断"、"续"是非常重要的，散文自由的本性，大约首先要通过它们得以实现。没有"收"、"放"、"断"、"续"，散文的神韵出不来。当然，"收"、"放"、"断"、"续"不是散文的专利，其他文章也用。但散文的"收"、"放"、"断"、"续"，也有不同于其他文体的地方：其一，它的"收"、"放"、"断"、"续"，常常是在比较小的意义单位之间进行的，常常是几步一转；其二，它的"收"、"放"、"断"、"续"，也不像其他文章那样显得棱角分明，它往往以游丝牵带，"踏雪无痕"。

## 二、散文的笔调

散文有散文的笔调，散文笔调是散文特有的一种行文方式，也是检验散文艺术品位高低以及散文是否地道的一个标尺。没掌握它，写出来就不像散文。

散文笔调，读具体的作品能感受到，它不同于小说的叙事，不同于诗歌的抒情，不同于论文的议论，但要从理论上说明它，颇不容易。大致说来，散文笔调是作者在叙述言说中所表现的感情色调、语言色调。作者在议论、叙述、描写、抒情、说明时，有的峭利冷峻，有的冲淡平和，有的典雅瑰丽，有的朴实清秀，有的雄浑刚劲，有的潇洒俊逸，有的空灵温婉，有的娟秀纤巧，有的充满乡野之气，有的洋溢都市风情，或庄或谐，不一而足。但不管使用何种笔墨，都发自肺腑，浸润真"我"的情思，带有一种人生体验和个人的价值取向。在文辞上，主要表现在以下四个方面：

（一）谈话风

散文具有娓娓而诉的谈话风。这一点，明显区别于记叙文、议论文，也有别于小说、诗歌。它是作者与读者一种推心置腹的交谈，是作者发自内心的一种极平易、极自然的倾诉，日本著名评论家厨川白村在《出了象牙之塔·Essay》中，曾这样界定这种文体：

> 如果是冬天，便坐在暖炉旁边的安乐椅上，倘在夏天，则披浴衣，啜苦茗，随随便便，和好友任心闲话，将这些话照样地移到纸的东西，就是 Essay。兴之所至，也说些不至于头痛为度的道理罢。也有冷嘲，也有警句罢。既有 humour（滑稽），也有 pathos（感愤）。所谈的题目，天下国家大事不待言，还有市井的琐事，书籍的批评，相识者的消息，以及自己的过去的追怀，想到什么就纵谈什么，而托于即兴之笔者，是这一类的文章。

小说、戏剧的语言，主要为塑造鲜明的性格，作者笔下的语言受制于人，要注意与笔下人物的性格、生活保持相当的和谐；诗歌，虽然它是一种主观的抒发，但还要讲究节奏、韵律，与日常谈心的格调，相差甚远。唯独散文的语言，它不像小说那样受制于笔下的人物，也不像诗歌那样受制于音韵、节奏，它很自然，作者可以自己独特的姿态、声音、风格说话。我们在谈散文时，常常会感到，作者有时好像在同知己倾诉，也有时好像在自言自语……他说得很真切，很痴情，好像除了他的急于倾诉的东西，一切都忘怀了。在这样的文字里，作者的个性、气质、修养一股脑儿地融化在其中，读来既觉得亲切自然，又感到别有一番滋味。

（二）印象式描写

散文的语言重情思而忌滞实，它不是纯然客观的再现，重主观的抒发。现代散文家梁遇春在《〈小品文选〉序》中，曾这样论及散文：

> 大概说起来，小品文是用轻松的文笔，随随便便地来谈人生，并没有俨然地排出冠冕堂皇的神气，所以这些漫话絮语能够分明地将作者的性格烘托出来，小品文的妙处也全在于我们能够从一个具有美好的性格的作者的眼睛里去看一看人生。

梁遇春认为，散文的妙处，全在于我们能"从作者的眼里去看一看人生"，这是极精彩的论断，他道出了散文的奥秘之所在。

怎样使读者从"我们的眼里"读到人生呢？其中很重要的一点，就是印象式的描写、叙说。所谓印象式的描写、叙说，即作者执笔行文时，无论记人写事、写景状物、说理抒情，他总是从自己的感受出发，他总是把自己的情感情趣投射到所写的人、事、物、理上去，他写的总是自己"眼中"的人事物理，而不是纯客观的摹写叙议；有时侧重他人，也时常不忘述说自己，作者总是通过这样的方法，把自己要写的事物或道理写真、写活，写出滋味和情韵。

散文的印象式描写，既有细琢细磨之精细，又有铁划银钩之疏朗，作者往往抓住关键工笔细描，其他方面则稍加衬染。如郁达夫的《扬州旧梦寄语堂》，作者写扬州之美，扬州之美主要在瘦西湖，而"瘦西湖的好处，全在水树的交映，与游程的曲折"。于是，作者便抓住了这个"好处"，予以细细地描写：

> ……秋柳影下，有红蓼青萍，散浮在水面，扁舟擦过，还听得见水草的鸣声，似在暗泣。而几个弯儿一绕，水面阔了，猛然间闯入眼来的，就是那一座有五个整齐金碧的亭子排立着的白石平桥，比金鳌玉栋，虽则短些，可是东方建筑的古典趣味，却完全荟萃在这一座桥，这五个亭上。

接着作者又细致地描写了湖上船娘撑船时的很优美的姿势。仅此一段文字，已足以使我们领略到那古老的、浪漫的、繁华一时的扬州风情了，粗细结合，既细且清，使人感到自然、亲切，而不失之空泛、牵强，这全是印象式描写带来的效用。

散文家徐蔚南曾指出："小品文最重要的一点是在印象的抒写"，"呆板板地说明对象的文章，是死的，不论你写得怎样美丽漂亮，至多不过像纸扎的花；至于跳荡地写出那印象来的文字，是活的，即非典丽鹬皇，仍旧是活的，如果写得好，那真是合（和）又芬芳，又妍美，又自然的山野里的蔷薇花一样。"（徐蔚南《倥偬·序》）徐蔚南所言，也道及了散文笔调的这种特质。

### （三）夹叙夹议

散文叙事论理，常以"夹叙夹议"来调和，这也是散文笔法上的特点。

细密的描写，给人以"精雕细琢"之美，但一味地描写，往往会使文字显得"板滞"和"繁缛"，所以需要"夹叙夹议"来增添一些自然、亲切、朴素的趣味。对于这种夹叙夹议体制，朱自清曾作过颇为中肯的论述：

> 这种夹叙夹议的体制，却并没有坠入理障中去；因为说得干脆，说得亲切，既不"隔靴搔痒"，又非"悬空八只脚"。这种说理，实在也是抒情的一法。

朱自清还将这样的夹叙夹议，贴切、精妙地比喻为杭州吴山四景园的"油酥饼"——"入口即化，不留渣滓"。

朱自清认为夹叙夹议实在也是抒情的一法，可谓是一语道破了夹叙夹议的本质特征。散文里的夹叙夹议，基于作者对于事物的深切而独特的感受，它不仅"议论超越，情理相生"，而且往往透出优美的画意。试读下面的文字：

　　……虽然一面窗不会朝夕都是可观，四时皆有胜景，但是一面窗总有一面窗的杰作的，如西窗富于夕照，东窗胜在月色，对山的窗以春雨时为佳，临水的窗以秋夜为最，到其恰到好处之时，其非凡思所能想象，也非笔墨所能描摹。

　　在这里，作者虽然没有去细致地描写窗含的景色，只是夹叙夹议地抒写他对东窗、西窗，对山窗与临水窗等各自妙趣的体味与见解，然而，读之亦能给人留下一幅幅简洁的、清淡的画意。

　　在散文里我们还可以看到，细密的描写与抽象议论相结合，能产生出一种包罗一切的雄浑气氛。试看郁达夫的《苏州烟雨记》中的一段描写：

　　……总之阊门外的繁华，我未曾见到，专就我于这葑门里一隅的状况看来，我觉得苏州城，竟还是一个浪漫的古都，街上的石块，和人家的建筑，处处的环桥河水和狭小的街衢，没有一件不在那里夸示过去的中国民族的悠悠的态度。

　　作者在对苏州城的街衢、建筑、环桥、河水的具体描写当中，插入了"浪漫的古都"，"中国民族的悠悠的态度"等抽象的、概括的语句，就产生了包含着苏州一切特点的"雄浑气氛"。引起读者许多美丽的、历史的追想。

　　再看下面几段文字：

　　朔方的雪花在纷飞之后，却永远如粉，如沙，他们决不粘连，撒在屋上、地上、枯草上，就是这样。屋上的雪是早已就有消化了的，因为屋里居人的火的温热。别的，在晴天之下，旋风忽来，便蓬勃地奋飞，在日光中灿烂的生光，如包藏火焰的大雾，旋转而且升腾，弥漫太空，使太空旋转而且升腾地闪烁。（鲁迅《雪》）

　　我是深深地爱着看日落时的晚景，在江山，那种凄绝的彩色给人以罗曼的梦，给人以非现实的幻想，我也曾在平原上遥望过山地的日落。那是一种猖狂，恣纵的情调：太阳掉下去，涂红了山林，野草，又涂红了西天，那种红，像是有十万八千的子弟兵揭起了叛旗，焚起了野火。（甘永柏《谈旅行》）

　　我虽然还没有，而且绝不会跳出人海的波澜，但是拳拳之意自己也略知一二，大概摆动于焦躁与倦怠之间，总以无可奈何天为中心罢。所以我虽然爱蒙蒙茸茸的细雨，我也爱大刀阔斧的急雨，纷至沓来，洗去阳光，同时也洗去云雾，使我们想起也许此后永无风恬日美的光阴了，也许老是一阵一阵的暴雨，将人世哀乐的踪迹都漂到大海里去，白浪一翻，什么渣滓也看不出了。（梁遇春《春雨》）

　　……你静下来，你看那一望无际的花，"如钱塘江潮夜澎湃"。有风花在动，无风，花也潮水一般地动，在阳光照射下，每一个花瓣都有它自己的阴影，就仿佛多少波浪在大海上翻腾，你越看得出神，你就越感到这一片花潮正在向天空向四面八方伸张，好像有一种生命力在不断扩展。（李广田《花潮》）

　　那半含半露、欲近故远的娇态，使我想起在家散步时，常常绕我膝下的爱女。每见我伸手欲揽其近前，她必远远地跑开，仰起笑脸逗我；待我佯作冷淡而不顾，她却又俏俏跑近，偎我腰间。好一个调皮的孩子！（谢大光《鼎湖山听泉》）

这种"夹叙夹议"，是散文所特有的。

散文的"夹叙夹议"，往往杂糅了议论、记叙、描写、说明、抒情等几种表达方式，它粗中有细，情理相生，物我俱呈，各秉其趣，形象生动，情韵悠长。

（四）饱和情韵情致

散文不同于一般诗歌、小说，还在于它的字里行间，别有一种情韵情趣在流淌。这种情韵情趣，不仅仅包蕴于文章内容之中，而更多时候，是从字里行间所涌现出来的作者本人的情韵情趣。读一篇小说，小说的文字主要把我们引向人物、故事。读一篇诗歌，诗歌的语言主要把我们引向作者所抒发的情感；其间虽然也能领略到作者的气质、个性，但这些不是主要的，大多情况下是深藏不露的。读一篇散文，感觉就不一样了，作家的气质个性、情趣修养，常常扑面而来，跃跃涌显；作者行文走笔，不但告诉你一些事情，叙说些道理；而且，捎带着文字，伴随着语气、语调，作者的"人"也时时出现在你的面前，他时时在和你进行一种"人格"上的交流；他不但让你品味笔下的种种事物，而且还让你品品作者的为人处世，作者的精神、气质、个性，作者本人同时成了你的审美对象。

这也就是说，散文的文字，具有双重的负载功能：一方面，它要负载起作者所要传达的内容；另一方面，它要负载起作者的精神、人格——这也可以看做散文笔调的另一特殊之处。

### 三、散文的语言

散文语言又是散文写作中的一个难点。

散文的语言，基本上是一种本色自然的语言。读一篇好散文，常常使人如啜香茗，如饮陈酿，余香满口，回味无穷。产生这种美感，不外乎两点原因：一是思想情趣的美，二是语言文字的美。这二者是相辅相成的。如果一篇散文，文字别别扭扭，或者装腔作势，佶屈聱牙，就像米饭里面夹着许多沙子，读者读起来，还有什么心思来领略饭菜的美味？反之，好的散文语言，会像清亮、活泼的潺潺山泉，吸引着你兴致勃勃地一路读下去，文中的思想感情，也便自然而然地留在你的心中了。

好的散文语言，就像郑振铎所描述的那样："譬若清新的朝曙，皎洁的夜月，翠绿的森林，澄明的碧湖，今天看他是如此的可爱，明天看他也是如此的可爱，今年看他是如此的美丽，明年乃至无数年之后看他，也固是如此的美丽。"

散文的语言自然、精美、富于文采。许多散文，看似娓娓而谈，冲口而出，不假雕饰，但是，你仔细品读，便会发现其难能可贵的美质：词语的选用、安排，句式的配置、变化，一切都那样恰如其分，浑然无迹，真是达到了删一句则不可，增一字亦嫌赘的境界。

散文的语言，和诗歌比较起来，它多几分"清淡与自然"；和小说比较起来，它多几分

"浓密和雕饰"。完全用诗的语言来写散文，你会觉得太雕琢、太不自然；完全用小说的语言来写散文，你会觉得有欠精练，用词用句还少神韵。

好的散文，其字词的运用，总是鲜活的、丰富的。它绝没有人云亦云的陈词滥调，也没有捉襟见肘的贫乏。它的词语总是出自自己的胸臆，传情达意左右逢源、得心应手，并注意情采和敷色。

好的散文，它的句式总是灵活的，参差变化的，绝没有一味铺陈的呆板句式，也没有"因为所以"、"由此可见"之类的理性推导，它随着自己的情感、意绪流走，显得灵动而富于活力。

好的散文，其用词选句显得很随意，但一定是经过了推敲的，绝不会随手填塞。郁达夫评周作人的散文说："周作人的文体，来得舒徐自在，信笔所至，初看似乎散漫支离，过于繁琐，但仔细一读，却觉得他的漫谈句句有分量，一篇中少一句就不对，一句之中易一字也不可，读完之后，还想翻转来从头再读的。"（郁达夫《中国新文学大系·散文二集·导言》）散文的语言，也就是这样，句句有分量，少一句不可，多一句也不可；减一字不可，增一字也不可。

散文很讲究文采。"文采"是一种美，它与修辞联系在一起的。石苇在其编著的《小品文讲话》中，强调语言的"精确"、"透彻"、"选择"、"辞姿"、"配置"、"流动"、"谐调"、"统一"，为我们理解"文采"提供了一条思路：

文字的精确、简练，必然带来文体的明晰、简洁；词藻的丰富、华美，常使文体显得繁缛、秾丽；多用长句者，其文体自有一种浩瀚流转之势；而短句的排列，又使文体显得精悍、紧凑；古文成分稍多一些，其文体常有简古之风；而多用口语者，其文体自有活泼之趣；偶句，会使文体凝练；散句，会使文体流动；排比，给文体增加一泻千里的气势；重复，又给文体带来一唱三叹的韵律节奏。还有，如字音的清浊，语调的低昂，节奏的快慢等等，都会给散文带来文采。

好的散文语言要洗去陈词滥调。一篇散文，如果文字中夹杂一些陈词滥调，就像皎洁的夜月被云彩遮掩，澄碧的湖面漂着一些纸屑、油垢。

词汇的丰赡，几乎成了散文语体的一个基本特征。如孙福熙的《红海上的一幕》，作者以无比丰富、绚丽，而又层次鲜明的色彩，描绘了红海上夕阳将坠、素月初升、瑰奇壮美而又瞬息万变的景象。作者先写太阳做完了竟日普照的事业，在万物送别的时候，他还显出十分的壮丽。他披上红袍，光耀万丈，这时，云霞布阵，以听候号令，海波轻舞，以歌颂他的功德，以惋惜他的离去。可霎时间，景物忽然变动了：

……云霞移转，歌舞紧急，我战战兢兢地凝视，看宇宙间将有何种变化：太阳骤然躲入一块紫云后面了。海面失色，立即转为幽暗，彩云惊惧，屏足不敢喘息。金线万条，透射云际，使人领受最后的恩惠，然而他又出来了。他之藏匿是欲缓和人们在他去后的相思的。

我俯首看自己，见是照得满身光彩。正在欣幸而惭愧，回头看见我的青影。从船上投射海中，眼光跟了他过去，在无尽远处，窥见紫帏后的圆月。岂敢信他是我的影迎来的！

接下去，又是一幅落日与新月交晖的奇妙图画：

> 天生丽质，羞见人世，他启幕轻步而上；四顾静寂，不禁迟回。海如青绒的地毯，依微风的韵调而抑扬吟咏。薄霭是紫绢的背景，衬托皎月，愈显丰姿。青云侍侧，桃花覆顶，在这时候，他预备他灵感一切的事业了。
>
> 我渐渐地仰头上去，看红云渐淡而渐青，经过天中，沿弧线而下，青天渐淡而渐红，太阳就在这红云的中间。月与日正在船的左右。而我们是向正南行进——海行九天以来，至现在始辨方向。

读了这几段文字，你不能不暗暗折服：孙先生真不愧为一位具有诗人气质的名画家。他用一只饱蘸着色彩和诗情的画笔，一笔一笔地描绘，一层一层地渲染，极其精细地把握着色彩的变幻和层次。但这些精妙的文字，是建立在丰富的词汇之上的。

文采不来自词藻的堆砌，而在于运用的恰当。我们看下面的文字：

> ……几番秋雨之后，溪水涨了几篙，早凋的梧楸，飞尽了翠叶；黄金色的晚霞，从枝丫树隙里，深入溪中；泼皱的波面，便泛出彩虹似的光。（绿漪《溪水》）

这一节美文，作者为秋天的溪水"写生"，每一笔，都蘸着美丽而鲜明的颜色。然而这些颜色却不是堆砌上去的，每一词藻的运用都简洁传神，恰到好处。

优美的词藻固然是一种美，质朴无华的白描也能文采飞扬。试看朱自清的《荷塘月色》中的一段：

> 曲曲折折的荷塘上面，弥望的是田田的叶子。叶子出水很高，像亭亭的舞女的裙。层层的叶子中间，零星地点缀着些白花，有袅娜地开着的，有羞涩地打着朵儿的；正如一粒粒的明珠，又如碧天里的星星，又如刚出浴的美人。微风过处，送来缕缕清香，仿佛远处高楼上渺茫的歌声似的，这时叶子与花也有一丝的颤动，像闪电般，霎时传过荷塘的那边去了。叶子本是肩并肩密密地挨着，这便宛然有了一道凝碧的波痕。叶子底下是脉脉的流水，遮住了，不能见一些颜色；而叶子却更见风致了。

在这二百来字的描写里，竟使用了十多个美丽的形容词语，六个精彩的比喻，对于每一件事物，不论是出现于画面上的一叶、一花，还是想象中远处高楼上歌声，不论是叶间出现的"波痕"，还是叶下的"流水"，作者都作了工笔细描。老舍写《济南的冬天》，纯用质朴的"白描"依然美丽如画：

> 古老的济南，城内那么狭窄，城外又那么宽敞，山坡上卧着些小村庄，小村庄的房顶上卧着点雪，对，这是张小水墨画，或者是唐代的名手画的罢。

这段文字，朴朴素素的几笔勾描，就把冬天小雪之后的济南的城廓山村妙景写得真美逼人。

写散文，一方面，"音韵可以不管，对偶也可以不问"，只求"辞能达意"，"言之成文"，甚至在一般情况下还要避免"诗家语"、"律赋语"，以保证语言的自然；但另一方面，作者又注重散文语言的韵律，讲究句式的参差错落，语音的长短、高低、徐疾、轻重。中国古代散文就特讲究"文气"、"情韵"。

在散文里，句式的选择与音韵的和谐，能生出情致和文采。

有人对不同句式作了很形象的描述：

> 短句涩而严，如斩钉截铁，如一柄晶莹的匕首。长句舒缓而流利，如风前的马尾，拂水的垂杨。长句宛转而腾挪，如天娇的游龙，如回环的舞女。驰句曼衍而平实，如战场上的散兵线，如依山临水的错落的楼台。对句停匀而凝练，如西湖上南北两峰，如处女的双乳。（石苇《小品文讲话》）

试看：

> 或在途中，或在斗室，或在将别以前的旅舍，或在久别初逢的码头，各无存心，随意倾吐，不觉枝蔓，实已繁多。忽焉念起，这不已沉入了晤谈的深永的境界里了么？（叶圣陶《与佩弦》）

这段文字，骈散结合：前八句是对句，显出"停匀"、"凝练"之美，然语气短促；紧接着是一个较长的散句，流畅、摇曳，语气由短促而舒缓，好似被憋闷了许久之后，此刻做了一次长长的深呼吸。所以前人认为："凝重多出于偶，流美多出于奇，虽骈必有奇以托其气，虽散必有偶以植其骨，仪厥错综，致为微妙。"（包世臣《文谱》）

再看：

> 你会从那小玻璃上面的一粒星，一朵云，想象到无数闪闪烁烁可爱的星，无数像山似的，马似的，巨人似的，奇幻的云彩……（茅盾《天窗》）

作者写想象中的星星，使用的是一个长句，舒徐而从容，与那悠远而宁静的星空十分和谐，而描写想象中的云彩，却一连使用了四个短语，势快而疾，极其生动地表现出云彩瞬息之变幻。

散文各种句式参差错落的组合，既带有作者自觉的艺术加工，也受内心情感节奏的支配。它应像一泓清泉那样流动，而不能像一潭死水那样停滞和沉闷。运用是否恰当，全凭作者内心的体验。

散文虽然用了很多斟酌乃至雕饰的工夫，但绝不显得"刺眼"。英国的作家本·琼生《论行文》中的一段文字，能很好地说明散文的这一特点。他说：

> 某些字眼的选用，纯出于点缀与色泽需要，正如我们采撷鲜花以装饰屋室或编做花环，至于适观程度，仍视其是否与全篇通体相称，竟仿佛天然长入一般；

一片草原，碧绿青葱，虽也怡人，但待到繁花遍野，千红灼灼，景象自然更好。虽然如此，我们却不应趋鹜过甚，坠入文字游戏的恶障；再则，过于浮夸佶屈的字面也宜少用。

散文的文采，以自然精妙达意为尚，倘若离开了"意"，浮夸地堆砌一些词藻，那就不是文采而变成了赘疣了。散文一长出赘疣来，也就无美可言。

## 【例文】

# 秋 夜

### 鲁迅

在我的后园，可以看见墙外有两株树，一株是枣树，还有一株也是枣树。

这上面的夜的天空，奇怪而高，我生平没有见过这样的奇怪而高的天空。他仿佛要离开人间而去，使人们仰面不再看见。然而现在却非常之蓝，闪闪地眨着几十个星星的眼，冷眼。他的口角上现出微笑，似乎自以为大有深意，而将繁霜洒在我的园里的野花草上。

我不知道那些花草真叫什么名字，人们叫他们什么名字。我记得有一种开过极细小的粉红花，现在还开着，但是更极细小了，她在冷的夜气中，瑟缩地做梦，梦见春的到来，梦见秋的到来，梦见瘦的诗人将眼泪擦在她最末的花瓣上，告诉她秋虽然来，冬虽然来，而此后接着还是春，蝴蝶乱飞，蜜蜂都唱起春词来了。她于是一笑，虽然颜色冻得红惨惨地，仍然瑟缩着。

枣树，他们简直落尽了叶子。先前，还有一两个孩子来打他们别人打剩的枣子，现在是一个也不剩了，连叶子也落尽了。他知道小粉红花的梦，秋后要有春；他也知道落叶的梦，春后还是秋。他简直落尽叶子，单剩干子，然而脱了当初满树是果实和叶子时候的弧形，欠伸得很舒服。但是，有几枝还低亚着，护定他从打枣的竿梢所得的皮伤，而最直最长的几枝，却已默默地铁似的直刺着奇怪而高的天空，使天空闪闪地鬼眨眼，直刺着天空中圆满的月亮，使月亮窘得发白。

鬼眨眼的天空越加非常之蓝，不安了，仿佛想离去人间，避开枣树，只将月亮剩下。然而月亮也暗暗地躲到东边去了。而一无所有的干子，却仍然默默地铁似的直刺着奇怪而高的天空，一意要制他的死命，不管他各式各样地眨着许多蛊惑的眼睛。

哇的一声，夜游的恶鸟飞过了。

我忽而听到夜半的笑声，吃吃地，似乎不愿意惊动睡着的人，然而四周的空气都应和着笑。夜半，没有别的人，我即刻听出这声音就在我嘴里，我也即刻被这笑声所驱逐，回进自己的房。灯火的带子也即刻被我旋高了。

后窗的玻璃上叮叮地响，还有许多小飞虫乱撞。不多久，几个进来了，许是从窗纸的破孔进来的。他们一进来，又在玻璃的灯罩上撞得叮叮地响。一个从上面撞进去了，他于是遇到火，而且我以为这火是真的。两三个却休息在灯的纸罩上喘气。那罩是昨晚新换的罩，雪白的纸，折出波浪纹的叠痕，一角还画出一枝猩红色的栀子。

猩红的栀子开花时，枣树又要做小粉红花的梦，青葱地弯成弧形了……我又听到夜半的笑声；我赶紧砍断我的心绪，看那老在白纸罩上的小青虫，头大尾小，向日葵子似的，只有半粒小麦那么大，遍身的颜色苍翠得可爱，可怜。

我打一个呵欠，点起一支纸烟，喷出烟来，对着灯默默地敬奠这些苍翠精致的英雄们。

一九二四年九月十五日

（选自《鲁迅全集》卷2，人民文学出版社，1981年版。）

**【简析】**这是一篇借景抒情的象征性散文，作者通过对秋夜室内外景物的描绘，鞭挞了阴险、狡诈、冷酷的反动势力，赞颂了追求光明、跟黑暗现实英勇战斗的革命战士，并指出与反动势力斗争必须具有韧性战斗的精神。枣树与夜空的斗争，是这篇散文构思的基础和核心。围绕枣树与夜空的斗争，作者运用象征的手法，塑造了两组相互对立的鲜明形象。作者笔下阴沉冷寂的秋夜，眨着冷眼的星星，夜游恶鸟的叫声，象征着北洋军阀统治下那黑暗令人窒息的社会生活；枣树、小青虫、小粉红花则分别象征着坚贞不屈、坚持韧性战斗的战士，为追求光明不惜殒身的进步青年，渴望过美好生活的被压迫被摧残的弱小者。从结构上看，作者从室外写到室内，有力地拓展了文章的层次，丰富了文章的思想内容。在描写上，作者巧妙地将幻觉与实感结合起来，借景抒情，融情入景，形成了作品鲜明的形象和深远的意境。

# 孙楷第先生

## 张中行

孙楷第先生是我在通县师范上学时期的老师，字子书，依礼，我应该以字称之，只是字罕为人知，不得已而从权，称名。孙先生于一九八六年作古，确切时日，是直到不久前，由师母温芳云夫人那里要来一些介绍和纪念文章才知道的。介绍文章中有一篇《孙楷第传略》，杨镰所写，刊于一九八五年第一期的《晋阳学刊》，内容简要而全面，我以为，述说孙先生的业绩，这样写就够了。——就是没有这一篇，我也不想写这方面的。孙先生是小说戏曲史的专家，研究这些，走的是清朝汉学家的路子，用考证的方法，广收材料，于材料的比勘中辨明实相。这方法，这材料，甚至推出的结论，不往里钻的人不会感兴趣。往里钻的人呢，都熟悉孙先生的几部名著，主要是三种小说书目、两种戏曲考和沧州前后集，也就用不着我再费辞。而还想写，是因为觉得：其一，我的琐话常常提及师辈，孙先生是更近的师辈（中学时期受教），依情理不当漏掉；其二，大著以外的零零碎碎也许另有一种意义，这别人未必知道，也依情理，不当秘而不传。以下写，因为是零零碎碎，就想到什么说什么。

记得一九二九年或一九三〇年，我在通县师范，还差一两年毕业，学校请孙先生来教国文课。知道他是北京师范大学国文系毕业，留校任助教；到通县兼课，距离五十里，往返奔波，推想家道必不是富裕的。人清瘦，总是像大病初愈的样子。口不能说有才，但讲得细致确切，丁是丁，卯是卯，我个人的感觉，是有学问，像是也不想学问以外的事。我当时入世浅，理想多，无知而尊重知，因而对孙先生，起初是怀有深的敬意，时间稍长就交往多起来。记得有事到北京还去看过他，至少是两三次吧，那时他住在中南海居仁堂西四所的西房，环境清雅，屋里书已经不少。我的印象，他更加往书里钻，因而离世故更远了。

清瘦的程度有增无减，可是心情安静而愉快，不只一次，我听见他一边走一边吟诗。

其后不很久，他不再到通县去兼课；我也离开通县，到北京大学上学。我们离近了，见面的次数却不多，主要原因是他忙，我不便打搅他。礼貌性地问候也不多，现在记得的，他迁居次数不少，住西城石老娘胡同傅增湘家，住北海、景山之间的大(小?)石作，住西郊北京大学(原燕京大学)的镜春园，我都去过。往镜春园的一次已经是五十年代初，他身体情况似乎更下，晚秋季节，院墙上爬山虎的叶子刚露红，我在院里打招呼，他在屋里答话，让等一等，原来是找毛围巾，围得严严实实的才出来迎接。他也念旧，总是问这问那，表示很关心。很少谈学问，推想原因的少一半是专门的东西，一言难尽；多一半是我远离汉学，已经不是孺子可教。这之后，小则各种学习，大则各种运动，继续而来，我，轻些说是乏善可陈，重些说是自顾不暇，因而来往就断了。

一断就是二十年以上。他早已离开北京大学，到文学研究所任研究员。镜春园的住处，据说是"文化大革命"初被迫放弃，经过不少颠簸，最后才迁到建国门外的学部宿舍。我由于另外的原因，城内的住处也放弃，到北京大学女儿处寄居。一九七六年七月下旬，唐山大地震，北京大学继承的原燕京大学的中西合璧式楼房遗产，因为是钢筋混凝土所铸，成了宝贝，为保命，从权，大家往里挤。我们分到一间，在未名湖北岸的红三楼。孙先生的甥女住红三楼稍东的健斋，孙先生逃难，住在他甥女那里。万没想到，忽然我们成了近邻，不只可以朝夕相见，而且几乎可以终日对坐闲谈。比起前些年，他反而丰满些。问他怎么保养的，说只是因是子(实为蒋维乔)静坐法。但他又说，无论如何，精力总是不行了，譬如那篇谈变文的文章，后半的材料早已齐备，只是因为没有精力，就写不出来了。

我们常在一起，谈得很多。其结果，对于孙先生，我的认识就更加清楚。总的说，可以简而要地论断，他是老牌的货真价实的没有任何揉合的汉学家。先要说明一下，这论断是叙述事实，不是或主要不是赞扬成就。赞扬当然可以，但这会引来疑心，是有意贬低宋学，甚至新学。所以还是客观主义的好，只说汉学，不管是不是超过其他。老牌的汉学，以乾嘉学派为代表，是题材限于四部，即所谓国学，用考证的方法求实，即弄清某一历史情况的真相，而不谈，至少是不很注意，应该怎样希圣希贤。这样的学风有优点，是脚踏实地，不空口说白话。缺点也不是没有，往大处说是躲开现实社会的争端(起初并且是有意的)，往小处说是躲开正心诚意一类问题；而人，有了生，不能无所求，因而就不能跳出人己的关系网，总是闭门考大禹是不是虫子，曹雪芹是不是死于壬午除夕，也未免过于松心了吧？但这是就整个社会说，至于各个人，那就还可以从分工方面着眼，有的人走陈涉、吴广一条路，很好；有的人走马融、郑玄一条路，也不坏。孙先生走的是马融、郑玄一条路，而且没有什么揉合。所谓揉合，是指材料、注意点等的超出传统，如刘勰、严羽之外也引亚里士多德，生霸死霸考之外也谈《红楼梦》的艺术价值之类。在这方面，孙先生是家风纯正，用笑话说，够得上真正老王麻子，郑重其事地说，可以算作乾嘉学派的殿军。

评价或推崇成就，称为乾嘉学派的殿军，孙先生可以当之而无愧。举证，不难，但是太多。只好大题小做，以点代面。先泛说治学方法，是从疑开始，即在故纸中，像是没有问题的地方发现问题；然后要博，即查阅一切有关材料，中间经过慎重比勘，舍去不可信的，取其可信的，最后得出结论。这里显然有两难：一是肚子里要装满古籍，有用的都不遗漏；二要头脑清楚，能看到问题，辨析真伪。汉学家的本领就在于能够克服这两难。孙先生也是这样，能够由博而精，所以一生喜欢考，考这考那，几乎都取得使人信服的成果。

只举其中之一为例，是收入《沧州后集》卷四的《唐章怀太子贤所生母稽疑》。章怀太子李贤名气很大，因为《后汉书》的注是他主持作的。史多称他是高宗第六子，武后所生，死时年三十二。孙先生根据大量史料，推断李贤是武后姊韩国夫人所生（高宗的私生子），死时年三十一。这篇文章是一九四七年所作，一九七二年章怀太子墓志铭在陕西出土，两《份》，都说李贤死于文明元年，年三十一，证实孙先生的论断是对的。悬揣而合于事实，这就可见汉学的力量和汉学家的高明。

我也喜欢翻书，但杂而不专，又善忘，因为对于孙先生的博而精，总是十分钦佩。他研究小说戏曲，大致说内容是在我国文献的后半段，可是文献的前半段，他同样是了如指掌。一次在未名湖畔闲谈，我问他，著作中引用这么多材料，是不是都有卡片。他说有些卡片，但是不多，主要还是靠记，譬如史部，前四史直到新旧唐书，他差不多都记得。这使我想到历代的学术界名人，如颜师古、苏东坡、钱牧斋、纪晓岚之流，四部的重要典籍，大致是都能背的。能背来于熟，熟来于勤，勤还有来源，是迷恋，所谓死生以之，在孙先生的身上，我有幸还能见到这样的流风余韵。

凡事都会有得失两面。博而精，考证有大成就，是得的一面。还有失的一面，是容易成为书呆子。从二十年代后期我认识孙先生的时候起，到八十年代前期我最后一次看见他的时候止，我的印象，除去书和他专精的学问以外，他像是什么也不想，甚至什么也不知道。应该知道而不知道的，其中之一，依常情，相当重要，是世故。例如一次谈闲话，也是在未名湖畔，他提及写了一篇批评某书的文章，某书作者表示谨受教，希望不必发表，他不接受，跟我说的理由是："我发表我的意见，别人管得着吗？"这就是只看见学问，没看见世态。

"文化大革命"的风暴来了，听说他幸免于抄家，但不知有什么困难不能克服，所有的存书，连带书柜，以四百六十元的代价，让中国书店运走了。他的书，我知道，相当多，大部头的，如二十四史，四部丛刊初、二、三编，等等，治国学的人必备的，以及小说戏曲方面的，他都有，而一下子就斩草除根，我推想，原因之一，或重要的之一，还是书呆子气太重，世故太少。但人间没有后悔药，说，问原因，都没用了。重要的是如何善后。当然最好是找回来。据说费了不少周折，不只一本没回来，反而听说，同单位的某某人，由旧书店买到他的批校本。他生气，也伤心，心情很不好。这时期，我去看过他。他多半躺在床上。我无力帮他找书，但不能不聊尽弟子之谊，只得用俗语所谓"想开了"的理论劝他，并且说，反正年事已高，没有精力再写，找回来也用处不大，有兴趣，拿两本新印的看看算了。他静静地听着，没有答话，显然是心情不能接受而不便反驳。坐一会儿，我辞出，最后的一面就这样完结了。其后，听说他心情不好的情况加重，原因是某高级人物谈到落实知识分子政策，曾举他为例，说书都给找回来，而这次谈话，报纸登了，他碰巧看到，于是而更生气，更伤心，简直近于精神失常了。我当然要去看看。到他的住所，叫门。师母出来，很不好意思地说，两天前，史树青先生来，送书，谈得很好的，他忽然变了脸，把史先生赶走了。劝我还是不进去好。我沉吟了一下，只好从命。以后就没有再去。

我有时还想到他，连带想到书和书生的坎坷，以及"想开了"的理论。其实，人生多事，事来了，处理，总是不能像说的或想的那样容易。理论的力量终归是有限的。至于孙先生，像是连这样的理论也不想引用。何以言之？有他的诗作为证。也是地震时期，他拿他的《钝翁诗稿》给我看，我抄了一部分，其中有这样两首：

## 赠邓之诚文如四首(之四)

三字贫愚病，一生清狷狂。
束身为士辱，低首事人忙。
行路仍多碍，归耕未有方。
诗书真误我，岁暮转凄凉。

## 有 感

世运何人值半千，数奇亦不怨苍天。
少年往事贫犹忆，老子于今困可怜。
旧稿丛残如敝帚，寒家古物是青毡。
他年与我俱灰烬，偶一思之尚惘然。

两首诗的末句是"凄凉"和"惘然"，可见仍是想不开。想不开是为"书"，为"治学"，就算是不够达观吧，由束发到易簧，始终如一，不知别人怎么样，我是宁愿洒一些同情之泪的。

(选自《读书》1989 年第 4 期)

【简析】张中行的散文，老而弥坚，虽免不了掉书袋和啰嗦的毛病，但记叙、议论颇多佳作。其广博的学识和深厚的人生体验是他人难以取代的。这是一篇写人的散文，作者通过他与孙楷第先生交往过程的平凡琐事，表现了著名学者孙楷第先生脚踏实地、严谨专注的治学精神及其在"文化大革命"中的遭遇，含蓄表达了对他的钦佩、同情、缅怀之情，并通过这些小事，折射出特定时代的社会生活内容。作品以交往为基本线索，兼及他的治学与为人，行文随意，笔墨老到，叙谈中也时常提及自己，以平淡的口吻写深情，通过小事写出了大的境界，文章显得非常厚重。

## 红楼点滴

### 张中行

### 一

民国年间，北京大学有三个院：一院是文学院，即有名的红楼，在紫禁城神武门(北门)以东汉花园(沙滩的东部)。二院是理学院，在景山之东马神庙(后改名景山东街)路北，这是北京大学的老居址，京师大学堂所在地。三院是法学院(后期移一院)，在一院之南北河沿路西。红楼是名副其实的红色，四层的砖木结构，坐北向南一个横长条。民国初年建造时候，是想用作宿舍的，建成之后用作文科教室。文科，而且是教室，于是许多与文有关的知名人士就不能不到这里来进进出出。其中最为大家所称道的当然是蔡元培校长，其余如刘师培、陈独秀、辜鸿铭、胡适等，就几乎数不清了。人多，活动多，值得说说的自然就随着多起来。为了把乱丝理出个头绪，要分类。其中的一类是课堂的随随便便。

一般人谈起北京大学就想到蔡元培校长，谈起蔡元培校长就想到他开创的风气——兼容并包和学术自由。这风气表现在各个方面，或者说无孔不入，这孔自然不能不包括课堂。课堂，由宗周的国子学到清末的三味书屋，规矩都是严格的。北京大学的课堂却不然，虽然规定并不这样说，事实上总是可以随随便便。这说得鲜明一些是：不应该来上课的却可以每课必到，应该来上课的却可以经常不到。

先说不应该上课而上课的情况。这出于几方面的因缘和合。北京大学不乏名教授，所讲虽然未必都是发前人之所未发，却是名声在外。这是一方面。有些年轻人在沙滩一带流浪，没有上学而同样愿意求学，还有些人，上了学而学校是不入流的，也愿意买硬席票而坐软席车，于是都踊跃地来旁听。这也是一个方面。还有一个方面是北京大学课堂的惯例：来者不拒，去者不追。且说我刚入学的时候，首先感到奇怪的是同学间的隔膜。同坐一堂，摩肩碰肘，却很少交谈，甚至相视而笑的情况也很少。这由心理方面说恐怕是，都自以为有一套，因而目中无人。但这就给旁听者创造了大方便，因为都漠不相关，所以非本班的人进来入座，就不会有人看，更不会有人盘查。常有这样的情况，一个学期，上课常常在一起，比如说十几个人，其中哪些是选课的，哪些是旁听的，不知道；哪些是本校的，哪些不是，也不知道。这模模糊糊，有时必须水落石出，就会近于笑谈。比如刘半农先生开"古声律学"的课，每次上课有十几个人，到期考才知道选课的只有我一个人。还有一次，听说是法文课，上课的每次有五六个人，到期考却没有一个人参加。教师当然很恼火，问管注册的，原来是只一个人选，后来退了，管注册的人忘记注销，所以便宜了旁听的。

再说应该上课而不上课的情况。据我所知，上课时间不上课，去逛大街或看电影的，像是很少。不上有种种原因或种种想法。比如有的课不值得听，如"党义"；有的课，上课所讲与讲义所写无大差别，可以不重复；有的课，内容不深，自己所知已经不少；等等。这类不上课的人，上课时间多半在图书馆，目的是过屠门而大嚼。因为这样，所以常常不上课的人，也许是成绩比较好的；在教授一面，也就会有反常的反应，对于常上课的是亲近，对于不常上课的是敬畏。不常上课，有旷课的处罚问题，学校规定，旷课一半以上不能参加期考，不考不能得学分，学分不够不能毕业。怎么办？办法是求管点名（进课堂看座位号，空位画一次缺课）的盛先生擦去几次。学生不上课，钻图书馆，这情况是大家都知道的，所以盛先生总是慨然应允。

这种课堂的随随便便，在校外曾引来不很客气的评论，比如，北京大学是把后门的门槛锯下来，加在前门的门槛上，就是一种。这评论的意思是，进门很难；但只要能进去，混混就可以毕业，因为后门没有门槛阻挡了。其实，至少就我亲身所体验，是进门以后，并没有很多混混过去的自由，因为有无形又不成文的大法管辖着，这就是学术空气。说是空气，无声无臭，却很厉害。比如说，许多学问有大成就的人都是蓝布长衫，学生，即使很有钱，也不敢西服革履，因为一对照，更惭愧。其他学问大事就更不用说了。

时间不很长，我离开这个随随便便的环境。又不久，国土被侵占，学校迁往西南，同清华、南开合伙过日子去了。一晃过了十年光景，学校返回旧居，一切支离破碎。我有时想到红楼的昔日，旧的风气还会有一些吗？记得是一九四七年或一九四八年，老友曹君来串门，说梁思成在北大讲中国建筑史，每次放映幻灯片，很有意思，他听了几次。下次是最后一次，讲述建筑，应该去听听。到时候，我们去了。讲的是花园、桥、塔等等，记得幻灯片里有苏州木渎镇的某花园，小巧曲折，很美。两小时，讲完了，梁先生说："课讲完了，为了应酬公事，还得考一考吧？诸位说说怎么考好？"听课的有近二十人，没有一个人答话。梁先生又说："反正是应酬公事，怎么样都可以，说说吧。"还是没有人答话。梁先生像是恍然大悟，于是说："那就先看看有几位是选课的吧。请选课的举手。"没有一个人举手。梁先生笑了，说："原来诸位都是旁听的，谢谢诸位捧场。"说着，向讲台下作一个大揖。听讲的人报之以微笑，而散。我走出来，想到北京大学未改旧家风，心里觉得安慰。

二

点滴一谈的是红楼散漫的一面。还有严正的一面，也应该谈谈。不记得是哪位先生了，上课鼓励学生要有求真精神，引古希腊亚里士多德改变业师柏拉图学说的故事，有人责问他不该这样做，他说："吾爱吾师，吾更爱真理。"红楼里就是提倡这种精神，也就真充满这种空气。这类故事很不少，说几件还记得的。

先说一件非亲历的。我到北京大学是三十年代初，其时古文家刘师培和今文家崔适已经下世十年左右。听老字号的人说，他们二位的校内住所恰好对门，自然要朝夕相见，每次见面都是恭敬客气，互称某先生，同时伴以一鞠躬；可是上课之后就完全变了样，总要攻击对方荒谬，毫不留情。崔有著作，《史记探原》和《春秋复始》都有北京大学讲义本，刘著作更多，早逝之后刊为《刘申叔先生遗书》，可见都是忠于自己的所信，当仁不让的。

三十年代初，还是疑古考古风很盛的时候；同是考，又有从旧和革新之别。胡适写了《中国哲学史大纲》上卷，在学校讲中国哲学史，自然也是上卷。顺便说个笑话，胡还写过《白话文学史》，也是只有上卷，所以有人戏称之为"上卷博士"。言归正传，钱宾四（穆）其时已经写完《先秦诸子系年考辨》，并准备印《老子辨》。两个人都不能不处理《老子》。这个问题很复杂，提要言之，书的《老子》，人的"老子"，究竟是什么时代的？胡从旧，二"老"就年高了，高到春秋晚年，略早于孔子；钱破旧，二"老"成为年轻人，晚到战国，略早于韩非。胡书早出，自然按兵不动，于是钱起兵而攻之，胡不举白旗，钱很气愤，一次相遇于教授会（现在名教研室或教员休息室），钱说："胡先生，《老子》年代晚，证据确凿，你不要再坚持了。"胡答："钱先生，你举的证据还不能使我心服；如果能使我心服，我连我的老子也不要了。"这次激烈的争执以一笑结束。

争执也有不这样轻松的。也是反胡，戈矛不是来自革新的一面，而是来自更守旧的一面。那是林公铎（损），人有些才气，读书不少，长于记诵，二十几岁就到北京大学国文系任教授。一个熟于子曰诗云而不识 abcd 的人，不赞成白话是可以理解的。他不像林琴南，公开写信反对；但又不能唾面自干，于是把满腹怨气发泄在课堂上。一次，忘记是讲什么课了，他照例是喝完半瓶葡萄酒，红着面孔走上讲台。张口第一句就责骂胡适怎样不通，因为读不懂古文，所以主张用新式标点。列举标点的荒唐，其中之一是在人名左侧打一个杠子（案即专名号），"这成什么话！"接着说，有一次他看到胡适写的什么，里面写到他，旁边有个杠子，把他气坏了；往下看，有胡适自己的名字，旁边也有个杠子，他的气才消了些。讲台下大笑。他像是满足了，这场缺席判决就这样结束。

教师之间如此。教师学生之间也是如此，举两件为例。一次是青年教师俞平伯讲古诗，蔡邕所作《饮马长城窟行》，其中有"枯桑知天风，海水知天寒"两句，俞说："知就是不知。"一个同学站起来说："俞先生，你这样讲有根据吗？"俞说："古书这种反训不少。"接着拿起粉笔，在黑板上写出六七种。提问的同学说："对。"坐下。另一次是胡适之讲课，提到某一种小说，他说："可惜向来没有人说过作者是谁。"一个同学张君，后来成为史学家的，站起来说，有人说过，见什么丛书里的什么书。胡很惊讶，也很高兴，以后上课，逢人便说："北大真不愧为大。"

这种站起来提问或反驳的举动，有时还会有不礼貌的。如有那么一次，是关于佛学某问题的讨论会，胡适发言比较长，正在讲得津津有味的时候，一个姓韩的同学气冲冲地站起来说："胡先生，你不要讲了，你说的都是外行话。"胡说："我这方面确是很不行。不过，叫我讲完了可以吗？"在场的人都说，当然要讲完。因为这是红楼的传统，坚持己见，也容许别人坚持己见。根究起来，韩君的主张是外道，所以被否决。

这种坚持己见的风气，有时也会引来小麻烦。据说是对于讲课中涉及的某学术问题，某教授和某同学意见相反，这只要能够相互容忍也就罢了；偏偏是互不相让，争论起来无尽无休。这样延续到学期终了，不知教授是有意为难还是选取重点，考题就正好出了这一个。这位同学自然要言己之所信。教授阅卷，自然认为错误，于是评为不及格。照规定，不及格，下学期开学之后要补考，考卷上照例盖一长条印章，上写：注意，六十七分及格。因为照规定，补考分数要打九折，记入学分册，评六十七分，九折得六十分多一点，勉强及格。且说这次补考，也许为了表示决不让步吧，教授出题，仍是原样。那位同学也不让步，答卷也仍是原样。评分，写六十，打折扣，自然不及格。还要补考，仍旧是双方都不让步，评分又是六十。但这一次算及了格，问为什么，说是规定只说补考打九折，没有说再补考还要打九折，所以不打折扣。这位教授违背了红楼精神，于是以失败告终。

## 三

点滴一谈散漫，二谈严正；还可以再加一种，谈容忍。我是在中等学校念了六年走入北京大学的，深知充任中学教师之不易。没有相当的学识不成；有，口才差，讲不好也不成；还要有差不多的仪表，因为学生不只听，还要看。学生好比是剧场的看客，既有不买票的自由，又有喊倒好的权利。戴着这种旧眼镜走入红楼，真是面目一新，这里是只要学有专长，其他一切都可以凑合。自然，学生还有不买票的自由；不过只要买了票，进场入座，不管演者有什么奇怪的唱念做，学生都不会喊倒好，因为红楼的风气是我干我的，你干你的，各不相扰。举几件还记得的小事为证。

一件，是英文组，我常去旁听。一个外国胖太太，总不少于五十多岁吧，课讲得不坏，发音清朗而语言流利。她讲一会总要让学生温习一下，这一段空闲，她坐下，由小皮包里拿出小镜子、粉和胭脂，对着镜子细细涂抹。这是很不合中国习惯的，因为是"老"师，而且在课堂。我第一次看见，简直有点愕然；及至看看别人，都若无其事，也就恢复平静了。

另一件，是顾颉刚先生，那时候他是燕京大学教授，在北京大学兼课，讲《禹贡》之类。顾先生专攻历史，学问渊博，是疑古队伍中的健将；善于写文章，下笔万言，凡是翻过《古史辨》的人都知道。可是天道忌啬，与其角者缺其齿，口才偏偏很差。讲课，他总是意多而言语跟不上，吃吃一会，就急得拿起粉笔在黑板上疾书。写得速度快而字清楚，可是无论如何，较之口若悬河总是很差了。我有时想，要是在中学，也许有被驱逐的危险吧，而在红楼，大家就处之泰然。

又一件，是明清史专家孟心史(森)先生。我知道他，起初是因为他是一桩公案的判决者。这是有关《红楼梦》本事的。很多人都知道，研究《红楼梦》，早期有"索隐"派，如王梦阮，说《红楼梦》是影射清世祖顺治和董鄂妃的，而董鄂妃就是秦淮名妓嫁给冒辟疆的董小宛。这样一比附，贾宝玉就成为顺治的替身，林黛玉就成为董小宛的替身，真是说来活灵活现，像煞有介事。孟先生不声不响，写了《董小宛考》，证明董小宛生于明朝天启四年，比顺治大十四岁，董小宛死时年二十八，顺治还是十四岁的孩子。结果判决：不可能。我是怀着看看这位精干厉害人物的心情才去听他的课的。及至上课，才知道，从外貌看他是既不精干，又不厉害。身材不高，永远穿一件旧棉布长衫，面部沉闷，毫无表情。专说他的讲课，也是出奇的沉闷。有讲义，学生人手一编。上课钟响后，他走上讲台，手里拿着一本讲义，拇指插在讲义中间。从来不向讲台下看，也许因为看也看不见。应该从哪里念起，是早已准备好，有拇指作记号的，于是翻开就照本慢读。我曾检验过，耳听目视，果然一字不差。下课钟响了，把讲义合上，拇指仍然插在中间，转身走出，还是不向讲台下看。下一课仍旧如此，真够得上是坚定不移了。

又一件，是讲目录学的伦哲如（明）先生。他知识丰富，不但历代经籍艺文情况熟，而且，据说见闻广，许多善本书他都见过。可是有些事却糊里糊涂。譬如上下课有钟声，他向来不清楚，或者听而不闻，要有人提醒才能照办。关于课程内容的数量，讲授时间的长短，他也不清楚，学生有时问到，他照例答："不知道。"

又一件，是林公铎先生。他年岁很轻就到北京大学中国语言文学系任教授，我推想就是因此而骄傲，常常借酒力说怪话。据说他长于记诵，许多古籍能背；诗写得很好，可惜没见过。至于学识究竟如何，我所知甚少，不敢妄言。只知道他著过一种书，名《政理古微》，薄薄一本，我见过，印象不深，以"人云亦云"为标准衡之，恐怕不很高明，因为很少人提到。但他自视很高，喜欢立异，有时异到等于胡说。譬如有一次，有人问他："林先生这学期开什么课？"他答："唐诗。"又问："准备讲哪些人？"他答："陶渊明。"他上课，常常是发牢骚，说题外话。譬如讲诗，一学期不见得能讲几首；就是几首，有时也喜欢随口乱说，以表示与众不同。同学田君告诉我，他听林公铎讲杜甫《赠卫八处士》，结尾云，卫八处士不够朋友，用黄米饭炒韭菜招待杜甫，杜公当然不满，所以诗中说，"明日隔山岳，世事两茫茫"，意思是此后你走你的路，我走我的，也许就是因为常常讲得太怪，所以到胡适兼系主任，动手整顿的时候，林公铎解聘了。他不服，写了责问的公开信，其中用了杨修"鸡肋"的典故，说"教授鸡肋"。我当时觉得，这个典故用得并不妥，因为鸡肋的一面是弃之可惜，林先生本意是想表示被解聘无所谓的。

最后说说钱玄同先生。钱先生是学术界大名人，原名夏，据说因为庶出受歧视，想扔掉本姓，署名"疑古玄同"。早年在日本，也是章太炎的弟子，与鲁迅先生是同门之友，来往很密，并劝鲁迅先生改钞古碑为写点文章，就是《呐喊·自序》称为"金心异"的（案此名本为林琴南所惠赐）。他通文字音韵及国学各门。最难得的是在老学究的队伍里而下笔则诙谐讽刺，或说嬉笑怒骂。他是师范大学教授，在北京大学兼课，讲"中国音韵沿革"。钱先生有口才，头脑清晰，讲书条理清楚，滔滔不绝。我听了他一年课，照规定要考。上一学期终了考，他来了，发下考卷考题，打开书包，坐在讲桌后写他自己的什么。考题四道，旁边一个同学告诉我，好歹答三道题，反正没人看。我照样做了，到下课，果然见钱先生拿着考卷走进教务室，并立刻空着手出来。后来知道，钱先生是向来不判考卷的，学校为此刻一个木戳，上写"及格"二字，收到考卷，盖上木戳，照封面姓名记入学分册，而已。这个办法，据说钱先生曾向外推广，那是在燕京大学兼课，考卷不看，交与学校。学校退回，钱先生仍是不看，也退回。于是学校要依法制裁，说如不判考卷，将扣发薪金云云。钱先生作复，并附钞票一包，云：薪金全数奉还，判卷恕不能从命。这次争执如何了结，因为没有听到下回分解，不敢妄说。总之可证，红楼的容忍风气虽然根深蒂固，想越雷池一步还是不容易的。

【简析】这是一篇记事散文，原文有四，现选其三。作者于纷繁的材料中提炼出一个线索，饶有兴味地写来，通过零星小事的琐记，表现了当年北大的一代学风。文章看似拉拉杂杂，实际上颇具匠心。作者回忆红楼的学习生活，要写的东西实在太多，作者别出心裁地将红楼生活概括为"散漫""严正""宽容"三个方面，而这三个方面，又与蔡元培先生当年所开创的一代风气——兼容并包和学术自由——紧密联系在一起的，这就使得零零星星片片断断的材料各就各位，行文有了线索。作者写红楼的"散漫""严正""宽容"，一方面，是保持了琐记、随笔的特点；另一方面，又同中有异，参差变化：点滴一写红楼的"散漫"，集中于"课堂的随随便便"，"先说不应该上课而上课的情况"，"再说应该上课而不上课的情况"；点滴二写红楼的"严正"，"先说一件非亲历的"，再说亲历的，先说"教师之间如此"，再说"教师学生之间也是如此"；点滴三写红楼的"宽容"，则是一连举了几件小事为证。张中行作为一个世纪老人，一生经历了新旧两个时代，有着广博的学识和深厚的人生体验，当他晚年回忆起当年学习生活，虽然没有什么赞美之辞，但依恋、赞许之情还是溢于言表的。在他看来，红楼的"散漫""严正""宽容"，体现了蔡元培先生所倡导的一代学风，我们虽然不必从表面上去模仿，但其精神是值得继承光大的。从中，我们不难捕捉到他的抒情线索，而正是因为有了这一抒情线索，文章所记述的那些松散的材料才有了"神"。散文写作就是这样：一方面，通过一条叙事线索，将松散的材料有序地组织起来；另一方面，又通过内在的抒情线索将松散的材料熔铸为一个整体。就这篇文章而言，作者通过叙事线索所串起的点点滴滴，反映了当年红楼的一代学风；由于它的细节化，使它具有其他文献资料不具的文献价值；而作者的情感又启迪我们进一步地思考。

# 洞庭一角

### 余秋雨

## 一

中国文化中极其夺目的一个部位可称之为"贬官文化"。随之而来的，许多文化遗迹也就是贬官行迹。贬官失了宠，摔了跤，孤零零的，悲剧意识也就爬上了心头；贬到了外头，这里走走，那里看看，只好与山水亲热。这一来，文章有了，诗词也有了，而且往往写得不坏。过了一个时候，或过了一个朝代，事过境迁，连朝廷也觉得此人不错，恢复名誉。于是，人品和文品双全，传之史册，诵之后人，他们亲热的山水亭阁，也便成了遗迹。地因人传，人因地传，两相帮衬，俱著声名。

例子太多了。这次去洞庭湖，一见岳阳楼，心头便想：又是它了。1046 年，范仲淹倡导变革被贬，恰适另一位贬在岳阳的朋友滕子京重修岳阳楼罢，要他写一篇楼记，他便借楼写湖，凭湖抒怀，写出了那篇著名的《岳阳楼记》。直到今天，大多数游客都是先从这篇文章中知道有这么一个楼的。文章中"先天下之忧而忧，后天下之乐而乐"这句话，已成为一般中国人都能随口吐出的熟语。

不知哪年哪月，此景此楼，已被这篇文章重新构建。文章开头曾称颂此楼"北通巫峡，南极潇湘"，于是，人们在楼的南北两方各立一个门坊，上刻这两句话。进得楼内，巨幅木刻中堂，即是这篇文章，书法厚重畅丽，洒以绿粉，古色古香。其他后人题咏，心思全围着这篇文章。

这也算是个有趣的奇事：先是景观被写入文章，再是文章化作了景观。借之现代用语，或许可说，是文化和自然的互相生成罢。在这里，中国文学的力量倒显得特别强大。

范仲淹确实是文章好手，他用与洞庭湖波涛差不多的节奏，把写景的文势张扬得滚滚滔滔。游人仰头读完《岳阳楼记》的中堂，转过身来，眼前就会翻卷出两层浪涛，耳边的轰鸣也更加响亮。范仲淹趁势突进，猛地递出一句先忧后乐的哲言，让人们在气势的卷带中完全吞纳。

于是，浩淼的洞庭湖，一下子成了文人骚客胸襟的替身。人们对着它，想人生，思荣辱，知使命，游历一次，便是一次修身养性。

胸襟大了，洞庭湖小了。

<h2 style="text-align:center">二</h2>

但是，洞庭湖没有这般小。

范仲淹从洞庭湖讲到了天下，还小吗？比之心胸狭隘的文人学子，他的气概确也令人惊叹，但他所说的天下，毕竟只是他胸中的天下。

大一统的天下，再大也是小的。普天之下，莫非王土。于是，忧耶乐耶，也是丹墀金銮的有限度延伸，大不到哪里去。在这里，儒家的天下意识，比之于中国本来具有的宇宙意识，逼仄得多了。

而洞庭湖，则是一个小小的宇宙。

你看，正这么想着呢，范仲淹身后就闪出了吕洞宾。岳阳楼旁侧，躲着一座三醉亭，说是这位吕仙人老来这儿，弄弄鹤，喝喝酒，可惜人们都不认识他，他便写下一首诗在岳阳楼上：

> 朝游北海暮苍梧，
> 袖里青蛇胆气粗。
> 三醉岳阳人不识，
> 朗吟飞过洞庭湖。

他是唐人，题诗当然比范仲淹早。但是范文一出，把他的行迹掩盖了，后人不平，另建三醉亭，祭祀这位道家始祖。若把范文、吕诗放在一起读，真是有点"秀才遇到兵"的味道，端庄与顽泼，执著与旷达，悲壮与滑稽，格格不入。但是，对着这么大个洞庭湖，难道就许范仲淹的朗声悲抒，就不许吕洞宾的仙风道骨？中国文化，本不是一种音符。

吕洞宾的青蛇、酒气、纵笑，把一个洞庭湖搅得神神乎乎。至少，想着他，后人就会跳出范仲淹，去捉摸这个奇怪的湖。一个游人写下一幅著名的长联，现已镌于楼中：

> 一楼何奇，杜少陵五言绝唱，范希文两字关情，滕子京百废俱兴，吕纯阳三
> 过必醉。诗耶？儒耶？吏耶？仙耶？前不见古人，使我怆然泪下。

诸君试看，洞庭湖南极潇湘，扬子江北通巫峡，巴陵山西来爽气，岳州城东道岩疆。潴者，流者，峙者，镇者，此中有真意，问谁领会得来？

他就把一个洞庭湖的复杂性、神秘性、难解性，写出来了。眼界宏阔，意象纷杂，简直有现代派的意韵。

## 三

那么，就下洞庭湖看看罢。我登船前去君山岛。

这天奇热。也许洞庭湖的夏天就是这样热。没有风，连波光都是灼人烫眼的，记起了古人名句："气蒸云梦泽，波撼岳阳城"，这个"蒸"字，我只当俗字解。

丹纳认为气候对文化有决定性的影响，我以前很是不信。但一到盛暑和严冬，又倾向于信。范仲淹写《岳阳楼记》是九月十五日，正是秋高气爽的好天气。秋空明净，可让他想想天下；秋山萧瑟，又吹起了他心底的几丝悲壮。即使不看文后日期，我也能约略推知，这是秋天的辞章。要是他也像今天的日子来呢？衣冠尽卸，赤膊裸裎，挥汗不迭，气喘吁吁，那篇文章会连影子也没有。范仲淹设想过淫雨霏霏的洞庭湖和春和景明的洞庭湖，但那也只是秋天的设想。洞庭湖气候变化的幅度大着呢，它是一个脾性强悍的活体，仅仅一种裁断哪能框范住它？

推而广之，中国也是这样。一个深不见底的海，顶着变幻莫测的天象。我最不耐烦的，是对中国文化的几句简单概括。哪怕是它最堂皇的一脉，拿来统摄全盘总是霸道，总会把丰富的生命节律抹煞。那些委屈了的部位也常常以牙还牙，举着自己的旗幡向大一统的霸座进发。其实，谁都是渺小的。无数渺小的组合，才成伟大的气象。

终于到了君山。这个小岛，树木葱茏，景致不差。尤其是文化遗迹之多，令人咋舌。它显然没有经过后人的精心设计，突出哪一个主体遗迹。只觉得它们南辕北辙而平安共居，三教九流而和睦相邻。是历史，是空间，是日夜的洪波，是洞庭的晚风，把它们堆涌到了一起。

挡门一个封山石刻，那是秦始皇的遗留。说是秦始皇统一中国，巡游到洞庭，恰遇湖上狂波，甚是恼火，于是摆出第一代封建帝王的雄威，下令封山。他是封建大一统的最早肇始者，气魄宏伟，决心要让洞庭湖也成为一个驯服的臣民。

但是，你管你封，君山还是一派开放襟怀。它的腹地，有尧的女儿娥皇、女英坟墓，飘忽瑰艳的神话，端出远比秦始皇老得多的资格，安坐在这里。两位如此美貌的公主，飞动的裙裾和芳芬的清泪，本该让后代儒生非礼勿视，但她们依凭着乃父的圣名，又不禁使儒生们心旌缭乱，不知定夺。

岛上有古庙废基。据记载，佛教兴盛时，这里曾鳞次栉比，拥挤着寺庙无数。缭绕的香烟和阵阵钟磬声，占领过这个小岛的晨晨暮暮。吕洞宾既然几次来过，道教的事业也曾非常蓬勃。面对着秦始皇的封山石，这些都显得有点邪乎。但邪乎得那么长久，那么隆重，封山石也只能静默。

岛的一侧有一棵大树，上嵌古钟一口。信史凿凿，这是宋代义军杨幺遗物。杨幺为了对抗宋廷，踞守此岛，宋廷即派岳飞征剿。每当岳军的船只隐隐出现，杨幺的部队就在这里鸣钟为号，准备战斗。岳飞是一位名垂史册的英雄，他的抗金业绩，发出过民族精神的最强音。但在这里，岳飞扮演的是另一种角色，这口钟，时时鸣响着民族的精神的另一方面。我曾在杭州的岳坟前徘徊，现在又对着这口钟久久凝望。我想，两者加在一起，也只是民族精神的一小角。

可不，眼前又出现了柳毅井。洞庭湖的底下，应该有一个龙宫了。井有台阶可下，直至水面，似是龙宫入口。一步步走下去，真会相信我们脚底下有一个热闹世界。那个世界里也有霸道，也有指令，但也有恋情，也有欢爱。一口井，只想把两个世界连接起来。人们想了那么多年，信了那么多年，今天，宇宙飞船正从另外一些出口去寻找另外一些世界。

……

杂乱无章的君山，静静地展现着中国文化的无限。

君山岛上只住着一些茶农，很少闲杂人等。夜晚，游人们都坐船回去了，整座岛阒寂无声。洞庭湖的夜潮轻轻拍打着它，它侧身入睡，怀抱着一大堆秘密。

## 四

回到上海之后，这篇洞庭湖的游记，迟迟不能写出。

突然从报纸上看到一则有关洞庭湖的新闻，如遇故人。新闻记述了一桩真实的奇事：一位湖北的农民捉住一只乌龟，或许是出于一时慈悲心怀，在乌龟背上刻名装环，然后带到岳阳，放入洞庭湖中。没有想到，此后连续8年，乌龟竟年年定时爬回家来。每一次都"将头高高竖起来，长时间地望着主人，似乎在静静聆听主人的教诲，又似乎在向主人诉说自己一年来风风雨雨的经历"。

这不是古代的传说。新闻注明，乌龟最后一次爬回，是1987年农历五月初一。

至少现代科学还不能说明，这个动物何以能爬这么长的水路和旱路，准确找到一间普通的农舍，而且把年份和日期搞得那样清楚。难道它真是龙宫的族员？

洞庭湖，再一次在我眼前罩上了神秘的浓雾。

我们对这个世界，知道得还实在太少。无数的未知包围着我们，才使人生保留迸发的乐趣。当哪一天，世界上的一切都能明确解释了，这个世界也就变得十分无聊。人生，就会成为一种简单的轨迹，一种沉闷的重复。因此，我每每以另一番眼光看娥皇、女英的神话，想柳毅到过的龙宫。应该理会古人对神奇事端作出的想象，说不定，这种想象蕴含着更深层的真实。洞庭湖的种种测量数据，在我的书架中随手可以寻得。我是不愿去查的，只愿在心中保留着一个奇奇怪怪的洞庭湖。

我到过的湖可谓多矣。每一个，都会有洞庭湖一般的奥秘，都隐匿着无数似真似幻的传说。

我还只是在说湖。还有海，还有森林，还有高山和峡谷……那里会有多少蕴藏呢？简直连想也不敢想了。然而，正是这样的世界，这样的国度，这样的多元，这样的无限，才值得来活一活。

（选自《文化苦旅》，知识出版社，1992年出版）

**【简析】**寓文化思考于山水游记中，是这篇文章显著的特点，作者通过观游岳阳楼和洞庭湖的所见所闻所感，深刻表达了中国文化乃至世界文化的多元、无限、神秘，并揭示了这种多元、无限、神秘给人类生存带来的意义。文章开发巧妙，立意深刻。作者先点出范仲淹博大的胸怀，继而指出岳阳楼兼容儒道更在其上，然后再通过"杂乱无章"的君山，把境界一层层地扩大，揭示了中国文化的多元、无限。奇妙的是，作者回上海之后，又出人意料地将文章的境界进一步扩大、升华，借洞庭一角表达了世界文化广阔无垠。作者巧妙地运用历史文化掌故、传说和新闻故事丰富了作品内涵。

# 鹅

### 布封

在任何社会里，不管是禽兽的或人类的社会，从前都是暴力造成霸主，现在却是仁德造成贤君。地上的狮、虎，空中的鹰、鹫，都只以善战称雄，以逞强行凶统治群众，而天鹅就不是这样，它在水上为王，是凭着一切足以缔造太平世界的美德，如高尚、尊严、仁厚等等。它有威势，有力量，有勇气，但又不滥用权威和意志、非自卫不用武力的决心；它能战斗，能取胜，却从不攻击别人。作为水禽界里爱好和平的君主，它敢于与空中的霸主对抗，它等待着鹰来袭击，不招惹它，却也不惧怕它。它的强劲的翅膀就是它的盾牌，它以羽毛坚韧、翅膀的频繁扑击对付着鹰的嘴爪，打退鹰的进攻。它奋力的结果常常是获得胜利。而且，它也只有这一个骄傲的敌人，其他善战的禽类没有一个不尊敬它，它与整个的自然界都是和平共处的：在那些种类繁多的水禽中，它与其说是以君主的身份监临着，毋宁说是以朋友的身份看待着，而那些水禽仿佛个个俯首贴耳归顺它，它只是一个太平共和国的领袖，是一个太平共和国的首席居民，它赋予别人多少，也就只向别人要求多少，它所希冀的只是宁静与自由。对这样的一个元首，全国公民自然是无所畏惧的了。

天鹅的面目优雅，形状妍美，与它那种温和的天性正好相称。它叫谁看了都顺眼。凡是它所到之处，它都成了这块地方的点缀品，使这地方美丽，人人喜爱它，人人欢迎它，人人欣赏它。任何禽类都不配这样的受人钟爱，原来大自然对于任何禽类都没有赋予这样多的高贵而柔和的优美，使我们意识到它创造物类竟能达到这样妍丽的程度。俊秀的身段，圆润的形貌，优美的线条，皎洁的白色，婉转的、传神的动作，忽而兴致勃发，忽而悠然忘形的姿态，总之，天鹅身上的一切都散布着我们欣赏优雅与妍美时所感到的那种舒畅、那种陶醉，一切都使人觉得它不同凡俗，一切都描绘出它是爱情之鸟，古代神话把这个媚人的鸟，说成为天下第一美女的父亲，一切都证明这个富有才情与风趣的神话是很有根据的。

我们看见它那种雍容自在的样子，看见它在水面上活动得那么轻便、那么自由，就不能不承认它不但是羽族里第一名善航者，并且是大自然提供给我们的航行术的最美的模型。可不是么，它的颈子高高的，胸脯挺挺的，圆圆的，就仿佛是破浪前进的船头，它的宽广的腹部就像船底；它的身子为了便于疾驶，向前倾着，愈向后就愈挺起；最后翘得高高的就像船艄；尾巴是地道的舵，脚就是宽阔的桨，它的一对大翅膀在风前半张着，微微地鼓起来，这就是帆，它们推着这艘活的船舶，连船带驾驶者一起推着跑。

天鹅知道自己高贵，所以很自豪；知道自己美丽，所以很自好。它仿佛故意摆出它的全部优点：它那样儿好像就是要博得人家赞美，引起人家注目。而事实上它也真是令人百看不厌的，不管是我们从远处看它成群地在浩瀚的烟波中，和有翅的船队一般，自由自在地游着，或者是它应着召唤的信子，独自离开船队，游近岸旁，以种种柔和、婉转、妍媚的动作，显出它的美色，施出它的娇态，供人们仔细欣赏。

天鹅既有天生的美质，又有自由的美德；它不在我们所能强制或幽禁的那些奴隶之列。它无拘无束地生活在我们的池沼里，如果它不能享受到足够的独立，使它毫无奴役俘囚之感，它就不会还留在那里，不会在那里安顿下去。它要任意地在水上遍处遨游，或到岸旁着陆，或离岸游到水中央，或者沿着水边，来到岸脚下栖息，藏到灯芯草丛中，钻到最偏僻的湾汊里，然后又离开它的幽居，回到有人的地方，享受着与人相处的乐趣——它似乎是很喜欢接近人的，只要它在我们这方面发现的是它的邻居和朋友，而不是它的主子和暴君。

天鹅在一切方面都高于家鹅一等，家鹅只以野草和籽粒为生，天鹅却会找到一种比较精美的、不平凡的食料；它不断地用妙计捕捉鱼类；它做出无数的不同姿态以求捕捉成功，并尽量利用它的灵巧与气力。它会避开或抵抗它的敌人：一只老天鹅在水里，连一匹最强大的狗它也不怕；它用翅膀一击，连人腿都能打断，其迅速、猛烈可想而知。总之，天鹅似乎是不怕任何暗算、任何攻击的，因为它的勇敢程度不亚于它的灵巧与气力。

驯天鹅的惯常叫声与其说是响亮的毋宁说是浑浊的；那是一种哮喘声，十分像俗语所谓的"猫咒天"，古罗马人用一个谐音字"独楞散"表示出来。听着那种音调，就觉得它仿佛是在恫吓，或是在愤怒；古人之能描写出那些和鸣铿锵的天鹅，使它们那么受人赞美，显然不是拿一些我们驯养的这种几乎暗哑的天鹅做蓝本的。我们觉得野天鹅曾较好地保持着它的天赋美质，它有充分自由的感觉，同时也就有充分自由的音调。可不是么，我们在它的鸣叫里，或者宁可说在它的嗓唤里，可以听得出一种有节奏、有曲折的歌声，有如军号的响亮，不过这种尖锐的、少变换的音调远抵不上我们的鸣禽的那种温柔的和声与悠扬朗润的变化罢了。

此外，古人不仅把天鹅说成一种神奇的歌手，他们还认为，在一切临终时有所感触的生物中，只有天鹅会在弥留时歌唱，用和谐的声音作为它最后叹息的前奏。据他们说，天鹅发出这样柔和、这样动人的声调，是在它要断气的时候，它是要对生命作一次哀痛而深情的告别；这种声调，如怨如诉，低沉地、悲伤地、凄暗地，构成它自己的丧歌。他们又说，人们可以听到这种歌声，是在朝暾初上、风浪既平的时候，甚至于有人还看到许多天鹅唱着自己的挽歌，在音乐声中气绝了。在自然史上没有一个杜撰的故事，在古代社会里没有一则寓言比这个传说更被人赞美、更被人重述、更被人相信的了；它控制了古希腊人的活泼而敏感的想象力：诗人也好，演说家也好，乃至哲学家，都接受着这个传说，认为这事实实在太美了，根本不愿意怀疑它。我们应该原谅他们杜撰这种寓言：这些寓言真是可爱，也真是动人，其价值远在那些可悲的、枯燥的史实之上；对于敏感的心灵来说，这都是些慰藉的比喻。

无疑地，天鹅并不歌唱自己的死亡；但是，每逢谈到一个大天才临终前所作的最后一次飞扬、最后一次辉煌表现的时候，人们总是无限感慨地想到这样一句动人的成语："这是天鹅之歌！"

　　**【简析】**这是一篇科学小品。虽然以人写物，寄托了作者的思想感情，但主要的还是在于写物。所以我们将它作为状物一类散文的范例。

　　布封(1707～1788)是法国启蒙运动时期卓越的思想家、文学家和科学家，法兰西学院院士，毕生研究博物学，写有闻名世界的科学巨著《自然史》(凡36巨册)，并以《论文笔的演说和浩瀚的著述确立了在文学史上崇高的地位。科学上，他是拉马克、达尔文的前驱；文学上，他可与伏尔泰、孟德斯鸠、卢梭、狄德罗等并驾齐驱。其《自然史》有很高的科学价值和文学价值。这篇文章以人写禽，以社会的眼光写自然的真实，对天鹅展开了一系列内在的、外在的、静态的、动态的描写，将姿质美丽的天鹅的外形、习性、本能等作了生动有趣的介绍。布封的动物小品，一般有两部分：现状的和历史的描写。现状的又分外形的和解剖学的，历史的则论及种类的发展和演变，包括生殖、习惯、本能等。布封的小品经常变换描写的方式与叙述的线索，显得思路灵活，画面纷呈。其文笔则典雅壮丽。这篇小品充分表现了这些特点。

# 《白蛇传》与《巴黎圣母院》

## 王蒙

可惜我不懂什么比较文学，要不然我一定比较一下《白蛇传》《白娘子永镇雷峰塔》与《巴黎圣母院》。

《白蛇传》是戏，而且窃以为是最伟大的一出戏，正像《红楼梦》是中国最伟大的长篇小说。之前有冯梦龙编的话本小说，《警世通言》中的《白娘子永镇雷峰塔》，更早就有了民间传说。《巴黎圣母院》是雨果的著名长篇小说，改编了电影，改编了芭蕾舞剧(不知道是否有歌剧)。《白蛇传》与《巴黎圣母院》二者都有实的背景，中国的是杭州啊，断桥啊，孤山啊，雷峰塔啊什么的。法国的则是实有的巴黎啊，塞纳河啊，大学区直到圣母院啊什么的。实的背景与离奇的(《白》是神奇、魔幻的)故事的反差，造成了极不凡的艺术效果。再一个强烈的反差，就是情意绵绵的爱情故事与腥风血雨的厮杀情节，结合得奇。二者都有个钟情、上当、终于被"镇压"的女子，白娘子与爱斯梅拉达，令读者为之歉不已乃至涕泪滂沱。二者都有个坏事的"妖僧"，法海与副主教克罗德·孚罗诺。本来神甫、主教并不等于"僧"，看来《巴黎圣母院》的译者陈敬容也凑趣，把描写副主教克罗德·孚罗诺杀人的那一章的标题译为《妖僧》。两个作品中都有一个不值得爱的、背叛了爱自己的姑娘的男子，许仙与弗比斯队长。这说明，"痴情女子负心汉"的模式，远远不只在中国才有地盘。最后还有一个人物值得比较，就是说两部作品中都有一个忠于女主人公、保护女主人公，至忠至诚至烈但终于没有成功的悲剧性的忠臣式人物，那就是小青与面貌丑陋的敲钟人伽西莫多。当然，伽西莫多是男人，自己也爱着爱斯梅拉达，而小青，绝大多数版本中是女子，这反映了东西方文化在处理性爱、友谊乃至忠诚的时候的观念差别。但值得注意的是，川剧中，小青本是男子，为侍候白娘子方便而幻化为女，一遇到杀伐武斗，小青又复原为男，这种东方式的灵活性，中国式的又祭灶王又堵灶王的嘴一类的狡黠与伽西莫多比较一下，甚至让人想起"此地无银三百两"的故事来。

把《白蛇传》的戏与《白娘子》的话本比较一下，也很有趣。除了戏里的"许仙"原在话本中称"许宣"，戏里增加了饮雄黄酒吓倒许仙(话本中是白蛇打破了雄黄罐)，盗仙草救活许仙(死去活来的爱情，太棒了，《牡丹亭》也是如此)，最后金山寺大战等戏剧化的情节外，最根本的区别在于，话本中实写了白娘子是妖物，"一阵风""卷出一道腥气"，"青天打一个霹雳"，"吊桶来粗大白蛇，两眼一似灯盏"，"大蛇张开血红大口，露出雪白齿，来咬先生"，

"白鳞放出光来",直到法海禅师痛斥"业畜",白娘子"复了原形,变了三尺长一条白蛇",种种将白娘子当作妖孽写的段落词语,贯穿全篇。话本的倾向和主题其实是鲜明的,是写邪妖与正气、与佛法的斗争,开始是正不压邪,终于是邪不压正。叫作"欲擒还纵"。蛇妖化作美妇人,而且"春心荡漾","放出迷人声态,颠鸾倒凤,百媚千娇……"更是传说的"女人是祸水"的中国阳痿文人心态的观念表现,与把妲己写成狐狸精并无二致。不同的是,话本的题目不是"法海师神威捉妖",也不是"许宣贪色险丧命",甚至也不是"白蛇妖现形伏法",而是"白娘子永镇雷峰塔",这就有点意思了。"白娘子"三字一下子把她的"人"的性质肯定了,"永镇"云云可以说是带着遗憾的至少是客观的描述。这样,这篇话本就与包括《聊斋志异》中的《画皮》与《西游记》中的"白骨精"在内的众多的描写女妖女娲的文学作品显出了区别,当然,《聊斋》不乏正面描写"女狐"之可爱的作品,但这些作品的妖(或蛇或狐)、人、佛(僧)的冲突,远远没有尖锐到《白娘子》的程度。

到了话本变成戏就渐渐把同情心置放于白娘子一边了。蛇也罢,毕竟比和尚可爱。解放以后,爱憎更加分明了,白、青蛇成了正面人物,和尚成了反动派,而许仙是中间人物,合乎我们的政治模式。不知是不是受了阶级斗争理论的影响,解放后的各种剧种的《白蛇传》,无一不是汤白(蛇)贬法(海)嘲许(仙)的,许仙愈来愈像一个动摇分子、右倾机会主义分子的典型了。可以看许仙而思陈独秀了。

《巴黎圣母院》的爱憎也是强烈分明的。埃及女郎与敲钟人是那等纯洁美善,妖僧与队长是那等可恶。《白》中,白、许、法是三种色彩,而在《巴》中,只有黑白分明的两种色彩。

《白》的三种色彩与处理的写意性留下了极大的空白与弹性。这是它比《巴黎圣母院》空灵和高明的地方。其实对白蛇许仙的故事还可以做不同的多种解释与戏剧处理。首先是象征式的,蛇是情爱特别是女子情爱的象征,柔软、缠绵、怨毒、寸断、执著,简直绝了,比狐更悲伤和绝望,更催人泪下,比西方喜欢比喻的鱼或玫瑰更有深度也更感人肺腑。

其次一种解释是怪圈式的。蛇要爱,但这种爱要伤人。人爱蛇,但又要拯救自己的生命与灵魂。人怕蛇,合情合理。(叫作又爱又怕!)佛(僧)要救人,就要与蛇斗争。人的尴尬处境两难处境就在于活活夹在蛇与佛之中,"蛇还是佛",比哈姆雷特的"活着还是不活着"的问题还要煎熬人。由蛇、人、佛之争出现了生与死,战争与和平,呜呼,《白蛇传》太伟大了!

更可以做弗洛伊德式的解释。《巴黎圣母院》中,"妖僧"是爱美女的,问题是雨果写得太实太满,太淋漓尽致了,"妖僧"形象不可原谅地丑恶着。电影《巴黎圣母院》就稍好一些,使人感到了"妖僧"生活思想感情的沉重堪怜。其实,把"妖僧"对爱斯梅拉达的爱也完全可以写得更美——一种绝望的孤独的压抑的美,那样写说不定更摄魂夺魄。

而法海呢?如果法海也爱白娘子呢?明朝的中国人,可就不敢这么写了。也许连想也不敢,不会这么想!

返身再说,佛、人、蛇,不都是人的心理人的意识的幻化吗?白、许、法的厮杀,不正是反映了人们的内心中的暴风雨吗?外宇宙的各种层次,不正是内宇宙的写照吗?

我们同样不应该排斥道德的处理:白蛇就是妖,法海就是佛,佛法无边,妖氛终扫。现代化的法海甚至可以指出,路遇便生爱心,闹不好会传染艾滋病的。雄黄酒说不定能防治艾滋病啊!有何不可?《潘金莲》不是屡演不衰,杀嫂祭兄,掌声四起吗?当然为潘金莲翻案鸣不平也可以。老《潘金莲》的戏特别是杀嫂一场潘的做功,是不可不一直演下去的,即使演下去也不会妨碍"五四"号召的反封建的大业的，我就不信看老《潘金莲》的人笃定会反对妇女解放、婚姻自主。看戏不可太钻牛角尖。讨论黄河、长城、龙、八卦之属，也是如此。

　　最后说两个小闲话。学雷锋时我常常想起"雷峰"，这种汉字的谐音可真够叫人分心的。再有就是，一旦有机会，我真想写一部《白蛇传》题材的叙事长诗。至于短诗《断桥》，我已写过了。收在四川文艺出版社为我出的第一部诗集《旋转的秋千》里，欲购就从速吧。

（选自《读书》1989 年第 4 期）

　　**【简析】**这是一篇随笔式的议论散文，第一部分作者将《白》与《巴》进行比较，指出二者在人物、情节、场景方面有着惊人的相似之处；第二部分，将戏剧与话本进行比较，揭示其形成过程；第三部分，作者设想对《白》的题材作种种不同的处理，表现了自己的文学创作观。王蒙的随笔非常机智，思维敏捷、善于调动，是文章显著的特点。《白》和《巴》是大家熟知的作品，作者出人意料地将它们联系进来，异中见同，同中见异，收到非常显豁的效果。独抒己见是又一特点，作者将《白》与《巴》、话本与戏剧比较，并根据自己的创作经验对《白》这一题材作种种处理的设想时，新见迭出，妙语连珠，既表现出作者的学识、机智，也给读者以智慧的启迪。

# 论交谈艺术

### 蒙田

　　依我看，训练思想最有效合乎情理的办法是与人交谈。我认为交谈是比生活中任何别种行为都更令人愉快的习惯，因此，我如在此刻被迫作出选择，我相信我会同意失去视力而不同意失去听力或语言能力。雅典人，还有罗马人，在他们的柏拉图学园里就曾以保留语言练习课为荣。在当代，意大利人还保留了这方面的某些痕迹，以我们的智力同他们的智力相比较，就可以看出他们的做法对他们十分有利。研学书本，那是一种毫无生气的、有气无力的运动，绝不会使人兴奋，而交谈却能使人一下子便学到东西，得到锻炼。因此，我一旦和一位厉害的对手，一位强硬的辩论者交谈，他会紧逼我的两侧，会从左边和右边戳我，他的想象力会刺激我的想象力；嫉妒、光荣感、思想集中会推动我，提高我，使我超越自己，而在交谈中意见一致则绝对令人讨厌。

　　同精力充沛思维有规律的人交往可以振奋精神，而同思想低下性格病态的人持续不断的往来则会降低人的思想并使思想衰退到难以言喻的程度。任何一种传染病都不像这种情况蔓延之严重。对此，我的经验足以使我明白其中的严重程度。我喜欢争论，喜欢与人交谈，但只限于少数的人，而且只为自己而争论而交谈，原因在于，我认为，无论是作此表演以引起贵人注意，还是争先恐后卖弄自己的才智和饶舌，这都与一个体面的人极不相称。

　　说蠢话在本质上是坏事，然而不能忍受蠢话，为蠢话而气恼而受折磨（我就有这种情况），这是另一种毛病，这毛病在令人厌恶方面不下于蠢话，因此，现在我愿意非难自己。

　　我很容易与人交谈与人争论，而且交谈争论都很随便，因为任何意见在我身上都难找到一处适合穿透并深深扎根成长的地盘。任何建议都不会让我感到吃惊，任何信仰都不会使我不快，无论这类信仰与我的信仰多么背道而驰。我认为，再无聊再荒谬的思想似乎都能配合人类精神产品的产生。我们这些人可以判断事情但无权作出判决，所以我们看待不同的意见是从容不迫的；如果说我们还不能判断那些意见，我们却能宽容地听取那些意见。

因此，反对意见既不冒犯我，对我也无损害；它们只会使我得到启发，得到锻炼。我们爱躲避别人的矫正，其实应当主动迎上去并参与矫正，尤其在这种矫正以交谈的形式而不以教师爷上课的形式出现的时候。反对意见一来，有人不看意见本身正确与否，只看对方提反对意见提得有理没理，而且一味考虑如何摆脱那些意见。我们对反对意见不伸开臂膀，却张开爪子。我可以容忍朋友的粗暴冲撞："你是个蠢人，你胡说八道。"在文雅的人们之间，我也愿意大家表达思想大胆，说话推心置腹。必须增强听话之音的能力，并加以磨砺，以抵御对别人话语中客套浮夸之声的偏爱。我喜欢人与人之间的亲密交往牢固而大气，我喜欢友谊能以朋友交往中出现尖锐猛烈碰撞而自豪，有如爱情中总会出现互相攻击和带血的轻微抓痕。

友谊如无争吵而只彬彬有礼客客气气，友谊如惧怕冲撞而且缩手缩脚，这种友谊便不够强劲不够丰满。

有人与我对立时，他会引起我的注意而不是我的愤怒；谁阻挠我，谁教育我，我就向谁走过去。寻求真理应是双方的共同动因，他会回答些什么？愤怒的偏颇情绪已袭击了他的判断力，昏昧已先于理性攫住了他。这些办法或许都有用：大家用抵押品作赌注以解决争端，或以双方损失的物质标志供争论双方考虑，从而使我的仆役能对我说："去年，您因无知和固执已有二十次损失一百埃居了。"

我在无论何人手里寻到真理都会举手欢迎，并表示亲近，而且会轻轻松松向真理投降；当我远远看见真理向我走过来时，我会向它奉上战败者的武器。只要不是以过分专横过分盛气凌人的嘴脸申斥我都欣然接受，我对作品经常进行修改往往缘于客气胜过缘于改进作品。我还喜欢让轻易让步的方式奖励和培养无拘无束提醒我的人，是的，哪怕这种方式有损于我。然而吸引我的同代人提醒我又着实困难；那些人没有勇气纠正别人，因为他们没有勇气忍受别人纠正自己，所以他们当面说话总是遮遮掩掩。我那样喜欢被人评判被人了解，所以究竟是被评判或被了解，这于我都无关紧要。我自己在思想上就经常反对自己，谴责自己，所以让别人也这样做，那于我是一回事：我的主要考虑是，我只给评判者以我愿意给予的权力。然而我与高高在上的人却水火不容，比如，我认识一个人，如果别人对此人的训斥不以为然，他便竭力为自己的意见辩解；倘若别人抵制他，他便破口大骂。苏格拉底总是笑眯眯采纳别人对他的演讲提出的对立意见，可以说，促使他如此豁达的根源在于他的力量：既然优势必定在这边，他接受意见便有如接受新的荣誉。反之，我们又见到这样的情况：最易使我们变得敏感而挑剔的，莫过于对方充满优越感和轻蔑的意见；推而论之，心甘情愿接受反对意见以纠正自己改善自己的多为弱者。事实上，我最希望经常探访我的人是严厉责备我的人而不是惧怕我的人。同欣赏我们的人，同给我们让座的人们打交道必定索然寡味而且有害。安提斯泰纳命他的儿女们永远别感激夸奖他们的人。在论战激烈处，我让自己屈服于对方论断的力量，这时，我为战胜自我获得的胜利，远比我为瞅准对方弱点而击败他从而获得的胜利更感自豪。

总之，我接受并认可各种不同的顺直线而来的打击，无论这些打击多么微弱，然而我对来之而又不成形的打击却太难忍受。所提意见的内容与我关系不大，对我来说，意见本身是唯一的，内容如何我几乎无足轻重。倘若争论进行得井然有序，我会一整天平平静静进行辩论。我并不像要求争论有序那样要求说话有力量和思辨敏锐。在牧童之间，在小店伙计之间每天的争吵中都能见到秩序，但我们之间却从来见不到。假如小店伙计之类的人争吵时出了毛病，那是粗野，我们反倒干得不错了。然而那些人的喧闹和急躁并没有使他们脱离争吵的主题：他们仍在正常地谈话。如果说他们互相抢先讲话，如果说他们谁都不等对方把话说完，他们起码互相听见了对方说的是什么。倘若别人回答我正好答在点子上，我认为那就是好得不能再好的回答了。然而，争论如果乱糟糟，毫无秩序可言，我便会离开争论的问题而带着气恼去冒冒失失纠缠形式问题，而且一头栽进顽固、狡猾、蛮横的争论形式里去，为此，我事后会感到脸红。

不可能同蠢人真诚谈论问题。在君主无论多么专横的干预下，不仅我的判断力不会变质，我的良心也不会堕落。

**【简析】**蒙田(1533～1592)是文艺复兴后期法国人文主义最重要的代表，开近代法国随笔式散文之先河，所著《蒙田随笔》，与《培根人生论》《帕斯卡尔思想录》被誉为欧洲近代哲理散文三大经典。《蒙田随笔》一个重要的话题，就是不断地省察自己，省察自己的生活状况，省察自己的身体活动和精神活动，以及省察自己身体活动与精神活动之间的关系。他的文章语言平易通畅，不加雕饰，亲切活泼，妙趣横生，人称他"像哲人那样讲话，像朋友那样谈心"。本篇选自《随笔集》。

# 第六节　推荐书目

郭预衡著：《中国散文史》（上、中、下），上海古籍出版社，1986年版
刘衍主编：《中国散文史纲》，湖南教育出版社，1994年版
谢楚发著：《中国古代文体丛书·散文》，人民文学出版社，1994年版
林非著：《中国现代散文史稿》，中国社会科学出版社，1981年版
《林非论散文》，江西高校出版社，2000年版
张小英等著：《中国现代散文一百二十家札记》（上、下），漓江出版社，1987年版
佘树森著：《散文创作艺术》，北京大学出版社，1987年版
佘树森编：《现代作家谈散文》，百花文艺出版社，1986年版
佘树森编：《现代散文序跋选》，百花文艺出版社，1983年版
百花文艺出版社编：《笔谈散文》，百花文艺出版社，1980年版
鲍霁著：《中国现代散文艺术鉴赏论》，北京师范学院出版社，1988年版
傅德岷著：《散文艺术论》，重庆出版社，1988年版
陈望道编：《小品文和漫画》，上海书店1981年据生活书店，1935年版复印版
万陆著：《中国散文美学》，中州古籍出版社，1989年版
颜翔林著：《历史与美学的对话》，学林出版社，2001年版
吴欢章著：《现代散文艺术论》，黑龙江朝鲜民族出版社，1986年版
李宁编：《小品文艺术谈》，中国广播电视出版社，1990年版
韩小惠选编：《新随笔十二家代表作》，湖南文艺出版社，1994年版

王郊天编:《散文创作艺术谈》,江苏人民出版社,1984 年版

姚春树著:《中外散文杂文综论》,福建教育出版社,1997 年版

贾平凹主编:《散文研究》,江北大学出版社,2001 年版

节晓虹著:《中国当代散文审美建构》,海天出版社,1997 年版

蔡江珍著:《中国散文理论的现代性想象》,中国社会科学出版社,2006 年版

常森著:《20 世纪先秦散文研究反思》,北京大学出版社,2002 年版

杨庆存著:《宋代散文研究》,人民文学出版社,2002 年版

欧明俊著:《现代小品理论研究》,上海三联书店,2005 年版

袁勇麟著:《当代汉语散文流变论》,上海三联书店,2002 年版

于君著:《散文讲稿》,群言出版社,2003 年版

闻逸编:《外国散文观止》,安徽文艺出版社,1995 年版

# 第七节 学习提示与练习

## 一、学习提示

散文是一种极易上手但又极难写好的文体,要写好它,非得多读不可。但如何读,又是见仁见智的事。依我们的观点,其一,读散文,面不可太窄,要适当扩大一点范围。中学讲散文,喜欢讲鲁迅、朱自清、冰心,喜欢讲抒情一类,近年,范围虽有所扩大,但也还是不够的。在我们看来,读散文,一是不可太拘于抒情一类,其他类别的散文,尤其是议论一类的散文,要多读一点,才能扩大自己的胸怀,减少一点匠气;不可太拘于中国散文,外国的散文也要读一点,才能扩大自己的视野,使自己在选材立意上,获得更大自由。其二,读散文,最好是先从现当代散文读起,到有了一定基础后,再去体味古代散文的精髓,获得更为丰富的营养。如古文根底不好,先去读古代散文,一下子陷入句读之中出不来,反破坏了学习的兴致,难以进一步深造。其三,读散文,最好是读中外名家的作品。眼下各类时文选刊很多,这类时文,由于与大家的生活比较贴近,文词又写得比较漂亮,同学们喜欢读。但从长远考虑,选读那些经过历史检验的、堪称经典的作品,对我们的启迪会更大一些。其四,读散文,可先读一些选本,以了解一个大概,然后再根据个人的喜好,选几位名家,读他们的专集。只有读作家专集才会有精进。其五,读散文不能像读小说那样,一目十行,关注故事情节,要细心地品读。年轻时,一般人喜欢读小说,读诗歌,不喜欢读散文。只是到后来,才喜欢读散文。依我们的经验,读散文收益更大一些。

读散文,不能指望有生动的故事情节吸引你,散文的乐趣不在故事情节而"在于我们能够从一个具有美好的性格的作者眼睛里去看一看人生",在于我们与作者一种推心置腹的交流,在于一种文化浸染,在于一种人生智慧交流中的会心一笑。读散文是一种细功夫,必须慢慢地读,细心地读,就像品茶、品酒、品花,需要的是涵养,是性情,一目十行地浏览将一无所获。读散文,不要一味去读那些缠绵悱恻的作品,弄得自己一天到晚多愁善感。可多读些纪实性的作品,多读些论理深透并理趣盎然的作品,多读些有骨有力的作品,别忘了,散文是很能陶冶性情的,只有把自己性情陶冶好了,才能真正领略散文的乐趣。读散文不能太浮躁,先得把一颗心安下来,散文的妙处全在细心地体味,只有细心地

吟诵才能"入境"，否则，就会仅得其皮毛，有时甚至连皮毛都得不到。

学写散文，不要动不动就借景抒情，情景交融，意境优美，把自己的写作天地圈得很死。散文包括记叙散文、抒情散文和议论散文。写散文，无论叙事、议论还是抒情，都必须有作者感情和性情的浸染，映照着作者自我的风采。但这并不意味散文就只能抒情。散文是一种内、外兼具的文体，其内向性与偏重抒情的诗歌相通，其外向性又与偏重客观描述的纪实文学接近。打开中外散文史，优秀的抒情篇章不少，但侧重记叙、议论的篇章更多，如果把视野打开，写作的天地就更开阔了。如一味滞留在内心世界里浅斟低唱，很容易带来无病呻吟、矫揉造作的弊病，也难免有枯竭贫乏的时候。

散文可以是美文，也不一定是美文。自 20 世纪 20 年代初周作人"美文"说一出，人们习惯于称散文为美文。说散文是美文原本不错。美文，既是人们对散文的最高审美评价，也是散文的极致。但很长一段时期，人们对"美文"有了错误的理解，以为优美的意境、漂亮的文辞才称得上"美文"，往往沉迷于花好月圆、江澄水碧、描金绣玉之美，称道意境美、色彩美、画面美、细节美、婉曲美……跳不出细水微澜、曲径通幽、静穆祥和的格局。这种偏狭的美文观致使散文的路子越走越窄，风格也变得很柔弱，许多散文柔而无骨，甜而腻味。其实，除了通常所理解的优美、甘美，时代与个人的冲撞，新潮与旧我的矛盾，传统与创造的纠葛，献身欲望与进退荣辱的困扰，热腾腾的尘世万象也是一种美；清词丽句是一种美，质朴自然的文字也是一种美！大可不必受狭隘"美文"的拘囿。

散文可以追求意境，也可以不追求意境。通常讲散文，总是强调意境，似乎意境成了衡量散文创作的唯一标准。其实，意境本身无可非议，追求意境也没有什么不好。但把意境作为散文创作的唯一标准就矫枉过正了。散文可以追求意境，也可以不追求意境，像那些优秀的议论散文、记叙散文，就不是"意境"二字所能概括得了的。

散文可以反映重大主题，也不一定篇篇都要反映重大主题。当然，我们这样说，并不是反对作者的提炼、挖掘之功，而是说，我们没有必要在每一篇散文里生拉硬扯微言大义，动辄挖掘重大主题，也不要因挖掘不出重大主题而人为地堵塞自己的散文之路，冷却了写作的热情。能够反映重大主题，这是好事，不过，由于文体性质的原因，在反映重大主题方面散文是难以与报告文学、小说、戏剧等文体匹敌的。散文以写零星碎散的材料见长，散文最擅长的是以真诚的心，抒写自己在生活中的所见所闻所感。重大题材可遇而不可求，重大主题并非无所不在，零星碎散的题材也不一定都能提炼出重大主题来。如果脱离自己的生活感受和材料实际硬要去提炼重大主题，就违反了散文写作的规律。

余秋雨说："真正意义上的写作，首先是写作者自身的一种心理需要。小说、戏剧、诗歌各自体现了一些特殊的心理需要，而散文则体现了一种寻常的心理需要"，"散文是一种不带什么表演意识的直白坦示，在散文中的任何矫情、空泛、玩弄比在其他文体中都让人难受"，"散文作为一种文体的自立首先是一种心态的自立"。我们认为余秋雨的话是对的。散文最真切最可言说的是日常生活的常态与变异，从它的常态或变异里看到一点时代的折光、社会的影像，写出一点意味，给读者以有益的滋润和启迪。

学写散文不能从理论到理论，要争取多读一些作品才能找到文体感，如能背诵一些精美散文或片断，对写散文是很有帮助的。

## 二、练习

1. 散文在立意、构思、表达上有何特点？试作阐述。

2. 谈谈你心目中的散文语言。

3. 有人将散文分为平民散文、艺术散文、学者散文，你对此有何看法？

4. 从基本类型入手，找出"写人""记事""记游""状物""直抒胸臆""即事抒怀""借景抒情""托物言志""议论"散文各 5 篇，每篇写 50 字左右的读后感。

5. 选自己最喜欢的一篇散文写一篇赏析文章。

6. 写记叙散文、抒情散文、议论散文各一篇。

# 第三章 小说

【教学提示】 小说是一种重在培养分析、欣赏能力的文体。不可能要求每个同学都能写小说,但应要求每个人都能分析、欣赏小说,为今后的专业学习打下一个比较好的基础。如创作上能有所体会,那就更好。从写作的角度考虑,初学者宜从短篇、微型小说入手。本章重点是短篇小说和微型小说,教学中应把它们的特点、写作要点讲透,并要求学生从写作的角度细心品味所附例文。

## 第一节 小说的含义

在当今的小说观念中,大家一般倾向于认为小说是一种以创造虚假世界为方式、以诉说生命为重心、以情为元素、以反讽为基调的语言艺术。[①]

小说是最重要的叙事文体之一,它综合运用语言艺术的各种表现手法,以散体文摹写虚拟的人生故事,通过比较完整的故事情节和具体的环境描写,塑造各种各样的人物形象,以广泛地多方面地反映社会生活。

在我国,"小说"一词最早见于《庄子·外物篇》:"饰小说以干县令,其于大达亦远矣。"庄子讲的"小说",指的是那些意义不大的琐屑的言谈和话语。汉代史学家班固在《汉书·艺文志》中介绍评述异态纷呈的文化学术流派时,也开列出"小说家"。他说:"小说家者流,盖出于'稗官',街谈巷议,道听途说者之所造也。"班固讲的"小说",范围相当宽泛,他把六经以外无法归类的杂粹,统归之于"小说"。在我国,真正现代意义上的"小说"概念直到晚清才得以确立。

我国远古时代的神话、传说,先秦两汉的寓言故事以及史传文学,可视为我国古代小说的源头和萌芽,它为小说的产生与发展作了多方面的准备工作。魏晋六朝,出现了"以序鬼物、奇怪之事"的"志怪小说"和记录轶闻琐事的"志人小说",这是我国古代小说的雏形。到唐代,产生了许多情节曲折、人物生动的文言短篇小说(习惯上称作"传奇"),小说创作渐趋成熟。鲁迅曾评论说:"六朝人之志怪,却大抵一如今日之记新闻,在当时并非有意做小说","六朝志人的小说,也非常简单,同志怪差不多","都很简短,而且当作记事实","乃至有唐时,则为有意识的作小说,这在小说史上可算是一大进步"。宋元话本则被鲁迅称作"小说史上的大变迁"。所谓话本,即当时说书人讲故事的底本。话本的出现,标志着我国小说由文言小说向白话小说的过渡。元明之后,我国古典小说进入发展的巅峰期,出现了《三国演义》《水浒传》《西游记》《金瓶梅》《红楼梦》这样一些堪称世界名著的长篇巨制。但是,在我国古代,小说成就尽管很高,却一直被排斥在文学之外,得不到应有的重视。直到近代,随着资产阶级改良运动的兴起,加上欧洲文学思潮的影响,小说才被

---

① 马正平:《高等文体训练教程》中国人民大学出版社,2002 年版。

推至显赫的位置，开始向"五四"前后现代小说的过渡。

在欧洲，小说作为一种艺术形式，被视为"是史诗和戏剧这两种伟大文学形式的共同后裔"。古希腊史诗、戏剧取得巨大成绩时，用散文形式写的小说还没有出现。直到中世纪，在英雄史诗、骑士传奇和民间故事中，才能见到欧洲近代小说的萌芽。文艺复兴时期，薄伽丘的《十日谈》开欧洲近代小说的先河；继此之后，有西班牙的流浪汉小说和塞万提斯的《堂·吉诃德》对欧洲近代小说产生的重大影响。18 世纪，随着英国笛福、理查逊、菲尔丁、法国的勒萨日等人作品的问世，小说作为一种独特的文学样式才得以确立。19 世纪是欧洲小说发展的高峰，出现了以巴尔扎克、狄更斯、托尔斯泰等为代表的一大批小说家。从 19 世纪后期开始，各式各样的现代小说异军突起，其作家之众，流派之多，影响之大，都使小说达到了前所未有的高度。

无论东西方，小说在经过漫长的历史发展之后，已成为公认的最重要最基本的文学样式之一。

# 第二节　小说的特征

小说以虚构为基本手段，它所建筑的虚拟世界，与我们置身的现实世界无法一一准确"对号入座"。它以情节为基本元素，以个体化的生命体验为文体重心。

小说是叙事性虚构作品，时空处理极为自由，语言灵活多样，各种艺术技巧可以得到充分的运用，在展示生活的丰富性和多样性方面，小说具有多方面的功能和特点。

一般认为，人物、情节、环境，是构成小说的三个基本要素，这三个基本要素，便构成了小说艺术的三个基本特点。英国的爱·摩·福斯特在《小说面面观》一书中，则主张从"故事、人物、情节、幻想、预言、图式、节奏"等七个方面，来总结小说的基本特征和写作技法。还有人主张从叙述学的角度，来揭示小说的特点。例如以色列的里蒙·凯南，她所著的《叙事虚构作品》，实际上是一本当代小说理论。她就是从"故事"、"本文"、"叙述"三个方面来揭示小说的特点和技法的。我们认为，根据一般初学者理解小说文体的需要，可将小说的基本特点概括为以下三个方面。

## 一、能多方面地、细致地刻画人物

人物是小说的基本要素，也是它的灵魂。鲜明独特的人物性格，曲折动人的人物命运，特定状态下的人物心理，错综复杂的人物关系，始终是小说创作注意的中心。人物形象的塑造，往往从多方面决定了小说的思想深度、美学价值、艺术灵魂乃至语言结构。古今中外那些不朽的小说名著，都以其典型而独具魅力的人物形象吸引和感动着世世代代的读者。

将人物置于艺术创作的中心，并非小说所独有。但是，和其他文学样式比较起来，小说在人物刻画方面具有无法比拟的长处。叙事诗写人，一般比较简约，不可能全面、细致地铺开。叙事散文、报告文学和传记文学写人，要受真人真事的限制，不能虚构。戏剧、影视文学写人，主要通过人物的动作和语言，且在时空、场景处理方面受到一定的限制。小说写人，则不受时空限制，不受真人真事限制，可以凭借各种艺术手段，从各个角度各个方面对人物进行刻画。小说既可以最大限度地逼近生活，直接塑造出生活于现实土壤中的人物形象，又可以最大程度地想象虚构，创造一些超验的非现实人物（如《西游记》中的孙悟空、《变形记》中的格里高尔以及当代小说中的一些符号性人物）。小说既可以截取生活的横断面，以日常生活的某一片断和侧面去表现人物的性格与命运，又可以在广阔的社会背景上，在变化着的生活流程中，揭示出人物的生活际遇和性格色彩。小说既可以写一代人、几代人漫长的生活经历，也可以写人物一生中的某一个片断。既可以通过肖像描写、语言描写、行动描写展现人物音容笑貌、言谈举止、衣着服饰等外部形态，也能通过心理描写呈现人物微妙的内心活动，去写人物的"意识流"。小说写人，作家既可以隐身幕后，完全由人物"自然呈现"，也可以直接介入，站出来进行介绍、议论、评价，还可以借环境来渲染，借景物来烘托，用对比的方法来突出，用象征的方式来构造，等等。总之，运用各种手法，从各方面加以描写、刻画，以塑造各式各样的人物，是小说的首要特征。别林斯基谈到小说时曾指出："长篇小说和中篇小说是最广泛的、包罗万象的一类诗；才能在这里无限自由。其中结合了一切其他类别的诗：既有作者对所描写事件的感情的吐露——抒情诗，也有使人物更为鲜明而突出的表达自己的手段——戏剧的因素。其他类诗所不能容忍的旁白、议论和教训，在长篇和中篇小说里都有其合法的地位。"①

## 二、能自由灵活地展开情节

小说既然以刻画人物为中心，就不能不写"人物生活的事件和他们在时间和空间里进行的活动"②。小说最原始的形式就是"一个叙述者对一群听众叙述某种发生的事件"。现当代的小说艺术虽然较多地摒弃了由叙述人完整讲述故事的单一方法，往往打破故事情节的顺序，但作品依然保持了情节的完整性。即算是表现"意识流"为主的小说，表面上时空颠倒，过去、现在、未来交织无序，时代氛围、人物、场所、具体环境穿插叠映，但依据人物意识的流向，情节在变幻中依然完整可辨。

情节在小说中成为一个不可缺少的要素，这是因为，小说的各种材料，往往要通过情节发展的线索来组织；小说人物的性格要通过生动、具体的情节来体现；小说所反映的一定的社会历史内容，往往要通过故事情节来负载；同时，小说的情节能引起读者的共鸣性情感和评价性情感，能增强小说的可读性和艺术魅力。

在 19 世纪以前，小说的情节即小说叙述的故事。那时候的小说，作者往往依据人物的经历，顺序铺叙一个个事件，其事件也就构成了小说的情节。19 世纪以来，小说有了很大的发展，已不同于传统的"故事体"，"故事"与"情节"这两个概念便有了新的界定。佛斯特在《小说面面观》中曾指出："我们对故事下定义是按时间顺序安排的事件叙述。情节也是事件的叙述，但重点在因果关系上。"这也就是说，故事强调的是时序性，情节强调的是因果性。按这样的界定，一个故事，它有可能构成一篇小说情节框架，但情节已不同于故事了。以鲁迅的《风波》为例，作品围绕剪辫子的风波安排情节，始述七斤的烦恼，继写七斤夫妇的恐慌，尔后描写一切复归原状，这是故事；小说同时又隐约始终地贯穿着九斤老太的感叹。九斤老太反复唠叨"一代不如一代"的事件是很难纳入剪辫子的故事之中的，但它却是小说情节有机构成部分，表明她对风波乍起与复归平静无动于衷，未闻未见，毫不关

---

① 《别林斯基论文学》，新文艺出版社，1958 年，第 201 页。
② 波斯彼洛夫主编：《文艺学引论》，湖南文艺出版社，1987 年，第 211～212 页。

心。这一情节与七斤夫妇的情节天衣无缝地交融在一起，深刻地揭示了张勋复辟只是一场闹剧，辛亥革命后的中国农村依然衰落，农民依然愚昧落后。

小说在展示情节的丰富性与复杂性上，最为自由。叙事诗虽然有情节，但由于它是以抒情的方式"歌唱一个故事"的，并且要以凝练而有节奏感的诗句来表现，所以情节比较单纯，不可能对生活中的复杂事件进行广阔而细致的描写。戏剧文学的情节相当完整，但由于受舞台空间和演出时间的限制，它只能抓住尖锐的矛盾冲突，将情节高度集中化，远不及小说情节的丰富复杂。影视文学的情节有相当的灵活性，但依然要受银屏空间和演播时间的限制。小说展示故事情节，却可以不受任何限制。从小说的时空容量看，上下五千年，纵横八万里，宇宙之大，蚊蝇之微，无论时空辽阔头绪纷繁的复杂事件，还是一个生活片断的瞬间变化，无论紧张、尖锐、复杂的矛盾冲突，还是平淡无奇的人生点滴，无论是一定历史时期的巨幅画卷，还是茫茫人海中的一个瞬间镜头，都可以纳入小说的情节结构中。从小说情节的时空处理来看，小说既可以完全依据事件之间的因果关系，把故事情节安排得若明若暗、曲曲折折，把故事的前因后果讲得令人心服口服，也可以依据作者的审美意识，将情节搓揉、颠倒，甚至可以打散整个情节的故事框架，像揉面团似地重铸情节链；既可以对同一时空所发生的几组事件进行"时间分流"，一一加以分叙，也可以把不同时间不同空间发生的事件牢牢控制在情节链上；既可以对一件事进行单视角的叙述，也可以对同一件事采用多角度多人物的叙述；既可以用几个句子交代漫长的岁月，也可以为一场舞会写上长长的两章……

小说对情节的叙述也非常自由。叙事诗的情节，大都通过诗人的口讲述出来。戏剧文学的情节，主要通过人物的动作与台词来演示。在小说中，情节的表现却灵活自由得多。

首先，从语言的运用看，小说既可以使用叙述人语言，向读者叙说一个曲折生动的故事；又可以运用人物语言，向人们展示人物的性格、行为的动机，以推动情节的发展。特别是叙事人语言的灵活运用，使从容不迫的交代、自由灵活的穿插、生动的描写、周详的叙述贯通一气，极有利于表现情节的完整性和复杂性。

其次，从叙事方式看，小说既可动态地叙述情节在时间中的发展，又可以静态地表现事物在空间中的状态。动态的叙述可以将人们引入时间的长河去探究事件的前因后果及意义，静态的描写则可以把读者导向扩展的空间，去感受和体验事物人生，这就使得小说的情节比一般故事具有更大的思想内涵和审美价值。例如，有些小说，其故事情节本身并没有多少吸引人之处，但我们循着故事的进程进入作家所描写的生活场景，却能通过对生活场景的实际感受去领悟故事情节所蕴含的深刻含义。

再次，从叙事形式看，小说叙事可以采取不同的人称和不同的角度。不同人物不同角度的叙事可以使小说情节的展开极富变化。

小说的叙述人称有三种：采用第一人称"我"来叙述故事情节，"我"可以是事件的目击者，也可以是事件的参与者，可能带来很强的真切感和情绪感；采用第三人称叙述，叙事者成了无所不知的局外人，特别有利于表现时空辽阔、头绪纷繁的故事情节；采用"无人称"叙述，作者退隐幕后，事件和情节完全由它们自己的承担者来展现，这种叙述，往往使读者看到某种真实的人生画面，犹如没有导游进入陌生园林，一切感受、观念、情绪均由自己观照而来，作家只做展示工作，不作评价，把评价、思考全部留给了读者。

小说的叙事角度也有三种：采用"全知角度"，叙述者是全能的，他往往无所不知无所不晓；采用"限知性"的叙事角度，叙述者跟作品中的人物知道的一样多，叙述者的视野不能越出人物所知的范围；采用"纯客观叙事角度"，叙事者知道的比作品人物少，只描写人物所看到的听到的。叙述人称和叙述角度的采用，往往会使情节的展开灵活多变而极富特色。

通过以上分析可以看到，灵活自由地展开情节，是小说体裁的重要特征。古今中外有影响的小说家，都注意发挥小说这一特征，在小说的情节构思上匠心独运，细心经营。像罗贯中的《三国演义》，大开大阖，把三国之间的战火风云安排得波澜起伏；曹雪芹的《红楼梦》精巧严密，把大观园中的人生百态组织得天衣无缝。契诃夫小说情节的轻灵活泼，欧·亨利小说情节的奇巧别致等，都是情节艺术的典范。

### 三、能具体、真切地描写环境

小说不仅要有鲜明的人物形象、生动的故事情节，而且要揭示人物性格和情节发展的具体环境。小说中的环境，一方面指人物活动的特定场所，即具体的生活环境，另一方面又包括用具体生活环境所体现出来的时代背景和社会发展趋势。环境描写在小说体裁中至关重要，没有真切具体的描写，人物的真实性、典型性，情节的可能性、合理性就难以确定。和其他文体比较起来，由于小说的语言灵活，时空处理自由，手法丰富多样，更适于对广阔的社会环境和具体的生活环境作深入细致的描绘。

小说的环境描写可以非常细致逼真，使人"如临其境"。散文、散文诗也有环境描写，但一般并不十分具体、详尽。戏剧剧本的环境描写更为简略，因为演出时有布景有道具，只要简单提示一下就够了。只有在小说中，真切、具体的环境描写才有可能。

小说的环境描写形态多样，小说既可以描写贴近生活的现实环境，又能够描写非现实的虚拟环境。在大多数的现实主义作品中，小说的环境描写都保留了生活的原生状态，作家对人物所处时代的社会状况、世态人情、风俗习惯、饮食起居等等，都采用一种精确细致的描写，极具现实感和真实感。而在相当多的浪漫主义、现代主义小说中，环境描写虽然保留了与人物行动的一致性，但相对于客观现实，这种环境已发生了巨大变形，它往往制造一种远离生活具象、无法按迹寻踪的奇特境地，寻求一种与现实生活内在的契合。像吴承恩《西游记》所写的天上人间、龙宫妖洞，就是一种不合事理但合情理的幻形幻境；加缪《鼠疫》中所描写的那座为老鼠所充斥的城市，更为荒诞不经，却象征性地揭示了西方社会人们所处的生存状态和险恶环境。

小说的环境描写既可以宏观地展开，又可以微观地局部描摹。像托尔斯泰的《战争与和平》，从法兰西到俄罗斯，从都市到乡村，从血肉横飞的战场到豪华奢侈的宫廷，作者展开了一幅宏伟的社会全景图；而巴尔扎克对"伏盖公寓"的描写，连"红色的地砖因为擦洗或上色之故，画满了高高低低的沟槽"也没有放过。

小说既可以写各种生活场景，又可以写各种自然景物，社会和自然构成了小说环境描写的两大类别。就社会环境而言，人与人的复杂关系构成了环境的主体，小说常在变化的复杂的人际交往中动态地揭示出人物所处的生活环境。如《阿Q正传》中的阿Q，就生活在一个与赵太爷、假洋鬼子、吴妈、小D、王胡有着千丝万缕的联系的环境之中。小说还常描绘出不同民族、不同地域独特的风俗画卷。自然景物的描写在小说环境描写中也占有极大的比重。像海明威笔下辽阔浩瀚的大海，哈代笔下苍凉的麦敦荒原，屠格涅夫笔下美得惊人的俄罗斯森林和草原，不仅为人物活动提供了真实、具体、如见如闻的活动空间，而且还以它浓郁的地方色彩、鲜明的民俗特色、隽永的诗情画意吸引着一代又一代的读者，具有独立的审美价值。

　　小说的环境描写不仅为人物和情节提供了空间场所，提供了特定的时代风貌和历史去向，而且它还担负着多种多样的艺术职能：在小说中，环境描写可以直接为人物塑造服务，一种具体的环境描写往往可以"看做人物的转喻性或隐喻性的表现"。例如《红楼梦》中写宝钗的住所，"雪洞一般，一色的玩器全无"，就揭示了宝钗恪守封建道德的沉稳持重和深深城府。环境描写可以"具有心理描写的功能"，"一片风景就是一种心理状态"，景物描写能"帮助作家深入到了主人公的思想深处"①。环境描写有时还能推动情节发展，影响到小说的情节结构。当小说家把人物安排到一个特定环境，往往会造成一系列事件，获得出乎意料的结果。例如小说《陈奂生上城》，写土生土长、忠厚老实的农民陈奂生来到他完全陌生的环境——城市之中，性格与环境形成巨大反差，就构思出一系列生动的情节，从而从一个全新的角度塑造了一个中国农民的形象。环境描写有时则可以"建立和保持一种情调，其情节和人物的塑造都被控制在某种情调和效果之下"②。例如，《呼啸山庄》中荒凉的荒野、阴沉的天空、暴烈的风雨，就与人物的激情交织成整部作品的浪漫主义情调。小说的环境描写有时则象征着庞大的物质的或社会的力量，例如巴黎、伦敦、纽约等大城市在许多现代小说中，都被写成了巨大的异己力量。环境描写在小说中有时则充当了主角，如契诃夫《草原》中所描写的草原，就被一些评论家认为是小说真正的主角，是俄罗斯性格的写照。

　　总而言之，小说较之其他文学体裁更能对环境作真切、具体的描写，其描写的多样性和功能的多样性使它与性格刻画、情节组织一样，成为小说体裁的最重要的特征之一。

# 第三节　小说的种类

　　小说虽然是一种比较后起的文体，但在其历史发展中却后来居上，成为一种最活跃最重要的文学品类，且形态多样复杂。要对小说进行科学的分类是比较困难的，因为无论采用哪一因素为标准，都难以全面窥视小说形态的复杂多样。在这一节里，我们主要从认识小说和小说创作的需要出发，选择几个角度对小说进行分类，并就这些常见的小说类型作一些介绍。

## 一、按篇幅和容量的分类

　　按小说的篇幅长短和容量大小来划分是一种最为常见的分类方式，可以分为长篇小说、中篇小说、短篇小说和微型小说。

　　长篇小说的篇幅通常在十万字以上，多者可达数百万字。由于其篇幅长，它的内容丰富，情节复杂，人物众多，因而能在比较广阔的范围内反映一定时期的社会生活的面貌，展现出多姿多彩的生活。长篇小说中的人物一般生活在时间跨度大、空间拓展广的历史画

---

　　①　韦勒克、沃伦：《文学理论》，三联书店，1984 年，第 249 页。
　　②　波斯彼洛夫主编：《文艺学引论》，湖南文艺出版社，1987 年，第 257 页。

卷之中，因而可以充分地展示其丰富复杂的性格，并且显示其性格的成长和发展变化的过程。由于人物众多，构成各种复杂的人物关系，故事情节就能得到充分的开展，情节也就显得错综复杂，常常是围绕某一中心多线索、多头绪地开展情节，或几个故事穿插交织地进行。也由于容量大，便于反映广泛丰富的社会生活，因此特别重视背景的拓展，对人物所生活的环境可以细腻地描写，其环境描写往往恢宏、详尽。可以说，长篇小说对社会生活的反映是"百科全书"式的。从本质上说，它是一部艺术化的社会或人生的历史画卷，它表现的不是生活的几个"点"或若干"片断"，而是再现其完整的历史进程，描绘人生的"长河"。正是因为长篇小说的大容量，能立体地、全方位地反映生活，所以整体地把握生活，整体地反映生活，是长篇小说的艺术特征，也是创作的重要基础。作者在创作时，不能仅仅依靠构思的精致，布局的奇妙，而必须有赖于作者对时代生活的总体把握，依赖于作者足够的生活积累并对于其积累艺术化的能力。

中篇小说通常在三五万字之间，一般不超过十万字。它容量的大小、情节的繁简、结构的规模、人物的多寡介于长篇与短篇之间。但它既不是长篇小说的简化与缩写，也不是短篇小说的扩展与拉长。中篇小说的主要人物可以有三五个，人物关系和性格冲突比短篇复杂、充分，艺术处理上则比长篇小说简明、凝练。在中篇中虽然可以布置比较复杂曲折的情节，但一般不宜线索过多，情节的流程也不应太长，否则，很容易写成长篇小说的梗概，而无法深入细腻地展示人物性格特征。中篇小说的背景也比较开阔，但不可能像长篇小说一样以特有的篇幅去描绘，因此其背景往往被推到幕后，结合人物描写和情节的推衍进行。即或推到幕前，也不像长篇那样宏伟、悠远。总之，中篇小说有如长篇小说的一个局部，但并不像短篇小说那样局促，而可以写得比较舒展，不仅具有相对的完整性，具有一定规模的长度和广度，并且与完整的生活历史相关、相融。如鲁迅的《阿Q正传》、谌容的《人到中年》、莫泊桑的《羊脂球》即为此类中的佳作。

短篇小说一般在三五千字到一二万字之间。由于受篇幅的限制，它的人物不多，其主要人物往往就一两个，情节简明，线索单纯，场景相对集中，不可能像长篇和中篇小说一样拉开架势，写得错综复杂。它是一种通过局部来把握整体的小说式样，是"借一斑而略窥全豹，以一目而尽传精神"的艺术形式。如果说长篇小说是一部生活的大书，中篇小说是这本书中的一章，而短篇小说则是其中最为精彩的一两页。由于受容量的限制，短篇小说不能像长、中篇小说那样"四面出击"，它只能以"小"取胜，以"巧"见长，如果像中、长篇那样求"全"求"面"求"规模"，对生活进行全方位的观照，势必模糊了自己的艺术视野。因此，短篇小说反映生活，总是通过局部——无论这个局部是一个"场面"、一个"片断"，还是无数的"心理细节"连缀或完整的"心理流程"的描绘——来把握生活和反映生活的。由于短篇小说只能通过局部来反映生活，通过个别来反映一般，因而在截取生活、谋篇布局、语言表达等方面就需要特别的技巧。它特别讲究选材与开掘，要求作家独具慧眼披沙拣金，深入开掘出人意表，能从局部洞察全体。著名的短篇小说家、诺贝尔文学奖获得者艾萨克·辛格曾说过，短篇小说比任何创作更需要才能和技巧。一个平庸的作家有时也能创作出一部不坏的长篇小说，却不能写出一部优秀的短篇小说。这是很值得人们思考的经验之谈。

微型小说，也叫小小说。这是一种后起的小说品类，或者说是一个从短篇小说中逐渐独立出来的品种。如果探本求源，微型小说在小说发轫期就有了雏形。用一个较短的篇幅，叙述一个单一完整的故事，并用一两个生动的细节勾勒出人物性格特征，是中外微型小说从古代的散文中挣脱出来，开始初具小说雏形的标志。像魏晋时期的志怪、志人小说，其中就有许多近似于微型小说的篇章。随着小说艺术的发展，中外微型小说遵循着各自的民族特色在向前发展。在中国，微型小说主要表现为记事率意的笔记体小说。在西方，则发展为构思巧妙、情节单一、人物刻画单纯、环境描写简明、语言简洁含蓄、单一中见精美、单纯中见丰富的小说式样。微型小说对生活的把握是"化整为零"，对生活的反映是"以点见面"。它把握生活不像中、长篇小说那样"全面出击"，也不像短篇小说那样烛照某一局部，而是将复杂纷纭的事件"净化"为比较单纯和单一的事件，将丰富多样的人物性格"净化"为单一、单纯的性格特征，将纷繁复杂的场面、环境"净化"为纯净、简明的环境描写。总之，它是通过某一点、某一瞬间的叙述与描写，来反映生活的某些本质，烛照生活的全部底蕴，使幕后的生活全部"活"过来。自 20 世纪 80 年代以来，微型小说在中国得到迅速的发展，逐渐成为读者喜爱的一个小说品种。

## 二、按艺术品格的分类

根据小说的艺术品格，可以把小说分为通俗小说和非通俗小说。

"通俗小说"这一概念，是从"严肃文学"与"通俗文学"这一对概念引申出来的。具体到小说来说，只有"通俗小说"而无所谓"严肃小说"的提法。

正统的、属于严肃文学的小说，以艺术地再现社会人生为宗旨，追求高雅的审美趣味，有严肃的认识价值和完美的审美价值，创作上一般不以传奇性的题材为内容，并且一般以文化素质较高、审美趣味较雅的读者为对象。通俗小说则以娱乐性为创作宗旨，它讲究故事性、趣味性、新奇性、平易性、共创性、共享性、消费性，它以通晓畅达的语言、群众喜闻乐见的形式、跌宕起伏的故事情节、悬念迭生的结构形式、生动形象的叙述描写，面向一般的读者，并不考虑"藏之名山"、"传之其人"。其中根据题材的不同，又可以分为推理小说、公案小说、传奇小说、科幻小说、侦探小说等。

按照传统的观点，通俗小说是不能登大雅之堂的，只能为"引浆卖车者"所津津乐道，严肃的作家是不屑为之的。但中国文坛自 20 世纪 80 年代以来，出现了一个非常引人注目的现象：衰微多年的通俗小说，竟奇迹般地复苏和繁荣起来，各种期刊、图书充塞书肆、书摊，读者争相购买、津津乐道，让作为严肃文学的小说不能望其项背，以正统、严肃、高尚、深沉为特色的小说，备受冷落，处于某种尴尬的境地。于是"挽救文学"、"反对文学商品化"、"为小说的健康与纯洁而斗争"之类的口号，被文学界提了出来。

真正属于严肃文学的小说，自然是我们所需要的；发展这一类小说，也是文艺百花齐放的需要。但是，如何正确地认识通俗小说，却是每一个从事小说创作的人应该认真思考的。

首先，我们认为，真正的文学，是应该扎根于群众并服务于群众的。在商品经济的社会，更应该自觉地走向市场，为广大消费者服务。如果将小说束之高阁，成为只有少数人欣赏的文学，不仅令人难以理解，而且，失去了消费市场会使它自身的艺术生命窒息。因此我们对于带有商品性和大众化倾向的通俗小说，不应该抱有一种先入为主的偏见；另一方面，作为通俗小说，无论是武侠还是言情，从它的内容到形式，都有其生长和发展的内在依据，绝不是凭空发展起来的，也绝不可以断然予以否定，而应该认真地探讨其存在和发展的规律，从而借鉴经验，促进文学的繁荣与发展。

其次，所谓"通俗小说"，是属于一定的历史范畴的，并非是一个绝对的概念。如《水浒传》《三国演义》一类的章回小说，宋元时期优秀的话本小说，今天被视为正统与严肃，在当时却是不登大雅之堂的通俗小说，只能在勾栏瓦肆说给市民消遣。还应该看到，通俗小说也有精华和糟粕之分，好的通俗小说，也有着丰厚的文化内涵和审美价值，并不一定只为文化素养较低的人们所欣赏，它同样可以登堂入室，成为优秀的传世之作。

另外，从写作的角度来看，初学小说创作，写一写通俗小说，对扩大创作视野，磨练写作技巧，也是大有好处的，因为两者并非绝缘，而是有许多相通相融之处。不少写严肃文学的作家也往往经历了这么一个阶段。但要注意的是，通俗并非庸俗，绝不可把通俗小说粗制滥造，不可把"通俗"等同于浅薄，不能把"通俗"理解为媚俗和因循守旧。创作通俗小说，应该注意开拓新的题材，在传统的基础上引进新的艺术技巧，在注意故事性、趣味性的同时，注意融进尽可能多的社会历史内容。

### 三、从艺术形态来分类

古今小说汗牛充栋，但如果从艺术形态来认识，可分为拟实型小说和表意型小说两大类型。

"拟实小说"是指以世事人生为蓝本，以生活本身的样态反映生活，重在客观，其内容符合现实逻辑的一类小说。以具体的形态来说，又可以分为故事型、生活型和心态型三种。

在小说发展的历史进程中，故事型小说产生的时间最早。在人类社会文明水平比较低的时代，个人的作用往往显得突出，而人们的思维和情感也远不如今天细腻，人们瞩目的自然是英雄创业、豪杰争锋、贤相安邦、权臣误国之类的特出人物，再加上好奇乃人类的天性，所以最先创作奇人奇事的故事型小说是很自然的事。

故事型小说是以叙述为基调，"把描写情景融化在叙述故事中"（赵树理：《〈三里湾〉写作前后》），其总体上相对的粗与简的写法是造成故事性的决定因素。因为倘若用纤细的笔墨来写，无论怎样突出的人事也会稀释成平常的样态，不可能成为一波三折的故事。

故事型小说的长处是：通俗易懂，引人入胜，可读可听，适应面广，其优秀的作品能以生动、曲折的故事情节造成鲜明、特出的人物形象，透视社会生活的本质特征，有很高的审美价值和雅俗共赏的艺术魅力。像《三国演义》《水浒传》"三言""二拍"及今天的一些通俗小说，都属于这一种。由于故事型小说在小说发展的历史中长时期占有举足轻重的地位，对人们的阅读习惯和欣赏心理的影响相当大。但故事小说的最大弱点是与人们的日常生活距离甚远，即使内容完全合符现实的逻辑，也会使人感到某种程度上的造作。

生活型的小说是拟实小说的第二形态。它的兴起与繁荣在故事小说之后，心态小说之前。这种小说在艺术上所追求的是"常"而不是"奇"，是质朴美和自然美而不是人为的生动曲折。在结构方式上，它不再是一连串的故事情节，而是一堆细小的生活情况，不是情节的河，而是细节的网、生活的网。在我国小说发展的历史中，成书于明代后期的《金瓶梅》第一次完成了由故事型向生活型的转变。像我们今天所说的现实主义小说、纪实小说、新写实小说，都属此类。现实主义小说按生活的本来样子如实地再现生活，但它不是"照录"生活，它要求作家在客观地、冷静地观察现实生活的基础上，对现实生活进行必要的加工、提炼、典型化，再按照生活的本来面目精确细致地描绘现实生活，以浓郁的生活色彩再现现实本身的丰富性和多样性，再现典型环境中的典型性格。纪实小说是新时期兴盛起来的一种很受读者欢迎的小说，又称"口述实录小说"。纪实小说形象的特点是现实化。它反对作家任意的虚构编造，强调"实录"、"实有"。它认为，小说的真实性在于纪实，作家应自觉地限制虚构、加工，以原汤原汁的真实性、可信性吸引读者，感染读者。这类小说的人物、情节，大多是生活中确有的人和事，保持了现实生活的原貌，作者一般情况下是"转述"和"报告"，即便局部作了一些艺术加工，也要尽可能地泯灭加工的痕迹。如张辛欣的《北京人》、刘心武的《5·19 长镜头》《公共汽车咏叹调》就是这一类小说。新写实小说则重在日常化平庸化的生活。

生活型小说的艺术价值主要体现在两个方面：第一，内容充分生活化、现实化，从而大大增加了作品的真实性和亲切感。即使有某些传奇的内容，也被琐细、逼真的描写淡化、弱化和常态化了。第二，反映生活深入细致，对人与人生有烛照显隐的艺术功能。写作生活型小说必须善于从习见常闻的普通生活中发现其意蕴，品味出滋味，比写作故事型小说需要更高的艺术敏感和创造本领。在小说走向多元化和多样化的今天，这种生活型小说依然有着强大的生命力。

心态型小说是指那种直接展示人物内心状态、意识流程并以此构成主要内容的小说。它追求的是心理的真实，其中所写的生活、世事，大多通过人物的心理屏幕所折射，既间接又零散，而且朦胧。在故事型小说尤其是生活型小说中，已经有了一些把笔触深入到人物心灵，如写人物的内心独白和进行心理描写，但与生活的外观描写相比，数量还是很少的，它只是作品的组成部分，并没有造成新的形态。20 世纪，普鲁斯特、沃尔夫、乔伊斯和稍后的福克纳的意识流小说成为心态小说的典型。其主要特点是：第一，心态的描写成为作品压倒一切的艺术内容，外观描写大大减少，并且大多为人物意识中既虚且散的映像。第二，表现出意识的各个层次，使人物的内心世界呈现出前所未有的复杂性和真实性。第三，人物的心理活动和感情因素成为小说结构的主要依据，心理时空成为结构的中心线索，外观世界的现实时空经常被心理时空打乱和分割。

"表意型小说"以表意为旨归，近似于我们平时所说的"表现"一类。这类小说的内容往往是夸张的或超验的，重在作者主观意识的抒发。如"象征小说"、"怪诞小说"、"隐喻小说"、"寓言小说"、"哲理小说"、"神魔小说"、"科幻小说"、"魔幻小说"、"抒情小说"、"浪漫主义小说"……这些内涵和外延各异的小说都属表意型小说。

历史上出现的"神魔小说"实际上是重"意"的。"神魔小说"是古代神话传说的艺术发展，但神话小说与神话是两个不同的概念。神话只能产生于古代，是在生产力十分低下和泛神论充斥的时代，先民对超自然力量的崇拜和想象而形成的；而神话小说则是借神鬼灵异、妖魔幻化之类的具有宗教渊源、民俗信仰的超自然意象，表达作者对现实的理解和生活理想。最初的神话小说，其宗教色彩和迷信成分很浓，随着小说的发展，它与现实生活和作家思想的联系日益增强，艺术造诣也越来越高。像阿拉伯小说《一千零一夜》，我国古代神话小说《西游记》《聊斋志异》都属于这一类。神话小说不管作者的观点如何以及是否迷信，它归根到底与"神"有关。歌德的《浮士德》借助基督教中的一些图景和意象，写出了天堂、地狱和炼狱；吴承恩和蒲松龄也需要借助佛教和道教的种种观念幻象和民间神怪传说才能充分地驰骋幻想，造成那些超自然的形象与图画。从某种意义上说，宗教与民俗就是神话小说两根不可缺少的拐杖。

浪漫主义小说反映客观生活主要是从作家的主观精神出发，它不重在现实生活的客观再现，而侧重于对理想世界的热烈向往和追求，它主要是按照理想的样子反映生活。它常常以理想的、情感的逻辑取代了现实的、生活的逻辑，在事件与情节上，加上一层理想的光彩。因此，大胆的幻想、奇异的情节、鲜明独特的人物形象、诡谲多变的夸张手法、热情瑰丽的语言、异国情调、神话色彩……构成了这类小说最主要的特色。

"表现主义"、"超现实主义"、"魔幻现实主义"一类小说，它不是按照生活的本来样子来描写生活，而是采用不曾有不可能有的样子，通过变形、夸张、荒诞、非现实形态来反映现实生活。它往往把虚幻的、荒诞的、有意乖谬的非现实情节，当作真实世界加以细腻逼真的描写，从而达到深刻反映现实生活的目的。如日本当代作家安部公房的小说《墙壁》，作品写的是一个小职员S·卡尔玛，一夜之间，忽然被解雇了。他身不由己，连自己的名字也忘记了。他睁开一双迷惘的眼睛，窥视着忙忙碌碌、不可理解的人生。他看到恋人Y子正在与另一个"我"（S·卡尔玛名片的化身）卿卿我我。他走进动物园，发现狮子向他"流泪"，骆驼向他"微笑"，斑马、长颈鹿、狼走过来向他表示亲昵。然而，他仍感到揪心的痛苦，因为失去了名字，也就意味着失去了"自我"。他像丢了魂，茫茫然无所适从。他莫名其妙地被便衣警察逮捕了，原因据说是他身上有一种"特异功能"：他饿得发慌时，胸中便产生"负压"，可以把杂志上的插图"吸进去"；他胸中还包孕着旷野和草原，动物园的野兽因而被他吸去了；他的一双眼睛的本领特别大，凡是目击之物，不论巨细，都一股脑儿被他"吸进去"。如此可恶的S·卡尔玛，不以盗窃罪惩处，不足以平"民愤"，于是，他被带上法庭，一场审判的闹剧开始了。可是，审判之前，首先得把犯人的双眼用黑布蒙起来，不然的话，审判长、法学家、原告、揭发者都有被"吸进去"的危险！整个小说的情节，就是这样展开的，不言而喻，它的情节是荒诞无稽的，但作家的描写又是细腻逼真的。试看它描写S·卡尔玛睡醒的一段，当S·卡尔玛睡觉起来，眼前出现了一幕幻景，他的名片、上衣、裤子、皮鞋、眼镜、领带、钢笔、记事本，都不听他的使唤，纷纷起来造反了：

> 门悄悄地响了一下，这是名片由上边的门缝进来了。我不由得想要喊他，但因为喉咙和嘴唇完全是麻木的，所以实际上发不出声音来。名片夹在门缝上停了一会儿，他是在观察一下屋子里的动静，过了不一会儿就飘落在地板上，大声叫道："起来！起来！你们全都起来！革命啦！"
>
> 随着他的喊叫，惊人的事情发生了。被我脱下扔在那里的上衣，像有生命的东西似的忽地一下站了起来。接着是裤子也起来了。皮鞋从鞋柜里卟地飞了出来，就好像有个透明的人穿着它似的自己走了出来。眼镜从桌子上像蝴蝶似的飞了起来。领带像蛇一样地从墙壁上刷地爬了下来。帽子从墙上滚落，钢笔像蜻蜓似的从上衣口袋中飞出，记事本也像蛾子一样飞了出来，撞上了电灯泡以后落到了地板上。

这一段离奇的描写，实际上是小说的画龙点睛之笔。试想，在资本主义社会里，对一个失业者来说，面临的最大危机是什么呢？还不就是吃饭、穿衣这几件事吗？S·卡尔玛是一个微不足道的小人物，他实际上没有多大能耐，可邪恶的社会把种种莫须有的罪名强加在他的头上，他没有一点自卫的力量来进行申辩和反抗。他像一头遭人围攻的可怜的小鹿，衣食无保，走投无路，处处任人摆布。作者正是通过一系列的非现实情节，深刻揭示了当代资本主义社会的罪恶。这类小说最显著的特点是艺术形象的"变形"。它往往通过各种手法，将现实形象变幻为一种非现实形象，从而达到深刻反映现实生活的目的（浪漫主义小说也有"变形"，但它的"变形"夸张，主要是表达对理想的向往与追求）。

自从卡夫卡的《变形记》问世以后，有关艺术形象"变形"的描写就有了新的开拓。以往的神话、童话、神魔小说中出现的动物、妖魔鬼怪，大多是"变形载体"，即正常人的思想、感情、生活形态的"变形载体"，其中带有明显的比拟性。而《变形记》中的主人公"我"变成了一只大甲虫，作者抽去他的比拟性，干脆把人真的当作虫来写，变成为亦人亦虫、亦虫亦人的混合体。这种手法，逐渐为广大作者接受，并且在创作中加以广泛运用。新时期以来，我国当代许多作家自觉运用这一手法，写出了很多优秀的这一类小说。如当代著名作家宗璞就曾提到："我自七八年重新提笔以来，有意识地用两种手法写作，一种是现实主义的；一种姑名之超现实主义，即透过现实的外壳去写本质，虽然荒诞不成比例，却求神似……超现实主义顾名思义，是与现实主义不同的，不拘泥于现实世界的现象，但并非脱离现实，也并非与现实相对立……我的这一类写作受西方现代派手法的影响，写时觉得这样表现方便准确，便这样写。我想，西方表现主义，超现实主义的作品并非全是呓语，而有可借鉴之处。只是必须使它化入自己的作品，成为中国的、我的，才行。"

# 第四节　小说的发展

## 一、中国小说的发展

1. 在我国，"小说"一词最早见于《庄子·外物篇》："饰小说以干县令，其于大达亦远矣。"庄子讲的"小说"，指的是那些意义不大的琐屑的言谈和话语。

汉代史学家班固在《汉书·艺文志》中介绍评述异态纷呈的文化学术流派时，也开列出"小说家"。他说："小说家者流，盖出于'稗官'，街谈巷议，道听途说者之所造也。"班固讲的"小说"，范围相当宽泛，他把六经以外无法归类的杂粹，统归之于"小说"。

从源流上看，中外小说，无疑都可以追溯到古代神话、传说。古代丰富的神话、传说，不仅为小说的产生与发展准备了充分的题材和原型，而且准备了丰富的叙事范式与技巧，成为小说产生与发展必不可少的前提。在我国，远古时代的神话、传说，先秦两汉的寓言故事，以及史传文学，可视为我国古代小说的源头和萌芽，它为小说的产生与发展作了多方面的准备工作。

2. 我国最早的小说，是六朝时期的笔记体小说。六朝时期的笔记体小说，有"以序鬼物、奇怪之事"的"志怪小说"和记录轶闻琐事的"志人小说"。刘义庆《世说新语》为志人小说的代表，晋·干宝《搜神记》为志怪小说的代表。它们是中国古代小说的雏形。

干宝或"考先志于载籍"，或"收遗逸于当时"，"撰集古今灵异神祇人物变化"，其中最为人们所称道的，是那些读来令人回肠荡气的故事。像"干将莫邪"、"韩凭夫妇"、"七仙女下嫁董永"、"李寄斩蛇"、"宋定伯捉鬼"等，作者以人情为经，以幻想为纬，幽明杂陈，时空变幻，将神话世俗化，把鬼话人情化，拓展出一个奇丽幽秘的审美世界。

　　刘义庆的《世说新语》不像《搜神记》那样"搜奇述异"，而是纯记人间之事。它一开始就把审美的目光投向了现实生活中的人，重在采撷能表现人物个性、神韵的精彩片断；其故事也不像《搜神记》那样完整，但在简朴传神的叙事中，依然可见清晰的故事形态。如《言语篇》，写谢安在大雪之日召集兄子兄女咏雪，兄子谢朗将下雪比拟为"撒盐空中"，兄女谢道蕴则说"未若柳絮因风起"，谢安为之大笑乐。在简洁描述中，人物的神采、情致呼之欲出，故事形态依然清晰可辨。

　　3. 到唐代，产生了许多情节曲折、人物生动的文言短篇小说，习惯上称作"传奇"。唐传奇可以说是世界上最早成熟的短篇小说。唐人有意为传奇，把传人间之奇作为小说的一个基本特征，其情致宛曲，文辞华美。宋人洪迈称："小小情事，凄婉欲绝，洵有神遇而不自知者，与诗律可称一代之奇。"（洪迈：《容斋随笔》）

　　唐代是以诗歌为精神生活最高形式的，诗情向叙事细节的渗透，构成了这一时期小说最显著的特点，充盈于作品中的，是一种勃郁的诗情和自觉的艺术追求。这个时期的小说，故事情节更加曲折生动，作者的描写更为细腻动人，人物的性格刻画更为完整鲜明，作品的语言显得精致典雅。与此同时，小说的题材更加广泛，类型也日渐丰富。它既有像《长恨歌》《东城老父传》那样的历史小说，又有《虬髯客传》《红线传》《聂隐娘传》等侠义小说；既有描写现实爱情的名篇《霍小玉传》《李娃传》《莺莺传》，又有带神异色彩的爱情故事《任氏传》《柳毅传》；既有《古镜记》《补江总白猿传》《游仙窟》等志怪小说，又有写梦幻的讽刺小说《枕中记》《南柯太守传》。

　　唐传奇的出现，标志着小说创作渐趋成熟。鲁迅曾评论说："六朝人之志怪，却大抵一如今日之记新闻，在当时并非有意做小说"，"六朝志人的小说，也非常简单，同志怪差不多"，"都很简短，而且当作记事实"，"乃至有唐时，则为有意识的作小说，这在小说史上可算是一大进步"。

　　4. 宋元话本，则被鲁迅称作"小说史上的大变迁"。所谓话本，即当时"说话"人讲故事的底本。话本的出现，标志我国小说由文言小说向白话小说的过渡。

　　"说话"，是中国古代城市中的一种民间伎艺，以讲述故事为主。这种伎艺在唐代就已经出现。到宋元，随着城市经济的繁荣，市民阶层队伍的扩大，"说话"的伎艺也进一步发达起来。据《都城纪胜》《梦粱录》等书的记载，宋代说话，有"小说"、"说经"、"说参请"、"讲史"四家，其中最重要的有"小说"和"讲史"。"讲史"专讲历史故事，篇幅较长，多用叙述；"小说"则题材广泛，篇幅短小，有生动的描摹。

　　最初"说话人"用的底本都比较简略，主要靠临场的发挥和敷演。后来，随着"说话"伎艺的不断发展和提高，许多演出时的精彩描绘和经验便逐渐地在"话本"中被记录下来，并日趋详尽、充实和完整。再后来，由一些书商和落魄的书会才人在此基础上加工润色，将它们变成了可供阅读的书面文学作品，这就成了"话本小说"。"话本小说"是我国古代最早的白话小说，"笑花主人"在《今古奇观序》中曾称它"极摹人情世态之歧，备写悲欢离合之致"。

　　宋元话本一般包括散文和韵文两部分，散文主要用来敷演故事，韵文则用来写景状物、描画人物、烘托气氛，或直接抒发作者的感情。话本小说的开头部分大都有一个"入话"，有的是诗词，有的是短小的故事。"入话"的由来，是当初的说话人在正式开讲之前，先讲唱一小段以等待听众、镇静书场、制造气氛，后来便形成了话本小说所特有的以小故事牵引大故事的叙事方式。它通过"入话"与正文正反逆顺的多种组合，引导读者建立起某种心理定势，形成一种特殊而又规范的"有意味的形式"，透过这种形式，可以看出作者关于人世生存的哲理反省与人生经验的丰富联想。

由于话本小说是由"说话"演变而来，"说话人"为了抓住听众，小说的故事性便得到了空前的加强。绝大多数的话本小说，都巧于编织故事情节，善于制造悬念，其故事往往有头有尾，线索分明，波澜起伏，引人入胜；为了适合口头表达的需要，话本小说使用的语言，是贴近日常生活的白话。白话的运用，使小说的表现力得到更为充分的发挥。

宋元话本，无论是短篇的"小说"，还是长篇的"讲史"，在中国小说史上都有着非常重大的影响。到明后期，工商业的进一步发展，促使资本主义生产关系开始萌芽，市民文学得到空前的重视，除了大量收集、修改、编辑、刊行前代的话本小说，文人模拟"话本"而创作的"拟话本"小说也大量出现，它们已不再是供艺人们作讲述之用，而是供一般读者阅读、欣赏，成为中国古代白话短篇小说。至于长篇"讲史"话本，则是明清章回小说的前驱，像《大宋宣和遗事》，对《水浒传》的形成就有着直接而重大的影响。

5. 明代文学，以小说成果最为突出。长篇小说有施耐庵的《水浒传》、罗贯中的《三国演义》、吴承恩的《西游记》以及作者署名为兰陵笑笑生的《金瓶梅》。短篇小说有冯梦龙的"三言"（《喻世明言》《警世通言》《醒世恒言》）和凌濛初的"二拍"（《初刻拍案惊奇》《二刻拍案惊奇》）。

章回小说是中国古典长篇小说的唯一形式，其形式的主要特点是分章叙事，标明回目，因此被称为"章回小说"。我国章回小说的开山作品是《三国演义》，也是我国最有成就的长篇历史小说之一，罗贯中在民间传说及民间艺人创作的话本、戏曲的基础上，运用陈寿的《三国志》和裴松之注的正史材料，结合他丰富的生活经验，写成这部巨著。全书共120回，其主题是"拥刘（备）反曹（操）"，将蜀汉当作全书矛盾的主导方面，将刘备、关羽、张飞、诸葛亮当作小说的中心人物。作者通过三国时代各封建统治集团之间军事的、政治的、外交的种种斗争，揭示了当时社会的黑暗和腐朽，谴责了统治者的残暴和丑恶，反映了人民在动乱时代的灾难和痛苦。书中塑造了诸如刘备、曹操、孙权、诸葛亮、关羽、张飞、吕布、周瑜等栩栩如生的人物形象。"三顾茅庐"、"草船借箭"、"赤壁之战"、"失街亭"、"空城计"、"七擒七纵"等三国故事，在广大人民中广为传播。

《水浒传》是一部描写水泊梁山农民起义的著名长篇小说。施耐庵在宋元以来广泛流传的民间故事、话本、戏曲的基础上，进行综合性的再创作，写成这部作品。它深刻地揭示了农民起义的社会根源，也具体揭示了起义失败的内在原因。书中描写了一百零八条梁山英雄好汉，其中像李逵、林冲、鲁智深、武松、宋江那样性格鲜明、有血有肉的人物也有一二十个。其中，"武松打虎"、"鲁提辖拳打镇关西"、"智取生辰纲"、"林教头风雪山神庙"等故事，在人民群众中广为流传。

《西游记》是一部优秀的神话小说，描写孙悟空大闹天宫和护送唐僧到西天取经的故事。全书共一百回，其中"大闹天宫"是小说中最精彩的部分，突出了孙悟空的反抗精神。《西游记》的作者，以其丰富的想象力，把整个自然和社会都幻想化了，创造了奇特的环境和人物性格。神魔和人的形象的结合，是本书塑造人物的特色之一。

明中叶以后，长篇小说创作走向繁荣，除《西游记》外，其中流传较广的还有《东周列国志》《杨家将演义》《封神演义》等。这些作品在一定程度上反映了当时政治的黑暗腐败以及人民群众反抗封建统治和抵御外来侵略的要求和愿望，但其文学审美价值不是很高。

在明代，短篇小说同长篇小说创作一样也是十分兴旺的。这些短篇，因为是由文人模拟宋元话本创作而来，通常被称为"拟话本"。冯梦龙编辑的"三言"，收录短篇小说120篇，除一部分宋元话本外，明代作品约占三分之二，其内容主要反映城市市民的生活面貌。其中《杜十娘怒沉百宝箱》《沈小霞相会出师表》等，均为脍炙人口的佳作。凌濛初的"二拍"，共收作者自己创作和根据他人作品改写的小说78篇。这些短篇在一定程度上反映了人民的爱憎，特别是反映了城市市民的思想和生活。

6. 清代优秀的文言小说和长篇章回小说，对封建制度和统治阶级的揭露批判达到新的高度，艺术表现也有显著的提高。小说家们继承并发扬魏晋志怪小说、唐宋传奇、宋元话本以及明代章回小说的进步传统，创作了不少好作品。著名的有蒲松龄的《聊斋志异》、吴敬梓的《儒林外史》、曹雪芹的《红楼梦》。较有影响的还有陈忱的《水浒后传》，钱彩、金丰的《说岳全传》，李汝珍的《镜花缘》等。

《聊斋志异》创造性地继承了文言小说的传统，用唐人传奇的笔法来写志怪，既反映了丰富的社会生活，又有很高的艺术造诣，把我国文言小说推向更高的发展阶段。

《儒林外史》是一部长篇讽刺小说。这部书共五十六回，以反对科举制度为主题，讽刺的矛头指向贪暴无耻的封建官绅和恶劣污浊的社会风尚。吴敬梓的讽刺手法婉转、含蓄，善于在复杂的生活现象中挑选典型性的情节表现人物性格，运用现实主义的手法进行讽刺描写，达到了中国古典文学讽刺艺术的高峰。其语言特点明快、朴素、幽默，具有很强的表现力。

曹雪芹的《红楼梦》则代表了我国古代小说艺术的高峰，又曾名《石头记》《情僧录》《风月宝鉴》等。《红楼梦》的版本有两大系统：一是仅有前八十回的脂评抄本系统，一是或传为高鹗续写后四十回的一百二十回全本系统。脂评本对《红楼梦》思想和创作艺术方面的全面揭示，在曹雪芹和读者之间架起了一座沟通的桥梁，帮助读者更好地体会作者的"用心良苦"。

《红楼梦》全书在网状式的艺术结构里，以贾宝玉、林黛玉和薛宝钗三个贵族青年的爱情、婚姻悲剧为情节的主线，以贾、王、史、薛四大家族为背景，着重描写了贾家荣、宁二府由盛到衰的过程，从多方面对封建社会和封建礼教进行了深刻的揭露和批判，客观上显示出中国封建社会行将走向灭亡的历史趋势。在那些大大小小的生活故事中，在那些纷繁头绪，充满悲喜之情和聚散之迹的事件里，写尽人世百态和人生的感慨，将家族的衰亡和人生的感叹穿插编织在宏伟严谨的结构中，形成错落有致的布局。

在荣宁二府由兴至衰的全过程中，在丰富多彩的生活画面里，塑造了极为众多的人物形象。上至皇妃亲王、公侯太监、夫人小姐、公子士人、世族权豪；下至平民百姓、丫鬟村妪、僧侣尼姑、相士医家、市井无赖、艺人门客，可以说三教九流，无所不包。这些众多的人物一个个栩栩如生、呼之欲出。鲁迅在《中国小说的历史的变迁》中曾称赞《红楼梦》的人物描写"其要点在于如实描写，并无讳饰，和从前的小说叙好人完全是好，坏人完全是坏的，大不相同，所以其中所叙的人物，都是真的人物"。

有人将曹雪芹与莎士比亚相比拟，既然"有一千个读者，就有一千个哈姆雷特"，自然"有一千个读者，就有一千部《红楼梦》"。《红楼梦》的意蕴十分丰富，说不清也道不明。"情"在《红楼梦》中占了很重要的位置，甚至很久以来一代代的读者或学人都认为，《红楼梦》就是一部"情史"。但《红楼梦》绝不是一部仅仅言"情"的小说。作者将对于人生的感叹和世事的思考,全部融入这部血泪著成的巨著之中。曹雪芹将他对于爱与痛、达与困、盛与衰的人生思考全部写入了这部"满纸荒唐言"的《红楼梦》。

《红楼梦》是一部伟大的长篇白话通俗小说,它的语言艺术是一朵亮丽的奇葩,开放在中国古典小说语言艺术的最高峰。它继承我国传统文学语言的精髓,具有非常典雅的风格,同时将白话提炼,自然明白、通俗晓畅、委婉细腻、平淡质朴而又含蓄蕴籍,洗练简洁中孕育着浓厚的生活气息,刻画深细传神,有很强的艺术表现力。

《红楼梦》这部伟大的作品既是属于中国的,也是属于世界的。

7. 我国古代小说尽管成就很高,却一直被排斥在文学之外,得不到应有的重视。直到近代,随着资产阶级改良运动的兴起,加上欧洲文学思潮的影响,小说才被推到显赫的位置,开始向"五四"前后现代小说过渡。近代小说,以《官场现形记》《二十年目睹之怪现状》《老残游记》《孽海花》较著名,人们称之为"四大谴责小说"。

《官场现形记》是李伯元的代表作。原书计划写一百二十回,自 1901 年开始写,到 1905 年刚写了五十多回,作者就去世了。现在的六十回本最后几回是他的朋友欧阳巨源续作的。作品从改良主义的立场出发,抨击了封建社会末期的官僚制度,着力描写了大小官僚贪污腐败和媚外卖国的丑态,以及他们对人民的残酷迫害。但是,该书也存在明显的问题,即对吏治腐败的根源缺乏认识,过分夸大了外国人的"文明"、"进步",对农民革命采取了诋毁的态度。

《二十年目睹之怪现状》共一百零八回,作者吴趼人。小说通过九死一生者(即作者自己)在二十年中耳闻目睹的种种怪现状,给我们描绘了一幅即将崩溃的清帝国的社会图卷。它所反映的内容比《官场现形记》要广泛,不仅写了官场人物、洋场人物,而且旁及医卜星相、三教九流。不过,重点还是暴露官场黑暗。作者笔下大大小小的文武官僚,都是一些肮脏龌龊、贪得无厌、寡廉鲜耻的家伙。小说还揭露了封建道德的虚伪和社会风气的败坏,反映了当时封建宗法制度和伦常关系已经到了总崩溃的时候。由于改良主义思想浓厚,本书不仅思想上存在明显的缺陷,艺术上也有不足之处,主要是题材庞杂,缺少剪裁,不够严谨。

《老残游记》共二十回,署名洪都百炼生,实则为刘鹗所作。全书以王贤、刚弼两个酷吏的暴政为主要内容,写出了现实的黑暗,揭示了所谓"清官"尤甚于赃官的罪恶事实,说了别人不曾说过的话。这是作品的独到之处。然而作者是站在洋务派的立场上来观察问题的,所以他一方面批评清王朝的腐败,一方面又攻击和咒骂正在兴起的资产阶级革命运动,表现了明显的反动倾向。《老残游记》在艺术上有一定的成就,作者对事物的描写真切细腻,文笔生动清新。作品中还出现了长段的心理描写,这在我国以往小说中是少有的。但小说的情节缺乏提炼,结构松散,人物之间和情节之间还缺少内在的联系。

《孽海花》开头四五回是金天翮写的。后由曾朴断断续续写成了三十五回,未完。作品以金雯青和傅彩云的故事为主线,通过对当时京城内外官僚名士的思想生活和社会风气的描写,展现了清末政治、经济、外交和社会生活的情况,对封建统治阶级腐朽、没落和帝国主义的侵略野心,作了一定程度的揭露和批判,对孙中山领导的资产阶级革命表示了同情和赞扬。该书大体上根据真人真事加以熔铸裁剪而成,对于了解清末的历史具有一定的价值。在结构上,虽然仍有连缀短篇的成分,但却不是直线穿珠的方式,而是围绕主线"蟠曲回旋""东交西错"的一朵"珠花"。它的缺点在于:写上层社会的佚面艳情过多,而且缺乏应有的批判;书中没有创造出完整的正面人物形象。

8. "五四"新文化运动,揭开了中国现代小说崭新的一页。鲁迅最初发表于 1918 年 5 月《新青年》杂志上的《狂人日记》,是我国现代文学史上第一篇白话文小说,它是向封建社会进军的第一声号角,作者以前所未有的彻底的革命精神,反映出中国革命已进入了一个崭新的历史阶段。

鲁迅是伟大的文学家、思想家和革命家,中国现代文学的奠基者。他的《呐喊》和《彷徨》,共收入他于 1918～1925 年写的白话小说 25 篇。这些作品无论从总的倾向或具体描写来看,都洋溢着高昂的反封建精神,充分表现了从辛亥革命前夕到第一次国内革命战争之前这一时期的历史面貌,有力地配合和推动了人民大众反帝反封建的斗争。

鲁迅是最富创新精神的一位文学大师,从《呐喊》到《彷徨》,"几乎一篇有一篇新的形式"。这两部小说集,彻底摆脱了传统小说的旧套,成功地刻画了中国小说史上前所未有的典型人物形象,特别是贫苦农民成了小说的主人公。写于 1921 年 12 月至 1922 年 2 月之间的《阿 Q 正传》,是鲁迅唯一的中篇,也是作者小说中最杰出的一篇,是世界文学宝库中脍炙人口的珍品。

在鲁迅的开拓和带动下,出现了一大批新体小说作家。"文学研究会"主张为人生的文学,倾向于现实主义,有成就的小说作家,有冰心、叶圣陶、王统照等;"创造社"作家则走上另一条创作道路,其中郁达夫成就最高,他的自传体小说《沉沦》,以热烈大胆的情怀袒露和夸张的陈述咏叹,构成了作品的浪漫主义基调。"左翼作家联盟"成立,促进了小说创作的进一步发展,优秀的中长篇小说相继问世,体现了中国现代小说在反映现实的深广度和艺术的成熟程度上,有了长足的进展。茅盾的《子夜》,以宏大的规模真实描画了 20 世纪 30 年代初上海的社会面貌,塑造了民族资本家吴荪甫的形象,是这一时期最出色的创作成果。丁玲、张天翼、柔石、沙汀、艾芜、萧军等也在这一时期初露锋芒,写出了一批优秀作品。"左联"以外的进步作家,也同样成绩卓著,巴金的《家》(加上后来写成的《春》《秋》,合称"激流三部曲")、老舍的《骆驼祥子》、叶圣陶的《倪焕之》、沈从文的《边城》,都为中国现代长篇小说的成熟作出了贡献。抗战时期,沦陷区和国统区小说创作闪耀出光彩,张天翼的《华威先生》、沙汀的《淘金记》、艾芜的《山野》、茅盾的《腐蚀》、老舍的《四世同堂》、巴金的《寒夜》、钱钟书的《围城》、张爱玲的《金锁记》等,都从不同侧面揭露了反动统治的黑暗和腐朽。在抗日根据地和解放区,作家努力深入生活,与人民群众逐步结合,他们创作的中长篇小说,反映了中国共产党领导下广大农村天翻地覆的革命性变革,着力刻画了工农兵新人的形象,著名的有丁玲的《太阳照在桑干河上》、周立波的《暴风骤雨》、赵树理的《小二黑结婚》、孙犁的小说集《白洋淀纪事》等。而现代文学的小说流派,有鲁迅和文学研究会影响下的乡土小说;创造社影响下的自我小说;以蒋光慈为代表的革命小说;以刘呐鸥等为代表的新感觉派和心理分析小说;以废名等为代表的京派小说;以东平、彭柏山为代表的七月派小说等。

9. 新中国的成立,揭开了当代小说的新篇章。新中国成立后的前十七年,其中影响大、质量高、经得住时间考验的,主要是反映革命斗争历史和军旅生活的作品,如梁斌的《红旗谱》、杜鹏程的《保卫延安》、罗广斌和杨益言的《红岩》、杨沫的《青春之歌》、吴强的《红日》、曲波的《林海雪原》、欧阳山的《三家巷》、李英儒的《野火春风斗古城》、刘知侠的

《铁道游击队》、高云览的《小城春秋》、冯德英的《苦菜花》等。李劼人的《大波》、李六如的《六十年的变迁》，则把笔触伸向了旧民主主义时期，是两部颇具深度和力度的作品。反映农村变革的小说，有柳青的《创业史》、周立波的《山乡巨变》、孙犁的《铁木前传》、浩然的《艳阳天》等。此外，还出现过两类十分引人注目的短篇小说。一类是揭露现实生活中不正之风的作品，如王蒙的《组织部新来的年青人》；一类是描写爱情的，如邓友梅的《在悬崖上》、陆文夫的《小巷深处》、宗璞的《红豆》。遗憾的是，这些作品，都被所谓的思想批判和政治运动所剿杀。

10. 长达 10 年的"文化大革命"（1966～1976），进一步导致了极左文艺思潮登峰造极以及当代文学的空前浩劫，这个阶段，谈不上什么作品。

随着"文化大革命"的终结，中国进入到了一个历史的新时期。在拨乱反正工作基本完成，思想解放运动深入发展之后，新时期的小说创作，经历了伤痕文学、反思文学、改革文学。

最先暴露"文革"创伤的作品，是刘心武的《班主任》，它痛诉了极左思潮和愚民政策对青少年灵魂的戕害。稍后卢新华的《伤痕》，也以直接揭示左倾路线对青年心灵的摧残而震动文坛。之后王亚平《神圣的使命》、从维熙《大墙下的红玉兰》、冯骥才的《啊!》、周克芹的《许茂和他的女儿们》、莫应丰的《将军吟》等，都以清醒的现实主义精神展示了十年浩劫给整个民族和国家带来的灾难。

由于"伤痕小说"停留于表面的展览和抚摸伤痕，对人物真善美的道德评价失之简单，未能揭示"文革"的根源，故很快被"反思小说"所取代。茹志鹃的《剪辑错了的故事》、王蒙的《布礼》《蝴蝶》、高晓声的《李顺大造屋》、张一弓的《犯人李铜钟的故事》、谌容的《人到中年》、张贤亮的《灵与肉》《绿化树》、张炜的《古船》、古华的《芙蓉镇》等作品的出现，标志着小说创作的视野，已由揭露十年动乱所造成的伤痕转向了对造成这场劫难的历史成因的深度思考。

"反思小说"在重新审视新中国诞生后所走过的历史道路时，无论是反映生活的深度，还是塑造人物的力度，都较"伤痕小说"有长足的进步。它所带来的反思历史的忧患意识，开启了人们兴利除弊、改革现实的决心和希望。在神州大地迅速涌起的改革大潮的激励下，作家们也自觉地将创作的主镜头对准了大潮中出现的新的时代格调、新的生活图景、新的人物风情。于是，"改革小说"取代了"反思小说"。

率先对社会变革题材进行开拓的，是蒋子龙，他的《乔厂长上任记》，奏响了改革文学的乐章。之后有柯云路的《三千万》《新星》、陆文夫的《围墙》、贾平凹的《鸡窝洼人家》《腊月·正月》《浮躁》、李国文的《花园街五号》、水运宪的《祸起萧墙》、张洁的《沉重的翅膀》，以及高晓声的"陈奂生系列"等。

20 世纪 80 年代中期，当许多人还沉湎于抚摸十年内乱所留下的伤痕、探索造成这场浩劫的历史成因，文坛上突然涌起一股以向民族文化和历史积淀开掘为特征，以建树民族的新人格、新心态、新精神、新思维和审美体系为宗旨的创作潮流，这就是"文化寻根"小说。

韩少功《文学的根》（1985）首先提出"寻根"的问题。文中说："文学有根，文学之根应深植于民族传统文化的土壤里"，所谓"寻根"，不是出于一种廉价的恋旧情绪和地方观念，不是歇后语之类的浅薄的爱好，而是一种对民族的重新认识，一种审美意识中潜在历史因素的苏醒，一种追求和把握人世无限感和永恒感的对象化的表现。

寻根文学明显地表现出两种指向：一种是中国文化的历史之源，如楚文化、吴越文化等；另一种是民族文化心理之源，如儒、释、道。韩少功的《爸爸爸》、阿城的《棋王》《树王》《孩子王》、王安忆的《小鲍庄》、扎西达娃的《系在皮绳扣上的魂》、贾平凹的"商州系列"、李杭育的"葛川江系列"、莫言的"红高粱家族"等，是其中突出的作品。

寻根文学对当代小说创作的影响，是相当大的，从80年代到世纪之交，其间涌现的一些优秀作品，如王蒙的《活动变人形》、刘心武的《钟鼓楼》、陈忠实的《白鹿原》、张炜的《九月寓言》、韩少功的《马桥词典》、张承志的《心灵史》《金牧场》，或多或少都带有向民族文化深入开掘的特点。

与上述思潮同时，还交叉产生了风情小说、历史小说、军旅小说、知青小说等。

风情小说是新时期涌现的一股以描写市井平民的民情世态、命运变故为主要内容，以反映民间风情、民族心理为根本目的，以传达某种文化意趣和文化氛围为基本特征的小说创作潮流。风情小说的代表作，有汪曾祺的《大淖记事》《受戒》、邓友梅的《那五》《烟壶》、冯骥才的《神鞭》《三寸金莲》、陈建功的《人境拾零》《找乐》、刘绍棠的《蒲柳人家》《瓜棚柳巷》等。

在新时期的小说创作中，历史题材小说占有相当重的分量。它不仅作品数量可观，其创作质量和艺术品位也很高。从新时期初始时姚雪垠的《李自成》火爆文坛，到徐兴业的《金瓯缺》、凌力的《少年天子》、唐浩明的《曾国藩》《杨度》、杨书案的《老子》、刘恩铭的《皇太极》等一大批作品的涌现，充分显示了这一创作领域的浩瀚无垠及这类作品拥有的广泛读者。

军旅小说是以新时期部队中崛起的青年作家为基本创作队伍，以战争年代或者和平时期人民军队的军营生活、军人风貌为主要表现对象的一股小说创作潮流。20世纪70年代末，文学创作刚刚摆脱"文革"遗风的影响，就出现了魏巍的《东方》、莫应丰的《将军吟》、孟伟哉的《昨天的战争》、邓友梅的《我们的军长》、周立波的《湘江一夜》等优秀之作。1980年，徐怀中的《西线轶事》，被评论家称为"中国战争小说的换代之作"，直接导引了南疆自卫反击战题材小说的勃兴。1982年，李存葆的《高山下的花环》以一曲真实而崇高、痛苦而壮美的"战士万岁"的悲歌，把新时期军旅小说的影响推向了登峰造极的境地。朱苏进的《射天狼》，第一次真实地表现出和平时期的军人"把高山一样的功劳铺得又平又远"的牺牲奉献精神。而后，魏巍的《地球的红飘带》、黎汝清的《皖南事变》等一批长篇巨制的出现，不仅显示出军旅小说向着深度有力掘进的发展轨迹，也显示出老一代军旅小说作家的雄健创作功力。

知识青年作为特定历史时期的一个特殊的社会群体，他们曾经用自己的青春和热血为20世纪的中国历史写下充满悲怆与困惑的一页。卢新华的《伤痕》、竹林的《生活的路》，最先谱写出一代知青的人生悲歌。80年代以后面世的作品，如梁晓声的《这是一片神奇的土地》《今夜有暴风雨》、叶辛的《蹉跎岁月》、孔捷生的《大林莽》、史铁生的《我的遥远的清平湾》、刘舰平的《船过青浪滩》、陆天明的《桑那高地的太阳》等，是知青小说的代表作。

在80年代中期，文坛上最引人注目的是"现代派小说"。所谓现代派小说，又被称为"拟现代派小说"、"新潮小说"、"先锋小说"、"探索小说"、"实验小说"等，其明显特征是受西方某些现代主义作家作品的直接影响，并在文坛上形成了一个向西方现代派文学借鉴的热潮。

　　现代主义文学思潮的勃兴可追溯到 70 年代末至 80 年代初，意识流小说的出现，是新时期较早的现代派思潮。意识流小说，以王蒙的《春之声》《布礼》《蝴蝶》、茹志鹃的《剪辑错了的故事》等为代表，在文坛产生了极大影响。

　　正如有的学者所指出的，80 年代中期出现的"现代派小说"，并没有真正形成一个艺术流派，也不是西方现代派小说在中国的艺术分支。但当时很多作家，在不同层面、不同程度上，都有借鉴西方现代派文学的迹象，比较突出的有刘索拉、马原、洪峰、格非、孙甘露、余华、残雪等作家。

　　刘索拉的《你别无选择》，是"先锋派"早期的作品，小说以一组音乐学院的学生生活作为叙事背景，表现了李鸣、森森、孟野、马力等这些具有不同人生追求和生活个性的大学生对各自人生道路的选择，以及这种个性选择同制度化、模式化、习惯化的生活环境之间的矛盾。小说由"李鸣已经不止一次想过退学这件事"开始，中经考试、国际作曲大赛风波、贾教授整顿学风、马力之死、孟野被除名等生活插曲，最后以毕业典礼结束，小说虽具有事件性叙事框架，但重点不是人物形象的塑造，也不是事件过程的展示，而是叙述者对事件过程人物生活的主观感受，并且这种感受是非客观的、非写实的。小说虽然没有使用第一人称，但叙述者具有明显的主观特征，他不仅是李鸣他们生活的目击者，而且是他们生活的直接参与者，他们中的一员。他把他的价值目光和感情色彩投射到叙述对象上，人物和事件便呈现在他的主观感受和情绪色彩之中，从而形成了一种心绪化的叙述。小说采用的不是一种写实性的旁白语言，而是一种梦幻式的独白语言，情节过程、生活插曲由此而被展示得若断若续，扑朔迷离。在这种语言方式中，小说还具有一种寓意性，小说写李鸣睡觉、学院环境、贾教授的训导词、森森的音乐，都具有超越一般写实的深层涵义和反讽语调。

　　莫言进一步把对生活事件的叙述主观化、心绪化，特别强调感觉对小说叙事内容的结构作用和表达作用。他小说的情节不是沿着时间线索自然地展开，而是依据叙述者心绪的流动重新组合。在他笔下，事件的过程往往被叙述者非逻辑的心绪活动切割为若干生活印象的片断，片断之间缺乏清晰的因果性的转承和过渡；小说着重表现的不是一般意义上的生活场面和细节，而是叙述者由外部世界刺激所形成的种种感觉以及由声、光、形、色、味、触等感觉所构成的复杂的心理感受。如《红高粱》，从叙事构架上看，这是叙述者对"我爷爷"、"我奶奶"爱情故事和抗日故事的追忆和复述，但这种追忆和复述并没有沿着完整的事件线索构成一个叙事过程，而是由强烈感觉性体验所构成的生活印象。他注重的是对客观事物一种感官化的描写。读莫言的小说，"使你感到作家不是用眼睛在观察，不是用脑子在思考，而是调动他周身的官能在感觉他的表达内容，而且他的感觉有奇诡的表达效应，能把不可思议的事物描绘得比真的还真"。试看他《爆炸》中的一节：

　　　　父亲的手缓慢地举起来，在肩膀上方停留了三秒钟，然后用力一挥，响亮地打在我的左腮上。父亲的手满是棱角，沾满成熟小麦的焦香和麦秸的苦涩。六十年劳动赋予父亲的手以沉重的力量和崇高的尊严，它落在我的脸上，发出重浊的声音，犹如气球爆炸……我感到猝发的狂欢般的痛苦感情在胸中郁积，好像是我用力叫了一声。

本来是迅疾的一记耳光，在作者的感觉中却是那样的缓慢，在这有意放慢的镜头中，作者把内心的酸甜苦辣揉入到声音、动作、气味中去，从而真实地再现了自己对这一过程的感觉。

残雪的小说世界，则是一个由"白日梦"构成的臆想世界。她的小说既不是对客观世界的描写，也不是对人的一般心理世界和感情世界的表现，她发掘的是人的潜意识、梦幻心理。残雪以一种非逻辑的、非常规化的、充满梦幻特征的方式来构筑她的小说，她的小说依然保留着一定的事件过程，但事件的时空和内涵已完全不同于客观生活事件，它是由叙述者独特的臆想和变态心理所改变了的"心灵事件"。在残雪的小说中，事件常常以一种非理性的、荒谬而错乱的方式呈现出来，人物的言行往往具有不受正常意识控制的特点，环境也具有一种超常规感受的杂乱与阴暗。她往往通过荒诞变形的故事情节，以表达叙述者对生活琐细、卑猥、荒诞和无意义性质的体验。

马原的小说，力图把传统小说的故事与新潮小说家对生活新的感知方式、新的经验过程、新的表达方式结合起来。他一般以"故事"作为小说叙述的起点，引入两个叙述者：一个是故事营造者作者马原，另一个则是故事参与者。作为故事营造者马原的叙述，有一定的逻辑秩序；而作为故事参与者的叙述，则是心绪化、情绪化、非逻辑化的。他通过前者，为并无多少故事性的小说营建起一个"讲述性"的故事外壳，又通过后者表达叙述者对生活的感受与体验。

现代派小说的特征，大致表现在生活观念的先锋性、艺术形式的实验性、人性表现的探索性等方面。如刘索拉的《你别无选择》、徐星的《无主题变奏》、刘西鸿的《你不可改变我》等，都表现出某种生活观念上的先锋性。所谓艺术形式实验，主要表现为叙述方式和语言两方面的实验和探索，代表性作家、作品，有马原的《冈底斯的诱惑》《喜马拉雅古歌》、格非的《褐色鸟群》、孙甘露的《访问梦境》、洪峰的《极地之侧》。

80 年代中后期，余华、残雪等作家，主要致力于人性负面因素的表现和探索。余华的小说，如《现实一种》《世事如烟》《一九八六年》《难逃劫数》和《呼喊与细雨》等，主要是对人性之"恶"、冷漠、残酷的揭示，以致形成一种阅读的"颤栗效应"。残雪的小说，如《山上的小屋》《天堂里的对话》《苍老的浮云》《黄泥街》和《突围表演》等，则集中展现了人性的丑陋，尤其是人伦亲情的隔膜、难以沟通及其窥视欲等，形成的是一种阅读的"恶心效应"。

80 年代中期涌现并一直持续到 90 年代初的新写实小说，是一个重要创作潮流。新写实小说主要取材于平平淡淡的凡人琐事，关注的是普通人的生存状态，着重表现人的生存困境以及人对生活之网的认同。平民意识是新写实小说的基本理念，它关注的是日常生活图景中平庸而低质量的生活，他们对进入视野中的平庸琐碎的生活不作判断，极其冷静地记录下来，追求的是对平民百姓生存状态的客观展示。新写实小说还原生活的零度叙述，使个体生命的自然状态得到充分的本真显现，使文学和普通生活更加贴近。代表性作品有刘震云的《塔铺》《新兵连》《单位》《一地鸡毛》，池莉的《烦恼人生》《不谈爱情》《太阳出世》，方方的《风景》等。

90 年代前期以"个人化写作"而格外引人注目的韩东、朱文、述平等"新生代"小说家，其人性探究的现实意义和当下色彩明显强化。他们对人、人性的关注和认知，主要是从感性角度切入。其叙事，立足于对"我们的身体"、对人物自我放纵的"食"、"色"欲望的捕捉和描摹，来揭示社会转型期和市场化关系中人性的新的存在状态和外化形式。其中代表性的作品有朱文的《我爱美元》、韩东的《障碍》、述平的《此人与彼人》。

"新历史小说"的代表作有周梅森的《大捷》《冷血》《军歌》《国殇》、刘震云的《故乡天下黄花》《温故一九四二》《苍狗白日梦》、格非的《迷舟》《敌人》、苏童的《罂粟之家》《我的帝王生涯》、李晓的《相会在 K 市》《叔叔阿姨大舅和我》、尤凤伟的《谎言》、杨争光的《棺材铺》、池莉的《预谋杀人》等。"新历史小说"是新历史主义理论影响下的产物。新历史主义是对正统历史观念的解构。它不赞成"非历史"倾向，也反对要重新回到历史批评的旧模式中去。力主对历史重新书写、重新激活，在创作实践中，实现各自视历史为一种重新书写的个人化话语。当小说家们努力消解某种外在力量所强力规定的历史必然性，转而强化历史进程中的复杂性尤其是偶然性时，读者的确感到耳目一新。这也是新历史小说得以迅速走红的主要原因之一。

90 年代女性小说，以女性体验、女性欲望及其"身体写作"所呈现出的感性书写，为当代文坛提供了新的审美元素，并构成了一种在新的历史条件下对传统男权文化观念的挑战和反叛。其主要特征表现在两个方面：一是袒露作为生命个体的女性自我的情感隐秘和内心欲望，开放式地讲述带有个体体验色彩的性爱欢娱；二是以自恋式的笔调娓娓描述女性自我的裸体之美，以及对自我"未被符码化过的肉体"的写真式讲述。代表性作品有陈染的《与往事干杯》《私人生活》、林白的《一个人的战争》《守望空心岁月》、海男的《坦言》、卫慧的《爱人的房间》《上海宝贝》等。

世纪之交的反腐小说，由于作家的现实责任感、正义感及其题材内容的焦点化和敏感性，而每每形成轰动效应。代表性作品有张平的《抉择》、陆天明的《苍天在上》《大雪无痕》《省委书记》、周梅森的《中国制造》《至高利益》《绝对权力》等。

## 二、外国小说的发展

在欧洲，小说作为一种艺术形式，被视为"是史诗和戏剧这两种伟大文学形式的共同后裔"。古希腊史诗、戏剧取得巨大成绩时，用散文形式写的小说还没有出现。直到中世纪，在英雄史诗、骑士传奇和民间故事中，才能见到欧洲近代小说的萌芽。

1. 一般认为，文艺复兴时期意大利的薄伽丘以其《十日谈》，开欧洲近代小说的先河。薄伽丘的《十日谈》，出现于 14 世纪下半叶，这部小说借十个男女青年为躲避黑热病，在佛罗伦萨一个乡间的别墅里住了十天，一共讲了一百个故事，反映了意大利当时广宽的社会现实。小说是以散文体意大利俗语写的，故事中的人物几乎包括了当时社会各行各业的人士，所有故事都是讲给意大利市民听的，从内容到形式都符合他们的审美趣味，故事讲究起承转合，文笔繁简有度精练优美，被认为是欧洲近代文学史上第一部现实主义作品，它为作者赢得了"欧洲短篇小说之父"的不朽声名。

除《十日谈》，文艺复兴时期还出现了拉伯雷长达五部的长篇小说《巨人传》，小说的前两部写巨人国王卡冈都亚和他的巨人儿子庞大固埃的出生、教育、游学以及他们的文治武功；后三部写庞大固埃与他的朋友巴汝奇为寻找"神瓶"而游历各地的见闻。这是文艺复兴时期出现的最早的一部长篇小说。作者奇异的想象，丰富的科学知识，机智幽默的艺术风格，对后来西方长篇小说的创作产生了深远影响。

2. 16 世纪中叶，西班牙出现一种新的文学样式——"流浪汉小说"，这类小说大多由一个主角来贯穿杂凑的情节，采取到一地写一地的方法，通过男女流浪者们自述其流浪的生活经历，讽刺种种社会丑恶现象，反映出人们灵魂深处那个充满欺骗和空虚的肮脏世界，在幻想的事件中含有强烈的生活实感。流浪汉小说的出现，对欧洲文学的发展，特别是长篇小说的结构和人物描写，产生了很大的影响。

塞万提斯的《堂·吉诃德》，则标志着欧洲现实主义长篇小说进入了一个新的发展阶段。《堂·吉诃德》是针对当时的骑士小说而创作的。当时的西班牙文坛，骑士小说泛滥成灾，这类小说结构千篇一律，情节荒诞离奇，都是虚构出一个英勇无比的骑士，经历数不清的惊险遭遇，遇上说不清的爱情纠葛，为国王、为贵族去拼命，最后大获全胜。宫廷和教会利用这种文学，鼓吹骑士的名誉和骄傲，以维护封建王朝的统治。在社会生活底层苦苦挣扎的塞万提斯，亲身体会了中世纪封建制度给西班牙带来的痛苦与灾难，也憎恨可恶的骑士制度与美化这种制度的骑士文学。他在小说中故意模仿骑士传奇的写法，对那种装腔作势的语言加以模拟、夸张，在一种极不协调的对照中形成无情的反讽，小说通过堂·吉诃德和他的侍从桑丘·潘沙的"游侠史"，为读者展现了一幅宏大的社会生活画面，真实地反映了 16、17 世纪西班牙的社会现实。作者采取西班牙独特的流浪汉小说的写法，通过幽默、讽刺、滑稽、夸张的广泛运用，把悲剧和喜剧、严肃与滑稽巧妙地结合起来，以亦庄亦谐的情节、犀利的语言，鞭笞了苟延残喘的封建制度和迎合统治者需要的骑士文学，嘲笑了企图用打抱不平的方式来改造社会的空想，给了反动的骑士文学以致命的打击，作者所塑造的主人公堂·吉诃德也成为世界文学史上不朽的典型。

3. 18 世纪，欧洲由"戏剧的世纪"进入到"小说的世纪"，小说这种文学样式得到正式确立，其中英国、法国、德国的小说创作取得了令人瞩目的成就。

在英国，笛福的《鲁滨逊漂流记》以逼真的手法描绘了一个虚构的故事，其强烈的现实感和在行动中刻画人物性格的技巧，显示出一种全新的创作方法；理查生则以描写事件始末的手法结束了流浪汉小说的传统；菲尔丁的《汤姆·琼斯》被认为代表了 18 世纪英国现实主义小说的最高成就。

在法国，孟德斯鸠、伏尔泰、狄德罗打开哲学与小说的通渠，开创了哲理小说新品类；卢梭的《爱弥尔》《忏悔录》《新爱洛伊斯》则分别开教育小说、自传体小说和书信体小说的先河。

在德国，歌德的《少年维特之烦恼》，把抒情诗的成分引入小说之中，成为德国文学中第一部在世界引起轰动的小说作品。

4. 到 19 世纪，欧洲小说进入发展的高峰期，其作家队伍之大、作品之多、质量之高，都是空前的。西欧 19 世纪前期的文学主流是浪漫主义，中后期是现实主义，其著名作家著名作品有：司各特的《艾凡赫》、缪塞的《一个世纪儿的忏悔》、乔·治桑的《魔沼》《小法岱特》、雨果的《巴黎圣母院》《悲惨世界》《海上劳工》《九三年》、梅里美的《高龙巴》《嘉尔曼》、霍桑的《红字》、司汤达的《红与黑》、巴尔扎克的《高老头》《欧也妮·葛朗台》、福楼拜的《包法利夫人》、左拉的《萌芽》、莫泊桑的《俊友》《羊脂球》、狄更斯的《艰难时世》《双城记》《大卫·科波菲尔》、萨克雷的《名利场》、夏洛蒂·勃朗特的《简爱》、艾米丽·勃朗特的《呼啸山庄》、哈代的《德伯家的苔丝》、马克·吐温的《哈克贝利·费恩历险记》、果戈理的《死魂灵》、屠格涅夫的《罗亭》《贵族之家》《猎人笔记》、冈察洛夫的《奥勃洛摩夫》、托尔斯泰的《战争与和平》《安娜·卡列尼娜》、陀斯妥耶夫斯基的《罪与罚》《卡拉马佐夫兄弟》等。

5. 进入 20 世纪，传统现实主义文学仍在继续发展，著名作家著名作品有：罗曼·罗兰的《约翰·克利斯朵夫》、德莱赛的《嘉利妹妹》《美国的悲剧》、杰克·伦敦的《马丁·伊登》、斯坦倍克的《愤怒的葡萄》等。而无产阶级社会主义文学也涌现了一大批优秀作家优秀作品。如，高尔基的《母亲》《童年》《在人间》《我的大学》、富尔曼诺夫的《恰巴耶夫》、奥斯特洛夫斯基的《钢铁是怎样炼成的》、肖霍洛夫的《静静的顿河》、帕斯捷尔纳克的《日瓦戈医生》、瓦西里耶夫的《这里的黎明静悄悄》等。

6. 从 19 世纪末开始，西方小说进入所谓的"文体爆炸"时代，以乔依斯、伍尔芙、海明威、罗布·格里耶、博尔赫斯、马尔克斯、米兰·昆德拉等人为代表的现代小说，不仅与《十日谈》《一千零一夜》《堂·吉诃德》等古典小说相去甚远；就是与巴尔扎克、司汤达、福楼拜、托尔斯泰等经典作家的作品相比，也面目迥异。

现代派小说，主要有意识流、存在主义、表现主义、新小说派、黑色幽默、魔幻现实主义等。

法国作家普鲁斯特（1871～1922），是意识流小说的鼻祖之一，他写的自传体长篇小说《追忆似水年华》，洋洋近 300 万字，全部由主人公一个人的回忆和梦幻构成。作者先从主人公躺在床铺上回忆生平写起，主人公飘忽不定连绵不断的思绪逐步向读者展示了一个逝去的世界：一段一段的回忆互不连贯，完全按心理的逻辑排列，其间还插进许多感想、反省和议论，整部小说没有完整清晰的故事情节，没有高潮和结局，作者专注于人物的内心世界和"主观真实"，以极大的兴趣和十分细密的笔触描写了人物的潜在意识和变态心理。

意识流的另一个先行大师是爱尔兰的乔伊斯（1882～1941），他的成名之作《尤利西斯》，被认为是现代派的经典性作品，全书 700 多页，叙述都柏林三个居民在 18 个小时内平凡琐屑的生活经历，小说着重描写了人物瞬息万变的潜意识和无意识活动，采用了内心独白、空间混淆、跳跃式联想、时序颠倒与梦幻、象征、暗示等手法，以表现无意识、潜意识活动的繁复、错综与紊乱。作品采用怪僻的新词、双关语、外来语、非常用句读、声音来表现印象，有些地方甚至不用标点，弄得深奥复杂晦涩难懂。乔伊斯在这部作品中，让三个人物三股意识流错综交替，相互补充相互激荡，不仅多侧面地表现了他们各自的身世、性格和复杂思想，而且广泛地反映了都柏林极富特色的日常生活。

英国女作家维吉尼亚·沃尔芙（1882～1941），是意识流小说的重要代表之一，她的成名作《黛洛维夫人》，以女主人公的意识流为主干，辅以他人的思绪为旁枝，写女主人公一天上街买花，由途中所见所闻引出无数联想，其意识从此情此景不断地向过去、未来飘荡，把现实、往事、想象交织起来，同时又与四周他人的意识融合沟通，通过人物意识的流动，反映出上流社会的势利与人情淡薄。

美国意识流作家威廉·福纳克（1897～1962），被西方评论家视为"现代经典作家"，他的作品题材广泛，规模宏大，具有史诗般的气魄，被誉为"一种特殊强烈的现实主义"。他把一般意识流发展为"复合式意识流"。他最重要的作品《喧嚣与骚动》，以一个南方淑女堕落的故事为中心，写出了杰弗逊望族康普生一家每况愈下、四分五裂的过程，特别是写出了这个家庭成员精神上的病态和危机。小说的题目出自莎士比亚悲剧《麦克白》中的一句台词："人生如痴人说梦，充满着喧嚣和骚动，却没有任何意义。"这也就是这部小说所要表现的主题。为了表现这一主题，作者在写法上别出心裁，将全书分为四个部分，每一部分由一个人来叙述，叙述的都是凯蒂的故事。小说的前三个部分是典型的意识流：第一部分是老四白痴班吉的呓语，第二部分是老大昆丁自杀前的内心独白，一个因失去姐姐而感到悲哀，一个因妹妹堕落而想投水自尽，这两个部分写得颠倒混乱有如梦呓，让人如坠五里雾中不知所云；小说第三部分是老三杰生的独白，他的意识流动简练明快，不仅很自然地交代了事情的来龙去脉，而且入木三分地刻画了杰生卑琐低下、冷酷狠毒的兽性心理；小说第四部分基本上是运用传统手法写的，作者通过老黑奴迪尔西来补叙没有交代清楚的情节，并用这个忠厚老实的女佣以对照前三人的病态心理。小说中的几个人物都在想同一件事，作者通过不同人物的意识流动来表现同一件事以及不同人物对同一件事的不同反映，几股意识流相互对照、映衬、交叉、重叠，作品极富立体感。

意识流小说彻底打破传统小说的因果逻辑和时空顺序，通过人物的意识流动把传统小说中的故事情节通通剪碎，在这类小说里，传统意义上的故事情节看不到了，内心秩序代替了事件秩序，心理时空代替了物理时空，生活场景、片断、细节将主要地通过人物心灵屏幕展现，而这种展现，有回漩、有倒流、有明暗、有跳跃；有时间的颠倒与空间的重叠，有时空的分解与重新组合；他们笔下的意识流动也瞬息万变、杂乱无章、互不关联。

存在主义认为，传统现实主义是用某种既定的理性框框去看待人的，它把活生生的有着复杂个性的人分为纯洁、丑恶、激进、消沉、进步、落后等类型，以先入为主的固有观念将生动活泼的个人强行归入传统心理学范围和固定不变的框架之内，这就导致了一个必然结果：抹杀了人的真实性。存在主义文学就是要把这种失实扭转过来，努力排除先入为主的理念，真实地再现生活。因此，存在主义文学要求作品的故事情节，就是生活中发生的真实事情，原原本本，朴实无华，不要人为的雕琢，也不要刻意地追求曲折离奇；小说中的人物，就是生活中的真实人物，是具体环境中独立存在的"真正的人"，不要集美（或丑）于一身，成为某种类型或理念的代表，以免歪曲人性，破坏真相，失去真实感。存在主义小说继承了传统小说的一些手法，如完整的故事情节，注重对环境的描写，语言简明清晰，又采用了意识流、寓意、隐喻等新手法，着重描写世界与人生状态的荒诞，表现人处于绝望境地中的精神自由，表现"存在即自我"、"他人即地狱"等存在主义观点。

存在主义的代表作家有萨特、加缪。加缪的代表作有著名的《局外人》《鼠疫》，前者以主人公莫尔索荒诞地来到世界，荒诞地生活着，又荒谬地死去，表现了西方20世纪三四十年代一部分青年面对混乱的世界秩序绝望不安的心理；后者以鼠疫象征法西斯的侵略，通过一个荒诞的故事告诉人们，在荒诞的世界里，人们仍然可以作出积极的选择。这两部小说都是世界性的名著。

以罗布格－里耶为代表的"新小说派"则认为：传统小说以人物为中心，而不注重对于物的描写；即使写到物，也是为人物塑造服务的，早已不是"物"本来的面目。像巴尔扎克那样，以精心虚构的情节串联事物，那样写来，人或事都成了某种意识的代表，而现实生活中的事物，总是混乱的、孤立的、不可预料的——这才是事物的本来面目。新小说派就是要排除作家的主观意图，不表现任何主观倾向，只是纯客观地表现"物"。他们反对虚构，反对塑造人物。他们认为，在这个抹杀个性的时代，"人物已经死亡了"，客观世界只是一个物的世界。尽管这样，"新小说"依然为小说艺术提供了一些新的尝试。试以法国新小说派女作家娜塔莉·萨罗特的《向性》第十八章为例：

伦敦之郊有一座装着白纱布窗帘的小别墅。别墅后面的草坪湿漉漉的。沐浴在雨后的阳光里。

画室的一扇紫藤框大门对着草坪洞开。

一只猫闭着眼，端坐在暖暖的石头上。

一位白发老处女脸颊粉红近紫。她正坐在门口读一本英国杂志。她正襟危坐，煞是尊严。她对自己十分自信，对别人也信心十足。

她完全沉浸在自己的小天地了。她知道一会儿喝茶的铃就要响了。

在楼下，厨娘阿达正清洗放在铺着白油布桌上的各种蔬菜，她表情木然。似乎什么都不想。她知道马上就要烤小圆面包，打铃喝茶的时候就要到了。

萨罗特的《向性》，是由数十篇短篇小说组成的，她自己曾说这些作品中"什么也没有发生"，完全像一幅静态写生画。但作者却通过这些静止的画面立体展示了人物内心的动向。作者以生物学上的概念"向性"作为小说的标题。所谓"向性"，指的是生物体在外力光、热、引力的影响下，会产生向某一方向生长、弯曲、移位的现象。小说所写的两个人物几乎是静止不动的，但她们内心深处却被一个巨大外力——喝茶铃声所吸引。这样，作家就以静写动，虚中托实，通过一个几近凝滞的瞬间，隐寓着某种一触即发的心理能量——作者虽然没有直接写人物的心理活动，但人物的心理动态又可扪可触。这种对人物心理空间的开拓，依然是可圈可点的。

表现主义的代表作家，有奥地利的卡夫卡，其代表作有《变形记》《城堡》《审判》等。他的《变形记》，将真实与虚幻、荒诞结合起来，让人变成了一只大甲虫，展现一幅神秘的、魔幻的、梦魇般的、非现实的，但又随处可见的图画，给读者一种崭新的审美体验，从而真实地揭示了资本主义普遍存在的异化现象。表现主义认为，自我是宇宙的中心和真实的源泉，小说应表现"本质的东西和深藏在内部的灵魂"。他们主张艺术家去经历一切，凭主观精神进行内心体验，通过体验产生一种激情，让这种激情经久不衰并无限扩张，然后再以这种激情去再现事物的幻象。他们认为，只有这种幻象，才是事物纯粹的真实。他们所说的幻象，是指事物更深一层的形象，如要表现房子，就要舍弃房子的形似，使其本质显露出来；表现一个妓女，便要使她在"没有香水、没有色彩、没有手提包、没有摇晃大腿的情况下出现"。他们认为，"世界存在着，仅仅复制世界是毫无意义的"。"今天人们所看到的世界，几乎仅仅是那些令人激动和惊讶的面貌，而没看到它的血液"。"人的心和一切事物紧密相连，人的心和世界一样，都是在相同的节拍中跳动。为此，就要求对艺术世界进行确确实实的再塑造，创造出一个崭新的世界图像。这种图像和那种靠经验而能把握的自然主义者的图像毫无共同之处，和印象派那种割裂的狭小范围也毫无共同之处，这一图像必定是单纯的、真实的，因而也是美的"。在这种思想的指导下，他们总是集中笔力深入开掘人的精神世界，努力表现人的强烈的社会情绪、深刻的内心体验、复杂的变态心理。

超现实主义，是20世纪产生于法国并影响到西欧各国的一个重要的文学流派，他们以柏格森生命哲学和弗洛伊德的精神分析学说为其哲学、思想基础，认为只有梦境、幻觉、本能、呓语这些下意识中的生活才是"超现实"的生活，才是创作源泉。他们认为，合乎逻辑的理性思维活动已被资本主义毒化，只有无意识和潜意识才是未受外界干扰的纯粹精神，反映了人心灵活动最真实的过程；梦幻以扭曲的形式剥露了人的灵魂深处秘而不宣的本质，只有在梦幻中才能达到"超肉体感觉"，才能不为表面现象所迷惑。他们努力表现人性中原始的、非理性的、怪诞的甚至是变态的东西，以探索尚未被人们普遍承认的人的本能和潜意识的力量。在长达半个世纪的时间里，他们始终向往着精神的彻底解放和人的全面发展，坚持不懈地反对各种社会的、道德的、文化的、思想的习俗、偏见和桎梏。他们赞同文学艺术要为社会革命服务，但他们同时又认为文学要听命于作家的潜意识。他们认为，"现实主义的作品在艺术上极为低劣"，莫泊桑的作品"毫无生气、枯燥、平庸、不完整和没有深度"。"人当初企图模仿行走，所创造的车轮子却不像一条腿"。他们笔下的形象，也是奇特的。我们试看下面的文字：

> 在这嘈杂的时刻，悬挂在树枝上的果实在燃烧。
> 流星的时代尚未到来。
> 单纯的雨倾泻在不动的江河上。在和流星接触之后，妇女们惶惶不安的眼睛闭上了好几年。她们只是把六月的天空中和公海上的挂毯翻转；然而却有从天而降的灾难和历史事件的富有磁性的声音。
> 一个人第二次复活了。他的记忆中栽满了乔木状的回想，他让金河在那里面流淌；与此平行的山谷的荒芜的山峰比死火山口更寂静。他那巨人般的身躯遮蔽着黏乎乎的昆虫的巢穴和斑蝥的部族。

在这些文字中，作者笔下的形象，已远离人们感性生活的层面。

黑色幽默产生于 20 世纪 60 年代的美国，它的代表作家是海勒、品钦和冯尼格。著名的作品有《第二十二条军规》。其创作特点是，他们极力强调现实生活的荒谬、混乱和神秘莫测，采用夸张到荒诞的幽默来嘲笑人们的灾难、痛苦和不幸。由于他们专门针对人们的灾难和痛苦开玩笑，采用乐呵呵的形式来处理悲剧内容。所以又被称作绞刑架下的幽默、死到临头的幽默。事实上，这个流派具有极大的批判性和反思性。

迷惘的一代（the Lost Generation）是第一次世界大战后美国的一个文学流派。代表作家有海明威，海明威的代表作有《太阳照样升起》《永别了，武器》《丧钟为谁而鸣》《老人与海》。海明威曾把自己的创作比喻成漂浮在大洋上的冰山："看得见的部分只是八分之一，而隐藏在水下的部分则是八分之七。"他从不直接披露自己对人物和事件的态度，甚至对人物的行为动机和心理状态也很少进行解释和说明，而只是"客观地"、"照相式地"描绘出人物在某种感情支配下本能的乃至下意识的活动，造成富有实感的画面，使读者从这种直接经验中去体验隐藏着的思想感情。这就使海明威的小说包含着丰富的"潜台词"，具有意在言外、"余音缭绕"的艺术效果。这种创作原则极大地影响了他同时代及后辈作家的创作倾向。口语化成为一代人散文风格的普遍特色。《老人与海》是最典型的例证。简洁，人物对话以最简短的语言表达，所谓"电报式"的短句，证明作者惜墨如金。这种例子在海明威作品中俯拾皆是，尤其是在他的短篇小说中表现得更为突出。英国评论家赫·欧·贝茨指出，海明威在美国"引起了一场文学革命"。海明威凭借《老人与海》获 1953 年普利策奖及 1954 年诺贝尔文学奖。海明威被誉为美利坚民族的精神丰碑，并且是"新闻体"小说的创始人，他的写作风格以简洁著称，对美国文学及 20 世纪文学的发展有极深远影响。

　　魔幻现实主义是拉丁美洲最重要的一个文学流派，它兴起于20世纪20年代，流行于60~70年代。魔幻现实主义以小说作品为主，其作品大多以神奇或魔幻的手法来反映现实，它把神奇而怪诞的人事以及各种超自然的现象插入到反映现实的叙述和描写中，给现实披上一层光怪陆离的魔幻外衣，使拉丁美洲现实的政治社会变成一部现代神话，其中既有离奇神秘的幻想，又有现实主义的情节场景，现实与幻觉相混，人鬼难分，给人一种似是而非、似非而是、真真假假、神秘莫测的感觉，却又始终不损害现实的本质，故有魔幻现实主义之称。

　　魔幻现实主义的创作原则是"变现实为幻想而又不失其真"，魔幻是其手法，反映现实才是其目的，它的形成来自多方面的影响。首先，它接受了拉美印第安人的神话和传说，力图从印第安人传统的对于现实的神秘观念和态度吸取民族化的营养。其次，它从印第安人的神话和传统中得到启发，又借鉴了《圣经》故事和东方神话，融合了东西方的神话。其三，它接受了欧美现代派中超现实主义的"神奇"手法，意识流的"时空错乱"、"内心独白"等手法，用以反映和影射拉丁美洲的现实，以达到对社会事态的揶揄、谴责、揭露、讽刺、抨击等目的。

　　魔幻现实主义是一种把多种手法糅合在一起来反映拉美现实的特殊的文学流派，它在拉丁美洲深受读者欢迎，在文学史上影响巨大，被称为拉丁美洲的"爆炸文学"、"地震文学"，其代表作家及作品有阿斯图利亚斯和他的《玉米人》《总统先生》，胡安·卢尔弗和他的《佩德罗·帕拉莫》，马尔克斯和他的《百年孤独》《家长的没落》，卡彭铁尔和他的《方法的根源》等。

　　马尔克斯的《百年孤独》是魔幻现实主义小说的经典之作。这部小说通过布恩迪亚家族7代人的经历，描写了哥伦比亚农村小镇马孔多的百年兴衰史。故事从何塞·阿卡迪奥·布恩地亚与乌苏拉的婚姻开始。因为两个人是表兄妹，乌苏拉担心将来生个长猪尾巴的孩子而拒绝与丈夫同房。翌年，邻居阿吉拉尔当众以此羞辱布恩地亚，布恩迪亚一气之下用长矛刺死了他，阿吉拉尔的幽灵便常常出没于布恩地亚家。为了逃避耻笑和死者亡灵的搅扰，布恩地亚带着妻子和同村二三十个年轻人出走他方。走了几年之后，来到一个荒无人烟的地方，布恩地亚做了一个梦，梦见平地出现一座光彩夺目的叫马孔多的镜子城，于是定居下来。最初，马孔多是个与世隔绝的小村落，人们过着田园诗一般安宁和谐的生活。不久，一队吉卜赛艺人来到这里，他们的魔术和冰块使马孔多人大为震惊。此后，吉卜赛人每年都到这里一转，给孤独的小村落带些磁石、放大镜之类的东西。二十多年过去了，马孔多人丁兴旺，成了热闹的小镇。政府派来了镇长。但小镇从此也失去往日的安宁，爱情纠葛、红白喜事、党派纷争、流血事件，以及各种各样的奇事不断。随着科学技术的发展，经济的繁荣，政府的腐败，社会风习的堕落，小镇经历了由盛而衰的巨变。一百多年后，布恩地亚家族最后一代人(猪尾儿)被蚂蚁吃掉，他们辛辛苦苦兴建的马孔多也被从天而降的一阵狂风卷得无影无踪，这里又是一片沼泽，好像一百多年这里面什么也没发生。作者通过布恩迪亚家族的兴衰，反映了哥伦比亚乃至整个拉丁美洲独立战争后的百年沧桑。小说充满了种种神秘、魔幻的色彩。布恩地亚家族的命运好像是冥冥中注定，一百多年前，吉卜赛人墨尔基阿德斯就曾写下记录布恩地亚家族和马孔多兴衰的密码，当奥雷良诺·巴比洛尼亚破译了吉卜赛人的密码，读到最后一个布恩地亚即猪尾儿正在被蚂蚁吃掉，感到一生中再也没有比此时此刻大彻大悟的了，但"觉得这些内容太熟悉了，不想浪费时间，于是跳过了十一页，开始译读有关他正在度过的这一刻的预言。他一面读，一面就过着这段时间，并且预测自己在读完羊皮纸后的情景，如同在照一面会说话的镜子。这时候，为了早些看到有关他去世的预言，以便知道死的日期和死的情景，他又跳过几页。但是，他还没有把最后一句话看完，就已经明白，他再已不能离开这间房子了，因为这座镜子城（或称幻景城），在奥雷良诺·巴比洛尼亚译读出所有羊皮纸的时候，将被飓风刮走，并将从人们记忆中完全消失"。与此同时，马孔多这个镇也充满了神奇，"好像上帝故意要显示其惊人的能力似的，马孔多的居民徘徊在欢乐与苦闷、疑惑与剖白当中，以致谁也不知道哪里是现实的界限"。马孔多出现了许多奇异事物，如皮拉尔·特内拉能从扑克牌中看到未来；尼卡诺尔神父喝一杯巧克力茶后能徐徐升腾；弗郎西斯科大人在一次对歌比赛中战胜了魔鬼；彼德拉·科尔特斯的情欲能使大地生辉六畜兴旺；毛里西奥能吸引大批黄色蝴蝶；何塞·阿卡迪奥·布恩地亚死后从天上降下黄色花雨；吉卜赛人提前一百年写下了布恩地亚家族和马孔多的兴衰史；奥雷良诺在娘肚子里就开始哭喊；雷培卡有吃泥土啃墙灰的怪癖；俏姑娘雷梅迪奥斯披着床单飞上天去；一只瓦罐凭借自身的力量，可以从桌子中央走到桌子边缘；一只小空瓶变得沉重而使人无法摇动；一只篮子不胫而走；一叠手本飘浮空中；阿卡迪奥的一缕鲜血走了好几条街，拐了好几个弯，上了好几个台阶，来到乌拉苏的灶前，然后又按原路流了回去，不留一丝痕迹……

《百年孤独》的基本结构是现实主义的，作者采用了传统的讲述故事的方式，叙述一个家族的兴衰史，但作者叙事的高度与角度却是超凡脱俗的，他仿佛站在环宇之上俯视人间，在他眼中，聚集着芸芸众生的马孔多好像一个蚂蚁窝，他按照循环往复的叙事方法，将主观时间客观时间混合在一起，在残酷的历史现实上涂上一层非理性的神秘色彩，从而打破主观事物和客观事物的空间界限，让非理性的魔幻成分突破狭窄的客观现实范围，为题材的开拓、人物的刻画、作品艺术风格的发挥提供了极其广阔的天地，通过这一手法，使人感到在这个完全虚构的世界里，任何事情都是可能的，一切都像真实的。它的艺术成就，为作者赢得很大荣誉。

# 第五节　小说的欣赏

对小说的分析一般包括五个方面的内容：(1)对小说情节的分析；(2)对小说中人物形象的分析；(3)对小说环境描写的分析；(4)对小说思想意蕴的分析；(5)对小说语言和技巧的分析。这五个方面的内容因作品不同而有所侧重，总的来说，应从"理清情节线索、分析人物性格、了解环境作用、把握作品主题、品味作品语言、欣赏作品表达"这些方面入手。

## 一、对小说情节的分析

情节是小说的重要构成因素。鉴赏小说通常要从分析情节入手。

怎样赏析小说的情节呢？一般要从情节的审美形态和审美价值入手。

所谓审美形态，指小说情节的设置形态，它是拟实性的，还是表意性的？是强化的，还是淡化的？不同的情节设置，往往渗透了作者的创作个性与艺术匠心。

所谓审美价值，通常包括了它的真实性、生动性、典型性以及它所包含的社会生活内容。小说的故事情节可以是拟实性的，也可以是超验的，作者可以强化故事情节，也可以淡化故事情节。好的故事情节，通常都具有艺术真实性，能激起读者的审美情感，能反映生动丰富的社会生活，表现了作者对社会人情的深刻体验。

小说形态千姿百态，作品内容纷繁复杂，要掌握内容，最好是找到情节线索，然后按情节线索整理内容。找到情节线索，对于读懂一篇小说无疑是重要的。无论是小说起始阶段，以完整曲折的情节取胜；还是发展到后来，情节逐渐淡化。

理清小说的情节线索之后，就要分析它的审美形态和审美价值。

巧妙的情节是小说具有很大艺术魅力的原因之一。分析小说情节时，一方面，我们要深入挖掘其负载的社会生活内容，判断其对生活反映的深广程度；另一方面，也要注意情节自身的美。

## 二、对小说人物形象的分析

人物是小说叙述描写的中心，组成形象的主体。作家主要是通过对人物和人物的活动及其相互关系的描写来反映生活、抒发感情的，所以，分析小说，应注重对人物形象的分析。

鉴赏人物，应从最能揭示人物性格特征的心理、行动、语言、肖像、景物等描写来分析人物在矛盾冲突中的思想和行为，认识人物性格形成发展和情节展开的必然性和合理性，它是人物塑像是否真实可信的前提。

要注意人物性格的鲜明性和独特性。读一部作品，要看人物性情、气质、形貌、动作和语言等诸方面是否具有不同于其他人的性格特征。

要注意人物性格的丰富性。人物性格有单一和复杂之分。扁平人物性格单一，一经出场，往往定型。对于这类人物，人们往往持一种保留的甚至否定的态度，认为他们的审美价值不及圆形人物。其实，扁平人物处理得好，同样可以达到典型的高度。复杂的人物性格，性格元素往往是多元的。

要注意人物性格的典型性。典型总是独创的。它是作家独特的发现，是不可重复的个性，是一个文学史上不曾有过的崭新的形象，它在一定程度上总要显示出超越前人的东西来。

我们还要学会欣赏人物塑造的种种手段，如多视角的转换，相对照的人物并置，侧面描写和细节描写等。

在剖析人物形象时要注意，不能抓住一人一事、一枝一节就下结论，而要从小说的整体出发，从人物的整体形象和人物之间相互关系的全面情况出发。否则，归纳的主题就是片面的、不正确的。如分析《阿Q正传》，如果仅仅抓住阿Q偷萝卜、赌钱等细节描写，或仅仅抓其干活肯卖力气这一点，就会得出错误的结论。

## 三、对小说环境描写的分析

环境描写也是小说艺术的一个重要组成部分，是鉴赏小说不能忽略的一个方面。

小说的环境一般分为自然环境和社会环境两种。环境是人物活动的舞台、性格成长的土壤，也是烘托人物的重要手段。优美的环境描写，还能给鉴赏者带来各具特色的美的享受。小说的环境描写可以是现实的，也可以是超验的，作者可以对环境作典型化的处理，也可以有意淡化、虚化人物活动的环境背景。好的环境描写，应该是出色的风俗画、风景画，应该是社会生活的历史画卷，应该与小说的人物描写、情节描写浑然一体。反映社会、人生的本质真实，反映一定时代社会发展的趋势，这是鉴赏环境描写好坏的一条标准，也是鉴赏环境描写的一个基本方法。小说环境的设置，不仅为人物提供了活动空间，而且本身具有独特的美学意味。千百年来，很多小说家都选择一个具有特色的地方进行挖掘，进而创造出典型的意象空间，如鲁迅的"小未庄"、沈从文的湘西、老舍的北平、萧红的呼兰河、师陀的果园城、孙犁的白洋淀、张承志的金牧场、贾平凹的商州、莫言的高密东北乡、王安忆的"小鲍庄"、韩少功的"鸡头寨"、马原的"西藏"、古华的"芙蓉镇"等。那些世界著名作家，更是通过发掘某一地方的文化意义而写出著名作品，如马尔克斯《百年孤独》中的马孔多小镇、巴尔扎克《高老头》中的伏尔盖公寓、福克纳的约克帕塔法县，这些小说，不仅写出当地的自然风景和风尚习俗，而且写出其地的生活基调和精神特征，充满诗情画意，令人情不自禁地沉醉在一幅幅散发着乡土气息的风俗画中。

## 四、对小说思想意蕴的分析

小说的思想意蕴是文艺作品通过描绘现实生活和塑造艺术形象所表现出来的主题思想和种种意味。丰富深刻的思想内涵是作品艺术价值之所在。分析作品的思想意蕴与对人物、情节、环境描写的分析是分不开的。小说是通过人物形象的刻画、生活情景的描绘来表达思想、揭示生活真理的，人物形象是作家对生活观察、认识和思考的结晶，只有准确把握人物的性格、命运，才能较好地了解其中包孕的思想内容。

作品的思想内涵也体现在情节展现的矛盾冲突中。这在中、长篇小说的主题分析中显得尤其重要。由于现实生活中的矛盾斗争错综复杂，所以小说中的故事情节一般也比较复杂，往往是多条线索多种矛盾错综交叉互相联结。因此，在分析作品中的矛盾时，只有对主要矛盾的性质有了清楚的了解，才能准确理解作品的主题思想。

一般说来，人物、情节所包含的生活内容和思想意义，只有放到具体的环境描写中才能获得确切的把握，所以对人物、情节的分析与对环境描写的分析又是分不开的。

与此同时，作品的思想情感是由作者的世界观决定的，在阅读小说时知道一些作家的生平、思想和创作意图，有利于分析和理解作品的主题。如读狄更斯的《大卫·科波菲尔》、高尔基的《在人间》等，对作者生平的了解在分析作品主题时都有着重要的参考价值。

对一部作品主题的阐释没有想象中简单。作品一经出版，它的意义就不仅仅是作者赋予它的意义，而是留给了读者无限阐释的空间。就像《红楼梦》一书，就像一处取之不尽用之不竭的宝藏，其原因正因鲁迅先生说的，"单是命意就因读者的眼光而有种种；经学家看见《易》，道学家看见淫，才子看见缠绵，革命家看见排满，流言家看见宫闱秘事……"真正好的作品，它的意蕴层是丰富的，多层次的。人物形象的丰富性，情节的多线索，意象的多重意义，作者思想感情不同程度的投射，赋予了一部作品多重解读的可能。读者在阅读中根据自己的审美经验再造的小说世界，与作者创造的小说世界不会完全相同，不同时代的读者、同一时代的不同读者看同一篇小说，心中呈现的小说世界也不会完全相同。不同时空的读者可以对同一个作品进行不同的解读；同一时代的读者从不同的角度去透视，也会有不一样的看法。这是因为一部文学作品的存在方式是有限的，但其内涵及外延却是无限的，留给读者无限解读的空间。

挖掘作品思想意蕴，要善于在文本的整体语境中读出言外之意和艺术留白，即小说的意味。显而易见，小说的意味直接影响到读者的阅读效果和审美感受，同时在很大程度上也决定着作品的艺术品格。意味的有无或丰富与否，是衡量其艺术水准高下的重要标尺。

## 五、对小说语言和技巧的分析

小说是一门语言的艺术，我们在充分把握人物、情节、环境描写、思想内涵的基础上，同时还涉及对作品艺术技巧的欣赏。作者在刻画人物、设置情节、安排结构、描写环境、表达主题、叙述故事时所表现出来的高超的艺术技巧、成熟的语言风格以及与思想性的完美结合，往往也是我们需要细心品味的地方。

语言是文学的第一要素，它不仅仅是起传达作用的工具，把小说世界描摹出，它同时还参与创造了小说世界。更直接的说，它是创造者。因而，把握小说中准确、鲜明生动的语言，并且具体分析它的表现力量，是深刻理解小说思想内容的重要方法。

品味小说语言要做到：仔细揣摩作者描绘环境、叙述故事、说明事物、刻画人物、发表议论、抒发感情等的叙述语言是如何构成和谐完美的整体的；充分体会作者叙述语言的客观性、含蓄性、形象性、生动性；认真品味作品中人物语言的个性化以及个性化语言是如何揭示人物性格特征的；从小说的审美、意境等角度，考虑作者在全篇遣词造句上的精妙（如词语在意义、色彩、音韵等方面的选择和锤炼），并学会正确审视作家的艺术语言，正确评价作家运用自己的艺术语言所形成的独特鲜明的语言风格。

读小说，要有收获，先要在文学史中选一些经典小说来读。读一部经典，会比读十部通俗快餐文化更有收益。二是在泛读的基础上要选一些自己喜欢的作品，把它读深、读透。三是在一定的理论指导下，学着去欣赏、去评价，有欣赏、有评价，并且是按艺术的规律去欣赏、去评价，才会有收获。四是可以读一读别人的分析评论文章，从中学一些方法，以迅速提高自己。

## 【鉴赏示例】

## 析《水浒传·武松打虎》

### 周先慎

武松景阳冈上打虎，是情节发展的高潮，是作者倾全力写出的，写得有声有色，惊心动魄。这部分作者是分两个段落来写的，在艺术表现上很有层次。老虎跳出来以前是第一个层次，老虎跳出来以后是第二个层次。

在第一个层次里，作者着重写了武松的心理活动及其变化，写了他走上景阳冈时的步态身姿，同时又为老虎的出来渲染烘托出浓厚的气势。对武松的心理活动及其变化，写得细腻逼真。他是不相信酒家山上有虎的话才负气上山的，但山上是否真的有虎，武松此时的心里是没有底的。作者细致地写了他从不相信有虎到相信有虎的变化过程及其心理状态。他先不相信山上有虎，对酒家的过分警惕变成了对老虎的麻痹大意。在山冈下看见大树上关于大虫出没伤人的两个字，他仍不相信，以为是酒家的诡诈手段。等到看见在山神庙前贴着的印信榜文（与抄白榜文有别，作者写得细），这才相信"端的有虎"。让武松在上冈以前知道山上真的有虎，这样的艺术处理显示了作者的高明之处，正如金圣叹的评语所说："有此一折，反越显出武松神威，不然便是猝然不及回避，侥幸得免虎口矣！"写得十分真实而又传神的，是关于武松在进退问题上的思想斗争："欲待转身再回酒店里来，寻思道：'我回去时须吃他耻笑，不是好汉。难以转去。'存想了一回，说道：'怕什么鸟！且只顾上去看怎地！'"如果此时的武松，在生死攸关的进退问题上没有丝毫的矛盾、犹豫，那就不近情理。欲拔高而使其高大完美，反而违背生活的真实而使艺术形象受到贬损，这种在古今作品中常见的现象是颇耐深思的。武松的心理活动是真实的，因而也是独特的。个人意识非常强烈的武松，把个人的声誉、面子看得比生命更重要，他宁愿冒老虎吃掉的风险，也要维护英雄好汉的名声。这跟同样是英雄好汉的李逵和鲁智深是很不相同的。斗争的结果是上山。从他"怕什么鸟"的自我壮胆的话看来，知道真的有虎以后心里还是胆怯，他是硬着头皮上景阳冈的。他有勇敢无畏的一面，也有胆小心怯的一面。又怕又不怕，最终是"明知山有虎，偏向虎山行"——这才是有血有肉、真实可信的打虎英雄武松。这一段有关心理活动的描写，是从人物的精神状态上为写人虎之间的生死搏斗作铺垫。

人物的思想和精神还表现在上山时的身姿步态上。一抬手，一投足，身姿步态处处都显示出打虎英雄的风采。着墨不多，十分精炼，人物却跃然纸上，栩栩如生。看他这样写："这武松提了哨棒，大着步，自过景阳冈来。""横拖着哨棒，便上冈子来。"着一"横"字，见出武松大摇大摆、无所畏惧的英雄本色。这样一路写下来，直写到武松"踉踉跄跄，直奔乱树林来"，都是传神入妙之笔，处处使人具体地感受到武松不同凡俗地英雄胆气。

与此同时，作者又多层次多方面地渲染出老虎就要跳出来的环境气氛。官司榜文上写明："只能从巳、午、未三个时辰结伴过冈。"巳、午、未三个时辰就是从上午九时到下午三时。作者特意从月色西坠，点染出武松上山时已是老虎出没伤人的时刻："那时已有申牌时分，这轮红日厌厌地相傍下山。"接下去写武松"见一个败落的山神庙"，"败落"二字见出老虎出没、人迹罕到景象，确是虎山之景。而当武松正"一步步上那冈子来"时，作者再加一笔："回头看这日色时，渐渐地坠下去了。"金圣叹于此有一段评语："骇人之景。我当此时，便没虎来，也要大哭。"这些气氛的渲染，对于人虎搏斗来说，犹如射箭，射手已将弓拉满，弦已绷到最紧张的时候，那支箭眼见就要射出去了。

做了充分的铺垫、渲染之后，作者这才放开笔墨去写打虎正文。这种瞬息万变、惊心动魄的打虎场面，是很难捕捉和表现的，而作者写来却是从容不迫，井井有条，合情合理，真是可信。先写老虎出来，再写人虎相斗。写老虎出来，是先写风：武松"见一块光挞挞大青石，把那哨棒倚在一边，放翻身体，却待要睡，只见发起一阵狂风"。此写声："那一阵风过了，只听得乱树背后扑地一声响，跳出一只吊睛白额大虫来。"这样写，既渲染了老虎的凶猛，又使武松有了警觉和准备，在开斗前便已显示出一场恶斗的气势声威。

人虎相斗，正面落笔，最难描写。作者却写得层次分明，严整有序。总的分三层写：首写老虎进攻，武松退避；次写人虎相搏；末写武松打虎。从武松一面说，整个跟老虎搏斗的过程，借用军事上的术语，是三个阶段：防御、相持、进攻。老虎的进攻，是写它一扑、一掀、一剪；三般提不着时，气性先自没了一半。此时，武松便合情合理地由防御转入了相持阶段。写人虎相搏，则是老虎一兜，武松一劈；老虎一扑，武松一跳。其间，武松棒劈老虎一节最为精彩：

　　武松见那大虫复翻身回来，双手轮起哨棒，尽平生气力，只一棒，从半空劈将下来。只听得一声响，簌簌地，将那树连枝带叶劈脸打将下来。定睛看时，一棒劈不着大虫，原来打急了，正打在枯树上，把那条哨棒折做两截，只拿得一半在手里。

如果这一棒下去就干脆痛快地结果了大虫的性命，从具体情景看，未免不合情理；从艺术表现看，则因直快而致平淡，读来必然了无意趣。经此一折，情节便腾挪跌宕，曲折有致，而打虎过程也因之显得入情入理，真是可信了。

（选自《古典小说鉴赏》）

　　**【简析】**这篇赏析，作者集中而比较全面地分析了"武松打虎"这个片断(场面)。分析类似的片断(场面)是提高我们分析能力和写作能力的基本途径，大家平时可以从经典著作中挑选一些片断作这样的赏析。

## 论《阿 Q 正传》的人物语言

#### 刘福勤

　　什么人说什么话。人的语言最能表现人的性格。写对话和引录人物语言，是小说塑造人物形象最有效的手段。鲁迅很善于写人物语言。他的小说，人物语言的显著特点之一是少。除了《狂人日记》《头发的故事》《在酒楼上》《伤逝》等篇为其特定的表现形式和特定的人物故事所决定，以狂人、N 先生、吕纬甫和涓生的话为主体外，其余各篇的人物语言都不多。《阿 Q 正传》引用人物的话更是惜墨如金。凡是作者的叙述语言足以显示人物性格的地方，他就不用对话。写阿 Q 对"中兴史"的讲述和人们的反应，只以"据阿 Q 说……"的方式叙述；写赵太爷对赵秀才的"庭训"，也是转述的。有些地方只在叙述中摘引能突出人物性格的一言半语。阿 Q 进牢房后同其他两个囚犯的谈话，就只摘引了阿 Q 的"因为我想造反"这句可以突显他当时的思想和精神面貌的话。有些地方是两个或几个人谈话，但只写出一个人的话便可表现出谈话的情形了。如写阿 Q "中兴"的时候，妇女们追着他买东西的情形："阿 Q，你还有绸裙么？没有？纱衫也要的，有罢？"对阿 Q 的答话便省略了。就是写对话的地方，也都竭力从简，寥寥数语，便显现出事态发展的情形、人物间复杂的关系和性格冲突。阿 Q 作为这个中篇所集中描写的主人公，他的话总共才有三百六十多字；句子也短到了最低限度，平均每句不到五个字。其他人物的话更少。赵太爷只有十来句话，总共一百多字。假洋鬼子的不到十句，用字不到一百个。小说的人物语言，省简到如此地步是极罕见的。

　　简要固然难能，精粹更见功力。《阿 Q 正传》人物语言的少，绝不是贫乏，而是精。精，是严格选择、高度性格化的结果。鲁迅在《看书琐记》一文中谈到小说的人物语言时说：

　　在上海的弄堂里，租一间小房子住着的人……他和周围的住户，是不一定见过面的，但只隔一层薄板壁，所以有些人家的眷属和客人的谈话，尤其是高声的谈话，都大略可以听到，久而久之，就知道那里有哪些人，而且仿佛觉得那些人是怎样的人了……如果删除了不必要之点，只摘出各人的有特色的谈话来，我想，就可以使别人从谈话里推见每个说话的人物。

　　这是鲁迅以"活人的唇舌"作为艺术语言的源泉、精心研究和提炼人物语言的切身体会。现实生活中，人们的语言是生动活泼、丰富多彩的，各人都有自己的语言特点，但也是混杂的、零乱的。隔板壁听话，的确能够推见其人，但须"久而久之"。这"久而久之"是记取、分析、辨别各种谈话的过程，是从听谈话逐步掌握人的性格特征的过程，也就是研究和把握人物语言与整个人物形象的关系的过程。小说里的精彩的人物语言，正是在这样的过程中提炼出来的。那方法就是在现实生活中人们的千言万语中"只摘出各人的有特色的谈话来"。从前面所举的数字，我们就可以想见鲁迅写《阿 Q 正传》时所下的工夫。他写出的人物语言确实可以使我们"从谈话里推见每个说话的人物"，留下深刻的印象。让我们先听听阿 Q 的几句话：

　　我们先前——比你阔的多啦！你算是什么东西！

　　　打虫豸，好不好？我是虫豸——还不放么？

　　　和尚动得，我动不得？

　　　这是你的？你能叫得他答应你么？你……

　　　你们可看见过杀头么？……咳，好看。杀革命党。唉，好看好看……

　　　造反了！造反了！

　　　好……

　　我要什么就是什么，我欢喜谁就是谁。

　　单听这么几句话，就足以使我们觉得阿 Q 仿佛出现在面前了。讲到"阔"，一曰"我们"，二曰"先前"，那典型的"靠祖宗"靠"影子"而自大自荣的传统精神顽症便得到了充分的暴露；加上"你算是什么东西"一句，他那在精神胜利法支配下的"目空一切""永远得意"的面孔更会永远留在我们记忆里。如此自大，却又自骂为"虫豸"以讨饶——但换掉了闲人叫他说的"畜牲"二字——这又是多么可笑而更可悲的"善变"、"巧滑"和自贱啊！阿 Q 以卫道者自居，却对小尼姑讲"和尚动得，我动不得"的话；只这一句话，他的昏乱思想、欺弱、"拿'他人的苦，做赏玩'"的恶习就完全可以想见了。"这是你的？……""杀革命党""好看"，"造反了！""……欢喜谁就是谁"等，更将他所沾染的"游手之徒的狡猾"、他的愚昧麻木、他的"革命"的含义突出地表现出来了。再听听假洋鬼子的那段演说：

　　我是性急的，所以我们见面，我总是说：洪哥！我们动手罢！他却总说道
　　No！——这是洋话，你们不懂的。否则早已成功了。然而这正是他做事小心的地
　　方。他再三再四地请我上湖北，我还没有肯。谁愿意在这小县城里做事情……

　　全篇所写的假洋鬼子的话，除了他喝斥阿 Q 时说的"出去""滚出去"之外，就这么一段。这是他与赵秀才到静修庵演出了打尼姑、砸龙牌、抢宣德炉的"革命"丑剧之后，对着赵白眼和三个闲人的讲演。这讲演词使我们看到了他的丑恶嘴脸以至于肮脏的骨髓。他吹牛，卖弄，抬高身价，欺蒙对革命无所了解的百姓。那一声"洪哥"特别够味，说的是黎元洪。黎元洪原是清朝军官，武昌起义前根本没有参加革命活动。革命党起义时他吓得钻到床底下去了，起义军为利用他的影响，推他为革命军的湖北都督。本来要重留辫子，准备到清政府"做官"的"假洋鬼子"，吹嘘自己在武昌起义前就常常同这么个被从"床底下拉出来的都督"策划革命，亲密到称兄道弟，说出"洪哥！我们动手罢"的话来。这真是再典型不过的"鬼"话了。更有趣的是"No！——这是洋话……"使一个货真价实的"假洋鬼子"跃然纸上。在《阿 Q 正传》中，主人公和重要人物的话语就是这样充分地显示了人物性格。着墨极少的次要人物的话语也是如此。"阿……Q 哥，像我们这样穷朋友是不要紧的……"这是赵白眼的话。他的地位和财产比赵太爷差得远，所以不怎么怕革命，可是褡裢里又有

几块钱，听到一无所有的阿 Q 高叫"造反"，摸不着"革命"的底，心里也惴惴不安。他在阿 Q 的名字后加了个"哥"字，又用"我们"把自己和阿 Q 一同说在"穷朋友"里，来"探革命党的口风"，便恰如其分地表达了他那独特的口吻和心理活动。"革命革命，革过一革的……你们要革得我们怎么样呢？"这是老尼姑的话。遭了假洋鬼子和赵秀才"革命"的祸害，正怨怨填胸而又无可奈何，哭得"两眼通红"，当又有人砸门时，她又不敢不开，来的却是阿 Q。她对阿 Q 有戒心，却不怎么怕，所以当阿 Q"很含糊"地说"革命了"的时候，便向阿 Q 发泄怒气，提出责问。其中"革过一革的"五字特别精彩。一个闭门修行的老尼姑，对革命更是一无所知，她的所谓"革命"，指的就是假洋鬼子和赵秀才的打砸抢。句中，"革命"一词的反复，言语间的停顿，省略号所表示的沉吟，特别是"革过一革的"，逼肖的口吻摹拟，有效地显示了老尼姑在这特定场合的心理和语言特征。

这篇小说的人物语言不仅极力从简和高度性格化，还具有特殊的戏剧性，许多幽默活泼的对白，令人忍不住发笑，笑后又心忧其人其事，发人深思。请看阿 Q 和王胡的那段对话：

"这毛虫！"

"癞皮狗，你骂谁？"王胡轻蔑地抬起眼来说。

……

"谁认便骂谁！"他站起来，两手叉在腰间说。

"你的骨头痒了么？"王胡也站起来，披上衣服说。

阿 Q 以为他要逃了，抢进去就是一拳……被王胡扭住了辫子，要拉到墙上照例去碰头。

"君子动口不动手！"阿 Q 歪着头说。

阿 Q 因为捉虱子不如王胡多，咬得不如王胡响而气愤，便含含糊糊地骂起来，这就已经很可笑；"谁认便骂谁"，"武勇"之中带着"狡猾"，又可笑；因为错误地估计了对手，从先动手进攻落到被扭住辫子去碰响头，说的却是"君子动口不动手"，更显得滑稽可笑。这样三言两语的对白，就构成了一个令人深思的喜剧场面。阿 Q 大声喊着"造反"，唱着戏，一路走去的时候，同赵太爷、赵秀才那段对话喜剧性更强：

"得得……"

"老 Q，"赵太爷怯怯地迎着低声地叫。

"锵锵，"……"得，锵，锵令锵，锵！"

"老 Q。"

"悔不该……"

"阿 Q！"秀才只得直呼其名了。

阿 Q 这才站住，歪着头问道，"什么？"

"老 Q……现在……"赵太爷却又没有话，"现在……发财么？"

"发财？自然。要什么就是什么……"

以往，在赵太爷嘴里，阿 Q 的名字是同"浑小子"分不开的，这时却来怯怯地低声叫"老 Q"。这变化，也是阿 Q 的"君子动口不动手"式的变化，使人感到可笑；而这时的阿 Q，虽然飘飘然地自以为是胜利的革命党了，却还料不到自己的名字会和"老"字联结起来，以为赵太爷讲的是一句别的话，与己无干，所以连叫两声，他也不理会，只是唱，只到秀才直呼其名这才站住答话。这典型的喜剧性对话，更是引人发笑。不过，这里所表现的阿Q的无头脑的革命和赵氏父子对"革命党"的窥测试探，又使我们蹙额，想到这"革命"的声势最多不过是过眼烟云时，我们就不能不为阿Q担忧了。

　　写审讯阿Q的一段对话在令人觉得好笑的同时就有满心的忧愤：

　　　　"招罢！"长衫人物也大声说。

　　　　"我本来要……来投……"阿Q糊里糊涂地想了一通，这才断断续续地说。

　　　　"那么，为什么不来的呢？"老头子和气地问。

　　　　"假洋鬼子不准我！"

　　　　"胡说！此刻说，也迟了。现在你的同党在哪里？"

　　　　"什么？……"

　　　　……

　　　　"你还有什么话说么？"

　　　　阿Q一想，没有话，便回答说，"没有。"

　　这里用审问者的抢白和语意双关的"投"字造成了这场审问的喜剧性。阿Q想说的是要来投革命党，官员们认定他说的是参加抢劫后来投案。"假洋鬼子不准我"一语道破，真是令人叫绝！然而，就这样，无辜的阿Q糊里糊涂上了断头台，我们又怎能不为他的愚昧而痛惜，为革命的被扼杀而愤慨呢？总之，作者写对话的地方都"满台是戏"，其效果则既不同于一般喜剧，也不同于一般悲剧，这是形成《阿Q正传》幽默而深沉的语言风格的重要因素之一。

　　人物语言简要、高度性格化和富有戏剧艺术效果，是同鲁迅熟谙各种语言材料的功能和精心的艺术处理分不开的。人们的日常口语，一经他加工，就能发挥极强的表现力，甚至一个标点符号，经他一用就获得巨大的艺术力量。例如，"什么"，是个极普通的词儿，单独成句可以表现各种不同的意思和情态。鲁迅充分发挥它的功能，就取得了极好的表达效果。"什么"单独成句，在阿Q的话里出现了四次，假洋鬼子的话里一次。在阿Q嘴里第一次出现，是在赵秀才不得不直呼其名的时候，阿Q站住，歪着头问："什么？"其时，他正"神往"于革命，为举人老爷的害怕和其他"鸟男女"的慌张而感到"快意"，这个"什么？"便十分准确地表现了他在这个时候、这种场合的心理状态和神气。第二次出现在同老尼姑的对话里。老尼姑说革过命了，而且发出责问，阿Q被弄糊涂了。"什么？……"表现了他的莫名其妙和急于弄清情况的神情。第三次是赵府深夜遭抢，其初情况不明，他循声过去想"看热闹"，却碰着了逃过来的小D，这小D本是"谋了他的饭碗"的"仇人"，又是"又瘦又乏"的"穷小子"，他怎么竟敢也同我们的阿Q一样来看热闹？况且，说不定正是革命党在行动，他怎么配参加？向着小D说的"什么"主要不是问，而是出于盲目的自我优越感，表示"不平"的情绪。第四次是被审问的时候讲的。当官的问及"同党"，阿Q茫然了："什么？……"这里所表现的是阿Q的昏头昏脑，使读者感到他可笑而可悲。阿Q麻木愚昧，他的特定的境况和心理状态，使我们感到他浑身都是问号和有待研究的省略号。"什么？"这句最简单的话，正是显示了他的语言特点，跟他的教养、性格、形象相统一。

　　又如阿Q的口头禅"妈妈的"，先后出现了六次，也是被安排得十分巧妙的。在阿Q的词典里，"妈妈的"是万能的。被赵太爷剥夺得精光、生计发生问题的时候，他自语道："妈妈的……"当时"赤膊"的直感使他似乎觉得有些倒霉了，"觉得世上有些古怪"。可他想不清楚这"古怪"的原因。"太阳又已经照在西墙上头了",还得起身去谋生,前景又怎么样呢? 他也想不清。他当时的一切感触、思想和情绪都概括在这"妈妈的"之中了。"肚子饿: 这委实是一件非常'妈妈的'的事情。"这里,是作者的摹拟,"妈妈的"相当于"严重"或"叫人头疼、无法解决"之意。"记着罢,妈妈的……"这是"龙虎斗"结束的时候阿 Q 回过头来对小 D 说的话。这是阿 Q 在实际上"并无胜败"的情况下用以表示自己是胜利者,而叫小 D 记住挨打的教训,怒骂里带着轻蔑,借以保持自己的"威严"而说的。"这举人老爷实在太'妈妈的'了"一句中的"妈妈的",是阿 Q 对举人的总评语,表现了相当反感的情绪,大约相当于《革命》一章里的"太可恶、太可恨"。在"革这伙妈妈的的命"一句中,"妈妈的"成了他所有仇人的代名词;在"妈妈的假洋鬼子"里,则又是含着愤恨情绪的骂语了,相当于"可恶"之类的形容词,但不像说举人那样用作谓语,而是用作定语了。如上所述,我们可以找到与"妈妈的"大致相当的各种同义语,但如果换了上去,就失掉了"神韵",失掉了阿 Q。

(节选自《阿 Q 正传创作论》,宁夏人民出版社,1987 年版)

写好人物语言是小说写作的基本功。这篇评论很好地分析了《阿 Q 正传》的人物语言描写艺术,对我们欣赏、写作都有启发。

## 析《呐喊》和《彷徨》的环境描写

### 王富仁

鲁迅的《呐喊》和《彷徨》的基本主题是封建思想、封建伦理道德吃人,它在作品中具体表现为封建的社会思想环境吃人,因而环境描写在《呐喊》和《彷徨》中具有特别重要的地位,环境和人的对立构成了其中各个主要篇章的主要矛盾和主要情节基础。在这里,"环境"的意义有了巨大变化,它不再主要指人物活动、物质空间,不再主要指人物所处的政治、经济环境和自然环境,而是指由人组成的特定思想关系;在这里,"环境"的面貌也有了显著变化,它不再是由彼此对立的思想势力组成的一种社会背景,而是一个具有高度统一性的思想环境,是由封建思想封建伦理道德支配着的社会思想力量。《狂人日记》中的"狂人"处在这样一个社会思想环境中,《阿 Q 正传》中的阿 Q 也处在这样一个社会思想环境中;《孔乙己》中的孔乙己是被这样一个思想势力吃掉的,《孤独者》中的魏连殳也是被这样一个思想势力吃掉的。《呐喊》《彷徨》的环境描写,主要是对这样一个具有高度统一性的封建社会思想环境的描写。

假若我们把《呐喊》和《彷徨》的环境描写,按照它在作品中的实际意义,理解为对当时中国封建社会思想现状的表现,那么,环境描写便在《呐喊》和《彷徨》中获得了重要的意义。这我们可以从人物相互依存的程度来考察。在《呐喊》和《彷徨》里,环境描写可以离开个性性格的塑造而独立生存,可以脱离开对人物性格的具体理解而具有自身典型概括的明确性,然而其中的人物却没有这么大的独立性,他们必须从反映社会思想环境的职能来理解,必须结合这个环境的性质和状况来理解。例如,《示众》这篇小说的本身便是环境的描写,它没有任何一个具有个性性格的人物形象,而在《长明灯》这类作品里,着重刻画的仍然是周围的社会思想环境,即使我们不理解"疯子"等人物形象的典型意义,他们所处的那个愚昧、落后、保守、守旧的社会思想环境也是一目了然的。相反，在《呐喊》和《彷徨》里，没有一篇只有人物没有环境的小说。它们的多数人物形象，还必须紧密结合他们所处的具体思想环境来理解，否则他们便是毫无意义的，甚或会转化为另外一种色彩的人物形象。假若不从揭示封建思想环境的意义上观察、分析《狂人日记》中的"狂人"，鲁迅塑造一个病好后便去做官的精神病患者的人物形象便是毫无意义的；而假若脱离开涓生所处的具体环境，他便会被视作陈世美式的负心汉形象，便是坑害了子君的坏人。严格说来，鲁迅所选取的人物典型在很大程度上只是封建思想环境的试剂，谁能在更充分的意义上试出这个环境毒性，谁就可以进入《呐喊》和《彷徨》人物形象的画廊。

鲁迅是怎样揭示这个思想环境的呢？我认为，我们可以将《呐喊》和《彷徨》实际运用着的艺术方式归纳为下列四种：一、直陈式；二、单向测试式；三、双向测试式；四、倒转式。

所谓直陈式，是说把封建思想、封建伦理道德控制下的社会思想环境通过典型的生活画面做直接的陈列展览，其中没有悲剧主人公，没有人物的具体生活命运，甚至也没有居于显著地位的主要人物，只让这个环境本事表演它的愚昧和落后、保守和守旧、冷漠和歹毒、巧猾和麻木。其中最典型的是《示众》；《药》《风波》《长明灯》严格说来应当归于这一类；《故乡》则兼跨一、三两类，属于过渡形态。

在这类作品里，鲁迅的描写技巧得到了最充分的表现。刘大杰说："在日本有人称芥川龙之介氏，为技巧派作家，读过他的《鼻子》《猴子》《罗生门》的人，都会知道他描写的技巧。在中国可称为技巧派的作家的，只有鲁迅。《示众》一篇，可视为代表。"它之所以格外鲜明地表现出了鲁迅的描写技巧，就是因为它没有贯穿始终的公开矛盾、冲突，没有主要人物和人物的经历，没有故事性的情节，写的只是一个场面，一个环境，可以说除了描写的技巧之外，没有任何可资利用于吸引读者的东西。但它却写得不枝不蔓，错落有致，不滞不浮，深沉而又风趣盎然，并且描写的深刻，笔锋的锐利，可谓入木三分。它让我们看到了一片精神的大沙漠，在这个大沙漠里，充斥着一个个惘然感到焦渴的心灵，堆积着一堆堆干枯空虚的灵魂。

环境描写，没有故事情节的牵引，没有具体人物命运的推动，要想做到不滞腻、不呆板，也要像有故事情节和人物命运的描写那样，能够唤起读者某种隐秘的期待心情，只有让读者产生这种希望获得满足的期待心情，只有让他们在环境描写未结束之前一直维持着这种期待心情，他们才会兴趣盎然地读下去，直至终卷。《示众》的基本情节基础便建立在读者对街头人众之所以有味地观赏示众者的明确目的性进行了解地期待而这些人根本没有这种目的性的矛盾对立中。鲁迅时时注意挑起并维持读者的这种期待心情，从而将他所要展开的画面充分展开来，但直至最后，他也没有让读者的这种期待心情得到满足。在这不得满足的失落感中，在这莫名其妙的困惑心情中，鲁迅让人们深切地感到了街头人众的空虚和无聊、可悲和可笑，感到在封建思想意识的笼罩下整个社会思想的沉寂和荒凉、整个精神世界的干燥和枯焦。小说一开始，鲁迅着意渲染了夏日街头的寂寥和酷热，让读者感到在这沉默中可能要发生某种突然的事变，感到这种虚空需要有某种充实的东西来填充。事变似乎真的要发生了，卖包子的小孩子"像用力掷在墙上而反拨过来的皮球一般，他忽然飞在马路的那一边了"，接着出现了一个被警察押解着的示众者。这时，读者希望知道示众者的原委，他们静待着鲁迅对攒集而来的人众的描写，以为这将是有原由的。秃头弯了腰细心研究示众者背心上的文字了，读者满以为他们希望知道的东西就会得到解答，然而想不到他却是一个不通文墨的家伙，只念出了一些莫名其妙的单字。在这继续的期待中，鲁迅又展开了对围观人众的描写，可鲁迅又不想使过于冗长的描写懈怠了读者期待的心情，他又一次让一个工人似的粗人提出了示众者犯了什么事的疑问。他的问话仍没有得到正面回答，反而被人盯得局促不安、悄悄溜去了。至此，读者已经知道，他们之来看示众，并不因示众者的"犯罪"缘由，但还希望知道他们会看出什么真正有趣的事情。"巡警，突然间，将脚一提，大家又愕然，赶紧都看他的脚"，读者也以为真的会发生什么变故了，可是他重新放稳了脚，接着鲁迅又转入了围观群众本身的描写。直至散场，在示众者身上始终没有发生什么变故，始终让读者感到街头人众挤来拥去是毫无意义的、毫无缘由的。期待的落空转化为对街头人众行为的思考，《示众》也便以此结束了。唤起期待、维持期待，必要时转移期待，是长篇环境描写能够吸引读者的必要条件，《示众》的描写技巧首先表现在这里。

环境描写的对象是散乱的、纷杂的，它不像故事线索那么明确、集中，也不像一个人物的描写那么单纯、直接，但它必然必须做到纵横交错而不陷入杂乱，头绪纷纷而有线索可寻。鲁迅在《示众》中写了一个街头人众熙熙攘攘看示众的杂乱场面，表面看来像乱麻一团，茫无头绪，而鲁迅却独能逶迤写来，从容不迫地完成了这个杂乱场面的描绘。鲁迅主要运用人物之间的蝉联，在完成了街头酷热沉默景象的描绘之后，便直接引出了卖包子的胖孩子这个人物，由这个人物引出另一个人物，又由另一个人物引出其他人物，这样七绕八缠，绕出了一个场景，缠出了一个画面，用自然绵延着的时间的长度开拓了场面的阔度。在人物之间的蝉联、传递中，它不是串珠形的直线前进，而是有回溯、有涡漩，它从一个人物转出，经过一个或数个人物，可能又回到这一个人物，继又由这个人物引出另一个新人物；在传递、蝉联的过程中，鲁迅也不长久地停留在一个人物上，而是迅速地引出，迅速地抛开，有时同时有数个人露面，但又一闪即逝。这种写法，避免了直线形发展给人带来的纵向性，使人感到的不是一个前有因、后有果、蜿蜒前进的线性过程，而是纵横交错、杂乱纷呈的一个复杂的场面。这种写法，既保持了描写对象本身的固有面貌，又做到了脉络清晰、线索鲜明，很好地组织起了这个场面的描写。

……

在描写的技巧上，《风波》同样堪称超群拔俗之作，它较之《示众》，多了一点故事因，有了一点事件的线索，但同样组不成完整的故事情节，人物处于并列关系，主要是场面的描绘和当时社会思想环境的展示。《药》较之《风波》有了更集中的情节线索，但人物的关系仍难分主次，"华"、"夏"两家组成的是整个中国社会意识形态的现状，着眼的是暗线中夏瑜这个人物所处的社会思想环境。由于这个思想环境的性质和影响力量，致使他几乎是白白地捐弃了自己的性命。

如上所述，环境和人的对立是《呐喊》和《彷徨》中许多小说的主要矛盾和主要情节基础。在这时，环境描写和主要人物的描写成了交互为用的因素。一方面，在环境具体化的过程中，"揭开冲突和纠纷，成为一种机缘，使个别人物现出他们是怎样的人物，现为有定性的形象"；另一方面，特定思想、特定地位、特定地位的人物的投入，使封建思想环境由静态转化为动态，现为具体的环境。由于这些小说环境和人物的直接的对立性质，使环境描写更加直接和深入地渗透进了人物的具体描写中去。这好像在其他以人与人的对立为基本情节基础的作品中，此人的作用直接表现在彼人的言语、行动和思想变化中一样，环境的性质和作用，在《呐喊》和《彷徨》的许多篇章中，常常不仅仅表现在环境描绘本身，而完成于在它压迫下的人物描绘中。就这个意义而言，人物的具体命运测试着它所处的社会思想环境的性质和作用。

读小说，对故事情节的分析，对人物形象的分析，对小说技巧的分析，固然重要，但都比不上对环境的分析，只有对环境有了深刻的理解，才可能深刻地理解作品。写小说也是这样，故事情节的组织、人物形象的刻画、结构上的精心安排固然重要，但写不好环境，就不能深刻地表现社会人生。这篇文章对《呐喊》《彷徨》的"封建思想环境"作了系统全面的探讨，概括指出鲁迅小说的思想环境描写运用的几种方式，明确指出鲁迅小说的思想环境不仅是人物活动的物质空间，也不仅仅是人物所处的政治、经济环境和自然环境，这对于我们读小说写小说是很有启示的。

## "隐伏的悲痛"
### ——《边城》内蕴新探

**林分份**

我作品能够在市场上流行，实际上等于买椟还珠，你们能欣赏我故事的清新，照例那作品背后蕴藏的热情却忽略了，你们能欣赏我文字的朴实，照例那作品背后隐伏的悲痛也忽略了。

——沈从文

《边城》被许多读者看作是"一部证明人性皆善的著作"。"边城"这个词在许多读者心中，已经凝定为"湘西人性美"的文化概念，然而深入考察我们就会发现：这种说法仅仅看到了作品中美丽的光环，而人物的非正常死亡、离家出走、爱情破灭等故事的阴影却被人们所"忽略"。这也许就是作者所说的"买椟还珠"。

### 一

《边城》描写了一幅民性淳朴的风格画，生活在那里的是"一群未曾被近代文明污染"的"善良的人"，发生于其间的爱情，更因为男女双方特有的符合乡下人审美标准的形貌以及灵魂的相互吸引而具有浓厚的审美意蕴。鉴于此，似乎可以如刘西渭（李健吾）先生所说："……在这纯真的地方，请问，能有一个坏人吗？在这光明的性格，请问，能留一丝阴影吗？"然而，在这充满善与美的"世外桃源"里，发生的却是一场以悲剧告终的爱情：翠翠孤寂地守在渡口等待傩送的归来，而傩送"也许永远不回来了，也许明天回来"。留下的是凄凉的余韵，是生死契阔、会合无缘的感伤。酿成这场悲剧的原因是什么？多数论者把它归结于天保泡坏的偶然因素，以及迫使老船夫做出"老而好事"的举动的社会因素——封建宗法和买卖婚姻。这种说法有理有据，似乎已把握了悲剧的全部构因，然而仔细一推敲，我们会发现，它仅仅抓住了悲剧构因的客观方面，而把主观方面——在爱情中起决定作用的顺顺及傩送的心理缺陷相对忽略了。

边城的人民是人性美的代表,但这并不意味着他们是十全十美的,诚如作者所说:"生活有些方面极其伟大,有些方面又极其平凡;性情有些方面极其美丽,有些方面又极其琐碎。"湘西的人生具有"人与自然契合"的一面,但也"充满了原始神秘的恐怖","野蛮与优美"交织在一起。这种处于待开发状态的原始自在的人性,不可避免地有其阴暗的一面。翠翠与傩送的悲剧正好把这阴暗的一面暴露出来,那就是边民纯朴健康人性下潜藏着的几千年来民族心灵的痼疾——天命的迷信思想。他们以为祸患都渊源于冥冥之中的因果报应,对于一些他们无法解释的祸患,总把它们与人的言行生硬地联系起来,认为人的言行悖于常理势必惹来祸患,于是由猜疑、误会而产生隔膜,甚至最终酿成悲剧。正是这一心理痼疾,使顺顺父子不自觉地充当了悲剧的制造者。先是"船总性格虽异常豪爽,可不愿意间接地把第一个儿子弄死的女孩,又来作第二个儿子的媳妇"。再是傩送虽然面临爱情与金钱抉择时选择了爱情,却未能向着翠翠再靠近一步,并只身下了桃源。于是,老船夫对于翠翠的美好将来的希望无形中被顺顺父子的不自觉的冷漠毁灭了,他的生存意志也随之被摧毁,终于在雷雨之夜完成了他一生的航程。而翠翠终于只能孤零零地守在渡口,等待不知归期的心上人的归来。什么时候,顺顺特别是傩送本人战胜了心灵的痼疾,消除了由迷信导致的隔膜,什么时候有情人才能终成眷属。然而要抹去这人性的阴暗面着实不易,顺顺特别是傩送本人能否突破这一心理障碍殊难预料,这一切只能由时间来回答。

## 二

沈从文在谈及《边城》时曾说:"我要表现的本是一种'人生的形式',一种'优美、健康、自然,而又不悖乎人性的人生形式'。"准确理解这段话是把握作品内蕴的一条重要线索。多数论者在立论时往往对"不悖乎人性"视而不见,而只抓住"优美、健康、自然"等亮丽的词以及作品所显现出来的美丽光环,得出《边城》所要表现的是一种"理想的人生形式",所要赞颂的是"人性美"等论断。我认为这是片面的。在沈从文的社会思想和美学思想中,"人性"是一个极重要的概念,是统领其小说内容的灵魂,正如作者所说:"我只想造希腊小庙……这神庙供奉的是'人性'。"他的"人性"的内涵也不仅仅是多数论者所理解的"美的人性",而是一种"金子与沙子并存"的客观实在。作品所要表现的人生形式虽具有理想的特点,但并没有完全理想化,而是一种现实的自为自在的人生形式——自然,美好而又杂有"沙子"的人生形式。

当然,仅仅根据创作谈来探讨作品的内蕴是不够的,诚如劳伦斯所说:"永远不要相信艺术家,而要相信他笔下的故事。批评家的作用在于从创作故事的艺术家手中拯救故事。"批评的关键是以作品为依据,透过作品所提供的人生视景、特别是人物的性格心理等挖掘其内蕴。不可否认,《边城》以大量的篇幅对湘西人性美进行热情的描绘和讴歌,从而体现作家对"理想的人性形式"、对生命自由的追求,但这毕竟只是作家的美好意愿,不能代表作品的全部内蕴。事实是,《边城》的结尾是个出人意料的变奏,一个特定的结局,却也是现实意义上的悲剧。诚如多数论者所说,这个悲剧显示了人生在生命瞬间的不确定性。但这并不是作品的最终旨归。这种不确定性既是偶然事件所致,也是主观的人为因素所致,即人物不自觉的、无意为之所产生的破坏性行为。作品故事的主干及结局旨在通过这种"命运的不确定性",揭露美好人性的阴暗面——深潜于民族心灵的痼疾。正是这种痼疾,在关键时刻兴风作浪,最终成为主宰人物命运的因子。沈从文是明了全部事变中的悲剧因子的，但他对"人性向善的发展"的追求，又使其不忍心过于痛揭人性的阴暗面，不忍心将人物的命运推向悲剧的结局，他渴望笔下的小儿女能够获得一份合理的人生安排，因此不惜花费大量笔墨来表现人性人情美的一面。然而，即使他使人物越过了现实的障碍，漠视封建宗法和金钱势力而追求自由爱情，却无法擦去传统天命的迷信思想投在纯朴人性中的阴影。由于这阴影，他笔下的儿女们终于产生了隔膜，演出了一场不知归期的悲剧。这是作者所不愿见到的，却是无法避免的现实。这就是"作品背后隐伏的悲痛"。

### 三

美学家桑塔耶那曾把艺术表现分为彼此相关的两项："第一项是实际呈现出的事物，一个字，一个形象，或一件富于表现力的东西；第二项是所暗示的事物，更深远的思想感情。"我们考察沈从文小说的内蕴就可以明白这一点。湘西的人生是沈从文小说着力表现的重要部分，对于下层人民，沈从文侧重表现蕴藏在他们身上的勤劳、勇敢、正直、善良而又淳朴的品德，努力挖掘他们身上的人性美，并在他们身上寄托着重塑民族品格的理想。他发掘了湘西乡村社会人性的金子，同时深谙这种处于原始自在状态的人性所具有的迷信、愚昧的缺陷。这种缺陷是美好人性的阴暗面，具有不可忽视的破坏性作用。当它发作时，势必破坏人们自为自在的和谐状态，成为"人与自然契合"的阻力。《边城》的爱情悲剧正是这种缺陷作用的结果。至此，《边城》的内蕴所呈现出来的就不是单一的"证明人性皆善"或揭露人性的阴暗面，而是展现人性的阴暗面与"人与自然契合"的对抗关系，以及在这种对抗中人类所受到的惩罚，启发人们通过对这种惩罚的认识，从而"能够追究这个民族一切症结的所在，并弄明白了这个民族人生观上的虚浮、懦弱、迷信、懒惰，由于历史发生的影响，我们已经受了什么报应，若以后再糊涂愚昧下去，又必然还有什么悲惨场面……为这个民族自存努力上，能够尽些什么力，且应当如何尽力"。

（选自《名作欣赏》2000 年第 4 期）

这篇赏析，作者着重谈了自己对《边城》的理解，这对于我们是很有启示的。

## 第六节　短篇小说的写作

小说的思维方式是虚构，小说的文体重心是个体化的生命体验，小说的基本元素是情节，小说的基调是叙述。学写小说一般要从短篇、微型小说入手。

短篇小说指三千字到一万多字的小说，它是一种从局部把握整体，以局部反映整体的小说艺术。

在我国，比较传统的观点，认为短篇小说是一种截取生活横断面的艺术。最早提出这种观点的是胡适。他认为："短篇小说是用最经济的文学手段，描写事实中最精彩的一段或一方面……譬如把大树的树身锯断，懂植物学的人看了树身的横断面，数了树的年轮，便可知道了这树的年纪。"新中国成立后，许多研究者及一般教科书中，均沿用了这一观点。"截取横断面"确实概括了一部分优秀短篇小说的特点。例如，被誉为 19 世纪三大短篇小说家之一的契诃夫，他在写作短篇小说时，就特别善于将复杂的生活拦腰一刀截断，撷取一个五光十色的横断面来表现人物。通过"一个场面"让读者去了解事件的前因后果。如他的优秀之作《变色龙》《凡卡》《渴睡》《胖子与瘦子》《苦恼》《老爷与小姐》，都是写的"一个场面"。但把短篇小说定义为"截取生活横断面"又不尽符合创作实际。因为还有相当一部分的短篇小说（如中国古代的短篇小说，莫泊桑、欧·亨利的短篇小说，以及契诃夫的一些小说），它们不是写生活的横断面，而是写人的一生所历，甚至几世遭逢，具有纵向发展的特点。如果严格按"横断面"论定，这些出色的短篇精品，都不能算短篇小说了。这样做未免有点削足适履。

另一个有影响的观点是"片断"说。提出这种观点的是茅盾。他认为："短篇小说主要是要抓住一个富有典型意义的生活片断来说明一个问题或表现比它本身广阔得多、也复杂得多的社会现象。"有人进一步发挥说：短篇小说往往只截取生活中富有意义的片断来表现社会生活，有时候，作者为了表现人物较长的生活遭遇，写了事件的纵向发展，其实不过是"几个片断的连缀"。"片断"说比"横断面"说更宽容，但理论上也有含混之处。因为从宏观上看，任何小说都不能照录生活全体，都要有所截取和选择，从这种意义上看，说长篇小说、中篇小说是"截取片断"、"连缀片断"也未尝不可。

还有一种"纽结"说。有人指出："现实生活中的关系是非常复杂的，而且往往夹缠在一起，其中有大的矛盾，有这方面与那方面的矛盾，也有内部与外部的矛盾，然而仔细加以观察，往往自成一个纽结，也就是一个单位或个体。对作者来说，取用那个大的纽结，就是一个长篇，取用那个小的纽结，就成为一个短篇。这里并没有什么横断面和整株树干等等的分别存在"。"纽结"说的好处是避免了时空上的机械划割，试图从"质"上说明短篇小说的特点。在他看来，短篇小说写"小纽结"，既可以作横向断面的展示，也可以作纵向的剖示，还可以将两者交织，这种说法较好地概括了"纵向式"、"横断式"短篇小说的特点，但也有不科学之处。一个短篇，或一个长篇，是否只写一个"纽结"姑且不论，所谓"大纽结"、"小纽结"，实在是没有一个科学的标准加以衡量。

传统的短篇小说定义还没有来得及斟酌完善，新时期以来短篇小说创作的空前繁荣已使传统定义感到无所适从。这个时期以来，各式各样手法的短篇小说纷呈迭出，各式各样品类的短篇小说层出不穷：有的重在再现，有的重在抒情；有的强化故事，有的淡化情节；有的打破物理时空，有的讲究角度变换；有的重在性格刻画，有的讲究色彩、情调、意境、韵律。像意识性小说、心理印象小说、氛围小说、散文化小说，等等，已远远不是传统定义所能概括！

短篇小说可以说是最富于变化最活跃的一种文体了，它在任何时候都在寻找和拓展着自己的形式与位置，它就像水这种精灵一样，无形无状，因河床的不同，而随时变幻着各种姿态。当代作家王蒙曾深有感触地指出："短篇小说总是来自对生活的剪裁和加工，而剪裁加工的方法是无穷无尽的。如果生活是一个大西瓜，那么短篇小说可以说是一粒西瓜籽，也可以是一片一角瓜，还可以是铜勺挖下来的瓜心最甜的一部分；可以是糖腌的瓜条，也可以是挤出来的西瓜汁。即使都是用刀切下来的瓜肉，由于刀法不同，形状也会千奇百怪。所以说，没有比短篇小说更多种多样的了。"

面对日益发展、多姿多态的短篇小说，固守于传统定义已大没有什么必要了；如果一定要给短篇小说下一个定义，我们认为，所谓短篇小说，首先它必须是一种小说，也就是说，不管它如何地变化、创新，它必须具备人物、情节、环境这三个基本的小说要素；其次它的篇幅应该在二三千字至一万多字之间；由此，它的人物不多，情节集中，环境相对简明；另外，它虽然短小，还应该以小见大，在简短中见丰富。

任何艺术体裁，就其本质说都是作家、艺术家把握社会、把握人生的一种方式；因其体裁的不同，也带来了把握方式上的不同。长篇小说因其篇幅的宽裕，更便于丰富地、立体地、细致地反映生活，所以，总体地把握生活，总体地反映生活，是长篇小说最鲜明的艺术特征。它不是表现生活中的几个"点"，或是几个"片断"，而是再现完整的历史进程、历史阶段，描绘人生的长河，以"整体"反映"整体"。中篇小说的容量虽不及长篇，但在篇幅上，它可以超过短篇几倍，甚至十几倍，因而它在把握生活、反映生活上，也颇具"规模"。短篇小说由于篇幅的限制，它在反映生活方面不可能像中、长篇那样"四面出击"，而只能以"小"取胜，以"巧"取胜。如果它在反映社会生活方面，也试图像中、长篇那样求"全"、求"面"，势必模糊了自己的艺术视野。因而，短篇小说反映生活，总是通过局部——无论这个局部是一个"场面"、一个"片断"，或是无数"心理细节"、"心理片断"的连缀——来把握生活、反映生活。

因为短篇小说只能通过局部来反映整体，通过个别来表现一般，因而，在截取生活、布局谋篇、语言表达方面，它就特别需要技巧。

短篇小说容量虽小，但容量小不等于肤浅，它要小中见大，微中寓深，以一当十，通过简明的"局部"，反映丰富的"全体"。因而它特别讲究选材和开掘，要求作者披沙拣金，独具慧眼，开掘提炼，能从"局部"洞察全体。

短篇小说篇幅虽短，但并不意味着可以随手涂鸦，粗糙草简。相反，它特别讲究方寸之间，匠心独运。如果说长篇小说犹如崇山峻岭，其沟坎角落处纵有些许粗糙、不雅，也不会影响全局的伟岸；如果说中篇小说如苗圃园林，于花团锦簇巧夺天工的设置中，尚允许些微瑕疵；短篇小说则有如盆景微雕，技术上的微细破绽，设计上的少许平庸，都会使整体篇章受到极大影响，甚至危及其生命。

美国著名短篇小说家、诺贝尔文学奖获得者艾萨克·辛格曾指出：一个平庸的作家有时能创作一部不坏的长篇小说，但却不能写出一篇优秀的短篇小说。短篇小说比任何创作更需要才能和技巧。辛格所言，实为一个杰出的短篇小说家的经验之谈。短篇小说的创作要点可概括如下：

## 一、以人物为本位，精心组织故事情节

纵观小说艺术的发展，大致经过了三个阶段。第一个阶段，是以情节为作品重心的阶段，可称为生活故事化的展示阶段。这个阶段的小说，基本上以情节吸引读者，虽然也刻画人物，但人物不是作品的重心。第二个阶段，是以人物性格为作品重心的阶段，可称为人物性格的展示阶段。这个阶段的小说，作品重心由情节转到了人物。第三个阶段，是以人物内心图景为重心的小说，可称为"内心世界审美化的展示阶段"。这个阶段比起第二阶段来，已彻底摆脱作家讲故事的格局，作家一般不直接再现人物的环境、人物的行为、人物的性格以及人物的关系，而是通过描写人物自身对外部世界的主观感受、自由联想、感情冲突、心理冲突等直接展示人物的内心图景；在展示中，也可以看到人物的经历，人物所处的环境，人与人的关系，但主要的是使人们看到灵魂深处的矛盾内容。人物内在的心理活动成了作者所要表现的中心。所谓心理小说，即指这一类小说。（注意：小说发展的三个阶段，是就小说艺术的发展而言的，如果横向考察，在现阶段小说创作中，这三类小

说是同时并存的。)

　　人物、情节、环境是构成小说的三个基本要素。正因为具备了这三个要素，小说才得以从寓言、史传文学中脱颖而出，发展为一种独立的文学样式。在处理三个要素时，有时不免有所侧重：或侧重于情节，或侧重于环境，或侧重于人物性格，或侧重于人物心理，于是便衍化为情节小说、性格小说、意识流小说、氛围小说。

　　以故事为主体的小说，它侧重于故事的生动性、曲折性、完整性。作者往往只选取生活中那些故事色彩很浓的部分加以表现，或是将普通生活加工得故事性很强。这类小说注重故事首尾的衔接照应，情节节奏与密度的合理控制，矛盾冲突过程中的悬念设置，巧合、误会等手法的运用。它往往通过细针密线穿缀情节，使读者获得清晰的时间感与空间感；同时使必然性在偶然性中得到巧妙的显现，使情节合乎情理又出乎意料，从而产生一种引人入胜的魅力。因为情节总是通过特定人物在特定环境下的行动加以发展变化的，情节小说并非只有情节没有人物、环境，它也有人物的刻画、环境的描写。一些优秀的情节小说，也塑造了许多性格鲜明的人物形象。但从整体上考察，存在着重故事、轻人物的倾向。由于作者写作中以事件为结构中心，人物往往处于被故事支配的地位。为了事件的完整、连贯，有时难免让人物迁就情节，让情节牵着人物走；由于小说注重的是情节的生动性、曲折性，在情节发展上闪展腾挪，纵向推进，人物形象便常常显得单薄、平面，使人物复杂丰富的性格淹没在简单化、类型化的描写之中。尽管情节小说存在着种种的不足，但其独特的艺术价值是毋庸置疑的。我国古代著名的文学家冯梦龙曾托名绿天馆主人在《古今小说序》中指出："试令说话人当场描写，可喜可愕，可悲可泣，可歌可舞；再欲捉刀，再欲下拜，再欲决胆，再欲捐金；怯者勇，淫者贞，薄者敦，顽钝者汗下。"意大利《十日谈》的作者薄伽丘也说："虚构的故事的美能吸引那些哲学证明和辞令说服所不能吸引的听众。"写作情节小说，要善于编造故事，但不能为编故事而编故事；更不能一味追求离奇古怪的故事。小说的故事情节应该负载一定的社会历史内容。同时，在展开故事情节时，应该注意适当的性格刻画，不能见事不见人，让故事牵着人物走。

　　性格小说是以刻画人物性格为主的小说。它的中心是塑造具有典型意义的人物形象。作品中人物性格的展示，成了情节发展的基本动力；作品中的环境，成了人物性格表演的舞台。环境的描写，情节的展开，都是为表现人物性格服务的。性格小说强调塑造人物，强调性格描写和性格复杂性的充分揭示。作者不仅写人物做什么、怎么做，而且还注意描述人物为什么这样做、人物这样做的性格因素，以表现人物的命运。作者不仅写人物的外在行为，还注意揭示人物复杂丰富的精神世界。在小说三要素中，它以人物性格为本位。性格小说往往将人物、情节、环境有机地融为一体，让典型性格在典型环境中显现，在典型环境中塑造典型性格。如果说情节小说主要是以情节吸引读者、负载社会生活内容、表现主题的话，性格小说则是以性格吸引人，以性格表现社会生活内容，表现作品主题。性格小说的出现和勃兴，源于作家对"人"的审美认识的深化。在欧洲，19世纪浪漫主义和现实主义作为新的文学思潮、美学思潮相继形成独立的体系，重视个性的典型论得到较大发展，在艺术实践中也影响到小说结构形态的变化，促成了性格小说的发展。在我国，"五四"运动以后，性格小说得到较大的发展，无论是创作实践，还是理论研究，都取得了突破。文学乃是个性的王国，性格理所当然地应该成为作家表现的中心。从古今中外的文学实践来看，共同的时代和民族特色，并没有消溶作家的个性差别和他们笔下人物的性格差别。有作为的文学家，总是孜孜不倦地去追求和探索，寻找典型性格，寻找塑造和表现个性的艺术方法，以完成自己的艺术个性。惟其如此，才有可能卓然成家，独树一帜，才能开拓出新的艺术世界。正因为如此，性格小说的创作，往往成为一位小说家的艺术是否成熟的重要标志之一。这也就更加促进了性格小说创作的繁荣，提高了性格小说创作的价值与地位，逐步确立了以性格小说为主流的、多样化发展的小说创作新局面。学写性格小说，平时要注意观察各种各样性格的人，要注意掌握典型化的创作方法。

心理小说，是指以人物心理世界为描写中心的小说。平时所说的心态小说、心理印象小说、意识流小说，均可看作此类。心理小说的产生，与人们探索心灵的需求密切相关，也与现代心理学的发展有一定联系，心理学家詹姆斯提出的"意识流"，弗洛伊德提出的"潜意识"学说，都对心理小说的兴起产生了很大的影响。心理小说以表现人物内心图景为中心，故事的叙述不是按时间顺序直线前进，而是随着人物的意识活动，通过自由联想来组织。情节的安排和衔接，一般不受时空或逻辑关系的制约，往往表现为时空的跳跃、多变。前后场景缺乏时间、地点的逻辑联系。时间上常常是过去、现在、将来交叉重叠。它常以一个正在进行的事件为中心，通过触发物的引发，人物的意识活动不断向四面八方发散出去，通过跳跃、流动的意识将许多生活片断绵延连缀起来。它对人物的描写重神不重形，重情不重理，重心不重行，它往往运用内心独白、自由联想、内心分析、感官印象、梦幻等手法，来表现客观事物所引起的人物内心世界的意识活动，折射外部世界。中国当代心理小说吸收和借鉴了西方"意识流"小说的一些基本手法，但两者是有着明显区别的。西方"意识流"文学，着重表现的是人物非逻辑、非理性、模糊散乱、瞬息万变的意识以及不自觉的潜意识，着重表现的是人的某种本能，人物、情节往往淹没在一片朦胧的主体印象和心理色彩之中。中国当代的心理小说虽然也写人物的意识流动，但并不着意于描写人物的本能与潜意识，而是试图通过人物意识的流动，折射出一定的社会生活内容和思想意义。它描写人物的"意识流动"，基本上是"流"向人物，"流"向情节，"流"向主题。心理小说在揭示人物心灵世界的深度广度上，确实要比一般小说见长。它以人物的心灵为聚光点和结构的轴心，按照人物意识流动的轨迹重新组织生活画面，也便于作家剪裁更为广泛、丰富的生活。同时，一个引人入胜的故事一旦经过"意识流"的重述，客观现实的故事轮廓将返身投射于意识屏幕之上，各部分的明暗、虚实、远近、大小以及形象总体秩序无不因为主观感触方式而重建。因而，它为小说艺术提供了一种新的叙述方式，丰富了小说艺术。但心理小说也有它的局限。由于它着意于刻画人物的意识世界，人物想什么、怎么想的往往很清晰，而人物外在的形象特征往往变得很模糊。同时，过于执著于人物意识的瞬息万变，往往会失之零散。写心理小说，人物心理细节的展开要具有典型意义，人物意识的流动要符合心理规律，不能随心所欲、信笔涂鸦。

氛围小说是指侧重描写环境氛围的小说，也称环境小说。它通过对特定的社会环境和氛围的描述和渲染，表现具有时代普遍性的人的精神面貌和生活情趣，以反映社会现实，表达作者对生活的认识和态度。在这类小说中，环境成为结构的中心，人物与事件退居从属地位，作品的意旨主要不是依靠人物性格的塑造与完整的故事情节的叙述来完成，而主要是借助环境的展示来实现。它的情节较为简单，不注意交代人物的关系和事件的来龙去脉，没有波澜起伏的情节变化，人物较多，一般没有主人公，人物外形模糊，行动性不强，不注重刻画性格。它或是客观地描画出某种社会场面、自然景观或人物表现，或是将主观感受与客观环境融为一体，通过整体氛围或优美意境感染读者。它的写作，要表现特定时代的氛围、情绪和色调，注意诗意的追求和开掘。

以上介绍了几种基本的小说，各类小说各有侧重，但无论哪种小说，情节都是不可缺少的。近现代小说，较多地摒弃了由叙述人完整描述故事的单一方法，往往打破故事情节的顺序结构。但各种技巧的运用，使作品依然保持了时序的连贯性和情节的完整性。即使是表现"意识流"为主的心理小说，表面上时空颠倒，过去、现在、未来交杂无序，时代氛围、人物场所、具体环境穿插叠映。但根据小说人物的意识流向和事件的因果关系，情节在变化中依然是完整一体的。当代作家王蒙曾指出："所谓没有情节的小说，实际上是用一些小的情节代替了总的情节，绝对没有情节的小说是不可能的。"有的评论家说他的小说"无人物、无冲突、无情节"，他回答说："那岂不是同画符差不多了？其实我没有写过什么'三无'小说，我写的都是有人物、有冲突、有情节的"。"所谓无人物、无冲突、无情节的小说我是不相信的，我也从来没有那么做过"。

小说创造的是一个虚拟的世界。它所建构的虚拟世界与我们所在的现实世界无法——"对号入座"。从这一意义上说，小说与散文的最大区别，就在于是否虚构。小说主要通过虚构来表达个体化的生命体验。作家们写小说，情节设置上一般呈两种倾向："强化"或"淡化"。情节"强化"的小说，作者常常利用尖锐的、惊险离奇的情节来表现人物性格，作者往往将人物放在尖锐、严酷的矛盾斗争中加以磨炼和考验，造成紧张、激烈、大起大落的气氛和戏剧性的高潮。这类小说，其好处是吸引人，扣人心弦。缺点是过分强调巧合，多少丧失了一些真实感，让人一看就是"戏"，太戏剧性了，往往丧失了生活的开阔感和高瞻远瞩的距离感。有时候，过分强调情节，也会使人物在情节的安排下无所作为，使人物性格难以表现。情节"淡化"的小说，不写那么多的巧合、偶然、生死矛盾、巨大的悬念，而是力求写生活本身的丰富多彩、平凡朴实，写平凡中的意义。如孙犁的《荷花淀》，几个农村妇女以送衣为借口，想去淀里部队上探看丈夫，小船划到半路，遇到鬼子兵，她们躲进荷花淀，鬼子船追上来了，男人们正埋伏在淀里，把鬼子船炸沉。作者写打仗，只用一百来个字，却把注意力放在白洋淀水乡美丽自然景物和水乡妇女之美的描写上。情节淡化的小说，其好处是保持了生活的自然本色，但处理不好，极容易写得松散乏味。严格说来，所谓"强化"、"淡化"，只是作者不同的美学追求，并不决定作品本身的质量。好的情节，无论"淡化"或"强化"，都应做到真实、生动，写出人物性格，展示出一定的社会生活内容。虚假的、老掉牙的故事，是谁也不愿意看到的。肤浅的，脱离人物实际、不能反映社会生活内容的情节，也是谁也不愿意看的。

作家们写作短篇小说，一般情况下，往往是从特定的生活感受出发的。作者在现实生活中，被某些事件、某些人物打动了，觉得这些感触，能够写成一篇短篇小说，于是在此基础上，提炼出比较完整的情节。写作中常见的提炼情节的方法有以下同几种：

（一）依据主干，充实血肉

作者在生活中发现某一事件，这事件比较完整，又有一定意义。作者对这样的事件往往不作大的改动，而是充分调动自己的积累，来充实、丰富这一事件。如王蒙谈到《说客盈门》时，曾指出，这篇小说的故事梗概就是听来的，"为了解雇一个工人，或是为了处分一个工人，在短短几天内就有二百多人来当说客"，作者写作时，只把说客的人数改为199个，故事梗概并没有作什么改动，而是充分调动自己的生活积累，将这个故事情节充实、丰满，使它灌注血肉。

（二）改头换面，更置关键

作者在生活中见到或听到某个故事，觉得这故事很有意思，但某个具体环节还不够理想，于是把这个故事稍加改动。如果戈理《外套》的创作。有一次，果戈理和一些朋友闲谈，听到一个笑话，一个穷苦的小官吏，酷爱打鸟，他节衣缩食，积蓄二百个卢布，买了一支很好的猎枪。可他第一次坐船出去打猎时，猎枪被芦苇挡入了水里。小官吏十分痛心，回家便病倒在床，再也爬不起，后来幸亏同僚们凑钱买了一支猎枪送给他，才算救了他一命。果戈理后来写《外套》，利用这个笑话，把猎枪改为外套这一生活必需品，将芦苇把枪挡入水中改为行劫，将小官吏的命运改为一个悲剧，从而使故事情节更真实、更典型、更具思想意义。

（三）移花接木，糅和综合

作者将听到或见到的许多不同时间不同地点的人物、事件，通过加工、改造，将它们综合成一个有机整体。如短篇小说《卖驴》：孙三老汉误入火葬场，这不吉祥的兆头与他怕政策变化的疑惑一拍即合。他决定把驴卖掉，不想到市场后，遇到老兽医老尚，他不但用"神鬼鞭"给孙三老汉治好了驴的病，也给孙三老汉治好了头脑中的病，孙三老汉终于决定不卖驴了。据作者介绍，这个故事是两个生活素材综合而成的。一个是八九年前，在闲聊中听到一个故事，说某地一个老汉在拉脚回来的路上，因困倦在平板车上睡着了，毛驴拉着他往回走，半路上恰遇一辆驴车拉死人去火化，拉老汉的毛驴也一路尾随入了火葬场。老汉惊醒后十分气恼，把毛驴暴打了一顿。当他重新收拾缰绳准备回家时，不提防被惊惧的毛驴一脚踢在前额上，当场死去，结果真的被火化了。另一个生活素材，是作者蹲点时得来的。他认识了一位老兽医，这位老兽医出身富农，解放前家里养过不少骡马。牲畜病了，他喜欢细细观察，向懂行的人请教，然后自己摸索治疗，久而久之，积累了许多医术。解放后，他专门行医，以后在公社兽医站任站长，颇有名望，性格也很开朗。他的医术有许多独到之处，治牲畜脱胯即是一例。他既不用针药，也不用推拿，而是站在斜对面突然一鞭，使牲畜重心后压，借助本身的力量使胯骨自行复位。这两个故事本来风马牛不相及，但作者将两个故事加以改造、综合，便形成了小说的情节。

（四）依据情感，连缀片断

作者在生活中积累了许多生动的细节、片断，但这些细节、片断之间没有直接的因果联系。这时，作者往往通过自己思想、感情的线索，将它连缀成一个有机的整体。如史铁生《我的遥远的清平湾》，就是这样写的。从小说的局部看，一个一个片断好像是不连贯的、分散的，但总起来看，又有着整体感。据作者介绍，他写这篇小说时，没有着意去编故事，而是依据情感，让细节一个一个从心里流出来。

（五）依据因果，环环推导

作者在生活中，获得某个片断、某个场面、某个细节，觉得很有意思，又觉得缺乏相对的独立性，还不够丰满。于是，依据这个片断本身提供的可能性、暗示性、规定性，回溯、铺垫它发展至今的过程，猜测它发展的结果。如高晓声写《陈奂生上城》，据他介绍，最初引起他创作动机的，是他本人住进了高级招待所看到高级招待所与农民暂时贫困的差别，住一晚就要花掉一个农民近十天的工资。他感到这太悬殊了，于是想让一个农民到高级招待所去住一晚，让他在沙发上、高级床上和地毯上尽情体验一番、表演一番、比较一番。

于是他决定让"漏斗户主"陈奂生住进去。但是，陈奂生一般情况下是进不了城的，于是作者让他在政策开放以后进城卖油绳；卖油绳与高级招待所仍挂不起钩来，非要一个有地位的人介绍不可，于是引出了吴书记；那么吴书记为什么会介绍陈奂生住高级宾馆呢？这里一定得有特殊原因，于是设法让陈奂生生病；而且这场病必须来势重，好得快，所以就安排他患重感冒。陈奂生为什么会患重感冒呢？因为他没有买帽子。陈奂生住进了高级招待所，吴书记又急于去开会，于是，陈奂生就能够单独在招待所并且有充裕的时间去体验"高级"生活了。从作者构思的过程看，采用的就是因果推导法。

（六）依据性格，推导揣测

作者心中有了比较成熟的人物形象，构思中将这个人物放在特定的人际关系和环境中，依据人物本身的性格，去推测猜想人物会怎么做、做什么，从而构思出作品的情节。如契诃夫的《小官员之死》，写的是一个小官员在看戏时，不小心给前排座位上将军的脖子上溅了点喷嚏沫，他为此胆战心惊，一再向将军道歉，最后竟为此事被吓死。这篇小说的情节，就完全依据人物的性格推导出来的。换一个人物，如果是张飞或李逵，定会把将军吓死；换了阿Q，恐怕挨了将军一顿呵斥后，他会在心里暗骂"儿子打老子"，而自寻解脱。可是，在19世纪充满奴性的俄罗斯社会里生长出来的小官吏，他的命运，不仅是怕，赔情，而且是死。小说情节的发展，完全是人物性格发展的结果。一般说来，依据人物性格推导，与依据因果推导是有区别的。我们平时说的因果推导，指的是由原因到结果或由结果到原因的比较明显、直接的因果链条，它往往是单纯的、单线的，由一定原因，往往能推导出明确的结果，这里面并不包含着很多复杂的原因与变化。而人的性格是一个十分复杂的综合体，始终充满着各种各样的矛盾和斗争，往往因时而异，因人而异，瞬息万变，没有一成不变的模式与程序，比起单纯的因果逻辑更具有人物的丰富性与复杂性。

以上是常用的一些编织故事情节的方法，无论用何种方法，都应该处理好人物与情节的关系。通常的教科书，把情节定义为人物性格发展的历史，其实又对又不对。倘若"事缘人起"，"事以显人"，情节自然也就成了人物性格发展的历史；倘若编织情节时，见事不见人，把注意力集中在事件的趣味性、传奇性上，也就陷入了"为情节而情节"的恶障，很难成为"人物性格发展的历史"，很难登大雅之堂给人以深刻的美感。因此，好的情节，应该是人物性格发展的历史。

## 二、根据内容安排好小说的结构

短篇小说是一种以小见大、以局部反映整体的语言艺术，它选材要严，开掘要深，虽然不一定要重大的社会题材，但必须反映重大的社会意义。同时，它在结构安排上也应见出匠心，一丝不苟。

总的说来，短篇小说的结构安排，头绪不能过繁，过程不能拉得太长，人物不能过多，铺叙不宜过详，表达不宜和盘托出，高潮不能一个接一个。它应该凝练集中，以少显多。否则，极易写成压缩的中篇。

短篇小说的基本结构式样只有两种：一种是横切，一种是直缀。

所谓横切，也就是截取生活的一个横断面（场面），使情节和画面集中在很短的时空中，如鲁迅的《在酒楼上》。

所谓直缀，就是从较长的时间生活中，摘取若干个片断，紧针密线，连缀成篇，简要地展现人物的生活历程，如鲁迅的《祝福》。

横切的构思，重在切取一个富有包孕性的生活场景，就好比画家比框取景，取哪一部分，是至关重要的。如果能恰到好处，构思就获得了最大的成功。截取生活的横断面的写法，其长处是画面集中、紧凑，便于精雕细刻，易见精悍之功。但也有明显的短处，这就是难以再现人物在较长时间里思想性格发展变化的过程，也难以反映较为复杂的生活事件。这一不足，正好是直缀的优势。

直缀是多个片断的组合，它可以较为完整地展示生活的一个阶段，甚至可以概述人的一生。因此，这种构思的小说篇幅一般要长一些，容量也相对大些。它适宜于那些需要多方面地展示人物的性格特征，或者是表现人物性格的发展变化的题材。运用直缀组织小说，一是要注意时空的跳跃，二是要严格控制各种场面的展开，不能过分地细画细描。

短篇小说的"横断"和"直缀"，侧重于短篇小说的取材，各种材料的组织（包括"横切"和"直缀"），又衍化出不同的审美形态。

（一）情节结构

情节结构以事件的发生发展为结构线，小说的展开完全依据事件之间的因果关系，事件的发生往往表现为一系列的因果链，承上启下，环环相扣，关系紧密。巧妙的作者，往往将情节搓拧、颠倒，使读者产生陌生感、惊奇感，但小说仍建筑在一个相当完整的故事结构上。情节结构的展开一般有开头、发展、高潮与结尾，有的还有序幕和尾声。依据情节展开的线索，又可分为单线结构、双线结构、三线结构。单线结构往往是一人一事一线贯穿到底，情节单纯，其间间或有转折、曲折、升降等，但无论怎样地变化、反复，情节线索总是单一的。双线结构的特点是情节交叉或平行，前者如鲁迅的《药》，后者如《麦客》。《麦客》写父子俩一同出去打短工，到了不同的人家，父亲在艰难的境遇中失掉自尊，偷手表被发现，内疚而归；儿子则被新生活搅起对爱情、自由的渴望，最后就范于传统道德。作者把两个本来可以各自独立的故事交互结合在一起，构成一个整体，两个空间，两组人物、两组不同的人际关系和不同的情感追求，构成双重现实内容。这种结构，减弱了作者有头有尾讲述一个故事的封闭性，使小说具有广阔的社会内容，具有现代人的时空感。短篇小说还有三条或三条以上情节线索的。有时候，作者将三条以上的情节线索交织在一起，大故事里套小故事，如《被爱情遗忘的角落》。有时，则将几条情节线交织平行推进，形成一种网状结构，如王安忆的《小院琐记》。一般说来，三条情节线索以上的结构，初学者不易把握。

情节结构是短篇小说最基本的一种结构方式，它的优点是生动、吸引人，符合一般人的审美习惯，但又有它的局限性：①以事件为结构中心，作者的注意力停留在故事情节本身的生动有趣上，处理不好，容易削弱人物的刻画。②人物性格的展开或作者感情的抒发，需要足够的空间，但情节结构重视事件的纵向连缀，不能给人物发展在横向展示方面以更大的地盘，更不允许脱离情节规定的具体时空，作者必须时时抓住情节发展的线索并把它推进，这样就限制了作者创作的才华。③为了保持故事的完整性，作者往往不得不将许多交代情节的过场戏塞进作品，这样的过场戏往往失去精彩，不利于人物的塑造。④情节结构将万花筒一般十分丰富的生活提炼为一个首尾完整的生活过程，让小说的一切因素都服从情节发展的因果链条，不能有丝毫的游离，这样做，很容易损失生活的真实性、丰富性，给人以编造、失真的感觉。以上这些局限，是安排情节结构特别要注意的地方。

## (二)散文结构

有人觉得情节小说太显编造失真了，极力回避那种奇妙的、戏剧性情节，努力按生活的自然形态来描写生活，于是产生了一种散文似的小说。散文式的结构摒弃了那种由发端、发展而推向高潮，然后下降到解决的情节模式，它没有常见的紧张集中的情节，也不讲悬念、扣人心弦的戏剧效果，看来只是一些看似零碎的片断，仿佛与日常生活差不多，并不明显地表现"起""承""转""合"。它像一棵树，枝枝桠桠向各个方向自然伸展，各有各的空间，时空关系的设置很散。但仔细体会，舒展自如中又有一种内在的联系，很有点像散文的"形散神不散"。如孙犁的《荷花淀》，汪曾祺的《受戒》《大淖纪事》，日本作家志贺直哉的《到网走去》，都属这类作品。

散文结构往往给人自然本色之美。但由于它有意放弃了戏剧性的情节，有意淡化了事件与事件之间直接的、明显的因果关系，写作的难度也就大一些。它放弃扣人心弦的故事情节，更需要写得深、写得美、写得可信，写得入情入理、津津有味、娓娓动听。它虽然写得开放、随意，但不能失之混乱、松散，要有一种整体的有机性。

## (三)心理结构

心理结构又称"意识流结构""情绪结构""心态结构""心理分析结构"，是现代小说一种新兴的结构方法。它不按事物的因果律和时空关系来安排结构。而是按照人物心理活动的流程来组织材料，通过人物的回忆、联想、闪念、内心独白、幻觉、梦境等内心活动连缀生活片断。在这种结构里，传统意义上的故事情节看不到了，内心秩序取代了事件秩序，心理时空代替了物理时空，生活场景、片断、细节将主要地通过人物心灵屏幕展现。而这种展现，有回漩、有倒流、有明暗、有跳跃，有时间的颠倒与空间的重叠，有时空的分解与重新组合。心理结构是心理小说所采用的主要结构方式，但又不同于心理小说。心理小说以人物心理为主要表现对象，而心理结构，有的侧重于人物心理表现，有的侧重于现实生活的反映。如王蒙的《春之声》与茹志鹃的《剪辑错了的故事》，同属心理结构，其表现的侧重点就有区别。

中国当代作家所采用的"心理结构"，与西方现代派"意识流"作家所采用的"心理结构"，也是有区别的。从整体看，他们都以人物意识流动为小说的结构框架；现实场景的描写只是作为人物意识流动的支撑点；时序的颠倒与融合、自由联想情节的跳跃式穿插、心理分析形式的意识独白等也是他们常用的手法。但现代派作家强调人物意识流动是非逻辑的、非理性的、瞬息万变的，因此，他们笔下的意识流动是闪念性的，杂乱无章，互不关联，像散布的彩点隐隐约约地闪烁，画面感不强，读来晦涩难解。中国作家描写的意识流动，常常是回忆性的、情理性的，画面相对完整，无数心理片断的连缀往往构成完整的情节，反映出丰富的社会生活内容。

心理结构的优点是：①以心理流程来结构作品，让作品的一切从主人公的心灵屏幕上放映出来，摒弃了由叙述人叙事、评价、描写、议论的手法，具有了传统小说没有的新质。②心理结构不受客观时空限制，可以把不同时间、不同地点发生的事件同时铺叙、交错穿插，或放射扩展，加大了小说表现的容量。③以意识流动为结构框架，在场面与场面之间，人物动作与动作之间，可以略去那些容易使气氛沉闷拖泥带水的过渡描写，摆脱了追求故事情节表面连贯完整的某种束缚，取材灵活。④有利于人物精神世界的揭示，可以相当充分地揭示人物心灵的真实。但心理结构的局限也是明显的。一方面，依据心理流程结构作品，极易写得拖沓、琐屑、冗长、晦涩，往往要读者重新梳理、索解。另一方面，这类作品，人物想什么往往很细腻，做什么却不太清楚、清晰，使人物形象性格内向、模糊。采用心理结构，要特别注意克服这方面的毛病。

（四）蒙太奇结构

蒙太奇是从电影里学来的手法，它和情节结构有相似之处，往往有一定的情节线索，但表现情节的手法不同。它的情节，常常以画面感很强的"分镜头"似的片断，跳跃性地向前推进。片断与片断之间，干净利索地省掉了过程性的交代。同时，它往往以时间为经、空间为纬，交错地叙述不同时间不同地点的生活片断，通过一组一组"镜头"的组接，显示人物性格的形成、发展和情节的连贯、推进。采用这种结构可以突破时空局限，闪现主要情节，省略繁琐的过程性交代，节奏明快，视觉形象感强，穿插自然，变而不乱。但要掌握这种结构，必须熟悉电影艺术才行。

（五）板块结构

结构由几个相对独立的"情节板块"构成。采用这种结构方式，作者描写一个人物或景物后，往往把它放置在一边，又去描写另一个人物或景物，各部分自成一统，有相对独立的情节内容，形成了独立的"情节板块"。"板块"之间，一般没有直接的联系，甚至舍弃了过渡性的语句，好像把完全不相干的"板块"前言不搭后语地直接组合在一起了。但读完全篇，读者可以由作品内在的无形的思想线索，把各个"单元"的内容连接起来。如张石山的《互不关联的四个故事》。这种结构也突破了由叙述人讲述一个完整故事情节模式，扩大了作品的容量。但处理不好，容易把篇幅拉得很长。写作时要特别注意"情节板块"之间的关系，既不要有直接的关联，又要有内在的联系；同时，还要处理好"情节板块"的繁简，不能把它写成头绪繁多的中篇。

短篇小说结构多姿多彩，学写短篇小说，最好先从"横切式"和"纵缀式"入手。掌握了这两种基本形式，就有了进一步提高的基础。

## 三、运用典型化手法，刻画典型性格

不论短篇小说的形态如何变化、发展，刻画好人物形象、人物性格，始终应该是一个小说家所努力追求的。

短篇小说中的人物，大致可分为现实性人物和符号性人物两大类。现实性人物以再现现实生活中各式各样性格的人为目的。符号性人物则变具体为抽象，朝着符号化的方向发展。他们常常身世不明，来去无踪，脱略形似，性格模糊，不是现实生活中活生生的、独特的"这一个"，而是一种艺术符号、一种象征。

英国小说家福斯特在《小说面面观》中，曾把再现生活为目的的现实人物分为"扁平人物"和"圆形人物"。"扁平人物"是"单一性格结构"的人物，或曰类型人物。这种人物思想性格单一，且基本上没有什么变化，具有类型性和漫画性。"圆形人物"则不满足描述人物某一方面的品质，努力显示人物性格的丰富性、变动性，它给人更为真实的感受。通常情况下，"扁平人物"处理人物过于简单化，但在短篇小说中，这类人物也有其存在的理由。福斯特曾指出，短篇小说篇幅短小，"如果一个作家想要将他的力量集中使用，一击中的，扁平人物即可派上用场，因为对这类人物不必多费笔墨，不怕他们溢出笔端，难以控制"。

尽管作家在短篇小说创作中塑造各种各样"符号人物""圆形人物""扁平人物"，但代表人物塑造最高成就的，不是"符号人物"，也不是"圆形人物""扁平人物"，而是典型人物。典型人物又称典型形象、典型性格，指既有鲜明独特的个性特征，又充分地概括着某类人物共同特质，同时深刻地显示出一定社会生活某些本质和规律的艺术形象。典型是个性与共性的高度统一。一般说来，典型形象必然是"圆形人物"，"圆形人物"则不一定成为典型。典型是高度个性化与高度概括化的有机统一，蕴含着深邃的思想意义，具有强烈的艺术感染力，能给读者留下难忘的印象，产生巨大的美感作用、认识作用。因此，人们通常认为，典型形象的塑造是叙事性文学创作的中心课题，是衡量作品思想性和艺术性高低优劣的主要标志。

　　创造典型形象的方法，大致有两种：一种即鲁迅所说的"杂取种种人，合成一个"，一种是以一个原型为基础，适当吸取其他的素材融合而成。无论采取哪种方法，首先要找准人物性格的基调，使它成为一个活生生的具有独特个性的人物，然后，要把这个人物独特的个性、经历、遭遇、命运提高到足以深刻反映社会生活某些本质规律的水平上来。这个过程，实际上就是高度个性化和高度概括化的过程，亦即我们平时所说的典型化的过程。在这个过程中，既要防止片面的个性追求，又要防止概念的图解。

　　写好人物，无论是典型人物、圆形人物、扁平人物，还是符号人物，最关键的，还是生活积累。要是平时注意观察，心中将有十几个乃至几十个性格迥异的人物，写作起来，也就能得心应手。另外，在构思中，要注意明确人物性格的基调，处理好人物与情节、与环境的关系，适当运用一些刻画人物的技巧。例如，"把人物推出常轨"、"让人物性格形成反差"、"通过不同性格进行比照"、"通过细节妙笔传神"、"为人物更置陌生环境"，都是小说刻画人物最常用的一些方法。

　　短篇小说刻画人物，总的说来，不宜作孤立、静止的描述，而要在动态发展中穷形尽相，通过事件、细节尽相传神。

## 四、注意环境描写

　　无论人物、情节，都是生活在、发生在具体环境中的，如果忽视了环境描写，人物、事件就好像活动在、发生在真空中一样，小说也就失去了应有的艺术感染力。

　　小说环境包括社会环境和自然环境。前者指一定历史时期社会制度、政治结构、经济形态、文化状态、风俗礼仪及在此基础上产生的时代氛围。后者指人物活动的具体场所，包括自然风景、活动空间、陈设布置等方面的描写。

　　社会环境是由人们的社会活动和社会关系组成的。它往往由小说的整体内容表现出来，并非取决某一段的描写。有人把社会环境当作一种表达方式，其实是不妥的。写作小说，应该将人物、事件放在特定的社会环境中加以描写、刻画，同时又要通过人物、情节，表现特定的社会环境内容。成功的小说，应该是特定社会、时代的画卷。只有真正深刻地把握了社会大环境，才有可能成功地写好人物、事件。

　　自然环境与社会环境既有联系，又有区别。成功的自然环境描写，包括自然风光、活动场所、陈设布置，如果处理得好，自然能表现特定的社会环境。如果处理得不好，也就不一定反映出社会环境的内容，而社会环境的描写，显然不止于自然环境的描写。但从作品实际看，两者常常是交融在一起的。

　　短篇小说的环境描写，手法是多种多样的，它可以作静止的描写，也可以作动态的描写；可以作直接的描写，也可以作间接的描写，还可以通过人物的视线、感受、衣饰、动作、对话、某个细节来表现环境。好的环境描写，应该展现特定时代的风貌，表现特定的地域特色，与人物、情节交融在一起，例如《在酒楼上》的环境描写，其自然景色既暗示了当时的社会背景；其景物的外部形象(光、色、影)又与情节的内部运动产生了某种对应；同时，景物的内在寓意又与人物命运的色调达到了某种默契，对人物性格的刻画，起了很好的烘托作用。

### 五、掌握一定的叙事技巧

学写短篇小说，还应掌握一些基本的叙事技巧。除了上面所述，我们简要介绍一下"细节描写"和"叙述视角"。

(一)细节描写

凡写小说的人，都强调细节描写的重要。什么是细节描写？一般认为，细节描写是对事物细微末节的描写。其实这个定义不太准确。

首先是"细节描写"不一定是"描写"，也包含了"叙述"。鲁迅写孔乙己掉文"多乎哉，不多也！"这是一个细节；写孔乙己是"唯一穿着长衫而站着喝酒的人"，也是一个细节。前者是描写，后者是叙述，但我们通常还是称之为"细节描写"。

其次是"细微末节"的界定。阿Q忌讳说"光"、"亮"一类的词，这是一个细节。阿Q临死还不觉悟，画押时唯一关心的是自己的"圈"没有画好，这也是一个细节。前者是典型的细微末节，后者则是一个小小的情节片断。

另外还有典型细节和一般细节的区别。一篇小说，要生动地刻画人物，再现事物，必须要从细处着笔。一个人物的肖像描写，就势必涉及容貌、姿势、衣饰、精神等方法的细微末节。但我们通常说的"细节描写"，似乎指的不是这一类描写，而是指的在一篇小说中非常显眼、非常有表现力的核心细节。作家们说："只要有两三个细节，我就能把一个人物写活。"我们平时说，"陈奂生坐沙发这个细节真好，一下把陈奂生写活了"——这里指的就是典型细节。因此有人定义说，所谓细节描写是指抓住事物最具典型性的细微末节加以着意描写，以传情达意的一种方法。

从上面分析可以看到，我们平时说的"细节描写"，是比较宽泛的，它可以是描写，也可以是叙述。可以是细微末节，也可以是细小的一节、一段。可以是一般的，也可以是典型的。

典型细节在小说创作中有着重要的意义，它在性格刻画、心理描写、环境揭示、情节发展、结构安排、主旨表现等方面，都有着重要的意义。一篇小说要是有了那么几个典型细节，往往能够画龙点睛，满堂生辉。动笔写一篇小说，要是心中装了几个典型细节，写作起来就多了几分把握。

一般细节对写小说也是很重要的。真实、生动、具体的细节，是构成小说的细胞，离开了具体细节的描写，人物、情节就会变得干巴巴的。一般细节也要靠平时的观察、积累。要是平时不注意细节观察，一动起笔来，就无从下手。比如我们写一篇"昭君出塞"的小小说，写"昭君告别了汉文帝，登车上路"，倘若这么抽象地叙述，还不成小说。倘若一具体，问题就来了：昭君是怎样的穿戴？告别的地方应安排在哪里？告别的礼仪和情景该是怎样的？心中没有相关的细节，一下笔就要出错。因此说，细节描写是小说家的基本功，不懂得细节描写，就写不好小说。细节从哪里来呢？关键是平时的观察和积累。作家们说："情节好编，细节难找"，说的就是这个道理。

（二）叙述视角

你一动笔写作，就会遇到两个问题：这个故事由谁来讲述？是用第一人称叙述，还是用第三人称叙述，这个叙述者在讲述这个故事时，他从什么位置（即视点）来看待他所讲述的故事，是讲述自己的经历，还是叙述别人的事情，是进入人物内心来展开剖析，还是不进入人物内心进行客观叙述，是站在今天的立场回溯过去，还是随着时间的推移展示故事的进程，是用全能全知的眼光来描述生活，还是用限制性的、局部性的眼光来描述生活？前者是确立小说叙述者的问题，后者是确立叙述视点的问题。叙述者加上叙述视点，合称叙述视角。同一个故事，如果采用不同的叙述视角来叙述，它的艺术效果和艺术风貌将是不同的。

确立叙述者，首先要解决的，是叙述人与作者的关系。不管你是用第一人称，还是用第三人称，作品后面都隐含了一个叙述人。是让叙述者代表作者或基本上代表作者，还是让叙述者与作者对立起来？或是让叙述者与作者保持相对的独立？不同的处理会使小说叙述产生不同的品格。

如果让叙述者等同或基本上代表作者，这是一种"正面叙述"。"叙述人"与"作者"的道德取向、美学情趣是一致的，前者可以说是后者在某一范畴里的代言人。如"三言""两拍"里的小说，就是这种方式。如果让叙述者与作者保持一种相对的独立，这是一种"中性叙述"。在这种叙述方式中，作者的思想感情隐藏起来，让"叙述人"相对独立地进行一种似无褒贬的"中性叙述"，把客观生活"不着作者声色"地呈现出来，如《陈奂生上城》。如果让"叙述者"与"作者"对立起来，这是一种"反调叙述"。在这种方式里，"叙述者"与"作者"表面上看是对立的，"叙述者"不代表"作者"的观点，甚至持相反的观点，故意用反向评价语言进行叙述。"反调叙述"往往产生一种"反讽"的效果，最后让读者获得与作者同向评价的阅读效果。例如一篇叫做《谜》的小说（见《海内外华人微型小说精选简评集》），作者明明在嘲讽那种品质不高、心术不正的老姑娘，但"叙述人"却用第一人称的口吻，以自我感觉良好的笔调叙述。这样，"叙述人"越自我感觉良好，作者对她的批评讽刺也越强烈。在充满戏剧化的自我表述中，从反面达到既定的叙述效果。

在确立"叙述人"与"故事"的关系上，首先要解决的，是"叙述人"怎样看待他所要讲的故事。他对所叙述的故事是无所不知、无所不晓，还是有所不知、有所不晓？前者是全能全知的视角，后者是限制性的视角。全能全知的叙事视角，叙述者比作品中的人物知道得多，叙述者＞作品人物，又称零点焦点叙述。限制性的叙事视角，叙述者跟作品人物知道的一样多，叙述者＝作品人物，又称内焦点叙述；叙述者知道的比作品人物少，叙述者＜作品人物，又称外焦点叙述。不同视角的运用，往往会使小说产生不同的美学风貌。

处理"叙述人"与"故事"的关系，还有一个"叙述人"介不介入、怎样介入"故事"的问题。"叙述人"如果将自己的"主观评介""主观处理"带入故事，这是"讲述"型小说。"叙述人"不将自己的"主观好恶"、"主观处理"带入小说，这是显示型小说。

"讲述"型小说，是指那些"叙述"人明显介入小说之中，以其情感好恶、审美判断对叙述内容作出既定评价，从而让读者在其引导、指示下了解作品内容的小说。所谓"显示"型小说，是指那些没有作者直接介入，而采用显示艺术对象客观存在状态的类似电影镜头、舞台场面形式的小说。

"讲述"型小说最大的特点是作者的介入。比如介绍人物，当人物尚未出场时，作者已经将他的为人品性预先告诉读者，从而引导读者按作者预定的规定性质去把握其人。另外，在叙事技巧上，由于小说内容受叙述者直接控制，因而行文跳跃自由，主观随意性很大，它既可以花很大篇幅讲述很短时间内发生的事情，也可以用一句话带过数十年，乃至上百、上千年的历史，具有很强的主观伸缩性。

"显示"型小说最大的特点是"作者的退隐"。在这类小说中，没有作者主观情感和意向的直接表露，而是通过客观生活的"直接暴露"、"自然呈现"，让读者看到某种真实的人生画面，犹如没有导游进入陌生园林，一切感受、观念、情绪均由自己观照而来，作者只做展示工作，不做评价。评价、思索留给读者完成。另外，在叙事技巧上，它必须遵照现实生活的客观时空，不能在一段叙述中随意插入其他时空的生活内容，强调用视觉形象直接作用于读者感官。

"讲述"型小说与"显示"型小说，给人的美感是不同的。读"讲述"型小说，我们好像面对小说家而坐，听他讲故事。小说家坐在窗边眺望，将他所见的、所感的、所评价的一一转述给我们，由于他是唯一坐在窗边的人，又善于讲故事，我们只能洗耳恭听，别无他法。而显示型小说则没有"作者"这个中介，我们所看到的，就是现实生活客观的画面，其中没有作家的说三道四、评头品足，一切全由我们自己去感受。一些作者和评论家认为，"显示"与"讲述"是现代小说与传统小说泾渭分明的标志，是现代小说成熟与否的证明。他们认为，将作者主观成见通过讲述一个故事表达出来以强迫读者接受的老套子必须抛弃。否则，小说会充满主观说教和人为造作的痕迹，既损伤了读者的自尊心，也破坏了小说的艺术性。英国文学批评家珀西·卢伯克甚至说："直到小说家把他的故事看成一种显示，看成是展示的，以至于只有故事讲述了自己时，小说的艺术才算开始。"

应该承认，"讲述"型小说在尊重读者理解力、留给读者更大思维空间方面，确实不及"显示"型小说。在读者参与意识越来越强，自主能力越来越强的情况下，仅靠传统的"讲述"，已不能很好地完成现代小说的任务了。但是，"讲述"、"显示"是否绝对的水火不容？前者是否绝对落后，应该抛弃？后者是否绝对先进，完美无缺呢？也不全然。

无论"讲述"还是"显示"，在具有其优点的同时，也并存着难免的缺点。从技巧角度来看，"讲述"有"强加于人"的弊端，但也有着简洁、灵动、转换自如的长处。"显示"虽然逼真、具体、客观、尊重读者审判力的长处，但要如实地"再现"艺术对象，就难免冗长、萎顿、自我局限的毛病。实际上，一般小说很少绝对地只使用一种叙述类型，而是"讲述"、"显示"并用，相辅相成，互相渗透，各有侧重而已。

小说的叙述视角是现代小说理论家们津津乐道的一个话题。英国作家帕克·路伯克曾说，小说技巧中最复杂的问题，在于叙述视点的运用上。小说从根本上讲是一种叙事的艺术，因而它在叙述方式上几乎包含了这种文体的大部分奥秘。关于记叙技巧，还涉及"顺序"、"进速"、"频率"、"距离"、"变焦叙述"等。"顺序"所研究的，是怎样处理"叙述时间"与"事件发生时间"的关系。"进速"所研究的，是怎样通过省略（删节）、概述和扩展，处理文本进行的速度。"频率"所研究的，是事件发生的自然次数与文本叙述次数的关系。"距离"所研究的，是叙述者与叙述对象之间的远近关系。我们可参阅有关叙事学著作，细心钻研。

【例文】

# 哦，香雪

## 铁凝

如果不是有人发明了火车，如果不是有人把铁轨铺进深山，你怎么也不会发现台儿沟这个小村。它和它的十几户乡亲，一心一意掩藏在大山那深深的皱褶里，从春到夏，从秋到冬，默默地接受着大山任意给予的温存和粗暴。

然而，两根纤细、闪亮的铁轨延伸过来了。它勇敢地盘旋在山腰，又悄悄地试探着前进，弯弯曲曲，由曲弯弯，终于绕到台儿沟脚下，然后钻进幽暗的隧道，冲向又一道山梁，朝着神秘的远方奔去。

不久，这条线正式营运，人们挤在村口，看见那绿色的长龙一路呼啸，挟带着来自山外的陌生、新鲜的清风，擦着台儿沟贫弱的脊背匆匆而过。它走得那样急忙，连车轮辗轧钢轨时发出的声音好像都在说：不停不停，不停不停！是啊，它有什么理由在台儿沟站脚呢，台儿沟有人要出远门吗？山外有人来台儿沟探亲访友吗？还是这里有石油储存，有金矿埋藏？台儿沟，无论从哪方面讲，都不具备挽留火车在它身边留步的力量。

可是，记不清从什么时候起，列车时刻表上，还是多了"台儿沟"这一站。也许乘车的旅客提出过要求，他们中有哪位说话算数的人和台儿沟沾亲；也许是那个快乐的男乘务员发现台儿沟有一群十七八岁的漂亮姑娘，每逢列车疾驶而过，她们就成帮搭伙地站在村口，翘起下巴，贪婪、专注地仰望着火车。有人朝车厢指点，不时能听见她们由于互相捶打而发出的一两声娇嗔的尖叫。也许什么都不为，就因为台儿沟太小了，小得叫人心疼，就是钢筋铁骨的巨龙在它面前也不能昂首阔步，也不能不停下来。总之，台儿沟上了列车时刻表，每晚七点钟，由首都方向开往山西的这列火车在这里停留一分钟。

这短暂的一分钟，搅乱了台儿沟以往的宁静。从前，台儿沟人历来是吃过晚饭就钻被窝，他们仿佛是在同一时刻听到了大山无声的命令。

沟那边一小片石头房子在同一时刻忽然静下来，静得那样深沉、真切，好像在默默诉说着自己的虔诚。如今，台儿沟的姑娘们刚把晚饭端上桌就慌了神，她们心不在焉地胡乱吃几口，扔下碗就开始梳妆打扮。她们洗净蒙受了一天的黄土、风尘，露出粗糙、红润的面色，把头发梳得乌亮，然后就比赛着穿出最好的衣裳。有人换上过年时才穿的新鞋，有人还悄悄往脸上涂点胭脂。尽管火车到站时已经天黑，她们还是按照自己的心思，刻意斟酌着服饰和容貌。然后，她们就朝村口，朝火车经过的地方跑去。香雪总是第一个出门，隔壁的凤娇第二个就跟了出来。

七点钟，火车喘息着向台儿沟滑过来，接着一阵空哐乱响，车身震颤一下，才停住不动了。姑娘们心跳着涌上前去，像看电影一样，挨着窗口观望。只有香雪躲在后边，双手紧紧捂着耳朵。看火车，她跑在最前边；火车来了，她却缩到最后去了。她有点害怕它那巨大的车头，车头那么雄壮地喷吐着白雾，仿佛一口气就能把台儿沟吸进肚里。它那撼天动地的轰鸣也叫她感到恐惧。在它跟前，她简直像一叶没根的小草。

"香雪，过来呀！看那个妇女头上别的金圈圈，那叫什么？"凤娇拉过香雪，扒着她的肩膀问。

"怎么我看不见?"香雪微微眯着眼睛说。

"就是靠里边那个,那个大圆脸。唉!你看她那块手表比指甲盖还小哩!"凤娇又有了新发现。

香雪不言不语地点着头,她终于看见了妇女头上的金圈圈和她腕上比指甲盖还要小的手表。但她也很快就发现了别的。"皮书包!"她指着行李架上一只普通的棕色人造革学生书包,这是那种在小城市都随处可见的学生书包。

尽管姑娘们对香雪的发现总是不感兴趣,但她们还是围了上来。

"哟,我的妈呀!你踩着我脚啦!"凤娇一声尖叫,埋怨着挤上来的一位姑娘。她老是爱一惊一乍的。

"你咋呼什么呀,是想叫那个小白脸和你搭话了吧?"被埋怨的姑娘也不示弱。

"我撕了你的嘴!"凤娇骂着,眼睛却不由自主地朝第三节车厢的车门望去。

那个白白净净的年轻乘务员真下车来了。他身材高大,头发乌黑,说一口漂亮的北京话。也许因为这点,姑娘们私下里都叫他"北京话"。"北京话"双手抱住胳膊肘,和她们站得不远不近地说:"喂,我说小姑娘们,别扒窗户,危险!"

"哟,我们小,你就老了吗?"大胆的凤娇回敬了一句。

姑娘们一阵大笑,不知谁还把凤娇往前一搡,弄得她差点撞在他身上。这一来反倒更壮了凤娇的胆:"喂,你们老呆在车上不头晕?"她又问。

"房顶子上那个大刀片似的,那是干什么用的?"又一个姑娘问。她指的是车厢里的电扇。"烧水在哪儿?"

"开到没路的地方怎么办?"

"你们城市里一天吃几顿饭?"香雪也紧跟在姑娘们后边小声问了一句。

"真没治!""北京话"陷在姑娘们的包围圈里,不知所措地嘟囔着。

快开车了,她们才让出一条路,放他走。他一边看表,一边朝车门跑去,跑到门口,又扭头对她们说:"下次吧,下次告诉你们!"他的两条长腿灵巧地向上一跨就上了车,接着一阵"叽哩咣啷",绿色的车门就在姑娘们面前沉重地合上了。列车一头扎进黑暗,把她们撇在冰冷的铁轨旁边。很久,她们还能感觉到它那越来越轻的震颤。

一切又恢复了寂静,静得叫人怅惘。姑娘们走回家去,路上总要为一点小事争论不休:"那九个金圈圈是绑在一块插到头上的。"

"不是!"

"就是!"

有人在开凤娇的玩笑:"凤娇,你怎么不说话,还想那个……'北京话'哪?"

"去你的,谁说谁就想。"凤娇说着捏了一下香雪的手,意思是叫香雪帮腔。

香雪没说话,慌得脸都红了。她才十七岁,还没学会怎样在这种事上给人家帮腔。

"我看你是又想他又不敢说。他的脸多白呀。"一阵沉默之后,那个姑娘继续逗凤娇。

"白?还不是在那大绿屋里捂的。叫他到咱台儿沟住几天试试?"有人在黑影里说。

"可不,城里人就靠捂。要论白,叫他们和咱香雪比比。咱们香雪,天生一付好皮子,再照火车上那些闺女的样儿,把头发烫成弯弯绕,啧啧!凤娇姐,你说是不是?"

凤娇不接茬儿,松开了香雪的手。好像姑娘们真在贬低她的什么人一样,她心里真有点替他抱不平呢。不知怎么的,她认定他的脸绝不是捂白的,那是天生。

香雪又悄悄把手送到凤娇手里，她示意凤娇握住她的手，仿佛请求凤娇的宽恕，仿佛是她使凤娇受了委屈。

"凤娇，你哑巴啦？"还是那个姑娘。

"谁哑巴啦！谁像你们，专看人家脸黑脸白。你们喜欢，你们可跟上人家走啊！"凤娇的嘴很硬。

"我们不配！"

"你担保人家没有相好的？"

……

不管在路上吵得怎样厉害，分手时大家还是十分友好的，因为一个叫人兴奋的念头又在她们心中升起：明天，火车还要经过，她们还会有一个美妙的一分钟。和它相比，闹点小别扭还算回事吗？

哦，五彩缤纷的一分钟，你饱含着台儿沟的姑娘们多少喜怒哀乐！

日久天长，她们又在这一分钟里增添了新的内容。她们开始挎上装满核桃、鸡蛋、大枣的长方形柳条篮子，站在车窗下，抓紧时间跟旅客和和气气地做买卖。她们踮着脚尖，双臂伸得直直的，把整筐的鸡蛋、红枣举上窗口，换回台儿沟少见的挂面、火柴，以及姑娘们喜爱的发卡、纱巾，甚至花色繁多的尼龙袜。当然，换到后面提到的这几样东西是冒着回去挨骂的风险的，因为这纯属她们自作主张。

凤娇好像是大家有意分配给那个"北京话"的，每次都是她提着篮子去找他。她和他做买卖很有意思，她经常故意磨磨蹭蹭，车快开时才把整篮的鸡蛋塞给他。他还没来得及付钱，车身已经晃动了，他在车上抱着篮子冲她指指划划，解释着什么，她在车下很开心，那是她甘心情愿的。当然，小伙子下次会把钱带给她，或是捎来一捆挂面、两块纱巾和别的什么。假如挂面是十斤，凤娇一定抽出一斤再还给他。她觉得，只有这样才对得起和他的交往，她愿意这种交往和一般的做买卖有所区别。有时她也想起姑娘们的话："你担保人家没有相好的？"其实，有没有相好的不关凤娇的事，她又没想过跟他走。可她愿意对他好，难道非得是相好的才能这么做吗？

香雪平时话不多，胆子又小，但做起买卖却是姑娘中最顺利的一个。旅客们爱买她的货，因为她是那么信任地瞧着你，那洁如水晶的眼睛告诉你，站在车窗下的这个女孩子还不知道什么叫受骗。她还不知道怎么讲价钱，只说："你看着给吧。"你望着她那洁净得仿佛一分钟前才诞生的面孔，望着她那柔软得宛若红缎子似的嘴唇，心中会升起一种美好的感情。你不忍心跟这样的小姑娘耍滑头，在她面前，再爱计较的人也会变得慷慨大度。

有时她也抓空儿向他们打听外面的事，打听北京的大学要不要台儿沟人，打听什么叫"配乐诗朗诵"（那是她偶然在同桌的一本书上看到的）。有一回她向一位戴眼镜的中年妇女打听能自动合上的铅笔盒，还问到它的价钱。谁知没等人家回话，车已经开动了。她追着它跑了好远，当秋风和车轮的呼啸一同在她耳边鸣响时，她才停下脚步意识到，自己的行为是多么可笑啊。

火车眨眼间就无影无踪了。姑娘们围住香雪，当她们知道她追火车的原因后，便觉得好笑起来。

"傻丫头！"

"值不当的！"

她们像长者那样拍着她的肩膀。

"就怪我磨蹭，问慢了。"香雪可不认为这是一件值不当的事，她只是埋怨自己没抓紧时间。

"咳，你问什么不行呀！"凤娇替香雪挎起篮子说。

"也难怪，咱们香雪是学生呀。"也有人替香雪分辩。

也许就因为香雪是学生吧，是台儿沟唯一考上初中的人。

台儿沟没有学校，香雪每天上学要到十五里以外的公社。尽管不爱说话是她的天性，但和台儿沟的姐妹们总是有话可说的。公社中学可就没那么多姐妹了，虽然女同学不少，但她们的言谈举止，一个眼神，一声轻轻的笑，好像都是为了叫香雪意识到，她是小地方来的，穷地方来的。她们故意一遍又一遍地问她："你们那儿一天吃几顿饭？"她不明白她们的用意，每次都认真地回答："两顿。"然后又友好地瞧着她们反问道："你们呢？"

"三顿！"她们每次都理直气壮地回答。之后，又对香雪在这方面的迟钝感到说不出的怜悯和气恼。

"你上学怎么不带铅笔盒呀？"她们又问。

"那不是吗？"香雪指指桌角。

其实，她们早知道桌角那只小木盒就是香雪的铅笔盒，但她们还是做出吃惊的样子。每到这时，香雪的同桌就把自己那只宽大的泡沫塑料铅笔盒摆弄得"哒哒"乱响。这是一只可以自动合上的铅笔盒，很久以后，香雪才知道它所以能自动合上，是因为铅笔盒里包藏着一块不大不小的吸铁石。香雪的小木盒呢，尽管那是当木匠的父亲为她考上中学特意制作的，它在台儿沟还是独一无二的呢。可在这儿，和同桌的铅笔盒一比，为什么显得那样笨拙、陈旧？它在一阵"哒哒"声中有几分羞涩地畏缩在桌角上。

香雪的心再也不能平静了，她好像忽然明白了同学们对于她的再三盘问，明白了台儿沟是多么贫穷。她第一次意识到这是不光彩的，因为贫穷，同学们才敢一遍又一遍地盘问她。她盯住同桌那只铅笔盒，猜测它来自遥远的大城市，猜测它的价钱肯定非同寻常。三十个鸡蛋换得来吗？还是四十个？五十个？这时她的心又忽地一沉：怎么想起这些了？娘攒下鸡蛋，不是为了叫她乱打主意啊！可是，为什么那诱人的"哒哒"声老是在耳边响个没完？

深秋，山风渐渐凛冽了，天也黑得越来越早。但香雪和她的姐妹们对于七点钟的火车，是照等不误的。她们可以穿起花棉袄，凤娇头上别起了淡粉色的有机玻璃发卡，有些姑娘的辫梢还缠上了夹丝橡皮筋。那是她们用鸡蛋、核桃从火车上换来的。她们仿照火车上那些城里姑娘的样子把自己武装起来，整齐地排列在铁路旁，像是等待欢迎远方的贵宾，又像是准备着接受检阅。

火车停了，发出一阵沉重的叹息，像是在抱怨台儿沟的寒冷。今天，它对台儿沟表现了少有的冷漠：车窗全部紧闭着，旅客在昏黄的灯光下喝茶、看报，没有人向窗外瞥一眼。那些眼熟的、常跑这条线的人们，似乎也忘记了台儿沟的姑娘。

凤娇照例跑到第三节车厢去找她的"北京话"，香雪系紧头上的紫红色线围巾，把臂弯里的篮子换了换手，也顺着车身一直向前走去。她尽量高高地踮起脚尖，希望车厢里的人能看见她的脸。车上一直没有人发现她，她却在一张堆满食品的小桌上，发现了渴望已久的东西。它的出现，使她再也不想往前走了，她放下篮子，心跳着，双手紧紧扒住窗框，认清了那真是一支铅笔盒，一只装有吸铁石的自动铅笔盒。它和她离得那样近，如果不是隔着玻璃，她一伸手就可以拿到。

一位中年女乘务员走过来拉开了香雪。香雪挎起篮子站在远处继续观察。当她断定它属于靠窗那位女学生模样的姑娘时，就果断地跑过去敲起了玻璃。女学生转过脸来，看见香雪臂弯里的篮子，抱歉地冲她摆了摆手，并没有打开车窗的意思。谁也没提醒香雪，车门是开着的，不知怎么的她就朝车门跑去，当她在门口站定时，还一把攥住了扶手。如果说跑的时候她还有点犹豫，那么从车厢里送出来的一阵阵温馨的、火车特有的气息却坚定了她的信心，她学着"北京话"的样子，轻巧地跃上了踏板。她打算以最快的速度跑进车厢，以最快的速度用鸡蛋换回铅笔盒。也许，她所以能够在几秒钟内就决定上车，正是因为她拥有那么多鸡蛋吧，那是四十个。

香雪终于站在火车上了。她挽紧篮子，小心地朝车厢迈出了第一步。这时，车身忽然悸动了一下，接着，车门被人关上了。当她意识到应该赶快下车时，列车已经缓缓地向台儿沟告别了。香雪扑到车门上，看见凤娇的脸在车下一晃。看来这不是梦，一切都是真的，她确实离开姐妹们，站在这既熟悉、又陌生的火车上了。她拍打着玻璃，冲凤娇叫喊着："凤娇！我怎么办呀，我可怎么办呀！"

列车无情地载着香雪一路飞奔，台儿沟刹那间就被抛在后面了。下一站叫西山口，西山口离台儿沟三十里。

三十里，对于火车、汽车真的不算什么，西山口在旅客们闲聊之中就到了。这里上车的人不少，下车的却只有一位旅客。车上好像有人阻拦她，但她还是果断地跳了下来，就像刚才果断地跃上去一样。

她胳膊上少了那只篮子，她把它悄悄塞在女学生座位下面了。在车上，当她红着脸告诉女学生，想用鸡蛋和她换铅笔盒时，女学生不知怎么的也红了脸。她一定要把铅笔盒送给香雪，还说她住在学校吃食堂，鸡蛋带回去也没法吃。她怕香雪不信，又指了指胸前的校徽，上面果真有"矿冶学院"几个字。香雪却觉着她在哄她，难道除了学校她就没家吗？香雪收下了铅笔盒，到底还是把鸡蛋留在了车上。台儿沟再穷，她也从没白拿过别人的东西。后来，当旅客们知道香雪要在西山口下车时，他们是怎么对她说的？他们劝她在西山口住一夜再回去，那个热情的"北京话"甚至告诉她，他爱人有个亲戚住在站上。香雪并不想去找他爱人的亲戚，可是，他的话却叫她感到一点委屈，替凤娇委屈，替台儿沟委屈。想到这些委屈，难道她不应该赶快下车吗？赶快下去，赶快回家，第二天赶快去上学，那时她就会理直气壮地打开书包，把"它"摆在桌上……于是，她对车上那些再次劝阻她的人们说："没关系，我走惯了。"也许他们信她的话，他们没见过火车的呼啸曾经怎样叫她惧怕，叫她像只受惊的小鹿那样不知所措。他们搞不清山里的女孩子究竟有多大本事。她的话使他们相信：山里人不怕走夜路。

现在，香雪一个人站在西山口，目送列车远去。列车终于在她的视野里彻底消失了，眼前一片空旷，一阵寒风扑来，吮吸着她单薄的身体。她把滑到肩上的围巾紧裹在头上，缩起身子在铁轨上坐了下来。香雪感受过各种各样的害怕，小时候她怕头发，身上沾着一根头发扒不下来，她会急得哭起来；长大了她怕晚上一个人到院子里去，怕毛毛虫，怕被人胳肢（凤娇最爱和她来这一手）。现在她害怕这陌生的西山口，害怕四周黑幽幽的大山，害怕叫人心跳的寂静，当风吹响近处的小树林时，她又害怕小树林发出的"悉悉索索"的声音。三十里，一路走回去，该路过多少大大小小的林子啊！

一轮满月升起来了，照亮了寂静的山谷、灰白的小路，照亮了秋日的败草、粗糙的树干，还有一丛丛荆棘、怪石，还有漫山遍野那树的队伍，还有香雪手中那只闪闪发光的小盒子。

她这才想到把它举起来仔细端详。她想，为什么坐了一路火车，竟没有拿出来好好看看？现在，在皎洁的月光下，她才看清了它是淡绿色的，盒盖上有两朵洁白的马蹄莲。她小心地把它打开，又学着同桌的样子轻轻一拍盒盖，"哒"的一声，它便合得严严实实。她又打开盒盖，觉得应该立刻装点东西进去。她从兜里摸出一只盛擦脸油的小盒放进去，又合上了盖子。只有这时，她才觉得这铅笔盒真属于她了，真的。她又想到了明天，明天上学时，她多么盼望她们会再三盘问她啊！

她站了起来，忽然感到心里很满，风也柔和了许多。她发现月亮是这样明净，群山被月光笼罩着，像母亲庄严、神圣的胸脯；那秋风吹干的一树树核桃叶，卷起来像一树树金铃铛，她第一次听清它们在夜晚，在风的怂恿下"豁啷啷"地歌唱。她不再害怕了，在枕木上跨着大步，一直朝前走去。大山原来是这样的！月亮原来是这样的！核桃树原来是这样的！香雪走着，就像第一次认出养育她成人的山谷。台儿沟是这样的吗？不知怎么的，她加快了脚步。她急着见到它，就像从来没见过它那样觉得新奇。台儿沟一定会是"这样的"：那时台儿沟的姑娘不再央求别人，也用不着回答人家的再三盘问。火车上的漂亮小伙子都会求上门来，火车也会停得久一些，也许三分、四分，也许十分、八分。它会向台儿沟打开所有的门窗，要是再碰上今晚这种情况，谁都能从从容容地下车。

对了，今晚台儿沟发生了这样的情况，火车拉走了香雪，为什么现在她像闹着玩儿似地去回忆呢？对了，四十个鸡蛋也没有了，娘会怎么说呢？爹不是盼望每天都有人家娶媳妇、聘闺女吗？那时他才有干不完的活儿，他才能光着红铜似的脊梁，不分昼夜地打出那些躺柜、碗橱、板箱，挣回香雪的学费。想到这儿，香雪站住了，月光好像也黯淡下来，脚下的枕木变成一片模糊。回去怎么说？她环视群山，群山沉默着；她又朝着近处的杨树林张望，杨树林"悉悉索索"地响着，并不真心告诉她应该怎么做。是哪儿来的流水声？她寻找着，发现离铁轨几米远的地方，有一道浅浅的小溪。她走下铁轨，在小溪旁边蹲了下来。她想起小时候有一回和凤娇在河边洗衣裳，碰见了一个换芝麻糖的老头。凤娇劝香雪拿一件旧汗褂换几块糖吃，还教她对娘说，那件衣裳不小心叫河水给冲走了。香雪很想吃芝麻糖，可她到底没换。她还记得，那老头真心实意等了她半天呢。为什么她会想起这件小事？也许现在应该骗娘吧，因为芝麻糖怎么也不能和铅笔盒的重要性相比。她要告诉娘，这是一个宝盒子，谁用上它，就能一切顺心如意，就能上大学、坐上火车到处跑，就能要什么有什么，就再也不会叫人瞧不起……娘会相信的，因为香雪从来不骗人。

小溪的歌唱高昂起来了，它欢腾着向前奔跑，撞击着水中的石块，不时溅起一朵小小的浪花。香雪也要赶路了，她捧起溪水洗了把脸，又用沾着水的手抿光被风吹乱的头发。水很凉，但她觉得很精神。她告别了小溪，又回到了长长的铁路上。

前边又是什么，是隧道，它愣在那里，就像大山的一只黑眼睛。香雪又站住了，但她没有返回去，她想到怀里的铅笔盒，想到同学们惊羡的目光，那些目光好像就在隧道里闪烁。她弯腰拔下一根枯草，将草茎插在小辫里。娘告诉她，这样可以"避邪"。然后她就朝隧道跑去。确切地说，是冲去。

　　香雪越走越热了，她解下围巾，把它搭在脖子上。她走出了多少里？不知道。只听见不知名的小虫在草丛里鸣叫，松散、柔软的荒草抚弄着她的裤脚。小辫叫风吹散了，她停下来把它们编好。台儿沟在哪儿？她向前望去，她看见迎面有一颗颗黑点在铁轨上蠕动。再近一些她才看清，那是人，是迎着她走过来的人群。第一个是凤娇，凤娇身后是台儿沟的姐妹们。当她们也看清对面的香雪时，忽然都停住了脚步。

　　香雪猜出她们在等待，她想快点跑过去，但腿为什么变得异常沉重？她站在枕木上，回头望着笔直的铁轨，铁轨在月亮的照耀下泛着清淡的光，它冷静地记载着香雪的路程。她忽然觉得心头一紧，不知怎么的就哭了起来，那是欢乐的泪水，满足的泪水。面对严峻而又温厚的大山，她心中升起一种从未有过的骄傲。她用手背抹净眼泪，拿下插在辫子里的那根草棍儿，然后举起铅笔盒，迎着对面的人群跑去。

　　迎面，那静止的队伍也流动起来了。同时，山谷里突然爆发了姑娘们欢乐的呐喊。她们叫着香雪的名字，声音是那样奔放、热烈；她们笑着，笑得是那样不加掩饰，无所顾忌。古老的群山终于被感动得颤栗了，它发出宽亮低沉的回音，和她们共同欢呼着。

　　哦，香雪！香雪！

　　**【简析】**这篇小说不以生动曲折的情节取胜，而是以诗意的场面和细节动人。火车在台儿沟停的那"一分钟"，简直是一幅动人的画，通过这幅画，我们看到新生活的春风已经吹进了古老的山村。如果说"一分钟"还只是粗线条的勾勒，是远景，那么"铅笔盒"则是一幅近景，一幅工笔画，它把山村少女香雪的内心世界描写得那样清晰、细腻、动人。作者正是通过广阔场面的描绘和核心细节的渲染，引发我们对历史和现实的深沉思考，而"铅笔盒"的象征意义，为这一画卷增添了更为深远的意味。小说后半部分写得稍嫌松散和直露。

## 第七节　　微型小说的写作

　　微型小说是指几十个字、几百个字到一千多字的小说。

　　倘若探本求源，微型小说在小说的发轫期便有了雏形。用一个较短的艺术篇幅叙述一个单一而又完整的故事，并用一两个比较生动的细节来勾勒人物的性格特征，这是中外古代微型小说从古代散文里挣脱出来，开始初具小说雏形的标志。像中国魏晋时的志人、志怪小说，西方中世纪的《伊索寓言》，其中就有许多近似微型小说的篇章。

　　随着小说艺术的向前发展，中外微型小说遵循着各自的民族特色在向前发展。在中国，微型小说主要表现为记事简散率意的笔记体小说。在西方，则发展为构思巧妙、结局新奇的故事体小说。

　　作为现代意义上的微型小说，一般认为源于美国。日本微型小说作家星新一曾指出："超短篇"这个名字的正式出现，源于美国，美国作家欧·亨利，当是现代微型小说的创始人；他的许多小说，篇制短小，情节生动，比较集中地表现了微型小说的特点；而且，他还从理论上总结了近代微型小说必须具备的三要素——"立意新颖，情节严谨，结局新奇"；他从理论和实践两个方面把微型小说推向了一个新的水平。

　　在中国，现代微型小说的创作，大致经过了三个时期，当"五四"运动的春雷在中国沉寂已久的文坛上炸响后，微型小说这朵文艺小花也沐浴着文学革命的春雨，绽开了她娇美的花姿。进入到20世纪三四十年代以后，随着抗日战争的爆发和左翼文艺运动的兴起，一些进步报刊大力提倡微型小说，许多作家曾从事微型小说的创作。但总的看来，那个时代创作微型小说的作家还缺乏明确的微型小说本体意识，微型小说基本上没有和短篇小说分家，它自身的特点和写作规律还没有被多数作家认识和掌握，因此，那个时期的微型小说在艺术形态上都有一种短篇小说的倾向。新中国成立后的五六十年代，正是社会主义革命和建设的高潮。随着一批工农兵作者步入文坛，微型小说再度得到提倡。文坛巨匠老舍、巴金、茅盾都曾给微型小说以热情的扶植。这一时期，多数篇章是歌颂新人新事的，是在真人真事的基础上产生的，"特写化"、"新闻化"的色彩相当浓。微型小说的特点与规律未能得到应有的重视。新时期以来，特别是1981年以来，微型小说的创作进入了一个新的时期。这一时期，创作队伍之大，创作数量之多，文体意识之强，理论研究之深，都是前两个时期不可比拟的。这一时期的微型小说，努力摆脱"真人真事"、"好人好事"的模式，不断克服"短篇小说化"和"特写化"的构思弊端，微型小说的艺术规律和审美特征得到了充分重视，微型小说的创作得到了飞速的发展。

微型小说对生活的把握是"化整为零"，反映生活是"以点取胜"。

微型小说把握生活不像中长篇那样"全面出击"，也不像短篇那样"烛照某个局部"，而是要将复杂、纷繁的事件"净化"为比较单纯、比较单一的事件，将纷繁、复杂的人物"净化"为比较单纯、单一的性格特点，将纷繁、复杂的场面、环境"净化"为比较纯净、简明的环境描写。它写人、写事、写环境，不把它们全"抖"出来，而是只取某一点，将其他推到幕后。例如《立正》，作者写了主人公的一生，前后时间跨度30年，经历了两个不同的社会。主人公姓甚名谁？他家里有哪些人？他是如何参加国民党的？他是如何被俘的？他的腿又是如何被打断的？当时的情形是怎样的？诸如此类的问题，作者基本上都没有涉及，作者只截取了他一提蒋介石就情不自禁要立正的情节。在这里，纷繁、复杂的人物、事件、场面，被作者"净化"为一个比较单一、比较单纯的情节，无论是纵向的经历，还是横向的场面、人物关系，都被作者推到幕后去了。他把复杂的生活整体，化为了单一、单纯的"点"。

微型小说反映生活也不像中、长、短篇那样重在"整体的凸现"（当然，中、长、短篇凸现的整体是有区别的），而是"以点取胜"，它通过某一点、某一瞬间，一下烛照生活的全部底蕴；往往通过某一特定的瞬间，使推到幕后的社会生活，全都"活"过来。例如《立正》所写的主人公的遭遇、命运以及社会生活内容，就是通过最后那个瞬间——那个被俘国民党连长尽管被打断了腿，当他听到蒋介石的名字，还是情不自禁地坐在轮椅上做了一个立正动作——所烛照、所涌现的，微型小说反映生活之所以能够做到篇幅短小，微而显著，微而有味，其关键也就在这里。

微型小说与短篇小说在情节处理、人物刻画、环境描写、语言表达方面均有区别：

首先是情节处理的不同。短篇小说的情节虽然不及中、长篇那样曲折、复杂、纷繁，但比起微型小说来，却明显具有一定的时间长度和空间厚度。它的情节通常具有两个以上的事件。在情节组织中，作者可作适当的纵向延伸和横向扩展。在故事的过程上作者还可以一展身手：他可以把这个故事的前前后后、因果关系讲得令人心服口服；也可以把故事安排得若明若暗、曲曲折折，让人爱不释手；还可以打散整个故事情节的框架，像揉面团似的，按作者的审美意识和情趣重新铸造情节链。而微型小说的情节处理，则简明得多。它的情节是单一的，它往往通过一个具体事件构成单一性的情节，在单一中求精美。它在情节组织上一般不作纵向的延伸和横向的扩展，力求单纯。它或是以一个核心细节带几个一般细节（如《书法家》）；或是以一个单纯事件容纳复杂事件（如《又及》）；或是以一个中心细节把几个不同时间的场面凝聚成一个单纯情节（如《立正》），或是直接落笔写某一瞬间（如《雄辩症》）。它的情节单一，即使写了几件事，也要通过某一聚焦点，将它们整合为单一的事件（如《两地书》）。它的情节不枝蔓，即使出现曲折，也要把笔力集中在某一点上，如鲁迅的《孔乙己》和《一件小事》，前者写了许多事，构成了比较复杂的情节，是短篇小说，后者只写了一件事，构成了典型的微型小说。短篇小说与微型小说在情节上的区别，主要体现在事件的形式数量上。一般说来，短篇小说具有两个以上的事件（如《在酒楼上》《陈奂生上城》），微型小说只能是由一个具体事件构成（如《立正》，集中在"立正"这件事上）。这是微型小说在情节上最基本的审美特征。如果让比较多、比较复杂的事件挤进微型小说，不是写成了"故事梗概"，便会让微型小说"短篇小说化"，丧失了微型小说的审美特征。

其次是人物刻画的不同。短篇小说的人物不多，一般集中笔墨写一两个主要人物。同时对于人物性格的刻画也不求面面俱到，重在表现人物身上独特的、具有鲜明个性特色的主要方面。但刻画主要方面，并非完全忽略其他方面。像鲁迅刻画吕纬甫，高晓声写陈奂生，也适当顾及了人物的内心斗争、性格矛盾。也只有这样写，才不至于让人物成为"某种孤立特征的寓言式的抽象品"（黑格尔语）。微型小说也要写人物，它的人物有血有肉。但它又不能像短篇小说那样写。如果像短篇小说那样写，吕纬甫迁坟的一个片断，陈奂生坐沙发的那一个片断，就可能让一般的微型小说容纳不下。微型小说写人，通常集中在一个人物上面，通常集中在人物性格、命运的某一点上。它通常不对人物作静止、孤立的肖像描写，也不对人物的内心活动作具体、细腻的描写，而是将人物的神态、心理隐含于对话、动作描写之中。它往往通过某一点，来"隐含"一切，在单纯中求丰满，在单纯中见整个风貌，在单纯中求整体意义。例如王蒙的《雄辩症》，只写了"病人"的一席对话，但"病人"的思想、性格，一一毕现。许行的《立正》，只写了那个国民党下级军官的一个"立正"动作，但其人物的命运、遭遇无不涌现于笔端。微型小说刻画人物的特点，也构成了它区别于短篇小说的显著特征。

其三，环境描写的不同。短篇小说写环境，虽然不及中、长篇那样广阔、充分，但比起微型小说来，要具体、细致，它能在有限的场景中，展开比较具体的描写。如鲁迅笔下对"废园"的描写，高晓声对"招待所"房间的描写，就其篇幅来说，就够得上一篇微型小说了。微型小说在环境描写上，显然不能这样铺开。微型小说的环境描写，要简明得多。它很少作孤立、静止的环境描写。它的环境描写，往往渗透在人物、情节的描写中。有时，它甚至通过作家作直接简要的交代。如王蒙的《雄辩症》，其具体生活环境，是通过"一位医生向我介绍，他们在门诊中接触了一位雄辩症病人"这句话来交代的；其社会环境，是通过"经过多方调查，才知道病人当年参加过梁效的写作班子"这句话来交代的。

其四，语言表达的不同。王蒙谈到微型小说时曾指出：微型小说"到了没有说教的余地。它对生活的感受本身就必须成为艺术，没有铺陈的余地，没有打扮的余地，没有贴膏药、穿靴戴帽的余地"。这是经验之谈。微型小说是一种载体小内涵大的体裁形式。因其体裁小，就要简洁，要将一切可以简省的描写省去。因其内涵大，就要特别注意含蓄，要于"无字处"见出文字。这也是它区别于一般短篇小说的一个特点。

通过上面的比较可以看出，微型小说体制短小、情节单一，人物刻画单纯，环境描写简明，语言简洁含蓄，是一种单一中求精美，单纯中见丰富的小说艺术。它在把握生活方面，比短篇小说更为简明。

微型小说为什么能够将复杂的生活集中到单纯的"点"上，并通过这些"点"巧妙而又深刻地表现社会生活呢？它为什么能够在单一中见丰富，在单纯中见丰满呢？这与它情节构成的特质有关。

微型小说的情节是单一的、单纯的，作者无论写多少事件，都必须把它提炼为一个单一的情节。然而，单一并不等于单调，单纯并不等于单薄。单一的情节要给读者创造一个完整的审美形式，单一的情节要使读者获得一个完整的审美过程，单一的情节要表现深刻的内涵。要实现这个目的，它的情节虽然单纯、单一，却一定要有矛盾、变化。如果没有矛盾、变化，微型小说就会流于单薄、肤浅，读来毫无意味。但是问题紧跟着而来了。微型小说写矛盾、写变化，决不能像中、长、短篇那样写。中、长、短篇可以将矛盾冲突铺写开去，甚至可以形成"一波未平一波又起"的格局。微型小说由于篇幅的限制，不可能这样铺写开去，不可能无限制地写矛盾冲突，它只能写一个到两个比较集中、比较单纯的矛盾冲突。它是怎样处理这一两个单纯的矛盾冲突的呢？

每一种艺术样式，在它们本体特征的制约下，都有自己独特的，与其他艺术相区别的艺术规范。写一种生活中真实存在的好人好事，写一种生活中先进与先进的矛盾，然后达到更先进的境界；写一种先进与落后的矛盾，最后让落后的一方转化，实现双方的统一，这些内容，是通讯、特写的好题材。写一种脱离了生活具体形态的感情，写一种同一化了的对生活作了高度概括的感情，这是诗歌的艺术规范。写出几种甚至几十种矛盾纠葛，并且生动、具体地再现这些矛盾纠葛的冲突、发展，这是中、长篇小说的得力之处。微型小说的艺术规范则是写出两种以上情感的矛盾结构，并且艺术地呈现这两种以上情感冲突的错位。

微型小说写矛盾，不能像诗歌那样只是一种高度概括、高度统一的同一性情感，不能像通讯、特写那样让两种情感、两种行为并存而最终趋于同一；也不能像中、长篇小说那样着重于过程的铺写和矛盾的发展。它必须有意识地拉开两种以上情感、行为的错位和距离，扩大它们的冲突，通过矛盾的错位与距离，来涵括生活的内容和小说的题旨，形成小说的审美价值。甚至我们可以看到，微型小说矛盾错位形成之时，也就是它终篇之时、高潮之处。微型小说烛照生活的那一瞬，完全依赖于矛盾错位的形成。像《"书法家"》，高局长能漂亮潇洒地写出"同意"二字，却偏偏写不好其他的字。《客厅里的爆炸》，父亲明明没有碰翻热水瓶，却偏偏承认自己碰翻了热水瓶——这就是典型的矛盾错位，事件是反向发展的。微型小说的题旨和所反映的社会内容，就是通过这些矛盾错位实现的。

微型小说必须具有一对或两对矛盾错位。当然，作者处理错位时，可明可暗，可隐可显，但始终不能忽视矛盾错位的设置和营建。这是微型小说的本体规范，也是它的本体特征。

谈到微型小说的矛盾错位，还有必要提及一下"突转"。有很多教科书，甚至小说理论家，曾把"突转"、"欧·亨利式的结尾"看作微型小说的基本特征，其实是欠妥的。"突转"

这个概念，指的是技法、技巧，如果从理论上推论，是很难把某一具体技法作为微型小说必备的要素甚至看做它的基本特征的。如果一定要那么做，势必造成创作上的公式化、模式化。另外，从作品实际看，"突转"通常表现为"矛盾错位"，但"矛盾错位"却不一定表现为"突转"，像中国古代的笔记小说，当代的一些优秀微型小说，就不一定具有"突转"（如《杯事》）。我们说的"矛盾错位"，讲的是微型小说本体形象构成的特点，至于这"矛盾错位"通过什么形式，什么手法表现出来，是没有具体的模式所规范的。

微型小说因为"微"和"小"，在反映生活、吸收其他文体技巧方面显得十分灵活，总体美学风貌在向着多样化方面发展。

微型小说因其体制短小，反映社会生活特别灵便、特别迅速，特别适宜于揭露或反映社会生活中的某些问题。事实上，很多优秀的微型小说，是以揭示和反映某些社会问题见长。例如《"书法家"》《雄辩症》《常胜的歌手》《又及》《提升报告》都属于这一类作品。然而，随着小说艺术的不断发展，很多作家渐渐不满足于仅仅表现社会问题了，他们一方面仍敏捷地关注着社会生活中的某些问题，另一方面，又把自己的审美视野投向了其他方面，于是，一大批"非社会问题"的微型小说被创作出来了。这些小说，或是写一种意念，或是写一种情绪，或是写一种哲理，或是写一种意境，或是写人生，或是写环境，或是写社会风貌，或是写民俗民情……从而使独拘"问题"一格的微型小说获得了五彩缤纷的色彩，在反映社会生活的广度和深度方面获得了突破性拓展。如我们这本教材所收的一些例文，有很多就不是着眼于某一社会问题。

小说的构成要素是人物、情节、环境。微型小说是小说，它也离不开人物、情节、环境的描写。但微型小说不可能像中、短、长篇小说那样刻画人物、情节、环境，因而在微型小说中"情节"所占的比重要大一些。随着现代小说观念的变化，许多微型小说作者发现，微型小说并不一定要以一个人物、一个问题为构思中心，它也可以写意念、写情绪、写环境、写意境、写心态。于是，许多微型小说作家把握生活的审美心理和审美趣味发生了变化，他们对一系列散落在情节之外的现象发生了强烈兴趣。这种不同于传统的生活发现和情感体验，促使作家们开始以"非情节化"的结构方式来营建微型小说。我们可以看到，有些微型小说几乎没有什么完整的情节；或者，它即使有情节，也不以铸造情节链作为小说的重点，较之整个情节过程，有些更为重要的主旨，更为强烈的意味，是从情节之外体现出来的；或者，作者有意地用一些非情节因素来冲淡小说的情节；或者，它干脆着眼于诗意和氛围的营建。例如《绿蒙蒙的春雨》（载《三月》1984 年第 6 期），就属这样一篇小说。"非情节小说"和"情节小说"，构思上走的是两条路子，后者追求的是"出其不意"，前者追求的，是"含而不露"。所谓"出其不意"，就是通过层层铺垫，把读者的注意引到某个方面，然后来个 180 度的大转弯，给读者一个意想不到的结局。这类小说，结尾往往是很重要的一笔。不少作品，往往是在层层铺垫后，靠结尾一笔产生逆转。它既要转得突然，又要转得有力。既要转得出人意料之外，又要转得尽情尽理。所谓含而不露，是指它一般不制造曲折离奇的"突转"效果，也不试图通过"突转"的那一瞬把主旨亮出来。即算有"突转"也转得"漫不经心"，尽量消除其人为的痕迹。它更多的是让"形象"讲话，通过所描写的内容去暗示作品所要传达的内容。它有如大海中的群山峻岭，露出水面的只是一岛一屿，更多的是大量的艺术空白，留待读者去想象、补充。如马克·吐温的《丈夫支出账单的一页》，仅仅记载了七笔支出开支，却隐含着一场美国社会的家庭闹剧。前四笔支出金额都是花在年轻的女打字员身上，预付薪水、送花、共进晚餐等，后三笔是给夫人、岳母买贵重衣服、重新招聘中年女打字员的广告费。这里有一个矛盾错位，但作者并没有处理为"突转"性的情节结构。作者只是将几笔开支账目展示出来，前四笔开支暗示出丈夫与女打字员的暧昧关系，后三笔开支隐含着暧昧关系暴露后家中掀起的轩然大波。这个隐含的故事是对美国病态社会的嘲弄，但作者并没有直接将它讲出来，甚至让人物性格、故事、场景都"藏"起来了，全凭读者去想象、补充，这就是典型的含而不露，引而不发。以上两种类型，在中外优秀微型小说中都可看到，但总体说来，以前者较为多见。只是随着微型小说艺术的发展，人们逐渐不满足于"构思精巧、结局新奇"的单一模式，才开始大量创作没有明显突转、比较含蓄蕴藉的微型小说。尤其是中国当代微型小说的创作，比较多地吸收了中国古代笔记小说的写作经验，有意用比较多的非情节因素冲淡直线发展、直奔主题的情节结构，有意淡化几成模式的"突转性结尾"，丰富和开拓了微型小说的审美品格。像孙犁的《芸斋小说》、汪曾祺的《故里杂记》，就是这一类小说。与西方"构思精巧、结局新奇"的故事体微型小说相比，中国古代的笔记体小说以含蓄蕴藉、自然多姿见长。中国的笔记体小说，以六朝志人、志怪小说开其端，明清两代达到高潮。这类小说，篇幅短小，一般不注重故事的完整性，简约成文，不事雕饰，平易散淡，不求结构的完整缜密。但细加体会，倒是形神兼备，气韵贯注。看上去无寄托，实际上其本身的情理结构，涵括了世态人情；指事类情，不一而足。中国当代微型小说的发展，实际上很大一部分得力于传统笔记小说的优良传统。每个学写微型小说的人，都值得很好研究中国的笔记小说，从中汲取营养。

微型小说因其篇幅短小，最便于吸收其他文体的特点与技巧。因而，它在发展本身结构形态的同时，还大胆吸收其他文体的特长，创造了许多新的样式，如日记式（如裴立新的《女强人日记》，载《小说界》1988 年第 3 期），书信式（如吴若增的《又及》，载《小说界》1985 年 5 期），散文式（如《杯事》，载《青春》1989 年第 3 期），公文式（如陈亭初的《提升报告》，载《小说选刊》1986 年第 7 期），杂文式（如冯骥才的《胖子与瘦子》，载《全国微型小说精选评讲集》），寓言式（如生晓清的《抄来的幽默》）。除了上面所举，还有电报式、账单式、记录簿式、独白式、对话式、论文式、电话式、戏剧小品式等等，举不胜举。多看这一类的小说，可以开拓自己的思路，避免表现形态上的单调。

微型小说的写作要点可概括如下：

## 一、敏于捕捉构思的聚焦点

微型小说把握生活是"化整为零"，反映生活是"以点制胜"。它不能像中、长、短篇那样去写生活的"面"。它必须将社会生活的内容和自己的认识评价凝聚在某一个"点"上，通过一瞬来照亮全程；通过一点，来涵括全部。因此，寻找微型小说聚焦点、捕捉微型小说的聚焦点，对于微型小说的写作就显得特别重要。

关于这一点，许多微型小说的研究者，曾从不同的角度、用不同的术语进行了强调。吕奎文、郑贱德在《小小说创作技巧》中曾指出：写作微型小说，首先必须"把生活中那些带有诗意、能引起美感或给人启迪的'顷刻'，迅速地逮住"。梁多容在《微型小说写作》中曾指出："诗有诗眼，文有文眼，微型小说有闪光点。微型小说是镜头小说，没有复杂的情节和完整的人物形象，它要求情节单一，刻画人物性格的一个侧面。因此，它应该是一次瞬间聚焦，使聚焦后获得的是一个闪光点"，"没有这个闪光点，微型小说便没有聚能反应，其人物将是平庸的，将失去生命的光彩，不会产生震撼人、感染人的力量。"赵曙光在其专文中也指出："诗有诗眼，戏有戏眼，微型小说也有微型小说的眼。这个眼姑且称为微型小说的'那一点'。有了它，全篇就有了生命，有了活力，意义就深刻了。没有它，全篇就无精打采，甚至会因为缺乏生命机制而不能成篇。"（见《百花园》1988 年第 8 期）他们这些论述，都强调指出微型小说的艺术形象，是一个单纯的、单一的，同时又是富于包孕的聚焦点形成的；写微型小说，首先要找到这样的聚焦点。

这个聚焦点是一个什么样的点呢？刘海涛在《微型小说的理论与技巧》一书中指出：它应该是一个意象实体。这个意象实体应该是单纯的、新鲜的、独创的。它应该包含着矛盾错位，富有内涵，能负载小说的主题，能包含过去、现在、未来及其他方面生活内容。我们认为刘海涛的概括是比较符合创作实际的。

微型小说的聚焦点应该是一个意象实体，说它是意象实体，因为这个"核"，是思想与形象的结合，它既是形象的，又是思想的。既是一种物象，同时又包容了作者所意识到的思想内容。为什么强调它是一种意象实体呢？因为我们仅仅有了某一思想，或某一良好的创作意图，如果没有与之相应的形象，还写不成微型小说。如果我们有了一个精彩的故事、精彩的人物，而没有意识到它的内涵与意义，同样也写不成微型小说。写小说，仅有创作意图不行，仅有题材没有认识也不行。所以，写微型小说，首先是要一个形象与思想紧密结合在一起的意象实体。

微型小说的聚焦点应该是单纯的，用一两句话就可以把它讲述清楚的。为什么强调它是单纯的呢？因为微型小说的篇幅只能容纳单纯的意象实体，过于复杂的意象实体不是微型小说艺术形象的审美特征。如果把过于复杂的意象实体塞入微型小说，实际上就混淆了微型小说与其他小说体式的区别。

微型小说的聚焦点，应该是独创的、新鲜的、新颖的。

任何文学创作都需要创造。微型小说要以精彩的瞬间、精彩的点打动人、启迪人，"于细微处见精神"，更需要创造。它应该是一种机智，一种敏感，一种对生活中某一场景、某一瞬间、某一细节的忽然抓住；它应该是一种眼光，一种艺术神经，一种一眼望到底的穿透力。眼光平庸，思想迟钝是它的致命伤。因此，微型小说的聚焦点只能是作者自己发现的、新鲜的、独特的。

同时，微型小说的聚焦点应该是有内涵的，它应该具有矛盾错位，能负载小说的主题，能包容过去、现在、未来及其他方面的内容。这是决定微型小说审美价值、认识价值的关键。

微型小说不是随手拈来，信笔写出的。它不是残丛小语，不是茶余饭后的消遣，而是作家把握世界、把握人生的一种艺术形式。它应该像别林斯基所说的那样："仅仅用一个特征，一句话，就能够把任何你写上十来本书也无法表现出来的东西生动而充分地表现出来。"它应该是一种简单明了而又智慧的方式，作者的主体意识、情感思索、思想困惑，要从中得到一种确证，浅白直露、一泄无余，不能引起读者的兴趣。因此，这个内核，这个聚焦点，必须包含矛盾错位，能负载小说的主旨意蕴，能容载社会、政治、人生、历史，令人思索；能在单一中见出丰满，单纯中见出丰富。

## 二、善于提炼聚焦点

写微型小说，首先是要找到小说的聚焦点。作者或是从生活中直接找到这蕴含矛盾错位的聚焦点，或是将生活感受加工、改造为具有矛盾错位的聚焦点，无论哪一种形式，都离不开进一步的加工、提炼。因为最初获得的聚焦点，还不一定深刻，有待典型化。同时，仅有一个聚焦点还构不成情节，构不成小说，还有待于把它"完形"，编织成一个比较完整单纯的情节。这里有两个工作要做：一是将聚焦点典型化，使它能负载比较大的生活内容；一是将聚焦点完形化，围绕聚焦点向前向后延伸、扩展，使它成为一个比较单纯、不枝不蔓的而又完整的情节。

于德北的《杭州路十号》（载《小小说选刊》1988 年第 2 期），写了一个空虚无聊，对生活感到绝望的待业青年，有一次他玩了一个无聊的寄信游戏，写一封诉说自己痛苦与绝望的信给自己瞎编的地址："杭州路十号袁小雪"。没料到，他竟每月按时收到杭州路十号袁小雪寄来的鼓励他勇敢地生活下去的信。他振作起来后去回访、感谢袁小雪，没有料到这个"袁小雪"竟是一个两月前已经患癌症去世的著名的病残心理学教授；老教授在去世之前，留下了一叠信，嘱老伴每月寄一封去。这是一篇用真挚的爱来呼唤人与人之间心灵沟通的作品。据作者介绍，这篇小说的原始素材有两个：一是作者自己在生活中真的玩过这样的寄信游戏，不过那确实是一个像袁小雪那样的女孩，等到作者在秋天踏着黄黄的秋叶去看她时，她已静悄悄地死去了三天。二是那位老教授的故事，他是在一个小车站听陌生人讲的。在素材与作品的比较中，我们可以看到，作品中的矛盾错位："我寄出了一篇非常无聊的信，却收到无数封非常认真非常真诚的回信"，在生活中是存在的，不过他并没有照搬，而是将原型中的女孩改为病残心理学教授，并且在这个事件上寄托了自己的感情、理想和对生活的认识与评价。同时，他也将基本情节作了合乎情理的加工、改造，使之更为完整。

黑孩写《小日本》则是另一种情形。小说写的是一个叫秀芝的姑娘，带着一个始终不肯对人倾吐的感情被迫嫁人，最后抑郁而死。这篇小说是怎么来的呢？据作者介绍："有一天，我回家探亲，在海滨公园处，母亲指着前边一个卷毛的男孩对我说：'那是你的同学小日本，恋着他的女孩子很好，只是病死了。死得极惨。'母亲深重的一声'极惨'，立刻有一下震动穿过我的身体。我拉住母亲，要求她讲述《小日本》中的一些事。那'极惨'的女孩子不肯结婚，不肯向任何人诉说心中的感情，使得人生的枯荣顷刻间都变得淡化起来——女孩虽然已经'极惨'地死去，但是，她那因为极其孤独而又极其脆弱的灵魂，却因此而更加执著、更加真诚、更为膨胀着生命的活力。"[①]从作者的介绍可以看出，生活中最初始的感受，并不具有矛盾错位，它还是一个单一混沌的感受：女孩子带着不肯倾吐的内心秘密死去。只是在作者了解到有关事情后，加入了自己的思想、评价，才将它改造成一个包含矛盾错位的意象实体："极其孤独而又极其脆弱的灵魂，却因此更加执著、更加真诚、更为膨胀着生命的活力"——在这里，作者将单一、单纯的感受，加工改造成了矛盾错位，从而使它获得了微型小说的特质。作者获得这个聚焦点后，作品的内核、灵魂也就确定下来了，作者进一步的工作，就是将这个意象实体完形化，通过情节的前后延伸，将这个意象

---

① 黑孩：《于平凡之中》，载《小小说选刊》1987 年第 9 期。

实体生动、完整地再现出来。

作家林斤澜谈到小说创作时说:"按我的学习体会,小说构思大体是这么一条路:你从生活里积累了一些东西,从中找到一个'核'……有了'核'以后,还要回到生活里去,在生活中寻找哪些肉适合长在这个核上,哪些不合适,这个核不是所有的肉都能长上去的,楞把它搁上去,就是贴上去的,是活不了的。"①林斤澜的话,可以说是对微型小说构思的很好说明。所谓"完形",也就是依据生活,进行合理想象,让"聚焦点"长出合适的"肉"来。

### 三、善于将聚焦点"凸现"出来

写微型小说,不仅要捕捉聚焦点,提炼聚焦点,而且还要善于将聚焦点强化出来。如果将聚焦点散落、湮没在整篇情节之中,小说写出来,将全无精彩之处。有些习作者,其构思不错,写出来平平,其原因之一,就是不懂得将聚焦点强化出来。

要将聚焦完美地表现出来,让它照亮全篇,照亮读者的心灵,首先要做到的,是在构思中始终不要忘记这"点",始终要以这个点为中心。作者一方面要由这个"点",生出许多的枝枝桠桠,另一方面,许许多多的枝枝桠桠,又要投射、关注于这个"点",万川入海,绿叶扶花。

微型小说的聚焦点,常常表现为某个核心细节。在微型小说中,这个核心细节不是局部性点缀,而是全局的艺术枢纽。在整个小说结构中,它是中心细节;在整个故事情节的发展过程中,它又是高潮细节。它是凝结全篇小说情感的焦点,是整个作品的点睛之笔。如果撤了它,整个微型小说就不复存在。因此,在衍化其他情节和细节时,必须以它为基点,就像滚雪球一样,不论如何的滚动,始终不离开它的内核。

要把聚焦点完美地表现出来,还要懂得运用一定的情节技巧。我们通常运用的,有对比、渲染、突转、夸张、巧合、重复、照应、设置悬念等。每一技巧的成功运用,都可能使小说的聚焦点在一瞬间凸现出来。例如孟伟哉的《插图》,写父子之间互相画像。儿子把父亲画成脑袋很小,身子很大,标明这是"父亲思想史插图之一"。父亲看后画了"儿子的成长史插图之一",把儿子画成大大的脑袋,铅笔样的身子。这篇小说的聚焦,就维系在两幅画的对比上。又如路东之的小说《!!!!!!》,写的是两个孩子在老树下做游戏:"我们都是木头人,不会说话不会动。一不许笑,二不许动,三不许交头接耳,看谁的意志最坚定。"单看这个片断,很难知道作者在说什么。可是作者将这个片断一再重复,重复到第六次时,作品的意味就一下升华了:我们终于看到了这最习以为常的游戏后面,有着某种愚昧而不合理的东西。我们看到了儿童天性的被扼杀,甚至从中体会出民族传统中的惰性气质所形成的一种消极的心理定势。从这些例子我们可以看到,情节技巧之于微型小说,决不是可有可无的。一些重要而巧妙的情节技巧,几乎构成了整个微型小说的本身。写微型小说,应该熟谙这些情节技巧。

### 四、注意语言表达上的特点

微型小说载体小、内涵大。要做到载体小、内涵大,在语言表达方面,要特别讲究简洁、含蓄。

---

① 《林斤澜论小说创作》,载《小说选刊》1988 年第 6 期。

　　微型小说篇幅短小，几乎到了没有任何说教的余地。文字上的任何拖沓、累赘，都可能破坏小说的艺术性。但微型小说并不窘迫，并不寒碜，并不止于粗陈梗概，它有限的篇幅同样从容不迫、游刃有余。这与它的文字表达技巧有关。微型小说往往直接入题，多用白描，该细的地方细，该简的地方总是将一切可有可无的描写一律舍弃。微型小说总是将环境描写隐于情节发展之中，将人物的神态、心理，尽可能地隐含于人物行动、对话之中。

　　微型小说力求用很小的载体负载起很大的含量，它在语言表达上要尽可能的含蓄。微型小说善于留艺术空白，它所写的，往往是一角一隅，留有更多的空间给读者去想象、补充。微型小说总是用形象说话，含而不露，引而不发，把涵义留给读者去品味。微型小说往往喜欢用双关、象征、侧面描写，让读者去体会话外之音、"境外之境"、"象外之象"。微型小说总是虚实相藏，以实引虚，让读者去再创造。这些表达上的特点，每个习作者都要细心揣摩。

## 【例文】

# 立　正

### 许行

　　"你说说，为什么一提蒋介石你就立正？是不是……"

　　我的话还未说完，那个国民党军队的被俘连长，早又"叭"下子来了个立正，因为他听到我提蒋介石了。

　　这可把我气坏了，若不是解放军的纪律管着，早就给他一撇子了。

　　"你算反动到底啦！"

　　"长官，我也想改，可不知为什么，一说到那个人就禁不住这样做……"

　　"我看你要陪他殉葬啦！"我狠狠地说。

　　"不，长官，我要改造思想，我要重新做人哪！"那个俘虏连长很诚恳地说。

　　"就凭你对蒋介石这个迷信的态度，你还能……"

　　谁知我的话里一提蒋介石，他又"叭"下子来了个立正。

　　这回我终于忍不住了，一杵子把他打了个趔趄。并且厉声说：

　　"再立正，我就打断你的腿！"

　　"长官，你打吧！过去我这也是被打出来的。那时我还是个排副，就是因为说到那个人没有立正，被团政训处长知道了，把我弄去好一顿揍，揍完了对我进行'单兵训练'，他说一句那个人的名字，我就马上来个立正，稍慢一点就挨打。有时他趁我不注意冷不防一提那个人的名字，我没反应过来便又是一顿毒打……从那以后落下来这个毛病，不管在什么时间地点，一说到那个人或一听到那个人的名字就立正，弄得像个神经病似的，可却受到嘉奖，说这是对领袖的忠诚……长官，你打吧！你狠狠地打一顿也许能打好了呢。长官，你就打吧！打吧！"俘虏连长说着就痛苦地哭了，而且恳切地求我打他。

　　这真怪了！可听得出来，他连蒋介石这三个字都回避提，生怕引起自己的条件反射。不能怀疑他这些话的真诚。

　　他闹得我也有些傻了，不知该怎么办啦！

　　1948 年我在管理国民党军队俘虏时，遇到了这么一件事。当时那个俘虏大队里都是国民党连以下的军官，是想把他们改造改造好使用，未曾想竟遇到了这么一个家伙。

"政委，咱们揍他一顿吧！也许能揍过来呢。"我向大队政委请示说。

"不得胡来，咱们还能用国民党军队的办法吗?! 你以为你揍他，就是揍他一个人吗?!"

嘀！好家伙，政委把问题提得这么高。

"那么?"我问。

"你去让军医给他看看。"

当时医护水平有限，自然看不出个究竟来，也没有啥医疗办法。以后集训完了，其他俘虏作了安排，他因这个问题未解决，便被打发回了家。

事隔三十年，"文化大革命"后，我到河北一个县里去参观，意外地在街上遇到了他。他坐在一个轮椅上，隔老远他就认出我来。

"教导员，教导员！"他挺有感情地扯着嗓子喊我。

他头发花白，面容憔悴，显得非常苍老，而且两条腿已经坏了。我问他腿怎么坏的，他说因为那毛病没改掉，叫"红卫兵"给打的，若不是有位关在"牛棚"的医生给说一句话，差一点就要他的命啦！

我想这个我们不许做，也不忍做的，"红卫兵"却做了。打断了他两条腿，当然就没法立正了，这倒是一种彻底的改造办法。于是我有意识地说：

"你这一辈子，算叫蒋介石给坑啦！"

天呵！我非常难过地注意到：在我说蒋介石三个字时，他那坐在轮椅中的上身，仍然向前一挺，做了个立正的姿势。

（选自《作家》1987 年第 7 期）

**【简析】**《立正》批判了国民党蒋介石对下层官兵身心的摧残，也对"文化大革命"中红卫兵的打砸行为表示了批评。小说涉及两个时代，一个人漫长一生，却抓住一个核心细节来构筑全篇。一个细节多次重复，两个场面一气连成。结尾突转，具有极大的艺术冲击力。艺术空白耐人寻味。

## 泥兴荷花壶

### 孙方友

泥兴荷花壶，陈州特产。该壶的外形如同一朵刚绽的荷花，四只盖杯造型似莲蓬，托盘则如一张刚落水的莲叶。特别是杯和盘不但造型美观，而且自有一种浑如天成的色彩，荷花壶淡紫，莲蓬杯碧青，荷叶托浓绿，让人悦目赏心。

泥兴茶具用料讲究，制坯很薄。经过窑变，呈现天然色彩，不着色，不上釉，全靠细磨打光。更令人奇的是，用指一弹，"当当"作响，且一壶一音，音长如绵，如琴似弦。壶坯虽薄，但极坚固。薄而固，贵在土质。陈州有种胶土，柔和含刚，做泥人制壶坯，确为稀世好料。用这种壶泡茶，不亚于宜兴的紫砂茶具，同具有独特的良好的透气性能，沏出茶来，茶叶既有茶香，又无熟气，汤色澄清，滋味儿醇正，即使将茶叶留在壶中，夏天隔夜也不发馊，实属茶具中的上品。

很早的时候，陈州泥兴壶就有官窑和民窑之分，但无论官窑与民窑，真正供奉京城皇宫内的泥兴壶，多是陈氏壶。陈氏壶的开山鼻祖叫陈百万，到了民国年间，陈百万的第十代玄孙陈三关又当了窑主。

没有朝廷，又逢军阀混战的乱岁月，陈氏壶开始流落民间。只是陈氏壶造价极高，一般人家买不起。能用起真正贡品的，多是些达官贵人。

这一年，段祺瑞从界首来到了陈州城。

陈州距皖地只有百十余华里，两方搭界，段祺瑞说来也就来了。段祺瑞和他的部下是化装而来的。因为陈州有伏羲陵，段祺瑞正在倒霉时节，他来是求拜人祖的。那一天段祺瑞是富商打扮，去北关朝拜过人祖，又看了陈州七台八景，这时候想起了陈州泥兴茶具。他原来有一套荷花壶，而且那把壶已经用老，壶下满是丘状茶渍，不下茶叶照样有茶色。可惜，有一次与太太动怒，不慎打碎了。那是真正的宫廷用品，是他任江北提督时袁世凯赠送的。袁项城的老家距陈州很近，且又是陈州于家的乘龙快婿，因此他极喜爱家乡泥兴茶具。段祺瑞家居皖地，与袁项城算半个老乡。袁项城家乡观念重是众所周知的，让他官至参谋总长、国务总理之要职，算是很对得起他。自去年被直系打败以后，他愈发思念袁大总统了。因此，他决定要买一套陈州泥兴荷花壶。

段祺瑞派人问清了陈三关的家，便带随从直奔陈府。

陈府位于南门西尚武街的街尾处，一座庭院，三面环水，风景十分秀丽。陈府的高大门楼上悬挂着历代朝廷赠赐的御匾，很是威风。

那时候陈三关已年近古稀，但身板挺硬朗。银白的须眉下藏着一双深邃的眼睛，言谈举止皆给人以高深莫测的感觉。段祺瑞带一班人马走进府门的时候，陈三关正在给壶打光。他见来一富商，且气度超群，知是非凡人物，忙起身迎客。段祺瑞拱手还礼，报了化名，说是慕名而来，专程到陈州欲购一套陈氏泥兴茶具。陈三关让人沏了茶，笑问："恕我冒昧相问，先生愿出大价吗？"段祺瑞笑答："若能得一宝壶，鄙人在所不惜！"陈三关见来客爽快，顿然来了兴致，命人抬出几箱茶具，一一打开，对段祺瑞说："这是一百套上品，我再从中挑出一壶，可丑话先说不为丑，先生要拿出这一百套的钱来！"段祺瑞大度地笑笑，当即命人掏出一托盘钢洋，放在了桌子上。陈三关拉过箱子，开始一把接一把的朝外抛壶，一连抛出一百把，从高空落到地上，皆完好无损。段祺瑞惊叹，十分怀疑自己原来的那把壶是否真货色。

他正在走神，只见那陈三关已把一百把壶同时摆在了案子上，取出一根细铁棍儿，挨个敲击，凡音裂音哑者，当即抛出。最后，陈三关认真挑出二十一把，个个音质如琴，细细地分出高低音，又按音序排了三排。此时的陈三关满面红光，精神抖擞。只见他如入无人之境，饱吸一口气，双手各持一根细铁棍儿，倏地飞舞开来。铁棍儿如蜻蜓点水，在二十一把壶上弹跳，美妙的音乐被飞舞的铁棍儿荡开，如泣如诉，似高山流水，似珠玑落盘，惊得段祺瑞张大嘴巴。细听了，原是一曲《春江花月夜》。他从未听过如此玄妙的壶音，禁不住心头颤抖。这时候，只听那陈三关突然改了曲牌，奏出了《十里埋伏》，且越来越急，如同千军万马，如同暴风骤雨。厮杀声、马奔声、枪击剑砍声响成一片。段祺瑞瞪圆了双目，如临大敌，正欲呐喊几声，突然曲终音绝，万籁俱寂。在场的人如同刚从血战中杀将出来，个个头上冒着汗水，面色苍白，长长地嘘了一口气。

这时候，陈三关已汗透脊背，他郑重地转过身，望了众人一眼，然后跨左一步，亮出

"琴案。"众人再看时，个个目瞪口呆，只见案上已瓦砾一片，唯有一壶亭亭玉立于瓦砾之中。陈三关绾了衣袖，托了那把壶，用铁棍儿击了一下，音质如初，不嘶不哑。他捧了那壶，呈到段祺瑞面前，说道："客官，宝壶挑出来了！"

段祺瑞受宠若惊般抹了抹双手，十分恭敬地接了那壶，惜惜地抚摸，如视家珍。

陈三关擦了擦汗水，呷了一口茶说："客官，你有福气，赶上了军阀混战的好时机！这是我家祖传的挑壶程序。古时候为皇上挑供品，多是用此种套路。你今日正赶上我有雅兴，算是享受了皇上的待遇了！"

段祺瑞一听大喜，满面顿溢红光，忙命人掏出赏钱，送给了陈三关。陈三关接过赏钱，又问道："见客官气度非凡，决非寻常之辈！你能否告诉我真姓大名，也好让我记准此宝壶的下落？"

段祺瑞迟疑了一下，笑道："师傅好眼力！鄙人姓段名祺瑞字艺泉！"

陈三关一听是段祺瑞，禁不住目瞪口呆，好一时，他才平静下来，施礼道："段大人真乃是富贵之人！此种宝壶为百里挑一，实属宝中之宝！据我所知，此种壶多有灵性，得此壶者，能救主人一命！"

"此话怎讲？"段祺瑞不解地问。

"枪打宝壶，子弹只过一壁！大人若不信，可当面一试！"

段祺瑞半信半疑，让人把壶放在一个高处，掏出枪来，对准壶身打了一枪。只听子弹头儿在壶内如钢珠跳舞"叮叮当当"响了一阵，然后发出颤音落在了壶底。众人取壶相看，果真只有一壁！那子弹穿过之处只有一个圆眼儿，四周且无一点儿炸纹儿。

陈三关哈哈大笑。

段祺瑞万分懊悔地叹了一口气，捧着宝壶呆呆如痴……

（选自《星火》1991年第1期）

**【简析】**作者借一个离奇故事，歌颂了惊人的民间工艺，赞美了民间艺人的机智和气节。作者秉承的也是搜奇述异的传统，但民俗民情的味道更浓。作者将历史人物与文学人物交织在一起，把细腻的风物描写与传奇情节交织在一起，前半部分纯用散文笔调，后半部分则用传奇手法融合，场面描写扣人心弦，结尾出人意料，渲染手法运用非常成功。

# 杯　事
### 囡奴

炮师礼堂的首长休息室，有单人沙发、齐膝条桌及两盆煞有介事的塑料花，靠墙的一个玻璃柜里，整齐地摆放着一排专用茶杯，其上写着司政后首长的尊姓大名。

说到这些先是粗瓷、后是细瓷、继之是铝壳的茶杯，自然要说到老闻其人。十六岁入伍的他是个典型的机灵鬼，会说话，能办事，腿脚勤快，讨人喜欢。数度春去秋来，他就循序渐进挪腾位置成了电影组长、俱乐部主任、文化科干事、文化科长。几个坎儿跨过来，已是人到中年。首长用的茶杯是经他手一茬茬买来的，上面的名字是他一个个写上去的。军粮吃了二十余载，营盘内杯上杯下杯前杯后的风风雨雨也见得多了。

凡有新的任免，均由干部科通知秘书科，秘书科通知文化科，老闻再告知礼堂，落实到茶杯的增加或是减少。杯事也就成了老闻业务内容中不可小视的一部分。

有人提升了，可杯子上还是原职务。老闻注意到，那位首长坐在那儿下意识地用指甲抠那个红油漆出的"副"字。鉴于这个教训，老闻决定：统一换一茬杯子，所有新杯上只写姓名，不再标示职务。

有人被审查了，他的政敌见他的杯子还一如既往地放在玻璃柜里，就厉声责问："怎么？不知道他的变化吗？"

"首长，都怪我忙昏了头，还没有来得及告诉礼堂取消呢！"老闻笑容可掬地解释着。

过后，礼堂的小战士真要把那杯子淘汰，他却老谋深算地阻止道："换个地方，留着！说不定哪天又官复原职了，弄不好还升了呢！"这种被打倒了又平反，抓进去又放出来的事儿，这些年他在文化科常遇到。他忘不了，一个重新杀回来的首长，曾刁难性硬要他原来的茶杯，可那杯子已被电影组当了广告色缸子，谁知道他还能有卷土重来的日子呵！老闻无奈，只好卖了文化科多半年的旧报纸，全部更换了茶杯，都一样就挑不出毛病了。虽说他掏腰包搭了几个钱，毕竟买到了风云突变中的泰然。他知道哪多哪少，怎样对待。

铁打的军营流水的兵，他一次次例行叮嘱派到礼堂的小战士：与首长沾边的事儿马虎不得！谁爱喝水，谁不爱喝水，还有谁不爱喝水也得倒水，你明知他唇未碰杯，送水时也得上前揭开茶杯盖儿看一眼再走，因为那是个地位，是个身份。他记得，一个患糖尿病的首长硬撑着来看文艺演出，他尘封已久的杯子取出洗净后，茶未泡开，人就支持不住了。他就是为了出现一下。另一个首长得了传染病——乙型肝炎，茶杯理所当然被从大堆里挑了出来，因为他人在医院也是隔离的。岂料没几天他竟出院上班了，来礼堂开会时朗声道："我的茶杯呢？大惊小怪！转氨酶高点碍什么事？我身体好着呢？再干十年八年没问题！"话音未落，又住进了医院，从此一去不返。当时，部队正在轰轰烈烈大调班子，处于考核干部素质包括身体状况在内的关键时刻。已成遗物的茶杯自玻璃柜中取出，上面有死者的名字，竖在那儿，墓碑一般。老闻默默地看着，发出一声多味的叹息。

盼望礼堂的玻璃柜里能有一个属于自己杯子的人不少，可真正实现奋斗目标的人却不多。朝思暮想也没用，梦寐以求也没用。最可憾的是非常接近那个规格了，甚至已经见到了茶杯的影子了，暮地命令下来，隔着一张盖有大印的公文纸，什么都倏然遥远了。

竟还有人开会时特地晚来一会，看是否有什么人在用他的茶杯。见多识广的老闻怎么也猜不透这种心理。此人的退休命令一下，他那具有象征意义的茶杯被摔了个粉碎。小战士说洗刷时没留神碰破了。老闻心里有数，怎么单单碰破了他的？

新上任的师长在全体军人大会上说："摔杯子那一响，是当鞭炮放的，你走了，人家看成是个值得庆祝的事儿。在一个单位，留不下业绩，至少也不应该留下恶名。当干部的，千万不能转身让人摔杯子啊！"下面掌声雷动，超过半分钟——三十余秒。

干部年轻化了，这几年好几个梯队频繁地代谢，牵一发动全身，老闻对茶杯也自然要进行走马灯似的清理调整。而他自己年龄业已过线，只好打点行装携家小向后转，卸任前，他又主持买了一茬新茶杯，按秘书科通知的名单，一笔一画逐个写上名字。多购下的一个备用杯，礼堂的同志一定要送他做个纪念。这是造型漂亮的保温杯。他还不敢断言这刚刚上市的新产品保温性能如何，这要用一用才知道。当他把杯子拿到手里时，竟莫名其妙地联想起了它的几个同音字，他由杯想到了卑，想到了背，想到了悲，最后想到了碑……

（选自《青春》1989 年第 3 期）

【简析】这是一篇散文化的小说，作者通过营盘内杯上杯下杯前杯后风风雨雨琐事的记叙，揭示了潜藏在人们心灵深处的影响改革开放的消极因素。侧面取材，冷静而富于个性、情趣的叙述，以及双关手法的运用，都恰到好处。

# 永远的门

### 邵宝健

江南古镇。普通的有着一口古井的小杂院。院里住了八九户普通人家。一式古老的平屋，格局多年未变，可房内的现代化摆设是愈来愈见多了。

这八九户人家中，有两户的长住人口各自为一人。单身汉郑若奎和老姑娘潘雪娥。

郑若奎就住在潘雪娥隔壁。

"你早。"他向她致意。

"出去啊？"她回话，擦身而过，脚步并不为之放慢。

多少次了，只要有人有幸看到他和她在院子里相遇，听到的就是这么几句。这种简单的缺乏温情的重复，真使邻居们泄气。

潘雪娥大概过了四十了吧。苗条得有点单薄的身材，瓜子脸，肤色白静，五官端庄。衣饰素雅又不失时髦。风韵犹存。她在西街那家出售鲜花的商店工作。邻居们不清楚，这位端丽的女人为什么要独居，只知道她有权得到爱情却确确实实没有结婚。

郑若奎在五年前步潘雪娥之后，迁居于此。他是一家电影院的美工，据说是一个缺乏天才的工作负责而又拘谨的画师。四十五六的人，倒像个老头儿了。头发黄焦焦、乱蓬蓬的，可想而知，梳理次数极少。背有点驼了，瘦削的脸庞，瘦削的肩胛，瘦削的手。只是那双大大的眼睛，总烁着年轻的光，烁着他的渴望。

他回家的时候，常常带回来一束鲜花，玫瑰、蔷薇、海棠、腊梅，应有尽有，四季不断。

他总是把鲜花插在一只蓝得透明的高脚花瓶里。

他没有串门的习惯。下班回家后，便久久地耽在屋内。有时他也到井边洗衣服，洗碗，洗那只透明的蓝色高脚花瓶。洗罢花瓶，他总是斟上明净的井水，噘着嘴，极小心地捧回到屋子里。

一道厚厚的墙把他和潘雪娥的卧室隔开。

一只陈旧的一人高的花竹书架贴紧墙壁置在床旁。这只书架的右上端，便是这只花瓶永久性的位置。

除此之外，室内或是悬挂，或是傍靠着一些中国的、外国的，别人的和他自己的画作。

从家具的布局和蒙受灰尘的程度可以看得出，这屋里缺少女人，缺少只有女人才能制造得出的那种温馨的气息。

可是，那只花瓶总是被主人拭擦得一尘不染，瓶里的水总是清清冽冽，瓶上的花总是鲜艳的、盛开着的。

同院的邻居们，曾经那么热切地盼望着，他捧回来的鲜花，能够有一天在他的隔壁——潘雪娥的房里出现。当然，这个奇迹就从来没有出现过。

于是，人们自然对郑若奎产生深深的遗憾和绵绵的同情。

秋季的一个雨蒙蒙的清晨。

郑若奎撑着伞依旧向她致意："你早。"

潘雪娥撑着伞依旧回答他："出去啊?"

傍晚,雨止了,她下班回来了,却不见他回家来。

即刻有消息传来:郑若奎在单位的工作室作画时,心脏跳搏异常,猝然倒地,刚送进医院,就永远地睡去了。

这普通的院子里就有了哭泣。

那位潘雪娥没有哭。眼睛委实是红红的。

花圈。一只又一只。那只大大的缀满各式鲜花的没有挽联的花圈,是她献给他的。

这个普通的院子里,一下子少了一个普通的生活里没有爱情的单身汉,真是莫大的缺憾。

没几天,潘雪娥搬走了,走得匆忙又突然。

人们在整理画师的遗物的时候,不得不表示惊讶了。他的屋子里尽管灰蒙蒙的,但花瓶却像不久前被人拭擦过似的,明晃晃,蓝晶晶,并且,那瓶里的一束白菊花,没有枯萎。

当搬开那只老式竹书架的时候,在场者的眼睛都瞪圆了。

门!墙上分明有一扇紫红色的精巧的门,门拉手是黄铜的。

人们的心悬了起来又沉了下去。原来如此!

邻居们闹闹嚷嚷起来。几天前对这位单身汉的衷情与敬意,顿时化为乌有,变成了一种不能言状的甚至不能言明的愤懑。

不过,当有人伸手想去拉开这扇门的时候,哇地喊出声来——黄铜拉手是平面的,门和门框平滑如壁。

一扇画在墙上的门!

【简析】"门"无疑具有象征意义。无论是主人公还是邻居们,都曾想过要打开那扇门。但主人公把愿望埋在心里而成终生遗憾,邻居们的心理却产生了一个戏剧性的变化,这扇门,也就成了让人回味无穷的象征。小说故事虽复杂,内容却比较单一,适宜写成小小说,如果要写成短篇或中篇,则要加强内容,初学者可细加体会。

## 山野人家

### 毛毛

张老太太死了。

大块大块灰白色的云迫近起来,聚到张老太的房顶上。三只五只的乌鸦嚎叫而来,盘旋在张老太院子的上空。同时聚来的还有路路通屯的大人孩子和路路通屯的大小狗们。

张老太一辈子没有嫁人,自然不会有儿女。由于她是外来户,在这路路通屯,也就没有一个亲戚。可她针线活儿做得好,会裁会剪又会织会绣。一个破了洞的衣服在她手里一会儿就补好,洞上面还绣只凤凰或一条金龙。张老太还会接生,人心又善,帮助了许多人。全屯子的大人和孩子都很感激她。王老二还把自己的六小子铁成送过来给她当儿子,姓她的姓,取名张石。

那是从前。如今,张老太走了。

路路通屯的老少爷们是讲良心的,他们自然不会亏待张老太的。

一时间,众人拿来了白事用品,扯了黄布白绫,买来烧纸,蒸了馒头。

王老二喊众人围在灵床前,一把鼻涕一把泪地说:"张老太可是个好人!年年都是她帮衬咱的裤子和袄。拣孩子,张老太挨了不少的累。俺家铁成要不是她,早和他娘一起死了,过后,她连个鸡蛋也没吃俺的。还有你,狗剩子,二锁子,都是她的功……俺看哪个龟儿子敢坏了良心……"话没说完,众人像死了亲娘似地干嚎,所有的人都戴了黑箍。孩子们穿了孝服,张石更是重孝在身,痛不欲生。

屯里跑来了一条陌生的四眼狗,狗的脖子上挂一个铃铛,这是一条公狗,已经有些苍老了,只有眼睛极亮。离狗不远,走来一个陌生的男人。脸黑黑的,眼睛有些混浊。他越过大人和孩子,越过纸人纸马,越过漆好的棺木,越过许多看不见的东西,径直走进灵堂。它的主人——那个男人,半跪半蹲在地上,头深深地埋下去,不再动。四眼狗也如雕塑一般。

路路通屯被这个陌生的男人和那条陌生的狗的到来惊呆了。一时间,屯中的鸡不叫,狗不咬,猪不哼哼了。大人孩子血不流心不跳,眼珠不灵活了。

几秒钟,只几秒钟后,鸡开始吵架,狗开始厮咬,猪拱翻了食槽子,大人孩子乱叫一气,院里炸营一般。

王老二颤抖得厉害,指着灵床上安睡的张老太说不出话来,一拍大腿蹲下去,既而又"呼"地跳起,"铁成,走。老天瞎了眼,呸,干干净净,呸!烂货!"王老二最先扯着儿子跑出院子。张石又变成王铁成了,变得极有道理。

院子里跑马一般。人们像怕染上什么似地争相夺路而走,把一串串脏话抛下。抛得极利落。

沉寂。

第二天,那个陌生的男人,从下屯雇用来几个汉子和一个吹打班子。

忙得了,入殓。出殡。下葬。吹吹打打,井然有序。

一切停当。四眼狗仍在前面引路,陌生的男人跟在后面。默默地走,没有回头。

路路通屯复又平静。

只是在一个无风无月无星星的夜晚,张老太院子里燃起了一堆大火。火光中,路路通屯的大人和孩子们不时地脱下自己身上那件绣有一只凤凰或一条金龙的衣裤,扔进熊熊燃烧的火中。并且,把用玉米做成的自己的替身,投进火堆里焚烧。他们是在还张老太曾给他们的命。夜空中,弥漫着一股怪味。

这是一个极庄严且肃穆的夜晚。烧尽了许多。生发了许多。

那个陌生的男人和四眼狗,究竟与张老太有何渊源?你去查好了,只要你肯花气力。

【简析】写风俗,写民情。小说通过陌生男人到来后路路通屯人们的心理变化,批判了民族文化心理结构中极为消极落后的东西。小说成功地运用了渲染的手法和留白的艺术手法,内容厚重。

# 空 青

**魏继新**

　　川北多大山，大青山乃山中之山。它北面是大巴山，西面和南面是华莹山。大青山人迹罕至，没有人家，只有几个石匠，常年搭了一些席棚，在这儿住了开采青石。青石色泽暗绿，渗着油似的光滑，可作建筑用的砖石，亦可作名砚。行家说，它比大理石好。但山太深，大青石又多产，山岭险峻处，极不易开采，且极难运出，所以，进山采石的人甚少。

　　但大青山有宝，名曰空青。空青多藏在大青石中，状如鸡卵，大小如蚕蛹，色青绿，取下摇似有水。其水有清浊，清为上，浊为下。清亮无浊者即为上品。上品极难得，破之，其石中水可治眼翳，可使盲人复明。传说空青为山鬼泪水所化。山鬼，即屈原笔下之女鬼。据传，当年屈原听她哭诉时，漫山遍野虎啸猿啼，声传十里之外，草木莫不萎死。所以，空青内含之水，渗着暗红，似丝丝泪血。破石后，此水见风即干。

　　山里山外，多有人出重金求购空青未得，所以，空青事乃似在虚实之间。

　　一日，一乘滑竿沿胭脂溪上溯。滑竿中坐一人，戴深色墨镜，看不出年纪，且沉默寡言，神色阴郁，膝前放一密码手提箱，似很沉而贵重，有一手铐，一边套在箱上，一边铐住乘坐者之手。欲得箱者，非先断其手不成。抬滑竿者为山民，头裹白帕，赤脚涉水。水不深，溪底为砾石。偶有抬滑竿者手中拄路棍端套着的铁头，击得石响，伴着哗哗水鸣。

　　其时为深秋，漫山红叶已落尽，满山枯藤老树，已挂上一派冷萧。坐滑竿者似看不见山色，但从漫山寒意中，似也觉出寒暑相煎的急切，便发声问脚夫："还有多远？"

　　"快了。"脚夫气喘吁吁地简短答道。

　　此后，便是更深重的沉默。

　　终于顺着碎石道，脚夫手脚并用地爬上了采石场，在场边一处简陋茅棚处停了下来。戴墨镜者跨出滑竿，凝神听了听，空旷的采石场没有铁锤叮当声，只有风打着呼哨掠过山凹。有老者在茅棚前守着一堆篝火抽着旱烟，似睡似醒。篝火的木架上吊着一只鼎锅，有热气沸出，溢出米粥的香气。

　　戴墨镜者问："你是孤老？"

　　"我是孤老。"老者答，却不问对方来意。

　　戴墨镜者便在他面前蹲下，用钥匙打开小箱。里面层层叠叠，全是十元人民币！两名抬滑竿者，看得目瞪口呆。

　　"我要买空青。"戴墨镜者说。

　　孤老看了看钱，很无奈地摇了摇头，叭了一口烟："很可惜，用钱买不到空青。"

　　"你还要什么，我都给。"戴墨镜者说。

　　"一切，"孤老说，"除了你自己。"

　　戴墨镜者便沉默，嘴角牵动着，艰难地露出有些自嘲、讥讽和尴尬的笑，有伤心、悲哀，也有无奈，喃喃自语："我好不容易才得到了一切。"

　　"这我知道。"孤老说。

　　"你真有空青？"戴墨镜者说。

　　"空空如水，水去则清，"孤老说，"这也是我的一切。"

　　"这我也知道。"戴墨镜者说。

"把你墨镜摘下来。"孤老说。

戴墨镜者摘下眼镜。孤老看这张脸很年轻,虽然风沙将脸皮磨得厚而粗砺,鼻子带着点鹰钩,额头上刻了些很深的皱纹,嘴角牵出去的几道细纹,都也让他读出残忍。眼暗而有光,透着奸忤,有如一潭深水,暗藏了些杀机。但他还是说:"可治。"

"可治?"青年说。

"可治。"孤老不容置疑。

"你有几个空青?"青年问。老者不答。

"不知从什么时候起,"青年说,"我眼睛竟突然什么也看不见了,眼亮而不见物,我都快疯了。"

"这是心邪。"孤老说罢,取出一物,状若鸡卵。破之,用卵中之水,抹其眼。少倾,青年睁目,环顾山林,则见满目萧瑟,落叶飘零,长空如洗,秋高天蓝。面目遂呈喜悦之色,精神陡增。孤老缓缓地收起钱,说:"你们可以走了。"

其声嘶哑苍凉,像从另一个世纪缓缓传来,其朗朗之音和清醒之神智尽失。青年大为惊讶,见其额间,似有黑黝黝的岁月移过,正缓缓僵硬,渐至风化,其眼里有泪水滚出,渗着血色,吧嗒一声落下,渗入大青石,须臾不见。

再看提箱,箱内已空无一物。

青年大愕。即返。其积十余年辛苦之钱财亦已尽失。只有一女相迎,艳若桃花。青年惊其神人,疑其山鬼,神色惶然。女则嫣然一笑,甚觉惊异,问道:"噫,你不认得我了?"

(选自《四川文学》1991 年第 3 期)

**【简析】**作者通过一个近乎魔幻的故事,揭示了只有超脱名利才能耳聪目明的人生哲理。作者把非现实的情节当作真实世界加以真切细腻地描写,虽是一个荒唐无稽的故事,却给人以启迪;前面的描写颇具风俗画风景画的特点;后面的描写含而不露,留下了艺术空白。但人物的对话有点像古龙的武侠小说。

## 第七节 推荐书目

鲁迅著:《中国小说史略》,中华书局,2010 年版

杨义著:《中国古典小说史论》,中国社会科学出版社,2004 版

石昌渝著:《中国小说源流论》,三联书店 1994 年版

叶朗著:《中国小说美学》,北京大学出版社,1982 年版

汝捷著:《小说二十四美》,中国青年出版社,1988 年版

张德林著:《现代小说美学》,湖南文艺出版社,1987 年版

马振方著:《小说艺术论》,北京大学出版社,1999 年版

刘海涛著:《微型小说的理论与技巧》,中国人民大学出版社,1990 年版

高行健著:《现代小说技巧初探》,花城出版社,1981 年版

中国社会科学出版社文学编辑室编:《小说文体研究》,中国社会科学出版社,1988 年版

柳鸣九编选:《新小说派研究》,中国社会科学出版社,1986 年版

柳鸣九主编:《未来主义 超现实主义 魔幻现实主义》,中国社会科学出版社,1987 年版

珀·卢伯克、爱·福斯特、爱·缪尔著:《小说美学经典三种》,上海文艺出版社,1990年版

[美]W·C·布斯著:《小说修辞学》,华明等译,北京大学出版社,1987年版

[英]乔纳森·雷班著:《现代小说写作技巧》,戈木译,陕西人民出版社,1984年版

[美]克林斯·布鲁克斯等编:《小说鉴赏》,王万等译,中国青年出版社,1986年版

# 第八节　学习提示与练习

## 一、学习提示

小说是一种重在培养分析、欣赏能力的文体。不要求每个同学都能写小说,但应要求每个人都能分析、欣赏小说,为今后的专业学习打下一个比较好的基础。如创作上能有所体会,那就更好。当代小说创作丰富多彩,从写作的角度考虑,初学者宜从短篇、微型小说入手,从基础的写作入手。本章重点是在短篇小说和微型小说,教学中应把它们的特点、写作要点讲透,并要求学生从写作的角度细心品味所附例文。

## 二、练习

(一)思考

1. 试述小说的含义及特点。

2. 试述短篇小说的含义及特点。

3. 试述微型小说的含义及特点。

4. 试比较短篇小说和微型小说的特点。

5. 试尝试构思一篇短篇小说,并说明短篇小说是如何构思的。

6. 试尝试构思一篇微型小说,并说明微型小说构思的要点。

(二)自己动手

1. 学写小说,心中要有"人"。请评析下面人物性格描写片断的得失,并概括其所写人物的性格特点。同时,请依据自己的生活积累,写出 10～20 个人物性格描写片断。

(1)L 是个天生的反向立论者和常胜不败者,独一无二,力挫群雄。她有许多口头禅。在别人评论一件事时,她说:"我觉得不是这样的……"在事物的结果是良性时,她说:"我早就知道是这样的,只是没有提罢了。"在事物的结果是恶性的,她说:"早就告诉你们不要这样",好像她果真那么说过。她总能在别人快乐的时候打击别人的快乐以得到快乐;在别人悲伤时欣赏悲哀得到快乐;在别人平静时挑起富有争议性的问题,引经据典,左右逢源,一路滔滔不绝地快乐下去。

(2)他留着齐肩长发,说是要献身于艺术。因为是老乡,他常到我这里玩。我实在不想,就找室友帮忙,合作演了一出戏。室友在门外大声喊:"向维娜,外面有人找你!"我假装不好意思地对他说:"老乡,对不起,我得出去一下。"在外面转了一圈,就跟同学玩去了,心想,这下他肯定会走的,以后再也不会来了,不想傍晚我溜回寝室,他居然还在。我不知所措了,他却微笑着站起来:"没想到你还

会这一手。"不等我回答，他走到门口，又对我说："我下星期再来！"他那表情，实在叫我难以忍受。

（3）C小姐平时大大咧咧，可一心想成就"淑女"形象。一日走进我们寝室，见我们正围着"打平伙"，吃得开心，便大叫一声："好运！"扑了过来。但她马上又触了电似地缩回了手。她微抿笑口，莲步轻移，慢慢走近桌边，翘起兰花指，夹了一小块饼干，慢慢送到口边，微微嚼动，安静得如小猫舔食。我们忍不住夸了一句："C，好秀气！"她大喜过望，"啪"地一声跃到桌上坐着："我说我有信心嘛！"高兴之余，便大把抓过香酥果，大嚼特嚼起来，很是惬意。

（4）老程的老伴跟老程怄了一辈子气，现在奄奄一息了仍不太理老程。老程百思不得其解就问道："老婆子，你和我怄了一辈子气，我到底哪对不起你，是没有让你吃饱还是没让你穿暖？"老伴用无神的眼睛瞪了他一眼："你这个死老头子，结婚那天就和你朋友说我不漂亮是个母夜叉，你以为我没听见？"老程听了又好笑又好气，这婆娘这么小心眼，那时不过是说一句谦虚的话，于是就说："我媳妇怎么会是母夜叉呢？我媳妇是天下最漂亮最贤惠的女人。"老婆听了笑了笑说："这样啊？我死了也心甘了。"说着就咽了气。

（5）七爷的婆姨早就死了。月亮刚爬上山，七爷就拎着他那把破柳琴盘腿坐在村东头老槐树下的大石磨上，暮色苍茫中，如石雕木刻，一动不动，让夜影将他一点一点吞噬。良久良久，突然一缕悲怆的琴声渗入了整个月夜。七爷自顾自地拉起了破柳琴，那粗糙枯瘦的手指不住地在高粱杆的品阶上滑动，凄泣的"拉魂腔"从他那干瘦的胸腔里挤出来，沙哑的噪音宛如袅袅炊烟，颤悠悠地飘开去："妹妹你受的那个苦哟，哎哟哟，哥哥我知道，难言说……唱者，泪已千行；听者，泪亦千行。"

2. 小说构思，一方面要注意情节的合理推进，一方面要注意细节的具体真实。请评价下面想象作文的得失，并以"嫦娥奔月"或"鹊桥相会"、"渊明采菊"、"昭君出塞"为题，写一篇想象作文。

# 屈子行吟

冬的气息还没有完全褪尽，汨罗江上的风还凉得有点刺骨。

玉笱山下的那段堤岸，已被江水冲打得斑驳褴褛。柳条还未抽芽，时令虽然是初春，光秃秃的树条毫无目的地吊悬着，摇摆着，视野所及，一派萧瑟。

一个六十多岁的老人朝这边走过来。他戴着高高的帽子，足有两尺高，长长的布袍灰暗且有些破旧；一条宽宽的腰带系在他的身上。他踽踽而行，环佩叮咚地撞击着，发出单调的声音，长长的腰带拖在他的身后，腰带末端，一束兰花正散发着淡淡的幽香。一张饱经风霜形容枯槁的脸和一把长长的佩剑足以证明他的身份，他就是流放江南的楚大夫——屈原。

此时此刻的屈大夫正以一个流放者的身份孤单漂泊在汨罗江畔。昔日的荣誉和官爵一夜化为乌有。他紧紧握着剑柄，口中念念有词："我没有过错啊，你这个狼心狗肺的子兰，你这个祸国殃民的奸臣……"他的手在颤抖着。

他是前几天从渔夫口中得知楚国灭亡郢都被破的。当他听到这个消息时，悲痛欲绝，当即就昏了过去。他是多么爱他的楚国他的人民啊！而现在，他连同他的祖国、人民都成了阶下囚了！楚王啊，你怎么能听信谗言呢？你为什么不采纳我的意见呢？你为什么要疏远忠臣而重用奸佞呢？你真是太糊涂太不明智了。子兰是一个什么东西呢？他是一个误国误民的奸臣啊！楚王啊，你如今客死他乡。楚国也完了……

他泪流满面，长发飘飘。他感到有些头重脚轻，便仰靠在江边的柳树上，望着灰濛濛的天空。他真盼望下一场大雨，在雷与电之中，把自己撕一个粉碎。

当年，他流放经过洞庭湖，他望着洞庭波涛泣涕纵横。他将他随身带的兰草、丁香一棵一棵地抛向湖中，他突然发现一尾金鲤正循着船尾的波涛追吃着香草。他泪眼模糊地望着金鲤鱼，发现金鲤鱼也泪眼汪汪地看着他。他突然听到金鲤鱼口吐人言："屈大夫，您就跟我一块去吧，我是龙宫的龙女，在那里，我父亲会给你官做的，他会重用你的……"他望着金鲤鱼，摇了摇头。他觉得很多的好心人，都不理解他。

这时，远处走来了一位老渔夫，屈原问他："老人家，你看没有见一条可爱的红鲤鱼？"渔夫疑惑地盯着他，摇了摇头，又走开了。

江风越来越急，天越来越没……

突然一声霹雳，一道闪电，把屈原从恍惚中震醒过来。屈原抬起头，突然发现：在天与地的交界处，在江与岸的缝隙处，一匹骐骥出现了，一匹雪白雪白的骐骥朝他奔来，越来越近了——骐骥在他的身边徘徊，扯着他的衣角，嗅着他身上的兰花，屈原知道这是来接他的，他跨上了骐骥，骐骥快跑着，腾飞着。

沉沉的天边，一道白光消失了，不留一丝声响。只有那江风还在狂劲地吹着，一个苍老的声音还在天与地之间回荡——路漫漫其修远兮，吾将上下而求索！

3. 请细加评析，看下面材料能否写成小说，如能，请将其改写为小说。

# 三爷

三爷花钱买了个水灵灵的媳妇。

三爷拾了一辈子的破烂，四十多岁了还是光棍一条。尝够了单身的凄凉，三爷寻思着买一个媳妇，攒下了一笔钱。三爷终于牵回了一个如花似玉的黄花闺女。这姑娘从村头经过时，后生们看得眼里都冒出了火。三爷得意非凡，决定即日成亲。但第二天，三爷却把姑娘送到了渡口。走时，姑娘一步三回头，满面泪痕，一头跪在三爷的跟前，哽咽着说："大叔，俺一辈子忘不了你的恩德。"姑娘走了，大伙都说三爷傻，三爷却笑而不语。我再三盘问，三爷才凑近我神秘兮兮地说："侄子，俺请邻村的张铁嘴算过了，这姑娘是白虎星，克夫克子的命，不送走不得了！"

此后，日暮时分，又常见三爷佝偻的背影忙碌在村前村后，并有滋有味地叫着："破烂罗，收破烂罗……"

4. 下面是两篇小小说习作，请加评析，并自己写一篇。

# 校园四章

A君虽年届弱冠，但形体瘦削，干瘦如柴；动辄风摆杨柳，当与竹竿惜惜相惺。然此君自视甚高，向以潘安自许。一日，此君婀娜而行，忽闻身后窃笑连声。回头一看，原是本班丁女士对其婀娜体态大放厥词。A君义愤填膺，忿然作色曰："笑什么？此乃玉树临风！"忽数日，天降大雪，顷刻之间，大地一片银装素裹。旦日清晨，丁女士推窗赏雪，见一株白杨玉树琼枝，婷婷立于窗前，突发灵感，疾呼曰："A君立于窗前！"

B君，年长，然生性胆小，做事畏首畏尾，全无老大风范。且此君极不自信。期考近，此君已将课业倒背如流，然常闻其叹曰："糟，糟，吾必败也。"众曰："君败，我等当无葬身之地矣！"然出众人之料，B君果败。众怪而问之，其对曰："我于平时背诵如流，入考场则一片空白。"众皆叹息不已。

C君儒雅俊秀，偏疏于个人卫生。外常光亮如鉴，内则惨不忍睹。其袜一遭褪下，必直立不倒。常弃之另购，自嘲曰："旧的不去，新的不来。"一日，C君囊中羞涩，足底之物又滑腻厚重，气息难近；偏有友邀游。情急之中，掩鼻于床底乱袜丛中觅得二色泽不同、盐碱度稍逊于脚底者套之，心中大慰，乃以手加额叹曰："若非那日懒于远弃，今日必尴尬。"

D君，雪儿也。每闻门扉轻叩如蛾翼扑灯罩，必雪儿来矣。门开处，果有一女挎包婷婷而立，衣或紫或白，包小巧如握。展颜入室，寒暄已毕，或展书墨，或论古今，时嗔时笑，时唱时吟。兴起处，开收录机应节而舞，翩若仙蝶，矫若惊鸾，飘若飞天，柔若杨柳。若有客至，则仄身羞立静隅，千唤不一回。

# 风 景

云是有着阳光般笑容的女孩。她的座位临窗。透过玻璃可见蓝天、白云、青山。

一日，云与后座的同学玩笑，偶一回头地发现了一双执著而深情的眼睛正默默地注视着她。云顿时羞红了脸，悄悄地转过身来，不再笑闹，也不敢再回头。可……云感到燥热不安，遂将身旁的窗户打开，想让清风冷却自己的心。不需回头，云依然能感觉到那眼光的灼热。

也许是偶然吧，云为自己而害臊，又觉好笑。可几天后，那眼光依然存在，依然那么热烈。云想回头想去捕捉那眼光，可他却机灵地躲闪了。云回过头来，心中闪现了那在书中看到过的热烈而羞人的话语，关于学生早恋的描写，还有爸妈严厉的面孔，老师不信任的表情，同学们异样的眼光……云觉得心里很乱很乱。

在这注视下，云开始变了，不那么爱笑了，也沉静了。这，她自己也没有觉察到。直到有一天好友问她："云，你这是怎么啦？"云方醒悟过来，遂恨恨地转过身，瞪了他一眼，告诉他老实点！这次那眼光没有躲闪，清亮的眸子里有期盼，有热情，但那眼底深处却闪现了一丝阴郁。这使云的心一悸。收回眼光，尚觉心在狂跳不已。

他是一个秀气、温和、朴实的男孩。云曾私下里与班上女生说过他长得不错但太少笑容。云也知道班上一些女生中意于他，但云是爱笑的呀！从这以后，云开始关注他，并打探到他的父亲早亡，他及两个弟妹和在街道工厂干活的母亲相依为命。而且尽管他成绩优异也可能不会继续升学。他必须支撑起他的家——用他稚嫩的肩！云觉得自己逐渐明白了那眼光里的含义。

又一日，云无意中经过他的座位，看到桌上摆着一幅完工不久的水粉画：一个敞开的窗口，蓝蓝的天，悠悠的白云，黛青的远山，云影下飞掠的一只鸿鹄。云一抬头，便发现自己身旁的那个窗口正展现着这幅熟悉的风景！

# 第四章　戏剧文学

【**教学提示**】　本章的重点是掌握戏剧文学的文体特征，学会分析戏剧冲突、戏剧结构、潜台词。至于创作，可以尝试写一写戏剧小品。

## 第一节　戏剧文学的含义

戏剧文学主要是指剧作家创作的供戏剧舞台演出用的文学剧本。

戏剧是以演员为中心，在观众面前演出的综合性艺术。"综合性"、"集体性"是它的基本特点。所谓"综合性"，指它包括了各种艺术成分——如演出用的底本，是文学的成分；演员的化妆、服饰以及舞台布景，是美术的成分；演出的伴奏、音响效果，是音乐成分；演员演出时的造型，是雕塑的成分；演员的动作，是舞蹈的成分——当各种艺术成分一进入戏剧艺术，就丧失了自己的独立性，而成了以演员为中心、以演出为目的的新的艺术的构成因素。所谓"集体性"，是指戏剧艺术是许多工作人员——包括剧作家、编导、演员、舞美设计师、化妆师、音乐伴奏、音响效果等——集体创造的。他们依据剧本，按导演的构思，根据演出的目的、要求，分工合作，形成一个有机整体，共同进行戏剧艺术的创造。

戏剧艺术是在剧作家所提供的剧本的基础进行的，剧本的好坏，直接关系到演出的效果。同时，剧本又有其独立的文学性，可以供人阅读欣赏。优秀的剧本，如古希腊的悲喜剧，莎士比亚的剧作，关汉卿的《窦娥冤》、王实甫的《西厢记》、曹禺的《雷雨》《日出》等，不仅被人搬上舞台一演再演，而且也作为文学名著流传下来，供人阅读、欣赏。

## 第二节　戏剧文学的特点

戏剧文学的特点是由戏剧演出的特点和要求产生的。戏剧演出受到时间、空间、其他物质条件以及观众等多重限制，作为戏剧艺术基础的剧本必须考虑这些限制以及演出时所要求产生的特定效果。戏剧文学的特点可概括如下：

### 一、用人物语言展示剧情塑造形象

文学是语言的艺术。剧本是文学作品的样式之一，它的基本构成要素也是语言。但是，与小说、诗歌、散文比较起来，它的语言有其特殊性，它塑造人物展示剧情的基本手段必须是人物的语言——台词。在剧本中我们可以看到，它的语言有两类：一类是舞台提示，包括时间、地点、人物动作、心理情绪的简要说明；一类是人物自身的语言（台词），包括对白、独白、旁白等。舞台提示一般写得非常简洁，它仅仅是对舞台演出的一种提示，而台词则构成了剧本的核心，它是展示剧情塑造人物的基本手段。写剧本，不能像小说、散文那样由作者直接出面进行叙述、议论，暗示读者应该怎样理解人物，甚至给读者解释人物隐秘的思想活动和行为动机。在剧本中，这种叙述、介绍都没有容身之处，作家对人物的塑造只能通过人物自身的语言（对话、独白、旁白）体现出来。剧本必须依靠人物的语言来展示剧情塑造人物，它写人物的语言与小说、散文也有区别。固然，文学作品写人物语言，都要口语化、个性化，都要加以提炼，不能将琐碎而又毫无意义的对话毫无选择地塞进作品，但剧本的写作却有其特殊的要求：

其一，考虑到演出的效果，人物的台词一般不宜写得过长。恩格斯评拉萨尔的历史剧《弗兰茨·冯·济金根》说："由于道白很长，根本不能上演，在做这些长道白时，只有一个演员做戏，其余的人为了不致作为不讲话的配角尽站在那里，只好三番两次地尽量做各种表情。"恩格斯认为，人物的动机应更多地通过剧情本身的进程"生动地、积极地，也就是说自然而然地表现出来，而相反的，要使那些论证性的辩论……逐渐成为不必要的东西"。他认为，这是"区分舞台剧和文学剧的界限"①。恩格斯所说，揭示了台词写作的基本特点。

其二，剧本的台词必须具有动作性。剧本是供演出用的，而动作是表演艺术的基础。英国舞台艺术革新家戈登·克雷兰指出："观众来到剧场，不是为在两小时里去听上万字的台词，而是去看行动的。"②别林斯基指出："戏剧性不在于对话，而在于对话者彼此的生动的动作"，戏剧的"主要之点就是避免冗长的对话，使每句话都从动作中表现出来"。③劳逊在《戏剧与电影的剧作理论与技巧》一书中也指出："动作性是戏剧的基本要素"，"一小段对话，一场或整个一出戏都牵涉到是否具有动作性的问题"。④

这里所说的动作，主要不是指人的形体动作，而是指某种平衡状态的打破及其变化。劳逊认为："戏剧性动作是一种结合着形体运动和话语的活动；它包括对平衡状态的变化的期望、准备和完成，使平衡状态发生变化的运动可以是逐渐到来的。但是变化的过程必须确实地表现出来……动作可以是复杂的，也可以是简单的，但它的各部分都必须是客观的、进行的、富有意义的。"⑤这种观点是正确的，剧本的台词必须能够造成戏剧的变化及情节的发展，否则，就是失败的。

其三，剧本的人物语言还包括戏剧所特有的人物唱词。在歌剧剧本以及中国戏曲剧本中，剧作家往往通过精彩的唱词，把人物复杂的内心活动和剧情表现出来。例如昆曲《十五贯》"判斩"一场，最动人的部分就是况钟的一段独白和唱词：

　　　　若说她不曾杀人，就要捉到真正的凶手；若说她确曾杀人，也要找到真实证据。怎可捕风捉影，轻率判成死罪呢？斩不得！斩不得！（忽然想起自己的地位和任务）
　　　　哎！
　　　　（唱前腔）我乃是奉命监斩
　　　　翻案无权柄。
　　　　苏州府怎理得常州冤情？

①　《马克思恩格斯选集》第 4 卷，人民出版社，1972 年，第 343 页
②　转引自《焦菊隐戏剧论文集》，上海文艺出版社，1979 年，第 12 页。
③　《别林斯基论文学》，新文艺出版社，1958 年，第 187 页。
④　劳逊：《戏剧与电影的剧作理论与技巧》，中国电影出版社，1961 年，第 214 页。
⑤　劳逊：《戏剧与电影的剧作理论与技巧》，中国电影出版社，1961 年，第 220 页。

况且呵！

部文已下，

怎好违令行！

（提起笔，犹豫再三）

呵，不可呵！不可！

（接唱）这支笔千斤重，

一落下丧二命！

（束手无策）嗳！

既然知冤情在，

就应该判断明。

错杀人，

怎算得为官清？

由于过于执的主观武断，冤狱构成，熊友兰和苏戍娟马上就要被处斩。况钟"奉命监斩"却发现了死囚的冤情，他要为无辜的受害者鸣冤，又要考虑自己"奉旨决囚"无权翻案，而且关系重大时限难违。剧本正是通过一段独白和唱词，把况钟复杂激烈的思想斗争表现出来。唱词（包括独唱、对唱、合唱、幕后伴唱等）乃是剧本人物语言所独有的一种特殊方式。

## 二、具有尖锐集中的戏剧冲突

"没有冲突就没有戏剧"，这是人尽皆知的原则。

剧本是供演出的，剧作家所塑造的人物，只有通过演员的表演才能变成鲜明、生动的舞台形象；也只有通过演员的表现，才能把人物、剧情直观地再现出来，产生特殊的艺术力量。而演员扮演角色，使剧本塑造的人物在舞台上活起来，主要靠的是人物自身的动作。动作是戏剧艺术的基本手段，是戏剧艺术的根基。在舞台上，如果没有动作，也就失去了戏剧性。但是，并不是任何动作都是有戏剧性的，动作必须具有内在的统一性：前一动作引起后一动作，后一动作既是前一动作的延续与发展，又引发新的动作；动作与动作之间联系紧密，发展迅速，层层推进，节奏紧凑，才可能形成强烈的戏剧效果。而使动作统一起来，使它们能展现剧情的发展，表现人物性格命运的，便是戏剧冲突。

冲突也就是矛盾。现实生活中到处充满了矛盾。毛泽东在《矛盾论》中说："没有什么事物是不包含矛盾的，没有矛盾就没有世界。"叙事文学要反映现实生活，离不开矛盾冲突。但是，人们并不说"没有冲突就没有小说"，而把冲突看做戏剧最核心的要素，这是因为，小说虽然也离不开写矛盾冲突，但它的整个内容并不一定完全围绕矛盾冲突来安排，它可以有环境的细微描写，有人物的详细介绍，有许多穿插性的闲笔。而戏剧文学则不同，它的整个内容都要围绕戏剧冲突来组织安排，着重写冲突的发生、发展及解决，它的冲突集中、尖锐，一切与戏剧冲突无关的描写都要去掉。

戏剧冲突是使戏剧内容具有活力并得以发展完成的根据和动力。一台戏剧，如同一个构筑在舞台上的世界，由于场景、人物、事件、时间都高度集中，这个世界所反映的种种矛盾都被强化和突出了，从而形成了戏剧冲突。所谓戏剧冲突，就是戏剧中人物与人物之间以及人物内心深处的矛盾和斗争，它是人物思想性格在特定戏剧情境中相互撞击、相互影响的结果。

通常将戏剧冲突分为外在冲突和内在冲突。所谓外在冲突，指的是人与人或某种力量之间的冲突，如曹禺的《雷雨》，表现的是周朴园同蘩漪、侍萍等人的冲突；19 世纪挪威戏剧家易卜生的《人民公敌》，表现的则是个人与某种社会势力之间的冲突，这些冲突都直观地反映了客观世界中的矛盾冲突。某些冲突则发生在人物内心深处，这些冲突虽属个人，但却具有普遍意义，这就是戏剧中的内在冲突。例如，在莎士比亚的《哈姆莱特》中，哈姆莱特同克劳狄斯以及母亲之间的外在冲突固然首先吸引了我们，但哈姆莱特内心的冲突才是这部戏剧的精髓。而在莎士比亚另一部悲剧《麦克白》中，外在冲突则退居其次，麦克白的内心冲突得到了突出表现。如果说外在冲突更直观的话，那么内在冲突则使戏剧获得了人性的深度。所以英国当代戏剧理论家尼柯尔说，一个剧本"只有当它把外在冲突与内在冲突结合在一起时，它才会在舞台上与文学领域中获得成功"。[①]

戏剧冲突的基本内涵是性格冲突。戏剧中的人物，因思想、气质、能力、兴趣等的差异和对立，必然会形成不同的性格。不同的性格在有意识地为实现各自的愿望、意图、目的的行动中，必然会发生冲突。而同一个人物，也会因情况的变化而造成性格自身的内在冲突。这种人物与人物之间、人物自身的冲突，统称为性格冲突。戏剧冲突即产生于这种性格冲突。

在西方现代戏剧中，冲突并不局限在性格方面，有的戏剧中的人物并无性格，甚至连姓名也没有，它不过是某种符号而已。这类冲突是现实生活的抽象化，但也具有实质性的内容，即表现某种哲理性的主题，如尤奈斯库的《椅子》一剧，在舞台上，椅子占据了所有的空间，两个老人在"椅子"中艰难地行走，以隐喻世界的荒诞性：物质的发达不仅没有拯救人类，反而挤掉了人类立足的空间。

戏剧冲突来源于现实生活。现实生活充满了形形色色的矛盾。但生活中的矛盾往往是分散的，有的尚未激化为冲突便消失了，有的虽然具有冲突，但缺乏戏剧性；有的具有戏剧性却又缺乏社会意义。剧作家构思戏剧情节，就必须加以提炼、集中、典型化，使矛盾冲突更为尖锐、更为连贯、更为典型，并把它与人物的真实命运有机地结合起来，一步步地把它推向高潮。

### 三、适应舞台时空的戏剧结构

任何文学作品都有一个结构的问题，但戏剧的结构有其特定的要求。戏剧只能在有限的时间（最多三个小时）和有限的空间（舞台）内面对观众演出。它无法像小说、影视那样自由地转换场景。这种时空性决定了剧作家在创作文学剧本时必须高度浓缩地反映生活。它应该集中在几个场景中突出刻画主要人物，揭示现实生活的矛盾冲突。剧作家在考虑篇幅、人物、故事、场景时，必须尽可能做到集中、凝练，篇幅不宜过长，人物不宜过多，故事应单纯、生动，场景不宜变换频繁。

怎样在有限的时空内表现丰富的生活内容，并让观众的审美注意保持到始终，西方古典主义戏剧根据其对亚里士多德《诗学》的理解，提出了"三一律"，即"时间的一律"、"地

---

　① 尼柯尔：《西欧戏剧理论》，中国戏剧出版社，1985 年，第 118 页。

点的一律"、"动作的一律"——事件只能发生在 24 小时之内, 事件必须发生在同一地点, 动作必须是围绕同一主题——以求得剧情时空与舞台时空的高度统一。但这种机械的规定无法解决戏剧写作中的实际问题。有些剧本的剧情空间极其广阔, 其时间从几天、几十天长达几年、几十年。

剧作家如何解决剧情时空与演出时空之间的矛盾呢? 那就是分场、分幕、分景。剧作家首先是"立主脑"、"减头绪", 将剧情发展中最富有戏剧性的那些部分, 最能显示人物性格和剧作主题的部分处理在台前, 而把那些戏剧性不强、不适宜于在舞台表演的部分处理到幕后, 通过台词加以介绍, 从而使剧情更为集中, 更具有戏剧性, 更能吸引观众。如老舍的《茶馆》, 反映的时间是从 1898 年戊戌政变失败到 1948 年国民党统治临近崩溃的前夕, 时间跨度达半个世纪之久, 涉及人物达 70 多个, 但戏剧内容却相当集中, 演出时间仅两个多小时, 地点只有一个: 茶馆。

## 第三节　戏剧文学的种类

### 一、依据其表现形式, 可以将其分为歌剧、舞剧、话剧和戏曲

话剧、歌剧、舞剧都源于欧洲。

话剧是一种以对话和动作为主, 偶尔也可穿插少量歌舞的戏剧。它接近现实生活, 便于抒发和表达人民群众的情感和愿望, 台词对于话剧来说, 具有特别重要的意义。我国早期话剧于 1907 年在日本新派剧影响下产生, 称新剧或文明剧。"五四"以后, 欧洲戏剧传入中国, 中国现代话剧兴起, 当时称爱美剧或白话剧, 1928 年由洪琛提议定名为话剧, 代表作有曹禺的《雷雨》等。话剧是以人物对白为主要形式的戏剧, 它由各种人物之间的对话构成动作冲突, 并且自始至终贯穿着冲突的产生、发展和解决。歌剧以歌唱为主要手段, 综合音乐、舞蹈等艺术来揭示戏剧冲突、展现戏剧内容, 歌词多采用诗的形式写成, 既有精练的叙事性, 又有强烈的抒情性, 台词是有节奏有韵律的诗词语言。我国现代歌剧的诞生是"五四"以后, 特别是延安文艺座谈会后, 在民族民间音乐(包括秧歌、戏曲)基础上, 借鉴西洋歌剧逐渐形成的, 是具有民族特色的中国歌剧。《白毛女》是我国歌剧成型的标志。舞剧以舞蹈为主要手段来揭示戏剧冲突, 展现戏剧内容, 其中台词较少, 有的干脆没有台词, 但音乐和歌词则起着重要作用, 代表作有《小刀会》《丝路花雨》等。

戏曲是中国特有的戏剧形式, 它集文学、音乐、舞蹈、美术、武术、杂技以及人物扮演等诸多因素为一体, 角色分生、旦、净、丑, 表演讲究唱、念、做、打, 戏曲剧本一般分"折"或"出", 兼用韵文和散文。

戏曲表演具有虚拟性, 演员上台不用实物或只用一象征性的实物: 从一片木桨可以看到惊涛骇浪, 从几根马鞭可以看到万马奔腾……如京剧大师梅兰芳在《打渔杀家》中只借助一片小桨, 就把一个渔家女儿划船的整个过程表现得惟妙惟肖。通过虚拟化的表演, 创造出一种"似与不似"的审美境界, 一种不受舞台时空限制的艺术氛围,

戏曲在动作表演上讲究程式化。无论是行走坐卧等诸种动作, 都有一套具有一定含义、程式的表演动作。演员的表演常常与水袖、髯口、发束、袍带、野鸡翎等的使用相配合, 写意性强, 讲究手、眼、身、法、步的协调配合。如开门, 戏曲舞台上没有真实的门,

只有通过演员的动作来表现。它的程式由两个单元组成。第一个单元是拨门闩，第二个单元是把门分左右拉开。如果是从外面回家，门内没有上闩，那就只要分左右推开，再做一个迈进门槛的动作就成了。在戏曲中，各行当的武打套路和所执兵器有严格规定，翻、跌、扑、打的招式也不能有丝毫的差错，并且要与打击乐器协调一致。如《三岔口》，指挥全台武打的锣鼓给人极强的刺激；黑暗中的摸打，穿插其中的刀花、枪花等绝招令人赞不绝口。

戏曲特有的形式美——脸谱、服装行头以及写意化的舞台美术等，是完美的戏曲艺术的有机组成部分。脸谱的主要审美价值表现在勾画人物的性格特点上，通常是白脸奸诈，红脸忠直，黑花脸粗犷，红花脸勇猛，三花脸刁狡古怪。如包拯勾以黑脸，以彰其铁面无私的威严；曹操绘以白脸，细眉长目，以表其奸诈、残忍的性格；项羽别姬时饰以紫脸，以示其忧郁的神情；单雄信、马武等类的脸着以红、蓝、绿等色彩，给人一种面目狰狞的印象。脸谱审美价值的另一方面，是构图变化的韵律美与图案美。绝大多数脸谱都呈现左右对称形式，富有图案特色，而且线条流畅，色彩鲜明，一个脸谱就是一张画、一朵"花"。有些构图别致的脸谱还具有一种特殊的韵味，如粤剧中钟无盐的脸谱，那是一张阴阳脸，其构图法则颇有毕加索的风格；京剧中孙悟空的猴脸，使人从似猴又非猴的造型中获得一种类似欣赏布莱希特的表演艺术的那种"间离"效果。

戏曲行头华美，具有极强的装饰性。常说的"行头"，是戏剧角色穿戴服装的统称，包括盔、帽、蟒、靠、褶、帔、靴等。戏曲服装的样式、花纹、色彩都有一定规格，不分朝代，一律以十蟒十靠等一套固定的服装形式，它舍弃了各时代的服饰上的具体细节差别，而抓住性别、年龄、社会地位这些关键进行充分装饰，人们可以借助戏装来判断角色的身份和性格。如穆桂英、王宝钏、白素贞、崔莺莺、红娘、秦香莲，她们都是旦角，谁文谁武、谁贫谁富、谁凡谁仙、谁尊谁卑，全借助于服装来显示。服装成为戏曲演员塑造人物形象的一个重要辅助手段。

传统戏曲的舞台布置，不布实景的，观众可从各类景幕的布置安放情况，了解到表演空间的内外和宽窄等。

戏曲的台词，大都韵散结合，以唱词为主，说白为宾。道白要字正腔圆，慢而不断，快而不乱，抑扬适度。唱腔则要求个性鲜明，声情并茂。唱，无论曲牌或板腔都有一定的格式。道白，如上场引子、定场诗、自报家门、下场诗等也都有一定的程式。

现代戏曲在传统戏曲的基础上做了一些改进，但各地方剧种依然保持了传统的特色。

## 二、按照戏剧的容量和场次可以将其分为独幕剧和多幕剧

多幕剧是指全剧故事情节通过分幕或分场的形式有步骤分阶段展开的戏剧形式。可以通过场景的变换来表现时间的间隔或空间的转移，比独幕剧的容量大，人物多，情节曲折复杂。如老舍的三幕话剧《茶馆》。独幕剧是指全剧事件在独立的一幕内完成的戏剧形式。比起多幕剧来，受到更为严格的舞台时间和空间的限制。演出时间一般三四十分钟，不变换场景，因而要求情节结构更加精炼集中，矛盾冲突的展开也更为迅速，人物较少。如老舍创作的独幕剧《生日》。

## 三、根据作品内容的性质以及审美特征，又可以分为悲剧、喜剧、正剧

这是最重要最常见的戏剧分类。

（一）悲剧

悲剧最早产生于古希腊的酒神颂，叫"山羊之歌"，歌颂酒神（实际上是农业之神）狄奥尼索斯的尘世痛苦和再生，是雅典阿刻提农村对于死亡等悲哀事件的庄严表演，悲剧由此发展而来。悲剧有广狭二义。广义的悲剧，指一切表现人生痛苦的戏剧；狭义的，传统文艺理论中所讲的悲剧，指的则是内容严肃、格调崇高，表现正面主人公失败或毁灭的戏剧。这类悲剧的一般特征可以从两个方面来理解：首先是冲突的性质，只有正面主人公在出于自己意志的行动中犯下不可挽回的错误或遭遇到不可避免的不幸时才可能成为悲剧。如果不是正面人物而是一个彻底的坏人，那么他的不幸只会使人觉得罪有应得而成为道德劝戒剧。如果主人公的不幸不是由于自己意志的行动而是由于意外，如某个人物正当事业如日中天时却遭到意外的车祸，这只是一出苦难剧而不可能成为严格意义上的悲剧。其次，悲剧产生的应该是严肃、沉郁并倾向崇高之美的感情，使人超越日常的生活态度和道德水平，激发起正义感或产生对于人生更为严肃、深沉的感受，从而使心灵受到或多或少的净化。如果缺乏崇高感，那只能是较低形态的感伤剧或一般的情节剧。

早在古希腊，悲剧就曾取得辉煌的成就。亚里士多德依据希腊三大悲剧诗人以及其他剧作家所创作的悲剧，曾对悲剧作过比较深入的分析。他曾指出："悲剧是对于一个严肃、完整、具有一定长度的行动的摹仿；它的媒介是语言，具有各种悦耳之音，分别在剧的各部分使用；摹仿方式是借助人物的动作来表达，而不是采用叙述法；借引起怜悯和恐惧来使这种情感得到陶冶。"[①]亚里士多德对于悲剧的阐释，大致是正确的，在欧洲沿用了两千多年，后人如贺拉斯、布瓦罗，有关悲剧的论述都没有超越他的观点。到 18 世纪，黑格尔在《美学》中对悲剧作了自己的论述。黑格尔认为，悲剧的中心是冲突；冲突的双方各代表一定的伦理力量，各有其合理性，但某一方为了坚持自己的伦理原则而否定了对方，因而又是有罪的，应该遭到毁灭和失败；但悲剧否定的仅仅是个人的片面性，而不是双方代表的伦理原则；人物的失败或死亡，应使双方代表的伦理原则得到肯定，使"永恒的正义"得到胜利。黑格尔关于悲剧冲突、悲剧人物代表一定伦理原则、悲剧人物灭亡有其必然性的思想是合理的，但他抹杀了正义与非正义、进步与反动的区别，把悲剧人物的灭亡看作罪有应得，是错误的。马克思恩格斯继承了黑格尔的思想，并在历史唯物主义的基础上进行了改造，提出了"历史的必然要求和这一要求实际上不可能实现之间的悲剧性冲突"[②]这一思想。他们认为，"冲突"是悲剧的中心；悲剧人物代表了历史的必然要求，有其合理性，是有价值的；这种人物可以是先进社会制度的代表，也可能是还有其合理性的旧的制度的代表，他们的失败、死亡，是因为力量对比的悬殊，或由于自身的不成熟或其他弱点。在我国，鲁迅则把悲剧概括为"把有价值的东西毁灭给人看"[③]。

（二）喜剧

喜剧最早产生于古希腊祭祀酒神的狂欢舞和滑稽剧，叫"愉快的行列"，以后逐渐形成喜剧这一文学样式。

喜剧的基本特征是引人发笑，它的格调不像悲剧那样严肃、崇高，而是轻快、乐观；它

---

① 亚里士多德等:《诗学·诗艺》，人民文学出版社，1962 年，第 19 页。
② 《马克思恩格斯选集》第 4 卷，人民出版社，1972 年，第 346 页。
③ 《鲁迅全集》第 1 卷，人民文学出版社，1981 年，第 297 页。

的冲突不像悲剧那样庄重、壮烈，而是轻松愉快。但是，并不是惹人发笑就能构成喜剧，喜剧引发的笑声应具有道德或哲理的深度，体现出对真、善、美的肯定，对假、恶、丑的鞭挞，应该让观众在笑声中不知不觉地得到一种美的升华，如果缺少这种深度，单纯为了制造笑料，则不是严格意义上的喜剧。

喜剧在古希腊就相当发达。喜剧作家阿里斯托芬就被恩格斯称作"喜剧之父"。但严格地说起来，喜剧是逐渐发展完善的。因为喜剧有两种基本类型：一类是对丑恶、落后、可笑事物的嘲笑和讽刺，一类主要是通过笑声去赞美生活中美好的事物。后一类喜剧，主要是在当代发展起来的。

传统的喜剧，是对丑恶、落后事物的嘲笑和讽刺，它以夸张的手法、巧妙的结构、诙谐的台词以及对喜剧性格的刻画而造成喜剧效果。其中又衍化出不同的形态：有时，喜剧中出现正反双方，但在真善美与假恶丑的冲突中，旧的、落后的势力已不能对美的、善的事物形成威胁，只能作为历史嘲笑的对象，每一次冲突的结果都更加暴露出旧事物的可笑、可恶、可鄙，从而激起人们对旧事物、旧力量的嘲笑；有时，喜剧中并不一定出现正面人物、正面力量，如果戈理的《钦差大臣》，陈白尘的《升官图》，只是反面人物丑恶表演的"群丑图"，作者抓住旧事物在内容与形式、现象与本质、目的与效果的极端不协调性构成喜剧性冲突，让观众看了忍不住要笑，这时，观众的笑声也就成了作品的正面力量；有时，喜剧所否定的仅仅是人物身上某种可笑的思想、现象，以显示出他们不合理，但并不否定这个人物本身，如莫里哀的《可笑的女才子》。

对于以否定为基调的喜剧，西方美学家、文艺理论家多有论述。亚里士多德在《诗学》中说："喜剧是对于比较坏的人的摹仿，然而，'坏'并不是指一切恶而言，而是指丑而言，其中一种是滑稽。滑稽的事物是某种错误和丑陋，不致引起痛苦或伤害，现成的例子如滑稽面具，它又丑又怪，但又不使人感到痛苦。"[1]亚里士多德对喜剧的论述不像对悲剧那样充分，他涉及的只是喜剧的一种形式——滑稽剧。到18世纪，黑格尔总结古希腊以及文艺复兴以来喜剧的创作经验，对喜剧作了较为充分的论述。他指出，喜剧与悲剧不同，悲剧人物追求一种实体性的东西，即体现一定道德伦理原则，喜剧人物，不管他本身还是他追求的目的都不含实体性的东西，都不体现一定的道德伦理原则；他们的所作所为，都存在着手段和目的、现象与本质的矛盾；这种矛盾之所以是喜剧的，在于"主体一般非常愉快和自信，超然于自己的矛盾之上，不觉得其中有什么辛辣和不幸，他有把握，凭他的幸福和愉快的心情，就可以使他的目的得到解决和实现"[2]。这仅属喜剧的一种形式，并非所有的喜剧都是如此。马克思、恩格斯对喜剧未作专门论述，但在谈到旧制度喜剧时，对这类喜剧特征作了深刻的揭示。马克思说："世界历史形式的最后一个阶段就是喜剧……历史为什么是这样的呢？这是为了人类能够愉快地和自己的过去诀别。"[3]。就这句话的含义来看，喜剧可以理解为用笑声去埋葬旧事物，用笑声去迎接新事物。喜剧否定的是无价值的、丧失合理性的东西，诚如鲁迅先生所言，"喜剧将那无价值的东西撕破给人看"。[4]

①　亚里士多德：《诗学》，人民文学出版社，1962年，第16页。
②　黑格尔：《美学》第3卷，商务印书馆，1984年，第291页。
③　《马克思恩格斯选集》第1卷，人民出版社，1972年，第5页。
④　《鲁迅全集》第1卷，人民文学出版社，1981年，第297页。

还有一类喜剧是以赞美为基调的。它的主人公从本质上说是善的、美的，但常常以不协调的、丑的形式表现出来，也构成了喜剧。如意大利哥尔多尼的《一仆二主》，既对仆人的粗心大意进行了善意的嘲讽，又肯定了他们机智。又如《七品芝麻官》《徐九经升官记》，它们的主角是丑扮，人物的语言、动作都是喜剧性的，让人看后忍俊不禁，但在喜剧的形式下，表现的是一颗正直、善良、富于智慧的心，他们敢于为民做主，敢于用自己特有的方式与封建权威作斗争。还有一些抒情喜剧，它们的冲突往往建立在误会的基础上，通过误会的产生和消解来揭示生活中美好的东西。这类喜剧，在当代喜剧类型中占有突出的地位。

（三）正剧

正剧又称悲喜剧，它兼具悲喜剧因素又不同于二者。在现实生活中，崇高与滑稽、英雄与小丑，有价值的东西与无价值的东西，常常是同时并存而相互斗争的。从历史的发展来看，崇高的、有价值的东西固然有遭到毁灭的情况，但从历史的长河来说，光明总是要战胜黑暗，有价值的东西总要战胜无价值的东西，这就需要一种新的戏剧样式来反映。就欧洲来说，在较长时期内，悲剧喜剧界线分明，一直到 18 世纪，才产生正剧。正剧不是描写英雄的毁灭，而是在新旧斗争中反映时代的变化发展。它的题材严肃，剧情有悲有喜，表现的是悲欢离合、正义战胜邪恶的故事。其格调既不像悲剧那样沉重，也不像喜剧那样活泼。它取材严肃，这使它不同于一般的喜剧。它的结局通常是正义一方获得圆满的结局，这又使它不同于悲剧。像我国传统戏曲中的《西厢记》《牡丹亭》，当代戏剧中的《茶馆》《龙须沟》《万水千山》《陈毅市长》等，都属正剧。

现代戏曲在传统戏曲的基础上作了一些改进，但各地方剧种依然保持了传统的特色。

# 第四节　戏剧文学的发展

戏剧是一个丰富的文化艺术宝库。千百年来，戏剧家们创作了大量优秀剧作，反映了不同历史时期的现实生活，给予人们高尚、优美的艺术享受。不同的国家戏剧和戏剧文学，都是在漫长的历史长河中逐步发展起来的，东西方各国的戏剧也经历了不同的发展通路。

## 一、中国戏剧的发展

1. 中国古典戏曲形成于宋辽金时期，但渊源久远，经历了起源、萌芽、形成到成熟等各个发展阶段。关于戏曲的起源，学术界有原始社会歌舞说、巫觋说、俳优说、百戏说、傀儡戏说以及外来说等不同说法。中国戏曲是一种高度综合性的艺术，渊源应该是多方面的，它必然综合了诗歌、音乐、舞蹈、表演、讲唱文学甚至杂技等多方面的因素。但主要来源应包括以下三个方面：一是以先秦歌舞、两汉百戏（如"东海黄公"）、六朝歌舞（如"踏摇娘"）、唐宋大曲为代表的歌舞戏，二是以先秦俳优、唐参军戏等为代表的滑稽戏，三是以六朝俗讲、唐变文、宋诸宫调为代表的讲唱文学。除了这三个主要来源外，文学方面的因素对戏曲的形成也极为重要。中国戏曲之所以形成于宋之后，这与中国古典诗歌发展到适合做代言体的曲的出现有关，也与叙事性小说形成和繁荣有关。在此之前的百戏、六朝歌舞、唐宋大曲，都不构成为真正的戏剧，而仅仅是戏剧的一种萌芽形式。因为，它们并不以代言体的故事表演为其中心内容。

真正的戏剧产生于宋辽金时期，我国最早的戏剧雏形是宋杂剧和金院本。中国戏剧的成熟形式是南北宋之交在南方兴起的温州杂剧（即南戏戏文）和从金末起流行于北方的北杂剧（即元杂剧）。南戏戏文是由宋杂剧、唱赚和南方民间村坊小曲等综合发展而成，并以南曲演唱为其特征。但形式比较原始，长期停留在村坊小戏阶段，留存的剧本不多。北杂剧借助于当时的政治形势，迅速勃兴并走向繁荣，成为我国戏剧史上最早成熟的剧种。

北杂剧是在我国初期戏剧，即宋金杂剧，特别是金院本的基础上，综合当时的讲唱文学，主要是诸宫调的若干因素发展而成。诸宫调有人物形象，有故事情节，有说有唱，还有乐器伴奏，和戏剧非常接近。但它通常由演唱者以第三者身份来叙述故事，仍为叙述体，而不是戏剧的代言体。但它的题材内容、组织结构、音乐曲调和讲唱方式都给北杂剧以有益的启示。

北杂剧就是在我国戏剧历史发展的基础上，将宋金杂剧中表演、戏弄等有价值的成分，与诸宫调中曲白相生的体制和音乐联套的方式，加以综合、提炼，从而形成一种新型剧种

2. 元杂剧是一种体制非常严格的剧种，尽管它的唱法久已失传，发展也早已中断，但根据流传下来的剧本和有关记载，可以归纳出如下特点：

（1）基本结构形式为四折一楔子。折，主要指音乐上一个完整的套曲。一折就是与一套曲相适应的一个较大的剧情段落。折是杂剧的一个组织单位。一本四折，就是指一个剧本采用不同宫调的四套曲子和穿插其间的科白，构成戏剧情节发展中的四个段落。一本四折的体制，可能来源于宋金杂剧中的四段，客观上也符合戏剧冲突的形成、发展、高潮和解决这一完整过程的四个阶段。故对于多数元杂剧来说，基本上是适合的，只有少数杂剧由于剧情复杂，突破了一本四折的体制。元代杂剧作家对一本四折的通例，是严格遵循的，一直到元末，才偶有破例。对于一本四折容纳不了的剧情，元人通常做法有二：一是写成多本杂剧，如王实甫《西厢记》写成五本二十折，这么做仍然符合一本四折的体例。另一做法是增加楔子。

楔子原指木工在榫头上加进一块上宽下窄的楔形木片，元杂剧借此表示对戏剧情节的一个补充，用来交代人物、情节，埋下伏线，加强联系。楔子与折不仅在篇幅上有长短之别，更主要的是它不用套曲，只用小令，且多用［仙吕赏花时］或［仙吕端正好］或联幺篇。楔子里唱曲的人物，可不是全剧主唱角色。现存元杂剧大多加了一个楔子，没有楔子或写了两个楔子的只占少数或极少数。楔子一般放在第一折之前，相当于序幕；也可以放在折与折之间，相当于过场。

（2）角色分四大行：旦、末、净、杂。角色分行是古代戏曲的一个特色。元杂剧的角色分旦、末、净、杂（注：无"丑"，个别剧本中的"丑"，系明人所加）。旦扮演剧中女性。主角为正旦，此外还有副旦、贴旦、外旦、老旦、大旦、小旦、花旦、色旦、搭旦、细旦等名目。末，扮演剧中男性，主角为正末，此外有副末、冲末、外末、大末、二末、小末、末泥等名目。净，以扮刚强狞恶的人物为主，多扮男性，也偶有扮演女性者，有净、副净、二净等名目。不属以上三类，或角色不明的其他人物，可统称为"杂"。"杂"不是角色行当，而是沿袭金院本中所扮演人物之称呼。如孛老（老汉）、卜儿（老妇）、驾（皇帝）、孤（官员）、洁（和尚）、邦老（强盗）、都子（乞丐）、祗从（侍从）、曳剌（番兵）、禾（农人）、俫（儿童）等。

以上角色中，只有正旦和正末才可以成为主角。主角和配角的区别在于：只有主角才可以主唱，其余角色只有科白，没有唱辞。

元杂剧体制的另一特色是"一人主唱"，即正末或正旦主唱。正末主唱的叫末本。正旦主唱的叫旦本。在末本中，正旦不能唱。在旦本中，正末不能唱。例外情况极少。部分杂剧中，正末正旦也可分别扮演不同人物。如，末本《单刀会》，正末分别扮乔玄（一折）、司马徽（二折）及关羽（三、四折）；末本《赵氏孤儿》，正末分别扮演韩厥（一折）、公孙杵臼（二、三折）及孤儿（四、五折），在这种情况下，分别由剧中不同人物主唱，但仍然是正末主唱，符合一人主唱的通例。

（3）以曲辞为主要部分。曲辞是元杂剧的主要部分，是剧本文学价值高低的标志。元杂剧往往通过大段成套唱辞以抒写主唱人物的激情和复杂的精神状态，有些剧本的唱辞还吸收了讲唱文学唱中夹白的方式。这些唱辞所具有的独特的情调、感情色彩，与宫调的选择有关。

宫调是我国古代音乐术语。它是在七音（即宫、商、角、变徵、徵、羽、变宫）与十二律（黄钟、大吕、太簇、夹钟、姑洗、仲吕、蕤宾、林钟、夷则、南吕、无射、应钟）相配的基础上产生的，理论上可以构成八十四宫调。其中"宫"专指以宫作主调的大调，"调"则泛指以其余六音为主音的各种调式。宫调的作用在于确定主音和限定管色高低。正由于主音的不同、管色高低的不同，表现出来的音律也多有不同。人们听起来，有的雄壮，有的凄婉，有的欢欣，有的感伤。元代剧作家正是利用不同的声律来表现不同的剧情。元杂剧四折宫调的使用也有一个大致规律：第一折几乎都用［仙吕点绛唇］套，第二折多用［南吕一枝花］或［正宫端正好］套，第三折多用［中吕粉蝶儿］或［越调斗鹌鹑］套，第四折大多用［双调新水令］套。总的看来，一、四折比较固定；二、三折比较多变。因一、四折是开头和结束，情调大致相近，故宫调比较一致。二、三折受不同剧情制约，情调差别较大，故宫调选用上变化也较大。

元杂剧每折在一个宫调之内，曲牌选择及先后次序也有一个大致的规律。如仙吕宫以［点绛唇］开始，接着用［混江龙］、［油葫芦］、［天下乐］等曲。南吕宫以［一枝花］开始，接着用［梁州第七］、［隔尾］、［牧羊关］、［贺新郎］等曲。所用曲子多寡不等，视剧情简繁而定，一般用十支左右曲子组成。最短的如《追韩信》第四折［正宫端正好］套，只用三曲。最长的如《魔合罗》第四折［中吕粉蝶儿］套，共用二十六支曲子。

（4）以宾白和科泛为辅助部分。除曲辞，宾白和科泛都是构成杂剧的主要因素。宾白指剧中人物说白部分。古代戏曲以唱为主，以白为宾，故称宾白。也有人解释为二人为宾，一人为白，合称宾白。元杂剧的宾白形式多样，大体可分韵语宾白和散语宾白两大类。韵语宾白指诗词及其他韵语，包括角色出场的上场诗和退场时的下场诗。上场诗也叫定场诗。散语宾白用加工提炼的元代口语，比较通俗、质朴、本色。散语宾白有独白、对白、带白、插白、旁白、分白等样式。独白是一人独自说白，对白是两人对话，带白是唱曲时插入的几句说白，插白则指唱曲时另一角色插入的几句说白。旁白在剧本中常写作"背云"，指剧中人物向观众抒发内心感受，而假定台上其他角色听不到的说白。分白则是两人各自道白，假定彼此不知而内容又相互有关。

另外，元杂剧在剧本结尾处常用两句或四句韵语，说明剧本的思想内容，作为全剧的收场语，叫做"题目正名"。题目正名大约是在散场时念出的，不属于宾白的范围。一般摘取题目正名中末句作为剧本的全名，截取全名末三字或四字作为简名。如《窦娥冤》题目正名的末句为"感天动地窦娥冤"，《窦娥冤》就是截取末三字而成。

元杂剧还把有关动作、表情、效果等舞台指示叫做科或科泛。如两人相见为"做相见科"，思考问题为"做寻思科"，表情示意为"做意科"。元杂剧中的一些舞台效果也叫做科，如"做起风科"、"内做响雷科"，表明以声音模拟刮风、打雷。这两种科，含意并不一致。

3. 元代杂剧，作家如林，作品似海，当时就有"词山曲海"之称。其繁荣之状况，前所未有。元代杂剧作家据元末钟嗣成《录鬼簿》著录，有一百五十二人，除散曲作家外，有作品可考的剧作家八十余人。元代杂剧作家社会成分非常复杂，几乎包括社会上各个阶层。其中既有统治阶级上层人士，也有下层官吏，还有一些社会底层人物。作为"一代之奇"的元杂剧，作品数量也相当可观，大约有六七百种（现存150余本）。今人为了更准确说明元杂剧创作发展变化，大多只划分为前后两个时期。这两个时期无论就作家情况或作品的思想风格，都有许多不同之处。

前期从金末到大德末年（1234～1307），是杂剧发展的鼎盛时期，其间人才辈出，名作如林。因其活动中心主要在大都一带，著名作家几乎都是北方人，如关汉卿、白朴、王实甫、马致远、高文秀、纪君祥等。他们的作品，大多具有深刻的思想内容和浓郁的生活气息，风格豪放粗犷，语言多质朴自然，表现了北方文学的特质与精神。元杂剧中不少著名杰作，多半产生于这个时期。如关汉卿的《单刀会》《窦娥冤》《救风尘》、王实甫的《西厢记》、马致远的《汉宫秋》、白朴的《梧桐雨》、纪君祥的《赵氏孤儿》等。

后期从元武宗至大年间到元末（1308～1368），是元杂剧创作的衰微时期，活动中心已从大都移向杭州。这个时期出现了不少南方作家，有的北方作家，如郑光祖、宫天挺、乔吉等，亦多流寓南方。这个时期除部分作品较有特色之外，多数作家的作品平庸，表现了元杂剧由盛而衰的过程。其中，郑光祖的《倩女离魂》较有名。

4. 南戏，早期称戏文、南曲戏文，原本是温州一带的地方剧种，它产生的时间，应略早于北杂剧。《永乐大典》收录的《张协状元》，是现存最早的南戏剧本，一般认为是南宋后期作品。剧中已把曲辞、念白、科介等不同表演手段结合起来，相互配合，形成一种综合性的舞台表演体系。但此剧曲白都比较粗糙，某些情节也不甚合理。结构松散，不分出，场面安排较为琐碎，与主题无关的科诨过多。说明此时的南戏，在形式上还不够完善，尚未定型。元灭南宋后，北杂剧传入江南，并以其崭新的内容及精粹的表演压倒南戏。南戏曾一度退出城市舞台，在南方乡流行。它吸取了北杂剧的一些优点，使剧本的文学素质和舞台表演的艺术水平不断提高。一些南方的或流寓南方的杂剧作家，如马致远、萧德祥、汪元亨等人，可能染指过南戏创作。一大批杂剧题材被改编为南戏，也丰富了南戏的演出剧目。在剧本结构上，南戏也不断吸收北杂剧的联套方式，改变了原来零支歌曲拼凑的简单结构，转而采用使音乐结构与场面安排结合在一起的曲牌联套方法。同时，北曲曲调也被引进南曲的唱腔之中，创立了南北合套的音乐新体制。这一切都使南戏剧本及演出体制更加成熟与完善。

元末，随着元杂剧的衰落，南戏以其成熟的艺术形式，重新繁荣起来。元末明初，为南戏过渡到传奇的重要时期。被人称为"四大传奇"的"荆、刘、拜、杀"（《荆钗记》《刘知远白兔记》《拜月亭》《杀狗记》），以及高明写的《琵琶记》，是这个时期舞台是上享有盛名的代表作，明·王骥德在《曲律》中曾说："古戏如荆、刘、拜、杀等，传之凡二、三百年，至今不废。"四大传奇及《琵琶记》的出现，标志着南戏的最后定型。即由早期地方剧种的"戏文"，发展为成熟的全国性大型剧种"传奇"，南戏开始成为与北戏分庭抗礼的另一完整的舞台表演体系。定型后的南戏，与当时的北杂剧，有着不同的体制和不同的艺术风格：

就其篇幅而言，杂剧的基本体制是四折一楔子，篇幅紧凑，情节集中，而南戏则无固定限制，一般采取分场形式，以人物上下场为界线，根据内容需要灵活安排场次。早期南戏，篇幅长短比较自由，定型后开始趋于整齐，如"荆、刘、拜、杀"四大传奇，分别为四十八出、三十二出、四十出及三十六出。篇幅增大，能纳入复杂的情节和反映更广阔的社会场面，但往往也失之冗长松散。

就其唱法而言，北戏严格限制为一人主唱，南戏则不论生旦净丑，都可以唱，唱法灵活多变，有独唱、对唱、接唱、合唱等多种形式，且每出唱腔不限一个宫调，也不限一韵。南戏每出的联套方式，也与北戏比较固定的情况不同，它灵活自由，一般可分为引子、过曲及尾声三个部分。

就其曲辞而言，北戏主要用北曲，特点是七声音阶，节奏比较急促，风格粗犷朴实。南戏主要用南曲，特点主要是五声音阶，节奏比较舒缓。南曲是在唐宋大曲、宋词及南方民间曲调的基础上形成的，较北曲衬字要少，用韵为南方音，四声皆备。北曲用弦乐伴奏，以琵琶为主；南曲以管乐伴奏，配以鼓板。故北曲声调遒劲朴实，南曲柔缓婉转。

就其结构而言，南戏定例第一出为"副末开场"，不唱曲，念词二阕，以表明作者主旨及戏文大意；接着，生、旦分别登场。结构多为双线并进，生、旦各领一线。至最后一出，照例为全剧人物一同登场欢聚，生旦团圆。

就其宾白言，杂剧较俚俗，而南戏在进入上层社会之后，比较文雅。人物出场，杂剧先白后曲，南戏则大都先曲后白。

就其角色而言，南戏分行较杂剧更细致，一般分为生、旦、贴、末、净、外、丑七类。南戏以生代替杂剧中的末，作为剧中男主角，但仍保留了末，作扮演老年男人的配角。南戏中还添设了丑，以便增加插科打诨、滑稽调笑的内容。

总之，南戏定型后，较之杂剧，有明显的改进，运用戏剧手段反映生活、塑造形象的能力，有很大的提高。

5. 明代戏剧在元代杂剧高度繁荣的基础上得到进一步的发展，其戏剧品种，既有从元杂剧发展而来的明杂剧，又有从宋元南戏发展而来的明传奇。明传奇随着声腔的发展，又形成昆曲一系和弋阳诸腔一系，这些声腔剧种，均有剧本流传。明传奇，包括后来的昆曲，不断丰富完善，以至逐渐取代了杂剧，成为明代剧坛主流。明中后期，传奇剧目的大批涌现，形成了我国戏剧史上继元杂剧之后的第二个高潮。明传奇中，成就最高、影响最大的，是汤显祖的《牡丹亭》。

6. 清代的戏剧，也取得了很大的成就。清代传奇、杂剧，是明代戏曲的继续和发展。清初，由李玉、朱素臣、毕万后、叶雉斐合作的《清忠谱》，是我国戏曲史上第一部"事俱按实"的历史剧。而《长生殿》和《桃花扇》，是传奇的双璧，在文学史上占有重要地位。洪升的《长生殿》以安史之乱为背景，写唐明皇和杨贵妃的爱情故事，既颂扬了生死不渝的爱情，又反映了安史之乱前后民族矛盾和阶级矛盾。它以幻想的形式，表达了人民对爱情的理想，是一部浪漫主义的杰作，其艺术表现，达到清代戏曲创作的最高水平。孔尚任和洪升齐名，当时有"南洪北孔"之称。孔氏《桃花扇》是一出描写南明王朝兴亡的历史剧，其主题如作者所说"借离合之情，写兴亡之感"。剧本以侯方域、李香君的爱情为线索，表现出明末腐朽、动荡的社会现实及统治阶级内部的矛盾和斗争。该剧艺术上也很有特色，结构新颖、严整、别致，戏剧语言浓郁，具有诗的神韵。除《长生殿》《桃花扇》外，朱素臣的《十五贯》也负盛名。清中叶以后，随着昆曲的衰落，传奇、杂剧的创作亦转入低潮。但这个时期，植根于民间的地方戏，却蓬勃发展起来，它们以粗犷的形式、生动丰富的内容，博得广大群众的喜爱，为清末京戏和各种地方戏的兴起和发展奠定了基础，在清代剧坛上，也占有重要地位。

7. 到近代，戏剧也随着时代的发展而有所发展。首先，京剧在北京正式形成，并发展为全国性的大剧种，取代了昆剧在舞台上的传统地位。京剧的题材很广泛，不仅从徽调、楚调、京腔、秦腔、梆子、昆剧等继承了大量剧目，而且根据说唱文学和古典小说改编了许多剧目，现存1200多种，其中像《打渔杀家》《辕门斩子》等都是群众喜闻乐见的。其次，随着外国资本主义文化的传入，话剧也被介绍到了中国。中国话剧产生于上海，当时叫"新剧"或"文明新戏"。1899年南洋公学演出《六君子》。此后，"春柳社"、"新剧同志会"、"新民社"等在东京、上海陆续成立，先后演出《茶花女》《共和万岁》等新剧。北京、浙江、福建、广东、湖南和河南也纷纷响应，形成了话剧一度繁荣的局面。

辛亥革命前后，在改良主义思潮和革命思潮的推动下，戏剧界经历了一场范围较大的改良运动。在北京、上海，汪笑侬是最早配合社会运动改编和创作京剧剧本的艺人，而梅兰芳、周信芳和欧阳予倩等戏剧家，也在京剧反映现实生活和京剧表演艺术等方面有所革新。夏月珊、夏月润兄弟则创建上海新舞台，在京剧演出中开始用幕，并装配新式布景。在四川，1905年成立了戏曲改良公会，明确提出了"改良戏曲、补助教育"的口号。在陕西，李桐轩、孙玉仁于1912年创办了"易俗社"，"以补助社会教育，移风易俗为宗旨"。许多地方新剧，如采茶戏、黄梅戏、花鼓戏、采调花灯等也相继产生。与此同时，报刊上还出现了一些提倡改良戏曲的文章，但由于改良运动在理论上和实践上都存在严重缺陷，进步是微弱和短暂的。

8. 中国现代戏剧，由两股潮流构成：一是20世纪初诞生并逐渐壮阔起来的现代话剧；一是在新的历史环境中由传统旧戏演变而来的戏曲以及从中蜕变而成的新歌剧等。尽管二者在现代文艺舞台上以不同方式、程度不同地影响着读者和观众，但就其思想内涵、表现形式、创作成就诸方面，从整个现代文化思潮来考察，居于主导地位的是话剧。

现代话剧在有着悠久历史的戏曲王国里生长，自有其曲折复杂的历程。

"五四"时期，即有一批先驱者开始做西方话剧创作的介绍和引进工作。20世纪20年代初，民众戏剧社、上海戏剧协社、南国社等先后成立，涌现出一批专门从事现代话剧创作的戏剧家，如欧阳予倩、熊佛西、田汉、洪琛等，他们的作品浸润着对社会和人生问题的关心，具有鲜明的反帝反封建色彩。

随着民主革命的深入，戏剧家的队伍中又增添了曹禺、夏衍、阳翰笙、陈白尘、于伶等一批有才华的作者，他们创作了一批优秀戏剧作品。曹禺的《雷雨》《日出》，通过家庭的和社会的悲剧，表现了中国社会尖锐的阶级对立，标志着现代话剧艺术的成熟。夏衍的《上海屋檐下》，贯注着作家对社会现实问题的强烈关切。其他有影响的剧作，还有田汉的《回春之曲》，洪深的《五奎桥》等。

在抗日斗争中，多角度地反映抗战生活的优秀剧作，有曹禺的《蜕变》、夏衍的《法西斯细菌》、于伶的《夜上海》、陈白尘的《岁寒图》等。这一时期，历史剧大放异彩，尤以郭沫若的《屈原》最为著名，这些作品借古讽今，感情炽烈，诗意浓郁，具有独特的浪漫主义风格。此外，还有陈白尘的《太平天国》、阳翰笙的《天国春秋》、欧阳予倩的《忠王李秀成》等。

在革命根据地，由贺敬之等人执笔的《白毛女》，是新歌剧的典范。

9. 新中国成立后的前 16 年里，无论话剧、歌剧，还是传统戏曲，都经历了曲折的历程，都取得了很大的成就。话剧方面，著名的作品有，老舍的《茶馆》《龙须沟》、曹禺的《明朗的天》《胆剑篇》、郭沫若的《蔡文姬》《武则天》、田汉的《关汉卿》《文成公主》、陈其通的《万水千山》、沈西蒙等的《霓虹灯下的哨兵》、天津码头工人集体创作的《六号门》、顾宝璋等的《东进序曲》、白刃的《兵临城下》、王炼的《枯木逢春》、胡可的《槐树庄》等。新歌剧方面，有于村的《王贵与李香香》、田川等的《小二黑结婚》、朱本和张敬安的《洪湖赤卫队》、赵忠等的《红珊瑚》、阎肃的《江姐》、黄勇刹等的《刘三姐》等。

我国传统戏曲源远流长，品种丰富多样。新中国成立后，经大力挖掘、恢复、扶植，品种由新中国成立初期的 100 多种扩大到 300 多种。对各个剧种中历代流传下来的传统剧目的挖掘、改编，使新中国戏曲取得了较为突出的成就，到 60 年代初，全国已搜集和整理了五万多个剧目。成功整理与改编的，有徐进等的越剧《梁山伯与祝英台》、田汉的京剧《白蛇传》、翁偶虹等的京剧《将相和》、马健翎的秦腔《游龟山》、武汉市楚剧团的《葛麻》、陈静等的昆剧《十五贯》、沙汀等的川剧《拉郎配》、赵剑秋等的梆子戏《孙安动本》、范钧宏等的京剧《杨门女将》、杨子静等的粤剧《搜书院》、王肯的吉剧《包公赔情》、顾锡东的绍剧《孙悟空三打白骨精》，以及戏曲大师梅兰芳的京剧《穆桂英挂帅》等。他们都给原作注入了新的生命，带来了新的面貌。

以传统戏曲的艺术形式反映古代生活和以传统戏曲的艺术形式反映现代生活的现代剧创作，也取得了不俗的成绩，著名的有，吴晗的京剧《海瑞罢官》、许思言的京剧《海瑞上疏》、田汉的京剧《谢瑶环》、孟超的昆剧《李慧娘》、翁偶虹等的京剧《红灯记》、汪曾祺等的《芦荡火种》、上海京剧院的《智取威虎山》、李师斌等的《奇袭白虎团》、王树元等的《杜鹃山》、赵化鑫等的《草原小姐妹》、曹克英等的评剧《小女婿》、王雁等的评剧《刘巧儿》、宗华等的沪剧《罗汉钱》、刘梅村等的吕剧《李二嫂改嫁》、李进等的锡剧《红色的种子》、杨兰春的豫剧《朝阳沟》、李果仁的花鼓戏《打铜锣》、唐周等的花鼓戏《补锅》等。

10. 进入新时期，戏剧迅速复兴而蓬勃发展，开创了一个不断创新的新局面。属于现实主义传统话剧的优秀之作，有苏叔阳的《丹心谱》、宗福先的《于无声处》、丁一三的《陈毅出山》、沙叶新的《陈毅市长》、所云平等的《东进！东进!》等。可归于现代主义探索剧的优秀之作，有高行健的《绝对信号》《车站》《野人》、刘树钢的《一个死者对生者的访问》等。融合现实主义与现代主义的优秀之作，有刘锦云的《狗儿爷涅槃》、郑振环的《天边有一族圣火》等。

在传统戏曲方面，无论是改编的传统戏，还是新编的历史剧和现代剧，都获得了丰硕的成果。轰动剧坛的优秀之作，也有不少。如陈仁临的《春草闯堂》、魏明伦的《潘金莲》、陈亚先的《曹操与杨修》等。

## 二、外国戏剧的发展

1. 谈到外国戏剧，首先要提到的就是古希腊戏剧。古希腊戏剧是在两千多年前，从歌舞艺术发展而成的。它起源于酒神祭奠。古希腊民间为祈求丰收和谢神，每年春秋两季都要举行祭祀酒神狄俄尼索斯的庆典活动。春天祭奠酒神所编演的歌舞"酒神颂歌"孕育而成悲剧，秋天谢神时的狂欢歌舞和滑稽表演发展成为喜剧。古希腊剧作家主要有三大悲剧家埃斯库罗斯（约公元前 525 ~ 公元前 456）、索福克勒斯（约公元前 496 ~ 公元前 406）、欧里庇得斯（约公元前 485 ~ 公元前 406）和喜剧诗人阿里斯托芬（约公元前 446 ~ 公元前 385）、米南德（约公元前 342 ~ 公元前 291）。悲剧大多以神话为题材，但表现的是作者对社会生活的认识，有"英雄悲剧"和"命运悲剧"两种。所谓"英雄悲剧"，主要内容是主人公为了理想和正义同敌对势力进行顽强斗争直至最后毁灭，如埃斯库罗斯的《被缚的普罗密修斯》。所谓"命运悲剧"，主要内容是主人公的意志同命运的对抗，其结局则是主人公无法逃脱命运的罗网而终于毁灭，最典型的是索福克勒斯的《俄狄浦斯王》。喜剧分为"旧喜剧"和"新喜剧"。"旧喜剧"大多为政治讽刺剧，以阿里斯托芬为代表，主要内容是批评雅典政治中的弊端，抨击社会中炙手可热的权势人物。"新喜剧"以米南德为代表，主要内容是家庭生活和爱情故事，后称世态喜剧。古代罗马的戏剧受希腊新喜剧的影响，创作和演出也很繁荣，主要作家有普劳图斯（约公元前 245 ~ 184）、泰伦提乌斯（约公元前 190 ~ 公元前 159）等。

2. 到了中世纪，由于教会的统治，欧洲的戏剧创作和演出，以宣传宗教观念和道德说教为主要内容，有所谓"奇迹剧"、"神秘剧"、"道德剧"，总称为"宗教剧"，但传世作品很少。也有从宗教剧演出中的"幕间剧"独立出来的"笑"。这是一种市民戏剧形式，以描写市民生活为主，其特点是运用滑稽和夸张手法刻画人物，富有生活气息。

3. 文艺复兴时期，人文主义文学成为欧洲文学的主流。戏剧创作进入一个新的历史时期。这一时期欧洲戏剧以英国和西班牙成就最大，主要剧作家有英国的"大学才子派"代表马洛（1564 ~ 1593）以及莎士比亚（1564 ~ 1616）、本·琼生（1573？ ~ 1637）和西班牙的维迦（1562 ~ 1635）等。其中莎士比亚的大量剧作，开创了现实主义戏剧创作的传统，是世界戏剧文学中最宝贵的财富。莎士比亚的戏剧，有历史剧、喜剧、悲剧、传奇剧。历史剧主要是借古喻今，表达人文主义反对封建割据、拥护中央集权的政治理想；喜剧歌颂爱情和友谊，侧重表现人文主文的生活理想；悲剧则表现人文主义理想与黑暗现实的矛盾，并对人文主义本身作了深刻反思；传奇剧以宣扬宽恕谅解，寻求理想社会的途径。著名作品有历史剧《亨利四世》，喜剧《威尼斯商人》，悲剧《罗密欧与朱丽叶》以及被称为"四大悲剧"的《哈姆莱特》《奥瑟罗》《李尔王》《麦克白》，传奇剧《暴风雨》等。维迦是西班牙民族戏剧的奠基人，他共创作剧本约 1800 个，是世界上少有的多产剧作家。他的代表作《羊泉村》，揭露封建罪恶，歌颂人民的斗争精神，体现了西班牙人文主义文学的特点。

4. 16 世纪中期以后，在意大利，民间还流行一种"即兴喜剧"。这种喜剧没有固定的剧本，由演员在舞台上即兴编词表演，除男女主人公外，其他角色都戴假面，故又名"假面喜剧"。剧中，人物都是定型的，各有固定的名字，演出是程式化的，并常常穿插舞蹈、音乐、哑剧等表演成分。这种喜剧很快影响到欧洲各国。

5. 到了 17 世纪，法国产生的古典主义戏剧，统治了欧洲剧坛。古典主义戏剧是资产阶级与中央专制王权妥协这一历史时期的产物。这种戏剧重理性而轻感情，重共性而忽视个性，强调以希腊罗马为典范，并提出了"三一律"的剧本创作法规，规定剧本情节、地点、时间三者必须完整一致，即每剧限于单一的故事情节，事件发生在一个地点并于一天之内完成。古典主义有悲剧和喜剧，而且二者之间不可逾越。古典主义悲剧的创作，以法国的高乃依（1606～1684）和拉辛（1639～1699）为代表，它的基本内容是代表国家民族利益、公民义务的理性与个人的感情、欲念之间的冲突，结果是理性战胜感情，从而突出国家民族利益高于一切的思想。其主人公都是王公贵族。代表作品有高乃依的《熙德》和拉辛的《昂朵马格》。

法国古典主义喜剧的代表是莫里哀（1622～1673）。他继承了法国民间闹剧、英国人文主义喜剧和意大利即兴喜剧的传统，并创造了自己的独特的风格。他的创作也崇尚理性，主要内容是讽刺、抨击僧侣、贵族、高利贷者、江湖骗子、醉心贵族的小市民及其丑恶现象，并歌颂下层人民的智慧和善良。他的喜剧不仅有反封建、反教会的倾向，而且具有浓郁的生活气息，著名作品有《伪君子》《悭吝人》等。

6. 到18世纪，欧洲进入启蒙运动时期，戏剧创作和演出强调宣传真理，教化观众，并成为启蒙运动的重要组成部分。这一时期资产阶级取代了王公贵族的地位，成为悲剧舞台的主人公，形成一种"市民悲剧"。这种悲剧从资产阶级和平民的日常生活中取材，以个人和社会环境的矛盾为主要内容。与此同时，还有一种"历史悲剧"，主要写历史事件和伟大人物的不幸遭遇。启蒙运动时期的悲剧创作以德国的莱辛（1729～1781）、歌德（1749～1832）、席勒（1759～1805）为代表。悲剧创作中，他们强调真实性和典型化，强调塑造具有典型意义的个性，强调打破了古典主义的成规。他们的悲剧创作剧继承了莎士比亚的现实主义传统，大多具有反封建、反教会的政治倾向，热情宣传自由、平等、博爱、人权等资产阶级主张。代表作品有席勒的"市民悲剧"《阴谋与爱情》，歌德的"历史悲剧"《葛兹·封·伯利欣根》。这一时期，喜剧创作也很繁荣，最重要的作家是意大利的哥尔多尼（1707～1793）和法国的博马舍（1732～1799）。哥尔多尼对即兴喜剧进行改革，使之成为有固定台词的现实主义喜剧，即"风俗喜剧"或"性格喜剧"。他的喜剧讽刺贵族阶级的愚蠢、丑恶，赞扬下层人民的智慧和善良，充满生活的情趣。博马舍的喜剧着重针砭时弊，抨击权贵、宣传启蒙思想，结构严谨，情节紧凑，人物性格生动，语言风趣，并充满了乐观精神。重要的喜剧作品有哥尔多尼的《女店主》、博马舍的"费加罗三部曲"等。

这一时期还出现了一种介乎悲剧与喜剧之间的戏剧类型，即正剧。其理论的开创者是法国美学家、剧作家狄德罗（1783～1784）。狄德罗认为戏剧应打破传统的悲剧和喜剧之间的严格界限，建立一种新的戏剧类型，他称这第三种类型为"严肃喜剧"。狄德罗提出新的戏剧类型，是为了适应启蒙运动的需要，他认为这种戏剧应该着重反映现实生活，可兼有悲剧和喜剧的因素，可同时运用悲剧手法和喜剧手法。博马舍也对这种新型戏剧作了进一步解释，并在创作中实践了这种理论。19世纪以后，悲剧和喜剧的界限已经不大严格，正剧已成为戏剧创作主流，为各国剧作家广泛采用。

7. 19世纪，欧洲戏剧创作分成浪漫主义和现实主义戏剧两大流派。这两大流派在很长时期内独立发展而相互影响，出现了一大批优秀的作品。浪漫主义戏剧的开创者是法国的雨果（1802～1885）。他的浪漫主义戏剧代表作《欧那尼》被称为法国文学史上划时代的作品。该剧完全打破了古典主义戏剧的法规，它的成功演出标志着浪漫主义对古典主义的胜利。现实主义戏剧注重客观、真实反映现实生活，具有强烈的暴露性和批判性，并着力塑造典型人物。现实主义剧作家主要有：法国的小仲马（1824～1895），挪威的易卜生（1828～1906），俄国的格里鲍耶陀夫（1795～1829）、普希金（1799～1837）、果戈理（1809～1852）、奥斯特洛夫斯基（1823～1886）、契诃夫和爱尔兰的萧伯纳等。著名作品有小仲马的《茶花女》、易卜生的"社会问题剧"《玩偶之家》、普希金的历史悲剧《鲍里斯·戈都诺夫》、奥斯特洛夫斯基的《大雷雨》、契诃夫的"抒情喜剧"《樱桃园》、萧伯纳的《华伦夫人的职业》等等。此外，19世纪后期还出现了唯美主义和象征主义倾向的戏剧。代表这两种倾向的著名作品分别有英国作家王尔德的《温德米尔夫人的扇子》和瑞典戏剧家斯特林堡的《到大马士革去》。易卜生晚期戏剧也带有象征主义色彩。

10. 20世纪，西方由于各种社会思潮的影响，戏剧创作先后出现各样的流派，如象征主义戏剧、表现主义戏剧、未来主义戏剧、存在主义戏剧、超现实主义戏剧、荒诞派戏剧等。这些流派的共同特点是，作家创作重心转向个人在社会环境的压迫下的心理矛盾及潜意识的活动，创作风格也多样化。有的流派明显表现了强烈的反传统倾向，如荒诞派戏剧，没有完整连贯的情节、没有戏剧冲突，舞台形象支离破碎，人物语言颠三倒四，借以表现世界的荒诞、人生的痛苦和人与人关系的无法沟通。在各种流派竞相发展的情况下，最引人注目的剧作家有：比利时的梅特林克（1862～1949），意大利的皮兰德娄（1867～1936）、马里内蒂（1876～1944），捷克的恰佩克（1890～1938），美国的奥尼尔（1888～1953）、阿尔比（1928～），法国的萨特（1905～1980）、贝克特（1906～1988）、尤奈斯库（1912～1994），英国的品特（1930～2008）等等。著名作品有象征主义戏剧梅特林克的《青鸟》，表现主义戏剧奥尼尔的《毛猿》、恰佩克的《万能机器人》，存在主义戏剧萨特的《禁闭》，荒诞派戏剧贝克特的《等待戈多》、尤奈斯库的《秃头歌女》、阿尔比的《美国之梦》等等。这一时期，现实主义戏剧仍在发展，并不断革新，重要作品有俄国高尔基（1868～1936）的《底层》，英国奥斯本（1929～1994）的《愤怒的回顾》等。

11. 东方一些国家的民族戏剧也在较长的历史中发展。在古代，希伯来犹太教的经典《旧约》的诗文集中就收有哲理诗剧《约伯记》，歌颂对神的虔诚，宣扬善恶报应。印度在公元2世纪已有婆罗多梵文著作《舞论》全面论述音乐、舞蹈、戏剧理论和演出经验。古代印度戏剧有"英雄喜剧"和"极所作剧"两种体裁，前者属宫廷戏剧，代表作是迦梨陀娑的《沙恭达罗》，其主题是歌颂人间纯真美好的爱情；后者属平民戏剧，代表作是首陀罗迦揭露专制君王暴虐统治的《小泥车》。中古时代，日本戏剧有较高的成就。日本民族戏剧起源于公元6世纪流行的"猿乐"，这是一种包括歌舞、伎艺和滑稽表演的舞台艺术，中古日本戏剧有"能"与"狂言"两种。"能"是种歌舞剧，风格高雅隽秀，有明显的贵族色彩；"狂言"是一种民间喜剧形式，以动作对白为主，主要体现市民意识。到17世纪，出现了"歌舞伎"，剧目分为"历史剧"、"时事剧"、"滑稽剧"和"舞蹈剧"。近代以后，西方戏剧的作品和演出形式，在东方各国广泛传播，推动了这些国家戏剧创作和戏剧艺术的发展，著名剧作家有印度的泰戈尔（1861～1941），日本的菊池宽（1888～1948），埃及的穆罕默德·台木尔（1894～1973）等。

# 第五节　戏剧文学的欣赏

这里讲的赏析，主要指剧本的赏析。剧本和小说、诗歌、散文一样，是文学的一种体裁样式。在阅读中，戏剧冲突、戏剧人物、戏剧台词是我们要把握的主要内容。

## 一、把握冲突，探求主旨

没有冲突就没有戏剧。对于戏剧冲突的理解，无疑是戏剧鉴赏的关键。把握戏剧冲突，具体说来可从以下几方面进行：

（一）了解冲突发生的背景

所有冲突都是在一定的背景中发生发展的，都是和社会生活紧密联系的，只有把握了冲突发生的社会、历史背景，才能准确地把握冲突。如老舍的名剧《茶馆》，安排了三幕或三个场景的戏，分别以清朝末年、民国初年和抗日战争为背景，不了解戏中的背景，就难以把握其冲突的社会内容。

（二）揭示戏剧冲突的过程

戏剧冲突与现实生活中的各种矛盾冲突一样，有它发生、发展、解决的过程。这种过程，剧本通常以分幕、分场作为它的外在结构形式，其内部结构一般包括"开端、发展、高潮、结局"四个阶段。分析戏剧冲突，要弄清冲突发生的过程，把握冲突的缘起、冲突的发展、高潮是怎样形成的，冲突又是怎样得到解决的。

（三）明确冲突的基本内容

一出戏往往涉及许多冲突，各种冲突之间往往互相牵连形成极为复杂的冲突网。作为观众，一是要尽快明晰各种人物的关系及各种冲突的缘起；二是要理清主次，抓住本质。如《雷雨》，出场人物不多，但关系错综复杂，戏剧冲突紧张激烈，主题思想独到深刻。欣赏该剧时，如果分不清主次，抓不住本质冲突，就很难把握作品的内容。

（四）分析冲突的内在结构

戏剧冲突是经过加工后的矛盾冲突，有些戏剧侧重于人物之间的外部冲突，有些戏剧侧重于人物的内部冲突，有的戏剧交织运用内部冲突和外部冲突。了解冲突的内部结构，可使鉴赏者更好地领悟艺术家的创作旨趣，并提高自己的鉴赏能力。

（五）探求冲突的性质和思想倾向

戏剧冲突的性质，往往包含了作者力图反映的社会生活内容；戏剧冲突之中，往往寄寓着剧作家强烈的情感倾向，只有有意识地探求冲突的性质和思想倾向，才能使戏剧艺术的审美认知功能得到充分的发挥。

## 二、透过剧情，解读人物

冲突是戏剧反映社会生活的基本手段。剧作家总是通过社会性冲突，展开故事情节，塑造人物形象，揭示戏剧主题。欣赏一出戏，分析一个剧本，除了准确把握戏剧冲突的性质，还要把握人物形象。

（一）从戏剧冲突分析人物性格

戏剧冲突就其本质讲就是性格冲突，这种冲突表现得越充分、越尖锐，人物形象也就越鲜明，也就越富有戏剧性。同样，"在有着鲜明的人物性格的那些地方，必定存在着戏剧冲突"（高尔基《论剧本》）。因此，阅读剧本研究人物性格时，一定要把人物置身于戏剧冲突中，分析其性格成长和发展以及它所反映的具有普遍意义的社会矛盾。

（二）从人物言行解读人物

人物的性格又是通过具体的言行表现的。如《茶馆》中茶客们喝茶，不同的人物喝茶的方式就不同：唐铁嘴流浪江湖，以算卦糊口，贫困寒酸，一生"偷喝"王掌柜的剩茶，常常趁人不防端起茶杯"急饮"，属"牛饮式"，他喝茶是为了解渴；洋教徒马五爷，是上层社会的要人，终日养尊处优，游手好闲，他到茶馆多是沏上自带的名茶，喝茶时细细品味，他喝茶不是因为口渴，而是为了消遣，为了炫耀自己的悠闲和富有，从二人喝茶的动作中便可知晓他们的地位、处境和性格。

## 三、体味台词的表现力

剧本台词是戏剧重要的构成部分，体味台词的艺术表现力也是欣赏剧本时一个重要的内容。

（一）抓住人物身份，体味台词的个性化特点

人物身份不同，说话的方式、腔调也就不同。高度个性化的台词，不仅符合人物的身份、年龄、性别、职业、情趣、文化程度，显示人物的性格特征，而且还能反映人物之间复杂的关系，推动剧情的发展。

（二）抓住人物的内心活动，体味台词的动作性

李渔说："欲代此一人立言，先宜代此一人立心。"（《闲情偶寄》）指剧作家只有善于揭示人物的内心冲突，写出他的心声，才能"立言"，才能有极强的动作性的戏剧语言。所以阅读剧本就要从人物内在感情出发，去寻找他在此时此地为什么说出这样的语言的缘由，去体味人物语言与内心活动、形体动作又是怎样紧密地融合在一起的，从而去体味语言的动作性。

（三）品味潜台词

潜台词是藏在字面下没被角色说出来，但读者可以悟到它的存在的台词，也就是"言外之意"。这个"意"就是作者有意把台词写得含蓄精练，留有余地，耐人寻思，让读者去想象、补充人物的真实意图或内心活动，为演员的表演、导演的设计提供艺术创造的广阔天地。演员掌握了"潜台词"，才能说好"台词"，读者只有读懂"潜台词"，才能准确地了解人物丰富复杂的内心活动，看得出人物行动的方向和目的。

## 【鉴赏示例】

### "那——那天上的雷劈了我"

#### ——谈四凤

##### 钱谷融

在《雷雨》初版本的序言中，曹禺曾说，他在《雷雨》中所显示的，只是他所觉得的天地间的"残忍"。他并且说，这种自然的"冷酷"，四凤与周冲的遭际最足以代表。的确，从整个剧情看来，"天地"真大有如老子所说的"以万物为刍狗"的味道。所有的剧中人，都不过是这个"残忍"、"冷酷"（即老子所谓"不仁"）的"天地"的牺牲品罢了。被拨弄得最厉害的

自然是侍萍。三十年前自己所遭受过的一切，三十年后竟又在自己女儿身上重演。更其残酷的是，女儿所爱的竟会是她自己的亲生儿子，她女儿的异父哥哥！蘩漪的遭遇又何尝不惨，这样一个"心比天高"的女人，竟落入了周朴园的魔掌，受到周家两代人的欺侮。她为了要报复，要作"困兽之斗"，最后竟把自己仅有的一个儿子的年轻的生命也活活的葬送了。

这几个人中，侍萍的身世最令人悲愤、不平；蘩漪的遭际，也很惹人同情、伤叹；而四凤与周冲的死亡，则尤其使人无限的惋惜与哀痛。所有这些人，尽管我们对待他们的态度会有许多的不同，他们在我们身上所激起的感情也会是各种各样的，但她们的命运，却都深深地打动了我们，都不能不引起我们的深思。事情为什么竟会这样的悲惨？难道这真是所谓天地间的"残忍"和"冷酷"吗？然而天地何知！或者这仅仅是出于作者的编造，是他故意利用许多偶然的巧合，凑成这样一出离奇的乱伦悲剧来耸人听闻的吗？然而，作品中所出现的种种复杂曲折的情节，尽管有很多巧合的成分，有很大的偶然性，但又有哪一点是不合乎生活的逻辑，是缺乏必然的基础的呢？它们虽然常常出于我们的意料之外，却又无一不在生活的情理之中。在整个事件的背后，都隐伏着社会的、阶级的根源。从剧中人的错综复杂的关系之中，从一连串的惊心动魄的矛盾冲突之中，都暴露出那个不合理的社会的罪恶。这一出惨绝人寰的悲剧，完全是那个人压迫人、人剥削人的社会制度造成的。在看过这出悲剧以后，人们的愤怒，人们的火样的憎恨之情，决不会冲着无知的苍天或者并不存在的命运去发泄，而是强烈地集中在周朴园以及周朴园所代表的那个社会身上的。

事情难道不是这样的吗？

就拿四凤来说吧。她年轻、美丽，而又是那么的善良、纯洁。她非常爱她的妈妈，真心诚意地愿意听妈妈的话，做妈妈的好女儿。但她究竟年轻，渴望着过美好的生活，又一点不懂得社会的险恶。尽管妈妈不愿意自己帮人，但既然周公馆能使她吃得好，穿得好，比家里舒服得多，她也就不惜违背妈妈的意愿，乐意让爸爸把自己送到周公馆来了。结果却在这里碰上了周萍，铸成了这样一个无可挽回的大错。周萍既然并不是个一眼就可看穿的坏人，在他身上不但多少总还应该有一些年轻人所应有的活泼的朝气，而且如我们在别处所说，他还显然是受过一些"五四"精神的熏陶的，那么，四凤之竟会爱上周萍（说得恰切些是竟会接受周萍的爱），是并不奇怪，也是无可责备的。她当然知道，由于地位的悬殊，她跟周萍的关系，是充满着风险的。但在这类事情上，一点风险又算得什么？它是决阻挡不了两颗年轻的热情的心的接近的。但现在摆在她面前的问题是妈妈就要回来了。这是既使她高兴，又使她感到恐惧的事。她与妈妈已经分别一年多了，她是多么渴望着能早一点见到她呵！但她又实在有点怕同她见面。她简直不能想象，她将怎样面对妈妈那充满爱抚的、注视的眼光，——要知道，她已经有了三个月的身孕了！何况她爸爸鲁贵又忽然告诉她说，周公馆的太太——她的女主人蘩漪，带信要她妈妈到周公馆来有事面谈。还说，说不定有辞退她的意思。这真是多叫人烦扰和恐惧的事！

同妈妈终于见面了，短暂的久别重逢的喜悦，立即为一连串的不幸事件所粉碎。到这一幕终了时，她连同她的爸爸鲁贵已被周家宣布辞退了。辞退的原因，她只知道是由她的哥哥而起，但实际原因要比这复杂得多。在这之前，蘩漪早已把同样的意思通知了她的妈妈，原因也完全与她哥哥无关，而倒是如她爸爸早先所告诉她的那样，纯然是由她自己而起。不管事情的真相究竟怎样，总之她已被辞退了，而周萍也在明天一早就要动身到六百里外的矿上去，他们两人的关系看来将就此完结，万难再行继续下去了。周萍要求让他当夜再来见一次面，四凤虽然因为怕被母亲察觉，坚决叫他不要来，最后却还是同意了。因为她还没有放弃要周萍把她带走的希望，她还想作一次最后的恳求。

　　在周萍到来之前，中间忽然又插进了周冲的来访。侍萍在和繁漪谈过话以后，本来就对四凤有点不大放心。周冲的到来，更引起了她的极大的疑虑与不安。她刚从张大婶家回来，就看到了家门口停着的周冲的洋车，接着又看到四凤送周冲出去。鲁大海又告诉她，他回来时看到四凤在跟那个二少爷谈天。她内心真是紧张恐慌极了。在四凤回到屋里后，两人间的一段对话是写得十分扣人心弦的：

> 鲁四凤　妈，(不安地)您回来了。
>
> 鲁侍萍　你忙着送周家的少爷，没有顾到看见我。
>
> 鲁四凤　(解释地)二少爷是他母亲叫他来的。
>
> 鲁侍萍　我听见你哥哥说，你们谈了半天了。
>
> 鲁四凤　您说我跟周家二少爷？
>
> 鲁侍萍　嗯，他说了些什么？
>
> 鲁四凤　没有什么！——平平常常的话。
>
> 鲁侍萍　真的？
>
> 鲁四凤　你听哥哥说了些什么话？
>
> 鲁侍萍　(严肃地)凤儿。(盯着鲁四凤)
>
> 鲁四凤　妈，怎么啦？
>
> 鲁侍萍　妈是不是顶疼你？
>
> 鲁四凤　您为什么说这些话？
>
> 鲁侍萍　那我求你一件事。
>
> 鲁四凤　妈，您说。
>
> 鲁侍萍　你得告诉我，你跟周家的孩子是怎么回事？
>
> 鲁四凤　哥总是瞎说八道的——他跟您说了什么？
>
> 鲁侍萍　不是，他没说什么，妈要问你！(远处的雷声)
>
> 鲁四凤　妈，您为什么问这个？我不跟您说过么，一点也没什么。妈，没什么。

　　四凤送走周冲回来，没想到妈已经在屋里了。不免有一点不安。但她不愿让妈妈看出她的不安，装着很平常似的招呼了一声："妈，您回来了。"侍萍早就在怀着激动焦虑的心情等着四凤回来，四凤的不安当然逃不过妈妈的眼睛。她冷冷地回了一句："你忙着送周家的少爷，没顾到看见我。"意思是：你一心都在周家少爷身上，哪里还想得到我这个妈！四凤当然听得出妈话中的刺，觉察到妈对自己的怀疑和不满，连忙解释说："二少爷是他母亲叫他来的。"意思说：他跟我没关系，你不要瞎猜疑。这样的解释当然不能使侍萍放心。她想：这孩子为什么这样急于为自己撇清呢？这反而只有更增加了她的不安。就更逼进一步地说："我听见你哥哥说，你们谈了半天了。"前面鲁大海只是告诉侍萍，他回来时看到四凤在跟周冲谈天。这里她却有意说："你们谈了半天了。"潜台词是：孩子，你不用瞒我了，你跟周家少爷之间究竟是怎么回事，快告诉我吧。在四凤呢，她跟周冲之间的确并没有什么，她本来完全可以泰然处之。但她心里压着周萍的事，生怕妈妈已经知道了，何况妈妈又跟蘩漪谈过话，更叫她恐慌。不由得问了一句："您说我跟周家二少爷?"这本来是无需问得的，刚才来的是周冲，她们一直在谈的也是周冲，就连侍萍所转述的鲁大海的话，说的也是周冲。但因为她自己心里有疙瘩，就不禁发出了这样一个毫无必要的怪问题。要不是作者深入人物的灵魂，洞悉她内心的奥秘，是决写不出这样的台词来的。曹禺的剧作之所以那样耐人寻味，经得起反复的推敲、咀嚼，就在这些地方。而迄至现在为止，侍萍也一直只是猜想四凤跟周冲之间可能有一点什么，而毫不怀疑她跟周萍之间的关系。因此，四凤的这句奇怪的问话，并未引起她的特别注意。只是进一步追问她周冲究竟跟她说了些什么。而四凤则只是一再重复着说："没有什么"，"他没说什么"，"一点也没什么"。要说她跟周冲之间的关系，那的确是没有什么，一点也没有什么。但现在问的是周冲究竟跟她说了些什么?那就决不是"一点也没什么"，也决不是只是说了一些"平平常常的话"。因为周冲的那些话，实在太不平常了，不平常得甚至四凤都不大能够理解。什么"……在一个冬天的早晨……在无边的海上……有一只轻得像海燕似的小帆船……斜贴在海面上飞，飞，向着天边飞……我们坐在船头，望着前面，前面就是我们的世界。"等等，等等。四凤为什么不把这些告诉妈妈呢?而且周冲还曾明白的向她求过爱，表示愿意帮她上学，要同她结婚。这些侍萍早已从蘩漪口中听到过了。而她现在却一句也不提，这不是明明在对妈妈撒谎吗?叫侍萍怎么能不愈听愈起疑、愈听愈着急呢?而四凤也奇怪，就她跟周冲的关系而论，这些完全可以照实讲出来，讲清楚了，真是一点也没有什么。可她就是咬紧牙关，一个字也不提。这又是为什么呢?无非又是为了她跟周萍的事。侍萍现在一再追问的尽管是她跟周冲的事，而她脑子里所想的，所十分恐惧的，却尽是她跟周萍的事，所以她一面回答妈妈说，自己跟周家的孩子一点也没有什么，而一面说着说着，忽然又要向妈妈表白："我不是跟你说过，这两年，我天天晚上——回家的?"要说清楚她跟周冲之间的关系，根本不必牵扯到什么晚上不晚上的问题。这些地方都表明，四凤毕竟是个天真、善良的姑娘，她觉得自己做错了事，不敢对妈妈讲。但这件事又偏偏老是在心里压迫着她，使她的舌尖不由自主地要把它泄漏出去。她既不善于说谎，更不愿意向妈妈说谎。但她又最怕伤妈妈的心。她跟周萍的关系如果让妈妈知道了，妈妈不知道会多么伤心。所以她死也不敢向妈妈承认，就只好用一些谎话来搪塞了。她不知道这些谎话非但不能掩盖她想要掩盖的东西，反倒不自觉地自动把它们透露出来了。因为侍萍跟她谈的明明是周冲的事，而她的这些谎话，却并不是因周冲而发，并不是为了掩饰她跟周冲的关系而说，而都是为着周萍。尽管侍萍当时还完全不知道四凤跟周萍的关系，但四凤并没有向自己说真话这一点是决瞒不过像侍萍这样一个十分热爱和了解自己的女儿的妈妈的。因此，通过这一段对话，非但没有能使她放心，反而只有更增加了她的不安。紧接着，就出现了逼四凤起誓那个场面：

> 鲁侍萍　凤儿，我要你一辈子不见周家的人!
> 鲁四凤　好，妈!
> 鲁侍萍　（沉重地）不，要起誓。
> （鲁四凤畏怯地望着鲁侍萍的严厉的脸。）
> 鲁四凤　这何必呢?
> 鲁侍萍　（依然严肃地）不，你要说。
> 鲁四凤　（跪下）妈，（扑在鲁侍萍身上）我……我说不了。

鲁侍萍　（眼泪流下来）你是要伤妈的心么？你忘记妈这一生为着你……（回头泣哭）

鲁四凤　妈，我说，我说。

鲁侍萍　（立起）你就这样跪下说。

鲁四凤　妈，我答应您，以后我永远不见周家的人。

［雷声滚过去。］

鲁侍萍　天上在打着雷。你要是以后忘了妈的话，见了周家的人呢？

鲁四凤　（畏怯地）妈，我不会的，我不会的。

鲁侍萍　孩子，你要说，你要说，你要是忘了妈的话……

［外面的雷声。］

鲁四凤　（不顾一切地）那——那天上的雷劈了我。

［雷声轰轰。］

鲁侍萍　（抱着女儿）孩子，我的孩子！

　　妈要她一辈子不见周家的人，这在她当然是难堪的，做不到的。但为了让妈妈放心，她也就随口答应了。但想不到妈妈竟还要她起誓。起誓，在当时，特别在像侍萍和四凤这样的人的头脑里，是件十分严重的事。这她就不能随随便便地答应了。因此她只得说："这何必呢！"可侍萍一点不让步，非要她起誓不可。她急得只有向妈妈跪下了，难过得扑在妈妈的身上，老老实实地向妈承认："我——我说不了。"侍萍这下完全明白了，她的疑惧证实了：这孩子跟周家的少爷之间确是有事！侍萍是个过来人，她当然懂得四凤的痛苦，要她发这样的誓，是很有点残忍的。但三十年来的惨痛教训，又使她不能不狠一狠心，不管怎样也要把孩子从危险的道路上拉回来。对四凤来说，她跟周萍的关系已经是这样的深，要她把他永远丢开，实在是难以做到的。但她又是那样爱她的妈妈，使妈妈伤心，又是她怎么也受不了的。所以她一直在这个两难的境地中挣扎着，希望能够既不伤妈妈的心，也不必发那个可怕的誓，但是侍萍出于对女儿的爱，出于一个母亲的严肃的责任心，却一点也不肯放松，非逼着四凤起誓不可。于是四凤就只得不顾一切地发下了那个可怕的誓言："那——那天上的雷劈了我。"说完了就扑在妈妈的怀里哭了起来。而侍萍也难过得只有抱着四凤呻吟着："孩子，我的孩子！"观众们这时坐在剧场里，也不由得紧张得气都喘不过来，台上的两颗心，在被撕裂着，台下的千百颗观众的心也同时在被撕裂着。19 世纪英国作家托马斯·德·昆西把文学分作知识的文学和力量的文学两大类，像《雷雨》这样的作品，无疑是属于力量的文学一类的。面对这样的作品，谁还能漠然无动于衷呢？侍萍与四凤是那样的善良，可又是这样的无知，四凤渴望着爱情，渴望着能过幸福的生活，可她还是个涉世未深的孩子，她还一点不懂得社会，不了解人生。侍萍虽是历尽艰辛、饱经沧桑，深知社会和人生的险恶，但她也一点不懂得这社会和人生为什么会这样的险恶。为什么周朴园他们做尽了坏事，却仍能这样体面显赫，自己一生受尽了凌辱折磨，今天却还得眼看自己的女儿又面临一个危险的深渊？这一切究竟是为了什么？她无法回答。只能怨天"残忍"，怪命"不公平"了。她以为叫女儿发了誓，就可以把女儿从深渊边拉回来，不让她跌下去了。她和四凤竟会这样的愚昧无知，真使我们万分痛惜，无限懊恨。但这并没有减少我们对她们的同情，而是只有更增加了我们对那个社会和那个社会的代表人物如周朴园之流的痛恨。侍萍和四凤的不幸，是他们造成的；侍萍和四凤的无知，也是他们造成的。要结束侍萍和四凤的不幸生活，要改变她们的无知状态，就只有推翻那个社会，打倒周朴园这样的剥削阶级才能做到。这就是我们从《雷雨》这一剧作所得出的结论，也就是《雷雨》的作者所要传达给我们的他的强烈的愤懑之情。

当然，四凤虽然是那样的善良、纯洁，那样的值得人同情，但她毕竟是生长在过去那个时代和社会里的，她虽然出身于劳动人民的家庭，但她并不能够逃出那个时代的风尚习俗和摆脱那个社会的统治阶级所灌输给她的一套思想准则。特别是在周公馆生活的两年多里，耳濡目染，更使她沾染了一些地主阶级的腐朽东西。例如她对周公馆的奢华生活的欣羡与留恋，她对周家的主人们的过分的尊敬和轻信，就是明显的例子。所以当她和她分别了两年的哥哥鲁大海重新见面时，两个人都有点失望地感到对方变了。两个人的这种感觉，应该说都是既真切而又正确的。两个人的确都变了，而且是朝着两个不同的方向在变。而从这种不同的变化中，我们也都可以看到环境的作用，看到社会的阶级的影响。鲁大海当了煤矿工人，生活在工人阶级的队伍里，对资本家对他们的压迫剥削，对当时那个社会的丑恶本质，感受和理解就比较深切。四凤长期生活在地主资本家的公馆里，经常照拂和指引她的又是鲁贵那样的父亲，那个十分爱护自己并具有劳动人民的高贵品质的妈妈，又远在八百里之外。她身上所起的变化，就自然只能叫鲁大海感到失望和不满了。这许多地方都显示出，《雷雨》的现实主义的成就的确是相当高的。这不仅要求它的作者必须忠实于生活，并且必须有一个相当进步的立场，否则，是决不可能取得这样高的思想艺术成就的。

我觉得，国内学术界过去也许是受了曹禺自己的一些不很恰切的说法（部分地也是由于曹禺的自我谦虚）的影响，对他当时世界观中的消极的东西看得多了些，而对他所站的进步立场，对他的强烈的民主主义和人道主义的思想感情（这种思想感情同当时人民革命的方向是完全一致的）对他的作品所起的良好作用，则相对地有所忽略甚至有意加以贬低。这种现象的产生，同时也是与许多人都习惯于脱离当时的现实条件，教条主义地用一个抽象的无产阶级的思想政治标准来要求一切作家和一切作品的现象相关联的。但大家又无法抹杀《雷雨》长时期来都受到人民群众的广泛欢迎这一事实，因此，在对这一作品的评论上，就常常出现把世界观和创作方法、思想性和艺术性加以割裂的现象。曹禺当时当然还不是个马克思列宁主义者，他的立场与无产阶级的立场之间，还存在着相当长的距离。但这决不排斥他的思想感情，他的斗争目标，与无产阶级所领导的革命方向的一致性。这就保证了他能够写出有巨大进步意义的作品来的现实可能性。不承认这一点，就会对他的作品的进步意义估计不足。但从另一面来说，《雷雨》的艺术成就虽然是很高的，但它的高度也决不会超出他当时世界观的水平所能容许的范围，决不能不受他的世界观的制约。因而不看到他世界观的弱点给予他作品的消极影响也是不对的。而过去，在我们的评论界却的确存在着这样两种错误倾向：一种是过低估计曹禺当时世界观的水平，因而也贬低甚至抹杀他的作品的进步意义。另一种是完全脱离世界观来谈他的作品的艺术成就，仿佛艺术与思想纯然是两回事。今天，我觉得应该是到了改变这两种错误倾向的时候了。

1979 年 6 月~7 月写于上海、苏州。

（选自《文学评论》1979 年第 3 期）

作者另外几篇《雷雨》人物谈：谈周朴园和蘩漪的发表于《文学评论》1962 年第 1 期，

谈周冲的发表于《文艺红旗》1962 年 7、8 月合刊，谈周萍和鲁侍萍的发表于《文艺论丛》第 7 辑和第 9 辑。)

# 第六节　戏剧剧本的写作

戏剧的核心是冲突，基本元素是动作和语言，基本单位是场面，通过人物对话展现剧情。我们这里主要谈话剧的写作。

话剧剧本通常包括以下的组成部分：

（1）舞台说明。舞台说明是戏剧艺术特有的一种形式，是剧本里塑造人物形象、表现戏剧主题的一种辅助手段。根据舞台说明的内容、形式和作用不同，可将其分成三种类型：①布景说明。对舞台美术（如灯光、布景、道具）、环境（时间、地点、景物）、音响效果等的说明介绍。在剧本中常用方括号标示。这类舞台说明对故事所反映的背景——自然和社会的都作出明确交代，使读者能通过这种典型环境，深入理解人物的典型性格。②人物介绍。包括人物表、人物衣着、穿戴、肖像、性格特征、人物上下场及幕启幕落时人物的表情动作等等的说明介绍。③舞台提示。对人物在演唱或对话时的动作、表情、心理活动等方面的提示，意在帮助演员体会角色，从而更准确、真实地表现人物。这种提示常常是用极为精确、简洁的词语表示，为演员创造角色留有余地。在剧本中多用一对圆括号标示。这些说明性语言，是为了给导演、演员以必要的提示和启发，是塑造戏剧人物的一种辅助性手段。但它不同观众见面，对观众不起直接作用。

（2）台词。台词包括对话（对白）、独白、旁白。①对白是指人物对话的一种道白方式。它在展示人物性格，推动剧情发展和表现主题思想诸方面起着很重要的作用。在话剧中，对话居于主导核心地位，独白、旁白只是在必要时才用。②独白是人物内心的表白，是揭示人物心理活动的一种必要手段。③旁白是指剧中人物背着同台的其他人物面向观众表达自己的想法和内心活动而说的话。剧本的写作，通常要注意以下几点：

## 一、创造特定的戏剧场面与戏剧冲突

戏剧场面既是戏剧情节最小的艺术单位，也是戏剧文学写作者涌现创作灵感时的最初形式。一个非常有"戏"的场面常常是戏剧文学作者萌发创作动机、展开剧本构思的最初契机。作者掌握了某个人物在某个特定的场合做了某些事，了解了某种意外的或正常的后果，这个场面给作者留下了深刻的印象。这个最初的印象促使他展开联想，他联想了此人此事此境之前的情形，也联想了此人此事此境之后的情形，于是连成了一个较为完整的故事。戏剧剧本的写作，常常就是以最初那个场面印象为核心衍生裂变而成。戏剧文学作者可以从锻炼感受有"戏"的场面入手来培养、提高戏剧文学的构思能力和写作能力。

在剧本创作中，戏剧场面、戏剧冲突、戏剧人物是互相融合、互相促进的。有时先发现特定的戏剧场面，再来梳理戏剧冲突，最后才把握、完善戏剧人物性格；有时，是作者先熟悉、把握了某个戏剧人物性格，然后为这个戏剧人物设置特定的戏剧情境、戏剧场面，如易卜生、契诃夫在剧本写作之前，常先写好详细的戏剧人物小传，才开始剧本写作，易卜生甚至说为了把握一个戏剧人物，花上一二十年的时间来酝酿。

有"戏"的场面，其实也就是有戏剧冲突的场面，真正有"戏"的场面，不是人物之间的表面化的大吵大闹，而是由人物性格所引发的性格冲突和心理冲突。

"没有冲突就没有戏剧"，戏剧冲突是形成戏剧性的一个重要因素。阿契尔在《剧作法》中指出："冲突乃是生活中最富于戏剧性的成分之一，因而许多剧本——也许大多数剧本——事实上的确以某一种冲突为对象。"戏剧受舞台时空的限制，必须迅速展开尖锐的戏剧冲突，否则就无法引起观众的兴趣，因此，剧作家要在戏剧剧本中设计安排好戏剧冲突。

什么是戏剧冲突？德国美学家黑格尔认为："戏剧是以目的和人物性格的冲突以及这种斗争的必然解决为中心。"①他把戏剧冲突归结为"目的和性格的冲突"。法国戏剧理论家布伦退尔认为："戏剧所表现的是人的意志与神秘力量或自然力量之间的斗争。"他把戏剧冲突解释为"意志冲突"。美国戏剧和电影理论家劳逊把"意志冲突"解释为"社会冲突"，强调戏剧冲突的内容应该是有社会意义的。我们认为，戏剧冲突是在特定情境下由人物意志支配的动作所体现出来的，具有一定社会意义的人物性格冲突。没有意志，冲突无目的；没有动作，冲突无表现形式；没有性格，冲突缺乏独特性。而情境在冲突中具有制约性，它促使人物产生某种意志目的，人物为实现这一目的通过独特的方式（性格）而行动，构成戏剧冲突。

戏剧冲突主要表现为性格冲突。性格冲突既包括人物与人物之间的性格冲突，又包括人物各自的内心冲突。莎士比亚的《哈姆莱特》中哈姆莱特与克劳狄斯之间存在不可调和的性格冲突。哈姆莱特的意志决定他复仇的行动，然而他的性格的内在矛盾冲突又决定他在复仇道路上的行动的独特性。他灵魂高尚、思想深邃、情感强烈，但意志软弱，因而不能及时地把思想付诸实践。同样，在克劳狄斯身上也体现这种深刻的内在矛盾。他弑兄篡位，但内心受着良心的谴责，可又无法抛弃犯罪所获得的一切。人物的内心斗争构成性格的内部冲突。

把戏剧冲突理解为主要是人物的"性格冲突"，是要求剧作家在创作时把人物外部冲突和内部冲突结合起来，着力塑造好人物性格，使冲突双方都具备生动、丰富的个性，并通过他们之间的冲突揭示出具有普遍意义的社会问题。曹禺的《雷雨》既注意了人物之间的性格冲突（外部冲突），如周朴园与鲁侍萍、繁漪、鲁大海之间的矛盾冲突，又写出了人物内心的矛盾冲突（内部冲突），并将这两者有机结合起来，人物个性十分鲜明。请看其中鲁侍萍与四凤的一段对白：

鲁　（果断地）嗯，我改主意了，我们明天就走。永远不回这儿来了。

四　永远？妈，不，为什么这么快就走？

鲁　你还要干什么？

四　（踌躇地）我，我……

鲁　不愿意早一点儿跟妈走？

四　（叹一口气，苦笑）也好，我们明天走吧。

鲁　（忽然疑心地）孩子，你还有什么事瞒着我。

四　（擦着眼泪）没有什么。

①　黑格尔：《美学》第三卷（下册），朱光潜译，商务印书馆，1979 年版，第 283 页。

鲁　（慈祥地）好孩子，你记住妈刚才的话么？

四　记得住！

鲁　凤儿，我要你一辈子不见周家的人！

四　好，妈！

鲁　（沉重地）不，要起誓。

四　这何必呢？

鲁　（依然严肃地）不，你要说。

四　（跪下）妈，（扑在鲁妈身上）我……我说不了。

鲁　（眼泪流下来）你是要伤妈的心么？你忘记妈这一生为着你……（回头泣哭）

四　妈，我说，我说。

　　鲁侍萍害怕四凤重走自己的老路，因而毅然决定离开周家这是非之地。然而四凤却已背着侍萍跟周冲相爱，她不愿离开周冲，又深爱自己的母亲，不愿违拗而伤她的心。这里，母女之间的冲突是外部冲突，四凤内心的矛盾冲突是内部冲突。人物性格在种种冲突中很好地得到展现。

　　有些剧本中，由于只注重外部冲突忽视内部冲突，因而使冲突流于表面化。尽管台上人物又哭又闹，冲突看似尖锐激烈却不能吸引观众。

## 二、设置扣人心弦的戏剧情节

　　戏剧情节是指特定的场面中戏剧人物展开矛盾冲突的事件过程。在戏剧文学的审美特征制约下，戏剧文学的情节比小说情节更加讲究扣人心弦的冲突内容，更加讲究情节冲突的激烈、曲折的形式。

　　戏剧情节所涉及的戏剧场面、戏剧人物、戏剧事件并不多，但它却高度浓缩和概括了戏剧故事的内容和戏剧人物的特征。作者通常确立几个具有强烈戏剧冲突的场面，而把其他情节推到幕后。如易卜生的《玩偶之家》，娜拉与海尔茂长达八年的生活，易卜生只用了三幕戏来表现，而这三幕戏的场面都集中在海尔茂的客厅里；在故事的时间长度上，易卜生只写了八年来最后三天的情景，八年中的许多事件——娜拉借钱的真相，柯洛克斯泰与林耐太太的旧情，柯洛克斯泰过去和海尔茂的矛盾——易卜生都作了暗场处理。

　　在提炼精练情节和设置戏剧情节时，为了充分加强戏剧情节激动人心的审美效果，作者通常注意在戏剧情节发展中设置悬念和释消悬念。悬念是观众对戏剧人物命运、戏剧情节变化的一种期待心理。巧妙地制造悬念，让观众自始至终满怀兴趣地期待情节的发展，这是设计戏剧情节的一种基本技巧。许多有经验的戏剧作者会机智地采用"误会"、"巧合"、"偶然"等方法设置悬念，然后又用"重复"、"对比"、"夸张"等方法重复悬念、强化悬念，让戏剧悬念最大限度地激活观众的兴趣，使戏剧情节产生震撼观众心灵的审美效果。

　　戏剧的悬念，实际上就是戏剧冲突发生、发展、激化和解决的过程，冲突激化、解决之时，通常就是悬念消解之时。

### 三、精心提炼动作化、个性化的人物语言

戏剧文学依靠戏剧人物自身的语言和动作来塑造戏剧人物形象，这一审美特征对戏剧文学的人物语言提出了较高的审美要求。这主要表现在台词的动作性、个性化。

戏剧是动作的艺术，没有动作，就没有戏剧。黑格尔曾经说过："能把个人的性格思想和目的最清楚地表现出来的是动作，人的最深刻方面只有通过动作才能见诸现实。"[1]亚里士多德指出："悲剧是对于一个严肃、完整、有一定长度的动作的摹仿，它的媒介是语言……摹仿方式是借人物的动作来表达，而不是采用叙述法。"[2]戏剧艺术对动作的重视决定戏剧语言必须具有动作性。那么，怎样的戏剧语言才具有动作性呢？

（一）能够推动剧情发展，激起矛盾冲突

人物的对话反映人物的意图，并影响对方，促使对方对这种影响作出反响。话剧《霓虹灯下的哨兵》陈喜被南京路上的香风腐蚀，嫌前来探亲的妻子土气，急不可耐地催妻子回去，又不好明说。春妮从沉浸在久别重逢的幸福中逐渐醒悟，并竭力了解陈喜的真正原因。双方的对话不仅反映人物内心动作，而且跟外部行动结合起来，推动了情节的发展。

> 陈喜　你不想妈妈？
> 春妮　想。
> 陈喜　你打算什么时候回去？
> 春妮　你叫我什么时候回去，就什么时候回去。一切听你的。
> 陈喜　情况你都看见，紧张得很，恐怕我没时间陪你玩。
> 春妮　我都想过了。看你工作忙，本想看看你就走，可又好像有许多话
> 　　　要说。
> 陈喜　什么话？说吧。
> 春妮　守着你，又好像没有什么话好说了。（笑了）
> 陈喜　春妮，我看你明后天就走吧，好不好？
> 春妮　你这话是真的？
> 陈喜　真的。部队刚进城，我怕别人万一有意见。等安定下来，我回家
> 　　　看你。
> 春妮　喜子，你，你……

陈喜的话对春妮有很大的冲击力，终于导致双方关系的破裂：

> 陈喜　不行，我要走了。（站起来）
> 春妮　你等等。（跟着站起来）
> 陈喜　来不及了！（一把将线扯断）
> 春妮　（提着断了线的针，黯然）你……陈喜！

---

[1]《马克思恩格斯选集》第 4 卷，人民出版社，1972 年，第 343 页。
[2] 伍蠡甫主编：《西方文论选》上卷，上海译文出版社，1979 年，第 57 页。

陈喜　　（停步，回头）春妮，怎么啦？我句句都是好话。我不能上哪都把你带
　　　　在身边，特别在大庭广众面前。不回去，你就在屋里呆着，千万别上
　　　　大街。
　　　　（春妮感到意外的震惊，以异样的眼光盯着陈喜。）
陈喜　　瞧你，别生气了。我就回来！（招招手）回头见！（下）
春妮　　陈喜！……（捂脸扑到陈喜床上）

### （二）能揭示人物内心动作

　　人物的舞台动作包括外部动作和内心动作，且内心动作往往是外部动作的动力。只有准确地把握人物的内心动作，才能使外部动作合情合理。

　　在话剧中，台词是体现人物内心动作的主要手段。曹禺的《雷雨》中周朴园逼繁漪吃药一节，人物的对话深刻地反映了他们的性格特征和内心的情感。

周朴园　　（冷峻地）繁漪，当了母亲的人，处处应当替孩子着想，就是自己不
　　　　　保重身体，也应当替孩子们做个服从的榜样。
繁　漪　　（望望周朴园，又望望周萍，拿起药又放下）不！我喝不下去！
周朴园　　萍儿，劝你母亲喝下去。
周　萍　　爸！我——
周朴园　　去，跪下，劝你的母亲。
周　萍　　（走至繁漪前，向周朴园，求恕地）爸爸！
周朴园　　（高声）跪下！
　　　　　（周萍望着繁漪，繁漪泪痕满面。周朴园气得发抖。）
周朴园　　叫你跪下！
　　　　　（周萍正要跪下。）
繁　漪　　（望着周萍，急促地）我喝，我现在喝！（喝了两口，眼泪又涌出来，
　　　　　望一望周朴园的峻厉的眼和苦恼的周萍，咽下愤恨，一气喝下）哦
　　　　　……（哭着，由右边饭厅跑下。）

　　周朴园逼繁漪吃药，显示他的专制蛮横。繁漪在反抗时对周萍有所期待，为了不使周萍难堪，繁漪喝下了药，但内心的痛苦，对周朴园的仇恨，对周萍的失望、埋怨却是可想而知的。

　　戏剧语言不仅要具有动作性，而且还要反映出人物个性，符合人物的身份、性格、年龄及人物所处的特定的环境。在曹禺的剧本中，人物对话极富个性化。如《日出》中李石清在潘月亭危难时要挟潘，由银行小职员升到经理；潘忍气吞声，在自以为稳住阵脚时向李肆意报复，并在准备解雇李之前百般羞辱他。李了解自己的危险处境却并不像黄省三一样去自杀，而是伺机反击，作最后的挣扎。请看他们的对话：

李石清　　经理，您这是何苦呢？圣人说过："小不忍则乱大谋。"
潘月亭　　我想我这两天很忍了一阵。不过，我要跟你说一句实在话：我很讨

厌一个自作聪明的人在我面前多插嘴，我也不大愿意叫旁人看我好
欺负，以为我甘心叫人要挟。最可恶的是行里的同人背后骂我是个
老糊涂，瞎了眼，叫一个不学无术的三等货来做我的经理。

李石清 （狞笑）好了，这些名词字眼都无关紧要：头等货，三等货，都是这
么一说，差别倒是很有限。不过，经理，我们都是多年在外做事的
人，我想，大事小事，人最低应该讲点信用。

潘月亭 信用？（大笑）你要谈信用？信用我不是不讲，可是要看对谁。我想
我活了这么大年纪，我该明白跟哪一类人才可以讲信用，跟哪一类
人就根本用不着讲信用的。

李石清 那么，经理仿佛是不预备跟我讲信用了。

潘月亭 （尖酸地）这句话真不像你这么聪明的人说的。

李石清 经理自然是比我们聪明。

潘月亭 那倒也不见得。不过我也许明白一个很要紧的小道理，就是对那种
太自作聪明的坏蛋，我有时可以绝对不讲信用的。你知道你的太太
跟你打电话了么？

李石清 （眩惑地）我知道，我知道。

潘月亭 你的少爷病得快要死了，李太太催你快回家。

李石清 （怒目向潘月亭）我就要回去。

潘月亭 那好极了。

人物的对话剑拔弩张，人物心理冲突十分尖锐，其不同的个性特点跃然纸上。

# 第七节 戏剧小品的写作

戏剧小品是近年来新兴的一种戏剧艺术形式。它以短小精悍、贴近生活、形式活泼、
演出简易而活跃在我国戏剧舞台上，深得观众的喜爱。因其短小，它便于初学者练习。

戏剧小品是由戏剧学校或剧团为培训演员的"元素训练"发展而来的。斯坦尼斯拉夫
斯基在《演员自我修养》中提到的"戏剧小品"只不过是培养演员心理技巧和想象力的训练
手段，它具有真实性、片断性、非完整性、非文学性等特征，一般不具有观赏价值。后来，
因其性质发生变化，戏剧因素增强，社会意蕴扩大、形式技巧不断丰富，成为我们今天所
说的"戏剧小品"。

现在所讲的"小品"，实际上已是可以当众表演的"微型戏剧"。20 世纪 80 年代初，中
央电视台春节文艺晚会相继推出《吃鸡》《考演员》《卖羊肉串》等戏剧小品，大大激发了广
大观众的欣赏兴趣，从此戏剧小品演出一发而不可收，出现了像《超生游击队》《雨巷》《相
亲》《又是秋叶飘落时》《芙蓉树下》等优秀小品。

戏剧小品除了也具备戏剧艺术的一般的审美特征外，一个最突出的特点是它的"小而
可品"。"小"是它的篇幅体制，是它的时空规范和情节容量，也是它鲜明的艺术个性和独
特的舞台魅力所在。从选材上看，戏剧小品一般选取生活中的小事，一点趣闻、一点情怀、
一点思绪、一点性格；从人物上看一般两三个，最多也不超过四五个；从形式上讲，演出时

间一般在 15 分钟左右；从内容上看，小品不宜负载过于严肃、过于沉重宏大的东西，不宜有复杂的背景及人物关系。

小品的小是与它的"可品性"相联系的。可品性要求小品具有较高的观赏性、较高的艺术品位。这种"可品性"，主要体现在对"情""意""谐"等的要求上。

"情趣"是戏剧小品的灵魂。写戏重在写情，无情不动人。剧作者要从平凡的生活小事中挖掘出人物情感内核，以人物的真情打动观众。如荣获首届全国小品赛一等奖的《芙蓉树下》就是以其无尽的情趣感染观众。

"意趣"是戏剧小品的立足点。戏剧小品虽不像一般戏剧一样要求有严肃深刻的主题，但它究竟反映了作者对生活的理解和态度，在给人以愉悦的同时，启发人们思考。陈健秋等创作的哑剧小品《塑》，篇幅短小，情节简单，没有对话和繁多的动作。剧中雕塑家雕塑完两件得意之作——男雕像和女雕像之后睡去了，两雕像竟活动起来，女雕像为男雕像解下蒙着双眼的手绢，双双翩翩起舞，并由试探、羞涩到互相倾诉爱慕之情……这时惊醒了雕塑家，两尊雕像吓得不敢动弹，保持互相搂着的舞姿。雕塑家见状妒火中烧，毁坏了男雕像，并向女雕像再三施礼，邀请她共舞。然而女雕像却纹丝不动，气得雕塑家又要捣毁她。这时女雕像的眼泪感动了雕塑家，他重新修复男雕像并亲自送到女雕像跟前，雕塑家也加入他们的舞蹈之中。作者以奇妙的想象构筑全篇，给人以哲理的启迪。

"谐趣"则主要表现在一些喜剧小品或情境小品中。这类小品，往往以其机智幽默的话语、夸张变形的人物性格等引起人们发笑，在笑中带给观众一种审美愉悦。如黄宏、宋丹丹表演的《超生游击队》，以及赵丽蓉表演的《如此包装》，则以其机智的语言，精彩的表演，充满谐趣，令人捧腹。

小品这种情趣、意趣及谐趣并非互不相干，而是互相交融的。情中有意，情中有谐，谐中有意，只是侧重点不同而已。

小品往往动作性与叙述性并重。

一般的戏剧作品要求戏剧语言富于动作性，戏剧小品亦是如此。不仅作为舞台提示的叙述性语言要指明演员的动作、表情等，而且人物的对话、独白、旁白等也要尽量富于动作性，要能推动小品剧情的发展。一个人物的语言必须成为另一个人物反应的催化物。然而，戏剧小品的语言毕竟有别于一般戏剧语言，它还具有叙述性。一般的戏剧，对叙述性不十分重视。有的甚至十分讳忌叙述性的语言。小品因其短小，不可能在剧中原原本本表现生活，因此叙述性就成为其必不可少的手段之一。例如《补课情》中的人物的处境就是通过"造句"的形式叙述出来的。

> 杨春燕　我们民办小学虽然设备很差，可是我们是县里有名的先进小学。
> 朱小乐　牛老师不但关心师母和他们的小希望，而且很关心我们每一位同学。
> （牛老师背上的小希望啼哭起来）
> 朱小乐　老师，我敢说小希望不但哭了，而且肯定是要撒尿了！
> （众学生大笑）
> 杨春燕　老师，我来造一个反映眼前现实的句子吧——今天，我们牛老师不但没有钱，而且快没有米下锅了……（难过地哽咽起来）

牛老师　这个句子嘛……倒是对的，但是……意义上差点……

对于小品而言，叙述性尤其显得重要。《芙蓉树下》中男女青年相爱的过程就是以女青年逼参军离家的男青年以回忆的方式叙述出来的。在叙述的过程中，人物的感情跃然纸上。

小品灵活自由，可写实，也可写意。写实处，人物呼之欲出，真切生动，让读者不知不觉地走入剧中熟悉的生活，感受剧作的启示；写意时，使人在动情的瞬间沉浸于小品的无穷的意蕴之中。小品可以以戏剧性吸引观众，也可以用刻画人物闪光的一瞬感染读者，还可以用妙趣横生的语言令观众捧腹。它因形式灵活、手法多样、表演简便而具有顽强的生命力。

小品具有大众性，是"走下高台的艺术"。相对一般戏剧，小品大多取材于日常生活，抓住社会生活中的热点，或颂扬或嘲讽，以此表现普通人民群众的欢乐、痛苦、愿望和心理。对凡俗生活的关注，对普通人命运的关切，正是戏剧小品能够拨动千百万人的心弦的独特魅力所在。小品的大众性还表现在它以诙谐幽默富于地方特色的口语使观众倍感亲切。层出不穷的歇后语，俏皮话及合辙押韵的道白、唱词，常常给作品带来意想不到的喜剧效果。如《相亲》中人物的台词：

马丫丫　小红她妈要走道，儿女们又捉又闹，死磨硬泡，哭丧报庙，寻死上吊。小红她妈一咬牙就趴了火车道。

徐老蔫　这些儿女们都是大逆不孝！啊，兴他们年轻人亲亲热热又搂又抱，老年人就得干靠？他们是真对爹妈好，用不着给钱给物，煎汤熬药，痛痛快快，给人找个伴，这比啥都保靠。

小品的写作要点可概括如下：

## 一、以小寓大

小品的"小"决定了它不可能以宏大的气魄、尖锐复杂的矛盾冲突、个性鲜明而丰富的人物形象去吸引观众，因而必须在选材时选择"点"上的材料，匠心独运，达到"可品"这一要求。具体说来，戏剧小品在选材立意上要做到以下三点：

（一）抓住生活热点，贴近群众生活

小品只有反映出人们普遍关注的焦点、热点，才能深入人心，从而产生某种社会轰动效应。所谓热点，指千百万人在社会实践中自然形成的社会矛盾的聚合点、社会神经的兴奋点，它更多表现为从普通百姓日常生活中的琐事轶闻里，质朴地呈现平凡人的生活际遇，抒发真情实感。如小品《餐厅轶事》，未出场的经理吃喝不断，终于醉死在宴席上。经理夫人要请客的餐厅开个证明，以便弄个烈士家属，孩子将来考不上大学也好安排工作。具有讽刺意味的是，养猪的农民也来开证明，原来他因挑了该店的泔水回家喂猪，猪竟被醉死，防疫站非要他开个证明方能让卖。小品抓住现实生活中公款吃喝之风盛行这一社会现象进行辛辣讽刺，观众在畅快的笑声中宣泄了自己的感情。

（二）抓住动情点，写出喜怒哀乐

小品不宜负载过于沉重的东西，不宜把小品搞成独幕剧或大戏。它适宜于撷取生活中的一点情趣，加以表现，使观众愉悦，品之弥甘，思之弥深。如《敬老院即景》，七十多岁的老人孤零零地栖身在市郊一所敬老院里，却无时无刻不关心儿女们。他在事实上打不出去的电话里吩咐老大写文章动脑筋要注意营养，不可舍不得花钱；要他劝做生意的老二不要赚黑心钱，并体谅老二的难处，要老大不要错怪老二；对老三更充满怜爱，说他生出来就碰上三年自然灾害，要上学碰上了"文化大革命"，该工作轮到上山下乡，改革了又把他的铁饭碗革掉。尽管老人在电话里一再说他在敬老院过得很好，其实他的晚景是凄凉的：拉扯大三个孩子，晚年老伴去世，自己得病却被儿子们挤到被称作"临终关怀"的敬老院不闻不问，可他还念念不忘儿孙们。难怪电话修理工听了都良心发现，迅速修好电话，告诉孩子他妈要去看望一趟老爹。小品以儿子们的无情衬出父爱的博大、无私。这难能可贵的情感深深地感动了观众。

（三）发掘闪光点，反映时代本质

小品虽小，但一滴水可以见太阳。小品只要能抓住生活中的闪光点，以小见大，也可以创作出十分优秀的作品，它的表现力及给观众的思想启迪、艺术享受也可以达到很高的境界。如小品《糖葫芦》，卖糖葫芦的小贩把因有虫被中年妇女扔掉的糖葫芦用唾沫擦净重新插回车把，坑害顾客，谁知被小女孩发现。小女孩用七毛钱买下并把它扔进垃圾箱，令小贩难堪羞愧。在利欲熏心的小贩面前，小孩身上纯真可贵的人性之光更加耀眼夺目。

## 二、删枝削叶，抓住一个精彩场面

小品塑造人物，只着重突出人物性格的某一点，而不要求有性格完整丰满复杂的人物。如小品《归来》，陈翔第一次仗义救了一位年轻漂亮的姑娘萍萍，萍萍以身相许成为他的妻子，然而陈翔第二次救了另外一位同样年轻漂亮的姑娘时，萍萍却离他而去。小品通过萍萍前后不同的态度变化来反映社会上某类人物的某种心理，人物谈不上鲜明的个性，但对小品而言，这已经足够了。小品常运用夸张、漫画化手法，造成一种喜剧性的效果，如《餐厅轶事》，大吃大喝不仅醉死了一位经理，连吃泔水的猪都给醉死了。分析这些小品，我们可以看到，写小品，只要从生活中挖掘、提炼一个精彩场面就够了。

## 三、把握小品语言的特点

小品与一般文学作品不同，它必须在舞台上表演；它的篇幅短小，形式灵活，又与一般戏剧作品不同，因而在创作戏剧小品时，其语言要求也具有独特性。

（一）小品语言必须适合舞台演出的需要

小品归根结底还是一种舞台艺术，它的语言必须以是否能进行舞台演出来衡量。有一种现象值得注意，有些作品在供人们阅读时反映还不错，但一旦搬上舞台却神韵全失。为什么呢？其原因就在于作者在创作小品时，未能充分考虑到戏剧小品舞台演出的特殊性。我们在谈小品特征时，曾强调小品语言的动作性与叙述性。小品要把丰富的生活内涵凝聚在短短的一瞬之中，一些重要的情节必须通过人物的叙述性的语言交代出来，否则观众就不明就里。然而，这种交代切不可冗长繁杂，否则，既增加小品的篇幅，使小品不小，而且也容易使观众失去兴趣。

（二）小品语言应凝练，富于表现力

由于小品的"小"，它必须在有限的篇幅中提供给观众一种"可品"的内容，因此它的语言较一般戏剧作品更强调凝练，要求有极强的表现力。

小品不能依赖情节的复杂、动作的丰富等来刻画人物，只能借助于人物的对话、旁白或独白。应该指出的是，小品语言的个性化，与一般文学作品人物语言的个性化有所不同。小品语言往往代表的是某类人物的性格特点，不一定代表具体的"这一个"。如《提篮小卖》中丈夫的语言，反映的是教师中某类人物的性格；赵本山的语言，反映的是东北某类农民的语言风格。

小品语言还要力求口语化。在小品的表演中，太深奥、晦涩难懂的语言不适宜于演员表演，观众亦无法理解和接受。

（三）小品语言要力求诙谐幽默，富于民族风格和地方特色

小品不容许有太多的说教，它以轻松活泼、平易近人获得观众，在语言上，它要求富于幽默感。如《超生游击队》中关于生男生女有一段对话：

　　　　大哥　　谁让你不争气来的。
　　　　大嫂　　就好像都怪俺似的，人家都说生男孩生女孩老爷们是关键，你种的茄子能长辣椒吗？
　　　　大哥　　就你那破盐碱地种啥也不行。

源自地方戏曲的一些小品，其语言富于地方特色和民族风格，妙趣横生。如《高原谐谑曲》中女女因生生去董家沟相亲而生气，生生借故要女女帮洗一下汗衫：

　　　　　　　（女女将衣服使劲甩远。）
　　　　生生　　（忙捞起）洗一下嘛！
　　　　女女　　不情愿嘛！
　　　　生生　　不情愿哩我自己洗，这好洗。搓上一两把就净了——啊呀，这水清得朗朗的，里边还有些鱼不点儿，一个、两个、三个……啊呀，这狗儿还是一家人，婆姨汉两口子还领一个猴小子……
　　　　　　　（女女偷笑。）

## 【例文】

# 小雪花

### 于德义

　　时　间：雪花纷飞的除夕之夜。
　　地　点：小火车站候车室。
　　人　物：欧阳——男青年。
　　　　　　雪花——小女孩。

　　（幕启。候车室里很冷清，远处传来火车启动声、鸣笛声。欧阳枕着旅行背包蒙头躺在长椅上。雪花走进候车室，小脸冻得通红，扑打着身上的碎雪。）

雪　　花　　（走近长椅，轻轻推了推躺着的欧阳，怯怯生生地）叔叔，我可以坐这儿吗？

欧　　阳　　（抬起头，看看雪花，不情愿地爬起来）坐吧。

　　　　　　（雪花在长椅的一边坐下。）

欧　　阳　　（点着烟，吸了几口，觉得无聊，想找个随便什么人聊聊，于是才想到了身边的小姑娘）小姑娘，上哪儿去啊？

雪　　花　　哪儿也不去。

欧　　阳　　（一愣）哪儿也不去？你上车站来干什么？

雪　　花　　不干什么。

欧　　阳　　（乐了）嗬！还挺冲的哪！小姑娘，你叫什么名字啊？

雪　　花　　我不认识你，你怎么老和我说话？

欧　　阳　　（更有兴趣了）说说话，咱俩不就认识了。（扔掉烟头，伸出手）来，自我介绍一下，我叫欧阳。

　　　　　　（雪花沉默不语，审视着欧阳。）

欧　　阳　　下面该你自我介绍啦！我相信，你一定不愿当一个不讲礼貌的人吧？

雪　　花　　（似乎有点信任欧阳了，不甚情愿地伸出手和欧阳握了握，赶紧缩回去）……我叫雪花。

欧　　阳　　噢！太美啦！雪花，你的名字谁给起的？

雪　　花　　我妈。生我那天，正好下雪，我妈就说，叫雪花吧。

欧　　阳　　雪花，今天是大年三十，你一个人到车站干什么？

　　　　　　（雪花低头不语。）

欧　　阳　　和爸爸、妈妈闹别扭啦？

雪　　花　　才不是呢。

欧　　阳　　那……来接人？

雪　　花　　……嗯。

欧　　阳　　接谁？

雪　　花　　……妈妈……

欧　　阳　　她坐哪趟车？

雪　　花　　……不知道。

欧　　阳　　从哪儿回来？

雪　　花　　……不知道。

欧　　阳　　这就不好办啦……雪花，你来接你妈，你爸知道不？

　　　　　　（雪花摇头。）

欧　　阳　　（略带责备地）你这孩子，出来怎么不和家里人说呢？

雪　　花　　（爆发地）我和谁说啊！和墙壁说？和桌子说？和书包说？和我的小床说？

欧　　阳　　原来是这样……（奇怪地）雪花，大年三十，你爸上哪儿去啦？

雪　　花　　（委屈地）大人的事，我怎么知道？我敢问吗？

欧　　阳　　那你家里再没有别人啦？

雪　花　有。

欧　阳　谁？

雪　花　（低声）一个新妈妈。

欧　阳　谁？

雪　花　（赌气地大声）一个新妈妈！

欧　阳　（似乎明白了）噢，你亲妈妈和爸爸离婚啦……雪花，大人的事太复杂……你不懂。

雪　花　不，我懂。

欧　阳　唉，家家都有一本难念的经啊！

雪　花　叔叔，你也离婚啦？

欧　阳　（苦笑）叔叔还没结婚呢……雪花，快回家吧，你新妈妈等着急啦！

雪　花　她才不会呢！再说，她也不在家。

欧　阳　什么？她也不在家？

雪　花　两个人老打老打，打得我都烦死了。书看不下，功课也做不了……今天一大早，他们又打到一块儿去了………新妈妈哭着走了，我爸爸一跺脚，也摔门走了……家里只剩下我一个人……别人家好热闹啊！又放鞭炮，又吃团圆饭，可我一个人坐在屋里……后来，天黑了，我怕……我就到车站来了……

欧　阳　（激动地站起来，踱步）岂有此理！岂有此理！（突然想起什么）雪花，你家是不是离车站不远？

雪　花　嗯，隔三条马路。

欧　阳　对对对！白天、晚上都能听到火车声？

雪　花　你怎么知道？

欧　阳　你亲妈叫……

雪　花　王素珍。

欧　阳　对对对！王素珍。越说越对啦！（高兴地拉住雪花的手）雪花，总算找到你啦！

雪　花　（不解地）叔叔，这是咋回事啊？

欧　阳　（拍拍自己的脑袋）怪我！怪我！雪花，你欧阳叔叔是个马大哈。我和你妈一个单位，这次临出差的时候，你妈让我来看看你，还给我详详细细地画了一张图。可到了这儿，怎么也找不到了，真没想到还能碰上你。啊呀！真是太好啦！你看，这是你妈带你给的。（从旅行背包里掏出水果、易拉罐饮料等各种食品）给！（塞给雪花一罐饮料）

雪　花　叔叔，你……糊弄我……

欧　阳　不，不，雪花，这是真的！真的！我又不傻，干吗把这么多好吃的东西，给一个不认识的孩子吃呢？雪花，叔叔要坐的车还来不了呢，咱俩就在这儿过年啦！你说，好不好？

雪　花　（含糊地）好……

欧　阳　今晚的宴会，由你主持啦！

雪　花　叔叔，你……真的认识我妈妈？

| 欧　阳 | 这还有假？李素珍—— |
| --- | --- |
| 雪　花 | 王素珍。 |
| 欧　阳 | 看我这臭嘴，一高兴就不利索。王素珍、王素珍！你妈可想你啦！ |
| 雪　花 | 我也想她……可想死我了。 |
| 欧　阳 | 好啦！今晚我代表妈妈，和她心爱的小雪花，共庆新春佳节。 |
| 雪　花 | 欧阳叔，谢谢你……（哽咽）我永远永远不会忘记你的…… |
| 欧　阳 | 哎，雪花，今天是年三十，应该高兴。来，给叔叔唱个歌。 |
| 雪　花 | （想想，用《小白菜》曲调唱） |

小雪花呀当空洒，

飞到海角与天涯；

人家过年好热闹，

我家过年老打架——

| 欧　阳 | （摇头）不好，不好！雪花，瞧叔叔的。（学报幕员）雪花、欧阳喜相见，二人席地来过年，橘子、香肠、易拉罐，边吃边谈边表演。下一个节目，舞蹈；表演者：二十一世纪著名舞蹈家，一颗耀眼的新星欧阳先生。（跳起古怪的踢踏舞） |
| --- | --- |
| | （雪花终于露出了笑容。） |
| | （欧阳拉过雪花又跳又唱。二人跳累了，坐下休息，吃着喝着。） |
| 雪　花 | 欧阳叔，我有个问题。 |
| 欧　阳 | 请问吧。 |
| 雪　花 | 你能说真话吗？ |
| 欧　阳 | 在美丽天真的小雪花面前，任何人都会失去撒谎的勇气的。 |
| 雪　花 | 那我问啦。叔叔，你为什么大年三十，一个人外出呢？ |
| 欧　阳 | 这……能换一个问题吗？ |
| 雪　花 | 不行。 |
| 欧　阳 | （黯然地）我……失恋了…… |
| 雪　花 | （不解）失恋了？ |
| 欧　阳 | 就是和我女朋友分手了——严格地说，是她和我分手了。 |
| 雪　花 | 你难过吗？ |
| 欧　阳 | 有那么一点儿……不，说真话，非常难过。我们俩从小就是同学，长大了就好上啦。我是个地质队员，长年在野外。这次休假，我来看她，她给了我一张纸条，上面写着八个字："要爱情，还是要事业？" |
| 雪　花 | 叔叔，你怎么回答的？ |
| 欧　阳 | 两样都要。（感叹地）可世界上哪有那么多两全其美的事…… |
| 雪　花 | 你们就分手了？ |
| | （欧阳点点头。） |
| 雪　花 | （气愤地）她不是一个好阿姨。 |
| 欧　阳 | 不，她是，是一位好阿姨，是一位难得的好阿姨…… |
| 雪　花 | ……叔叔，我好吗？ |

欧　阳　当然好啦!

雪　花　你喜欢我吗?

欧　阳　当然喜欢。你那么纯洁可爱,谁能不喜欢?

雪　花　那你能等我吗?

欧　阳　(奇怪地)等着你?

雪　花　对,等我十年。

欧　阳　(还不解)等你十年?

雪　花　(非常认真地)等我长大了,我和你好,咱俩结婚。

欧　阳　什么、什么?(笑了)

雪　花　到那时候,我会在家里等你。不管你上哪儿,哪怕你上月球,我都等你。

欧　阳　(收起笑容,感慨万分地)雪花,你让我说啥好呢……

雪　花　啥也不用说,点点头就行。

欧　阳　雪花,我……谢谢你了,可你毕竟还是个孩子呀!

雪　花　我会长大的。我得提前和你说好,要不,别人该把你抢走啦!

欧　阳　又说孩子话了。

雪　花　(不满地)欧阳叔,我是很认真的。十年以后的大年三十,你得到这儿来——
　　　　不管你到哪儿都得来!
　　　　(欧阳看着雪花,摸摸她的头,苦笑着摇摇头。)

雪　花　(恳求地)你得答应我!

欧　阳　(不忍心拒绝,点点头)好……我答应你。

雪　花　拉钩儿!

欧　阳　拉钩儿……(伸出食指)

雪　花　(与欧阳拉钩儿)拉钩儿上吊,一百年不准变。
　　　　(催促旅客上车的广播响了。)

欧　阳　雪花,叔叔该上车了……(背上背包,看看雪花,转身要走)

雪　花　(拦住)叔叔,我最后告诉你一件事。

欧　阳　什么事?

雪　花　你不是我妈妈单位的同事,你也不认识我妈妈。

欧　阳　你怎么知道?

雪　花　我妈妈三年前就病死了……

欧　阳　……雪花,原谅我犯的这个小小的错误,好吗?

雪　花　嗯……叔叔,我要谢谢你。

欧　阳　雪花,叔叔也要谢谢你……(拍拍雪花,深情地)再见!再见!(毅然而下)

雪　花　(追着喊)叔叔,再见!十年以后再见!
　　　　(火车启动声震撼着人们的心灵。)

(剧终)

　　【简析】欧阳和女友分了手,雪花在家里呆不下去,两人在除夕夜的车站相遇了。善良的欧阳与天真的雪花引出一段故事。小品定在除夕夜的车站,场景非常集中,后台的故事由两人对白作了巧妙的交代。剧情虽然简单，但一环紧扣一环推进，扣人心弦。写小品的要旨，从中可见一斑。

# 第八节　推荐书目

尼柯尔:《西欧戏剧理论》，中国戏剧出版社，1985 年版

劳逊:《戏剧与电影的剧作理论与技巧》，中国电影出版社，1961 年版

谭霈生著:《论戏剧性》，北京大学出版社，1984 年版

蔡仲翔著:《中国古典剧论概要》，中国人民大学出版社，1988 年版

顾仲彝著:《古典戏曲编剧六论》，中国戏剧出版社，1981 年版

秦学人、侯作卿选编:《中国古典编剧理论资料汇辑》，中国戏剧出版社，1984 年版

《焦菊隐戏剧论文集》:上海文艺出版社，1979 年版

马琦著:《编剧概论》，陕西人民出版社，1981 年版

张炯著:《新中国话剧文学概观》，中国戏剧出版社，1990 年版

［苏］阿尼克斯特著，《莎士比亚的戏剧》，徐云生译，新文艺出版社，1957 年版

金恩渠:《论戏剧小品的特征》，《剧影月报》，1994 年第 10 期

张仲翔:《喜剧小品审美价值初探》，《写作》，1993 年第 10 期

郭月亮:《话剧小品结构初探》，《剧本》，1993 年第 7 期

郭月亮:《戏剧小品人物塑造初探》，《当代戏剧》，1994 年第 4 期

羽军:《站高些，看远些，想开些——戏剧小品六议》，《剧本》，1993 年第 2 期

# 第九节　学习提示与练习

## 一、学习提示

本章的重点是掌握戏剧文学的文体特征，学会分析、欣赏戏剧文学。至于创作，可以尝试写一写戏剧小品。

要掌握戏剧文学的分析、欣赏，要从戏剧文学的特点出发，多读中西戏剧文学的经典著作，并注意从戏剧理论上提高自己的戏剧鉴赏能力。

## 二、练习

（一）思考

1. 找出本章的知识要点，自己加以整理。

2. 联系曹禺的《雷雨》，谈谈戏剧文学与一般文学作品的区别。

3. 联系某一剧本，谈谈你对戏剧性的理解。

4. 联系某一剧本，谈谈剧本写作的要点。

5. 联系某一戏剧小品，谈谈小品"小而可品"的特点。

（二）自己动手

1. 阅读《西厢记》和《雷雨》，谈谈你对戏曲和话剧的认识。

2. 从曹禺的《日出》中选一段台词，分析人物对白中的潜台词。

3. 就某一剧本，写一篇赏析文章。

4. 自己选一篇可以改编为小品的微型小说，并改编为小品。

# 第五章　影视文学

**【教学提示】**　本章的重点是把握影视文学的特殊的技巧，镜头感、蒙太奇、声画结合，可让学生尝试写分镜头剧本，或电视专题片的讲解词，也可让学生写影评。

## 第一节　影视文学的含义

影视文学指作家所创作的，供电影、电视拍摄用的文学剧本。它是与诗歌、小说、散文、戏剧文学相提并论的一种新兴的文学样式。

电影、电视均是年轻的综合性艺术，它们都包含文学、戏剧、绘画、摄影、音乐、雕塑、建筑等多种艺术门类，常合称影视。广义的影视艺术包括电影中的故事片、艺术片、戏曲片、音乐片等艺术类影片，以及电视中的电视剧及其他电视艺术类节目。狭义的影视艺术则专指电影故事片和电视剧。

1895年，法国卢米埃尔兄弟发明电影，并首次用活动电影机放映《水浇园丁》等影片，标志电影正式诞生。《水浇园丁》剧情简单，却诙谐有趣。它拍摄一个调皮的孩子踩住了胶皮水管，园丁误以为水龙头出现故障，提起龙头来检查。这时，小孩松开了脚，水突然喷出来，溅了园丁一脸。这是世界上最早的带有故事性的短片。世界电影从它的幼年时期（1895～1912）发展到无声电影时期（1913～1927），出现了像大卫·格里菲斯（美国）、查理·卓别林（英国）、谢尔盖·爱森斯坦（前苏联）这样卓越的电影艺术家，《一个国家的诞生》《淘金记》《战舰波将金号》等具有经典意义的无声片。有声电影时期（1927～1945），涌现了《百万法郎》《魂断蓝桥》《夏伯阳》等名作。1945年以后，世界电影迈向成熟期。中国放映电影的历史始于1896年。这一年，在上海徐园"又一村"放映了被称为"新奇玩意"的"西洋影戏"。1905年，北京丰泰照相馆拍摄的戏曲纪录片《定军山》，是我国摄制的第一部影片。1913年，亚细亚影戏公司拍摄了我国第一部故事短片《难夫难妻》。经过一个世纪的发展，我国电影艺术由无到有，由幼稚走向成熟，涌现出了夏衍、谢晋、张艺谋等著名电影艺术家和《林家铺子》《牧马人》《老井》《红高粱》等名作。

电视更是后起之秀。1930年，英国广播公司（英文缩写BBC）第一次播出电视独幕剧《嘴里叼花的女人》，揭开了电视剧的历史。1936年，该公司在伦敦建立了电视台，并进行了世界上第一次正规的电视播放。我国电视事业起步更晚，从1958年中央电视台建立并播出第一部电视剧《一口菜饼子》，至今不过几十年的历史。我国电视和世界电视一样，经历过黑白电视时期、彩色电视时期和多路播放时期。由于它在艺术表现手段方面比戏剧、电影、广播有着更多的优越性，它的发展相当迅速。现在已成为艺术殿堂中一颗璀璨的明珠。

电影与电视这对姐妹艺术，在其生产和传播方面，有着各自不同的特点。

首先，传播工具不同。电影使用摄影机和胶片，电视使用摄像机和磁带、磁盘。电视录制与传播过程要简便迅速得多，它在满足观众不断更新的需求上比电影有更多的便利。

第二，传播的媒体不同。电影传播媒体是银幕，它具有画面宽、高清晰度等长处，因而适宜表现壮美宏大的场面。而电视借助现行的电视机荧光屏来传播，清晰度低，视觉效果不如电影，但由于观众是近距离观看，给人一种促膝谈心的亲近感，更宜于着力刻画人物。

第三，传播场合不同。电影一般在电影院放映，电影院秩序井然，灯火熄灭，为观众提供了一种艺术氛围。电视通常是在谈笑风生的家庭中观看，观众的年龄差异较大，文化层次、审美爱好等不尽相同，因此，电视更注重"雅俗共赏"这一点。

第四，电影在传播容量上远比电视小。一部电影一般不超过 2~3 小时，电视则可长可短，有的电视剧长达几百集，放映几十年，这是电影所无法比拟的。

此外，电影以视觉为主、听觉为辅，电视则视听兼重。

尽管电影电视有着种种区别，但其共同点也是很明显的。它们都必须以运动着的画面和声音来表现社会生活。因此，我们在这一章里，电影电视并提，总论电影电视文学的创作。

## 第二节　影视文学的特点

### 一、具有动态视像性

影视文学是供电影电视拍摄用的，它的语言必须是"镜头语言"，即它所写的必须能转化为银屏上可见的视觉形象和听觉形象。

原苏联电影艺术大师普多夫金在《论电影的编剧导演和演员》一书中指出："编剧必须经常记住这一事实，即他所写的每一句话将来都要以某种视觉的，造型的形式出现在银幕上。因此，他们所写的字句并不重要。重要的是他的这些描写必须能在外形上表现出来，成为造型的形象。"

影视写作必须具有空间视像意识，能将自己对生活的感受化作一系列可以"上镜头"的视像。试看夏衍是如何改编鲁迅的《祝福》的。

关于祥林嫂被"抢亲"一节，小说是通过卫老婆子的口来交代的：

"祥林嫂竟肯依？……"

"这有什么依不依。——闹是谁也总要闹一闹的；只要用绳子一捆，塞在花轿里，抬到男家，捺上花冠，拜堂，关上房门，就完事了。可是祥林嫂真出格，听说那时实在闹得利害，大家还都说大约因为在念书人家做过事，所以与众不同呢。太太，我们见得多了：回头人出嫁，哭喊的也有，说要寻死觅活的也有，抬到男家闹得拜不成天地的也有，连花烛都砸了的也有。祥林嫂是异乎寻常，他们说她一路只是嚎、骂，抬到贺家，喉咙已经全哑了。拉出轿来，两个男人和她的小叔子使劲地擒住她也还拜不成天地。他们一不小心，一松手，啊呀，阿弥陀佛，她就一头撞在香案角上，头上碰了一个大窟窿，鲜血直流，用了两把香灰，包上两块红布还止不住血呢。直到七手八脚地将她和男人反关在新房里，还是骂，啊呀呀，这真是……"她摇一摇头，顺下眼睛，不说了。

夏衍写电影文学剧本，将它改编为极富动态性的一个场景：

> 远远的人声。
>
> 一个小伙子，抓住贺老六："六哥，抢亲抢亲，得新郎亲自去背啊……"
>
> 老六有点害臊。
>
> 一顶小轿，卫老二和三四个壮汉押着，来了。大家拥上去。
>
> 卫老二几乎是用对付猛兽的姿态，一上去就抓住祥林嫂的两只手，带拖带推，往屋子里送。
>
> 祥林嫂挣扎着，很明白，她已经抗拒挣扎了好久，嗓子哭哑了，乱头发披在额上，双脚顿地。
>
> 看热闹的小孩起哄，拥到门口。
>
> 祥林嫂用破嗓子挣扎出一句话来："强盗，强盗……青天白日，你们……"
>
> 卫老二："不用闹了，今天大吉大利……贺老六人好，有本事，嫁了他，总比做老妈子好。"使劲一推。
>
> 卫老二："你看看，不错吧，嘿，为了你，贺老六特意买了新棉被，新衣服……"
>
> 祥林嫂："放我回去，放我回去，我不……"又哭了。
>
> 卫老二："回去？回哪儿？婆家不要你了，得了钱了……"
>
> 有一个上年纪的乡下人——贺老六的大哥喊："吉时到了，拜天地……"
>
> 一个小伙子拉着贺老六和她并站，卫老二扶着祥林嫂站在香案前面。有人喊："掌礼——"
>
> 一个老年人："新郎新娘拜天地……"
>
> 祥林嫂挣扎得利害，老二满头大汗，抓住她，她猛不防一头撞在桌角上。
>
> 人们惊呼。贺老六也大出意外。贺老六拦开看热闹的人。
>
> 祥林嫂满面流血，昏厥过去了。一个老太婆毫不迟疑地抓一把香灰合在伤口上。
>
> 卫老二狠狠地把坐在地上的祥林嫂一把抓起，对老六："别怕，拜天地！"
>
> 年轻人又把老六拉回来，祥林嫂被人扶着，傀儡般地作拜天地之状。
>
> 老太婆低声絮絮地说："到底是在读书人家帮过工，有见识……（想了想）一女不嫁二夫嘛……"
>
> 祥林嫂人事不知地被送入阴暗的"新房"。
>
> 老六又急又窘，一切只凭卫老二摆布了，自己插不上手，只能对客人们说："各位到稻地上吃酒吧，让她息息！"
>
> 人们一哄而出。一个小姑娘还想进去张望，老太婆一把抓住往外拖："坐席了！"
>
> （溶入）

从上可以看到，作为影视剧本，充分突出了影视艺术的视像性，小说中不能上镜头不便拍摄的语言，都转换成了便于拍摄的镜头语言。

## 二、必须运用蒙太奇思维

影视作家在进行创作时必须采用与一般文学创作有别的思维方式，这种方式即蒙太奇思维方式。

蒙太奇是影视艺术的基本构成手段，"蒙太奇"是法语 mantage 的译音，原为法国建筑学上的一个术语，即构成、装配的意思。它被借用到影视艺术之中，就成了剪辑和组合的意思。具体说来，就是导演和剪辑师根据创作构思的需要，把不同内容的镜头通过剪辑有机地组合在一起，产生连贯、对比、悬念、衬托、联想、照应、象征等艺术效果，从而表达一定思想内容。它既可以是画面与画面的承接关系，也可以是画面和音响、画面和色彩等的组合关系。

蒙太奇不仅是导演、摄影、剪辑等应该掌握的特殊技巧，而且也是影视剧作家在创作剧本时应该养成的思维方式。影视剧作家如果能够在选择材料、组织材料、进行艺术构思时运用蒙太奇的法则进行思维，并发挥这一手段的长处，那么他是能够使作品获得更好的艺术效果的。

美国著名导演阿·希区柯克为了说明这一问题，以卓别林一部短片《流浪者》作例子：第一个镜头是在监狱的大门外，一个看守人走出来贴了一张通缉告示。下一个镜头是一个瘦高个子的男人在河里游泳后，发现岸上的衣服不见了，放在原地的是一套囚服。再下一个镜头：在一个火车站上，卓别林穿着一条过于长大的裤子朝摄影机走来。这几个镜头的组接，引导观众自己去思考、想象，从而领会到这个穿着又长又大的裤子的人就是逃犯。这里作者就是运用蒙太奇思维对材料作出安排，创造具有一定含义的形象。

一般说来，蒙太奇有叙事蒙太奇和表现蒙太奇两种。

叙事蒙太奇又称连续蒙太奇，是蒙太奇中最简单最直接的一种，它将许多镜头按逻辑或时间顺序集结在一起，以此叙述一段剧情或展示一系列事件。它在时间上是连续进行的，在空间上是一个整体，表现事情发展的连贯性，如这样几个镜头组接：①主人听到敲门声；②客人在门外敲门；③主人起身开门；④主客相见握手。这就是属于叙事蒙太奇。它省去了事件中的一些不必要的画面，按时间顺序精选几个具有代表性的画面加以组接，给人一种通顺流畅之感。

表现蒙太奇又称对列蒙太奇，它不注重时间的连贯性而注重画面的内在联系，它通过两个以上的画面的组接来激发观众的联想和想象，以此来表达作者要传达的意思。如前一个镜头是一个老妇人在哭泣，后一个镜头是一座坟墓，就表示老妇人为死去的亲人而哭泣。

蒙太奇在影视艺术中起着十分重要的作用：

第一，蒙太奇可以把众多的镜头有机地组织起来，从而形成一部有完整的结构、有一定思想内容的影视片。一部故事片一般由五六百个甚至上千个镜头组成。这些镜头，拍摄时是不连贯的，导演和剪辑必须把这些零散的镜头再通过剪辑组合，即运用蒙太奇的手法使之成为艺术整体。在这里，蒙太奇起着选材、结构故事、展开情节、实现影视片创作意图的作用。

第二，蒙太奇可以通过镜头的组接产生出"第三种意义"来。蒙太奇美学理论奠基人爱森斯坦在《蒙太奇 1938》一文中指出："两个蒙太奇镜头的对列不是二数之和，而更像两数之积……"前苏联电影艺术家罗姆所说："把两个镜头连接起来有时可以产生这两个镜头本身所没有包含的第三种意义。"（《电影剧作讲话》，中国电影出版社，1958 年版，第 31 页）如，同一个镜头与不同镜头组接，其含义是截然不同的。前苏联蒙太奇学派一位重要人物库里肖夫曾做过一次著名的实验。他把演员莫兹尤辛的三张面孔呆板、没有任何表情的特写镜头分别与三个不同镜头连接在一起，其效果不同是显而易见的：

$$
\text{莫兹尤辛} \longrightarrow \left\{ \begin{array}{l} \text{桌上的一盘汤} \\ \text{棺材里的女尸；} \\ \text{小女孩在玩玩具狗熊；} \end{array} \right. \quad \text{产生的含义} \longrightarrow \left\{ \begin{array}{l} \text{沉思的（饥饿）} \\ \text{悲伤} \\ \text{微笑（慈爱）} \end{array} \right.
$$

不仅如此，同一组镜头只要排列顺序不同，产生的效果也不相同，比如有三个镜头：①惊惧的脸；②微笑的脸；③手枪直指着。如果按② + ③ + ①排列，给观众的印象是这个人很怯懦；如果按① + ③ + ②排列，则表示这个人很勇敢。

影视作家如能很好地运用蒙太奇这一长处，就能在有限的范围内（画面）创造出无限的艺术空间来。

第三，运用蒙太奇，可以打破时空的限制，使影视中时间和空间压缩或延伸，创造出新的影视时空，并获得令人信服的真实感。如巴基斯坦影片《叛逆》中，阿克巴的妹妹从小被迫学跳舞，接下来是一个舞裙和脚的特写。镜头从旋转的舞裙拉开，这时阿克巴的妹妹已经长成大姑娘了。这样漫长的时间通过几个镜头得以表现。再如表现季节从夏到冬的变迁，只需拍一群小孩在河里游泳的镜头，然后再拍一个雪花飘飞的镜头就行了，时间在这里被压缩。有时为了强调某一事件也可以利用蒙太奇把几秒钟、几分钟的事情拉得很长，如前苏联影片《战舰波将金号》沙俄军队屠杀手无寸铁的老百姓这一场景本来是一瞬间发生的，影片却以 100 多个短镜头详细地表现了这场屠杀的情景和细节，收到不同凡响的效果。在空间的转换上，蒙太奇也使影视享有极大的自由。如，上一个镜头是一位旅客走进火车站，接着是汽笛声和飞转的车轮，下一个镜头映出另一火车站站景，即可表示旅客经过数以千里的路途从一地来到另一地。时空转换的灵活性赋予影视作家们极大的创作自由。

第四，运用蒙太奇，可以表现平行剧情，平行动作，形成强烈的悬念，创造出其他艺术难以具有的非凡的艺术效果。如影片《铁道游击队》，将就要遭到敌人枪杀的芳林嫂、飞奔的火车、骑在马上赶到火车前去救援的刘洪这三组镜头交叉进行，使影片产生强烈的悬念。蒙太奇这一特长是戏剧等艺术所无法比拟的。

第五，蒙太奇还可以通过声画对位或声画分立产生特殊的效果。影视片中声音和画面各自独立，剧作者可以根据需要将它们有机地结合。如影片《苦恼人的笑》中傅彬给孩子讲"狼来了"的故事，同时银幕上出现"四人帮"控制的《江城日报》从开始有人排队购买到后来无人问津的画面，这种声画分立和对位表现了很深刻的寓意。国产片《祝福》中祥林嫂被抢到贺老六家拜堂成亲，祥林嫂奋力反抗，一头撞在香案上，此刻影片用喜庆欢快的音响与画面的悲剧性形成强烈对比。

蒙太奇也有局限。法国电影理论家巴赞认为，太偏爱蒙太奇，过于强调把现实分切之后重新组合，会使电影离开真实，显出人为痕迹。因此他提出长镜头理论，主张运用长镜头，即连续用一个镜头拍摄一个场景或一场戏，形成一个比较完整的镜头段落，以达到不破坏现实中事件、空间、时间的真实关系。长镜头理论在追求真实上有可取之处，对景深镜头的美学功能作了难能可贵的探索，为发掘镜头内部潜力，开阔电影语言视野作出了贡献。但它反对艺术加工，反对典型化等又是十分错误的。我们在运用蒙太奇的同时，要吸收长镜头理论的可取之处。

### 三、必须考虑声画结合

1926 年，美国华纳公司第一次拍摄有声歌舞片《唐璜》获得成功，电影这个"伟大的哑巴"终于开口了，声音逐渐成为电影艺术重要的表现手段。现代影视更是一种视听综合的艺术，声音和画面的作用十分明显。影视剧作家如果能够恰到好处地将两者结合起来运用，不仅能增强银屏形象的真实感和艺术感染力，而且能扩大影视艺术的表现力。

影视中的声音包括人声、音响和音乐。

人声包括人物对话、独白、旁白和解说等，此外它还包括但闻其声、不辨其词的氛围声音，如罢工工人们在铁栅门外的呼叫，破产钱庄门前杂乱的悲鸣等。

音响指人物语言之外的客观世界存在的各种音响。它是一部优秀影视片中的重要组成部分，包括自然音响、动作音响、背景音响、特殊音响等，又称效果。

音乐是声音的高级形式，它是指影视片中为了配合银屏画面制造各种效果而制作的外加音乐，如主题歌、插曲等。

在影视片中，声画结合的情况有两种：

一是声画合一，声音只作画的补充，如画面出现汽车或飞机，就配合马达声；画面上出现河流，就配合水流声。

一是声画分立，将声音作为独立的元素来增加影视片内容的表现力，画面视像是一回事，声音又是另一回事，两者相互配合。如在影片《保尔·柯察金》中有一个镜头，画面上保尔举着刀骑着马在炮火中与白军厮杀，画外却是他母亲念信的温和的声音，两者相互映衬，给人以不同寻常的感受。

声画结合能起到刻画人物性格，深化画面含义的作用。如影片《羊城暗哨》，主人公王炼在排除定时炸弹时，计时器的"咔"声突然增大了几倍，形成一种紧迫感，反映了人物的内心状况。影片《乡音》中，丈夫原来不体贴关心妻子，当妻子生病时，他开始悔悟，这时河边传来榨油机的沉重的木槌声，好像敲打在他的心上，以此来暗示他内心情绪的激荡。有时，采用画外解说或人物的内心独白，也能揭示人物的心境。如电视剧《大地的深情》，欧阳兰送走两个烈士遗孤之后，神志恍惚，吃饭时习惯性多摆了两双筷子，这时响起孩子的声音（画外音）："妈妈烧的菜比幼儿园叔叔烧的好吃，幼儿园叔叔做的肉这么大块。"恰到好处地描绘了她纷乱的心绪。

声画结合可以用来烘托气氛，反映时代风貌。影片《魂断蓝桥》中的插曲"祝您平安"被作为贯穿全剧的主旋律出现十来次，极大地加强了影片中的悲剧氛围，使玛拉与罗依的爱情悲剧表现得如泣如诉。影片《城南旧事》以一曲《送别》作主旋律，把观众带到一种"沉沉的乡思，淡淡的哀愁"的情感氛围中。影片《牧马人》采用背景音乐表示当年处于十年动乱时期，带有鲜明的时代痕迹。

声画结合还可以在结构上起着省略和衔接的作用。有的影视片中表现打斗场面，银屏上一片漆黑，只听见一片激烈的打斗声，但观众能明白影视片要告诉的内容。日本影片《啊，野麦岭》以画外音为开头，串连起不同历史时期不同的社会生活画面。

此外，声音还可以起到增强真实感，扩展影视时空等作用。

## 第三节　影视文学的种类

根据不同标准，可把影视文学分为不同的类别。就其所反映的题材范围的不同，可以把它分为工业题材、农村题材和军事题材等影视剧本；就题材所反映的时间不同，可分为历史片剧本和现代片剧本；就其表现技巧等的不同，可分为传统片剧本和探索片剧本；就其功能类型的不同，可分为娱乐片剧本和严肃片剧本；就其结构形态、风格特征不同，可分为散文体、小说体、诗体、戏剧体影视剧本；就其容量大小的不同，可分为单本剧和多本剧剧本。此外，还可以把影视文学分为喜剧片、悲剧片、惊险片、言情片、武打片剧本等不同类型。下面着重谈谈几种常见分类方法。

### 一、娱乐片和严肃片

娱乐片的主要功能是满足观众娱乐要求，娱乐性是它主要特点。娱乐片在内容上不要求阐释严肃、深刻的哲学道理，只表现观众能够认同的传统观念。由于它是通过生理和感官上的刺激引起观众心理和生理上的娱乐，所以它特别注重情趣、谐趣。在形式上，它要求轻松、活泼、新颖、独特，并注重通俗性。

这类影视，有一类是偏重对观众生理和感官的刺激，如惊险片、枪战片、武打片等，其中惊险片以情节惊险为主要特征，这类作品贯穿着惊心动魄、扑朔迷离的情节，集中描写正面人物的勇敢和机智，运用大量悬念和各种惊险场面，以获得扣人心弦、引人入胜的艺术效果，它包括反特惊险片、地下斗争惊险片、探险故事片和科幻惊险片等。

另一类偏重于使观众得到心理、精神上的满足，如侦破片、喜剧片、科幻片、言情片等。其中喜剧片大量运用夸张的手法、巧妙的结构方式、幽默诙谐的对白和喜剧人物性格的刻画，来引人发出不同含义的笑，以讽刺鞭笞落后丑恶的现象，肯定和歌颂美好的现实和理想，使人们在笑声中受到启迪和教育，认识社会面貌，辨别真、善、美和假、恶、丑。喜剧片又可分为"讽刺喜剧片""抒情喜剧片""歌颂性喜剧片""闹剧喜剧片"等。

严肃片注重对观众的教育作用，它一般以庄重的形式、严肃的内容让观众获得丰富的认识价值和思想启迪，思想性是它追求的主要目标。严肃片讲究深邃的思想意蕴和严谨完美的艺术形式。具体说来，在内容上，它以当时社会主导思想意识形态为准则来确定作品的思想内涵；在形式上，一般采用常规手段表现生活。

严肃片也包括两大类别：一类是通过重大的历史事件或对伟人的表现来塑造高大完美的英雄人物，如历史片、传记片等。其中历史片以历史生活为题材，通过对历史事件和历史人物典型化的描写和具体完整的再现，展示出一定历史时期社会生活面貌和历史发展的趋势，使观众(或读者)在一定程度上了解历史并受到某种启发。历史片剧本的创作允许有适当的虚构，但所描写的主要人物和主要事件应有史实根据。较为有名的历史片剧本有

《林则徐》《甲午风云》等。另一类是通过对平凡的日常生活和"小人物"的表现来塑造各类人物形象，如问题片、政论片等。

## 二、单本剧和多本剧

单本剧跟文学作品中的中篇小说大体相当，放映时间一般一两个小时。它围绕一个事件展开矛盾，刻画人物，出场人物一般以三五个为宜，性格鲜明，情节集中，结构完整。电影文学多是单本剧，以电影故事片形式出现。电视文学以电视短剧或电视单剧形式出现。

多本剧是指两本以上的具有连贯性的影视文学剧本。与单本剧相比，它反映的生活面广，容量大；故事情节一般比较复杂，表现手法比较细腻；情节与人物都有连贯性，与我国传统的章回小说有些类似之处。电影多本剧一般分上、下集或上、中、下三集。电视多本剧包括电视连续剧、电视系列片等不同类型。电视连续剧是指三集以上的电视剧，它的容量很大，少则三五集，多则几百集。全剧人物情节贯穿始终，但每集又有相对的独立性，集尾往往以悬念吸引观众。电视系列片是具有某种共同主题、写作目的而组合在一起的多集电视剧。它可以由几个主要人物贯穿全剧，每集的内容又不相同；也可以每集人物、故事都不断更新，而仅仅因为具有共同的思想内容。电视系列片与电视连续剧有许多共同点，但又不尽相同，电视系列片除了集与集之间情节人物等衔接没有电视连续剧紧密外，它更侧重"片"，不一定具有剧的特征。如一些介绍野生动物生活习惯的纪实性电视片剧本，也能构成一个系列。此外，还有电视系列连续剧，它是由许多电视连续剧组成的系列电视片剧本，规模比连续剧或系列片更加庞大。

## 三、戏剧体、小说体、散文体或诗剧体

戏剧体主要吸收戏剧在情节、结构、场面安排等方面的模式来塑造银屏形象。它借鉴了戏剧结构中一些重要元素特别是戏剧的冲突，并在此基础上结构全篇。因此，戏剧体影视文学一般有集中、强烈的矛盾冲突，故事情节曲折生动，人物典型性强，主题明确，节奏快速，多采用伏笔、误会、巧合、悬念、对比、夸张等手法，并调动影视艺术特有的手段如构图、色彩、声音等来加强戏剧性效果。电影剧本《魂断蓝桥》《摩登时代》《翠堤春晓》等均属此类。

小说体基本沿用小说在叙事形态、结构、艺术方法等方面的基本程式，它以写人为主，人事结合，人物性格的刻画更加细致，人物的内心世界得以更详尽的展现。它的矛盾冲突不似戏剧式强烈，但故事性较强，情节生动曲折；情节结构也不似戏剧式那样要求高度的严谨性。戏剧式情节结构要求按照"从高潮看统一"的原则，第一幕中出现墙上挂着一把枪，最后一幕必须把它派上用场。而小说式情节结构就不顾及这些。如影片《悲惨世界》中写了不少关于米里埃主教的生活，但后来这个人物就再没有出现了。小说式情节结构仍要求完整，开端、发展、高潮、结局诸要素均要具备，事情前因后果来龙去脉必须交代清楚。这类剧本有《偷自行车的人》《被爱情遗忘的角落》《牧马人》等。

散文体或诗剧体主要承袭了散文在反映生活、表达情感以及诗歌在营造意境等方面的长处来塑造银屏形象。它力求用朴素自然的方式来表现生活的本来面貌。在人物塑造上，不太注重其典型性，而是侧重于表现主人公的主观心理情绪，富于浪漫主义色彩。它一般没有明显的戏剧冲突和集中的情节线索，而是在散文化的叙述风格中揉入诗的抒情意味，

创造含蓄隽永的意境。在表现手法上，较多采用回忆、象征、暗喻等形式。如《雁南飞》《巴山夜雨》《城南旧事》等就属此类。

## 第四节　影视文学的赏析

影视文学的赏析不同于戏剧文学。

欣赏古今名剧，不一定要坐到剧院去看演员表演，直接阅读剧本就可以进行。有时，有的剧本，如古希腊悲剧、喜剧，莎士比亚的戏剧，中国古代的杂剧、传奇，直接阅读剧本甚至更能体会其精髓。影视文学的欣赏却更多地体现在影片的观赏上，一般情况下我们不会去读导演的分镜头剧本。

观赏影片有两种情况：一是普通观赏，止于了解剧情；二是除了解剧情，还要考虑影视艺术表演上的特点。以下援引魏饴教授《文艺鉴赏概论》(高等教育出版社，2001 年版)中的一些论述，谈谈影视的赏析。

### 一、以感受影像为起点，把握影视艺术的直觉美

日本著名导演黑泽明曾经说过，一部影片如果没有一种叫做"电影美感的东西"，那是不会感动人的。所谓"电影美感的东西"应该是由光、色、声、影组合的一种结合体，这一结合体实际上是投射到银幕或屏幕上的影像，是最先进入观赏者视野的东西。因此，影视鉴赏首先是一种直觉的审美，它是以感受具象性影像为起点的。

进行观赏时，首先要重视"画面"、"镜头"的观赏价值，构图的形式美感、色彩的变化，留意充满象征意味的画面。如《一江春水向东流》这部影片，曾多次出现"月亮"这一视觉形象：第一次，月亮是作为张忠良和素芬两个人爱情的象征和见证出现的；第二次，张忠良要上前线，月亮又出现在夫妻依依惜别的场景中；以后，月亮反复出现在素芬忍受着生活的苦痛，对月思念着丈夫时，这时负心的张忠良却在同一轮月亮下投入了别人的怀抱。在这部影片中，"月亮"已不仅仅是环境背景，而是表达出了明显的象征意义。又如，影视经常出现特写镜头，人物的一个眼神，一个微小而不易为人觉察的动作，一旦摄入特写镜头，就得到了强化，蕴含其中的含义就超离了原生态的生活，这类镜头除了在情节中起到叙述强调的作用外，还常常用来烛幽显微，表现人物心灵的奥秘。

字幕、色彩、光亮是影视艺术的延伸手段，鉴赏中，细心体会这些延伸手段，对理解作品的意蕴也有着特殊的意义。如著名影片《现代启示录》，为了表现战争疯子库尔兹心灵深处的矛盾和无法解脱的苦痛，在他的脸上采用了半边暗、半边亮的用光设计，观赏时，要留意这些体现着艺术匠心的延伸手段，领略其中的意蕴。

声音也是影视重要的表意语言。影片中的音响，不仅丰富了作品的形象，体现了作品的主题，而且也独具美学意义。如国产片《乡音》，多次出现古老油榨房那沉重的木撞声，我们在欣赏时就必须留意这声音，因为这个声音富有隐喻性，隐喻着封建思想的残余像沉重的木撞声压抑着人们的心灵。当木生推着身患癌症的桃春去龙泉寨看火车时，画内是独轮车吱吱呀呀的声音，画外是火车巨大的轰鸣声，这两种声音交错在一起，对主题的揭示有重要的意义，隐喻出历史的车轮不可阻挡的内涵。

## 二、遵循作品内在感情脉络，寻求情感共振契合点

任何艺术作品都是一个表露作者和人物心灵奥秘的感情世界，在这个世界中，流淌着编创者情感之河的脉络。鉴赏者只有循着作品所呈现的情感脉络，体验作品情感的爆发点和人物内心情绪的反映，寻求与对象情感共振的契合点，才能成功地步入审美境界，进而领会作品的思想意蕴。从影视艺术的角度看，应注意以下的一些环节：

留意片头暗示，关注人物的命运。影视艺术，尤其是以反映亲情和伦理为题材的影片，往往在片头设置一个深深的悬念，激发起观赏者的情感关注，使观赏者在情感体验中完成一次艺术鉴赏过程。如日本著名导演山田洋次根据美国短篇小说《黄手帕》改编的电影《幸福的黄手帕》，影片的片名就给观众设置了一个观赏的期待，"幸福的黄手帕"是什么呢？当那个深沉、沉默的男主人公进入我们的鉴赏视野后，那个黄手帕就像悬浮在空中的天使，从一开始就在观众心中悬着一个大大的疑问：那位曾经受到过伤害，已经与男主人公离婚了的光枝会不会在六年之后再次相逢之际在屋前的杆子上挂上一条黄色的手帕呢？黄手帕，成了人们追寻、渴望获得爱情和幸福的象征，鉴赏者只有把握作品这条内在的情感脉络，以善良的心态体验人物的内在情感，才能认识作品蕴涵的思想内容。

把握作品的激动点。黑格尔在《美学》中说："艺术应当通过什么来感动观众，一般地说来，感动就是感情上的激动。"艺术创作者调动一切艺术手段营造令欣赏者感动的艺术氛围，而欣赏者同样要把握住情感激动点，作品在什么地方令你掀起情感的波澜，令你喜，令你悲，令你同情，令你愤怒，这些情感的激动点，使你与创作者心灵走得更近，产生一定程度的共鸣。这个激动点常常是理解作品的重要环节。如观看影片《阿甘正传》，当阿甘在放学的路上被几个骑自行车的男孩追打，他越跑越快，腿上的金属支架一块块散落，最后，他像常人一样飞快地奔跑。这时，我们在内心深处产生了强烈的震撼，这里就是作者对人物情感的凝聚点，也是激发起对阿甘人生态度和精神赞美与欣赏的动情点。阿甘正是凭着这种精神，最终"跑进"了大学，"跑进"了平凡而灿烂的人生。

## 三、穿透形象外壳，领悟作品深层意蕴

马尔丹说："电影是一种需要去捉摸其涵义的语言。"[1]影视作为一种艺术，由于视听形象的不确定性，给鉴赏的理性认识和评价带来了困难，影视艺术鉴赏，既需要把握生动的具象，也需要透过形象的外壳，把握本质，领悟作品深层的意蕴，得作品之精髓。

意蕴不是贴在形象上的标签，它潜含在生活故事和具体的人物形象中，鉴赏者要从叙述的线索、影视化的延伸手段以及人物内心视像的直接呈示中品出意蕴，并从具体到抽象，从感悟到理解，完成鉴赏过程。在理性鉴赏阶段必须抓住以下几个环节：

补充画面的空白。成功的影视作品总给观众留下想象、品味的余地，这是一切文学艺术共同追求的美学品格。观赏者在空白处，不能一看而过，而要振起自己想象的羽翼，补充画面的空白。如影片《瑞典女皇》的结尾处，当富有个性的女皇抛弃王位，毅然只身上船投奔情人时，情节发生了逆转，情人约翰·吉尔勃特却在此时死了。按照常人的理解，这时画面上的女主人公不是掩面而泣，就是呼天喊地，而实际上，影片在处理这个情节时，

---

[1]　马尔丹：《电影语言》，中国电影出版社，1982年版，第9页。

人物面部毫无表情，眼睛也不闪一下，干瞪着，画面中以静的"空"的表演，这就给观众留下了想象的余地。在这里，导演分明是让人物表达出的一种急剧的情感变化后无法表达的内心痛楚，就像音乐的休止符产生了巨大的艺术效果。这些艺术的空白，导演以"想象示之"，鉴赏者要以"想象得之"，才会收到意想不到的艺术效果。

理清体现主题的线索。影视作品的主题，是组织情节、推动人物性格向前发展的基本线索，它往往是我们理解作品深层次内容的环扣。如观看获得奥斯卡最佳剧本奖的著名大片《公民凯恩》，这部影片的贯穿线索是寻找"玫瑰花蕾"：报业大王凯恩弥留之际，喃喃道出"玫瑰花蕾"四个字。影片通过这四个字，引导观众寻辨它的踪迹——凯恩童年非常贫穷，但不乏真诚的爱；由于一笔意外的财产，他来到大都市长大，发迹致富，涉足政界，与总统的侄女联姻，青云直上，却又因与歌女的桃色事件断送了自己的政治生涯；到了晚年，他隐居豪宅，因第二个妻子的离家出走精神十分孤独，最后在寂寞中结束了一生——凯恩的孤独，是伟人的孤独；凯恩事业成功的旅程，是他逐渐远离凡人亲情的过程。当他结束人生之旅时，吐出"玫瑰花蕾"这四个字，引得片中人和观众一同去追寻，原来"玫瑰花蕾"是主人公童年玩耍的滑雪板上的字，它象征了亲情和童真。要理解作品的思想内涵，就必须抓住贯穿作品的这条线索，追寻"玫瑰花蕾"的真正含义，才能真正理解作品的意蕴。

叙述性强的作品，人物形象是表现的中心，对人物形象的分析，是理解作品意蕴的重要环节，要理解影片，就必须对银幕形象进行分析。

赏析影视，可以像分析一般的文学作品那样分析影视作品的人物、情节、环境、构思；也可以从影视艺术的特点出发去欣赏影片，下面选了北京师范大学几个学生评《寻枪》的几篇文章以供大家学习、体会。

【鉴赏示例】

# 《寻枪》：给中国电影希望的理由

王国平

## 多种类型模式的嫁接

《寻枪》的宣传资料上有这样的自我评估：这是一部集悬疑、惊险、刺激于一体的最新力作。说"惊险、刺激"有些夸张，因为在音响效果方面时不时来一声震耳欲聋的枪声以刺激观众的生理神经，显得过于低级、简单。要说"悬疑"，倒的确实实在在。

枪在哪里？用"老树精"话说是，找！于是情节如剥竹笋一样层层铺开。逐步地调查，一个个地怀疑，一个个地否定，以致如预期地出了人命。及到揭底，谁也没有想到真正的凶手竟是被认定只是为了调节剧情而设置的那个小人物——卖羊肉粉的"结巴"。而他的偷枪动机与叙事存在很大关联：周小刚造假酒、卖假酒殃及无辜生命。

就是这样，导演将蛛丝马迹的细微暗示藏匿得很有尺度，使观众难以找寻到自主预见的可能。待真相大白、恍然大悟时，又觉得还就是那么一回事。这就是悬疑类型模式的魅力。除了悬疑，影片还兼容了现代电影极尽热衷的重要话题——情感的展现。而且还是多层次、多角度的抒发。一是夫妻真情。马山与妻子之间有吵架，有猜忌，但马山对妻子依然情真意切。言语上，他深情告白：自己没有做对不住妻子的事；行动上，拒绝周小刚递来的"白宫"钥匙,临行前向妻子献上一大把野花。同样,妻子的猜忌心理渐渐褪去,呈现出的是真诚的理解。二是父子情深。父亲平常打骂儿子,关键时刻,儿子积极为父亲提供寻枪线索,给父亲送来了"对以后工作有帮助"的《福尔摩斯全集》,督促父亲好好学习;而马山回报的是不再打人的真诚允诺和一小袋玻璃弹珠,可以想象父子之间关系的趋向。三是哥们友情。朋友马山身陷困境,陈军和"老树精"是全力以赴,以致不惜停下手头的工作,献计献策,其中两人合谋整治有些虚伪的周小刚那一段情节,现在想来也酣畅淋漓。

难能可贵的是,《寻枪》还融入了许多幽默的成分,使得影片不乏观赏情趣。贵州方言的引入,有些冒险,但整体上给人一种新鲜的感觉,让一直在同一普通话浸淫下的人们有一种"奇观"的释怀;儿子大人般的振振有词,有腔有调,开口就是笑料;自称受过专业训练,骑自行车速度无人能比的小偷,气喘吁吁,和一身轻松的马山相比足以让人乐不可支;而他被迫掏出一把手枪,马山认定就是自己丢失的手枪,两人对峙于悬崖,让人不禁心促,但一声轰响,那家伙原来是儿童仿真手枪,给马山胸前留下的只是一个黑糊糊的大窟窿,则成就了别有情趣的幽默对抗……

悬疑、情感、幽默的有机嫁接,使《寻枪》的叙事显得立体,给人思索的空间显得开阔。

## 适合的视听语言

电影需要主题、思想来支撑,但这种主题、思想需要通过电影化的视听语言来传达。也就是说,"用影像说话"。《寻枪》编导找寻到了一套有效的视听语言,来传达自己试图向观众阐明的意念与想法。这可以从影片整个色彩表意系统中找出答案。

《寻枪》的整体色彩偏向幽蓝。在色彩学里,蓝色的表意意义有多个层次,其中有一项是说这一色彩能给人以压抑、无助的感觉。影片又将场景择取于贵州山区,多雨潮湿的气候,多山阻隔的地形,低矮幽暗的房屋,营造着一种迷蒙、昏乱的影像氛围。编导刻意追求的影调,刻意择取的场景,让人明白,这样的环境下,什么都有可能发生。于是,层层悬疑的铺开有了影像形象化的支持,那个不起眼的"结巴"拼命般的歇斯底里有了存在的外在依据。最后,影片将矛盾的解决安排在小镇之外的铁路旁边,既有情节进展的需要,也符合影像表达的需要:马山最终证明了自己的清白,也完成了组织交付的任务,他微笑释怀,笑意融融;此时,阳光明媚,色彩明亮,音乐激越——这样的结局,不适合于封闭的小镇,只有相对开阔的铁路沿线才容纳得下。

## 感觉《寻枪》

### 黄芳明

我们无法概括影片到底要说明一个什么样的主旨,导演自己也仅仅是说,最后一个镜头让他激动——即便是在看了二十多遍之后。同样,最后的处理也让我们激动,没有明显的歌颂,但我们还是可以在人物的机智同时也是导演的机智之外,感受到一份壮美。这份壮美会让我们忘掉马山到底有多大的功过是非。

寻枪过程,马山一次次的波澜起伏都让我们震动。他有疯狂、迷糊,也有冷静、清醒。观众和他一样,一起去经受惊慌,看到细微的希望之光,体会随之而来的巨大失望。但影片有时也会甩开观众,在观众面前好好展示一下马山,结尾便是如此。不过,我们还是在与结巴刘一起惊诧的刹那体会到马山内心中最细微的那些部分。影片让观众同一个善良的小人物一起去经受了一次生活中的大波折。

要始终吸引观众，就应该牢牢地控制节奏，调动观众兴趣。在马山独自寻枪的过程中，导演巧妙地利用陈军、"老树精"、周小刚等人的性格，把寻找本身变得扑朔迷离，毫无头绪。影片同时安排了马山昔日情人李小萌的出现，一方面推动情节的进展，另一方面继续给马山施加妻子吃醋的外在压力，这种"内忧外患"形成的紧张节奏，牢牢地抓住了观众的心。随着丢枪不可避免地被众多的人知道，杀人案发生了，导演在此设置了又一个落空的希望，即周小刚的骗人以及他的假酒厂，尔后便巧妙地奔高潮而去。高潮部分的巧妙，在于"周小刚"的出行与找到枪之间所形成的一个极大的心理落差，为这之后马山灵魂的升华提供了空间。

另外，影片在视听处理上也有一些精到之处。以影片景别论，本片囊括了从远景到大特的所有景别，在情绪节奏的统辖之下的景别的恰当运用，对影片外在节奏的形成起了不可忽视的作用。影片还充分地调动了声音空间，如用广播声以突出小镇的宁静、平和；在马冬提醒爸爸东西可能在婚礼上丢失时，利用声源不同的方位，主观处理了马冬叫爸的声音，活脱脱地表现了马山当时混乱的思绪。所有这些，都表明导演相当敏锐地意识到了各种风格的视听语言可资利用的表达能力，能充分调动尽可能丰富的视听手段来为自己的影片服务。

# 看《寻枪》

### 李瑞华

对陆川的处女作影片《寻枪》的关注由来已久，第一次是在某个著名的杂志上看到，陆川卧薪尝胆两年时间磨一枪，姜文被剧本所打动，答应出演并且担当监制。2001年6月10日，《寻枪》剧本在台湾获得2001年度优良剧本大奖，顿时引起我对这部影片的崇敬与期盼；各电视台播放的由陆川作为编剧之一的电视剧《黑洞》，又增一份我对《寻枪》的期待。

电影之路，是人追寻失落梦想与精神的道路，是寻枪之路。《寻枪》已成历史，而我站在梦想的起点。在陆川的激情与对电影不停的追寻中，我仅想以一个电影爱好者的身份来评述一下对《寻枪》模糊的看法，也许有偏颇之处。

## 影视语言
### ——娴熟，精致却一无所有

《寻枪》遵循的是好莱坞的语言风格，电影不是现实的记录，是营造梦幻，所有的创作方法最终目的是摒弃观众思考的时间，让身处影院的观众生活在银幕的梦想世界里跟着导演的思路走；进而是流畅的剪辑方法——零度剪辑、三分之一剪辑法等，快节奏的蒙太奇，整部影片在音乐的配合下，摄影、剪辑、视听等天衣无缝。可是，走出影院的观众回想电影的内容却说不出来，绝大多数的人会异口同声：挺好的，场面精致。就像我们很难在好莱坞影片中找到像《橄榄树下的情人》结尾镜头的处理手法一样，《寻枪》除了结尾马山灿烂的一笑比较动人，真正触及心灵的镜头确实太少了。《寻枪》作为陆川的处女作，从开始就走得这么稳，语言精致但却没有新意，少了处女作应有的创新和探索精神。包括开头拍姜文惶惶悠悠的主观镜头回派出所寻找丢失的枪，镜头用特技加速，很眩晕，空镜，好似在表达一种焦虑的感觉，可是我怎么看怎么都像《罗拉快跑》。陆川说电影拍了这么多年，有很多语言都是在互相模仿着用，只是一种手法而已。可是我认为艺术的外在生命应该是"陌生化"，一个刚学画画的小孩随意画几笔，还有点毕加索的味道，可是他到了二十岁依然这样画那就不叫毕加索了，那是什么？工匠。

## 表 演
### ——明星效应更像个人秀

好莱坞的影片一般都起用明星制，在拍摄时侧重于明星的近景、特写镜头，而且有的影片是专门为某些大明星量身制作，通过这种手段来增加票房收入。《寻枪》好似姜文按照他的方式去讲一个寻枪的故事，他的表演方式慢慢影响着整部戏，夸张的面部表情，"激情"的话剧式表演方式，好似他内心压抑很久的情感暴风骤雨似地发泄出来。东方人的情感表达方式是含蓄，而西方人则正好相反，所以才有了哈姆雷特痛苦的挣扎，一遍一遍呐喊：TO BE OR NOT TO BE。看完《寻枪》的第一感觉是怎么有股《鬼子来了》的味道，马山有点像马大山，不同的只是从河北跑到了贵州。

## 剧 作
### ——剧本的成功造就了《寻枪》

陆川说《寻枪》是写一个男人如何步入生命的黑暗，最终依靠自己的力量让自己的灵魂获得救赎的过程。陆川把寻枪处理得非常纯粹，省略了很多细枝末节的内容，紧紧围绕马山的活动展开，把"寻枪"这件大事让姜文一人承担下来，在他歇斯底里的无头绪的行动中，我们能感觉到他内心痛苦的挣扎，"个人"的焦虑，以及最后灵魂的释放。剧作的叙事性最终以个人的情感体验来引起观众心灵的共鸣。我觉得从这儿看到了陆川充满激情、思考问题的独特之处。

冯小刚说他影片的成功在于剧本，看来好的影片一定要有好的剧本，好的剧本的关键是知道写什么，陆川抓住了关键所在。

# 寻找回来的世界

## 王莹

《寻枪》是一部真正以寻找为主题的影片。不管从故事情节还是从电影叙事手法来看，《寻枪》一开始就展现给大家一个寻找的高潮。镜头用极快的速度扫过了小镇，向观众再现马山——小镇里的警察在发现枪不见的一瞬间在脑海中的搜寻过程。这种方式有些类似于《罗拉快跑》中用照片方式呈现路人未来命运，从形式上带给观众一种视觉快感。不断摇晃的镜头随着马山的思维构成一种快速的节奏感，也为观众拉开了真正"寻找"的序幕。

马山不停地奔波在小镇。随着不断地寻找线索，随着寻枪的深入，精神极度紧张的马山驮着无法比拟的重荷。时间和空间如同经纬，细细密密地织出了一连串的悲欢离合，织出了极有规律的阴差阳错。寻枪似乎已经不是最重要的了，最重要的是人的状态，是马山心理的恐惧和压抑。

所有的关注还在于非常华美的开始，充满了震撼，充满了美。在结构上的巧妙设计，剪辑上的细致讲究，画面鲜艳的色彩，甚至包括这个贵州小镇的选择，贵州方言的运用，都使影片华丽而动人。影片用强烈的动感，快速的节奏来抓住观众。同时用动感引出吸引人的情节。但这种动感因为导演剪辑的巧妙并不显得表层化，不只让观众感到了运动，而且造成一种精致的流畅，全片让观众感受到一种气韵，一种诗意。

马山终于找到了他一直寻找的枪，但这时才发现一切都已经过去。而自己在这漂泊的行程中却忘记了自己。一路的艰辛凄凉，一路的压抑迷茫，此时都已经结束。他所有的坚持与无望的追寻终于结束，他终于用自己的身体作为整个寻找的华美结局。但他找到的还是他想要的吗？也许答案就在他苍凉绝望的笑容里。导演在这里用了又一个类似《罗拉快跑》的镜头方式来表现人物的命运，同时引发我们深思：我们都有理想，都有梦，都有失落，都会寻找。就像寻枪的马山，就像他所寻的枪。丢了的还会找到吗？找到的还是原来的吗？等你找到了，梦想还没有变吗？生命是一本太仓促的书，而人就是在一次次找寻中失落茫然，又在一次次找寻中领悟升华。正因此，生命的历程云影般掠过，而人也才有理想不断出现在正前方。

《寻枪》是导演的处女作，但作为一位类属新生代的导演，陆川是与众不同的。他并没有像其他新生代导演一样，执著于表现理想的破灭，表现极度边缘的生活状态，他所表现的是所有人的状态，是对于理想的追寻，是人类底层的焦虑。导演赋予自己的世界以一种新的色彩，一种属于自己的风格。寻枪的过程中另外的东西被大家接受和领悟，这些新的东西或许就是导演的表达，是导演自己的声音。

（文章选自《电影评介》2002 年第 6 期，文字略有增改）

## 第五节　影视文学的写作

影视文学的基本元素是声画结合，思维方式是蒙太奇。

### 一、银屏人物：影视写作的核心

高尔基说过，文学即人学。这一命题同样适用于影视剧本的写作。

人物形象的塑造，是影视剧本写作的核心。一些影视作品的情节随着时光的流逝在我们的脑海渐渐淡忘，而个性鲜明的影视人物却永远活在我们心中。影视人物塑造的成败，是衡量影视艺术成就的一个重要标尺，在塑造人物时应做到：

（一）合理设置主角、重要配角及次要配角

主角是作者着力刻画的人物，最能影响剧情的发展。一部影视作品，主角宜精，一般为一二人。主角太多，会影响对重要人物的着力刻画。

主角一般应为圆形人物。作为影视作品中的主角，性格应是丰富的、复杂的。如国产片《骆驼祥子》中的虎妞，性格就富于立体感，在她身上，既有剥削阶级的某些特点，又与下层人物有许多共同之处。她深爱祥子，想讨他喜欢，却又不知用什么方法赢得他，只得把他整日锁在家里。她嫉妒、痛骂小福子，但小福子向她求救时，她又慷慨地将刚买回来的米送给她。

有时候，主角是一个群体，但每个人物必须个性鲜明、生动，是黑格尔所说的"这一个"。前苏联影片《这里的黎明静悄悄》，主人公是五个红军女战士，她们的经历、个性各不同。梁晓声创作的电视连续剧《年轮》，几个主人公的个性也是相当鲜明。

努力写出人物性格的发展变化。如苏联影片《莫斯科不相信眼泪》中卡捷琳娜，原本是个没什么文化的女工，因贪图虚荣，冒充教授的女儿与电视台摄影师相恋，结果被玩弄、抛弃。她的不幸，促使她思想发生了很大变化。她发奋努力，成了一个大型联合厂的厂长。由于影片展示出她思想性格的发展变化，因而形象生动逼真。

重要配角在影视作品中的地位仅次于主角，他们在突出主人公的性格方面起着重要作用。如《牧马人》中的郭子，就以独特的个性化行动影响主要人物的性格发展。这类人物着墨不多，大多是扁平人物，但性格要有相对的完整性。像国产片《天云山传奇》中的吴遥，苏联影片《夏伯阳》中的政委富尔曼诺夫等。

次要配角一般也是类型化的人物，大多是根据剧情需要而设置的，有时，作者只需点明他的身份、职业等即可，有的甚至不需要姓名，如出租车司机、女招待、商场服务员等。

影视写作，首先就要合理设置好这三类人物。对主角及重要配角，作者可以采用写简历的方式，事先为每个人物写小传——将人物的籍贯、出生年月、学历、经历、兴趣、健康状况、家庭关系等写出来；对于重要人物，写得越详细越好，特别是对其性格、思想动机、经历的主要事件等要详细记载，甚至与创作没有直接关系的，也可以写入，这样，人物就会在自己的心里活起来。

其次，作者可以将不同人物性格进行对比，明确其差异。如将主人公和其对立者对比，和其充当重要配角的好友对比，从而看出他们的不同点。以此设定人物性格，差异明显了，人物的个性也就显现出来了。

（二）用影视艺术的特殊手段塑造人物

影视可视性极强，在小说中，"他的心中充满着无穷的痛苦"、"坎坷的生活给他未来蒙上了一层阴影"这类句子是可以存在的，在影视文学中就不能出现。影视文学要求所写的东西都能上镜头，成为具体可感的银屏形象。

不仅要写人物的动作，还要写出人物活动的心理依据，体现人物的个性。恩格斯曾说："人物的性格不仅表现在他做什么，而且表现在他怎样做。"有些影视片，动作性很强，但并不感人，其原因就在于脱离了人物的性格、思想，一味追求动作性。相反，一些影片，能将二者很好地融合在一起。如《城南旧事》中宋妈哄小英子的弟弟吃药，其动作就强烈地流露出了宋妈内心的凄楚之情。

影视是一门视听综合艺术，语言的作用更为显著。影视中人物的对话，不仅能揭示人物性格，还能推动情节的发展，对背景起交代说明作用。写影视剧本，要善于以个性化的人物语言来刻画人物形象，推动故事情节的发展。如国产片《被爱情遗忘的角落》，小豹子与存妮有这样一段对话：

> "喂，存妮！我听大队李会计说，他过去看过外国电影，那才叫好看呢！那上面有……"他傻乎乎地笑起来。
> "有什么！"
> 小豹子一个劲儿笑。存妮更加好奇了："到底有什么？"
> "说了，你别骂！"
> "说嘛！"她预感到他要说什么坏话，但她还是听。
> "有……"小豹子鼓足勇气，"有男人女人抱在一起亲嘴！"说完，又忍不住大笑。

　　　　"不要脸!"存妮羞红了脸,抓起一些土粒向他砸去。
　　　　小豹子认真地分辩:"真的,是李会计说的嘛!"……

　　　　这一段对话,不仅表现了小豹子憨厚、爽直,存妮的羞涩、泼辣,同时还推动剧情迅速发展。
　　　　影视除了通过人物的外部行动、语言、表情等揭示人物的内心世界,还可直接将人物的内心活动如回忆、幻觉、联想、梦魇等转化为可见的银屏造型。如电视剧《大地的深情》中年轻姑娘欧阳兰收下了烈士遗孤,而自己的恋人黄盖升却拒绝承担抚养孩子的责任,这时欧阳兰的内心活动是通过不断的"闪回"的镜头来表现的:

　　　　(闪回)李坚临终前,两滴晶莹的眼泪。
　　　　(闪回)烈士的新坟。
　　　　(闪回)欧阳兰和战友们欢呼胜利。
　　　　欧阳兰(画外音):"可我还活着,你知道这意味着什么?"
　　　　(闪回)满山的烟火,欢呼的人群……
　　　　欧阳兰(画外音):"这就是说,我的生命已经不属于我,它是许多生命的综合。"

　　　　影视还可以通过光影、色彩、道具等来塑造人物。如《骆驼祥子》最后一个镜头,是祥子站在古老的京城城墙门口,除了门口以外,四周一片黑暗,随着镜头的移动,祥子的身影被黑暗所吞没。这里是用光影来暗示祥子悲剧性的命运。电视剧《白云姑娘》,运用小纪念品、项链、餐具等道具,把白云姑娘初恋的甜蜜,张汉平对她倾慕,赵丽萍破例开禁等表现得惟妙惟肖,其功在于巧妙的道具运用。

## 二、设计好情节、场面

### (一)情节设计的基本原则

　　　　如果说,个性化的人物是影视长存于观众心中的关键,那么,精彩的情节是吸引观众的重要条件。
　　　　什么是情节?高尔基曾为它下了一个定义:"情节,即人物之间的联系、矛盾、同情、反感和一般的相互关系——即某种性格、典型的成长和构成的历史。"在影视艺术中,情节是影视剧作者依照人物性格逻辑对人物所做事件的安排。影视剧本中情节千变万化,异彩纷呈,创作时没有具体的模式可套,但有一些基本原则却是不得不遵守的:

#### 1. 依从性原则

　　　　情节设计应始终以塑造人物为中心,任何为了追求曲折离奇的情节而淡化甚至歪曲人物性格的做法都是不明智的。高尔基关于情节的定义中一个重要的命题就是:情节是性格成长发展的历史,如影片《骆驼祥子》,祥子所经历的一系列事件:两次买车、丢车,被迫与虎妞结合,虎妞的死,小福子的自杀,刘四、孙侦探的欺压,祥子的绝望等,它既构成影片中的基本情节,同时也是祥子性格成长发展的历史。

**2. 真实性原则**

情节设计必须符合现实生活逻辑。真实性并不是要求影视剧本所反映的都是生活中存在的真人真事，但它必须符合现实生活的逻辑，否则就容易失真。情节设计一出现漏洞，让观众看了觉得不真实，就会严重损害作品的艺术效果。如影片《幽谷恋歌》，主人公女扮男装，观众一眼就能认出，编导却让剧中人熟视无睹，这就有悖生活常识。电视剧《天宝轶事》中的情节，如杨玉环的有胆有识，不满哥哥的专横，不满唐玄宗的荒淫，不甘心以色媚君等，违背了历史真实，就很难获得观众的共鸣。

强调情节的真实性，并不是要拘泥于生活。影片《白蛇传》中白蛇化成美女与许仙结为夫妇，这样的情节在生活中是不可能出现的，但它合乎生活的逻辑，观众也能心悦诚服地接受。因此，衡量一部影视片情节是否真实就在于它是否符合生活的逻辑。

**3. 趣味性原则**

影视作品能不能吸引观众，还要看它的情节是否生动、有趣。因此，写作时可以从以下几个方面努力：(1)增加题材的趣味性，选择观众关心感兴趣的题材；(2)增加人物性格的魅力，性格魅力无穷；(3)为人物设置障碍，制造矛盾冲突，让人物陷入困境之中，然后，深化这种困境，最后解决难题；(4)设计出其不意的情节，事情的发展既出乎观众意料之外，又合乎生活的必然逻辑。

**(二)场面及节奏**

确定人物、设计情节之后，还要考虑场面、节奏等。

**1. 场面**

在设计情节之后，须根据情节划分为一个一个场面。一般说来，一个场面为一个段落。每一个场面的开头要标明地点、时间。人物语言另起一行，先写姓名，再写语言。场面与场面之间或空行表示，或在场面开头以阿拉伯数字标出。场面中的字幕、画外音、独白、景别、出入等均要标出。如影片《湘西剿匪记》有两个场面是这样安排的：

邮政局后院：

一个黑影来到白果树下，他看看四周，没发现什么，突然朝树上爬去。他爬至树杈，一迈腿钻进了那扇气窗。片刻，他拎着一支"七九"步枪沿着树干迅速地滑至地面。就在他刚欲转身的刹那间，崔昌健、杨排长和两名战士猛虎扑食一般窜到他面前，他还来不及思索，就被一名战士的双臂钳住，另一名战士"咔"的一声给他戴上手铐。

吴波大步来到，冷笑一声："哼，老何，等你多时了！"

小屋：

审讯黄月娇的工作正在进行。

黄月娇泣不成声："我……该死，这都是保昌这个杀千刀的逼的呀！"

吴波："保昌确实是张彪的小舅子？"

黄月娇："是，在龙山他只听何老四一人指挥。"

吴波和蔡金花交流了一下目光。

蔡金花严厉地："黄月娇，你还年轻，是争取宽大，还是自绝于人民，由你决定，你说的要有半点不老实……"

黄月娇满头是汗，泣不成声地：“不，我不敢，我要活命，我上有老下有小啊，我……”

吴波：“那么，好吧，现在就给你一个立功赎罪的机会……”

### 2. 节奏

节奏本是音乐术语，是由节拍强弱、长短交替出现而形成的音响运动的轻重缓急。在影视剧本中，节奏指事件、情节发展的速度和强度。节奏的变幻是影视剧本写作值得重视的问题。影视剧作家在写作时要做到：（1）张弛结合。如影片《红色娘子军》第一章写琼花的苦难与反抗，节奏低沉；第二章写参军，节奏明快热烈；第三、四章“侦察”、“取南团”，剑拔弩张，节奏紧张；第五章“刮骨”、“收获”，节奏舒缓；第六章“反扑”、“起义”，情绪悲愤；第七章是尾声，节奏由低沉转高昂。影片有张有弛，且疏密得体，紧紧吸引了观众的心。（2）动静结合。如影片《老井》中的械斗场面与旺泉跳井是连续动作的快节奏场面，当旺泉不让填井而跳入井内，人们在一声惊恐的喊叫声后一下安静了，只有井口一动不动像一轮皓月，又像一副巨大的磨盘，动与静的对比，促使观众深深感受到这口老井所包含的历史内涵。（3）庄谐结合。随着剧情发展的需要，应当巧妙地使严肃深沉与幽默诙谐相结合，悲壮与轻松相结合，这样才能调节好观众心理，产生“出人意料”的艺术效果。

## 三、熟悉影视语汇

写影视剧本的主要目的是供拍摄，因此还必须熟悉影视语汇。影视语汇除了我们已经介绍过的蒙太奇之外，还有：

（一）镜头

镜头是摄影机或摄像机从开拍到停止所拍下的全部影像。

长镜头：指较长时间连续拍摄一个镜头，它一般比较缓慢、比较真实。

推：指被拍摄对象处于某一固定位置，摄影（像）机镜头由远处向所摄对象逐渐推进的拍摄方法。

拉：摄影（像）机运动方向与推相反，即将摄影（像）机从近处拍摄向后拉开的拍摄方法。

摇：摄影（像）机固定在某一位置，让镜头向上下或左右作摇动拍摄。

摇镜头向上或向下摇摄，便是仰镜头或俯镜头。仰镜头给人以高大威严之感，俯镜头给人以渺小、压抑之感。

移：摄影（像）机随着主体的行动而作的移动拍摄。

紧随人物的行动而移动，不间断地表现行动着的人物的动作或情感变化的镜头叫跟镜头或追镜头。

作上下垂直移动拍摄的镜头又称升镜头或降镜头。

慢镜头：改变镜头在拍摄时的运转速度对被拍摄对象进行高速拍摄，放映时仍以正常速度放映，这样演员的动作就会变慢，这就叫慢镜头或慢动作。它实质上是时间上的“特写”。

快镜头：与慢镜头的拍摄方法相反，即在拍摄时放慢摄影机的运转速度，再以正常速度放映，便出现画面快速变换。它能造成某种紧张或滑稽的效果。

空镜头：即画面中没有人物的镜头。它主要是通过景物或道具来抒发某种情感。

主观镜头：即摄影(像)机当作剧中人的眼睛，依照他(她)的主观心理感受来拍摄的画面。

定格：即根据剧情的需要而将某一画面连续复印数十张，在放映时就会产生片刻的固定不动的画面，这种方法常用在影视片的结尾，产生让人回味不已的效果。

（二）景别

景，是指银屏上的单个画面图像，不同的画面叫"景别"。它可分为远景、全景、中景、近景、特写五大类。

远景：镜头在距离被拍摄对象较远的情况下所拍摄的画面。它空间开阔，可用来交代环境，渲染气氛。

全景：拍摄距离比中景远，比远景近。它取景的范围除人的全身外，还包括主体周围的背景。

中景：介于近景和全景之间，取景范围一般只拍摄人的大半身，主要表现人物双膝以上的形体动作。

近景：指视距较特写稍远的画面。它的取景范围就人体而言大约为人的小半身，即只表现人物胸部以上的活动或表情。

特写：视距最近的画面。它可写人也可写物。人的特写一般拍摄两肩以上的头部，以反映人物脸部的细微变化。

（三）镜头的组接方式

显：又称淡入、渐显、渐现，即画面从空白或全黑中渐渐现出。

隐：又称淡出、渐隐，即画面逐渐退隐直至完全消失。

化：又称溶入、叠化。即前一个镜头还在"渐隐"中，后一个镜头就渐显了。上一个画面在下一个画面正在显现时渐渐消失叫"化出"，相反，下一个画面则叫"化入"。

划：前一个画面迅速向一旁退去，后一个画面逐渐扩张，代替前一个镜头。它比化更适宜表现同时异地或平行发展的事件。

帘出帘入：即前一个镜面被掀开或卷去，随即出另一画面。与此相类的有圈出圈入，画面以一点开始逐渐扩大把上一个画面全部推出叫圈出。下一画面从画面外沿向内收缩直至代替上一画面叫圈入。

切：又称切换，即将某种有内在联系的两个不同画面直接连接在一起。比如上一个画面是一个人在写信，下一个画面则是亲人或朋友在读信。

以上是一些常用的语汇，影视写作要融入到整体构思之中。

# 【例文】

## 祝　福
### （电影文学剧本）（节选）
#### 原著　鲁迅　改编　夏衍

### 第一章

#### 一

（鸟瞰）远远的一个穷僻的山村。（音乐）

从模型缓缓拉近,（溶入）外景。

山坳里,上十间破烂的茅舍,疏落地点缀着。

（缓缓摇过）

（旁白）:（低沉但苍劲的调子）"对今天的青年人来说,这已经是很早很早以前的事了,大约四十多年以前,辛亥革命前后,在浙东的一个偏僻的山村里。……"

（音乐）

（从茅屋摇到一条人们用脚走出来的陡峭的山径。一个女人背着一筐柴,渐近。）

她衣服褴褛,形容憔悴,额边流着汗,近三十岁,沉思似的没有表情。这就是祥林嫂。迎面走过镜头。

从山坳后面转出一个人来,用一条黑汗巾束着腰,辫子盘在头上,瘦削的脸,机灵,世故。他是祥林嫂的远房亲戚卫老二。用手掌遮着夕阳,看清楚了之后,喊:

"祥林嫂。"

祥林嫂回过头来。

"打柴?"卫老二说。

"嗳,"祥林嫂低声回答,"二哥。"

卫老二赶上了她,边走边说:"你婆婆在家?"

"在。"依旧是低声回答。

走了几步,卫老二从背后看到祥林嫂发髻上的白头绳,用同情的调子:

"还给祥林带孝? 唉,人死了,算啦,想开一点。"

祥林嫂低下了头。

走近茅屋。

（溶入）

#### 二

小屋里,黑黝黝的,只从右边的小窗户斜射进一线夕阳的光线。祥林嫂放下打来的柴,推门进来。

一张板桌,两张条凳,婆婆坐在矮凳上勒乌桕。——这时候正是秋末。

"妈,卫二哥来啦。"祥林嫂搬了柴火到后面去。老二跟着进来,在条凳上坐下。

"大婶，好吗？"

婆婆动也不动，抬起头来看了一眼，唠叨地：

"好什么，人都死啦。"不自觉地看了一眼左手供着的祥林的半尺高的小牌位，和成了灰色的白布孝帏。

"老天爷跟穷人作对，今年柏子又是小年。"婆婆继续唠叨，把篮子里勒下来的柏子一扬，"五六棵树，才这一点。"

老二拿起打火石来打了火，吸起烟来。

"怨什么，今年不好，明天就好啦。"

祥林的弟弟阿根牵着两只山羊回来，经过门口，牵到屋后去了。

"看，阿根快长大了。"卫老二找到了题目，"他今年十五？"

"十六啦。"

"那就对。大婶，十六岁不算小，我看，也该给他成家啦，要是你有意思……"

婆婆爆发似的："还提这个。饭还吃不上，还娶媳妇，祥林死的时候借的那笔棺材钱，越滚越大……"

老二的那双小眼睛望屋后睃了一眼，把条凳拉近一点，低声说：

"嗳，大婶，不从她（用嘴向屋后努了一下）身上打打主意？"

祥林母亲抬起头来，想了一下，站起来，望后屋大声地：

"喂，怎么的，还不去打水？天快暗了。"

祥林嫂提了水桶出去。老二望着她的背影，看她走远了之后说：

"年纪还轻，长相也不坏……"喷了一口烟，停住。

"你有什么主意？"

"主意倒有。后山贺家坳里，有个贺老六，上个月托我给他找一个老婆，深山野坳，哪家姑娘肯嫁呀，他说，'二婚头'也可以。……"

祥林母亲开门见山："肯出多少？"

老二正要答话，阿根进来了，叫了一声"二哥"，坐下了。

祥林母亲看见他不讲，催他：

"怎么，嗦了口啦？"

"数目不小，八十吊。"

"八十吊？"

"唔，大数目。你是精明人，可以算一算。给阿根订门亲，财礼算它四十吊，够体面了，还掉二十吊棺材钱，办喜事用十吊，不是还剩……"

"要一百吊，最少，九十。"

老二笑了。"唉，真是人心不足，荒年乱世，哪有这么好的买卖啊，又不是黄花闺女。"把烟袋管在凳脚上敲了几下，站起来：

"那就算了。我又没有一个钱好处。"打算走的样子。

祥林母亲一把将他拉住："你，说话算数？"

"嘿，我老二哪一次骗过你呀。"

阿根插进来："妈，卖地？"

"你别管。"将他支使开。

老二嘴上挂着奸笑，对阿根："不卖死的，卖活的，卖了给你娶媳妇儿，好吗？"摸摸他的头。

祥林母亲鬼鬼祟祟地："要是讲定了她不肯……"

"不肯？那就抢亲。老规矩。（拍拍胸）有我。"

人影和脚步声，祥林嫂提了水回来了。

老二："好，就这么办。（出门，有意讲给祥林嫂听）可是，借的那笔棺材钱，得早点还咯，中人不好做。"

阿根望望祥林嫂，又看看他母亲的脸色。

（溶入）

## 三

晚饭后，祥林家后进小屋。祥林嫂正在收拾碗筷，阿根轻轻地进来。外面秋蛩之声，月光如水。

"嫂嫂。"

她吓了一跳："阿根，还不睡？"

阿根稚气地作出一种秘密的神气："他们要来抢咯。"

"抢？抢什么？"

"抢亲，抢你……"

"阿根，谁说的？"

"方才卫老二跟妈说，卖了你……给我……"

"当真？"祥林嫂紧张起来，"你……"

"嗳，讲定了，卖到山坳里去，八十吊。"

祥林嫂面色大变，放下手里的活："你不……骗我？……"

"谁骗你呀，人家好心，告诉你……"

祥林嫂失神似的坐下。阿根正要讲下去……

"阿根！"祥林母亲在前面叫了。阿根匆匆走出。

## 四

前屋，油灯下，祥林母亲低声对阿根说："刚才二哥讲的话，不许说，懂吗？定了亲，开春就给你娶过来。……"

阿根有点害臊，低下了头。

（摇过）门背后，祥林嫂在听。紧张、恐惧和思虑的表现，看见祥林母亲站起身，连忙退回。

（溶入）

## 五

后屋，月光下，祥林嫂痴呆地站着，（拉近至半身）她在流泪。

（音乐）

她终于下了决心。很快地回身，收拾了几件衣服，包好，听听前面已经睡静了，轻轻地拨开门闩，出去。回头看了一眼，拔步跑去。

（溶入）

## 六

路上。月光下，祥林嫂在荒路上奔跑，远远的犬吠声。

她终于跑到了到镇上去的"官路"。

（淡出）

## 第二章

## 七

（淡入）黎明，靠近鲁镇的路边，一条小溪流过路旁。祥林嫂又倦又饿，伏在溪边河埠上，用手掬起一些水来，洗了洗面，拍了拍昨夜跌仆中粘在衣服上的泥土。

一群鸭子在水上游过。

她茫然。

路边摆豆腐摊的阮大嫂拿了一些做豆腐的工具到河边来洗，走到河埠边，看见有人蹲在那边不动，有点奇怪。因为她既不在打水，又不在洗东西。

"让一让。"她说，瞟了一眼，"咦，你不是……祥林嫂?"

祥林嫂一怔，反射地想逃走，看见是阮大嫂，连忙招呼。

阮大嫂将她上上下下打量了一下，已经看出几分意思来了。低声地："怎么的，逃出来的?"

祥林嫂点了点头，求救的表情，哭了。阮大嫂催她："说呀，哭什么?"

祥林嫂用袖子揩了一把眼泪，诉述：

"卫老二……串通了婆婆……要卖掉我……卖到山坳里去。……"

阮大嫂吃惊，有点同情："卖你?"

"嗯。祥林，死了还没有半年……"

祥林嫂抽搐着。二人沉默了一会，阮大嫂说：

"那，怎么办? 逃了出来……"

祥林嫂求救似地望着她。阮大嫂忽然想起似的，说："唔，试试看，前天听鲁家四太太说，她家里要一个帮工……"

祥林嫂眉间开朗了一些，似乎绝处逢生。

"鲁家四太太……?"

"谁不知道啊，鲁镇上，鲁四老爷家。好，试试看，我陪你去。……"拉起祥林嫂，阮大嫂继续说，"先去喝碗豆浆，梳梳头，换件衣服。"

二人上来。阮大嫂用手遥指：

"就是那达，大墙门里。"

祥林嫂抬头远望。

## 八

镇上的鲁四老爷家远景。(拉近)大门。(溶入)

鲁四老爷的书房。

壁上挂着朱拓的大"寿"字,摹陈抟老祖笔法。对联一边可以看出八个字:"事理通达心气和平",上一联是"品节详明德性坚定"。窗下案头是一部残缺的《康熙字典》、一部《近思录集注》之类。

鲁四老爷坐在太师椅里抽水烟,鲁四太太在折银锭,嘴里低声地念佛。

阮大嫂陪了祥林嫂进来,先向四老爷福了几福。

"四老爷,四太太。"阮大嫂用谄媚的口气说,"你们要用个女工,正好有个人从乡下出来,带来请你试试看。"

四太太继续念着佛,将祥林嫂上下打量着。祥林嫂显然已经在阮大嫂家里收拾了一下了,乌裙、蓝夹袄、月白背心。四老爷抬起头来,冷冷地看了一眼,忽然看到她头发上扎着白头绳,皱了皱眉,显然是讨厌她是个寡妇。

"她是我娘家的邻居,死了当家人,家里苦,出来跑人家,四太太你看……"阮大嫂絮叨地说。

四太太这时才停止了手里的工作,站起来,再仔细看,看她手脚壮大,模样也还周正,决定用了。用不上劲的口吻:"好吧,留下来试试,就请你阮大嫂作个保。"回头来,瞧见在门边张望的小丫头阿香:"阿香,带她们到孔师爷那边去立个契。"回头对阮:"辛苦你,一切照老规矩。"

阮大嫂千恩万谢。

## 九

鲁家的账户间。

账房老孔指点着祥林嫂在一张纸上画了一个"+"字。

小丫头阿香、四太太的小儿子阿牛挤着看。

## 十

鲁家后门。

祥林嫂跟在阮大嫂后面。后门口。

阮大嫂叮嘱:"好好地在这里做,要勤快。四太太烧香吃素,爱干净,鲁镇上出了名的好人。"

祥林嫂尽点头。阮大嫂走了,又回头来说:

"要好好服侍牛官,他们家的命根子。"

(淡出)

## 第三章

### 十一

（淡入）鲁家，已经是冬天了。四老爷耽在靠椅上，愁眉苦脸，阿香在给他捶背。四太太端了一炷香，从里面出来，插在窗口的香炉里，对天合十。

四老爷自言自语地：“天变了，快下雪了，天气一变，我的腰……”用手背捶自己的后腰部，对阿香：“这里，重一点。”

祥林嫂端了一碗热腾腾的桂圆汤出来，放在四老爷前面的茶几上。她在这里做了一些时候，面色红润了，穿得干干净净。

四太太上好香，回到四老爷对面的椅子上坐下，拿起念佛珠来，看了祥林嫂一眼，说：“去淘米吧，今天中饭早一点，老爷要去收租。”

“好。”祥林嫂随手把方才四太太吃过早餐的碗筷收拾了一下，下场。四太太继续说：“身体不好，就让老孔去收收算了，顶多也不过十来担谷子。”

四老爷反驳似的：“谁说十来担？账上还有三十几担，重阳赖到冬至，冬至赖到过年，这些穷鬼……”（咳嗽）祥林嫂量了米，端着淘箩从窗口经过，去淘米了。四太太看了她一眼，对四老爷：

“你说她寡妇，不好，（得意地露出一点笑容）大家都说四老爷家用着了人呢，手脚勤快，一个男人抵不过她。……今年过年，可以不要添短工了。”

四老爷似笑非笑。忽然叫阿香：“叫老孔来，把账簿算盘拿来。……”

### 十二

小河边，祥林嫂正在淘米。

对岸是一个人影闪过，她没有注重到。

对岸是一个很小的村子。这个人看见祥林嫂，眼睛一亮，走近一些，半个身子躲在一个稻草堆后面，张望，证实了果然是祥林嫂。这个人就是卫老二。他点了点头。

祥林嫂淘好米，站起来，忽然看到卫老二，立刻神色大变，仓皇回身就走；卫老二想叫她，又住口，沿河跟着走。

祥林嫂愈走愈快。从一条岔路，阿香割了一篮地头上的青菜回来，看见她在跑，从后面喊：

“祥林嫂……”

祥林嫂回头，拼命摇手对她示意，阿香不懂，跟上来。对岸卫老二止步，点点头，晓得她是在鲁家了。

### 十三

鲁家后门口。

祥林嫂喘息未定，阿香好奇地跟在后面，似乎在问她。祥林嫂看见后面没有人了，低声对阿香说：

“就是他，卫老二……”

"怕他什么，那……"

"不是，他会出坏主意。"二人入内。

（溶入）

## 十四

鲁家全家吃中饭。祥林嫂还是惊魂未定，有紧张的神色，四太太看了她一眼，她匆匆把饭菜摆好，下去。

四太太问阿香："什么事情，她失魂落魄的？"

阿香："碰到了熟人，就是她的堂房哥哥，说要……"

四老爷眉头一皱："对吧？我早说了，一定是逃出来的。"

四太太若无其事："逃出来，怕什么？"

阿牛使劲夹了一大块肉，狼藉满桌。四老爷用筷子在他头上打了一下。阿牛扁扁嘴，欲哭。

（溶入）（音乐）

## 十五

窗外，下雪。除夕晚上鲁家正在敬神祝福。

（溶入）

窗外的梅花开了。

（溶入）

## 十六

小河边，早春时节，祥林嫂正在淘米洗菜，一群鸭子游近她淘米的地方，她难得地露出一点笑容，泼水将鸭子赶开。

远远的一只乌篷船靠了附近的岸，祥林嫂看了一眼，面色变了。

船上的篷是全盖起来的。突然从里面跳出两个人来，一个是卫老二，另一个是"山里人"的大汉子。卫老二奸笑地和山里人做了一个手势，那人一跃上前，抱住她，把她扯进船里去了。祥林嫂正要大喊，尚未出声，卫老二把一块高丽布手巾塞住了她的嘴巴。

接着，祥林母亲和阮大嫂从船里出来。

路上，阮大嫂有点为难的神气："叫我怎么说呀？"

祥林母亲："方才不是，卫老二教了你了？不怕。"

阮大嫂勉强地走。

船很快地从岸边撑开。

（溶入）

## 十七

鲁四老爷家。

阮大嫂和祥林母亲站在鲁四老爷夫妇前面，老孔站在门边，阮大嫂忸怩地赔着笑脸："她就是祥林嫂的婆婆，她家里……"对祥林母亲："你说呀。"

祥林母亲倒很从容，她说：“回四老爷，四太太，实在对不起，开春了，家里人手少，地上没有人，只有老的和小的，想接她回去……”

四老爷已经了然于胸了，拼命抽烟，不理会。四太太望了阮大嫂一眼：“那，你怎么不早跟我说，刚教会了，做熟了，忽然要走……”

祥林母亲接上来：“早想来了，走不开。要是四太太中意她，春花下了地，再叫她来……”

四老爷说了：“算了，既然她婆家要她回去，让她走吧。”回头来望了一眼老孔：“给她算算账。”

祥林母亲十分高兴，连忙道谢。老孔上前一步：“方才我算了一算，一共一千七百五十文，全存在账房里，祥林嫂俭省，一个钱也没有用。”

四太太很机敏地：“今天……？”

老孔：“二十三。”

四太太：“那，工钱算到上个月底。”

四老爷：“这是规矩，临时走了。我们要另外找……”

老孔：“对对，这是天公地道……”

祥林母亲想讲话，阮大嫂阻止了她。

四太太想起了似的：“老孔，走的时候看看她的包裹。别把东家的东西拿走。哪一个用人不……”

老孔赔笑：“当然当然。阿香，来……”

祥林母亲和阮大嫂千恩万谢，由老孔陪了下场。

四老爷：“早跟你说，用人得先打听打听，逃出来的，不是好货。”

四太太抗辩：“可是，这儿的人谁不说祥林嫂好啊，不讲话，尽做事，去年过年，拂尘、扫地、杀鸡、连夜煮福礼，全是她一个人。（反问）去年过年不是没有添短工？”

四老爷：“算了算了，另外找。（想起似的）嗳，怎么她自己不见呀？”

四太太：“阿香。（阿香上）祥林嫂呢？”

阿香：“在淘米。”

四太太：“云看看。”

（溶入）

## 十八

小河边。（特写）一淘箩的米、一束洗好了的菜、一条鱼，在河埠上。

阿香吃惊，举目四望，没有人，那只船已开走了。她大声叫：“祥林嫂，祥林嫂……”

（淡出）

【简析】剧本忠实于原著又作了创造性的发挥。剧情由一组一组的镜头构成，影视文学写作中的“镜头语言”“蒙太奇结构”“叙事节奏”表现得非常典型，学习时可细心体会。

# 林家铺子

## （电影文学剧本）（节选）

### 原著　茅盾　改编　夏衍

## 30

林家内宅，林先生卧房。已经是深夜了，林大娘显然已经哭过一阵了，气愤地说，想压低声音，可是不知不觉地高亢起来：

"规规矩矩人家，呃，黄花闺女，做人家小老婆！（林先生做手势要她低声一点）我只有阿秀一个，好人家明媒正娶，我也舍不得！"

"我也是这个意思，不过……"

"什么不过，不过，我不肯，看他们还能来抢。"

"抢倒不会，不过他们一定会出坏主意，这种人比强盗还狠。"——林先生几乎也要流眼泪了。

"我拼了老命，也不给。"

林先生又叫她低声一点。

## 31

明秀房间。明秀已经睡了，听到了她父母的话，挣起半个身子，睁大了眼睛，听。

## 32

两老夫妻继续在谈话。大娘渐渐地压制不住自己了：

"谁叫你答应余会长的？你，阿秀不是你亲生的？"

"哎哎，低声一点。"

"我不管，让大家知道，到茶馆里去评理也不怕。"她站起来，摇摇摆摆地想走。林先生一把拉住："哪里去，哪里去？"

大娘歇斯底里地："我去喊地方！"挣扎着。

明秀奔进来："妈妈，妈妈！"大娘将女儿一把抱住，一边哭，一边带喘地说："阿囡，哪个敢动你一动，我同他拼命！死也死在一块，你不要急……"

明秀也哭了，叫了一声"妈"，什么话也讲不出来。

林先生搓着手叹气，看看哭得凄惨，窄房浅层的怕惊动大家，只能来解劝："哎哎，别让人家听见，新年里，像什么！……"

大娘虎虎地："什么新年里，我不管，我拼老命也不给……"

林先生忍着一肚子气，竭力劝解。

（淡出）

## 33

（淡入）铺面，今天生意好得出奇。昨天来买"一元货"的绝大部分是上海逃来的难民，今天则大部分是本地人了。这两种人，只要一看他们的服装和样子就可以分清的，特别是闲汉陆和尚也夹在里面，而且嘴里还在嚷，"机会难得啊，要买赶快"，同时还挤眉弄眼地望着坐在账柜上的林先生。

林先生一夜没睡好，眼圈有点红肿，显然不是高兴的样子。机灵的寿生感到"这样的好生意气色不正"了，可是还得手忙脚乱地对付着。他好容易抽出身来，走到林先生前面，低声而急促地："师傅，看样子不对，一定有人捣鬼……"

当然，林先生也早已看出苗头来了，站起来："可是，又不能不卖啊！"

这时，突然来了两个穿中山装戴呢帽的人，推开买主，直闯进来问道："谁是林老板？"

林老板慌忙站起来迎接，还没有开口，其中一个指着他的鼻子问："是你？"林老板点了点头，于是这两个人拉住他就走。寿生追出去想要拦阻，又想问清楚为什么，可是那两个人厉声吆喝：

"你是什么人？党部里要他去问话。"

寿生呆住了。买东西的人，看热闹的人，都有点预感了。寿生为了稳定人心，对伙计和阿四说："没有事，照样做生意。"

可是正当他回到柜台前面打算对付顾客的时候，林大娘跌跌撞撞地赶出来了。

"寿生，你师傅怎么了？……什么人叫他去的？"

寿生为了怕在买主们面前揭穿，立刻回过身来，对大娘：

"师母，没有事，我，我告诉你。"

他将师母连拦带推地送回到蝴蝶门里面，这时候明秀也赶来了。

"师母，你不要着急，（随口说）大概就是为了那几笔存款，朱三太的，和张寡妇的，他去理直理直，不要怕……"

林大娘将信将疑："朱三太那边，我去和她去说……"

寿生拦住了她："不，不，师母，党部和商会会理直的，你身体不好，里面去等着，我去……"

"快，那么，你快去，叫师傅回来！"

寿生连连点头，轻轻地拉了明秀一把，明秀跟着他来蝴蝶门外面。寿生回头望了望大娘已经回去了，停下来，严重地对她说："可能和昨天晚上余会长讲的那件事情有关系，（明秀紧张起来）可是也不像，师傅还没有给他回话呀！你回去，赔着师母，外面的事情有我。"

明秀完全失掉了主张，寿生说的话，她只能点头。寿生向外跑。

## 34

商会会长正在看报，寿生急急忙忙地奔进来。一看情形，余会长早已知道来意了，悠悠地："唔，你来了，请坐！"

眼睛还没有离开报纸。

"会长先生，究竟，究竟是为了什么事啊？"

余会长放下报纸，仔细地观察了一下寿生的神色，然后，故意地："为了什么，你不知道？嗯。（对寿生）真的假的？人家都说你师傅打算捞一笔，逃走。"

寿生连连摇头。

"外面有这种说法。（停一下）不巧是你师傅年节之前好几笔账都没有还清，朱三太，还有张寡妇，这两个孤苦人儿存在你们店里的款子还没有保障。所以……"

　　这是在寿生意料之内的，所以连忙分辩："这些谣言靠不住，店里存底还……"

　　会长拦住了他的话："党部是为这些苦人谋利益的，所以先把林老板扣起来，要他把这些账目，理清楚。"

　　"扣起来了？"

　　会长点头，寿生吓得脸都黄了。呆了一下："先把人保出来，行么？人不出来，哪里去弄钱呢？"

　　"吓，小老弟，保出来，你空手去，许你保么？"

　　"会长先生，总得求你想想法子，做好事，师傅和你老人家一向交情不错，你……"

　　商会会长皱着眉头沉吟了一会，又把寿生端详了一下，然后把他一把拉到屋角里，悄悄地说："你师傅的事，我难道会袖手旁观？只是这件事现在弄僵了。老实对你说，我求过卜局长，请他出面讲讲话，卜局长只要你师傅答允一件事，他是肯帮忙的。我才从商会回来，还到党部去看了你师傅，劝他答应。只要他一答应，事情不完了么？不料党部里的那个黑麻子不买账，他硬不肯……"

　　"难道他不给卜局长面子？"

　　"就是呀，黑麻子不肯，卜局长几乎下不了台，事情僵透了。"

　　寿生没有主意，只能说："可是，我师傅又没有犯罪，怎么可以扣起来？"

　　"小老弟，你还年纪轻，他们可不同你讲理。谁有势力，谁就有理。（停一下）你回去对林大娘说，放心，还没有吃苦，不过想出来，总得花点钱……"他讲时用两个指头一招，就匆匆走了。（划过）

## 35

　　林家内宅，寿生在安慰林大娘："师母，你放心，余会长看见过师傅，好端端的，没有吃苦头，不过钱总得花几个。卜局长答应了帮忙……"

　　听到卜局长，林大娘谈虎色变："什么卜局长，卜局长，他肯帮忙，他还不是为了阿秀。……我不答应。（打了几个呃，摸着胸口）寿生啊，我就是阿秀放心不下……（自怨自艾）就是怨我自己没有主意，要是早一点把她配了你，也就不会出这种事了……"

　　寿生睁大眼睛，几乎认为"师母"发疯了，可又一点也不像装疯。他偷偷看了一眼师妹，心里有点跳。明秀害羞了，背转身子，避开了。

　　大娘一把拉住寿生："只要你待阿秀好，我就……"

　　话未完，阿四从外面奔进来，嘴里叫："寿生哥！有人找你。"

　　寿生吓了一跳，以为又来抓人，向阿四问："什么人？"

　　阿四说："斜对面裕昌祥的管账，吴先生。"

　　"他？"寿生觉得意外。他弄不清楚为什么今天奇怪的事情这么多，急忙忙地跑出去了。

## 36

　　吴先生装出很关心的样子："你们先生？……"

　　寿生不能不回答，可是又怕老实讲，支吾其辞。

吴先生满面笑容:"不要紧,小事情。(停了一下,然后)寿生哥,敝号想跟你们商量一件事情,(从袖口里摸出一张纸来)就是,就是找你划一笔货。——"讲完,把那张纸递到寿生前面。

一张横单,写着十几行,脸盆、毛巾、钢精锅子、牙刷……正是林先生能卖的"一元货"的全部。

这一下,这次事情的全部内幕,寿生都明白了。他想:"啊,原来是这套把戏!"他立即把吃惊的表情收起来,装作不懂。说:"师傅不在,我不能做主。"

"你和师母说,还不是一样。"

寿生想了一下,有点拿不定主意。吴先生好像完全摸准了他的心理,接着说:"寿生,你们存底厚,大家都知道。这里,最多也不过一百五六十块钱的码子。"

一百五六十块,这句话打动了寿生的心,于是,他说:"那么,我去和师母谈谈看,不过很难说。师母女人家,专要做现钱交易。"

"现钱?这种时势。哈,寿生,你是说笑话吧。"

这一下寿生硬起来了:"师母是这个脾气,我也没有办法。最好,明天再说吧。刚才余会长说,师傅的事情,卜局长肯帮忙,光景师傅今天晚上会回来的。"

寿生有意唬他一下,把账单子塞还给他。这一下,吴先生紧张了,慌忙把账单又推回给寿生,一面满口答应:"好,好,现账就现账,今天晚上交货,好不好?"

"现在我就去和师母商量。"

## 37

下午五点钟,内宅已经黑黢黢的。寿生站在林大娘前面。明秀把一盏点着了的保险灯端了出来。

寿生说:"现在看来,事情很清楚了,方才余会长说,要把人保出来,起码得花两百块。现在对面裕昌祥的管账来挖货,数目是一百五六十,我看,他们都是串通了的。(他也有点激动起来)你看,党部和商会要钱,裕昌祥要货,卜局长要人……"

林大娘只是哭,好容易挣出一句话来:"这,这是蒸笼里的馒头拣软的拿,就是你师傅做人太软弱了,大家欺负他……"

寿生抓抓头,然后说:"师母,我看,这笔货,挖给他们吧,拿一百五六十块现洋,加上店里的五六十,先把人弄出来再讲。"

林大娘听说要付这么一大笔钱,又心痛,又着急,尽哭(无声的哭),没有话。

寿生看见不是路,只得退了出来。可是,走到蝴蝶门外面,明秀追上来了。她脸色发白,声音发抖:"寿生哥,妈妈是气糊涂了,总是说,爸爸已经给他们弄死了。你,你赶快答应裕昌祥,赶快把爸爸救出来,你……作主吧。"

明秀说到这里,脸一红,跑回去了。寿生望着她的后影,呆了一下,慢慢回过身来,下定决心。

## 38

寿生回到店堂,从账台抽斗取了一包现洋,决断地对伙计说:"阿四,上排门,(把横单交给伙计)请你把这笔货点一点,看看够不够,我到裕昌祥去给回信。"

伙计和阿四不知出了什么事，接过横单，吃惊。

# 39

（溶入）内宅，在两支蜡烛前面，林大娘跪在观音菩萨前面叩头。

明秀打了一个哈欠，看了一眼她妈妈床前桌子上的那只老式自鸣钟。

十一点四十分了。

林大娘拜完了菩萨站起来，明秀说："妈，你去睡吧，我在这里等。"

林大娘摇摇头，坐下了。远远的打更的声音。

过了一会，外面开门的声音，明秀很快地跑出去了。林大娘也反射地站了起来。

果然，寿生赔着林先生回来了，林大娘反而吓了一跳。明秀就很快地把忧愁驱散，很高兴了。林大娘对她丈夫仔仔细细地看了一遍，证明了他的确没有吃过什么苦头，便奔回到观音菩萨前面去拈香了。

林先生茫然地坐下来，明秀把一件棉袍子披在他身上，给他倒了一杯热茶。

寿生从身边掏出一个纸包来，放在桌子上："这是多下来的一点钱，还有五六十。"

林先生叹了一口气，有声没气地说："让我死在那边就是了，花了钱弄我出来，钱用完了，店里空了，还不是一条死路。"

林大娘回到她丈夫的身边，看到这种神气，又禁不住流泪了。林先生有点哽咽："货给他们挖空了，债又逼得紧，这爿店……怎么办？"

"师傅。"寿生叫他，然后用手指蘸着茶，在桌子上写了一个字。

（特写）一个"走"字。

林先生吃了一惊，接着，眼泪直淌。他看看林大娘，又看看明秀，只是叹气。

寿生放低声音："师傅，只有这一条路了。店里拼拼凑凑，还有一百来块，你带了去，过一两个月也够了。这里的事，我来料理。"

这句话却被大娘听见了，她很快地插进来说："你们也去，你，阿秀，留我一个人在这里，我拼老命。"

林先生做个手势，要她不要激动，可是她却突然的壮健起来，很快地奔回卧房去了。明秀叫了一声"妈"，跟了进去。

林先生茫然，用手轻轻地打着脑袋，打不定主意。

寿生又低声说："师傅，你和师妹一起走。师妹在这里，师母不放心，那个姓卜的也会打主意。"

林先生还是打不定主意，寿生没办法，无目的地绕着桌子走。

这时候，林大娘一边发出哭泣的声音，一边走进来。林先生和寿生都给吓了一跳。大娘手里捧了一个小"拜盒"，看见林先生和寿生吃惊的样子，站住了，嘴里说："你们也来，听我的主意。"

林先生和寿生跟了进去。

大娘打开那个小拜盒，拿出一个纸包来，指着："这是我的私房，光景有两百多块，分一半给你们拿去。阿秀，（着重地）我做主配给寿生。明天一早，阿秀和她爸爸同走。呃，我不走，寿生陪我几天再说。知道我还有几天活，呃，（指着明秀和寿生）你们就在我面前拜一拜，我也放了心。"

林先生一方面对他妻子的决定感到吃惊，一方面也觉得这是一个比较妥当的做法。他想讲话，可是林大娘很快地一手拉着明秀，一手拉着寿生，就要他们"拜一拜"。

两人顺着对林家夫妇拜了一拜，明秀满面飞红，低着头。寿生偷看了明秀一眼。

这时，林先生才打定了主意，说："好吧，就这么吧。（停一下）可是，寿生，你留在这里，对付他们，万事要小心。"

大娘这时候倒很有决断："阿秀，去理东西！"（淡出）

**【简析】**把剧情化为一组组镜头而不失零乱，这是影视剧本创作的基本要求，可细心体会影视文学的叙事。

# 第六节　推荐书目

谭霈生著：《论影剧艺术》，湖南文艺出版社，1986 年版

谭霈生著：《电影美学基础》，江苏人民出版社，1984 年版

郑雪来著：《电影学论稿》，中国电影出版社，1986 年版

夏衍著：《写电视剧本的几个问题》，人民文学出版社，1979 年版

汪流著：《电影剧作的结构形式》，中国电影出版社，1984 年版

高鑫著：《电视剧创作概论》，北京十月文艺出版社，1986 年版

李平云著：《电视制作》，中国电影出版社，1990 年版

赵孝思著：《影视剧本的创作与改编》，学林出版社，1991 年版

［美］约翰·霍华德·劳逊著：《电影的创作过程》，中国电影出版社，1985 年版

［日］舟桥和郎著：《电视剧脚本创作法 48 讲》，中国广播电视出版社，1990 年版

# 第七节　学习提示与练习

## 一、学习提示

随着电子技术的飞速发展，影视写作在生活中越来越多，写个电视专题片，拍一个电视剧，已不是可望而不可即的事，甚至成为工作需要，成为现代生活的一个部分。因此，对大学生来说，掌握影视写作的基本技巧是有必要的。

如果不提出过高的要求，影视写作并不是太难的事。和一般文本写作比较，其特殊之处就在于"镜头感""蒙太奇""声画结合"，初学者可以通过本章的学习，细心体会、掌握这些基本技巧。

## 二、练习

（一）思考

1. 找出本章的知识要点，自己加以梳理。

2. 当代影视是一个大话题，围绕大家关心的问题组织讨论。

3. 叶辛长篇小说《蹉跎岁月》在写杜见春闯进集体户宿舍与柯碧舟相见之前，有一段很长的抽象概括描写，不具备动态性。电视剧进行了如下改编。试比较小说原文，体味影视文学剧本要适应影视艺术视像动态性的特点。

> 黎明。
>
> 鸡啼，牛羊出圈。
>
> 三个知识青年还在酣睡之中，屋内摆设零乱。
>
> 肖永川说着梦话，一只大脚踢出帐子，把饭盒踢落在地，嘴里不断地咕哝着。
>
> 王连发一把拿掉盖在头上的枕头，掀开帐子跳下床来，嚷嚷：
>
> "快起来！天亮了，去赶场罗。"
>
> 苏道诚不耐烦地责怪着："吵什么，烦死人了。"说着掀开质地考究的帐子，从枕下摸出表来，瞅一眼又仰起脸："王连发，你是不是有神经病！"
>
> 墙角处，柯碧舟床前的木凳上，堆放着许多旧书籍，墙上还有一条醒目的座右铭："不要气馁，总是干，但也不可自满，仍旧总是用功。"床上的格子被还未叠起来，显然，他已起床了。
>
> 集体户外的院坝里。
>
> 柯碧舟在劈柴。
>
> 王连发边刷牙边跑出来，瓮声瓮气地喊着："唐惠娟，快起来，赶场了。"
>
> （唐惠娟的画外音："好，马上就来。"）
>
> 肖永川慌慌忙忙跑出来："快走啊，走晚了，什么都没有啦。"
>
> 唐惠娟衣着整齐地走了出来。
>
> 王连发拿着书包跟在她后边，见了柯碧舟说：
>
> "今天又是你起得最早。"
>
> 唐惠娟邀道："跟我们一块走吧。"
>
> 柯碧舟摇摇头。
>
> 王连发、唐惠娟走去。柯碧舟抱着劈柴站起身来。

4. 读下面所附叶蔚林电影文学剧本《没有航标的河流》中一节，思考：（1）影视文学剧本在塑造人物方面与一般文学作品有什么共同点？（2）影视文学剧本在刻画人物方面有哪些特殊的手段？

> 双河街小镇，河岸上有凉亭，埠头的柳荫下泊着一张带棚子的排。
>
> 早晨，年轻的盘老五从棚子里出来，生火煮饭。
>
> 盘老五的声音："这时候，来了年轻的洗衣姑娘……"

　　洗衣姑娘吴爱花，胸前耷拉着一根蓬松的大辫，左手挽着洗衣篮，右手提根光滑的棒槌，轻盈地走下码头。可是码头被木排挡住了。

　　吴爱花犹疑了一会，很有礼貌地问道："放排的大哥，让我上排洗衣好不？"

　　盘老五抬起头，眼睛一亮："来吧，不过要快点洗哟，要不我一解缆，就把你带走了。"

　　"带走吧，"吴爱花爽朗地说，"哪怕到天边……"

　　盘老五欣喜地做了个俏皮的动作，请姑娘上排。姑娘嫣然一笑，露出一排好看的白牙齿。

　　盘老五的声音："她洗衣裳，我在后面偷偷看她，都看呆了……"

　　吴爱花蹲在排边，用力搓洗衣裳；细细的腰身，圆圆的肩头，有节奏地弹动着。她感觉到盘老五在看自己，但矜持地不肯回头。

　　她举起棒槌敲打，手腕上的银镯子闪闪发亮。

　　盘老五迷怔怔地不眨眼，饭已开锅，泡沫喷涌出来，但他全未觉察。

　　吴爱花洗完衣裳，提篮上排，她似乎有点慌乱，一脚踩进排隙里，身子失去平衡。盘老五眼明手快，立即将她扶住。于是她的身子靠到他的胸前。

　　岸上来了一群姑娘，哄然大笑。

　　吴爱花羞臊地推开盘老五，辫子一甩，上岸跑了。

　　盘老五的声音："她的棒槌丢在排上了。我拾起来，想喊她，又没喊……我想等她自己来取，好再见她一面……"

　　木排上，盘老五在继续回忆，此刻他的神情变得很温柔，像做梦一样："第二天清早，她果然又来了……"

　　吴爱花走下步头，大胆地望着盘老五，向他伸出一只手。

　　盘老五从背后拿出棒槌晃一晃，又不给她。

　　她上前来抢，他高举棒槌团团转，她半天抢不到手。

　　她生气了，背转身子不理睬他。

　　他讨好地试探着，将棒槌朝她递过去。

　　她突然夺过棒槌，狠狠地用力举起，但却轻轻地打在他的肩胛上……

　　盘老五的声音："……一来二去，我就跟她搞熟了。我知道她的名字叫吴爱花，是个好人家的姑娘……"

　　吴爱花洗衣，盘老五也脱下身上的褂子，挨在她身边洗起来。他笨手笨脚地将水花溅起老高，溅到她身上。她"噗哧"一笑，夺过褂子，帮他洗。

　　岸边的凉亭里，一个瞎老人拉胡琴，一个小姑娘慢声地唱起祁阳小曲：

> 潇水弯弯潇水长，
> 一夜春雨绿汪汪，
> 阿妹情似春江水，
> 无风也起桃花浪。
> 潇水弯弯潇水长，
> 风吹柳絮白茫茫，
> 阿妹愿作风飘絮，

相随阿哥去远方。

相随阿哥去远方，

天做罗帐水做床，

只要两人情意好，

冷水泡茶茶也香。

小曲撩拨着他俩的心，吴爱花停住手，水面归于平静，清晰地映出他俩紧挨着的倒影……

倒影被搅碎。盘老五的回忆被打断了。

5. 比较下面两段文字，说明电影和戏剧在表现形式上的主要区别。

### 话剧《雷雨》

鲁侍萍：她的命很苦，离开了周家，周家少爷就娶了一位有钱有门第的小姐。她一个单身人，无亲无故，带着一个孩子在外乡，什么事都做：讨饭，缝衣服，当老妈子，在学校里伺候人。

### 电影《雷雨》

鲁妈(画外)："她的命很苦。"

(化)闪回，大雪天，无锡周家后门。小周萍被妈妈抱着大哭。两仆人上前将他们拉进门后将门关上。(拉)年轻的侍萍抱着手中婴儿痛哭转身。

鲁妈(画外)："她刚生下第二个男孩才两天。"

高深的黑墙，侍萍抱孩侧背向纵深走去。

鲁妈(画外)："就被迫离开了周家。"

桥栏为前景，侍萍站在河边呆望着河水。(摇，侍萍出画)见河上结着薄冰。

鲁妈(画外)："周家大少爷就娶了一位有钱、有门第的小姐。"

周家喜堂，一片喜气。大厅里正在行结婚礼。(推)见新郎将新娘牵进洞房。(化)

鲁妈(画外)："她一个人在外乡无亲——"

(化)地平线上，侍萍抱孩上坡，入画迎镜走来，茫然地回顾。(化)

鲁妈(画外)："——无故，带着一个孩子，什么事都做。讨饭、缝衣服，当老妈子，在学校服侍人——"

## （二）自己动手

1. 试将欧·亨利的《麦琪的礼物》改编成单本电视剧。

2. 试用摄影机拍一个介绍你们寝室的专题片。